KB001858

희생자의식 민족주의

VICTIM HOOD NATION ALISM

희생자의식 민족주의

고통을 경쟁하는
지구적 기억 전쟁

임지현 지음

Humanist

■ **일러두기**

- 이 책의 원고는 대부분 새로 쓴 것이며, 두 개 장은 다음 논문을 재구성했다. 8장 〈병치〉, 〈이상한 병치(併置): 막시밀리안 콜베와 나가사키 피폭자의 신성화〉, 《일본비평》 21호, 2019, 204~231쪽; 〈奇妙な併置：マキシミリアノ・コルベと長崎被爆者の神聖化〉, 《戰後日本文化再考》, 坪井秀人 編, 東京: 三人社, 2019, pp. 74~103. 9장 〈용서〉, 〈역사 화해와 용서의 정치: 동아시아의 기억공간에서 폴란드-독일 주교단 편지 다시 읽기〉, 《역사학보》 246집, 2020, 111~152쪽.
- 외래어와 외국 인·지명은 국립국어원 한국어 어문 규범의 '외래어 표기법'에 따라 표기하되, 일부 인·지명은 관행을 따랐다.
- 단행본과 학술지, 신문의 이름 등은 《 》로, 논문과 시·노래·영화의 제목 등은 〈 〉로 표기했다.
- 공문서와 담화문, 주요 웹사이트 중 접속할 수 있는 온라인 사이트는 미주와 참고문헌 목록의 서지사항 뒤에 URL을 표기했다(http:// 표기 제외).

예전에 유대인은 재산, 자격증, 사회적 지위,

국제적 연줄 때문에 질시의 대상이었다…….

오늘날 그들은 시체소각로 때문에 질시 받고 있다.

– 비톨드 쿨라(Witold Kula) –

들어가며

기억의 지구사를 향하여

2007년 1월 18일 아침, 조간신문들을 펼쳐 본 나는 이상한 느낌이 들었다. 구독하는 신문 모두《요코 이야기》에 대한 비판 기사를 문화면 톱으로 올린 것이다. 무슨 대단한 책 같아 보이지는 않는데, 기사가 너무 컸다. 확인해보니 다른 주요 일간지도 1월 17일 오후 인터넷판에서 대동소이한 비판을 하고 있었다. 비판의 핵심은 패전 직후 한반도 북부에서 본국으로 귀환하는 일본인 피난민의 고통을 그린《요코 이야기》가 한국인을 사악한 가해자로, 일본인을 무고한 희생자로 그리는 등 역사를 왜곡하고 있다는 것이었다. 진보 언론과 보수 언론이 정치적 입장에 따라 첨예하게 대립하는 현실에서 이러한 좌우합작은 이례적이었다.

《보스턴 글로브》에 따르면, 보스턴의 한국 총영사관이《요코 이야기》에 항의하는 편지를 매사추세츠주 교육부에 보낸 것은 현지 시각 1월 16일의 일이다. 미 동부와 한국의 시차를 고려하면, 보스턴 총영사관이 항의 편지를 보낸 시점과 본국의 언론이 비판 보도를 내보낸 시점의 차이가 별로 없다. 우연의 일치라고 치부하기에는 무언가 석연치 않았다. 한국의 주요 언론이 약속이라도 한 듯 1월 17일 인터넷판에서 일제히 《요코 이야기》를 비판한 것은 누가 보아도 수상했다. 대통령 추천 특임 공관장으로 보스턴 총영사를 지낸 언론계 출신 인사가 수수께끼를 풀어주었다. 2010년 펴낸 자서전에서, 그는 미국 공립학교 교재로 채택된《요코 이야기》의 부당성을 국내외에 널리 알린 것이 총영사로서 자신의 최대 업적이라고 자랑한 것이다.

한국 언론의 날 선 비판은 '한국 민족=희생자' 대 '일본 민족=가해자'라는 이분법이 흔들린 데서 오는 당혹감의 또 다른 표현이었을 것이다. 피난길에 오른 일본 여성을 위협하고 강간하는 가해자 한국인의 이미지가 일본 식민주의에 면죄부를 주어 역사를 왜곡한다는 우려가 행간에서 읽혔다. 심정은 이해되지만, '한국 민족=희생자' 대 '일본 민족=가해자'라는 등식은 맞으면서 틀렸다. 민족적 구도에서 한국 민족이 일본 식민주의의 피해자라는 공식은 맞지만, 개인 차원에서는 식민지 조선의 개별 가해자와 제국 일본의 개별 피해자도 있을 수 있다. 개개인의 구체적인 행위가 아니라 집단적 소속을 경계로 가해자와 희생자를 나누는 한국 언론의 보도는 '집합적 유죄'와 '집합적 무죄'에 대한 한나 아렌트의 비판을 떠올리게 했다.

《요코 이야기》 소동에서 더 흥미로운 사실은 논쟁의 불씨가 바다 건너 미국에서 지펴졌다는 점이다. 미국 학제 중 6~8학년의 추천도서 목록에 이 책이 포함되자, 2006년 9월 보스턴과 뉴욕의 한인 학부모들이 이의를 제기한 게 발단이었다. 이 책이 식민주의의 피해자인 한국인을 가해자로, 가해자인 일본인을 피해자로 묘사하는 등 역사를 왜곡하고 있다는 게 항의의 핵심이었다. 동아시아 역사에 무지한 미국의 보통 학생들에게 한국인은 사악한 가해자로, 일본인은 선량한 피해자로 각인될 수 있다는 그들의 항의는 미국적 맥락에서 일리가 있다. 《요코 이야기》는 일본인이 만주와 한반도 북부로 이주했던 제국주의의 역사를 지운 채, 피난민의 고통만을 일방적으로 강조하고 있다. 왜 그렇게 많은 일본인이 만주와 한반도 북부에 살았고 또 피난민으로 전락했는지에 대한 역사적 맥락이 지워진 것이다.

그렇다고 해도 자신의 기억은 '정확한 역사'이고 요코의 기억은 '역사의 왜곡'이라는 단정은 위험하다. 어린 소녀의 시선으로 가해와 희생을 대립시키는 단순 구도 속에서 자신의 생존 경험을 재구성하는 이 책의 서사가 탈역사화의 문제를 안고 있는 것은 분명하지만, 거짓이라고 몰아붙이는 것도 지나쳤다. 한국계 미국인의 위치에서 문제를 제기한다면, 미국의 서구중심주의 또는 '애국주의적 세계사' 교육에 대한 비판이 동반되어야 했다. 홀로코스트 등 나치의 범죄행위나 유럽의 역사는 열심히 배우지만 동아시아 역사에는 무지하고 베트남전쟁의 기억까지 주변화하는 미국의 역사교육이나 기억 문화는 확실히 문제가 많다. 그런데 뜻하지 않게 미국의 논쟁이 태평양을 건너 동아시아의 기억 전쟁에 불을 붙인 것이다.

태평양과 현해탄을 횡단하면서 벌어진 《요코 이야기》 소동을 지켜보면서 나는 독일-폴란드-이스라엘의 기억 전쟁을 떠올렸고, '희생자의식 민족주의'라는 개념이 불쑥 무의식을 뚫고 나왔다. 동아시아 기억 전쟁을 분석한 2007년 4월 29일자 영어판 《코리아 헤럴드》 칼럼에서 나는 이 개념을 처음 썼다. 그러자 《요코 이야기》 소동의 진원지인 미국의 재미교포들에게서 항의 메일이 날아오기 시작했다. 당신 같은 엉터리가 어떻게 한국 대학에서 역사를 가르칠 수 있느냐는 '아이비리그 박사'의 거친 항의부터, 《요코 이야기》를 읽은 미국의 교실에서 자기 아이가 불쌍한 요코를 괴롭힌 한국계라는 이유만으로 괴롭힘과 왕따를 당하고 울면서 귀가하는데 부모 된 도리로 어떻게 가만있겠냐는 읍소까지 항의 내용은 다양했다. 이들의 과잉반응을 접하고 보니, 무언가 외면하고 싶은 진실이 '희생자의식 민족주의'에 담겨 있다는 생각이 들었다.

한국계 미국인의 디아스포라 민족주의가 태평양을 건너 본국의 희생자의식 민족주의를 일깨우는 과정을 목격한 것은 민족주의 연구자로서 아주 특별한 경험이었다. 미국이라는 인종차별적 다문화 공간에서 날카로워진 한국계 미국인의 민족 감정이 역수입되어 다시 본국의 민족주의를 강화하는 원거리 민족주의 현상은 민족주의의 트랜스내셔널한 성격을 다시 한번 확인해주었다. 논쟁의 참여적 관찰자로서 나는 21세기의 민족주의를 포착하는 개념으로 '희생자의식 민족주의'를 의제화했다. 이 가설에 따라 자료를 추적하다 보니, 홀로코스트와 식민주의 제노사이드의 가해자인 추축국 독일-이탈리아-일본의 기억 문화가 희생자의 지위를 선점하고 있는 기이한 현상과 맞닥뜨리기도 했다. 지구적 기억 공간에서 가해자들이 자신을 희생자로 포장하자, 폴란드-이스라엘-한국 등의 집단 기억은 세습적 희생자의식으로 무장하고 가해자에게 빼앗긴 희생자의 지위를 재탈환하고자 했다. 오늘날 지구적 기억구성체에서 수없이 벌어지고 있는 기억 전쟁이 같은 구도를 안고 있다.

이후 나는 '기억의 지구사'라는 관점에서 '희생자의식 민족주의'를 더 다듬고 정교하게 만드는 작업을 틈틈이 해왔다. 폴란드-독일-이스라엘로 이어지는 유럽의 기억 공간을 한 축으로 하고 미국-일본-한국의 동아시아 기억 공간을 다른 축으로 하는 희생자의식 민족주의의 지구사를 구상하고 자료를 모으고 연구 노트를 작성한 지 14년이라는 세월이 흘렀다. 2010년 테제 성격의 논문을 독일, 영국, 폴란드, 일본 등지에서 집중적으로 발표했지만, 단행본 집필은 자꾸 늦어져 이제야 먼저 한글판으로 선보인다. 문제 제기가 도발적이었는지, 그동안 미국, 일본, 독일, 폴란드, 프랑스, 핀란드, 슬로베니아, 우크라이나, 캐나다, 페루 등 30여 곳의 해외 대학과 연구소 등에서 '희생자의식 민족주의'를 놓고 특강과 세미나를 할 기회가 있었다. 덕분에 다양한 청중과 토론하며 내 생각을 더 발전시키고 다듬을 수 있었다. 유고슬라비아, 핀란드, 폴란드, 우크라이나 등 이른바 지구적 근대의 주변부에 속했던 나라의 청중이 바로 자신들의 이야기라며 더 뜨겁게 공감했던 기억이 아직도 새롭다. 가장 날카롭게 반발한 것도 주로 이 지역의 청중이었다. 베를린의 한 청중은 관련된 모든 당사자를 불편하게 만드는 나의 '놀라운 재주'에 놀랐다고 해서 나를 놀라게 했다.

희생자의식 민족주의 개념과 함께 지구적 기억 공간을 떠돌면서, 인문사회과학의 설득력은 연구자 자신의 개인적·역사적 삶의 경험에 뿌리박은 고유한 문제의식과 그 경험을 추상화할 수 있는 이론적 힘에 있다는 것을 깨달았다. 이 연구는 '서양'이 이론을 제시하고 '동양'은 이론에 경험자료를 제공하는 불평등한 학문적 분업 체제에 안주하는 대신, 지구적 근대의 주변부인 동유럽과 동아시아의 경험에 천착한 독자 이론을 제시했다는 데 의의를 두고 싶다. '희생자의식 민족주의'

의 현실 정합성은 아직 세월의 비판을 견뎌내야 한다. 역사를 이론에 꿰맞출 수는 없으니 두고 볼 일이다.

경험 연구로서의 이 책은 10년 이상 다국적 아카이브에서 영어·폴란드어·독일어·일본어·한국어 자료를 수집·분석하고 연구한 결과물이다. 히브리어 자료를 읽지 못한다는 한계는 아프게 인정하지만, 공식 외교문서부터 학계와 언론 등 공론장에서의 논쟁, 증언 자료, 신문·잡지 기사, 영화·만화·소설·드라마 등의 대중문화 장르, SNS 등 인터넷 미디어에 이르기까지 지구적 기억 공간의 구석구석에서 희생자의식 민족주의의 서사를 생산·유통·소비하는 양상을 원자료 중심으로 살펴보려고 노력했다. 자료를 읽다 보면, 희생자의식 민족주의는 일국적 경계에 갇혀 있는 파편적 기억이 아니라 비유·병치·상호 참조 등을 통해 트랜스내셔널하게 '얽혀 있는 기억'이라는 게 분명해진다. 단언컨대, 민족주의는 일국사적 관점에서 이해할 수 없다.

인식론적으로 이 책의 초점은 희생자의식 민족주의의 '역사'보다는 그것을 구성하고 재현하는 '기억의 역사'에 놓여 있다. 기억은 문서 자료의 실증적 보조 수단이 아니라, 과거를 재현하고 역사를 구성하는 인식론적 정치의 중요한 장치이다. '기억의 현상학'적 관점에서 출발하는 이 책은 '집단 기억'과 '문화적 기억'에서 출발하는 탈학제적 기억 연구, 집단 기억의 트랜스내셔널한 성격을 강조하는 '얽혀 있는 기억', 지구적 기억구성체에서 작동하는 희생자의식 민족주의에 대한 '지구사' 방법론에 기대고 있다.

실천적으로 이 책은 동아시아의 '기억 체제'에 대한 담론적 문제 제기다. 동아시아의 한 모퉁이에 뿌리박고 사는 지식인의 한 사람으로서

나는 '정치 체제'를 넘어 '기억 체제'의 교체가 절실하다고 생각해왔다. 희생자의식 민족주의가 지배하는 기억 체제를 그대로 둔 채 정치 체제의 변혁을 추구하는 전략은 역사적 파산을 선고받았다고 해도 과언이 아니다. 기억 전쟁에서 논란이 되는 특정한 과거에 대한 진실 게임을 넘어, 진리를 구조화하는 힘으로서 동아시아를 관통하는 기억 체제의 문제를 고민해야 하는 시점인 것이다. 희생의 비대칭성에 충분히 유의하면서 '희생자의식 민족주의'를 희생시키는 것은 동아시아 기억 체제의 바람직한 미래를 여는 첫걸음이다.

*

희생자의식 민족주의는 희생을 먹고 산다. 이 책도 그렇다. '희생자의식 민족주의'라는 개념과 씨름한 지 14년이 흘렀으니, 그 세월만큼이나 큰 '희생'이 있었다. 많은 선학과 동료 연구자들의 가르침과 우정 그리고 국내외 기관들의 지원이 없었다면 이 책은 미완의 과제로 남았을 것이다.

차하순, 반성완, 뤼트케(Alf Lüdtke), 바우만(Zygmunt Bauman), 티흐(Feliks Tych), 칸체비츠(Jan Kancewicz), 글룩(Carol Gluck), 니시카와 나가오(西川長夫), 사카이 나오키(酒井直樹), 하르투니언(Harry Hartoonian), 이거스(Georg Iggers), 가이어(Michael Geyer), 야라우쉬(Konrad Jarausch), 코카(Jürgen Kocka), 코너(Paul Corner), 실리바(Michał Śliwa), 발덴베르크(Marek Waldenberg), 쿨라(Marcin Kula), 매닝(Patrick Manning), 스테른헬(Zeev Sternhell), 헤셸(Susannah Heschel), 후지타니(Takashi Fujitani), 에커트(Carter

Eckert), 로젠하프트(Eve Rosenhaft), 앙(Ien Ang), 이베코비츠(Rada Ivekovic), 라바브르(Marie-Clare Lavabre) 등에게 먼저 감사드린다. 몇 분은 유명을 달리했지만, 이들의 말투와 표정 하나하나까지 어제 일처럼 기억이 생생하다.

국경을 넘는 역사 연구의 오랜 동반자 버거(Stefan Berger), 미델(Matthias Middell), 하들러(Frank Hadler), 콘라드(Sebastian Conrad), 작센마이어(Dominic Sachsenmaier), 지구적 기억 연구의 아스만(Aleida Assmann), 쾨슬러(Reinhart Kössler), 리니(Ann Rigney), 모시스(Dirk Moses), 로스버그(Michael Rothberg), 트라바(Robert Traba), 바브지니아크(Joanna Wawrzyniak), 뷔스텐베르크(Jenny Wüstenberg), 보그미우(Zuzanna Bogumił), 동아시아 역사 포럼의 이와사키 미노루(岩崎稔), 나리타 류이치(成田龍一), 이성시(李成市), 와타나베 나오키(渡辺直紀), 이타가키 류타(板垣竜太), 박환무, 윤해동, 도면회, 고야마 사토시(小山哲), 한국 학계의 이훈상, 윤상인, 김소영, 김성례, 김용우, 신성곤, 김현식, 황보영조, 전진성, 이근관, 김상현, 전재호, 이소영, 서강대학교 트랜스내셔널인문학연구소(CGSI) '지구적 기억의 연대와 소통' 프로젝트팀의 정면 교수와 연구원들, '신촌 삼각형'의 류석진, 우찬제, 김은실, 이철우, 이석구 등도 모두 큰 힘이 되었다.

베를린 고등학술원(Wissenschaftskolleg zu Berlin), 빌레펠트 대학, 국제일본문화연구센터(日文研), 프랑스 고등사회과학원(EHESS), 파리 2대학과 10대학, 히토츠바시 대학, 바르샤바 대학, 크라쿠프 사범대학, 타이완교통대학, 라이프치히 동유럽인문학센터(GWZO), 컬럼비아 대학은 길게는 1년에서 짧게는 1개월간 현지 연구와 집중 강의를 지원했다.

이 책의 골격은 대부분 그때 만들어졌다. 에르푸르트 대학, 코넬 대학, 하버드 대학, 듀크 대학, 중산 대학, 아루스 대학, 도쿄 대학, 나고야 대학, 핀란드 과학아카데미, 탐페레 대학, 베를린 자유대학, 루르-보쿰 대학, 브레멘 야콥스 대학, 튀빙겐 대학, 라이프치히 대학, 슈체친 대학, 웨스턴시드니 대학, 뉴욕 시립대학, 피츠버그 대학, 보아지치 대학, 슬로베니아 과학아카데미, 와세다 대학, 하와이 주립대학, 켄터키 대학, 오사카 대학, 암스테르담의 전쟁·홀로코스트·제노사이드 연구소(NIOD), 베를린 강제노동 자료센터, 키예프 국립대학, 도쿄 인터내셔널 하우스, 토론토 대학, 브로츠와프의 '기억과 미래' 포럼, 경북대학교, 연세대학교, 성균관대학교, 동아대학교, 전남대학교에서의 강연과 토론은 생각을 정리하는 데 큰 도움이 되었다. '2차'도 늘 생산적이었다. 코로나19로 발이 묶이니, 이들의 환대와 강연 여행은 더 아쉽고 즐거운 추억이 되었다. 짧지 않은 강의 공백을 너그러이 인정해준 한양대학교와 서강대학교, 5년에 걸쳐 '우수학자' 연구기금을 제공해준 한국연구재단에도 깊이 감사드린다.

휴머니스트와 다시 호흡을 맞춘 것은 큰 행운이었다. 책의 마무리 단계에서는 모틸린스카(Ewa Motylińska)와 문진영이 사회적 미디어를 확인했고, 김태인이 색인과 참고문헌을 정리했다. 학부와 대학원의 내 학생들은 재기발랄함으로 나를 자주 놀라게 했다. 이 세대가 희생자의식 민족주의를 희생시키는 기억 문화의 주역이 된다면 더 바랄 나위가 없겠다.

차례

VICTIMHOOD NATIONALISM

I. 기억

In memory of
hundreds of thousands of women and girls from
Korea, China, Taiwan, the Philippines, the Netherlands,
and Indonesia who were forced into sexual slavery by
the Armed Forces of Imperial Japan
before and during World War II.
Dedicated on March 8, 2013
County of Bergen, New Jersey
Bergen County Executive
The Board of Chosen Freeholders
Comfort Women Memorial Committee
Residents of Bergen County

뉴저지주 버건 카운티 법원 앞 정원 속 '기억의 섬(memorial island)'에 서 있는 기념비들은 기억의 지구화를 상징한다. 세계 '여성의 날'인 2013년 3월 8일 일본군 '위안부' 기림비를 추가함으로써 기억의 섬은 미국 노예제, 아일랜드 대기근, 아르메니아 제노사이드, 홀로코스트, 일본군 '위안부' 희생자를 나란히 기리고 있다. 사진 출처 © 연합뉴스

희생자의식 민족주의가 자기 민족의 도덕적 명분을 확보하기 위해 가해자와 희생자의 범주를 자의적으로 나누고 희생자의 위계질서를 만들어 경쟁을 격화시킬 것이라는 우려는 이미 현실이 되었다. 실제로 이스라엘-팔레스타인 그룹 대화의 경험은 인권적 감수성의 확대가 트랜스내셔널한 연대와 인권에 기반한 도덕적 행동보다는 자기 종족의 결속을 강화해 인종적 경계를 더 뚜렷하게 만든다는 점을 보여준다. 기억의 전제는 희생자만이 과거를 정확하게 기억하고 평가할 수 있다는 '당사자주의'를 낳고, 당사자주의는 외부의 비판적 접근을 아예 막아버림으로써 희생자의식 민족주의의 배타성을 옹호하는 인식론적 무기로 작동한다.

민족주의의 지구사

지성사의 관점에서 20세기 후반의 지구화는 상상력의 지구화였다. 상상력의 지구화는 세상을 인식하고 실천하는 우리네 삶의 방식을 바꾸어놓았다. 인간의 상상력이 민족의 경계에서 해방되자 '방법론적 민족주의(methodological nationalism)'에 대한 회의가 일고 국민국가의 자연법적 지위가 흔들렸다.[1] '방법론적 민족주의'의 터널 비전에서 벗어나자 민족주의의 국제적이고 트랜스내셔널한 성격이 드러났다. 민족은 한 사회 내부에서 먼 과거로부터의 역사적 진행에 따라 자연스레 생성되어 민족적 정체성을 공유하면서 독자적으로 발전하며, 개별 민족이 모여 국제관계를 구성한다는 널리 퍼진 상식은 민족주의가 만든 환상이었다. 현실의 인과관계는 그 반대였다. 민족의 고유성에 대한 민족주의적 상상은 트랜스내셔널한 담론 공간에 배치된 다른 민족과의 비교를 전제로 한다. 먼 옛날부터 내려온 영속적 실체처럼 느끼는 공감의 민족공동체는 트랜스내셔널한 역사적 상상력이 전제될 때 가능한 것이었다.[2] 민족주의가 당연히 민족적이라는 생각은 민족주의에 대한 가장 흔한 오해였다.

민족주의는 일국적 지평에서 구성될 수 없는 것이었다. 적어도 영어의 용례는 '인터내셔널'이라는 용어가 널리 퍼진 후에야 '민족주의'라는 용어가 등장했다는 것을 알려준다.[3] 주권과 영토를 지닌 근대적 주권 국가의 탄생을 알린 1648년 베스트팔렌 국제 조약, 1760~1820년 남아메리카의 크리올 민족주의, 영 제국에 반기를 든 1776년 미국의 저항 민족주의, 1789년 프랑스 자코뱅의 공화주의적 민족주의, 프랑스 혁명을 보편화한 1791년 아이티 '블랙 자코뱅'의 해방 민족주의, 1848년 혁명 당시 중동부 유럽을 휩쓴 낭만적 민족주의, 19세기를 관통한 '청년 이탈리아당(La Giovine Italia)', '청년 아일랜드당(Éire Óg)', '청년 튀르크당(Genç Türkler)' 등의 대중적 민족주의, 제1차 세계대전을 전후한 레닌과 윌슨의 민족자결주의, '제3세계'의 반식민 저항 민족주의와 1955년 반둥체제, 제국에 대한 우울한 향수를 바탕으로 21세기에 부상한 미국의 트럼프주의와 브렉시트 영국의 멜랑콜리 민족주의, 일본의 히키코모리 민족주의에 이르기까지 민족주의는 트랜스내셔널한 국제 정치와 지구화의 부산물이었다.[4] 발생론적으로나 인식론적으로 민족주의는 트랜스내셔널할 수밖에 없다는 '비상식적' 상식이 이 책의 출발점이다.

민족주의는 트랜스내셔널하다는 상식에서 '희생자의식 민족주의'도 예외는 아니다. 희생자의식 민족주의는 후속 세대들이 앞 세대가 겪은 희생자의 경험과 지위를 세습하고, 세습된 희생자의식을 통해 현재 자신들의 민족주의에 도덕적 정당성과 정치적 알리바이를 부여하는 기억 서사이다.[5] 기억 서사로서의 희생자의식 민족주의는 가해자 민족을 선험적으로 전제한다. 가해자가 없는 희생자를 생각하기 어렵듯이, 가해자 민족 없는 희생자 민족은 상상하기 어렵다. 가해자 민족과 희생자 민족이 함께 구성하는 '부정적 공생(negative symbiosis)'의 인식론적 프레임은 20세기 희생자의식 민족주의의 지구사를 구성하는 연쇄 고리다. 제2차 세계대전 이후 독일인과 이스라엘인이 집단적 정체성을 구축해온 과정은 홀로코스트의 가해자와 피해자라는 부정적 공생의 틀 밖에서 생각하기 어렵다.[6] 독일-이스라엘의 정체성 정치를 규정하는 부정적 공생의 틀은 무대를 옮겨 이스라엘-팔레스타인의 관계에서 재생산된다.[7] 조선을 식민지화한 일본 제국주의와 전후 한국의 희생자의식 민족주의 역시 인식론적으로 공모관계를 맺고 있다. 1853년 페리 제독의 '흑선 내항' 이래 서양 제국주의의 희생자였다는 일본의 집단 기억은 일본 제국주의에 대항한 식민지 조선의 저항 민족주의와 기억의 코드를 공유하고 있다. 영국의 식민주의와 인도의 반영 민족운동은 정치적 적대관계에도 불구하고 식민주의의 게임 규칙을 공유하는 '친밀한 적(intimate enemy)'이었다.[8]

희생자의식 민족주의의 지구사는 가해자와 희생자가 끝없는 사슬처럼 이어지는 부정적 공생 관계로 구성된다. 제국주의와 민족주의, 식민주의와 식민지, 가해자와 희생자, 서양과 동양은 트랜스내셔널한 담론 공간에 같이 배치될 때 인식론적 공모 관계가 더 분명하게 드러난다. '동양 연구(Ostforschung)'라는 이름으로 폴란드를 식민주의적으로 연구한 독일판 오리엔탈리즘과 독일 연구를 '서양 연구(Studia Zachodnia)'라 불렀던 폴란드판 옥시덴탈리즘은 함께 배치될 때 그 공모적 성격이 잘 드러난다.[9] 청일전쟁과 러일전쟁을 거치면서 아시아 이웃을 오리엔트화한 일본 제국의 지식 권력인 '동양사(東洋史)'-'식민지 정책학(植民地政策学)'은 그에 맞서 조선 고유의 정체성과 내재적 발전론을 구축한 조선의 '국사'-'국학'과 뗄 수 없는 관계다.[10] 서양의 오리엔탈리즘과 동양의 옥시덴탈리즘은 지식 권력의 영향력이라는 점에서 비대칭적이지만, 인식론적 공모를 통해 상상의 지리를 본질화하고 서양과 동양의 담론적 경계를 '지리적 사실'로 확정한다. 희생자의식 민족주의의 상상과 서사 역시 희생자 민족 혼자 구성할 수는 없다. 희생자의식 민족주의를 적절히 파악하기 위해서는 물밑에서 작동하는 제국과 민족, 지구화와 국민화, 탈역사화와 과잉역사화, 비판과 옹호, '집합적 유죄'와 '집합적 무죄', 용서와 화해, 부정과 연대의 서사가 교차하는 기억 정치의 복잡한 메커니즘을 이해할 필요가 있다. 가해 민족과 피해 민족의 서로 얽혀 있는 역사를 같은 지평 위에 놓고 분석하는 트랜스내셔널한 접근이 희생자의식 민족주의의 역사 서술에서는 불가피한 것이다.

이 책은 한국과 일본, 폴란드와 독일, 독일과 이스라엘, 폴란드와 이스라엘이 맺고 있는 트랜스내셔널한 관계 속에서 희생자의식 민족주의를 분석한다는 의도에서 출발했다. 그런데 찬찬히 들여다보면 희생자의식 민족주의의 역사는 가해 민족 대 피해 민족이라는 트랜스내셔널한 대쌍(對雙) 관계를 넘어 지구사의 차원으로 확장되어 있다. 제2차 세계대전 이후 동아시아와 동유럽에서 희생자의식 민족주의가 전개된 양상을 추적하다 보면 가해자와 희생자 대쌍 관계를 넘어 복합적이고 다차원적으로 접근할 수밖에 없음을 깨닫게 된다. 동아시아의 희생자의식 민족주의를 이해하기 위해서는 중요한 국가적 행위자인 미국과 러시아는 물론이고 동남아시아를 식민화했던 네덜란드·프랑스·

영국 등의 유럽 식민주의 국가들도 사정권에 넣지 않을 수 없다. 독일-폴란드-이스라엘의 희생자의식 민족주의도 비슷한 상황이다. 당사자인 3개국 외에도 미국과 소련, 나토와 바르샤바 조약 기구, 구 식민지, 특히 아랍-아프리카의 민족해방운동과 비동맹운동 등이 역사적 행위자로 깊이 연루되어 있다. 아시아와 아프리카를 선점한 서유럽 식민주의와 추축국의 후발 식민주의가 경합하는 식민주의의 지구적 경쟁체제, 나치의 홀로코스트와 이오시프 스탈린의 정치적 제노사이드, 공산주의 진영-반공 진영-비동맹운동, 반식민주의와 탈식민주의 사이의 긴장과 갈등으로 이어져온 식민주의와 냉전의 세계사가 희생자의식 민족주의의 전개 과정과 복잡하게 얽혀 있는 것이다.

자료를 읽으면 읽을수록 결국 가해자 민족 대 희생자 민족의 쌍방관계 속에서 희생자의식 민족주의의 트랜스내셔널한 역사를 쓰겠다는 원래 계획은 지구사의 규모로 관심과 전망을 넓힐 수밖에 없었다. 아파르트헤이트와 미국의 노예제, 나미비아 선주민에 대한 독일 제국의 식민주의적 학살과 나치의 홀로코스트, 아르메니아 제노사이드와 홀로코스트, 베트남전쟁과 알제리 독립전쟁, 르완다의 투치 학살과 유고슬라비아 내전의 인종 청소, 일본군 '위안부'와 유고슬라비아 내전의 조직적 성폭력, 나치 강제수용소의 성매매 강제노동과 이슬람국가(IS)의 성노예제, 스탈린주의와 중남미 군부독재의 정치적 제노사이드, 아시아·아프리카 개발독재의 정치 폭력과 민간인 집단학살, 미국 서부 백인 정착민의 아메리카 인디언 학살과 오스트레일리아 식민 정착자의 선주민 제노사이드 등에 대한 기억이 서로 얽혀 구성된 희생자 중심의 지구적 기억 문화는 엄연한 현실이었다.[11] 희생자 중심의 지구적 기억 문화는 희생자의식 민족주의가 지구사적 현상으로 등장하고 작동하는 담론과 실천의 토대가 되었다. 희생자의식 민족주의는 기억의 지구화라는 21세기의 역사적 조건 속에서 민족주의가 어떻게 자기 변신을 시도하고 있는가를 요약해서 보여준다. 희생자의식 민족주의의 지구사는 역사를 보는 관점을 넘어 경험 연구 차원에서도 불가피한 선택지였다.[12]

지구적 기억구성체의 형성

21세기 지구화의 특징은 지구화 담론의 축이 상상력에서 기억으로 이동하고 있다는 점이다.[13] '기억의 지구화' 시대에 들어선 것이다. 제2차 세계대전이 끝나고 대규모의 피란민이 국경을 넘어 이주할 때, 이들의 이삿짐 속에는 자기네 고유한 기억이 빠지지 않고 들어 있었다. 국경과 바다를 건너 이주한 낯선 장소에서 뜻하지 않게 만나 얽힌 이주민의 기억은 기억의 지구화를 향한 첫걸음이었다. 이데올로기적 진영논리에 집단 기억을 묶어놓았던 냉전 체제가 막을 내리자 기억의 지구화는 더욱 가속화되었다. 지구화된 기억 경관은 매우 역동적인 그림을 보여준다. 홀로코스트가 대서양 노예무역과 식민주의 제노사이드의 기억을 일깨우는 전례가 되고, 식민주의적 폭력의 기억은 다시 홀로코스트의 기억을 소환한다. 일본군 '위안부' 문제가 나치의 강제수용소나 동유럽 전선에서 일어난 성폭력의 기억을 불러내는 촉매제 역할을 하는가 하면, 유고슬라비아 내전 당시 자행된 보스니아계 이슬람 여성에 대한 조직적인 성폭력은 거꾸로 일본군 '위안부' 문제에 대한 지구적 시민사회의 감수성을 강화한다. 기억의 지구화는 서구 중심의 기억 연구에서 벗어나는 계기이기도 했다. 식민주의적 폭력과 제노사이드, 전시 성폭력 등에 대한 아시아·아프리카·중남미의 집단 기억이 서구중심적 기억 문화를 넘어서는 기억의 '반둥 체제'가 결성된 것이다. 지구적 기억 공간에서 서로 다른 역사가 만나 경쟁하고 갈등하고 타협하고 연대하면서 어깨를 나란히 하는 모습은 21세기 지구화의 꽤 익숙한 풍경이 되었다. '얽혀 있는 역사(entangled history)'를 넘어 '얽혀 있는 기억(entangled memory)'의 관점에서 희생자의식 민족주의를 고찰해야 하는 이유도 여기에 있다.[14]

21세기 기억의 지구화는 '지구적 기억구성체(global memory formation)'를 출현시켰다.[15] 이 책에서는 '사회구성체'의 패러디로 '기억구성체'를 제시한다. 사회구성체가 다양한 경제적·정치적·사회적 관계의 총합이라면, 기억구성체는 집단 기억을 구성하고 규율하는 실재적이고 서사적 관계의 총합이다. 기억구성체는 정치·사회·경제·문화·언어·종교 등이 결합하는 양상에 따라 성격이 달라지며, 실재와 인식, 사실과 기억, 과거와 현재 사이의 모순을 반영하는 복합적 인식의 그물망이다. 과거를 어떻게 기억하는가에 따라 미래를 향한 실천방식이 달라진다는 점에서 서사적 총합으로서의 기억구성체도 물질적 힘을 갖는다. 더구나 기억은 사람의 마음과 감성을 움직이는 정동적(affective) 차원을 지니고 있다는 점에서 어떤 이론이나 담론보다 실천적 효과가 더 크고 그만큼 파괴력도 더 크다. 일본군 '위안부' 문제 등을 둘러싼 동아시아의 기억 전쟁, 동유럽의 스탈린주의 범죄와 홀로코스트 논쟁, 독일-이스라엘-아프리카를 잇는 식민주의 제노사이드와 반유대주의 논쟁은 기억의 파괴력을 여실히 보여주었다.[16] 2020년 '흑인의 생명은 소중하다(Black Lives Matter)' 운동과 함께 대서양을 건너 들불처럼 퍼진 노예제 및 식민주의 동상 파괴 시위는 순식간에 사회적 감정을 들끓게 만드는 정동적 기억의 힘을 다시 한번 과시했다.

기억은 본질적으로 고정된 과거를 확인하는 수동적 학습이 아니라 끊임없이 유동하는 과거를 포착하는 인식의 과정이다. 과거에 대한 기억은 지금 만들어지고 있다는 점에서 기억은 '현재'의 역사다. "무엇을 기억하는가"라는 물음을 "누가 기억하는가"라는 물음으로 대체하자는 폴 리쾨르(Paul Ricoeur)의 '기억의 현상학'에 대한 제안은 이 점에서 주목된다.[17] 기억은 단순히 과거 사실을 반영하기보다는 과거를 재구성하는 능동적 인식 작용이다. 누가 어떤 틀로 기억하고 인식하는가에 따라 과거가 바뀌는 것이다. 미래는 예측할 수 있지만 과거는 예측할 수 없다는 구소련의 정치 유머는, 기억의 현상학을 예리하게 드러내 준다. 기억의 현상학이라는 관점에서 보면, 21세기 기억의 지구화는 집단 기억을 민족으로부터 구출했다는 데 큰 의미가 있다. 국민국가의 경계 안에 갇혀 있던 다양한 기억이 국경을 넘어 부딪히고, 갈등하고, 경쟁하고, 견제하고, 화해하고, 조율하고, 협상하는 기억의 지구화와 더불어 집단 기억의 주체로서 국민국가가 가졌던 독점권은 현저히 약해졌다. 인식론적 차원에서 탈식민주의 또는 탈민족주의 패러다임이 등장하면서 기억 보관소, 기억 큐레이터, 기억의 목적지로서 국민국가가 가진 특권은 흔들렸다. 그러나 그것은 지구적 기억이 민족적 기억을 대체하는 식의 양자택일적 변화는 아니었다. 과거에는 이견으로만 존재했던 지방-국가-세계적 차원의 기억이 마찰을 빚으면서도 만나고 수렴되어 단일한 지구적 기억이 탄생했다기보다는 '다중적 목소리(multivocality)'가 지구적 기억구성체 안에 비대칭적이고 불평등한 형태로나마 자리 잡기 시작했다고 보는 게 맞을 것이다.[18]

기억의 지구화는 21세기에 갑자기 나타난 현상이라기보다는 제2차 세계대전 직후부터 서서히 시작된 점진적 과정이었다. 제2차 세계대전이 끝나자 피란민, 강제 이주자, 실향민, 탈주자, 추방자, 이민자 집단이 전례 없는 규모로 낯선 땅에 이주·정착하면서 식민주의, 전쟁, 제노사이드에 대한 이들의 기억도 같이 이주했다. 역사 속에서는 한 번도 마주친 적이 없는 희생자의 기억이 지구적 기억 공간에 나란히 배치되어 모방하고 전유하고 서로를 참조하고 얽히면서 지구적 기억구성체를 형성하기 시작했다.[19] 지구 한편의 사람들이 반대편에서 일어난 사건을 통해 자신의 과거를 비추어보기 시작하면서 서로가 얽혀 있음을 인식하기 시작한 것이다. 지구적 기억구성체의 등장은 "이 끔찍한 역사는 내게 일어난 일이 아니지만, 내게도 일어날 수 있는 일"이라는 자각을 가져왔고, 이 자각은 역사적 감수성을 지구적 차원으로 넓혀주었다. 더 나아가 "이 끔찍한 일은 내가 저지른 일이 아니지만, 내가 저지를 수도 있는 일"이었다는 자각은 도덕적 성찰의 경종을 울렸다. 평범한 우리 중의 그 누구라도 특정한 조건 속에 놓이기만 하면 홀로코스트, 제노사이드, 인종 청소의 무고한 희생자뿐 아니라 끔찍한 가해자가 될 수 있다는 자각은 지구적 기억구성체의 묵시록적 예언이었다.[20] 홀로코스트의 기억이 인류 공통의 도덕적·정치적 규범을 제시하는 '지구적 시민 종교(global civil religion)'로 우뚝 선 배경에는 묵시록적 예언을 막아야겠다는 절박함이 있었다.[21]

지구적 기억구성체는 담론과 실천을 규율하는 지식 권력의 장이자 헤게모니의 그물망이기도 하다. 정치·경제·사회 체제의 구조적 변화를 넘어서 기억구성체의 변화가 중요한 것도 그 때문이다. 민족주의적으로 구획되고 영토화된 기억 문화를 그대로 둔 채 변혁을 추구하는 국제정치의 전략은 이미 역사적 파산을 선고받았다. 오늘날 동아시아와 동유럽에서 특히 고조되고 있는 기억 전쟁은 개별 국가의 정권 차원을 넘어서 지구적 기억구성체 차원에서 고민하고 실천하라고 요구한다. 역사적 사실이 규명되고 진실이 밝혀지면 국제 분쟁이 해소되리라는 생각은 너무 순진하다. 진실과 사실이 어긋나는 아우슈비츠의 아포리아가 보여주듯이, 많은 경우 문제는 역사적 사실이 아니라 과거에 대한 기억이다.[22] 설혹 모든 사람이 정확한 과거 사실을 인식할 수 있다고 해도, 그 사실이 어떤 의미인지에 관해 분쟁의 당사자들이 다 같이 동의하는 객관적 해석을 기대하기는 어렵다. 희생자의식 민족주의의 지구사에 대한 이 연구가 과거 사건에 대한 진실 게임을 넘어서 기억 문화와 기억 정치의 문제를 다루려는 것도 이 때문이다. 각국의 과거 청산 작업은 대개가 자기 민족의 미래를 투사하기 위해 과거를 재구성하는 국가적 프로젝트였으며, 기억은 주로 국민국가의 경계 안에서 생산·유통·소비되는 정서적 재화였다.

기억의 주체라는 관점에서 볼 때, 희생자의식 민족주의는 국가권력이 위에서 찍어 누르는 공식 기억만으로는 영향력을 발휘하기 어렵다. 희생자의식 민족주의는 국가의 공식 기억(official memory), 시민사회의 다양한 집단 주체가 만들어내는 민간 기억(vernacular memory), 개개인의 내밀한 기억(personal memory)이 서로 조응할 때 역동성을 갖는다.[23] 이 기억들에 순위를 정해 줄을 세우는 것은 불가능하다. 이들은 맥락에 따라 중요성을 달리하면서 기억 문화를 같이 구성하는 관계적인 범주다. 희생자의식 민족주의의 설득력과 파괴력은 한 국가 안에서 지배 권력의 공식 기억과 하위주체의 풀뿌리 기억이 서로 얽히면서 만들어내는 긴장 관계에서 나온다. '국민적 정체성'을 구축함으로써 기존의 국가 질서를 재생산하려는 위로부터의 정치적 의도와 역사의 '희생자'로 인정받음으로써 자신의 존재론적 안정성을 확보하려는 하위주체의 생존 전략이 조응할 때 힘이 생기는 것이다. 공식 기억이 민간 기억과 반드시 모순되지도 않고, 또 민간 기억이 공식 기억보다 항상 건강하거나 바람직한 것도 아니다. 기억의 서사적 모델로서 희생자의식 민족주의의 헤게모니적 효과는 한 사회의 집단적 기억에서 지배와 공모, 강제와 동의, 복종과 저항 사이의 경계를 흐릿하게 만든다. 위에서 덮어 씌운 공식 기억과 밑에서 자라난 풀뿌리 기억 사이의 경계는 생각만큼 뚜렷하지 않을 때가 많다. 보통 사람들의 '마음을 움직이는 기억(affective memory)'으로서의 희생자의식 민족주의가 어떻게 기억 문화를 규율하고 어떠한 헤게모니적 효과를 가져오는지에 대한 이해가 필요한 것도 이 때문이다. 논리를 넘어 심금을 울리는 '희생'에 대한 기억이 사람들의 심성과 감정을 움직인다는 점에서 희생자의식 민족주의의 정서적 호소력은 더없이 크다.[24]

국제정치의 역학관계 역시 희생자의식 민족주의의 행로에 영향을 미치는 중요한 변수였다. 냉전 체제의 제약 속에서 개별 국가가 제2차 세계대전에 대한 기억을 관리하는 방식은 이데올로기적 진영 정치의 조율을 거쳐 나치즘과 스탈린주의의 범죄 가운데 하나를 선택하는 것이었다. 나토 동맹국들은 나치 독일의 범죄행위에 눈을 감고 서독에

손을 내밀었고, 동유럽의 사회주의 형제국들은 사회주의 모국 소련이 저지른 붉은 테러에 대한 기억을 지워버렸다. 기억은 선별적이었다. 국가 공식 기념행사에서 동맹국이 저지른 범죄를 기억하는 행위는 금기였고, 적대 진영의 반인륜적 범죄만 강조되었다. 서구의 나토 진영이 스탈린의 반유대주의를 부각해서 동맹국 서독의 홀로코스트를 상쇄하려 했다면, 소련-동구의 공산 진영은 홀로코스트를 독점자본주의의 원죄로 환원했다. 사회주의 동독은 자본주의적 범죄인 홀로코스트에 대한 죄의식이 없었고, 서독은 소련 및 폴란드나 체코슬로바키아 등 사회주의 이웃 국가들의 독일 민간인 학대에 목청을 높였다.

매카시즘의 발밑에 있던 미국의 반공주의 대중문화는 볼셰비즘의 아시아적 야만으로부터 서구 문화를 지키기 위한 독일군의 영웅적 희생과 초인적 용기를 강조하는 대신, 독일군이 홀로코스트의 공범자였다는 기억을 지워버렸다.[25] 핵무기 비밀을 소련에 넘긴 로젠베르크 스파이 사건 이후 유대계 미국인에게 홀로코스트의 기억보다 시급한 것은 공산주의자 혐의에서 벗어나는 것이었다. 소련을 비롯한 공산주의 진영의 공식 기억 역시 홀로코스트의 유대인 희생자를 소련 시민 또는 폴란드 인민으로 환원함으로써 희생자의 정체성을 획일화했다.[26] 프롤레타리아 국제주의는 부르주아 코즈모폴리터니즘에 대한 안티테제였지만, 민족 공산주의자들의 반유대주의를 은폐하는 이데올로기이기도 했다. 1989년 베를린 장벽이 무너지고 1991년 소련이 해체될 때까지, 제2차 세계대전에 대한 기억은 이처럼 구멍이 숭숭 뚫린 채로 남아 있었다. 냉전 체제가 집단 기억의 국민화에 영향을 미친 것은 분명하지만, 개별 국민국가들이 공식 기억의 국민화를 위해 냉전 체제를 이용한 측면도 있었다.

냉전 체제의 붕괴는 21세기 기억의 지구화를 촉진했고, 기억의 주체는 한결 그 외연이 넓어졌다. 탈냉전 시대 지구적 기억구성체의 가장 큰 특징은 홀로코스트와 식민주의 제노사이드, 스탈린의 정치적 제노사이드에 대한 기억이 서로 얽히기 시작했다는 점이다.[27] 뉴저지주 버건 카운티 법원 앞 정원 속 '기억의 섬(memorial island)'에 서 있는 기념비들은 기억의 지구화를 상징한다. 세계 '여성의 날'인 2013년 3월 8일 일본군 '위안부' 기림비를 추가함으로써 기억의 섬은 미국 노예제, 아일랜드 대기근, 아르메니아 제노사이드, 홀로코스트, 일본군 '위안부'의 희생자들을 나란히 기리고 있다.[28] 기억의 섬은 미국으로 이주한 다양한 희생자의 기억이 연대하는 상징으로 지구적 기억구성체의 현주소를 잘 보여준다. 이 희생자들은 신대륙 미국에서 각각의 아픔을 기리는 기억 속에서 처음 만났다. 태평양과 대서양에 가로막혀 완전히 동떨어져 있던 역사가 미국이라는 낯선 땅에서 이민자의 기억으로 만나 얽히면서 지구적 기억구성체의 한 부분을 이룬 것이다. 지구적 기억구성체는 이처럼 시·공간적으로 고립되고 파편화된 기억들이 국가와 대륙, 대양을 가로질러 이주한 낯선 땅에서 서로 만나 얽히면서 형성되었다. '얽혀 있는 역사'가 아니라 '얽혀 있는 기억'이 이 새로운 현상을 이해하는 열쇠다. 국경을 넘어 얽혀 있는 기억 속에서 희생자의식 민족주의의 셈법은 훨씬 더 복잡해졌다.

내면적 지구화와 기억의 헤게모니

지구적 기억구성체는 식민주의, 전쟁, 제노사이드 등의 다양한 기억이 국경을 넘어 예상치 못한 장소에서 만나 서로 경합하거나 화해하고 격려하면서 기억의 장을 공유하며 형성되었다. 이렇게 형성된 지구적 기억구성체는 영토화된 일국적 기억의 물리적 합이 아니라 초국가적 기억이라는 새로운 실체를 만들어냈다. 대니얼 레비와 나탄 슈나이더에 의하면, 그것은 '내면적 지구화(internal globalization)'라 부를 만한 것이었다.[29] 일국적 기억 문화에서 지구적 기억 문화로의 이동은 내면적 지구화의 핵심이었다. 물질적 인프라에 대한 사회·경제적 지구화와 달리, 기억의 지구화는 인간 내면의 집단 심성을 지구화하는 기제였다. 기억의 지구화는 멀리 떨어진 타자의 고통에 대한 도덕적 감수성을 계발하는 계기였지만, 집단 기억의 민족주의적 경쟁을 지구적 차원으로 확대하고 심화하는 부작용도 낳았다. 희생의 경험을 가진 국가나 인구 집단 사이에 "누가 더 큰 희생자였는가를 둘러싼 역겨운 경쟁"을 촉발한 것이다.[30] 지구적 기억구성체는 민족·국가·인종·혈통의 경계를 넘어 탈영토화된 기억의 연대를 위한 무대였지만, 기억의 국제적 경쟁을 강화함으로써 자기 민족의 기억을 특권화하는 재영토화의 장이기도 했다. 탈영토화하는 기억과 재영토화하는 기억, 지구적 기억과 민족적 기억 사이의 긴장과 갈등은 지구적 기억구성체의 익숙한 풍경이 되었다. 연대와 갈등, 탈영토화와 재영토화, 지구화와 국민화 사이의 긴장은 지구적 기억 공간에 역동성을 불어넣는 요인이었다.

홀로코스트가 지구적 기억구성체의 모범답안으로 자리 잡는 과정 또한 탈영토화와 재영토화의 양면성을 잘 보여준다. '지구적 기억 공간(global memory space)', '트랜스내셔널 기억 문화(transnational memory culture)', '코즈모폴리턴적 기억(cosmopolitan memory)', '다방향적 기억(multidirectional memory)' 등의 다양한 논의는 희생자의식의 기억이 어떻게 탈영토화하고 탈민족화할 수 있는가를 잘 보여주는 예다.[31] 그러나 그것을 '지구적 기억 명령(global memory imperative)'이라는 이마누엘 칸트적 용어로 설명하기에는 아직 이르다. '서사적 표준'으로서의 홀로코스트는 집단적 희생의 기억을 촉발함으로써, 지구적 기억구성체 자체가 희생자의식 민족주의를 배양하는 온실이 되기도 했다. 특히 냉전의 이데올로기적 금기가 무너진 1990년대 이후에는 자신의 희생자의식을 정당화하기 위해 먼 곳에서 일어난 학살과 고통에 대한 타자의 기억을 자의적으로 해석하고 전유하는 경향이 뚜렷해졌다. 홀로코스트는 물론이고 미국 노예제, 식민주의 제노사이드, 정치적 제노사이드, 일본군 '위안부', 아파르트헤이트, 르완다와 유고슬라비아의 인종청소에 대한 기억이 지구적 기억 공간 속에서 얽히고 자의적으로 해석되면서 민족적 기억의 경쟁이 첨예해졌다. 기억의 탈역사화와 과잉역사화가 자주 눈에 띄는 것도 이 때문이다.

지구적 기억구성체는 국경을 넘는 연대뿐 아니라, 누가 더 큰 희생자였는지를 가리는 민족주의적 경쟁과 전유의 흔적으로 가득 차 있다.[32] 지구적 시민사회가 보편적 인권의 의미를 강조하고 세계 각지에서 인권을 지키자는 목소리가 커지면서 민족 담론 또한 영웅주의에서 희생자의식으로 옮겨가기 시작했다. 사회적 덕목으로서의 인권은 개개인이 계급·인종·성별을 넘어 타인의 고통에 공감하는 능력을 계발하고 야만성과 잔인성을 혐오하는 감정을 공유할 때 발전할 수 있었다. 요컨대 불의로 고통받는 타자의 아픔을 같이 나눌 수 있는 공감 능력이 인권의 기초였다.[33] '인류의 양심을 분노케 한 야만'을 겪은 제2차 세계대전에 대한 반성으로 국제연합(UN)이 '세계인권선언'(1948)과 '제노사이드 조약'(1948)을 공포함으로써 타인의 괴로움에 대한 공감 능력은 더 중요한 덕목이 되었다. 점차 고도화된 인권에 대한 감수성은 민족 담론이 영웅에서 희생자로 옮겨가고 희생자의식 민족주의가 출현하는 도덕적 배경이 되었다. 보편적 인권의 시각에서 보면 민족 영웅은 끔찍한 가해자인 경우가 많았다. 국경을 넘어간 영웅들은 다른 민족공동체로부터 공감을 얻기 어려웠으며, 테러리스트나 가해자로 기억되기 일쑤였다. 21세기 지구적 기억구성체에서 민족주의의 도덕적 자산은 영웅이 아니라 희생자였다.

인권적 감수성의 발전과 궤적을 같이하는 기억의 지구화는 대규모 인권 유린을 국제사회가 어떻게 기억할 것인가에 대한 도덕적 기준을 새롭게 제시했다. '도덕적 기억(moral remembrance)'이라 부르는 기억 문화는 희생자에 대한 공감을 중요시한다.[34] 기억을 만들고 기념하는 과정에 대한 유엔 보고서(2014)는 "기억 과정은 불의와 싸우고 화해를 촉진하는 수단"이라는 원칙을 분명히 했다. 기억과 기념의 의미는 과거의 사건을 기억하고 희생자의 명예를 기릴 뿐 아니라 교육과 의식화를 통해 미래에 있을지 모를 폭력을 미리 막는 데 있다는 것이다. 동시에 집단 기억이 자기연민의 희생자의식과 복수와 순교를 부추기는 메시지를 전달하는 경우가 너무도 많다는 점을 적시했다. 희생자 중심적 기억은 인권에 기반한 기억의 핵심 중 하나지만, 그것이 '기억의 전제(memorial tyranny)'로 흐르지 않도록 유의하라고 경고했다.[35] 기억 전쟁을 자기 민족의 명분을 정당화하는 기회로 삼아 가해자와 희생자의 범주를 자의적으로 나누고 희생자의 위계질서를 만들어 경쟁을 격화시킬 것이라는 보고서의 우려는 이미 현실이 되었다. 실제로 이스라엘-팔레스타인 그룹 대화의 경험은 인권적 감수성의 확대가 트랜스내셔널한 연대와 인권에 기반한 도덕적 행동보다는 자기 종족의 결속을 강화해 인종적 경계를 더 뚜렷하게 만든다는 점을 보여주었다.[36] 기억의 전제는 희생자만이 과거를 정확하게 기억하고 평가할 수 있다는 '당사자주의'를 낳고, 당사자주의는 외부의 비판적 접근을 아예 막아버림으로써 희생자의식 민족주의의 배타성을 옹호하는 인식론적 무기로 작동한다.

물론 보편의 이름으로 인권을 이상화하는 경향은 경계해야 마땅하다. 때때로 인권은 사회적 정의에 대한 감수성을 희석하는 세속적 자유주의 보수진영의 이념적 도구였고, 공산주의와 물질적 정의에 대한 요구를 묵살하기 위한 기독교 보수주의의 합리화 기제였다. 강대국의 군사 개입을 정당화하는 제국의 논리로 작동하기도 했다. 추상화되고 물화된 인권이 권력에 대한 비판적 개념에서 권력 구조의 일부로 뿌리내렸다는 평가도 일리가 있다.[37] 희생자의식 민족주의는 희생의 기억을 소환하여 인권을 제국의 논리로 환원함으로써, 내부의 인권탄압을 은폐하는 기제로 작동하기도 한다.[38] 그러나 인권탄압에 대한 주권 외부의 문제 제기를 제국주의의 내정간섭이나 인종주의적 공격이라고 몰아붙이는 것도 문제가 있다. 이데올로기로서의 인권이 문제점을 안고 있다고 해서 기본권으로서의 인권이 기억의 민주화에 미친 긍정적 영향을 부인하기는 힘들다. 유엔을 중심으로 한 지구적 인권 체제의 등장과 다양한 인권 캠페인은 타자의 고통에 대한 공감과 감수성을 계발했고, 증언의 형식으로 전하는 개개인의 이야기는 점차 중요도를 더해갔다. 홀로코스트와 식민주의 제노사이드, 일본군 '위안부' 등 희생자들의 증언은 공식문서에 기록되지 않은 과거를 되살리고 기억하는 중요한 기제였으며, 희생자들의 트라우마를 치유하는 첫걸음이었다. 그것은 인권침해를 지구적 기억 공간에 알리고, 추상으로만 존재했던 고통에 인간의 얼굴을 되돌려주었다. 덕분에 지구적 청자 공동체는 국경 넘어 다른 지역에서 벌어지는 인권침해와 폭력에 대한 2차적 증인이 될 수 있었다.[39] 문서로부터 증언으로의 인식론적 전환 없이는 희생자 중심적 기억이 출현할 수 없었다. 희생자의식 민족주의에 대한 이 책의 분석과 서술 또한 문서 중심의 '정통적' 역사 방법론을 넘어서 개개인의 내밀한 경험과 증언을 중시하는 기억 연구로 넘어간다. 기억이 갖는 희생자 중심적 시각 때문이다.

역사 서사와 기억 문화

이 책은 희생자의식 민족주의에 대한 기억의 역사를 시도한다. 아직 진행형인 '기억의 역사' 방법론은 여러 선행 연구에 빚지고 있다. 먼저 모리스 올박스(Maurice Halwachs)의 '집단 기억(collective memory)'과 얀 아스만(Jan Assmann)의 '문화적 기억(cultural memory)'을 거론하지 않을 수 없다.[40] 개별 인간은 가족·지역공동체·학문기관·국민국가 같은 제도화된 회로를 거쳐 과거를 인지한다는 올박스의 고전적 '집단 기억' 개념은 이 책의 입론에 소중한 방법론적 틀을 제공한다. 개인과 집단, 사적 기억과 공적 기억, 과거와 현재를 가르는 올박스의 이분법에 대해서는 유보적이지만, '집단 기억'에 대한 그의 통찰은 소중하기 짝이 없다. 아스만은 텍스트·의례·기념비 등의 문화적 구성물과 기억을 수행하는 제도화된 소통방식이 안정적이고 지속적인 '기억의 형상(figures of memory)'을 만들고, 그것이 한 사회나 국가의 구조화된 '문화적 기억'을 구성한다고 주장했다. 아스만에 따르면, 문화적 기억은 일상에 뿌리박은 개개인의 기억과 떨어져 독자적인 경로를 걷는다. 이 책은 희생자의식 민족주의의 '문화적 기억'을 주된 연구 대상으로 삼는다.[41] 사회의 문화적 기억과 개인의 일상적 기억을 어디까지 구분하는 게 바람직한지 아직 모르겠지만, 아스만의 문화적 기억은 올박스의 집단 기억과 더불어 기억의 '서사적 표준'을 파악하는 데 큰 도움을 준다.

일상의 경험에 기초한 개인적 기억, 시민사회의 민간 기억, 헤게모니적 서사를 지향하는 국가의 공식 기억은 서로 대립할 때가 많지만, 상호 침투되어 있을 때도 적지 않다. 일상의 풀뿌리 기억 가운데 어떤 기억은 가공되거나 변형되어 국가의 공식 기억으로 편입되기도 하고, 어떤 경험 기억은 공식 기억과 맞서다가 사적 영역으로 후퇴하여 은둔하다 사라질 때도 많다. 심지어는 풀뿌리 기억이 국가의 공식 기억보다 더 거리낌 없이 민족주의적 헤게모니를 구현할 때도 있다. 한 사회의 헤게모니적 기억이 희생자의식 민족주의를 어떻게 구성하고, 또 역으로 희생자의식 민족주의의 역사 서사는 기억의 헤게모니적 성격을 어떻게 강화하는가 하는 질문 앞에서 집단 기억과 개인 기억의 이분법은 무력하다. 이 책은 국가의 공식 기억, 시민사회의 민간 기억, 개인의 내밀한 경험 기억, 인식론적 메타 기억에 이르기까지 기억의 지형을 네 가지 범주로 정교화한 캐럴 글룩(Carol Gluck)의 분류법에 주목하여, 이 네 가지 기억의 층위에서 희생자의식 민족주의에 대한 기억의 역사를 추적할 것이다.[42] 그러나 이 네 가지 층위의 기억을 기계적으로 평등하게 다루지는 않을 것이다. 그것은 가능하지도, 바람직하지도 않다. 일차적으로 이 책은 네 가지 층위의 기억이 복잡하게 얽혀 상호 작용하는 지구적 기억구성체에서 희생자의식 민족주의를 규율하고 구조화하며 헤게모니적 기억으로 추동해온 기억의 역사를 추적한다.

희생자의식 민족주의에 대한 기억의 역사를 구축하는 작업은 증언이나 기억이 문서자료를 보완하는 실증적 자료 이상이라는 전제에서 출발한다. 집단 기억과 마찬가지로 개인의 기억도 사회적 가치체계나 역사적 서사의 변화에 따라 끊임없이 변한다는 기억의 현상학이 이 책의 저류에 흐르는 일관된 문제의식이다. 특정 증언이나 기억이 맞느냐 틀리느냐는 사실성을 넘어서 어떤 기억이 희생자의식 민족주의를 낳으며, 또 그것은 누가, 언제, 어디서, 어떻게, 왜 구성했는가를 묻고, 그것이 겨냥했던 정치적 의도와 당대 또는 후대에 갖는 정치적 효과를 추궁하는 것이 이 책의 주요한 과제다. 이 책은 전통적 역사학의 실증주의적 공격에 대해 "기억이 문서자료 못지않게 과거를 정확하게 반영하고 있다"는 식의 소극적 방어를 넘어서, 기억이란 과거를 재현하여 바로 지금 역사를 만드는 인식론적 정치의 한 부분이라는 반성에서 출발한다.[43] 기억이 역사 못지않게 과거를 사실적으로 잘 재현하는가 하는 질문은 이 책의 관심에서 벗어나 있다. 그보다는 국가-시민사회-개인 차원에서 작동하는 기억 문화 또는 문화적 기억의 코드 밑에 있는 권력 관계와 정치적 메시지는 무엇이며, 또 그것은 어떤 경로를 통해 대중에게 전달되고, 대중은 그것을 어떻게 소비하고 전유하는가 하는 질문을 던질 것이다.

희생자의식 민족주의에 대한 기억의 역사를 서술하기 위해 이 책에서 택한 구체적 방법론은 다음과 같다.

첫째, 이 책은 '탈학제적(transdisciplinary)' 기억 연구의 관점을 취한다. 문화적 기억의 생산과 유통, 소비에 이바지한다면 역사학은 물론이고 문학, 영화, 미술, 연희, 커뮤니케이션, 미디어 연구, 문화 연구, 트라우마와 심리 분석, 기억법, 페미니즘 등 장르를 가리지 않고 모두 관심의 대상이다. 물론 기억 정치를 구성하는 사회 전반의 모든 문화 현상을 한 권의 책에서 다루는 것은 불가능하고 또 지나치게 소모적이다. 이 책에서는 희생자의식 민족주의와 관련된 모든 발화를 세세히 다루기보다는 그것을 규율하고 구조화하는 서사적 헤게모니로서의 '문화적 기억' 또는 '기억 문화'의 심급에서 희생자의식 민족주의를 다룬다.[44] 이때 권력이 부과하는 문화적 기억은 위에서 아래로 기억의 서사적 표준을 덧씌우는 역할을 하지만, 그것은 물론 일방적인 작업이 아니다. 시민사회의 민간 기억과 개개인의 경험 기억이 문화적 기억을 수용하기도 하고 반발하기도 하는 다방향적 상호작용을 통해 헤게모니적 기억이 만들어지는 과정이 잘 드러나는 텍스트라면 장르를 가리지 않고 택할 것이다.

둘째, 기억 연구의 바다를 항해하면서 '얽혀 있는 기억'에 주목한다. 가해자와 희생자를 민족 단위로 전제하는 희생자의식 민족주의의 기억은 트랜스내셔널할 수밖에 없다. '얽혀 있는 역사'의 트랜스내셔널한 관점과 문제의식을 기억 연구에 적용한 '얽혀 있는 기억'은 이 책의 두 번째 방법론적 특징이다. 그것은 기억 연구의 '방법론적 민족주의'를 비판하는 작업이기도 하다. 그러나 지구적 기억구성체에서 국경을 넘어 얽혀 있는 기억이 반드시 기억의 탈영토화를 보장하지는 않는다는 점에도 주의를 기울일 것이다. 21세기 들어 희생자의식 민족주의가 득세하는 독특한 양상은 지구적 기억구성체가 기억의 재영토화를 위한 풍요로운 토양이기도 하다는 사실을 암시한다. '얽혀 있는 기억'의 관점은 과거의 희생에 대한 문화적 기억이 희생자의식 민족주의를 어떻게 구성하고, 또 그렇게 구성된 희생자의식 민족주의가 지구적 기억 공간에서 자기 민족의 존재론적 교두보를 확보하기 위해 서로 얽혀 경쟁하고 갈등하는 양상을 입체적으로 파악할 수 있게 해줄 것이다. 기억은 가해자와 희생자 사이는 물론이고 가해자와 가해자, 희생자와 희생자 사이에서도 복잡하게 얽혀 있다.

셋째, 이 책은 가해자와 희생자 사이의 '얽혀 있는 기억'에 대한 '지구사' 서술을 시도한다. 국가나 지역의 경계에 갇혀 분절되고 파편화된 기억이 지구적 기억 공간에서 만나 서로 경합하고 타협하고 연대하는 기억의 지구화 현상을 다루려면 지구사의 관점은 바람직할 뿐 아니라 불가피하다. 같은 내용의 기억 문화라 해도 지구적 기억구성체에 배치되어 국경을 넘나들다 보면 전혀 다른 정치적 효과를 낳기도 하고, 국경 밖에서 정치적으로 재구성된 기억은 본국으로 역수입되어 예기치 못한 긴장을 야기한다. 지구적 기억구성체를 만들고 또 거기에 배치된 기억은 기계적으로 단순 비교되기도 하지만, 기억의 다방향적 상호작용을 유도하는 비판적 병치(critical juxtaposition), 상호 참조(cross-referencing), 면죄적 상대화(exculpatory relativization), 비판적 상대화(critical relativization) 등을 통해 훨씬 더 밀접하게 얽혀 있다. 마이클 로스버그(Michael Rothberg)가 제시한 '다방향적 기억(multidirectional memory)'은 지구적 기억구성체의 중요한 특징이다. '경험 기억'을 갖지 못한 후속 세대가 당사자의 기억을 이어받은 '포스트 메모리(Post memory)'의 시대에 들어서도 '얽혀 있는 기억'의 매듭은 더 얽혀서 내가 '지구적 기억구성체'라고 부르는 다양한 기억의 앙상블은 더욱 다변화되고 넓어지며 강고해졌다.

희생자의식 민족주의에 접근하는 기억 연구의 관점과 지구사적 전망은 이 책에서 다루는 자료의 취사 선택에도 큰 영향을 미쳤다. 전문 역사가의 저작이나 역사 교과서를 넘어 영화, 역사소설, TV 드라마, 박물관과 미술관, 만화, 인터넷 게임, 인터넷 블로그 등의 소셜미디어, 인터넷 서점의 독자 서평 등 기억 문화의 생산·유통·소비에 개입하여 '기억 체제'를 만들고 유지하며 확대재생산하는 일상의 문화적 행위가 이 책의 검토 대상이다. 신문이나 소설 등의 인쇄 자본주의가 한 번도 만나보지 못한 사람들 사이에 국민적 일체감을 형성했듯이, 소셜네트워크서비스(SNS) 등의 전자 미디어는 지구 반대편에 사는 사람들의 삶이 서로 밀접하게 얽혀 있다고 느끼게 하고 지구적 기억구성체의 응집력을 강화한다. 위로부터의 공적 기억, 시민사회의 민간 기억, 보통 사람들의 풀뿌리 기억이 서로 영향을 미치며 상호작용을 통해 구성하는 기억 문화를 이해하기 위해 인쇄 자본주의부터 소셜 미디어에 이르기까지 문화적 기억을 구성하는 다양한 층위와 영역을 다룰 것이다. 이 끝없는 자료의 바다에서 취사 선택의 기준은 그 자료가 개인이나 집단의 기억을 규율하고 구조화하는 희생자의식 민족주의의 '서사적 표본(narrative template)'의 생산과 소비에 연루되어 있는가이다. 희생자의식 민족주의는 단순한 이데올로기 이상이다. 그것은 제2차 세계대전 이후 현대사를 규율하는 강력하고 구조화된 문화적 그물망이자 헤게모니적인 사회 운동이다. 운동으로서의 희생자의식 민족주의를 이해하기 위해서는 전문 역사가의 서사를 넘어서 기억활동가들의 감정노동까지 기억 문화의 헤게모니를 구성하는 기제에 대한 다원적 이해가 필요하다.

기억 연구의 관점에서 희생자의식 민족주의의 지구사를 다루는 이 책은 분명한 시·공간적 한계를 안고 있다. 시간적으로 이 책은 1945년 종전 이후부터 2021년 현재까지를 다루지만, 주로 베를린 장벽 붕괴 이후의 탈냉전기에 초점을 맞출 것이다. 식민주의 제노사이드, 홀로코스트, 스탈린주의 테러라는 세 종류의 서로 다른 희생자의식이 지구적 기억 공간에서 본격적으로 합류하기 시작한 것은 베를린 장벽 붕괴 이후의 일이었다. 냉전의 이데올로기적 장벽이 무너지고 자유로운 기억을 가로막는 장애물이 사라지자 물밑에서 서서히 형성되고 있던 지구적 기억구성체가 순식간에 모습을 드러냈다. 동유럽에서는 공산당이 억눌렀던 스탈린주의의 테러와 나치 점령 당국과의 자발적 협력 등에 대한 기억이 수면 위로 고개를 내밀면서 첨예한 '역사가 논쟁'에 휩싸였다. 서유럽의 '자유민주주의' 국가들 역시 '아시아적 야만'의 공산주의에 대항한다는 명분으로 감춰왔던 식민주의적 가해자라는 자신의 과거를 마냥 덮어둘 수만은 없었다. 동아시아에서 냉전 체제의 붕괴는 식민주의의 기억을 풀어놓는 계기였다. 반공 동맹의 국제정치적 의미가 사라지자 반공이라는 이름 아래 억지로 묶여 있던 서구/일본 식민주의와 아시아 식민지가 기억의 분열을 일으키기 시작한 것이다. 소련의 공산주의에 맞서기 위해 식민주의 종주국과의 협력과 친선을 강요받았던 옛 식민지들은 이제 그럴 필요를 느끼지 못했다. 이 책은 냉전의 이데올로기적 속박에서 해방된 기억의 백가쟁명 시대에 지구적 기억 공간이 어떻게 희생자의식 민족주의의 경쟁터가 되었는가를 추적할 것이다.[45]

공간적으로 이 책은 식민주의, 홀로코스트, 스탈린주의 테러에 대한 기억이 지구적 기억 공간에서 합류하고 얽히는 양상을 유럽과 동아시아에 초점을 맞추어 분석할 것이다. 긴밀하게 얽혀 있는 지구적 기억 공간으로서의 폴란드-독일-이스라엘-한국-일본이 주된 분석 대상이다. 냉전 체제가 붕괴한 이후 이들 나라의 기억 문화는 크게 동요했다. 냉전 시대 서구의 홀로코스트 기억은 나치를 악마화하는 대신 서구의 자유민주주의를 정당화했다.[46] 홀로코스트 기억과 연결된 독일사의 '특수한 길(Sonderweg)' 역사 서사는 나치즘의 문제를 독일사의 반봉건적 전근대성에 환원시킴으로써 서구적 근대성을 물신화했다.[47] 동유럽 사회주의가 몰락하고 스탈린주의의 범죄에 대한 기억이 봇물 터지듯 쏟아지자, 그것은 다시 '아시아적 볼셰비즘'과 비교해 서구적 근대성과 자유민주주의를 정당화하는 논거로 여겨졌다. 다른 한편에서는 탈식민주의의 관점에서 식민주의와 홀로코스트를 서구적 근대성의 귀결로 보고, 두 기억을 연결하려는 흐름이 있었다.[48] 나치의 잔학한 동유럽 점령정책 또한 식민주의적 폭력의 연장으로 이해될 수 있는 것이었다. 나치 이데올로그를 비롯한 독일의 식민주의자들에게 동유럽은 서구의 동양이자 변두리이며 저발전의 모델이었다.[49] 제2차 세계대전에 대한 동유럽의 기억이 합류하자 홀로코스트와 탈식민주의의 기억은 새롭게 연대하고 경합했다. 식민주의-홀로코스트-스탈린주의라는 삼중의 희생자의식이 얽힌 기억의 관점에서 다섯 나라의 희생자의식 민족주의의 지구사를 서술한다면 탈냉전 시기 지구적 기억구성체의 이행기적 특성이 더 잘 드러날 것이다.

이 책은 희생자의식 민족주의가 지배하는 '기억 체제(memory regime)'에 대한 문제의식을 담고 있다. 기억 체제는 장기적이고 지속적으로 사회를 규율하는 구조화된 힘으로서의 집단적 기억과 그 작동 메커니즘을 일컫는다. 동아시아의 한 모퉁이에 뿌리박고 사는 지식인의 한 사람으로서 나는 '정치 체제(political regime)' 이상으로 '기억 체제'의 교체가 절실하다고 생각한다. 그 밑바닥에는 정권이나 정치 체제가 바뀔 때마다 역내 화해와 협력, 공동의 발전을 선언했는데도 역사적 단위로서의 동아시아의 미래는 왜 계속 과거에 발목이 잡혀 있는가 하는 문제의식이 깔려 있다. 인식론에서는 성공한 횡단과 탈주의 지적인 실험이 왜 현실에서는 매번 민족이나 국가의 정치적 경계 안쪽으로 수렴되어버렸는가 하고 묻지 않을 수 없다. 동아시아에서 기억 체제를 그대로 둔 채 정치 체제의 변혁을 추구하는 전략은 역사적 파산 선고를 받았다고 해도 과언이 아니다. 일본군 '위안부', 강제노동, 식민지 배상, 한일협약 등 특정한 과거에 대한 진실 게임을 넘어 진리를 규정하는 구조화된 힘으로서 동아시아를 관통하는 기억 체제의 문제를 고민해야 하는 이유도 여기에 있다. 희생자의식 민족주의는 기억 체제를 떠받드는 중요한 축으로, 그에 대한 비판적 역사화는 동아시아의 기억 체제를 교체하기 위한 첫걸음이라 믿는다.

길 찾기

이 책은 다음과 같은 11개의 장으로 구성된다.

1장에서는 이 책이 지향하는 목표와 방법론, 책의 구성에 대한 스케치를 제공한다. 21세기의 지구화는 담론의 초점이 상상력에서 기억으로 이동하는 기억의 지구화라는 데 그 특징이 있다. 기억의 지구화는 '지구적 기억구성체'를 낳았는데, 그것의 가장 큰 특징은 나치의 홀로코스트, 서구의 식민주의 제노사이드, 동유럽 및 아시아·아프리카 공산주의의 정치적 제노사이드에 대한 기억이 모방과 비유, 병치와 상호참조 등을 통해 서로 밀접하게 얽혀 있다는 점이다. 지구적 기억구성체에서 서로 다른 희생자의식 민족주의가 경쟁하고 연대하는 양상을 추적하는 이 책의 초점은 희생자의식 민족주의의 '역사'보다는 희생자의식 민족주의를 구성하고 재현하는 '기억의 역사'에 놓여 있다. 기억은 문서자료를 보완하는 실증적 보조 장치가 아니라 과거를 재현하여 바로 지금 역사를 만드는 인식론적 정치의 한 부분이라는 문제의식이 그 밑에 깔려 있다. 연구방법론으로는 '집단 기억'과 '문화적 기억'에서 출발하는 탈학제적 기억 연구, 집단 기억의 트랜스내셔널한 성격을 강조하는 '얽혀 있는 기억', 지구적 기억구성체에서 작동하는 희생자의식 민족주의에 대한 '지구사'의 방법론을 제시하고 있다.

2장 〈계보〉에서는 희생자의식 민족주의 개념의 계보학을 시도한다. 묵시록의 한 장면과도 같은 나치의 끔찍한 점령 상황에서 폴란드인은 나름대로 최선을 다해 저항했다는 자부심과, 외롭게 죽어가는 유대인 이웃을 따듯하게 대하지 못했다는 부끄러움이 맞선 얀 브원스키(Jan Błoński) 논쟁을 처음 접했을 때 나는 감전된 듯한 충격을 받았다. 이 경험은 희생자의식 민족주의라는 개념으로 나아가는 첫 단서를 제공했다. 이 충격이 채 가시기도 전에 인구 3,000명의 작은 마을 예드바브네(Jedwabne)에서 벌어진 유대인 학살의 가해자가 나치가 아닌 폴란드 이웃이라는 점을 폭로함으로써 얀 그로스(Jan Gross)의 《이웃들(Sąsiedzi)》이 몰고 온 '도덕 혁명'의 파장은 충격을 더해주었다. 폴란드의 기억 논쟁을 지켜보면서 나는 지그문트 바우만(Zygmunt Bauman)의 '세습적 희생자의식'이라는 개념에 주목했다. 폴란드와 이스라엘의 경험이 녹아 있는 바우만의 이 개념은 희생자의식 민족주의를 정당화하는 역사적 집단 심성의 핵심을 찌르는 것이었다. 한국의 민족주의적 집단 심성도 세습적 희생자의식에서 크게 다를 바 없다고 생각하던 중, 2007년 미국의 한국인 디아스포라 공동체와 한국 시민사회의 공론장을 떠들썩하게 만든 이른바 《요코 이야기》 논쟁을 참여적 관찰자로 지켜보면서 희생자의식 민족주의를 개념화할 수 있었다.

3장 〈승화〉는 피해자가 희생자로 넘어가는 담론적 승화 과정에서 희생자의식 민족주의가 출현하는 양상을 개념사적으로 고찰한다. 억울하게 죽어 '한 맺힌 원혼'인 수동적 피해자가 국가와 민족을 위해 기꺼이 목숨을 바친 숭고한 희생자로 탈바꿈하는 순간, 희생자의식 민족주의로 가는 문이 열린다. 희생자의식 민족주의는 근대 국가의 국민의례가 조국에 대한 봉사를 국가적 애도와 장례의 기준으로 삼아 죽음을 민주화하고 국민화함으로써 등장할 수 있었다. 민족의 영속적 삶이라는 관념을 통해 이미 죽은 자와 아직 태어나지도 않은 자를 연결하고, 죽은 자가 민족의 삶 속에서 부활한다고 주장하는 민족주의의 종교적 상상력은 희생자의식 민족주의에서 한껏 고양된다. 특히 20세기 국민국가의 중요한 제의로서 '국가를 위해 죽은' 전사자의 죽음을 특권화하고 기리는 정치종교적 의식은 희생자의식 민족주의의 수행성을 제고하고, 그렇게 해서 고양된 희생자의식 민족주의는 다시 공동체적 충성과 결속력을 세속종교적 차원으로 승화함으로써 시민사회에 깊이 뿌리내린다. 희생자의식 민족주의는 공식 기억의 이데올로기적 영역에서 움직이는 관변 민족주의와 달리, 희생자라는 역사적 위치가 주는 도덕적 정당성을 무기로 사람들의 감정을 움직이는 풀뿌리 기억이자 기억 체제를 지배하는 헤게모니로 작동한다.

4장 〈지구화〉는 세 번째 천년의 첫해인 서기 2000년을 지구적 기억구성체의 '0년(Year Zero)'으로 설정한다. 기억의 '0년'은 2000년 1월 홀로코스트의 기억이 유대인의 대재앙에서 인류가 겪은 보편적 고통을 상기하는 지구 시민적 미덕으로 승화했다는 스톡홀름 선언으로 막을 열었다. 그해 12월 '일본군 성노예제에 대한 여성 국제 전범 재판'은 '위안부' 제도 아래 자행된 조직적 강간과 성노예제가 '반인륜적 범죄(crime against humanity)'라는 판결을 내려 지구적 기억구성체의 '0년'인 2000년의 대미를 장식했다. 전시 성폭력은 여성의 수치에서 남성의 반인륜적 범죄로 바뀌었다. 그러나 민족과 국가, 대륙의 경계를 넘는 희생자들의 연대는 2000년 이전부터 이미 태동하고 있었다. '검은 대서양'이라 불리는 식민주의 노예무역에 대한 기억과 홀로코스트의 기억은 1948년 제노사이드 조약이 맺어진 유엔의 외교 공간, 남아프리카공화국 아파르트헤이트 정권의 악명 높은 정치범 수감시설인 로벤섬(Robben Island), 암스테르담의 안네 프랑크 기념관, 68혁명과 베트남 반전운동의 시위 현장, 베를린 노이쾰른(Neukölln)의 터키계 이주자 주민센터 등에서 예기치 못한 방식으로 만나 민족의 기억에서 지구적 기억으로, 영토화된 기억에서 탈영토화된 기억으로 발전해갔다. 지구적 기억구성체의 출현은 기억의 탈영토화 덕분에 가능했다.

5장 〈국민화〉는 1962~1963년의 히로시마-아우슈비츠 평화 행진 이야기로 시작한다. 원자폭탄과 홀로코스트라는 인류의 보편적 비극에 대한 기억의 연대 가능성을 타진하려는 일본 평화운동가들의 의도는 냉전 체제의 진영논리에 포획되면서 일그러지기 시작했다. 히로시마-아우슈비츠의 연상 기억에 대한 이들의 선의는 히로시마의 희생자의식을 강화하는 기억의 국민화로 귀결되었다. 아우슈비츠를 민족적 희생의 상징으로 국민화했던 폴란드의 기억 문화에 대한 분석도 그 연장선에서 설명된다. 국가 중심으로 배치되어 유대인 희생자의 기억을 배제한 아우슈비츠의 기념 공간, 아우슈비츠 옆에 세운 카르멜 수녀원(Carmelite convent)과 교황의 십자가 논쟁, 폴란드 가톨릭 민족주의자들의 십자가 세우기 운동 등은 코즈모폴리턴적 기억의 장이 된 아우슈비츠를 국민적 기억으로 재탈환하기 위한 민족주의적 기억 운동이었다. 이는 지구적 기억구성체 안에서 기억을 탈영토화하려는 도덕적 힘과 재영토화하려는 현실적 힘 사이에 밀고 당기는 갈등이 어떻게 움직이는가를 잘 보여주는 예다. 마지막으로는 일본과 한국에서 홀로코스트라는 보편적 기억을 토착화하는 경향에 주목하여 지구적 기억 공간에서 기억의 국민화 과정이 얼마나 다양하고 복합적이며 교묘해졌는가를 살핀다.

6장 〈탈역사화〉는 제2차 세계대전의 가해자들이 어떻게 자신들을 희생자로 재구성했는가 하는 문제를 고찰한다. 전쟁을 일으킨 추축국의 멤버이자 홀로코스트와 식민주의 제노사이드의 가해자인 독일-일본-이탈리아의 기억 문화가 자신을 희생자로 자리매김하는 과정을 추적하다 보면 탈역사화된 희생이 그 중심에 있음을 알 수 있다. 연합군의 드레스덴 폭격과 히로시마·나가사키의 원폭 투하, 각각 1,200만 명과 300만 명에 이르는 독일과 일본의 피란민, 소련의 포로수용소에 억류된 전쟁포로 등의 경험은 이들의 희생자의식을 뒷받침했다. 종전 직후 패전의 상처에 시달리고 있는 독일과 일본의 시민에게 자신들이 희생자라는 기억은 별다른 유보 조건 없이 자리 잡았으며, 자신들의 희생자의식을 강조하기 위해 홀로코스트와의 비유도 서슴지 않았다. 기억을 정치적 도구로 이용하는 냉전 체제의 압박 속에서 공산주의 진영에서는 집단 강간 등 소련군의 잔학행위에 대한 기억이, 서유럽의 자유주의 진영에서는 영·미 연합군의 무차별 가해에 대한 기억이 억압되었다. 베를린 장벽이 무너지고 냉전의 이념적 억압에서 벗어나자, 억눌렸던 희생의 기억이 되살아났다. 그러나 자기 민족의 희생과 타민족의 가해 행위를 부각하면 타자에 대한 자신의 가해 사실을 상쇄할 수 있다는 듯한 착각이 널리 퍼졌다. 이 장의 마지막 부분에서는 봉건적 잔재와 일탈된 자본주의 발전을 의미하는 역사 발전의 '특수한 길' 테제가 어떻게 평범한 독일인과 일본인을 나치즘과 군국주의 침략의 공범자가 아닌 자기네 지도부의 희생자로 정의할 수 있었는지 분석한다.

7장 〈과잉역사화〉는 세습적 희생자의식으로 무장한 폴란드, 한국, 이스라엘의 개별적 가해자들이 어떻게 자신들을 희생자로 재현하는가를 고찰한다. 희생자 민족의 일원이라는 이유로 개인적 범죄행위에 면죄부를 줄 수 있다는 '집합적 무죄'는 민족적 희생의 경험을 과잉 역사화하는 사고방식을 담고 있다. 전후 폴란드-한국-이스라엘의 기억 문화는 역사의 희생자라는 지위가 주는 도덕적 편안함을 포기하기가 참으로 힘들다는 것을 잘 보여준다. 이 장에서는 예드바브네의 폴란드인 살인자들이 자신을 무고한 희생자로 포장하는 기억의 도치, 연합군 포로를 학대해서 B·C급 전범으로 유죄판결을 받은 조선인 군무원들과 식민지 조선 화교 학살에 대한 한국 사회의 변호론적 기억, 홀로코스트의 기억에서 유래하는 세습적 희생자의식을 국민의 생활양식이자 국가의 작동원리로 만든 이스라엘의 희생자의식 민족주의를 분석함으로써 희생자 민족의 과잉역사화와 가해자 민족의 탈역사화가 맺고 있는 기억의 공모관계를 드러낼 것이다. 탈식민주의적 관점에서 보면, 다시는 역사의 희생자가 되지 않겠다는 희생자의식 민족주의의 집단 심성은 잠재적 식민주의의 발톱을 감추고 있다. 가해자 민족이나 희생자 민족을 가리지 않고 누구든 특정한 역사적 조건 속에 놓이면 끔찍한 가해자가 될 수 있다는 반성적 기억이야말로 인류의 근대 문명에 내장된 잠재적 식민주의와 홀로코스트를 제어하는 무기다.

8장 〈병치〉는 기억의 '병치'가 문화적 기억의 출발점이라는 문제의식을 담고 있다. 한 집단의 문화적 기억은 자기 집단의 기억을 다른 기억과 병치해보려는 경향이 있다. 그것은 단순한 호기심이 아니라 헤게모니적 기억을 구축하기 위한 정치적 효과를 노린 경우가 많다. 서로 다른 기억을 병치하는 순간, 알게 모르게 특정한 기억을 부각하여 돋보이게 하는 대신 다른 기억은 억압하고 지우는 기억 정치의 메커니즘이 작동한다. 은밀하게 문화적 기억을 구성하고 감정을 격동시키는 병치는 희생자의식 민족주의를 정당화하는 도구로 사용되기도 한다. 이 장에서는 전후 일본의 기억 문화가 아우슈비츠에서 순교한 폴란드 신부 막시밀리안 콜베(Maksymilian Kolbe)와 나가사키 원폭 희생자들을 병치하는 양상에 초점을 맞춘다. 더 넓게 보면 이러한 병치는 전후 일본의 기억 문화에서 아시아·태평양 전쟁의 기억을 구조화하는 서사적 기법이자 헤게모니적 장치로서 주목된다. 이러한 관점에서 이 장은 기억의 병치가 나가사키의 가톨릭 원폭 희생자들을 순교자로 만드는 기억의 신성화 과정에 주목한다. 나가사키 원폭의 기억과 연결된 일본의 콜베 신부 숭배 현상은 전후 일본의 희생자의식 민족주의에 종교적 기운이 더해지고 신성화되는 과정을 설명해주는 고리다.

9장 〈용서〉는 1965년 폴란드 주교단이 독일 주교단에게 보낸 사목 서신을 동아시아의 기억 전쟁과 역사 화해라는 맥락에서 재검토한다. "우리도 용서하니 그대들도 우리를 용서하라"는 속칭으로 잘 알려진 이 편지는 제2차 세계대전 당시 나치 독일의 가장 큰 희생자였던 폴란드의 가톨릭교회가 먼저 화해의 손길을 내밀었다는 점만으로도 세간에 알려지자마자 역사적 '사건'이 되었다. 화해의 정치적 논리와 용서의 기독교적 윤리를 절묘하게 결합한 이 문건은 희생자가 가해자에게 용서를 구함으로써 나치 독일의 가해자가 폴란드 희생자에게 사과하도록 촉구하는 고도의 도덕정치적 메시지였다. 초국가적 행위자인 가톨릭교회가 주재한 역사적 화해의 기억이 20세기 동유럽과 21세기 동아시아의 시·공간을 넘어 전 지구적 기억 공간에서 어떻게 상호 참조하면서 기억의 정의와 역사 화해를 향한 미래를 열 것인가 하는 현실적 고민이 이 장에 담겨 있다. 용서는 희생자를 복수의 욕망에서 해방하여 또 다른 악이 저질러지는 것을 막기 위한 고도의 윤리적인 결단이어서 인간 사회에서 매우 중요한 덕목이다. 그러나 개개인의 실존적 영역에서 정치적 영역으로 관점을 이동하면, 용서는 절대 선이 아니다. 가해자의 편에서 용서를 촉구하는 정치적 담론은 용서하지 않으려는 피해자를 비난하는 폭력으로 비화하기도 하고, 희생자 또한 자신의 도덕적 우월성을 확인하는 도구로 용서를 이용하기도 한다. 이 장에서는 희생자의식 민족주의를 해체할 수도, 정당화할 수도 있는 용서를 기억 정치의 맥락에서 고찰한다.

10장 〈부정〉은 다양한 형태의 부정론이 지구적 기억구성체에서 서로를 모방하고 참조하면서 합종연횡하는 양상을 고찰한다. 부정론의 지구화는 기억의 지구화 과정에 따른 부산물이지만, 비판적 기억의 연대 못지않게 부정론의 목소리가 지구적 기억구성체의 한 모퉁이에서 증폭되는 '부정론자 인터내셔널' 현상은 우려하지 않을 수 없다. 제노사이드를 정당화하고 부추기는 부정론의 메타언어는 '제노사이드의 마지막 단계' 또는 '제2의 홀로코스트'라 일컬어질 정도로 극히 위험한 언어적 폭력이다. 한 사회의 기억 문화를 규율하는 '서사적 표준'으로 작동할 때, 부정론은 미래의 제노사이드를 위한 플랫폼이 된다. 특히 실증주의적 부정론은 과학의 이름으로 기억 문화를 공략하기 때문에 더 위험하다. 기억의 현상학과 대립하는 실증주의적 부정론은 사실과 진실이 어긋나고 입증과 이해가 일치하지 않는 재현의 역설을 이해하기에는 인식론적으로 너무 게으르다. 이 장에서는 '지적 기억'과 '깊은 기억', '사실적 진실'과 '서사적 진실' 같은 공감의 인식론을 지렛대로 실증주의적 부정론을 비판하고, 증인들이 재현하는 과거가 역사와 기억 연구에 던지는 인식론적 물음과 정치적 함의를 짚어보고자 한다.

마지막으로 11장 〈연대〉에서는 동아시아의 역사 전쟁, 독일과 동유럽의 홀로코스트 논쟁, 그리고 이스라엘의 팔레스타인 점령에 대한 식민주의 논쟁 등 소란스러운 불협화음이야말로 침묵보다 더 바람직하다는 가정에서 기억의 연대를 전복적으로 고민한다. '연대'는 '다중적 목소리'가 내는 불협화음을 잠재워 하나의 목소리로 통일하는 것이 아니다. 서로 다른 기억이 국경을 넘어 만들어내는 파열음이야말로 타자의 고통에 대해 눈뜨고, 자기중심적 기억 문화를 탈영토화하는 계기가 될 수 있다. 그것은 지구적 기억구성체의 등장을 알리는 신호다. 기억의 연대는 특정한 기억 아래 다른 기억을 종속시키는 통일이 아니라 서로 다른 기억이 만나고 얽히면서 생성되는 불협화음을 건강한 긴장 관계로 유지하는 데서 출발한다. 자기 민족의 희생을 절대화하고 타자의 고통을 자신의 고통 뒤에 줄 세우는 희생자의식 민족주의를 희생할 때, 기억의 연대를 향한 첫 관문이 열릴 것이다.

VICTIMHOOD NATIONALISM

Ⅱ. 계보

나치가 만든 극히 비인간적인 세계에서 이성은 도덕의 적이었고, 합리성과 인간성은 충돌했다. 생존의 합리성을 향한 이성적 판단은 나치 범죄에 동의하도록 강요했고 이웃의 죽음에 눈을 감게 만들었다. 사진은 1943년 바르샤바 게토 봉기가 진압된 후 손 들고 나오는 유대인 생존자들. 사진 출처 Wikimedia Commons

희생자에 대한 기억은 비유와 병치, 상호 참조 등을 통해 국가의 경계는 물론이고 대륙의 경계까지 훌쩍 뛰어넘는다. 아시아·태평양 전쟁에서 일본의 전쟁범죄와 원자폭탄을 기억하는 동아시아의 기억 문화가 홀로코스트의 기억을 모델로 삼고, 또 거꾸로 일본군 '위안부'의 기억이 전시 성범죄와 폭력적 매춘에 대한 유럽의 잠들어 있던 기억을 일깨우는 식이다. 희생자의식 민족주의가 트랜스퍼시픽 기억 공간과 트랜스애틀랜틱 기억 공간을 연결하자 아시아, 아프리카, 유럽의 기억이 긴밀하게 얽히면서 지구적 기억구성체를 형성하는 것이다.

도덕적 원죄와 희생의 그늘

1987년 1월 17일 폴란드 문학평론가 얀 브원스키는 〈가련한 폴란드인 게토를 바라보네(Biedni Polacy patrzą na getto)〉라는 에세이를 발표했다.[1] 크라쿠프에서 간행되는 자유주의 가톨릭 주간지 《주간 보편(Tygodnik Powszechny)》의 지면을 통해서였다. 이 주간지는 1953년 스탈린 사망 당시 부고 기사 게재를 거부해 잠시 폐간되기도 했고, 1970년대 이후에는 '노동자 보호 위원회(Komitet Obrony robotników)'와 '연대노조(solidarność)' 등 반체제 지식인의 거점으로 가톨릭 지식인뿐 아니라 비판적 지식인 일반에게도 신망받는 잡지였다. 제2차 세계대전 당시 홀로코스트의 희생자 유대인에 대한 폴란드 이웃의 처신과 태도를 비판적으로 성찰하는 브원스키의 에세이는 발표되자마자 논란의 초점이 되었다. 순식간에 수백 통이 넘는 독자 편지, 첨예한 반론과 공감적 지지로 갈라진 동료 지식인들의 글이 편집부에 쇄도했다. 잡지 편집자 예지 투로비츠(Jerzy Turowicz)의 회고에 따르면, 1945년 이래 이만큼 격렬한 논란의 중심에 섰던 글은 없었다.[2] 제2차 세계대전 이후 50년간 개인의 이름으로 발표된 한 편의 짧은 글이 폴란드의 공공영역에서 그토록 큰 영향을 미친 경우는 거의 찾아보기 어려웠다.[3] 브원스키의 에세이는 지식인의 토론장을 뛰쳐나가 곧 하나의 '사건'이 됐다.

브원스키의 에세이가 일으킨 파문은 제2차 세계대전 당시 홀로코스트에 희생된 유대인 이웃에 대한 폴란드인의 숨겨진 죄의식을 들추어낸 데서 비롯되었다. 굳게 봉인된 채 잊고 있던 기억의 판도라 상자를 그의 글이 열어버린 셈이었다. 유대계 이웃이 나치에게 끌려가서 학살되는 모습을 무기력하게 또는 고소하게 지켜본 폴란드인의 죄책감이 오랜 망각의 굴레에서 벗어나자 폴란드 사회는 큰 충격에 휩싸였다. 자기 땅에서 유대인 이웃이 학살당하는 것을 방관한 폴란드인에게 도덕적 성찰을 촉구한 브원스키의 비판은 희생자의식에 안주해온 전후 폴란드 사회의 집단 기억을 흔들어 놓았다. 전후 폴란드의 기억문화는 나치즘의 희생을 강조하는 당의 공식적 기억과 스탈린주의의 희생을 강조하는 풀뿌리 기억을 두 축으로 삼아 구성되어 있었다. 정반대의 정치적 편향을 가진 두 기억이 합류하자, 나치즘과 스탈린주의 사이에 낀 폴란드 민족이야말로 제2차 세계대전의 가장 큰 희생자였다는 문화적 기억이 만들어졌다. 그런데 홀로코스트의 방관자였다는 갑작스러운 깨달음은 누구도 의심치 않았던 폴란드 사회의 희생자의식에 균열을 일으켰다. 이 논쟁 이후 폴란드 사회의 집단 기억은 그 이전으로 돌아가는 게 불가능해졌다.

브원스키의 에세이가 제기한 기억 논쟁은 곧 도덕적 존재론의 차원으로 번져갔다. 희생자와 방관자의 역사적 위치는 크게 달랐고, 둘 사이의 도덕적 간격은 쉽게 메꿀 수 없는 것처럼 느껴졌다. 희생자에서 방관자로 위치가 바뀐다는 것이 많은 폴란드인에게는 도덕적 타락처럼 여겨졌다. 가톨릭의 일상적 의식에 깊이 뿌리박은 '원죄의식'도 브원스키 논쟁이 존재론의 차원으로 발전하는 데 한몫 거들었을 것이다.[4] 속수무책의 상황에서 홀로코스트의 범죄 현장을 지켜본 방관자들에게 반인간적 범죄의 법적인 책임(culpability)을 묻는 게 어렵다고 해서 양심의 죄책감(sin)마저 면제받는 것은 아니었다. 브원스키가 문제 삼은 것도 '범죄'가 아니라 '원죄'였다. 홀로코스트에 대한 역사적·형사적 책임을 추궁한다기보다는 도덕적 차원에서의 자기 성찰을 촉구한 것이다. 그럼에도 적지 않은 폴란드 가톨릭 지식인은 카인이 된 기분을 느꼈다. 아벨을 돌로 쳐 죽인 후 "내가 내 형제를 지키는 사람입니까?"라고 신에게 항변하며 자신의 죄를 숨기려고 했던 카인의 그림자를 자신에게서 발견하는 것은 누구에게도 유쾌한 경험이 아닐 것이다.[5]

공감이든 비판이든, 브원스키의 짤막한 에세이에 대한 폴란드 지식사회의 민감한 반응은 그보다 앞서 1985년 개봉된 클로드 란츠만(Claude Lanzmann) 감독의 다큐멘터리 영화 〈쇼아(Shoah)〉가 가져온 충격의 연장선 위에서 이해할 수 있다. "근대의 가장 끔찍한 악에 대한 서사 영화"라는 《뉴욕타임스(New York Times)》의 영화평이나[6] "지금까지 만들어진 가장 고귀한 영화 중의 하나"이며 "다큐멘터리라기보다는 증언 행위"라는 영화평론가 로저 이버트(Roger Ebert)의 격찬[7]에서 보듯이, 550분이라는 유례없이 긴 상영 시간에도 불구하고 〈쇼아〉는 개봉과 동시에 금방 세계 영화계의 화제가 되면서 거물 정치인과 지식인 관객을 사로잡았다. 당시 프랑스 대통령 프랑수아 미테랑(François Mitterand)이 파리의 시사회에 참석한 것을 필두로 소련 공산당 서기장 미하일 고르바초프(Mikhail Gorbachëv), 체코슬로바키아를 대표하는 비판적 지식인이자 극작가로 훗날 체코의 대통령이 되는 바츨라프 하벨(Václav Havel) 등이 영화 시사회에 참석하여 영화에 대한 지지를 표명했다. 일반 관객이 평점을 매기는 대중 영화평 사이트에서도 〈쇼아〉는 만점에 가까운 평가를 받았다. 아직 냉전의 그림자가 가시지 않은 국제정치적 상황에서, 미국-프랑스-체코슬로바키아-소련의 권력과 지식인이 한 영화에 대해 냉전의 이념적 장벽을 넘어 다 같이 우호적 반응을 보인 것은 국제정치에서 아주 예외적인 일이었다.

반면 '폴란드인민공화국(Polska Ludowa)'과 '폴란드통합노동자당(Polska Zjednoczona Partia Robotnicza, PZPR)'의 공식적인 첫 반응은 차갑고 부정적이었다. 당혹스러워했다는 표현이 더 맞는지도 모르겠다. 폴란드 공산당의 공식 매체들은 〈쇼아〉가 '폴란드=반유대주의'라는 편견을 증폭시키고 마치 폴란드인이 홀로코스트의 공범자인 것처럼 잘못된 이미지를 전달한다고 비난의 목소리를 높였다.[8] 영화는 폴란드 국내에서 상영이 금지되었다. 영화는 주로 소비부르(Sobibór)나 트레블링카(Treblinka) 등 절멸수용소 인근에 살던 평범한 농민들을 증인으로 소환했는데, 이들은 무심하면서도 비아냥거리는 태도로 반유대주의적 편견을 그대로 드러냈다.[9] 영화에 등장한 폴란드 여성 증인들은 매력적인 유대계 여성에 대한 질투를 숨기지 않았고, 폴란드 남자 증인들은 부정직한 유대인이 폴란드인을 착취했다는 편견을 감추지 않았다. 폴란드 전체가 탐욕스러운 유대인의 수중에 있다는 식의 반유대주의가 그대로 드러나기도 했다.[10] 유대인 이웃에 대한 폴란드 풀뿌리 반유대주의자들의 호감은 유대계 여성의 이국적인 매력을 이야기할 때뿐이었다. 예민한 관객이라면 누구라도 이 호감이 성적 욕망의 야비한 표현이라고 느낄 수 있었다.

필름 속의 유대인 증인들 또한 폴란드인 이웃들에게 야속한 감정을 숨기지 않았다. 〈쇼아〉의 유대인 증인으로 트레블링카에서 이발사로 일했던 생존자 아브라함 봄바(Abraham Bomba)는 유대인을 가득 실은 기차가 죽음의 수용소로 들어오는 것을 본 폴란드인의 99%는 즐겁게 웃었다고 증언했다.[11] 실제로 란츠만의 렌즈가 잡은 수용소 주변의 폴란드 농민들은 그 표정이나 목소리만으로도 반유대주의가 여전히 그들의 일상에 깊이 뿌리박은 채 살아 있다는 인상을 주었다. 굳이 통역의 힘을 빌리지 않아도 카메라는 이웃들 간의 오랜 편견을 있는 그대로 드러내고 있었다. 결국 영화는 폴란드인이 나치의 홀로코스트 공범자였다고 고발하는 모양새였다. 풀뿌리 반유대주의가 반드시 폴란드 농민의 전유물은 아니었다. 그리스 코르푸(Corfu)섬에서 강제 이송된 유대인 증인들도 란츠만의 카메라 앞에서 그리스인 이웃들의 반유대주의와 무관심을 증언한 바 있다.[12] 유럽 사회의 일각에서 반유대주의를 폴란드의 역사적 특수성으로 환원시켜 자신들의 반유대주의를 덮으려는 시도는 비판받아야 마땅하다. 그러나 모두가 반유대주의에서 벗어날 수 없다고 해서 폴란드의 반유대주의를 사면해야 한다는 반대 논리가 정당화되는 것도 아니다. 자신들이야말로 나치의 가장 큰 희생자였다는 기억을 헝클어트리는 풀뿌리 반유대주의는 많은 폴란드인에게 불편한 현실이었다.

〈쇼아〉가 보여주는 홀로코스트 공범자의 이미지는 폴란드 공산당의 공식 기억과 정면으로 부딪치는 것이었다.[13] 폴란드인민공화국에서 일당 독재의 주체인 폴란드통합노동자당은 민족주의의 문법에 따라 공식 기억을 만들어냈다. 프롤레타리아 국제주의는 민족주의라는 몸통 위에 덧씌워진 현란한 의상일 뿐이었다. 미에치스와프 모차르(Mieczysław Moczar) 장군을 중심으로 모인 파르티잔 출신의 민족공산주의 분파는 1968년 '반시온주의'라는 이름 아래 대대적인 반유대주의 캠페인을 조직하기도 했다.[14] 홀로코스트의 기억이 아직도 생생한 비극의 현장에서 프롤레타리아 국제주의를 공식적으로 표방하는 공산당이 반유대주의 캠페인을 이끌었다는 것은 이데올로기의 허구성을 단적으로 드러낸 사건이다. 프롤레타리아 국제주의와 보편주의의 대의를 강조하는 현란한 수사학 뒤에서 현실사회주의는 자주 원초적 민족주의로 뒷걸음쳤다. 국가 구성원의 윤리적·정치적 단합을 강조하는 사회주의적 이상은 민족을 유기체적 공동체로 보는 원초론적 관념을 강화했다.[15] 현실사회주의는 인종주의적 민족주의를 부추김으로써 체제 위기를 넘어서려 했고, 반유대주의는 가장 손쉽게 동원할 수 있는 기제였다. 민족주의는 공산주의의 마지막 단어였다.[16]

그러나 제2차 세계대전의 최대 희생자 민족이라는 전후 폴란드의 공식 기억도 터무니없는 것은 아니었다. 1947년 내각 산하 '전쟁 배상위원회(Biura Odszkodowań Wojennych, BOW)'가 집계한 폴란드 희생자 수는 602만 8,000명이었다. 이 통계는 폴란드의 국가적 공식 기억으로 자리 잡았지만, 엄밀한 산정 결과라기보다는 정치적 목적으로 서둘러 만든 수치라고 볼 수 있다. 보고서 초안은 원래 폴란드 희생자 수를 480만 명으로 추산했지만, 당시 폴란드 안전기획부(Urząd Bezpieczny, UB)의 수장이었던 야쿠프 베르만(Jakub Berman)은 폴란드인과 유대인이 각각 300만 명씩 똑같이 희생되었다는 600만 희생자 설을 고집했다는 것이다.[17] 480만 명이라는 수치는 300만 유대계 폴란드인과 180만 종족적 폴란드인 희생자를 함축하기 때문에 아직 전쟁의 상처에서 헤어나지 못하고 있는 폴란드 민족주의자들의 반발을 사기 쉬웠다. 베테랑 유대계 공산주의자이자 완고한 국제주의자였던 베르만조차 전후 폴란드 사회에 만연한 희생자의식 민족주의를 무시하기는 어려웠던 모양이다.[18] 자신이 유대계임을 의식하고 있었기 때문에 유대인의 희생을 따로 부각하는 게 부담스러웠는지도 모르겠다.

국가 기관 내부에서도 통계에 대한 이견이 있었다. 1951년 폴란드 재무부가 독일에 배상금을 청구하기 위해 만든 보고서는 다른 통계를 보여준다. 이 보고서는 170만 6,700명의 폴란드인과 337만 8,000명의 유대인을 합쳐 총사망자 수를 508만 4,700명으로 추산함으로써 사망자 수가 94만 명가량 줄어들었다. 전후 처리 과정에서 실종자로 처리되어 사망자 수에 포함된 사람 중 뒤늦게 귀향한 사람이 많았기 때문이다.[19] 1951년의 재무부 보고서가 강제수용소 및 강제노동에서 살아남아 귀환한 자들과 송환 포로 및 국경선 변동으로 인한 변경 지역의 이주자를 포함한 최신 자료인데도 당은 유대인과 폴란드인이 300만 명씩 공평하게 희생된 1947년 보고서의 600만 희생자 설을 고수했다. 이 설의 정치적 배후와 그 정확성에 대한 공개적인 논의는 1989년 현실사회주의 붕괴 이후에나 가능했다. 인종적 폴란드인 희생자의 수가 유대계 폴란드인의 희생자 수와 같아야 안심할 수 있었던 폴란드 공산당의 프롤레타리아 국제주의는 이데올로기적 모순어법이었다. 베를린 장벽 붕괴 이후에는 2009년 '민족기억연구소(Instytut Pamięci Narodowej, IPN)'와 개인 연구자들이 새로운 수치를 제시했다. 민족기억연구소의 추계에 따르면 나치 점령 지역에서 약 547만~567만 명, 소련 점령 지역에서 약 15만 명 등 총 560만 명에서 580만 명의 폴란드인이 사망했다. 나치 점령 지역만의 통계로는 약 270만~290만 명의 유대인 사망자와 277만 명의 폴란드인 사망자 수치를 제시했다.[20] 타데우쉬 피오트로프스키(Tadeusz Piotrowski)는 유대인 300만 명, 인종적 폴란드인 200만 명, 우크라이나, 벨라루스인 등 기타 60만 명, 합쳐서 560만 명의 희생자 수를 제시하고 있다. 체스와프 우차크(Czesław Łuczak)의 통계에 따르면, 폴란드 희생자 수는 520만~530만 명으로 줄어드는데, 그중 인종적 폴란드인 희생자는 140만 명으로 더 줄어든다.

폴란드인 사망자 통계에 대한 논란은 희생자의식 민족주의에 내장된 '숫자의 정치학'이 가진 특징을 잘 보여준다. 억울하게 희생된 개개인의 죽음은 다 안타깝고 슬프다. 600만 명이든 500만 명이든 희생자 수의 차이가 고통이나 아픔의 차이를 의미하는 것은 결코 아니다. 희생자 개인이나 가족의 내밀한 기억 속에서 집단으로 같이 죽은 자의 숫자는 중요하지 않다. 내 가족과 친구가 어떻게 죽었는가가 더 중요하다. 반면에 '숫자의 정치학'에서는 통계가 더 중요하다. 희생자의식 민족주의의 서사에서 누가 더 많이 희생되었는가를 놓고 벌어지는 '숫자의 정치학'이 자주 등장하는 것도 이 때문이다. '숫자의 정치학'은 어느 편이 더 많이 죽었냐는, 그래서 어느 편이 더 큰 희생을 치렀냐는 저속한 논쟁을 과학적으로 정당화한다는 착각을 주기 쉽다. 더 많은 희생자를 낸 측이 더 큰 도덕적 정당성을 확보한다고 믿기 때문이다. 심지어 '우리'가 더 많이 죽었다며 으스대는 느낌을 받을 때도 있다. 통계의 마술이다. 더욱이 통계의 권위를 등에 업으면, 이 마술은 트릭이 아니라 엄중한 현실이 된다. 트릭이 현실을 만드는 것이다. 과거를 이해하는 데 통계가 꼭 필요하다는 점을 인정한다고 해도, '숫자의 정치학'이 작동하는 방식에 대해서는 면밀한 주의가 필요하다.

어쨌든 전체 인구 중 사망자 비율이 높게는 22%부터 낮게는 18%에 이르는 폴란드인의 막대한 희생에 대해서는 이론의 여지가 없다. 이 비율은 전체 인구의 12.4%를 잃은 소련의 1.5배에서 1.8배에 달하는 높은 수치이며, 전체 인구의 1.2%를 잃은 프랑스와 벨기에, 2.4%가 사망한 네덜란드 등 서유럽 국가들과는 비교가 안 될 만큼 압도적으로 높다. 제2차 세계대전을 치르면서 바르샤바는 인구 72만 명을 잃었다. 유대계 시민 가운데 98%, 비유대계 시민 가운데 25%가 목숨을 잃었다. 전쟁 이전 바르샤바 인구가 120만 명이었으니, 부상자나 실종자를 뺀 사망자만으로도 주민의 60%가 전쟁 통에 희생된 것이다. 바르샤바 한 곳의 희생자만 프랑스 전체의 민간인 사망자 10만 명(7만 8,000명의 유대인 포함)의 일곱 배가 넘었다. 참고로 히로시마에서 원자폭탄 피폭으로 인한 사망 최고 추정치는 약 16만 명으로, 피폭 당시 히로시마 인구의 45%에 해당한다. 악명 높은 드레스덴 공습으로 희생된 사망자 수는 도시 인구 약 64만 명 가운데 약 2만 5,000명이었다. 아시아와 유럽에서 민간인 피해의 대표적인 예로 거론되는 두 도시와의 간단한 비교만으로도 바르샤바의 피해 정도를 가히 짐작할 수 있다. 인구 비율로는 폴란드인이 제2차 세계대전의 가장 큰 희생자였다고 해도 과언이 아니다.[21] 폴란드인의 희생은 질적으로도 컸다. 교육 수준이 높은 지식인과 엘리트 그룹일수록 타격이 컸다. 1947년 전쟁 배상위원회의 보고서에 따르면, 지식인과 사회지도층으로 갈수록 희생자 비율은 급격히 올라간다. 나치의 엘리트 말살 정책에 따라 항소법원 변호사의 56.9%, 의사의 38.7%가 죽었고, 5명의 주교를 포함해 가톨릭 사제의 27%가 죽임을 당했다. 교육자의 경우 초등학교 교사 5.1%, 중등학교 교사 13.1%, 대학교수 28.5%가 목숨을 잃었다. 자연히 고등교육을 받은 희생자가 많아, 대학 졸업장을 가진 사람 중 약 3분의 1이 희생되었다.[22]

한편 유엔 경제사회위원회의 통계에 따르면, 아시아·태평양 전쟁 당시 징병·징용·원폭 등으로 인한 조선인 사망자 수는 7만 명에 이른다. 해방 이후 1946년 서울에서 개최된 '전재(戰災) 사망 동포 위령제' 주최 측의 추산도 거의 같다.[23] 이 수치를 1941년 진주만 공격 당시 식민지 조선의 전체 인구 1,574만 명을 기준으로 계산하면 0.44%다. 비율로 따져보면 제2차 세계대전 당시 폴란드인 사망자는 식민지 조선 사망자의 무려 40~50배에 이른다. 아시아에서는 1,000만 명이 넘는 희생자를 낸 중국, 기아와 질병 등으로 300만~400만 명이 죽은 인도네시아, 100만~200만의 기아 희생자를 낸 베트남 등이 사망자 수에서 폴란드에 근접해 있지만, 이 역시 인구 비율로는 폴란드인의 희생에 비할 바 아니었다.[24] 재산 피해도 막대해서 1939년의 달러화 가치로 환산했을 때 폴란드의 피해액은 무려 492억 달러에 달했다. 폴란드가 입은 피해액은 프랑스(211억 달러), 유고슬라비아(91억 달러), 네덜란드(44억 달러), 체코슬로바키아(42억 달러), 그리스(25억 달러), 벨기에(23억 달러), 노르웨이(13억 달러)가 입은 재산 피해를 모두 합친 449억 달러를 웃도는 높은 수치였다.[25] 단지 소련의 물적 피해 규모만이 폴란드의 피해를 능가했다.

제2차 세계대전의 가장 큰 피해자인 자신들에게 홀로코스트 공범자라는 혐의를 걸고 있으니, 많은 폴란드인이 란츠만의 영화에 대해 억울함을 넘어 맹렬한 분노를 표출한 것도 이해할 수 있다. 〈쇼아〉의 상영을 금지한 폴란드 공산당의 조치도 놀랍지 않다. 전쟁이 끝나고 어렵게 집권한 폴란드 공산당은 집단 기억 속에 깊이 뿌리내린 '유대인 빨갱이(Żydo-komuna)'라는 고정관념과 유대인을 비호하는 당이라는 대중의 의심에서 벗어나기 위해 부단히 노력했다.[26] 〈쇼아〉는 그러한 노력에 찬물을 끼얹는 행위였다. 국제사회의 압력으로 상영 금지 조치는 곧 풀렸지만, 폴란드 사회에 던진 영화의 충격은 쉬 가시지 않았다. 무엇보다도 19세기 이래 폴란드 역사문화의 뿌리였던 희생자의식이 흔들린 것이다. '십자가에 못 박힌 민족'이라는 아담 미츠키에비츠(Adam Mickiewicz)의 시적 메타포 이래 희생자의식은 폴란드인의 역사의식과 문화적 기억을 지배해온 서사적 표준이었다.[27] 영화 〈쇼아〉가 공산당이나 국가 권력기관과는 다른 맥락에서 브와디스와프 바르토셰프스키(Władysław Bartoszewski) 등의 가톨릭 반체제 지식인에게까지 큰 충격으로 다가온 것은 그런 이유에서다. 이들은 제2차 세계대전의 가장 큰 희생자인 폴란드인에게 공범자의 의혹을 제기하는 란츠만 감독의 시선에 불쾌감을 표명하고 영화가 편향적이라고 비판했다. 영화의 재정을 지원한 프랑스 정부도 폴란드인의 비판을 피하지는 못했다. 유대계 폴란드인 조직인 '사회-문화 유대인협회'는 영화가 도발적이라며 바르샤바의 프랑스 대사관에 항의서한을 보내기도 했다.[28]

그러나 헤움노(Chełmno), 소비부르, 트레블링카 등 죽음의 절멸수용소 근처 시골 장터에서 홀로코스트를 회고하며 키득거리던 폴란드 농민들의 야릇한 웃음은 아직도 완강하게 존재하는 풀뿌리 반유대주의를 여과 없이 드러냈다. 란츠만의 카메라에 포착된 그들의 표정은 권력의 이데올로기적 도구인 정치적 반유대주의보다 더 아득한 절망감을 주었다. 가장 많은 피를 흘리며 나치에 맞서 싸웠다는 도덕적 명분과 저항의 기억은 폴란드인의 풀뿌리 반유대주의를 애써 덮어버리고 외면하는 '가림막' 역할을 했다. 홀로코스트 현장의 증인을 중심으로 구성된 〈쇼아〉의 카메라가 그 가림막을 벗겨내자 적지 않은 폴란드 지식인은 반신반의하면서도 경악했다. 나치와 타협하지 않고 끝까지 싸운 폴란드 민족의 신화는 나치와의 협력을 지워버리는 '가림막의 기억(screen memory)'이었으며, 자신은 그 안에 갇혀 있었음을 발견하는 것은 곤혹스러운 일이었을 것이다. "내가 내 형제를 지키는 사람입니까?"라고 신에게 항변했던 카인의 두려움이 폴란드 사회의 집단 기억에 드리우기 시작하자, 이들의 기억은 점점 더 변명조를 띠어갔다.

폴란드 공산당은 제2차 세계대전 이후 역사상 최초의 단일민족국가 수립을 당의 치적으로 선전했다. 그러나 홀로코스트로 전체 유대계 인구의 90%인 300만 명을 잃고, 강제 이주 정책을 통해 우크라이나인, 벨라루스인, 독일인 등을 추방했다는 사실은 선전에서 언급되지 않았다. 당의 공식 정책과는 별도로 폴란드인 대부분도 '유대인 없는 폴란드'라는 새로운 국가 구성에 암묵적으로 찬성하고 있었다. 얼마 안 되는 홀로코스트 생존자가 자기 집으로 돌아왔을 때, 그 집을 점유하고 있던 폴란드 이웃의 반응은 "아직도 살아 있냐?"는 것이었다.[29] 자기가 머무는 집의 원주인인 유대인 이웃이 살아 돌아온 게 전혀 반갑지 않다는 투였다. 대중적 지지 기반이 취약한 폴란드 공산당은 공장, 주택, 토지 등 유대인의 부동산을 점거한 폴란드인과의 갈등을 원치 않았다. 폴란드 이웃이 홀로코스트 희생자인 유대인의 재산을 나치의 패망 이후에도 불법 점유할 수 있었던 데는, 폴란드 공산당과 국민 사이에 암묵적이지만 공공연한 공모가 있었기 때문이다.[30] 1946년 7월 키엘체(Kielce) 학살 당시 폴란드 공산당은 유대인 학살을 비난하기 주저하는 노동자들의 반발에 부딪혔다. 당이 유대인을 옹호한다는 평판이 두려웠던 폴란드노동당(Polska Partia Robotnicza)의 키엘체 지방 당 서기는 반유대주의적 선동에 흥분한 군중을 진정시키는 연설을 거부하고 뒷전으로 빠지기도 했다.[31]

당당함과 부끄러움 사이

《주간 보편》이 브원스키의 에세이 〈가련한 폴란드인 게토를 바라보네〉를 게재한 1987년 1월은 언론과 표현의 자유가 진전되면서 공산당이 독점한 공식적인 기억과 그 가림막이 무너지는 시점이었다. 영화 〈쇼아〉의 생생한 충격이 채 가시지 않은 가운데 발표된 이 에세이의 제목은 흥미롭게도 1980년 노벨문학상을 받은 망명 시인 체스와프 미워시(Czesław Miłosz)의 시 〈가련한 기독교인 게토를 바라보네(Biedny chrześcijanin patrzy na getto)〉(1943)를 패러디한 것이었다. 희생자의식 뒤에 안주해온 폴란드인의 도덕적 자기 성찰을 촉구한 이 에세이는 폴란드 사회의 역린을 건드렸다. 유서 깊은 도시 크라쿠프(Kraków)의 폴란드에서 가장 오랜 600년 전통의 야기에워(Jagiełło) 대학 부총장을 지낸 저명한 문학평론가가 노벨상 수상자 미워시의 시를 인용해 폴란드인의 도덕적 죄의식을 건드렸다는 점에서, 브원스키의 비판은 유대계 프랑스인 국외자였던 란츠만 감독의 비판보다 훨씬 뼈아픈 것이었다.[32] 란츠만의 카메라 앵글은 폴란드 문화를 모르는 이방인의 오해와 편견이라고 차치할 수 있었지만, 폴란드 문화의 요람인 야기에워 대학의 문학평론가가 폴란드 출신의 노벨상 수상 시인을 인용해 폴란드인의 도덕적 원죄를 지적한 것은 전혀 다른 차원의 문제였다.

1943년 난폭한 점령자 나치가 바르샤바의 게토를 폐쇄하고 유대인 거주자를 아우슈비츠로 강제 추방한 직후 미워시가 쓴 이 시는 첫 두 연에서 '붉은 간, 검은 뼈, 깨진 유리 조각, 구리 파편, (끊어진) 바이올린 줄, (망가진) 트럼펫, 사람과 동물의 머리카락을 태울 때 나오는 인광을 뿜는 불, 하얀 뼈, 찢어진 종이, 뱀 껍질, 화염에 녹아내리는 지붕과 벽체, 짓밟힌 대지 위에 덩그러니 남은 앙상한 나무' 등의 그로테스크한 이미지로 홀로코스트의 끔찍한 광경을 묘사한다. 그런데 셋째 연에 이르면 돌연 작고 붉은 랜턴을 이마에 매단 채 불타고 죽은 자들의 시체와 잿더미를 헤집고 다니며 죽은 자의 숫자를 세는 폴란드 민족의 '수호 두더지'가 등장한다. 이 두더지는 지하세계 또는 망자(亡者) 세계의 수호자다. 이 시의 일인칭 화자는 지하세계의 "이 수호 두더지가 두렵고 또 두렵다"고 쓰고 있다. 촛불 앞에 앉아 인류가 남긴 위대한 책 성경을 읽고 있는 대제사장처럼 불룩한 눈꺼풀을 가진 수호 두더지가 왜 두려울까?

그로테스크한 것은 시적 수사가 아니라 어떤 깨달음이다. 시의 맨 마지막 구절에서 그 깨달음은 재림 예수가 자신을 포함한 모든 (폴란드인) 기독교도를 '(유대인) 죽음의 도우미'로 기억하지나 않을까 하는 두려움으로 표현된다. 기독교도는 재림 예수를 기다리는 '신약의 유대인'으로, 그 자신도 희생자이기는 마찬가지다. 그러나 그들은 동시에 유대인의 '죽음의 도우미'이기도 했다.[33] 미워시는 살인자 나치뿐만 아니라 기독교 폴란드인도 유대인 이웃의 죽음에 도덕적 책임이 있다는 메시지를 종말론적 시어로 전하고 싶었던 것이다. 브원스키는 자신의 에세이에서 침묵으로 말해진 시인의 언어를 자기 목소리로 재현한다. 지하세계의 '수호 두더지'가 마치 우리한테 이렇게 묻는 것처럼 들린다는 것이다. "그래, 너도 죽음에 이바지했잖아? 너도 죽이는 것을 돕지 않았나? 아니면 최소한 너도 유대인의 죽음을 묵묵히 지켜보지 않았나?"[34] 폴란드인이 홀로코스트의 과거에 대해 편하게 이야기할 수 없는 이유는 바로 이런 질문이 두렵기 때문이다.

브원스키가 인용하는 미워시의 또 다른 시 〈피오리 광장(Campo di Fiori)〉은 조금 단순하지만 더 통렬하다. 미워시는 시의 도입부에서 1600년 2월 이단으로 몰려 로마의 피오리 광장에서 화형당하는 르네상스 휴머니스트 조르다노 브루노(Giordano Bruno)와 그의 고통에도 아랑곳없이 흥겨운 일상을 즐기는 로마 시민들을 묘사한다. 불타는 장작더미 위의 기둥에 묶여 죽어가는 브루노를 멍하니 쳐다보던 로마 시민들은 불이 채 꺼지기도 전에 다시 술집으로 몰려가고, 올리브와 레몬 바구니를 머리에 인 장사치들은 과일을 좌판에 쏟아내고, 쏟아진 포도주와 뭉개진 과일이 포장된 도로를 물들이는 피오리 광장의 정경은 셋째 연에서 돌연 바르샤바의 거리 정경과 만난다. 게토 옆 크라신스키 광장(Plac Krasiński)에서 회전목마를 타며 화창한 일요일을 즐기는 바르샤바 시민들의 모습과 겹쳐지는 것이다. 게토의 불길로 바르샤바의 하늘이 전부 시뻘겋게 타오른 그날 무슨 일이 일어나고 있는지 모르는 것은 불가능했다.[35] 게토의 담장 저편에서 포연이 피어오르고 기관총 소리와 포성이 쿵쿵거리는 봉기의 소란에도 아랑곳없이 회전목마를 즐기는 바르샤바 시민들은, 화형당하는 브루노를 멍하니 쳐다보다 아무 일도 없었던 듯 일상으로 돌아간 르네상스 로마 시민들과 같은 방관자다. 이웃의 무관심 속에서 끔찍하게 죽어가는 로마의 조르다노 브루노와 장벽 너머 바르샤바 게토 유대인의 이미지가 겹쳐 있는 시적 콜라주는 처연하다.[36]

로마의 피오리 광장
올리브와 레몬 바구니들
와인이 흩뿌려진 돌길
떨어진 꽃들.
좌판 위에서 졸고 있는
장밋빛 해산물들
한 아름의 검붉은 포도
복숭아 위로 떨어지고

바로 이 광장에서
조르다노 브루노는 태워졌지
사형집행인은 장작더미에 불을 붙이고
구경꾼은 호기심으로 에워싸고
장작불이 사그라질 때
술집은 다시 가득 차고
보따리 장사들의 머리 위에는
다시 올리브와 레몬 바구니

나는 기억하네
회전목마 옆 바르샤바의 피오리 광장
쾌청한 어느 봄날 저녁
흥겨운 음악 소리와 함께 들리는
게토 담장 너머 총소리
쾌청한 하늘 높이
연인들은 솟구쳐 오르고

이따금 불타는 곳에서 날아온 바람은
검은 연을 날리는 바람이 되고
회전목마 위의 사람들은
날아오는 불탄 재를 맞기도 하지
불타는 집에서 날아온 이 바람은
처녀들의 치마를 들어 올리고
몰려든 인파가 행복한 웃음을 짓고 있는
아름다운 바르샤바의 일요일
(중략)
바로 그날 나는 생각하네
죽어가는 자의 외로움
장작더미에 오른
조르다노의 고독
남아 있는 사람들에게
사람의 말로

남기고 싶은 말은
하나도 없네
(하략)

이 시는 게토 봉기가 한창이던 1943년의 부활절인 4월 25일 쓰였다. 게토 봉기의 전사 심하 로템(Simha Rottem)은 폴란드 레지스탕스와 연락하기 위해 '아리안' 바르샤바에 나가 있던 안테크(Antek, 본명은 Itzhak Zuckermann)와 접선하기 위해 5월 1일 보니프라테르스카(Bonifraterska) 거리 밑의 비밀 지하 통로를 타고 폴란드인의 바르샤바로 나왔다.[37] 컴컴한 지하 통로에서 거지꼴로 갓 나온 로템에게 이른 아침 바르샤바의 눈부신 거리는 딴 세계였다. 로템의 회상에 따르면 카페와 레스토랑, 영화관이 문을 열고 버스와 전차가 다니는 게토 너머 바르샤바의 삶은 너무도 자연스럽고 정상적이라 자신은 마치 다른 혹성에서 온 듯한 느낌을 받았다고 했다.[38] 바로 그날 아침 아빠 손을 잡고 오르와(Orła) 거리를 걷던 에바 베르베리우쉬(Ewa Berberyusz)는 게토에서 피어오르는 검은 포연을 보고는 걸음을 멈추고 딸의 손을 놓은 채 마비된 사람처럼 한참을 망연자실하게 서 있던 아빠의 모습을 기억한다. 게토의 비극 앞에서 무기력한 아빠에 대한 사적 기억은 역사책이 가르치는 레지스탕스의 영웅적 폴란드 투사에 대한 공적 기억과는 사뭇 달랐다.[39]

미학적 관점에서 보면, 미워시 자신이 고백했듯이 〈피오리 광장〉의 시학은 조금 단순하다. 이단 재판의 화형대에 선 조르다노 브루노와 게토의 봉기자, 1600년 2월 피오리 광장의 로마 시민과 1943년 4월 크라신스키 광장의 바르샤바 시민을 단순 병치한 구조 때문이다. 또 시인은 이 시가 팔짱 낀 방관자의 시선에서 유대인의 죽음을 그렸기 때문에 '매우 비도덕적'이라고 자책하기도 했다. 그러나 브원스키의 평가는 다르다. 그 끔찍한 부활절에 이 시를 써서 미워시가 '폴란드 시의 명예'를 구했다는 것이다.[40] "어쩔 수 없는 상황이지 않았는가? 우리 폴란드인이 그처럼 가혹한 상황에서 더 무엇을 할 수 있었단 말인가? 항상 최고의 이웃은 아니었지만, 그래도 우리는 유대인과 공생해오지 않았는가? 폴란드인-유대인 관계가 삐걱거린 적도 있지만, 그게 폴란드인만의 잘못인가? 누가 감히 나치의 가장 큰 희생자인 폴란드 민족에게 손가락질할 수 있다는 말인가?" 하는 식으로 변명하지 말고, 고통스럽더라도 끔찍한 과거를 직면하고 자신의 도덕적 책임을 절실하게 자각해야 한다는 문학적 메시지 덕분이었다.[41]

제2차 세계대전 이후 억눌리고 잊히고 지워졌던 홀로코스트에 대한 폴란드 이웃의 죄의식은 이렇게 수면 위로 올라왔다. 브원스키의 에세이를 두고 벌어진 논쟁은 변호와 자책, 회한과 참회, 자부심과 부끄러움, 분노와 억울함 등이 한데 섞인 감정과 논리의 폭풍 같은 것이었다. 폴란드인의 반응은 크게 변명과 성찰 두 가지로 나누어볼 수 있다.

첫째, 변명의 논조는 '서방' 언론의 왜곡을 문제 삼았다. 편견에 사로잡힌 서방의 언론과 매체 들이 탐욕스러운 일부 폴란드 농민과 프티 부르주아의 반유대주의적 행위를 지나치게 일반화함으로써 폴란드와 폴란드인에 대한 부정적 여론을 조성했다는 것이다. 이들은 나치의 직접 점령 아래 할 수 있는 일이 별로 없었던 폴란드보다는 더 적극적으로 개입해서 유대인을 구할 수 있었던 미국이나 영국 또는 중립국들의 무관심에는 침묵한 채 폴란드에만 화살을 돌리는 것은 부당하다고 항변했다.[42] 홀로코스트는 폴란드인이 부끄러워할 일이 아니며, 나치의 극악한 테러에 영웅적으로 맞선 폴란드인의 용기에 대해 유럽의 어느 나라도 돌을 던질 수 없다는 것이다. 그 극단적 힘 앞에서 폴란드인 개개인은 할 수 있는 만큼 했고, 그 이상을 요구하는 것은 무리라는 것이다. 심지어 나치의 명령을 그대로 받아들인 유대인의 수동적 태도 때문에 폴란드인이 더 도와주고 싶어도 그럴 수 없었다는 주장까지 나왔다. 변호론을 대변하는 브와디스와프 시와-노비츠키(Władysław Siła-Nowicki)에 따르면, 나치 점령 당시 폴란드 민족의 행동에 대해서는 브원스키처럼 부끄러워할 게 아니라 자랑스러워해야 한다는 것이다.[43]

성찰론의 입장에 선 논자들도 폴란드인이 유대인을 구하기 위해서 할 수 있는 일이 많지 않았다는 사실을 인정한다. 폴란드인이 기독교적 도덕률에 따라 양심적으로 유대인 이웃을 배려했다고 해도 유대인 희생자의 수를 크게 줄이지는 못했을 거라는 판단은 온전한 것이다. 나치의 압도적 폭력 앞에서 폴란드인이 홀로코스트를 막을 수 있었다고 믿기는 어렵다. 그러나 그러한 판단이 곧 변호론을 정당화하지는 않는다. 나치의 압도적인 절대 폭력 앞에서 유대인 이웃의 죽음을 막을 수는 없었다고 해도, 그들이 그렇게까지 외롭고 쓸쓸하게 죽게 내버려 둔 데는 폴란드 이웃의 책임이 크다는 한 저널리스트의 자기 성찰은 정곡을 찌른다.[44] 이웃을 위한 행동에 앞서 이웃에 대한 공감의 문제라는 것이다. 그것은 유대인의 운명에 따듯하게 공감하지 못한 것이 결과적으로 홀로코스트를 부추긴 게 아니냐는 질문과도 통한다.[45]

반유대주의가 없었다고 해서 폴란드인이 유대인을 살리지는 못했겠지만, 자기 땅에서 벌어지고 있는 나치의 범죄에 대한 태도는 달랐을 것이다.[46]

학살자도 희생자도 아닌 폴란드인 대부분은 침묵으로 일관한 방관자였다. "살인자는 죽이고 도살자는 도살하고 희생자는 죽어가는데", 비단 폴란드뿐만 아니라 "온 세상이 침묵했다."[47] 그러나 아우슈비츠로 가는 길은 "증오로 건설되고 무관심으로 포장되었다." 침묵과 무관심은 적극적 공범 행위는 아니었지만, 결과론적 동조 행위였다. 제2차 세계대전의 가장 큰 희생자였던 폴란드도 예외는 아니었다. 누구도 자신 있게 폴란드인이 방관자였다고 손가락질하거나 죄를 물을 수는 없다. 그렇다고 해서 폴란드인이 도덕적 자책감에서 벗어날 수 있다는 것은 아니다. 브원스키가 법률적 의미의 '죄(wina)'가 아니라 종교적 양심에 기초한 '죄책감(grzech)'을 거론한 것도 이 때문이다. "나치의 지배처럼 가혹한 상황에서는 누구라도 그렇게 행동할 수밖에 없으며, 그러므로 나는 떳떳하다"는 당당함이 아니라, "절체절명의 곤경에 빠진 유대인 이웃을 위해 나는 정말 최선을 다했는가"라고 자기에게 던지는 물음이 더 절실하다는 것이다. 물론 자기 성찰적 물음이 있다고 해서 이미 벌어진 홀로코스트의 역사를 되돌릴 수는 없다. 그러나 상황의 압도적인 힘에 책임을 돌리는 대신 자신에게 비판적이고 성찰적인 물음을 던지는 것이 홀로코스트에 대한 미래의 기억을 더 바람직한 방향으로 재구성하는 데 도움이 되리라는 것은 분명하다.

브원스키 논쟁에서 예지 야스트셈보프스키(Jerzy Jastrzębowski)가 들려준 자기 가족 이야기는 시사해주는 바가 많다. 이 가족에게는 할머니 때부터 가까이 지낸 엘야쉬 파진스키(Eljasz Parzyński)라는 유대인 친구가 있었는데, 어린 예지를 비롯해 온 가족은 그를 '엘리 할아버지'라 부르며 잘 따랐다. 나치가 크라쿠프의 게토를 폐쇄하고 유대인을 모두 죽음의 강제수용소로 보내려고 한 1942년의 어느 날, 엘리 할아버지는 급히 이 가족을 찾아와 자신과 여동생들을 숨겨달라고 간청했다. 이 폴란드인 가족은 긴급 가족회의를 열어 온 식구가 처형될 위험을 무릅쓰고 엘리 할아버지를 숨겨주기로 결정했다. 그러나 함께 온 그의 세 여동생은 받아들일 수 없었다. 그의 여동생들은 폴란드어를 말할 때마다 이디시어 악센트가 두드러졌고, 게다가 한 명은 고수머리 흑발을 감추기 위해 금발의 가발을 쓰고 있었다. 여동생들까지 함께 숨겨준다면 발각될 것이 너무도 뻔했다. 그들을 모두 받아들였을 때 나치에게 발각되지 않고 살아남을 확률은 10%도 안 됐다. 발각된다면 엘리 할아버지 남매와 그들을 숨겨준 폴란드인 가족은 모두 처형될 운명이었다. 이들의 결정은 유대인 친구와 폴란드 가족의 목숨을 구하기 위한 불가피하면서도 '합리적인' 선택이었다.[48]

그 후 야스트셈보프스키 일가는 엘리 할아버지를 다시는 만날 수 없었다. 연락이 끊긴 엘리 할아버지와 여동생들은 홀로코스트의 희생자가 되었을 것이다. 엘리 할아버지 남매의 죽음은 결코 야스트셈보프스키 가족의 책임은 아니었지만, 이들은 제2차 세계대전이 끝난 후에도 내내 이 일로 괴로워했고, 그 기억이 되살아나지 않게 가슴 깊은 곳에 꽁꽁 묻어두었다. 친구 집 문 앞에서 죽음을 향해 발길을 돌려야 했던 엘리 할아버지와 그의 여동생들, 그리고 삶과 죽음의 문턱에서 쓰라린 마음으로 남매의 이별을 요구할 수밖에 없었던 폴란드 가족을 할퀸 평생 아물 수 없는 상처를 무엇으로 씻을 수 있겠는가? 야스트셈보프스키 일가의 결정이 온 가족의 생존을 위해 합리적이고 불가피한 것이었다고 한다면 인간적으로 너무 처참하고, 인간적 존엄성을 위해 모두가 몰살당하는 길을 택해야 했다고 한다면 지나치게 순교적인 도덕론일 것이다.

나치가 만든 극히 비인간적인 이 세계에서 이성은 도덕의 적이었고, 합리성과 인간성은 충돌했다. 나치는 생존의 합리성에 비추어 인간을 인간답게 만드는 도덕성이 비합리적으로 보이게끔 인간의 법칙을 비틀었다. 이성적 판단은 나치 범죄에 동의하도록 강요했고 이웃의 죽음에 눈을 감게 만들었다.[49] 지그문트 바우만이 홀로코스트라는 악령을 쫓아내는 데 '부끄러움의 해방적 역할'을 강조한 것도 같은 맥락에서다. 문제의 핵심은 변호론자가 주장하는 영웅적 투쟁에 대한 민족적 자부심과 성찰론자가 자책하듯이 더 많이 구하지 못했다는 부끄러움 중 하나를 선택하는 것이 아니다. 바우만의 표현을 빌리면, 그것은 "부끄러움을 느낌으로써 도덕적 정화를 시도했다는 자부심"과 "자부심에 취함으로써 도덕적 타락을 자초했다는 부끄러움" 중 어느 쪽을 선택하는가의 문제였다.[50]

예드바브네 학살과 카인의 후예

부끄러움의 해방적 역할에 대한 바우만의 통찰은 여전히 도덕적으로 큰 울림을 주지만, 2000년 출간된 얀 그로스의 《이웃들》은 홀로코스트 당시 폴란드인과 유대인 이웃의 관계가 도덕이나 양심, 부끄러움의 문제를 넘어서 살인과 약탈 같은 형사 범죄 또는 반인간적 범죄의 문제임을 드러내 커다란 충격을 주었다. 예드바브네라는 작은 마을에서 폴란드 이웃들이 유대인 학살의 주역이자 공범자였다는 명명백백한 범죄행위가 드러나자 폴란드의 과거사 논쟁은 완전히 새로운 국면으로 접어들었다. 폴란드 출신의 유대계 역사가로 1968년 학생시위에 연루되어 미국으로 망명한 얀 그로스의 《이웃들》이 폴란드어로 처음 출간된 것은 2000년 5월 19일이었다.[51] 이 책은 1941년 7월 10일 폴란드 동부 변경 지역에 있는 예드바브네라는 인구 3,000명의 작은 마을에서 1,600여 명의 유대인이 무참하게 학살된 사건을 다루고 있다.[52] 600만 명의 유대인이 학살된 홀로코스트의 역사에서 이 학살은 크게 주목을 끌 만한 규모가 아니었다.

문제는 학살의 규모가 아니라 학살자의 정체였다. 학살의 주역이 흔히 알려진 대로 나치가 아니라 오랜 기간 유대인과 이웃으로 살던 폴란드인이었다는 사실이 밝혀지면서 예드바브네의 비극이 역사의 긴 침묵을 뚫고 뜨거운 쟁점으로 떠오른 것이다. 나치가 패망한 후 1949년 5월과 1953년 11월 웜자(Łomża) 지구 재판소에서 열린 재판 기록과 생존자의 증언 등을 근거로 그로스가 재발굴한 역사는 실로 충격적이었다. 남녀노소를 막론하고 예드바브네의 유대인이 오랜 이웃인 폴란드인의 손에 학살되었다는 사실도 그러하지만, 그로스가 묘사하는 학살의 광경은 참혹하기 짝이 없다. 책에서 생생하게 재현된 그날의 참상, 얼굴 없는 나치가 아니라 같이 살아온 이웃이 다른 이웃을 학살한 이 야만의 광경은 글로 옮기지 못할 정도로 끔찍하다. 마침 나치 헌병대 마을 분소에서 부역하고 있던 몇몇 유대인만이 살아남을 수 있었던 이 역사의 아이러니 앞에서 독자는 경악한다. 예드바브네 학살을 다룬 다큐멘터리 필름을 제작한 감독 아그니에슈카 아르놀트(Agnieszka Arnold)는 자기 필름에 〈내 큰아들 카인은 어디에 있느냐?(Gdzie mój starszy syn Kain?)〉라는 제목을 붙였다. 폴란드인을 유대인 동생 아벨을 돌로 쳐 죽인 카인에 비유한 것이었다.[53]

책이 출간된 그해 11월 24일 폴란드 과학아카데미 역사연구소가 주최한 토론회에는 100여 명의 역사가와 저널리스트가 몰려들었으며, 그로스의 발표가 끝난 직후에는 온갖 고함과 격정적 외침 등이 숨죽인 울음과 뒤섞여 토론이 제대로 진행될 수 없었다는 후문이다.[54] 토론회에 참석한 저널리스트 안나 비콘트(Anna Bikont)는 다섯 시간이나 계속된 이 토론이 일종의 집단 정신치료 시간이었다고 기록했다.[55] 그로테스크한 학살과 관련된 격앙된 감정을 가라앉히고 보면, 문제는 훨씬 더 심각하다. 조그만 시골 마을의 평범한 폴란드인이 홀로코스트의 능동적 참여자이자 가해자였다면, 자명하다고 여겨지던 현대사 서술의 구도나 전제 자체가 흔들려버리는 것이다. 폴란드인도 유대인과 마찬가지로 나치즘과 제2차 세계대전의 희생자였다는 전제에서 출발하는 폴란드 현대사 서술의 기조도, 가해자-피해자-방관자의 삼분법적 구도 위에서 폴란드인을 방관자의 범주로 서술했던 홀로코스트의 역사 서술도 바뀌어야 했다. 그로스의 《이웃들》이 파헤친 너무도 명백한 범죄행위 앞에서 브원스키가 폴란드인 방관자에게 던진 부끄러움에 대한 도덕적 질문은 아예 사치스러운 질문이 되어버렸다. 홀로코스트를 방관한 도덕적 '원죄'에서 이웃을 죽인 사법적 '범죄'의 차원으로 논의가 바뀌어버린 것이다. 예드바브네의 유대인 학살에 대한 추악한 진실이 드러나자, 폴란드인의 역사적 지위는 순식간에 나치의 희생자에서 공범자/가해자로 이동했다. 한 평범한 노인의 회고처럼, 평생을 지켜온 희생자라는 역사적 위치를 포기해야 한다는 것은 도덕적으로 정말 견디기 힘든 일이었다.[56]

예드바브네의 학살은 가해자-희생자의 이분법으로는 역사 현실의 복합성을 설명할 수 없다는 것을 분명하게 보여준다. 희생자처럼 보이는 역사의 행위자가 가해자가 되는 상황도 배제할 수 없는 것이다. 1987년 브원스키의 에세이와 1985년 란츠만의 〈쇼아〉가 문자-영상의 앙상블을 이룬다면, 2000년 그로스의 《이웃들》에 조응하는 영화는 파베우 파블리코프스키(Paweł Pawlikowski) 감독의 2013년 작품 〈이다(Ida)〉일 것이다. 나치 점령 당시 자신의 부모를 죽인 폴란드 이웃 농민들에 의해 수녀원으로 넘겨져 가톨릭 수녀로 교육받은 이다가 이모와 함께 자신의 고향이자 부모의 주검이 묻힌 곳을 찾아가는 일종의 로드 무비인 이 작품은 억제된 연출과 잔잔한 흑백 영상으로 폴란드 이웃들의 범죄를 드러냈다. 영화는 2013년 폴란드 영화 아카데미 최우수 영화상, 유럽 필름 아카데미 최우수 영화상, 87회 아카데미 최우수 외국어 영화상을 받는 등 수십 개의 상을 휩쓸었지만, 폴란드 민족주의자들의 비판에 시달렸다. '폴란드=반유대주의'라는 고정관념을 재생산하고 폴란드 민족의 부정적인 면을 드러내기 위한 영화라는 식의 비판은 여러모로《이웃들》에 쏟아진 비판을 연상케 했다.[57]

20세기 말까지 폴란드 학계의 역사 서술이나 시민사회의 역사 인식, 공식적인 기억이나 풀뿌리 기억은 거의 '폴란드 민족=희생자'라는 도덕적 자기만족에 빠져서 나치 점령기와 홀로코스트의 복합적 역사 현실을 파악하는 데 실패했다. 민족 전체가 집단적 희생자였다는 역사적 위치가 주는 자기 정당성이 자신들의 과거를 비판적으로 성찰할 길을 가로막은 것이다. 1946년의 키엘체 학살, 1968년의 공식적 반유대주의, 베를린 장벽 붕괴 이후 일각에 자리 잡은 '유대인 없는 반유대주의'와 같은 부정적 현실에 대한 폴란드 사회의 무관심은 세습적 희생자라는 뿌리 깊은 역사의식의 결과였다.《이웃들》을 둘러싼 역사 논쟁이 폴란드에서 시민사회 전체를 아우르는 진정한 '도덕 혁명'을 일으켰다는 요안나 쿠르체프스카(Joanna Kurczewska)의 평가는 이 논쟁이 갖는 무게를 잘 말해준다.[58] 자기 성찰을 포기한 도덕적 정당성만큼 위험한 것도 없다. 세월이 한참 지나 논쟁의 열기가 어느 정도 사그라진 2017년 포즈난 라디오 방송《TOK FM》과의 인터뷰에서 아그니에슈카 아르놀트가 회고했듯이, 폴란드 사회의 주류는 "'그들'의 죄이지 우리는 죄가 없다"는 식으로 대응했다. 전쟁은 인간이 악의 유혹을 물리칠 만큼 굳세지 못함을 잘 보여주었고, 갈 데까지 간 도덕적 타락과 공포가 예드바브네의 학살을 낳은 것이다.[59]

현실사회주의가 무너진 직후 1990년대의 폴란드에서는 나치 독일의 무자비한 점령과 스탈린의 소련이 강요한 공산주의에 이중으로 희생된 폴란드인의 고통을 국제사회가 충분히 인정하지 않는다는 담론이 지배적이었다.[60] 현실사회주의에 대한 반동으로 스탈린주의가 역사 청산의 주된 의제인 상황에서, 홀로코스트에 대한 폴란드인의 죄의식이나 역사적 책임이 들어설 여지는 별로 없었다. 스탈린주의의 희생자라는 기억이 지배하는 한, 유대인에게 저지른 범죄에 대한 기억은 떠올리기 어려웠다.[61] 그래서 예드바브네의 유대인 학살은 나치 독일 특수부대의 강압과 테러에 못 이긴 어쩔 수 없는 결과라거나 예드바브네의 폴란드 이웃이 아니라 외지에서 동원된 직업적 범죄자인 룸펜프롤레타리아트의 짓이었다는 주장이 나오기도 했다.[62] 학살자들은 평범한 폴란드인이 아니라 나치의 사주를 받은 불량배, 금전적 이해를 위해서라면 언제든 인간적 존엄성을 버릴 수 있는 직업적 범죄자 집단이었다는 것이다. 또 유대인을 가두고 불태운 창고의 유해 발굴 현장에서 독일군 총탄 등이 발견되어 나치의 범죄였다는 주장이 나오기도 했으나, 다른 시기에 사용된 탄알이라는 점이 확인되어 에피소드로만 남았다. 이러한 주장 밑에는 평범한 폴란드인이라면 결코 그런 일을 저지를 수 없다는 전제가 깔려 있다. 제2차 세계대전의 가장 큰 희생자인 폴란드인이 홀로코스트의 가해자일 수 있다는 주장에 대한 억누를 수 없는 분노가 느껴진다.

민족주의적 변호론의 가장 급진적 분파는 오히려 폴란드인이 유대인의 희생자였다고 주장한다. 폴란드의 반공 민족주의자들은 독소불가침조약에 따라 소련군이 점령한 1939년부터 독소 전쟁으로 나치가 침공한 1941년까지를 '소비에트-유대 점령기'라고 규정하고, 유대인 이웃이 가톨릭 폴란드인을 박해했다는 점을 강조한다. 이들의 주장에 따르면, '유대인 빨갱이'가 폴란드의 반공주의적이고 반러시아적인 애국자를 소련의 비밀경찰에 밀고하여 중앙아시아나 시베리아로 쫓아내는 데 앞장섰다는 것이다. 그러므로 희생자는 유대인이 아니라 폴란드인이었다. 유대인은 배반자였으며, 일부 유대인이 받은 박해는 역사의 인과응보였다는 것이다.[63] 이들의 주장에 따르면, 《이웃들》을 쓴 그로스나 예드바브네 학살 60주년 기념식에서 폴란드인을 대표해 공식적으로 사과한 당시 대통령 알렉산데르 크바시니에프스키(Aleksander Kwaśniewski)는 폴란드 민족을 증오하고 억압했던 스탈린의 비밀경찰과 다를 바 없었다. 크바시니에프스키가 '민주사회주의자연합(SDS)'당 출신이라는 점도 이들의 의심을 더 부채질했다. '라디오 마리아' 같은 가톨릭 극우파와도 연결되는 이 분파는, 유대인 학살에 대해서는 나치 독일에 모든 책임을 돌리고 폴란드인의 반유대주의는 '유대인 빨갱이'가 자초한 불가피한 귀결이라고 강변한다.[64]

1987년의 브원스키 논쟁과 2000년의 예드바브네 논쟁은 전후 폴란드 사회의 집단 기억에 깊이 뿌리박고 있는 희생자의식이 수면 위로 떠오르는 계기였다. 희생자의식이라는 키워드는 전후 폴란드의 집단 기억을 이해하는 열쇠였다. 폴란드 출신의 사회학자 바우만은 이스라엘에서의 경험을 통해 '세습적 희생자의식(hereditary victimhood)'이라는 더 정교한 개념을 발전시켰다.[65] 헌신적인 사회주의자였던 바우만은 1968년 폴란드 공산당 민족주의 파르티잔파의 반시온주의 캠페인의 표적이 되어 이스라엘로 망명했다. 이스라엘에서 바우만은 공격적 시온주의가 홀로코스트의 희생자의식을 자기 정당화의 정치적 무기로 사용하는 장면을 목격한다. 바우만은 인티파다에 나선 맨손의 팔레스타인 청소년을 무자비하게 진압하는 이스라엘 군인이 자신을 정당화하는 심리적 근저에서 세습적 희생자의식을 발견했다. 그것은 제2차 세계대전 이후 태어난 폴란드와 이스라엘의 전후 세대가 자신을 제2차 세계대전과 홀로코스트의 희생자라고 생각하는 허위의식과 사회적 기억의 정곡을 찌르는 것이었다.[66]

전후 폴란드와 이스라엘에서 고투해온 실존적 경험에서 우러나온 바우만의 세습적 희생자의식은 해방 이후 한국 사회의 기억 문화를 설명하는 데도 유용한 개념이다. 2003년 4월 '비판과 연대를 위한 동아시아 역사포럼' 제4차 워크숍에서 나는 〈세습적 희생자의식과 포스트콜로니얼 역사학〉을 발표하여 그 가능성을 타진했다.[67] 식민주의의 세습적 희생자의식에서 벗어나 우리도 가해자가 될 수 있다는 자기 성찰을 새로운 준거로 정립하자는 게 주요 논지였다. 일본 식민주의의 '세습적 희생자'라는 자기규정에 갇혀 있는 한 잠재적 식민주의에 대한 내부 비판은 좀처럼 기대하기 힘들다. 세습적 희생자라는 사회적 기억의 빗장을 풀고 슬쩍 그 안을 들여다보면, 어떻게 하면 또다시 식민주의의 희생자가 되지 않을 것인가라는 문제의식이 숨어 있다. 그것은 식민주의가 강요한 제국-식민지의 지배 구도를 근원적으로 부정하는 사고방식이 아니다. 그 밑에는 제국으로 우뚝 서지 못하고 식민지로 전락한 역사에 대한 회한이 자리 잡고 있다. 식민주의 자체가 문제라기보다는 제국이 되지 못하고 식민지로 전락한 것이 문제라는 사고방식이다.[68] 분명한 반식민주의적 메시지에도 불구하고 세습적 희생자의식은 탈식민주의적 성찰을 가로막는다.

2003년 당시 이러한 생각은 에세이 형식으로 문제를 제기하는 차원에 그치고, 본격적인 연구로 나아가지는 못했다. 당시에는 '대중독재' 프로젝트에 몰두하고 있는 상황이었다. 그러나 대중독재 연구와 논쟁은 희생자의식에 대한 내 인식 지평을 넓혀주었다. 대중독재가 독재 권력의 가해자 대신 무고한 희생자인 민중을 공범자로 몰고 가는 반동적 패러다임이라는 선험적 단순 논리와 협의의 정치학과 고투하면서 희생자의 역사적 위치를 고민할 수 있는 시간을 가졌다. 민주화운동의 기억이 아직 생생하던 당시, 민중이 독재의 희생자이며 몸을 던져 독재 정권에 저항하고 투쟁해왔다는 혁명의 신화는 민중이 권력과 협력하기도 했다는 누추한 현실보다 훨씬 더 매력적이었다. 희생자의식은 비단 '민족'의 기억뿐만 아니라 '계급'의 기억까지 지배하는 기억의 리바이어던이었다. 폴란드 역사가들이 현실사회주의 일당 독재를 역사적으로 결산하는 세미나에 "희생자인가, 공범자인가?"라는 도발적 제목을 단 것도 예사롭지 않다.[69] 나치즘과 스탈린주의의 희생자이면서도 홀로코스트의 공범자라는 민족의 기억이 계급의 기억으로 이동한 것이다. 대중독재 프로젝트와 더불어 희생자의식에 대한 내 문제의식도 계급의 영역으로 이동했다.[70]

원거리 민족주의

희생자의식은 전혀 뜻밖의 계기를 통해 민족의 기억으로 귀환했다. 2007년 1월 17일 오후부터 저녁에 걸쳐 《요코 이야기(원제: So Far from the Bamboo Grove)》에 대한 비판 기사들이 보수와 진보를 막론하고 한국의 모든 주요 일간지의 웹사이트에 올려져 1월 18일자 시판 신문에 일제히 게재된 것이다.[71] 진보 언론과 보수 언론이 정치적 입장에 따라 사안마다 첨예하게 대립하는 한국의 언론 상황에서 이러한 좌우합작은 극히 드문 일이었다. 《요코 이야기》는 일본인 작가 요코 가와시마 왓킨스(Yoko Kawashima Watkins)의 자전적 이야기다. 제2차 세계대전에서 일본이 패했을 당시 11세 소녀였던 작가와 그 가족이 생명의 위협, 굶주림, 성폭력의 공포 등을 겪으면서 함경도 나남에서 일본으로 귀환하며 겪은 참혹한 생존의 경험을 10세 내외의 어린 청소년이 잘 이해할 수 있게 쉬운 언어로 생생하게 그리고 있다. 행복했던 '자아'가 일본으로의 귀환과 정착 과정에서 무수한 시련을 겪으면서 성장하고 고통을 극복한 결과 적절한 보상을 받는다는 서사구조는 그 영웅적 단순함 덕분에 미국의 어린 청소년에게 더 큰 호소력을 지닐 수도 있겠다.

1986년 미국에서 처음 간행된 이 책은 2005년 4월 "요코 이야기"라는 제목을 달고 한국어로 번역·발간되었다. 발간 당시만 해도 이 책은 논란의 대상이 아니었다. "1945년 일제가 패망할 당시 한반도 북단 나남에서부터 …… 일본까지 험난한 피란길에 오른 일본인 일가의 이야기를 어린 소녀의 눈으로 그린 자전적 소설"이라는《연합통신》의 2005년 5월 13일자 기사나 "국적을 잠시만 잊는다면, 전쟁이 한 가족의 삶을 어떻게 고난에 빠뜨리는지 담담하게 묘사한 성장소설"이라는 2005년 5월 6일자《조선일보》서평은 이 책이 흘려버리기 쉬운 평범한 책으로 대접받았음을 말해준다.[72] 그런데 2007년 1월《요코 이야기》는 느닷없이 한국의 거의 모든 주요 언론의 조명을 받았다. "얼빠진 한국, 일본마저 거부한《요코 이야기》출간", "일 전범 딸이 쓴 엉터리 조선회상기", "미국도 속은 일본판 안네의 일기", "《요코 이야기》 왜곡투성이" 등의 자극적인 기사 제목에서 보듯이, 진보와 보수를 막론하고 보도의 핵심은 이 책이 역사를 왜곡하고 있다는 것이다.

논쟁의 불씨는 미국에서 시작되었다. 2006년 9월 보스턴과 뉴욕의 한국계 미국인 학부모들이 미국 학제로 6~8학년 학생을 위한 독서 목록에 포함된 이 책에 문제를 제기한 것이다. 뉴욕의 한 한국계 여학생은《요코 이야기》를 배울 수 없다며 등교를 거부했고, 보스턴 지역의 한인 학부모들이 지역 교육위원회에 교재 사용 중단을 요청했다. 그들이 제기한 문제의 핵심은 이 책이 식민주의와 전쟁의 피해자인 한국인을 가해자로 묘사하고, 가해자인 일본인은 피해자로 묘사하고 있다는 점이다. 동아시아의 역사에 무지한 미국의 학생들에게 가해자와 피해자가 뒤바뀌어 각인될 수 있다는 항의는 미국적 맥락에서 일리가 있어 보인다. 이 책에는 사실상 일본 식민주의의 역사적·도덕적 부당성이나 난징 학살처럼 일본군이 저지른 범죄나 잔학행위는 생략되어 있다. 단지 지나가는 투로 "한국인은 일본 제국의 일부였으며 일본인을 증오했다"고 언급할 뿐이다. 동아시아의 역사에 무지한 미국의 청소년 독자를 대상으로 쓴 책이라는 점을 고려하면, 식민주의의 역사적 배경이 사실상 빠진 것이다. 개인적 고통을 진솔하게 서술했으면서도 일본의 식민 지배라는 동아시아의 역사적 맥락을 생략한 것은《요코 이야기》의 가장 큰 약점이다.[73] "일본은 한국과 중국의 내셔널리즘의 피해자라는 자기 이미지 제작"에 열심인 '새역사교과서를 만드는 모임'의 활동에서 보듯이, 역사적 탈맥락화는 위험하다. 중국의 공격적 내셔널리즘에 희생되고 있다는 논리로 1930년대 일본의 중국 침략을 정당화한 경험을 돌이켜보면 더욱 그러하다.[74]

이렇게 볼 때, 어린 소녀의 시선으로 가해와 희생을 대립시키는 단순 구도 속에서 자신의 생존을 이야기하는 이 책의 서술이 지나치게 단순하고 역사적 맥락을 놓치고 있다는 비판은 얼마든지 가능하다. 그러나 요코 가족과 같은 일본인 피란민이 겪어야 했던 고통과 곤경을 부정하고 이 책이 거짓투성이라고 단정할 수는 없다. 이 책의 서술이 단순하다는 것과 거짓말이라는 것은 다른 이야기다. 1991년 출간된《일본점령 외교관계 자료집》에 따르면, 1945년 8월 종전 당시 일본 열도 밖에 거주하는 일본 국적자는 민간인 320만 명, 군인 370만 명 등 총 690만 명이었다. 그중 72만 100명의 민간인과 33만 6,000명의 육군과 해군 병사들이 조선에 주둔했으며, 만주국에는 민간인 155만 명과 육군 66만 4,000명이 있었다.[75] 같은 해에 출간된 후생성 자료는 1963

년까지 귀환한 '히키아게샤(引揚者)'를 627만 명으로 추계하고 있다. 후생성 통계에서 수치가 줄어든 이유는 1959년부터 시행된 '미귀환자에 대한 특별조치법'으로 실종자 가족이 사망신고를 할 수 있도록 함으로써 호적에서 말소된 실종자가 미귀환자로 추계되지 않았기 때문이다.[76] 1945년 10월부터 조선, 타이완, 중국 거주 일본인의 송환이 시작됐지만, 초기 송환은 주로 군인과 군속에 한정되었다. 조선 거주 민간인은 "미·소간 협정 체결 이후에 송환한다"는 원칙 때문에 전쟁이 끝난 이후에도 3년 이상 한반도에 억류되기도 하고, 만주 거류민에게는 일본 본토의 주택 및 식량이 부족하다는 이유로 현지 체류를 강권했다. 또 펑톈(奉天) 등 남만주 지역과 다롄(大連) 등 해안지역에서는 소련군의 봉쇄 때문에 귀환할 수 없었다. 그사이 기아나 질병으로 사망자가 속출하여 만주 지역의 히키아게샤 사망자 수는 약 11만 명으로 추산된다.[77]

종전 이후 길게는 3년까지 한반도에 억류된 일본인은 조선인·미군·소련군 등에게 전 재산을 몰수당하고, 집도 없이 유리걸식하면서 조선인의 복수, 기아와 추위 등에 시달려야 했다. 이 기간의 사망자만 약 1만 8,000명을 헤아렸다. 사망자 중에는 취약계층인 노인과 여성, 어린이가 많았다. 만주국과 조선에서는 재산 피해도 막대해서, 해외 거류 일본인의 재산 피해 총액의 95%는 이들이 본국으로 귀환하면서 중국과 한반도에 남긴 재산이었다.[78] 종전의 혼란기에 만주와 조선 거주 일본 민간인의 안위가 소련과 미국의 점령군이나 현지 치안 당국의 특별한 관심 대상이 되기는 어려웠다. 패전의 혼란과 어려움을 겪고 있는 일본 국내에서도 이들의 빠른 귀환을 원치 않았다. 외국에 거주하는 패전 일본의 민간인은 안팎으로 가장 위험에 많이 노출된 집단이었다. 《요코 이야기》는 한반도에서 귀환길에 오른 많은 히키아게샤가 겪은 아픔을 담고 있다. 패전의 공포, 하루아침에 식민지배자에서 전범으로 추락한 신분, 소련군의 진주와 성폭력, 일본의 패망으로 태도가 돌변한 일부 조선인의 복수와 폭력, 극도의 영양실조와 전염병 등은 당시 히키아게샤가 직면한 엄연한 현실이었다.

최근에 발굴된 한반도의 히키아게샤 나루하라 아키라(成原明)의 수기는 놀라울 정도로 요코의 경험을 빼닮아서 흥미롭다. 《북선일일신문(北鮮日日新聞)》에서 일한 아버지를 따라 함경도 나남으로 이주해 살던 주인공이 패전이 가까워지자 부모님, 언니, 여동생과 함께 최소한의 식량만 들고 피란길에 나서 소련군 전투기의 기총 소사, 성난 조선인의 복수심에 찬 공격, 난민수용소에서 소련군의 성폭행, 발진티푸스 등의 전염병과 영양실조 등에 시달리다가 결국 38선을 넘어 열차로 부산항에 도착해 일본으로 귀환한 이야기는 요코의 경험과 유사하다.[79] 《요코 이야기》는 거짓말이라서가 아니라 지나치게 전형적인 히키아게샤의 플롯이어서 마음에 걸리는 것이다. 가와시마 왓킨스 개인의 고유한 경험이 아니라 히키아게샤가 일반적으로 겪은 집단적 경험을 반영하고 있다고 해도 과언이 아니다. 그러나 한국계 미국인들의 비판은 역사적 탈맥락화의 차원을 넘어서 《요코 이야기》가 거짓이라고 단정하는 경향이 강했다. 일본의 식민 지배를 받은 한국 민족은 희생자이고 일본 민족은 가해자이므로 '한국인-가해자' 대 '일본인-피해자'라는 이미지를 만들어낸 가와시마 왓킨스의 저작은 거짓말이라는 논리였다. 이들의 논리는 구체적인 역사적 사건 속에서 개개인의 행위 및 그 결과로 가해자와 피해자를 구분하는 게 아니라 그가 어떤 민족 범주에 속해 있는가에 따라 나누는 민족주의적 사유의 전형을 보여주었다. 이들에게는 일본인의 '집합적 유죄'에 대한 고정관념이 너무 강해서 '일본인 희생자'라는 말 자체가 형용모순처럼 느껴졌을 것이다.

《요코 이야기》에 대한 미국 교포, 즉 한국계 미국인들의 분노는 태평양을 건너 한국 본토로 상륙하면서 한층 증폭되기에 이르렀다. 2년 전인 2005년에 나온 비교적 호의적인 서평과는 완전히 다른 논조가 시민사회의 기억을 지배하기 시작했다. 진보든 보수든 한국 사회의 독법은 요코의 고통을 아예 부정하려는 듯하다. 요코의 아버지가 생체실험 등으로 악명 높은 관동군 731부대의 장교였다는 흑색선전을 넘어서 아예 《요코 이야기》가 역사를 왜곡한 거짓말이라고 몰고 간다. 나남은 너무 추워서 대나무가 자라지 않는다거나, B-29의 폭격은 있지도 않았고, 요코 일가가 피란 갈 당시에는 북한 지역에 아직 '공산군'이 조직되지 않았다는 '사실'이 요코의 기억을 거짓으로 모는 근거로 제시된다. 그 밑에는 '일본=가해자 민족' 대 '한국=희생자 민족'이라는 이분법이 흔들리는 데 대한 당혹감이 자리 잡고 있다. 책에 그려진 '한국인 가해자' 이미지가 자신들이 도덕적으로 안주해온 희생자의식 민족주의를 저해하는 데 대한 분노와 불편함이 느껴진다. 그 분노는 역사적 진실과 거짓에 대한 것이라기보다는 희생자민족이라는 자신들의 집단적 정체성이 흔들리는 데 대한 존재론적 불안감의 표현이라 하겠다.[80] 책이 어린 소녀의 개인적 경험을 자의적으로 재구성한 것에 불과하다며 기억의 신뢰성을 의심하고 음해성 소문까지 마다하지 않으면서 요코의 가해자 위치를 강조하는 것도 같은 맥락에서 이해된다.

《요코 이야기》에 대한 한국인의 존재론적 불안감이 잘 드러나는 대표적인 문건으로는 민족주의 성향의 한국 NGO '사이버외교사절단 반크'가 펴낸 만화책을 들 수 있다. 이 책에 따르면, 가와시마 왓킨스는 "가해자 일본의 딸이면서 희생자인 양 안네 프랑크로 둔갑시켜" 자신을 미화했고, 일본군 '위안부' 제도가 보여주듯이 강간과 살인을 일삼은 건 일본인인데 한국인을 가해자로 묘사한 역사 왜곡을 통해 한국인을 두 번 죽였다는 것이다.[81] 초등학생과 중학생 정도 지식 수준의 독자를 대상으로 한 이 교양 만화는 기모노를 입고 눈이 옆으로 찢어진 요코 가와시마 왓킨스의 비주얼 이미지를 비롯해 '일본인=나쁜 놈'이라는 정형화된 편견을 노골적으로 부추긴다. 또 책의 마지막 부분에서는 '시사 교양 학습 교재'라는 이름 아래 어린 독자에게 여러 가지 숙제를 주고 있다. 첫 번째 숙제는 대나무 숲, 미군 폭격, 인민군 순서로 《요코 이야기》의 거짓말을 밝히는 것인데, 《안네의 일기》와 《요코 이야기》 사이에 닮은 점과 다른 점을 찾으라고 부가 숙제를 내준다. 두 번째는 "일제의 만행을 고발하라!"인데 '위안부' 할머니 이야기 소개, "인류 역사상 가장 끔찍하고 잔인한 비인간적 범죄집단으로 불리는 731부대의 만행"을 되새기고, 가짜 전쟁 체험 소설과 싸우는 등의 내용으로 되어 있다. 일본군의 만행을 부각함으로써 일본 피란민의 고통과 희생을 상쇄하겠다는 의도가 잘 드러난다. 세 번째는 "미국의 《요코 이야기》 수업을 멈춰라!"인데, 미국 교육부와 중학교에 수업 중단 요구 서한 보내기, 《요코 이야기》를 낸 출판사에 출판 중단 촉구 서한 보내기, 저자에게 공식 사과문 요구 서한 보내기 등으로 구성되어 있다. 네 번째는 "《요코 이야기》와 관련된 새로운 정보를 찾아라", 마지막 숙제는 "《요코 이야기》의 진실을 밝힌다"이다. 일부 숙제의 말미에는 항의 편지 양식과 기사 정리 양식, 원고지가 인쇄되어 친절하게 학생 독자의 숙제를 유도한다.[82]

한국의 희생자의식 민족주의가 보여준 과잉 반응은 의도치 않은 결과를 낳기도 했다. 《요코 이야기》가 일본의 우익 성향 출판사에서 일본어로 번역·출간된 것이다. 《대나무숲에서 아득히 멀리: 일본인 소녀 요코의 전쟁 체험기》라는 제목의 일본어판은 2013년에야 출판되었으니 한국보다 8년이나 늦었지만, 일본 아마존의 집계에 따르면 전쟁 체험기 장르에서 2위를 차지할 정도로 높은 인기를 자랑하고 있다.[83] 일본 아마존 웹사이트에 게재된 일본 독자의 서평은 무려 342개에 달해, 히키아게샤 체험소설의 고전이라 할 수 있는 후지와라 데이(藤原てい)의 《흐르는 별은 살아 있다(流れる星は生きている)》에 달린 독자 서평 15개보다 무려 20배가 넘는다. 일본 독자의 평점도 평균 5점 만점에 4.5로 매우 높고, "사실은 소설보다 더 절묘하다", "모두에게 읽히고 싶은", "필독의 명저", "왜 일본의 수업에서도 (읽을거리로) 택하지 않았는지는 불가사의", "전후 사실의 개운치 않은 부분이 말끔히 풀리는 책" 같은 평가가 이어지는 가운데 재미 한국 사회에서 이 좋은 책의 배척·분서 운동을 일으킨 것은 유감스럽기 짝이 없으며 이 책을 한국이나 중국에 반대하는 책이라고 느끼는 사람은 무언가 뒤가 켕기는 사람이라는 평도 눈에 띈다.[84] 더 흥미로운 것은 이 책을 구매한 독자들이 산 책의 목록으로, 그 가운데는 《세계의 미래는 일본에 달려 있다: 중국의 침략을 저지하라》, 《센카쿠: 절체절명》, 《중국의 전격 침

략》 등의 반중국 도서나《위안부의 진실》,《제대로 이해하는 위안부 문제》 등의 '위안부' 부정론자들의 책이 들어 있다. 총력전 체제 말기의 국사 및 국어 교과서인《(복각판) 고등과국사》,《(복각판) 초등과국어》 등은 "국민으로서의 긍지와 상무의 기풍을 육성한" 총력전 시대의 교육이념에 대한 향수를 불러일으키는 책이라서 더 주목된다. 한국의 희생자의식 민족주의가 일본의 우익 여론을 자극하여 별반 존재감이 없던 책을 일본 사회에 부각하고 만 것이다. 동아시아의 기억 공간에서 작동하는 한·일 민족주의의 적대적 공범 관계는 이렇게 그 비밀을 슬그머니 드러냈다.

《요코 이야기》로 한국 사회가 한창 시끄럽던 2007년 4월 29일 나는《코리아 헤럴드(Korea Herald)》에 동북아시아의 민족주의적 역사 전쟁에 대한 작은 영문 칼럼을 썼다. 트랜스내셔널한 기억 공간에서 역사의 자랑스러운 영웅 대신 불행한 희생자라는 지위를 차지하기 위해 서로 싸우는 전후의 기억 문화를 설명하는 개념적 틀로서 희생자의식 민족주의를 처음 제시한 것도 이 작은 칼럼에서였다.[85] 그런데 이 칼럼이 나가자《요코 이야기》논란에 불을 지핀 한국계 미국인들로부터 항의와 비판의 이메일이 들어오기 시작했다. 내 칼럼이 일본 식민주의의 희생자였던 한국인 대신 일본인 피란민이 한국인의 희생자라고 역사를 왜곡했다는 것이다. 미국의 유수 대학에서 고등교육을 받은 자신의 배경을 밝히고는, 당신 같은 사람이 한국의 대학생에게 역사를 가르친다는 게 한심하다는 식의 가르침도 있었다. 불쾌하기도 했지만 기쁨도 컸다. 이들의 공격적 이메일과 분노 어린 비판은 희생자의식 민족주의가 특정한 현실을 설명하는 힘을 반증한다는 생각이 컸다. 사람들은 거짓말에 대해서 분노하기보다는 진실에 대해서 분노하는 법이다. 자신에 대한 거짓말보다 불편한 진실이 더 무섭기 때문이다. 미국에서 발화된 이 소동이 태평양을 건너 한국에 전해지면서 잠자고 있던 한국인의 희생자의식을 일깨우는 촉매로 작동했다는 점은 더욱 흥미롭다.

21세기의 트랜스퍼시픽 기억 공간에서 작동하는 아시아계 미국인의 '원거리 민족주의(long-distance nationalism)'는 19세기 트랜스애틀랜틱 기억 공간에서 작동한 에스파냐계 라틴아메리카인의 '크레올 민족주의(Creole nationalism)'와는 분명 다르다. 크레올 민족주의는 영국이나 이베리아반도의 엘리트로부터 소외되어 종속적인 위치에 놓인 아메리카의 식민이주자가 본국과 분리된 독립 국가를 세우려는 운동으로, 미국 독립혁명부터 19세기 중남미 민족혁명의 원동력이었다.[86] 이에 비해 희생자의식 민족주의는 태평양 건너 본국의 민족주의와 대척점에 섰다기보다는 아메리카로 이주한 민족적 기억이 귀환하여 본국의 민족주의를 재점화하는 계기로 작동했다. 원거리 민족주의는 대개 이민 당시의 낡지만 강력한 민족주의 기풍을 그대로 간직해서 그동안 새로운 환경에 적응해온 본국의 민족주의보다 더 엄격하고 본질주의적인 경향이 강하다. 본국의 민족주의는 역사적 조건과 상황의 변화에 맞추어 끊임없이 살아 움직이는데, 이들의 민족주의는 이민을 떠날 당시의 모습 그대로 박제화되어 있다. 민족의 기억과 함께 미국으로 이주한 한국계 미국인의 원거리 민족주의도 예외는 아니었다.

미국이라는 인종차별적 다문화 공간에서 날카로워진 한국계 미국인의 원거리 민족주의가 본국으로 역수입되어 한국의 민족주의적 기억 문화를 강화하는 이 경험은 민족주의가 트랜스내셔널한 현상임을 다시 한번 확인해주었다. 가해자 없는 희생자는 상상할 수 없다는 점에서 희생자의식 민족주의는 특히 민족주의의 트랜스내셔널한 성격을 잘 드러내 준다. 이 점에서 희생자의식 민족주의 연구가 일국사를 넘어서 트랜스내셔널 역사의 관점을 요구하는 것도 당연하다. 더 나아가 이 책에서는 지구사를 선호한다. 지구사와 트랜스내셔널 역사는 서로 중첩되기도 해서 기계적으로 경계를 가르기 어렵다. 희생자의식 민족주의를 한국-일본, 일본-미국, 폴란드-독일, 러시아-폴란드, 러시아-독일, 독일-이스라엘, 폴란드-이스라엘의 대당관계에서 파악할 때는 트랜스내셔널 역사의 관점으로 충분하다. 그러나 희생자에 대한 기억은 비유와 병치, 상호 참조 등을 통해 국가의 경계는 물론이고 대륙의 경계까지 훌쩍 뛰어넘는다. 아시아·태평양 전쟁에서 일본의 전쟁범죄와 원자폭탄을 기억하는 동아시아의 기억 문화가 홀로코스트의 기억을 모델로 삼고, 또 거꾸로 일본군 '위안부'의 기억이 전시 성범죄와 폭력적 매춘에 대한 유럽의 잠들어 있던 기억을 일깨우는 식이다. 희생자의식 민족주의가 트랜스퍼시픽 기억 공간과 트랜스애틀랜틱 기억 공간을 연결하자 아시아, 아프리카, 유럽의 기억이 긴밀하게 얽히면서 지구적 기억구성체를 형성하는 것이다.

이 책이 한국, 일본, 독일, 폴란드, 이스라엘의 희생자의식 민족주의에 대한 지구사의 관점을 유지하려는 것도 이 때문이다. 물론 경험론적 분석과정에서는 트랜스내셔널 역사의 분석 틀이 전면에 나설 것이다. 폴란드의 희생자의식 민족주의를 이해하기 위해서는 나치 독일의 잔혹한 점령정책이나 스탈린주의 테러의 기억이 기본이다. 심층에서 이스라엘의 집단 기억을 지배하는 희생자의식은 홀로코스트를 빼

놓고는 이해할 수 없다. 한국의 희생자의식 민족주의는 일본의 식민지 지배에 대한 기억을 자양분으로 삼고 있으며, '세계 유일의 피폭국' 일본의 희생자의식 민족주의는 제2차 세계대전의 기억을 '태평양 전쟁'의 미·일 대립 구도로 환원시킴으로써 자기 정당성을 확보하려는 경향이 있다. 그러나 홀로코스트, 식민주의 제노사이드, 스탈린주의 테러의 기억이 합종연횡하며 만들어내는 지구적 기억구성체의 복잡한 양상은 가해와 피해의 사슬로 얽힌 트랜스내셔널 역사의 차원을 넘어 지구사의 관점을 요구한다.[87] 경험적 분석의 초점은 폴란드-독일-이스라엘-일본-한국으로 한정되지만, 전 지구적 기억 공간에서 희생자의식 민족주의가 서로 경합하고 경쟁하면서 다른 대륙의 경험을 자신의 기억 속에 끌어들여 역사의 오용과 남용을 불사하면서까지 자신의 민족주의를 정당화하는 기억 전쟁을 분석한 이 책은 희생자의식 민족주의의 지구사, 더 정확하게는 그것의 기억에 대한 지구사라고 요약할 수 있다.

VICTIMHOOD NATIONALISM

Ⅲ. 승화

전사자 숭배는 국가라는 종교에 순교자를 제공했고, 죽은 이들의 마지막 안식처는 국가적 경배의 신전이 되었다. '신을 위해 죽는다(pro domino mori)'는 가톨릭의 순교 정신이 '조국을 위해 죽는다(pro patria mori)'는 순국의 정치적 도덕률로 바뀌면서 전사자 숭배는 근대 국민국가의 정치종교적 양상을 띠기 시작했다. 사진은 바르샤바 피우수트스키 광장에 있는 무명용사 기념비와 '꺼지지 않는 불꽃'. 사진 출처 Wikiwand

매일매일의 투쟁이라는 관점에서 보면, 사는 게 죽는 것보다 어렵다. 비겁한 일상 대신 영웅적 죽음을 강변했던 이들은 생존의 어려움과 직면할 용기를 갖지 못했는지도 모르겠다. 영웅적 비겁함과 일상의 용기가 대비되는 대목이다. 영웅주의적 민족주의를 대체하는 새로운 민족 담론으로 희생자의식 민족주의가 훨씬 더 복잡한 양상을 띠는 것도 이 때문이다. 영웅처럼 장렬하게 산화한 자들이 아니라 억울하게 희생된 자들이나 비루하게 살아남은 자들을 고귀하고 초월적인 추상으로 승화시켜야 하는 어려운 과제를 어떻게 이해하고 푸는가에 따라 희생자의식 민족주의는 천차만별의 모습을 띤다.

죽음의 민주화와 사자의 기억

피해자와 희생자는 어떻게 구분되는가? 수동적 피해자와 능동적 희생자, 객체화된 피해자와 주체적인 희생자, 억울한 피해자와 숭고한 희생자를 구분하는 것은 얼마나 타당한가? 희생자의식 민족주의는 둘 중 어디에 기대고 있는가? 결론부터 말하면, 피해자나 희생자 어느 한 쪽도 아니다. 희생자의식 민족주의는 피해자가 희생자로 넘어가는 담론적 승화 과정에서 출현한다. 우리의 기억 속에서 억울하게 죽은 수동적 피해자가 국가와 민족을 위해 기꺼이 목숨을 바친 숭고한 희생자로 탈바꿈하는 순간, 희생자의식 민족주의로 가는 문이 열리는 것이다. 강제 폭력의 피해자가 자발적인 결단의 희생자로 미화되고, 의미 없는 죽음이 의로운 죽음으로 신성화되고, 우연한 사고가 운명적 비극으로 신비화되고, 현실 속의 피해자가 기억 속의 희생자로 자리매김될 때, 희생자의식 민족주의는 운명론적 초월성을 띠게 된다. 희생의 승화를 통해 조국, 민족, 혁명, 해방, 근대화 등을 꿈꾸는 세속의 이데올로기가 존재론적 운명의 차원으로 격상되는 것이다.

청록파 시인 조지훈이 노랫말을 지은 〈현충의 노래〉는 그 초월적 승화의 수사를 적나라하게 보여준다. "겨레와 나라 위해 목숨을 바치니/그 정성 영원히 조국을 지키네/조국의 산하여 용사를 잠재우소서/충혼은 영원히 겨레 가슴에/임들은 불멸하는 민족혼의 상징/날이 갈수록 아아 그 충성 새로워라."[1] 서울예고를 설립하고 KBS 관현악단의 전신인 경성방송관현악단을 만든 음악가 임원식이 곡을 붙인 이 노래는 1957년 제정되었지만, '조국 근대화'라는 이름 아래 모든 노동 인민을 '산업 전사'로 호출했던 1970년대 유신 독재 시기에 전성기를 맞았다. 일반 가요의 레코드판 마지막에 의무적으로 수록하게 만든 '애국가요'로 지정된 것이다. 〈제헌절 노래〉는 목숨을 바쳐 영원히 조국을 지킨 그들 덕에 대한민국이 '억만 년의 터'에 자리 잡았다고 다시 한번 확인해준다.[2] 비장한 선율에 숭고한 희생의 노랫말을 붙인 일련의 애국가요는 애국가와 더불어 정부와 민간의 각종 기념식에서 일제히 제창되었다. 기념식장에서 숭고한 희생의 가사를 비장한 선율에 맞추어 함께 노래를 부르는 참가자들은 정서적 일체감을 느낀다. 모르는 사람끼리 같은 곡조에 같은 구절을 화음에 맞추어 부를 때, 상상의 공동체가 메아리치며 실현되는 것이다.[3]

2009년 이명박 정권 출범 이후 갑자기 〈님을 위한 행진곡〉 제창 여부를 놓고 벌어진 여·야간의 논쟁도 이런 맥락에서 이해된다. 5·18민주화운동의 공식 기념행사에서 참가자 전체가 이 노래를 제창하자는 민주화 세력이 소리를 통한 공동체적 일체감을 확보하려 했다면, 보수파는 전문 노래 단체의 합창을 고집함으로써 5·18민주화운동을 소리로 기억하고 몸으로 연대 의식을 느끼는 것이 불편함을 드러냈다. 애국가와 응원가, 혁명과 항쟁의 노래가 만들어내는 상상된 소리의 공동체만큼 낯선 이들을 잘 연결해주는 것도 드물다.[4] 수천, 수만의 군중이 혼연일체가 되어 한목소리로 노래하는 소리의 수행성은 연극이나 무대 공연, 길거리 연희 등의 수행성보다 훨씬 더 관객 친화적이다. 민족이든 혁명이든 상상된 공동체의 불멸성에 대한 기억은 이처럼 수행성을 통해 사회의 저변에 깊숙이 뿌리박는다.[5]

전국에서 동시다발적으로 장관을 연출하는 국민국가의 극적인 의례는 희생자의식 민족주의의 수행성을 드높이고, 같은 시·공간에 놓인 모든 국민이 희생자로서 같은 역사를 공유하고 있다는 느낌을 만들어낸다. 희생자의식 민족주의가 고통의 기억을 동원함으로써 공동체의 응집력을 극대화할 때, 정치종교로서의 민족주의는 관념을 넘어 물질적 힘을 획득한다. 에르네스트 르낭(Ernest Renan)이 잘 지적했듯이, "함께 나눈 고통이 기쁨보다 민족을 더 단결시키고, 민족적 기억을 위해서는 애도가 승리보다 나은 것이다."[6] 희생자의식 민족주의는 '민족, 조국, 인종, 역사, 혁명, 자유 등의 세속적 실재나 가치에 신성한 지위를 부여하고 숭배하는' 정치종교의 정의에 잘 들어맞는다.[7] 집단적 희생의 기억은 민족이나 혁명, 자유 등의 다른 세속적 가치보다 정치종교를 만드는 더 좋은 재료다. 희생의 승화를 통해 무의미한 죽음을 공동체의 불멸을 위한 유의미한 죽음으로 둔갑시키기 때문이다. 덧없는 죽음을 불멸과 영생으로 이끄는 희생의 신화는 전통 종교의 탈주술화로 생긴 신화의 공백을 메꾸는 정치종교의 재주술화를 위한 최적의 소재였다.

그런데 죽은 자들의 넋을 위로하고 추도하는 의례는 근대 국민국가만의 특징은 아니며, 전근대사회에서도 널리 발견된다. 죽은 자를 기리는 의례는 시대를 넘어 인간 삶의 불가결한 양상이다. 그러나 원혼을 달래는 전근대사회의 전통 의례와 전사자를 기리는 근대 국가의 국민의례 사이에는 질적으로 큰 차이가 있다. 특히 동아시아의 전근대사회에서 전사자 의례는 억울하게 죽은 혼령이 자연재해나 전염병을 일으킨다는 믿음 위에 서 있었다. 의례의 목적 역시 원혼을 위로해서 자연재해나 전염병을 진정시키는 데 있었다. 전근대적 위령에는 원혼(冤魂)·원령(怨靈)·원귀(冤鬼)·무주고혼(無主孤魂)이 된 전사자의 억울함을 풀어주지 않으면 산 사람에게 보복할 것이라는 두려움이 깔려 있었다. 위령의 대상인 전사자는 혼을 달래서 빨리 잠재워야 할 부정적인 존재였다.[8] 전사를 위대한 행위로 간주하고 그 해석을 기록하여 후세가 추모하게 하는 근대 국가의 전사자 숭배와는 거리가 먼 것이었다.

한편 투키디데스(Thucydides)가 후세에 전하는 페리클레스(Perikles)의 장례 연설은 동아시아의 전통적 전사자 의례와는 분명히 다르다. 조국 아테네의 영광을 위해 '살아서 굴복하기보다 죽음으로 저항한' 전사자를 칭송하는 그의 연설은 '억울한 영혼'을 달래는 전통 의례보다는 근대 국가의 전사자 숭배와 가깝다.[9] 그렇다고 그 차이를 동양과 서양의 차이라는 식으로 정형화하는 건 너무 상투적이다. 아테네의 중무장 보병은 시민적 권리와 군사적 의무를 교환했다는 점에서 중세의 용병보다는 근대의 시민 의용병에 가까웠다. 이 점에서 페리클레스의 장례 연설은 전근대 종교의 주술에서 벗어난 근대 주체에게 다시 민족주의의 망령이라는 주술을 씌우는 텍스트로 이용하기 안성맞춤이었다. 고대의 공화주의에서 사상적 전범을 찾으려는 근대 민족주의의 전사자 숭배에 잘 들어맞는 텍스트였던 것이다. 페리클레스의 장례 연설이 근대 유럽의 국민국가에서 국민적 주체를 만드는 전범으로 회자된 이유였다.

근대 주체는 자율적 개인 주체를 넘어서 국민국가의 요청에 따라 다듬고 만들어진 주체였다. 명령에 복종하고 조국에 충성하고 군인의 미덕을 숭상하는 국민으로 프로그램화된 대중은 자율적 근대 주체라는 자유주의의 환상을 정면으로 부정한다. 근대적 주체의 탄생은 잡다하고 무질서한 군중을 하나의 정치적 목표 아래 잘 통제되고 질서 정연한 대중으로 만드는 과정과 짝을 이룬다.[10] 전사자를 조국과 민족을 위한 거룩한 희생자로 승화시키는 전사자 숭배의 의의는 '대중의 국민화'라는 근대적 주체의 획일화 과정에서 찾아볼 수 있다.[11] 근대적 주체의 형성은 프랑스혁명으로 거슬러 올라간다. 1750년대 프랑스에서 등장한 신고전주의는 고대 그리스·로마의 '시민적 공화정(civic republic)'을 이상적 공동체로 보았다. 신고전주의자들은 이상적 공동체의 세 가지 요소로 공동 의지에 기초한 공동체, 동등한 권리와 의무를 지닌 시민, 공동체에 대한 시민의 헌신을 꼽았다.[12]

프랑스의 신고전주의에 앞서 17세기 영국의 휘그파 또한 자신들을 고대 공화국의 시민과 동일시했다. 이들에게 고대 공화정은 '동등한 시민의 결사로 구성된 애국적 공동체'였던 것이다.[13] 이집트와 페니키아 등 아프리카와 동부 지중해의 셈족 문화가 고대 그리스와 로마에 미친 영향을 고려한다면, 18~19세기 유럽의 신고전주의자와 민족주의자는 '서양'의 전통을 거슬러 올라갔다기보다 '서양'의 신화를 창조했다고 보는 편이 옳을 것이다. 고대 그리스·로마의 시민적 공화정을 서양의 전통으로 전유한 계몽사상의 해석은 아프리카 및 셈족의 흔적을 지우고 고대 모델을 아리안 모델로 바꿔치기하는 패러다임의 변화와 맞물린 것이었다.[14] '서양'의 추모 전통과 '동양'의 해원 전통이 만난 것은 근대 국민국가의 틀 안에서였다. 둘은 국민의례로 합쳐졌다.

동아시아에서 전쟁과 난리 통에 억울하게 죽은 불특정 다수의 원혼이 대의를 위해 희생한 장렬한 전사자로 승화된 것은 근대 국가의 국민의례가 도입되면서부터였다. 애국 담론 위에 구축된 프랑스혁명 시기의 고전적 민족주의나 1930년대 파시즘의 영웅 담론은 일찍이 청년과 죽음을 신성시하는 장례 의식과 죽음의 상징주의를 발전시켰다. 이데올로기적 정당화가 논리적 설득의 차원을 넘어 한껏 고양된 감정과 종교적 신념의 차원을 획득한 것이다. 이들이 만든 죽음의 상징 의례는 출생이나 특권이 아니라 조국에 대한 봉사를 국가적 장례의 기준으로 삼음으로써 죽음을 민주화하고 국민화했다.[15] 혁명과 민족은 순교를 통해 신성화되고, 신성화된 세속의 이데올로기는 순교와 희생을 당당하게 요구한다. '순교' 개념은 '역사에 대한 종말론적 개입'을 통해 '승리와 희생의 변증법'을 정식화한다. 무기력한 희생자가 아닌 기존의 권력 구조를 뒤엎는 해방 전사로서의 강력한 희생자가 등장하는 것이다.[16] 고전적 민족주의의 영웅과 희생자의식 민족주의의 희생자는 대립적으로 보이지만, 순교 이미지를 통해 민족의 기억 속에서 상호침투되어 있다. 영웅 담론과 희생자의식이 상호침투할 때, 개인이든 집단이든 고난과 역경은 민족적 자부심의 원천이 된다. 전사자는 민족의 기억에 오래 남아 불멸성을 획득한다.

희생자의식 민족주의가 고전적 민족주의의 영웅 담론과 다른 점은 조국과 민족을 위해 싸우다 장렬히 산화한 전사자뿐 아니라 억울하게 죽은 모든 이의 희생까지 민족의 이름으로 승화시킨다는 데 있다. 죽음이 민주화된 것이다. 죽음이 민주화되고 순교라는 엘리트 담론이 인권 개념으로 대치될 때, 희생자의식 민족주의는 더 큰 힘을 얻는다.[17] 근대 국가의 전사자 의례가 모든 전사자의 죽음을 민주화했다면, 희생자의식 민족주의는 전사자와 민간인 희생자를 가르는 죽음의 위계질서를 흔들어놓았다. 인권의 관점에서 보면, 전사자든 민간인 희생자든 생명에 대한 기본적 인권을 짓밟혔다는 점에서는 같다. 죽음의 민주화라는 관점에서 보면, 홀로코스트는 비극조차 될 수 없다는 슬라보이 지제크(Slavoj Žižek)의 주장은 설득력을 잃는다. 죽음으로 자기 존엄성을 지키는 비극의 주인공과 달리 홀로코스트 희생자는 자기 존엄성마저 부정당한다는 그의 해석은, 주인공의 죽음을 승화하는 비극의 전통적 플롯에 바탕을 두고 있다.[18] 나치 살인특무부대의 총구나 강제수용소의 가스실에서 '순한 양'처럼 학살당한 홀로코스트 유대인 희생자의 죽음은 실제로 비극의 주인공이 맞는 영웅적 죽음과는 거리가 멀다. 희생자의식 민족주의는 비겁한 죽음도 승화시킨다는 점에서 영웅 민족주의보다 한 수 위에 있다. 영웅의 용기보다 희생자의 인권을 중요시하는 것은 누구도 부정하기 힘든 정치적 올바름이다.

사자 추모를 본질로 하는 문화적 기억의 문법이 순교에서 인권으로 이동하면, '비겁한' 희생자도 실존적 도덕성을 인정받고 그들의 죽음도 국민화된다. 영웅과 희생자 사이의 간격이 좁아지면서 홀로코스트와 같은 극단적 상황에서는 생존 자체가 내적인 강인함의 표현이면서도 저항이라고 인정되기 시작한 것이다.[19] 이미 홀로코스트 당시 바르샤바 게토의 랍비 아이작 니센바움(Isaac Nissenbaum)은 생존 행위 그 자체에 종교적이면서도 초월적인 의미를 부여했다. 그의 해석에 따르면 살아 있다는 것 자체가 저항 행위여서, 저항이라는 것이 별로 의미가 없는 상태에까지 이른다. 역사의 주체로서 이들 희생자는 외부에서 강요하는 굴욕감이 크면 클수록 내면적인 자존심이 더 커지는 용감한 일상의 영웅이 되는 것이다. 일상의 저항에 초점을 맞춘 비극은 점점 비속해지고, 희생자를 주인공으로 하는 멜로드라마는 인기를 끈다.[20] 관객은 역사의 희생자가 되기를 거부하고 일상의 저항을 시도한 흡인력 있는 역사적 행위자가 된 희생자와 자신을 동일시하는 데 거부감을 느낄 이유가 없다. 그러나 그 대가는 크다. 관객은 과거의 희생자이자 현재의 승자인 이들과 일체감을 느끼는 대신, 현재 고통받고 있는 타자에 대한 공감 능력을 억누르는 것이다.[21]

억울한 희생자의 고통과 고난을 민족적 기억의 주변에서 중심으로 끌어올린 희생자의식 민족주의의 출현과 더불어, 희생자는 과거 민족 영웅이 누렸던 권위를 공유했다. 지구적 기억 공간이 만들어지고 피억압자의 인권 감수성이 예민해지면서 폭력의 희생자가 바로 그 희생 때문에 도덕적 영웅이 된 것이다. 희생자의식 민족주의에서 피해자가 희생자로 승화되는 양상은 순교 개념을 축으로 한 영웅 민족주의와는 크게 다르다. 전사자와 민간인 희생자 사이의 위계를 지우고 군인 전사자에게 국한된 죽음의 민주화를 민간인 희생자까지 밀고 나감으로써 희생자의식 민족주의가 공감을 얻는 세속종교의 영역은 더욱 넓어졌다. 죽음의 민주화가 정치종교의 민주화·대중화·국민화를 낳은 것이다. 그 결과 집단로서의 어느 민족이 더 큰 희생자인가를 놓고 경합하는 희생자의식 민족주의는 지구적 기억 공간의 일상적인 모습이 됐다. 희생이 크고 끔찍할수록 그 민족은 더 큰 도덕적 정당성과 '존재론적 우선권(ontological primacy)'을 부여받는 것처럼 생각되었다.[22] 희생자의 고통을 강조하는 기억의 새로운 패러다임이 남동부 유럽, 남아프리카, 라틴아메리카 등지의 이행기 사회에서 자유민주주의와 신자유주의를 정당화한다는 비판은 분명히 일리가 있다.[23] 반면, 내 비판의 핵심은 희생자 중심의 문화적 기억이 희생자의식 민족주의에 도덕적 근거를 제공함으로써 21세기의 지구화 조건에 맞게끔 민족주의를 재구축한다는 데 있다.[24]

숭고한 희생자와 순교의 국민화

의미론의 관점에서 보면, 희생자의식 민족주의는 언어에 따라 피해자가 희생자로 승화되는 양상이 다르다. 먼저 독일어와 폴란드어에서는 피해자와 희생자를 거의 구분하지 않는다. 독일어의 'Opfer'나 폴란드어의 'ofiara'는 피해자와 희생자라는 의미를 모두 갖고 있으며, 단어가 쓰이는 문맥에 따라 불쌍한 피해자가 되기도 하고 숭고한 희생자가 되기도 한다. 독일어의 'Opfer'가 죽음을 뜻하는 'Tod'와 결합해서 만들어진 합성어 'Opfertod'가 희생적인 죽음을 뜻하거나 폴란드어의 'ofiara'가 전체를 태운다는 'całopalna'라는 형용사를 받아 산 짐승을 태워서 공양하는《구약성서》의 홀로코스트를 지시할 때, 'Opfer'와 'ofiara'는 모두 희생의 의미를 담고 있다. 그러나 일반적으로 구어체에서는 단순한 피해자를 의미할 때가 많다. 독일어나 폴란드어 모두 수동적 피해자와 구분해서 대의를 위해 목숨을 바친 희생자를 지칭할 때는 순교자라는 단어를 사용해야 더 분명하게 뜻을 전달할 수 있다. 독일어의 'Märtyrer'와 폴란드어의 'męczennik'가 그렇다. 믿는 바를 위해 기꺼이 자신의 목숨을 바칠 용의가 있는 사람을 뜻하는 고대 그리스어 'mártyr'에 기원을 둔 독일어 'Märtyrer'는 순교자의 의미가 분명하고, 고난과 고통을 받는 사람이라는 뜻의 폴란드어 'męczennik' 역시 분명하게 순교자를 의미해서 혼동의 여지가 없다.[25]

영어에서는 비교적 '피해자(victim)'와 '희생자(sacrifice)'가 잘 구분되는 편이다. 두 단어가 상호교차할 때도 있지만, 기본적으로 'victim'은 수동적 피해자에 가깝고 'sacrifice'는 대의를 위한 능동적 희생자를 의미할 때가 많다. 그런데 영어로는 'victimhood nationalism'이라 쓰고 한국어로는 '희생자의식 민족주의'라고 번안하면 의미가 달라지는 것이 아니냐는 의문이 들 수도 있다. 한국어로는 '피해자의식 민족주의'라고 부르는 것이 더 타당하지 않냐는 반론도 예상된다. 뒤에서 다시 설명하겠지만, 희생자의식 민족주의는 전후의 기억 문화에서 전쟁과 식민주의, 제노사이드의 무고한 피해자(victim)가 조국, 민족, 해방, 혁명, 평화, 인권, 민주주의 등의 대의를 위한 숭고한 희생자(sacrifice)로 승화하는 단계에 출현한다. 먼저 '피해자'를 질료로 대상화한 후, 그 대상을 '희생자'로 승화시켜야만 역사의 무대에 등장하는 것이다. 억울한 죽음을 운명적 희생으로 받아들이는 죽음의 승화 의례는 죽음과 불멸에 대한 민족주의적 상상력과 코드를 공유한다. 무의미한 고난과 억울한 죽음이 민족적 대의를 위한 희생으로 각인되는 순간 민족주의에 영속적인 생명을 불어넣는 불멸의 죽음으로 승화되는 것이다.[26]

동아시아의 한자 문화권에서 공통으로 사용되는 '희생'은 제사 때 제물로 바치는 산 짐승을 일컫는 말로, 다른 색이 섞이지 않은 순수한 한 가지 색의 제물인 양이나 소를 뜻하는 '희(犧)'와 제사 때 산 채로 통째로 바치는 소를 뜻하는 '생(牲)'의 합성어다. 영어 'sacrifice'의 어원이 되는 라틴어 'săcer'와 뜻이 거의 일치해서 흥미롭다. 한자어에 바탕을 둔 한국어나 일본어 등 동아시아 언어권에서 해를 입는다는 수동의 뜻을 가진 '피해'와 대의를 위해 자신의 목숨 등을 버리는 능동적인 행위인 '희생'은 분명히 구분된다. 희생이라는 단어에 억울하게 목숨을 잃는다는 의미가 아예 없는 것은 아니지만, 다른 사람의 생명을 구하거나 도덕적으로 정당한 대의명분을 위해 자신의 목숨이나 재산, 명예 등을 기꺼이 바치는 주체적 결단과 행위라는 의미가 압도적이다. 동아시아의 언어권에서 '犧牲者意識 民族主義'라는 한자어를 사용하면 거의 그대로 의미가 통한다. '희생자'라는 단어 뒤에 굳이 '의식'을 붙여 '희생자의식'을 고집하는 이유는 첫째, 피해자를 희생자로 승화시키는 기억의 전이 과정을 담기 위해서다. 피해자에게 희생자의 숭고미학을 덧씌우는 수사법의 정치학을 설명할 때 희생자 '의식'이 더 효과적이라는 생각이다. 둘째, 실제 희생자가 아닌 '포스트 메모리' 세대가 가진 역사의식인 '세습적 희생자의식'을 설명하기 위한 것이기도 하다.[27]

피해자와 희생자는 독일어나 폴란드어에서처럼 하나의 단어로 묶여 같이 사용되기도 하고, 영어나 한자 문화권에서처럼 서로 다른 기표로 분명히 구별되기도 한다. 같은 언어적 기표를 사용한다고 해도 문맥에 따라 기의가 달라지기도 하고, 뚜렷이 다른 기표를 사용하지만 정작 뜻은 같은 경우도 많다. 피해자-희생자의 일관되지 않은 의미 연관에 비하면, 순교자는 언어권의 경계를 넘어 그 의미가 거의 일치한다. 종교적 박해와 이단 재판의 역사가 투영된 순교는 영어, 독일어, 슬라브어 등의 유럽어권과 한자권에서 모두 종교적 믿음이나 정치적 신념을 위해 모든 고난을 무릅쓰고 심지어는 죽음까지 마다하지 않는 행위를 뜻한다. 특히 기독교의 종교적 상상력 속에서는 무의미한 고통이 없다. 궁극적으로 모든 고통은 순교로 이어진다.[28] 순교는 죽음으로써 내세의 부활을 획득하는 종말론적 신앙과 결부되어 희생과 승리의 변증법을 껴안는다. 희생이 곧 승리다. 쇠렌 키르케고르(Søren Kierkegaard)의 말을 빌리면, "독재자는 죽는 순간 지배가 끝나지만, 순교자는 죽는 순간 지배가 시작된다."[29] 독재자는 힘으로 복종을 강제하지만, 순교자는 죽음으로 권능을 확보하는 것이다.

자신을 죽임으로써 권력을 확보하는 기독교의 순교자가 세속정치의 영역으로 넘어오면, 에밀 뒤르켐(Émile Durkheim)의 '이타적 자살'과 맞닿는다. 이타적 자살은 자기 사회의 지배적 신념과 헤게모니적 가치체계를 체화한 구성원이 사회여론의 압도적 지지를 받고 자살을 결단함으로써 집단의 이익을 위해 자신을 희생하는 현상이라고 정의된다. 이기적 자살자의 감상적 자포자기와 달리 이타적 자살자는 열정이 넘치는 신념의 행위로서 자살을 택한다. 이타적 자살자는 자기 집단의 자긍심을 고양하고 공동체를 위해 희생하겠다는 결연한 의지를 분명히 드러낸다.[30] 이슬람 지하드 전사의 '자살 테러'나 팔레스타인 전사의 '자살 공격'을 뒤르켐의 '이타적 자살' 패러다임으로 설명하려는 시도가 설득력 있게 보이는 것도 이 지점에서다.[31] 이슬람-팔레스타인 민족주의의 정치적 대의와 이슬람의 종교적 동기를 빼면, 이들의 자살 공격은 이해하기 어렵다. 개인의 사사로운 이해를 위해 자살 공격을 시도하는 경우는 거의 없다고 해도 과언이 아니다. 팔레스타인 당국의 공식 입장은 용감한 순교와 비겁한 자살은 분명히 구분되어야 하며,

자살 공격은 순교라는 것이다.[32]

순교자의 지배가 시작되면 희생자의식 민족주의도 기지개를 켠다. 그러나 순교자 숭배가 희생자의식 민족주의로 발전하기 위해서는 소수의 선택된 순교자에서 다수의 집단적 순교자가 필요하다. 순교의 대중화 또는 순교의 국민화가 요구되는 것이다. 몇몇 선택받은 사람만이 아니라 국민 전체가 순교자가 될 때 희생자의식 민족주의는 추상의 이데올로기를 넘어 일상에 깊이 뿌리박는다. '그들'의 순교가 아니라 '우리'의 순교가 되는 것이다. 이름 없는 영웅이 귀족적 영웅을 대체하는 죽음의 민주화는 특히 무명용사 숭배에서 잘 드러난다. 보통 사람들의 일상에 깊이 뿌리박은 전통종교의 형식이 필요한 것도 이 대목에서다. 제1차 세계대전 당시 전쟁터로 출정하기에 앞서 교회에서 축복받은 독일의 한 의용병은 "우리는 이제부터 신성해졌다!"고 썼다.[33] 그것은 죽음을 각오한 듯한 말투였다. 대의와 아름다움을 위해 남자답게 자신을 희생한 의용병의 신화는 그리스 독립전쟁(1821~1830)까지 거슬러 올라간다. '폭풍우가 몰아치는 듯한 열정과 비극적 운명'의 주인공이 된 시인 바이런의 낭만적 이미지는 전사자를 미화하고 신화를 만들어냈다. 용감하게 죽은 자는 산 자와 함께 있으며 되살아날 것이라는 전사자 신화가 만들어지자, 끔찍한 전쟁 경험은 죽음을 초월한 해피 엔딩이 되었다.[34]

제1차 세계대전을 계기로 전사자를 십자가에 못 박힌 그리스도의 수난과 부활에 빗대는 것이 애도의 전형이 되었다. 제1차 세계대전 당시 전방에서 온 독일군의 그림엽서에는 그리스도가 죽은 병사를 어루만지는 그림이 인쇄되어 있었다. 국가는 전사자를 통해 그리스도의 수난과 연관되었고, 참호의 병사는 누구보다 그리스도의 희생정신을 잘 구현한 집단이라고 찬양되었다. 전사자와 순교자의 유비는 죽음에 대한 두려움을 극복하고 죽어서도 애국적 사명을 수행하는 민족주의적 영생의 믿음을 주었다.[35] 이탈리아 레디풀리아(Redipuglia)의 군인 묘지에는 〈전사자의 신격화(The Apotheosis of the Fallen)〉라는 그림이 메인 홀을 장식하고 있는데, 그림 속에서는 죽은 병사가 그리스도의 팔에 안겨 있다.[36] 근대 국민국가가 어떻게 기독교 신앙의 순교와 부활이라는 익숙한 구도 속에 전사자를 자리매김하고 있는지를 잘 보여주는 예다. 기독교의 상징과 의식을 빌려 일반 병사의 삶과 죽음을 신성화하는 경험은 기독교인이 '조국이라는 종교'로 귀의하는 계기였다.[37] 제1차 세계대전의 기억은 희생자의식 민족주의로 나아가는 중요한 징검다리였다.

시민종교와 전사자 숭배

국가와 민족을 숭배의 대상으로 삼는 시민종교로서의 민족주의는 제1차 세계대전 당시 갑자기 생겨난 것이 아니다. 그 기원은 "뜨거운 가슴이야말로 폴란드인의 유일한 피란처"라며 망국 위기의 폴란드 민족에게 '시민종교'를 세우라고 충고한 계몽사상가 장-자크 루소(Jean-Jacques Rousseau)까지 거슬러 올라간다.[38] 자코뱅 독재는 각종 정치 의례, 축제, 신화, 상징 정치 등을 통해 루소의 '일반의지'를 시민종교로 만들었다.[39] 파시즘이 "18세기에 떠오른 인민주권 사상에 기반을 둔 새로운 정치"였다면, 전사자 숭배의 신화는 프랑스혁명 당시 혁명의 대의와 국가에 헌신하여 자원입대한 의용병 덕분에 가능했다. 그것은 부르주아 교양 계급 출신 전사자를 추모하는 의식에서 비롯되었다. 범죄자, 부랑자, 극빈자 등으로 구성된 구체제의 용병과 달리 의용병은 누군가의 아들, 형제, 이웃이었으며, 지역 사회나 국가의 착실한 시민이었다. 부르주아 의용병은 자신들이 겪은 전쟁을 신화로 만들고 퍼뜨렸으며, 이들에 의해 남편, 친구, 아들의 전사는 국가와 대의를 위한 희생으로 승격되었다. 1792년 만들어진 파리 중앙묘지 재설계안은 중앙

광장에 세울 피라미드 안에 조국을 위해 싸우다 죽은 전사자들의 유해와 프랑스 위인들의 유해를 화장한 재를 한데 섞어 보관하자고 제안했다.[40] 조국을 위해 순교한 민족 영웅을 숭배하는 국가 신전 '팡테옹'을 만든 것도 자코뱅 혁명가들이었다. 부르봉 왕조의 왕실 교회를 민족의 성전으로 만든 민족 영웅의 만신전(萬神殿) 팡테옹은 전통종교를 전유한 정치종교의 발상지였다.

전사자 숭배는 국가라는 종교에 순교자를 제공했고, 죽은 이들의 마지막 안식처는 국가적 경배의 신전이 되었다. 전사자를 어떻게 매장하고 추모할지, 전쟁기념물에 어떤 상징성을 투영할지 등 전사자 묘역의 건설과 관리 문제는 제1차 세계대전을 거치면서 더 체계적으로 논의되고 의례도 더 정교해졌다. 전사자 숭배를 중심으로 구축된 제1차 세계대전에 대한 기억 문화의 회로판을 통과한 기독교의 순교 전통은 순국의 전통으로 탈바꿈했다. '신을 위해 죽는다(pro domino mori)'는 가톨릭의 순교 정신이 '조국을 위해 죽는다(pro patria mori)'는 순국의 정치적 도덕률로 바뀌면서 전사자 숭배는 근대 국민국가의 정치종교적 양상을 띠기 시작했다.[41] 순교가 순국으로 탈바꿈하고, '의사(義士)' 또는 '열사(烈士)'가 '순교 성인'을 대체하며, 나라에 대한 충성으로 목숨 걸고 싸운 말단 병사들이 순교자와 같은 반열에 오를 때, 애국적 순교자의 지배가 시작되고 조국과 민족을 신성화하고 숭배하는 정치종교는 한껏 고양된다. 1920년 패전 독일 군대의 추도사에는 전사자들이 돌아와서 민족에 새로운 활기를 불어넣고 민족을 재건할 것이라고 쓰여 있다.[42] 베네딕트 앤더슨이 잘 지적했듯이, "무명용사의 묘지나 비석만큼이나 근대 문화로서의 민족주의를 훌륭하게 표상하는 것은 없다."[43]

삶의 유한성과 우연성에 불안을 느끼는 인간은 대부분 불멸의 절대적 존재와 연결되기를 바라는데, 국가와 민족을 신성화하는 민족주의가 전통종교를 대체하는 세속종교로 등장하는 것도 이 맥락에서다. 근대의 탈주술화 과정에서 전통종교가 쇠퇴하자 개개인의 죽음으로 영속되는 민족의 신화가 세속종교로 등장하면서 초월성에 대한 인간의 욕구를 충족시켜준 것이다.[44] 전통종교의 탈주술화 과정은 곧 정치종교의 재주술화 과정이기도 했다. 마르크스주의나 자유주의 같은 근대의 진보주의적 이데올로기는 죽음이나 불멸에는 대체로 관심이 없고, 삶의 우연성과 불멸성에 대한 숙명론적 질문에 답하지 못하는 경향이 있다. 이에 비해 민족주의는 민족의 영속적 삶이라는 관념을 통해 이미 죽은 자와 아직 태어나지도 않은 자를 연결하고 죽은 자를 민족의 삶 속에서 부활시킨다고 주장한다. 민족주의의 종교적 상상력은 여느 세속적 이데올로기보다 더 풍부하고 강렬하다. 기억할 수 없는 먼 과거로부터 무한한 미래로 이어지는 집단적 삶에 대한 민족 서사는 개개인의 유한한 삶을 민족적 불멸의 삶으로 전환함으로써 탈주술화가 남긴 신화적 진공상태를 메꾼 것이다.[45]

피해자가 희생자로 승화되는 시점에 희생자의식 민족주의가 등장하는 것도 종교적 상상력과 관련이 있다. 민족을 '기억할 수 없는 먼 과거로부터 영속된 운명공동체'라고 믿는 민족주의는 조국을 위해 죽어간 자들의 제사를 통해 영속된 운명공동체를 재확인한다. 전사자 숭배가 제국과 식민지, 독재와 민주주의, 사회주의와 자본주의를 막론하고 모든 국민국가의 트랜스내셔널한 규범으로 자리 잡은 것도 민족이 갖는 제사공동체적 성격 때문이다. 조국과 민족을 위해 목숨을 바친 전사자가 많으면 많을수록 제사공동체의 유대가 강화된다. '국사(national history)'—그리고 '국문학(national literature)'—는 제사공동체로서의 국가가 죽은 자들에게 제사 지낼 때 바치는 제문이다. 쥘 미슐레(Jules Michelet)를 패러디하면, 국사학자는 죽은 자들에게 본인들도 모르는 죽음의 의미를 해석하고 가르쳐주는 오이디푸스다. 역사가의 가르침만 있다면 희생자가 자기 희생의 의미를 모른다 해도 상관없다.[46] 모르는 게 더 좋은 면도 있다. 이미 죽은 희생자들은 항변할 수 없기 때문에 역사가들의 자의적인 해석에 다시 한번 희생된다. '국사'의 제문을 통해 전사자는 영령으로 부활하여 민족의 영속적 삶을 가능케 하는 순교자로 자리매김한다. 전사자 숭배는 민족주의가 갖는 주술적 힘의 원천이며, 그것은 죽음을 통한 '구원의 정치(politics of salvation)'를 지향한다.[47]

전사자들을 '영령(英靈)'으로 호명해서 그들의 헌신과 희생을 '현창(顯彰)'하는 순간, 죽음은 민족의 영원한 삶 속에 스며들어 불멸의 지위를 얻는다. 죽은 귀신이 일어나 자신의 희생이 헛된 것은 아니었는지 확인하기 위해 귀향하는 줄거리는 제1차 세계대전 이후 영화나 소설 등의 예술 장르에서 낯설지 않았다. 물론 현실은 죽음이 헛되다는 것을 보여줄 때가 많다. 아벨 강스(Abel Gance) 감독의 영화 〈나는 고발한다(J'acccuse)〉에서 보듯이 집으로 돌아온 전사자 귀신이 마주친 광경은 고향 마을의 나른하고 진부한 일상뿐이었다. 자신의 사업장을 가로챈 이웃이나 변절한 아내는 그의 숭고한 희생이 헛되었다는 움직일 수 없는 증거였다.[48] 전사자의 유해를 고향으로 운구해 마을의 공동묘지에 묻고 싶다는 가족의 청원은 줄곧 관료제의 장벽에 부딪혔으나,

전사자의 유해를 찾아서 유가족에게 인도하는 사업은 상당히 수지맞는 일이었다. 누가 전사자를 애도하는 사회적 주체이며 또 어떤 방식으로 애도할 것인가 하는 문제를 놓고는 가톨릭교회와 국가가 충돌하기도 했다.[49] 전사자 숭배는 국가의 공식적인 추모 행사에서 절정에 올랐지만, 살아남은 자들의 일상에 전사자가 미치는 영향력이 얼마나 컸는지는 의문이다. 주일 교회 미사를 마치자마자 술독에 빠진 중세 농민처럼, 현충일 행사를 마친 근대 국가의 국민적 주체들도 비루한 일상으로 돌아가기는 마찬가지였다.

죽은 자를 기억하고 추모하는 것은 기본적으로 도덕적이면서 종교적인 행위다. 고대부터 종교는 대개 억울하게 또는 부당하게 죽임을 당한 인간이나 신에 대한 전설과 더불어 태어난다. 그런데 희생자에 대한 종교적 애도에서 중요한 것은 죽은 자의 관점이 아니라 살아서 애도하는 자의 관점이다. 애도의 주체는 죽은 자가 아니라 산 자인 것이다. 죽은 자가 거룩한 희생자로 승화되고 종국에는 구세주가 되는 것도 죽은 자를 위한 진혼 행위가 아니다. 진혼곡을 부르는 것은 죽은 자가 아니라 산 자다. 엄격히 따지면 죽은 자들보다 살아 있는 자들을 위한 진혼 행위일 때가 많다. 전쟁 같은 집단적 비극에서 살아남은 자들은 살기 위해 적을 죽인 가해자인 경우가 많다. 애도하는 자들은 애도 행위를 통해 자신들을 희생자와 동일시하고 고통받는 자의 편에 섬으로써 가해자로서의 죄를 씻는다. 죽은 자들은 살아남아 애도하는 자들을 위해 호출되며, 살아남은 자들은 죽은 자들을 애도함으로써 죄의식에서 벗어나려고 애를 쓴다.[50] 산 자가 죽은 자를 애도하는 것이 아니라, 죽은 자가 산 자를 달래는 것이다.

살아남기 위한 투쟁에서 모든 타자는 자신의 적이라는 잔인한 사실을 전쟁만큼 잘 일깨워주는 것은 없다. 전쟁의 희생자가 종교의 제단에 호출되어 초월적 지위를 얻는 것도 이 때문이다. 애도를 통해 죽은 자들에게 신성을 부여함으로써 살아남은 자들은 전쟁에서 저지른 자신의 죄를 씻으려는 것이다. 기독교의 종교적 기운과 결합할 때 전사자 숭배는 애도를 넘어 승화의 경지에 이르기 쉽다. 특히 세속적 진보의 비전을 잃어버린 채 종교적 주술의 과거로 되돌아가는 근대의 재주술화 과정에서 '도덕적 자본'의 헤게모니가 강고해지면, 국가가 추구하는 공식적 기억은 점점 더 종교적 상징에 의존한다.[51] 제1차 세계대전 이후 이탈리아와 독일에서 먼저 발전한 전사자 숭배와 정치종교가 좋은 예다. 특히 '희생자의식'은 개념적 신축성으로 신성한 것과 세속적인 것 사이의 상호침투와 모순적 결합을 더 손쉽게 만들어주는 경향이 있었다.[52] 궁극적으로 전쟁에 대한 집단 기억은 국가가 만들고 퍼뜨리는 역사 정책의 도덕적 층위를 결정한다. 국가가 구성한 공식 기억의 주인공은 전쟁의 공포가 아니라 영광이었고, 희생자가 아니라 영웅이었다. 제1차 세계대전 이후 신성한 경험으로 구성된 전쟁의 기억은 국가에 전례 없이 종교적 분위기를 부여하고, 피에타(Pietà) 모티브를 통해 전사자를 기억하는 양상에서 보듯이 순교와 부활이라는 전통적인 믿음을 국가라는 전면적인 시민종교에 투영했다.

전사자를 어떻게 매장하고 추모할지, 전쟁기념물에 어떤 상징을 투영할지, 전사자 묘역의 건설과 관리 등에 대한 문제는 이미 1914년에 널리 논의되면서 정리되어갔다. 제1차 세계대전 이후의 전쟁기념물은 특정 개인에 초점을 맞추기보다는 국가를 위해 죽은 모든 국민의 희생을 강조했다. 전사자 숭배의 핵심은 죽음의 민주화이자 국민화였다. 전사자 숭배 의례가 이데올로기와 의례를 넘어서 일상에 뿌리박기 위해서는 '위로부터'의 정치종교적 시도만으로는 부족했다. 제1차 세계대전 이후 국민적 애도의 정치가 발전하면서 정치종교로서의 전사자 숭배는 의례나 이데올로기를 넘어 일상의 영역에까지 깊이 뿌리내렸다. 전쟁을 미화하고 신화화하는 '위로부터'의 정치종교적 시도와 더불어 포탄, 탄약통, 철모, 철십자훈장 등이 주방용품이나 장식 등의 모습으로 일상에 침투한 전쟁의 '사소화(trivialization)' 작업은 전쟁을 별것 아닌 익숙한 것으로 다가오게 하는 '아래로부터'의 헤게모니화 작업이었다.[53] 국가의 지도나 분쟁 지역의 영토 모양이 그려진 병따개나 앞치마가 '머그잔 민족주의'의 형태로 민족주의의 일상화에 이바지하는 것과 유사한 효과였다. 그림엽서나 포스터, 전쟁 영화 등이 고향과 가족을 꿈꾸면서도 자신의 의무를 다하는 꿋꿋하고 강인한 남성 병사의 이미지를 만들 때, 진짜 시체나 고통스러워하는 부상자는 어디에도 없었다. 그림엽서에서 흔히 보듯이, 전쟁터 부근 자연의 아름다움을 즐기고 있는 듯한 자국 병사의 평온한 이미지는 남색 행위에 몰두하거나 야만적 약탈과 살인을 자행하는 적군 병사의 전형적인 악마 이미지와 대조되었다.

전사자 숭배 의식, 국가와 민족에 신성을 부여하여 종교처럼 숭배하는 정치종교는 1930년대 파시즘 시대를 지배한 독특한 정치문화적 현상이었다. 파시스트 이탈리아는 학교와 군대, 국가 기관과 당 조직, 지도자의 국장과 무명용사에 대한 묵념, 사회체육과 레저 클럽에까지 도입된 각종 민족주의적 의례를 통해 세속종교의 모델을 정립했다. 나치 독일과 볼셰비키 러시아도 정치종교를 통해 기꺼이 국가를 위해 희생할 준비가 되어 있는 '국민' 만들기에 열심이었지만,[54] 전쟁에서 흘린 피로 사회를 정화하고 투쟁과 희생을 통해 민족을 재생하기 위한 정치종교로서의 민족주의는 파시스트 이탈리아에서 위세를 떨쳤다. '조국이라는 종교(religione della patria)'를 내건 리소르지멘토의 전통을 이어받은 파시즘은 정치를 신성화하는 선언이나 마찬가지였다.[55] 이탈리아 파시즘은 권력을 장악한 데 만족하지 않고 모든 이탈리아인을 파시즘으로 개종시켜 개개인의 내면까지 지배하려 했다는 점에서 유사 종교나 마찬가지였다.[56] 파시스트는 자신들이 민족의 신성을 모독한 사회주의를 징벌하는 이탈리아 민족의 십자군이자 애국적인 시민종교의 예언자라고 생각했다.[57]

정치종교와 전사자 숭배는 기독교의 순교 전통을 계승한 유럽에만 국한된 현상이 아니었다. 야스쿠니 신사의 전사자 숭배는 제1차 세계대전 이후 유럽 전역에서 광범위하게 벌어진 전사자 숭배와 '정치종교-시민종교-세속종교'라는 문법을 공유했다. 국가의 명령에 따라 희생할 준비가 되어 있으며, "국가를 위해 목숨을 버린 사람을 야스쿠니에서 신으로 모시는" 일본의 '국가신도(国家神道)'는 유럽의 기독교 순교 전통에 못지않은 전사자 숭배의 모범을 보여주었다.[58] "전사자가 천황과 국가를 위해 기쁘게 죽었을 것이라는 허구가 모든 전사의 유일한 의미로 강제되고", 국가신도라는 종교적 특징 덕분에 일본의 정치종교는 국가와 민족이라는 세속적·정치적 실재를 신성화하는 데 더 체계적이고 효과적일 수 있었다.[59] 전사자를 '호국의 군신'으로 신격화하는 것 또한 기독교의 유일신 문화에서는 꿈꾸지도 못할 특권이었다.

국가와 민족이라는 세속적 실재를 종교적 숭배의 대상으로 삼는 정치의 신성화는 정치종교의 핵심이었고, 일본의 경우 국가와 전사자를 신격화하는 국가신도는 정치종교의 장애물이 아니었다. 유일신에 대한 배타적 숭배를 요구하는 기독교와 달리 국가신도의 전통은 국가가 종교적 숭배의 대상이 되는 데 거부감이 없었다.

무명용사 탑이나 꺼지지 않는 불꽃에서 보듯이 '국가를 위한 죽음'을 특권화하고 제사 지내는 20세기 국민국가의 제의는 동아시아의 기억 문화에서도 중요한 위치를 차지한다. 야스쿠니 신사의 '호국영령' 현창과 제사 논리가 서울의 전쟁기념관과 국립서울현충원, 중국의 인민항일전쟁기념관 등에서 공통으로 발견된다고 해서 놀랄 일은 아니다.[60] 단순화를 무릅쓰고 말한다면, 러일전쟁에서 시작하여 총력전 체제에서 만개한 일본 제국의 정치종교는 여전히 탈식민 동아시아에서 민족주의적 의례의 모범답안으로 살아 있다. 조국을 위해 죽어간 영령을 달래는 야스쿠니 신사는 도쿄 한복판에만 있는 것이 아니다. 서울의 현충원에도 '정국교(靖國橋)'라는 이름의 다리가 버젓이 존재한다. '정국'의 일본어 독음은 '야스쿠니'다. 중국도 중화민국 시기 쓰촨의 일부 군벌이 자신들을 '정국군(靖國軍)'이라고 불렀다. 그 탓인지 쿤밍시에는 '정국소학교(靖國小學校)'도 있다. 일본어식으로 읽으면 야스쿠니 군대와 야스쿠니 초등학교다. 어원을 거슬러 올라가면 '나라를 안정시킨다'는 의미로 '정국(靖國)'을 사용한《춘추좌씨전》에 이른다.

유럽의 정치종교 종주국인 이탈리아의 파시스트에게도 일본은 정치종교의 모델이었다. 파시즘의 대표적인 이론가 엔리코 코라디니(Enrico Corradini)에 따르면, 조국에 신성을 부여하고 절대적인 숭배 의례를 정교화해서 일본인을 하나로 단결시킨 국가신도 덕분에 일본은 러일전쟁에서 승리할 수 있었다. 코라디니는 일본의 신은 다름 아닌 일본이라는 데 깊은 감명을 받았다.[61] 가와카미 하지메(河上肇)의 말을 빌리면, "일본인은 모두 …… 국가를 신(절대자)으로 여기기 때문에 국가의 명령에 따라 자신의 목숨을 희생하는 것쯤은 당연한 일이라고 생각한다. 그래서 국가를 위해 목숨을 버린 사람이 야스쿠니에서 신으로 모셔진다."[62] 국민의 충성을 놓고 전통 종교인 기독교와 경쟁해야 했던 유럽의 국민국가들에 비하면, 국가신도의 전통을 가진 일본은 정치종교를 발전시키는 데 더 유리한 고지를 차지하고 있었다. 국가가 신성화되어 신의 자리를 차지한 국가신도의 경우, 세속 국가는 국민의 충성을 두고 굳이 전통종교와 경쟁할 필요가 없었던 것이다.[63] 특히 중일전쟁 발발 이후인 1937~1938년에 이르면 '호국의 귀신', '호국의 군신' 등의 용어가 추모 의례에 등장하여 전사자는 거의 신의 지위로 올라가고 있다. 전사자의 신격화가 불가능한 기독교나 이슬람교 등의 유일신 문화와 비교할 때, 일본의 정치종교는 전사자 숭배에 더 안성맞춤이었다. 조상 숭배의 전통을 지닌 동아시아 사회에서 국가적 의례를 거친 전사자는 자연스레 '민족과 국가의 조상신'으로 승화될 수 있었다.[64]

일본의 정치종교는 메이지 유신 이후 근대 국가의 제도가 정비되면서 같이 발전해갔다. 근대적 정치종교의 역사에서 '쇼콘샤(招魂寺)'가 야스쿠니 신사로 바뀐 1879년 6월 4일은 특별한 날이었다. 1874년 1월 27일 메이지 천황이 방문하고 이어서 2월에는 근대적 국가개혁에 반대하는 사무라이들의 '사가 반란(佐賀の乱)'을 진압하다 숨진 징집병

192명의 유해가 안치되면서 이곳은 서서히 메이지 일본의 '죽음의 정치(necropolitics)' 1번지가 되어갔다. 국가가 주관하는 전사자 숭배 의례를 강력하게 요청한 군부의 입김도 크게 작용했다.[65] 야스쿠니의 공식 제의에서는 러일전쟁의 전사자들을 고귀한 정신이라는 뜻의 '영령'이라고 불러 조국에 대한 그들의 헌신을 기리고, 전사자의 숨은 공적을 드러내서 알리고 표창한다는 뜻의 '현창'이 전사자를 기억하고 애도한다는 뜻의 '추도(追悼)'와 죽은 자의 영혼을 위로한다는 뜻의 '위령(慰靈)'을 대신하기 시작했다. 청일전쟁과 러일전쟁을 거치면서 에도 시대 서민의 놀이공원이었던 '명소(名所)' 야스쿠니 서커스가 전사자를 신성화하고 기리는 '성소(聖所)' 야스쿠니 신사로 변모한 것이다. 전쟁이 끝나자 '영령'으로 호명된 전사자들은 야스쿠니 신사에 모시는 신이 되었다.[66]

야스쿠니가 정치종교의 성전이라면, 야스쿠니의 세속적 제사장은 역사가들이었다. 일본 실증사학의 아버지라 불리는 구로이타 가쓰미(黑板勝美)는 유럽 연구 여행을 다녀온 후 야스쿠니 신사를 정치종교의 장으로 만드는 데 적극적으로 나섰다. 유럽의 민족 기념비들과 애국 축제의 신성한 공간에 감명받은 구로이타는 야스쿠니 신사 주변에 고대 그리스의 올림포스 경기장을 지어 국민적 축제의 신성한 공간으로 만들자고 제안했다.[67] 야스쿠니 실증사학의 아버지인 구로이타에게조차도 빌헬름 텔(Wilhelm Tell)의 이야기가 사실인가 여부는 중요하지 않았다. 스위스의 민족 신화가 조국과 민족에 대한 대중의 사랑과 헌신을 북돋우는 한, 이 실증주의 역사가는 신화를 역사로 만들 용의가 있었다.[68] 대중이 신화를 현실로 받아들이기 시작하면 신화는 이미 현실이 된다. 상상된 현실 또는 지각된 현실이 현실 그 자체보다 더 큰 힘을 발휘하는 역사의 배후에는 정치종교가 있다.

'성소' 야스쿠니 신사에서 벌어지는 죽음의 정치에서 전사자는 애도와 슬픔의 대상이 아니라 자랑과 기쁨의 원천이 됐다. 죽은 자를 동원하려면 산 자를 동원하는 것보다 훨씬 정교한 의례가 필요했다. 아시아·태평양 전쟁 당시 일본 군부가 정식화한 전사자 장례는 그 의례의 경지를 보여준다. 1934년 만주국의 전장에서 전사한 사병 구로카와 우메키치의 운구와 장례에 대한 상세한 기록이 남아 있어서 그 단면을 엿볼 수 있다. 전사 직후 수습된 그의 유해는 가장 가까운 현지의 일본식 불교 사원에 안치되었다가 연대 단위의 공식 의례를 거쳐 화장된 후 일부는 현지의 묘원에 매장되고 나머지는 흰 천으로 감싼 목제 유골함에 담겨 일본의 고향 집으로 운구되었다. 배편으로 다롄을 떠나 일본의 고베 항구에 도착한 유골함은 기차에 실려 가나자와현의 고향 역에 이르기까지 무려 10여 군데 역에 정차하면서 퇴역군인회 및 구국부인회, 애국부인회 등의 주도 아래 크고 작은 정중한 장례 의식을 거쳤다.[69] 그의 유골함이 고향인 가마쿠라역에 도착했을 때는 시장이 직접 전사자의 부모와 함께 역에 나와 유골함을 인수했으며, 시 당국은 여름 축제를 취소한 채 성대한 불교식 장례식을 집전했다. 장례식은 최소 3일 이상 지속되었고, 외부 손님들은 일주일에 걸쳐 문상을 다녀갔다. 그의 전사를 보도한 지방 신문은 "아버지 토미조, 감동의 눈물: 나는 아들의 죽음을 천황폐하께 바쳤다"라는 제목을 단 기사를 실었다.

고향의 장례식이 끝이 아니었다. 전사자를 합동으로 야스쿠니 신사에 '군신'으로 모시는 제례가 다음 해에 열렸을 때, 일본 육군은 도쿄의 군인회관에 숙소를 마련하여 전사자의 부모와 형제를 도쿄로 초빙해서 야스쿠니 신사의 초혼제에 참여할 수 있도록 편의를 제공했다. 할인된 기차 삯에 여행경비를 보조해서, 가난한 시골의 유가족도 도쿄 여행을 가능하게 했다. 유가족을 야스쿠니 초혼제에 초청하는 봉투 속에는 전차 정기탑승권, 신주쿠 황실 정원과 황실 보물관 입장권, 제국 박물관과 유슈칸(遊就館) 등의 유적지뿐 아니라 우에노 동물원과 놀이공원 등의 입장권이 들어 있었다. 유가족에게 전사자를 가족의 자랑으로 느끼게끔 만들려는 세심한 배려였다.[70] 전사자 숭배는 이처럼 최고의 영광을 전사자와 가족에게 돌려 초혼제에 참석한 노인에게 외아들을 잃은 것을 애석하지 않게 느끼고, "전쟁터에서 쓰러져 죽는 것이 가장 행복한 일임을 느끼도록" 만드는 장치였다.[71]

전사자 숭배의 가장 극적인 예는 아마도 일본의 가미카제 특공작전 희생자에 대한 기념 의례에서 찾을 수 있을 것이다. "특공의 목적은 전과에 있는 것이 아니라 죽는 것에 있다"는 한 특공대 지휘관의 말처럼, 특공의 자살 공격 희생자들은 조국애로 충만하고 오염되지 않은 가장 순수한 형태의 죽음을 상상케 한다.[72] 가미카제 특공대는 "고귀한 평화의 초석과 전후 일본의 민주적 성장 발전"을 가능케 했던 고귀한 전몰자의 죽음에서 한 걸음 더 나아가 죽음의 미학을 투사하기 알맞은 소재를 제공했다. 대부분 결혼하지 않은 어린 나이로 후사뿐만 아니라 유체의 작은 흔적조차 남기지 못한 특공대원의 순수한 죽음은 '죽은 자와 아직 태어나지 않은 자의 유령적 결합'을 모태로 하는 애도의 민족 서사로 승화되기 쉬운 재료다. 지란 육군항공대 특공대원들의 단골 식당 도미야의 주인 도메 여사가 어린 특공대원들에게 쏟은 사랑과 정성, 그녀를 어머니처럼 따르던 특공대원들과 그녀 사이에 얽힌 일화—출격 전날 도메에게 와서 죽으면 반딧불이가 되어 돌아오겠다고 말하고 떠난 특공대원이 다음 날 실제로 반딧불이가 되어 찾아왔다는 이야기 등은 애잔함으로 전사자 숭배의 집단 심성을 희생자의식 민족주의의 정동적 기억으로 뿌리내리게 했다. 지는 벚꽃처럼 천황을 위해서 행복하게 떨어질 것이라는 특공대원들의 유서는 미학의 군사화를 의미하는 것이었다.[73] 헤게모니적 기제로서의 시민종교는 패전에서 살아남았다. 마루야마 마사오(丸山眞男)나 오쓰카 히사오(大塚久雄)가 역설한 '전후' 계몽과 주체성의 동원은 시민종교의 전후 민주주의적 버전이었다.[74]

제국 일본의 전사자 숭배와 정치종교의 의례는 제국이 해체된 이후에도 동아시아 각국에서 살아남았다. 미군의 점령 아래 제국의 유산과 총력전 체제를 부정해야만 했던 일본보다 국가 건설이 절실했던 신생 독립국 대한민국에서 의례는 더 잘 보존되었다. 각종 국가 의례에서 자주 쓰이는 '호국영령', '호국의 군신', '조국 수호신' 등의 호칭에서 보듯이, 전사자를 신격화하는 경향은 식민지 조선보다 해방 이후 대한민국에서 더 강화되었다. 독립으로 식민주의를 모방하려는 욕망과 증오가 엇갈리는 양면성에서 어느 정도 해방되자, 조국과 민족, 전사자를 숭배하는 정치종교의 의례에는 아무런 주저함이 없었다. "호국의 신이 되어 민족 숙원 달성을 보호"하는 전사자는 '거룩한 죽음'과 '고귀한 희생'을 통해 '영원한 생'을 획득했다.[75] 1956년에는 현충일을 국가 공휴일로 지정해 전사자 의례의 지위를 높이고 정례화했다. 전사자에 대한 전국적 동시 묵념, 조기 게양, 추모탑과 아치 설치, 추모곡 합창, 추모 비행, 훈장 수여 등 전국적으로 동질화된 시·공간의 의례를 통해 전사자의 기억공동체를 구축하려는 노력이 부단히 이루어졌다.

또 야스쿠니 초혼제가 그랬듯이, 서울의 국립묘지에서 열리는 전몰장병 합동 추모식에 참석하는 유가족을 특별히 배려하고 예우하는 것도 잊지 않았다. 유가족 대표의 인사말이 공식 행사의 식순에 들어갔고, 대통령 및 삼부 요인과 가까운 곳에 유가족 대표 좌석을 지정했다. 교통편과 숙소를 무료로 제공하고 유가족을 위한 전용 안내소를 설치하는가 하면, 극장 관람 등의 다양한 위안 프로그램과 고위 관료들과의 좌담회가 따로 마련되기도 했다. 천황의 이름으로 하사되는 부의금 대신, 빈약한 정부 재정을 보충하는 방안으로 전 국민의 '자발적' 성금을 모아 유가족에게 전달하고 정부에서는 선물도 따로 준비했다. 불교나 기독교의 의례 경관이 국가신도의 의례 경관을 대체하고 몇 가지 의례가 더 추가되기는 했지만, 신생 독립국 대한민국의 전사자 의례는 기본적으로 제국 일본의 정치종교적 의례에서 출발한 것이었다.[76] 대한민국의 전사자 의례가 식민지 시기의 전사자 의례와 가장 크게 다른 점은 현창하는 전사자 집단이었다.

식민지 조선의 전사자 의례가 아시아·태평양 전쟁에서 전사한 조선 출신 군인과 군무원, 군속 등을 대상으로 했다면, 대한민국의 전사자 의례는 일본 제국 전쟁의 조선인 전사자에게는 관심을 두지 않았다. 강인철의 표현을 빌리면, 이들은 '버림받은 전사자'였고 그들의 죽음은 '망각된 죽음'이었다.[77] 1946년 1월 18일 아시아·태평양 전쟁의 조선인 전사자를 위한 '전재(戰災)사망동포위령제'가 경기중학교에서 열렸지만, 이는 '국민후생대'라는 민간단체가 주관한 민간의례였다. 귀국 도중 배가 난파하는 바람에 사망한 징용자들을 위한 위령제도 외면당했다. 징병·징용 생환자를 중심으로 결성된 '태평양동지회'와 일본 제국 해군 참전자들이 만든 '조선민족해양청년단'이 아시아·태평양 전쟁에서 전사한 조선인 군인, 군속, 징용자, 보국대원, 정신대원을 위한 합동위령제를 준비했지만, 이들의 위령제는 국가와 사회의 무관심과 외면 속에 난항을 거듭했다. 또 이들에 대한 호칭도 '불귀객', '원한을 품은 고혼', '태평양의 원혼', '억울하게 왜놈을 위해 아까운 생명을 바친 동포' 등 전근대적 위령과 해원의 대상일 뿐, 현창과 숭배의 대상은 아니었다.[78]

이들이 한 맺힌 원혼의 굴레를 벗고 숭고한 희생자의 자리로 이동한 것은 희생자의식 민족주의가 대한민국의 문화적 기억을 지배한 21세기에 들어서의 일이었다. '강제 동원'을 노무 동원, 군인·군속 동원, 여성 동원이라는 하위 범주로 세분하여, 조선인 징병, 징용, 정신대, 일본군 '위안부' 등을 모두 일본 제국의 '강제 동원'의 희생자로 재구성함으로써 가능한 일이었다. 정부가 출연한 '일제강제동원피해자지원재단'이 추진하고 있는 다양한 사업, 미귀향 전몰자의 유해 봉환, 아시아·태평양 전쟁 현지의 추도 순례와 위령제, 희생자 유족 복지 지원사업 등은 이들이 한국 사회의 공식 기억에서 식민지 폭력의 희생자로 복권되었음을 시사한다.[79] 한국 사회의 기억 경관에서 강제 동원 희생자 집단의 복권은 크게 두 가지 이유로 가능했다. 기억의 지구화와 정치의 민주화가 그것이다. 홀로코스트가 유럽의 시민종교로 부상했듯이 기억의 지구화는 국경을 넘어 희생자의 도덕적·실존적 정당성을 부각했다. 정치적 민주화는 인권 의식을 발전시켜 주변화된 희생자를 기억하게 했다. 희생자의 복권이 희생자의식의 정치적 도구화에 복무함으로써 희생자의식 민족주의가 발현할 수 있었던 것도 사실이다.

희생자의식 민족주의가 태동하던 시절 해방공간의 한반도에서는 '반공 영령'이 아시아·태평양 전쟁의 전사자를 대신해 현창과 숭배의 대상이 되었다. 신의주학생사건의 희생자들을 시작으로 좌우익 폭력 충돌 과정에서 희생된 우익 측 경찰, 군인, 군속, 철도원, 의용소방대, 민간 반공단체 회원이 전사자 의례의 중심이 된 것이다. '반공 전사자'들의 현창은 1949년 개성전투에서 숨진 이른바 '육탄 10용사' 장례식에서 절정에 이르렀다. '명령에 따른 결사대'였던 일본 제국의 육탄 3용사와 달리, 대한민국의 육탄 10용사는 '자진하여 살신 성인했다'는 신화를 전국에 퍼뜨렸다. '조국의 군신'이자 '영원불멸의 정의의 봉화'인 반공 전사자 숭배 의례는 한국전쟁 당시 '국군 전몰장병 합동 추도식' 등을 거치며 발전을 거듭했다. 이들은 '애국지사', '순국열사' 등으로 호칭이 격상되어 독립투사와 같은 순교자의 위치로 올라갔다. 정작 독립을 위해 무장 투쟁하다가 희생된 순국열사들은 국가와 사회의 무관심 속에 잊혀갔다.[80]

한편 죽음의 민주화, 다시 말해서 소수의 엘리트가 아닌 모든 국민을 순교자의 이미지로 채색한 정치종교의 이상은 자주 삶의 현실 앞에서 좌절했다. 야스쿠니 신사의 초혼제를 실황 중계했던 NHK의 한 아나운서는 "살인자", "내 자식을 살려내라"고 외친 유가족의 목소리가 방송을 타지 않도록 고투했던 순간을 생생히 기억한다. 악명 높은 헌병들도 자식과 남편을 잃은 유가족의 분노와 슬픔에 가득 찬 항변을 어찌할 수는 없었다는 것이다.[81] 비단 유가족뿐 아니라 병사들도 마찬가지였다. 가미카제 자살 공격에 동원된 해군 항공대 조종사들은 자신들은 "신이 아니라 인간이며, 전원 죽어서 돌아오라는 말을 듣고 사기가 어떻게 올라가겠냐"고 증언하고 있다. 가미카제 특공 명령을 받은 해군 항공대의 사기가 고양되었다는 것은 터무니없는 거짓말이라는 것이다.[82] 탈영병 아들이 치욕스러워 일본군 헌병대가 아들의 시신을 짓밟는 것을 지켜보기만 했던 부모의 속마음이 "가족 안까지 깊숙이 침투한 천황제의 전체주의 윤리"에 젖어 있었다는 해석은 이데올로기의 힘을 과대평가한 것이 아닌가 한다. 근대 초극론 등을 주장하는 관념적 민족주의 지식인을 벗어나면, '나라와 천황'을 떠받드는 좁은 의미의 민족주의든 '아시아의 해방'을 외친 '동아협동체론' 같은 보편주의든 일본 제국의 동원 논리가 보통의 일본 사람들에게 가진 호소력이나 설득력은 생각보다 기반이 약했다.

탈영병 기념비와 대항 기억

죽은 자에 대한 기억에서 '호국영령'으로 호명된 장렬한 전사자 '군신'의 반대편에는 탈영병이 있다. 약 5만에 달하는 나치 군대 탈영병의 수치도 놀랍지만, 처형된 독일군 탈영병의 수가 거의 3만 3,000명에 달한다는 통계는 더욱 놀랍다.[83] 전쟁 말기 나치의 군사재판으로 약식처형을 당해 본보기로 전봇대에 줄줄이 매달린 독일군 탈영병의 주검에 대한 귄터 그라스(Günter Grass)의 회고는 국가권력이 시민종교를 배신한 자들을 얼마나 박해했는지를 잘 말해준다. 전봇대에 주검으로 매달린 탈영병의 이미지는 십자가에 매달려 화형당한 중세의 이단을 연상케 한다. 나치 독일의 탈영병을 붙잡아 원대 복귀시키거나 처형을 담당한 것은 '전방사냥꾼부대'라 불린 야전헌병대(Feldjägerkorps)였다. 3년 이상의 전투 경험과 2급 철십자 훈장을 받을 만큼 충성심이 강한 베테랑으로 구성된 이 사냥꾼들은 헌병 이상이었다. 이들은 총통의 명령에 따라 탈영병뿐만 아니라 전투에 나서지 않고 도망가거나 방공호 등에 숨어 있는 15세에서 70세까지의 남자들을 붙잡아 군사재판에 회부하고 처형했다. 전쟁이 막바지에 이르자 탈영병에 대한 히스테리는 극에 달해 베를린에서는 아주 작은 의심만으로도 즉결처형이 가능했다. 적군이 베를린으로 진격할 당시 베를린의 가로수, 가로등, 바리케이드에는 그런 식으로 처형된 시신이 널려 있었다. 전쟁이 끝나기 직전 약 3개월간 베를린에서만 1,000여 명이 이렇게 죽어갔다. 독일 의회가 탈영병에 대한 나치의 유죄 판결을 공식적으로 뒤집은 것은 2002년에 들어서의 일이었다.

그나마 소련에 비교하면 나치의 탈영병 통계는 새 발의 피다. 전쟁기간 중 탈영, 반역, 비겁함 등을 이유로 군사법정에서 사형선고를 받은 소련군 병사의 수는 무려 15만 8,000명에 달했다. 심지어 스탈린의 명령 제227호는 일반 죄수 및 탈영병으로 구성된 '형벌부대'를 결성하여, 공격할 때는 적의 강력한 방어선을 때리는 선봉을, 후퇴할 때는 방패막이 삼아 후미를 맡겨서 소모했다. 기갑부대에서는 적의 포탄에 피격될 때 생존율이 극히 낮은 T-34 탱크의 전차 조종수로, 공군에서는 적기의 집중사격 표적이 되기 쉬운 폭격기의 기총사수로 배치되었다. 34%에 달하는 형벌부대의 높은 전사율은 소련군 탈영병의 운명을 한눈에 보여준다. 형벌부대에 복무한 50만 명의 병사 중 약 17만 명에 달하는 탈영병이 적군의 총알받이로 희생되었다. 제2차 세계대전 당시 징병자와 비교해 이념적 순도가 훨씬 높은 오늘날 팔레스타인의 예비 자살특공대 요원도 내면을 자세히 들여다보면 이데올로기와 현실의 격차가 생각보다 크다. 이 예비 순교자들을 인터뷰한 연구에 따르면, 많은 수가 순교의 열정보다는 자살 공격에 대한 회의에 사로잡혀 있었다. 또 일부는 극단적 공포와 반감 때문에 자살 테러 임무를 저버리기도 했다.[84]

평범한 시민을 시민종교로 개종시켜 혁명과 조국에 헌신하는 '소비에트적 인간형(Homo Sovieticus)'이나 '파시스트적 인간형(Homo Fascistus)' 또는 야스쿠니의 '군신'으로 만들고자 했던 프로젝트는 신화의 성격이 강했다. 전후 독일과 소련, 일본 사회는 탈영병의 존재를 사회적 기억에서 배제함으로써 조국을 지키는 평범한 순교자 신화를 유지할 수 있었다. '전우를 배반하고 조국에 등을 돌린' 탈영병은 오랫동안 잊힌 존재였다. 입영 전날 어머니가 은근히 건네준 하얀 손수건에 대한 오스트리아의 탈영병 리하르트 바다니(Richard Wadani)의 회고는, 조국을 위한 아들의 죽음을 자랑스러워하기보다는 적에게 항복해서라도 살아 돌아오기만을 바라는 마음이 부모의 진심임을 잘 보여준다.[85] 최고의 영광을 전사자와 가족에게 돌려 자식이나 남편이 "전쟁터에서 쓰러져 죽는 것이 가장 행복한 일임을 느끼도록" 만드는 것은 권력의 꿈에 불과했다. 조국을 숭배하는 정치종교는 죽음에 대한 실존적 부조리를 타고 발흥했지만, 죽음에 대한 공포 때문에 한계가 있었다. 모든 국민이 순교를 결심하는 죽음의 민주화와 순교의 국민화는 정치종교의 현실이기보다는 교리였을 뿐이다. 조국을 위한 무모한 죽음보다는 전쟁에 반대하고 살아남는 게 애국이라는 생각이 전선의 말단 병사 사이에 퍼져나가면 조국 숭배의 정치종교는 세력을 잃을 것이었다.

정치종교의 전사자 숭배 의례를 통해 한껏 고양된 희생자의식 민족주의의 문화적 기억에 맞선 반헤게모니적 기억 문화의 대표적인 예는 아마도 탈영병을 위한 기념비일 것이다. 2014년 10월 24일, 오스트리아의 수도 빈에서 제막된 나치의 군사재판에 희생된 오스트리아 탈영병을 위한 기념비가 대표적이다. 스코틀랜드 시인 이언 해밀턴 핀레이

(Ian Hamilton Finlay)의 〈모두가 혼자(all alone)〉라는 두 단어짜리 알 듯 모를 듯한 시가 장식처럼 부조된 X자 형상의 이 탈영병 기념비는 발하우스 광장(Ballhausplatz)에 세워졌다. 세 개의 받침대 맨 위에 새겨진 X자 형상은 잊힌 익명의 탈영병이지만 그들의 존재가 기억의 중심이라는 항변의 메시지를 담고 있다.[86] 탈영병 기념비를 세운 발하우스 광장이 1938년에 빈 시민 25만여 명이 독일의 오스트리아 합병을 발표할 아돌프 히틀러를 열렬히 환영한 헬덴 광장(Heldenplatz) 지척에 있다는 것도 예사롭지 않다. 특히 헬덴 광장에는 무명용사 기념비와 더불어 합스부르크 제국의 전사자 및 나치의 희생자를 기리는 추모비가 서 있어서 가까운 곳에 세운 탈영병 기념비가 무언의 항변처럼 느껴진다. 나치의 열렬한 지지자이면서 '히틀러의 첫 번째 희생자'라고 기억해온 오스트리아의 문화적 기억에 대한 항변이라는 편이 더 맞겠다. 흥미로운 것은 오스트리아인이 히틀러의 군대에 복무한 자국 병사를 전사자 추모비의 비문인 "의무를 다하던 중의 희생(Opfer in Erfüllung der Pflicht)"처럼 의무를 다했다거나 심지어 영웅적이었다고까지 여겨왔다는 점이다. 반면 히틀러의 군대에서 탈영한 군인은 '전우를 버린 배반자'로 인식해왔다. BBC 방송과의 인터뷰에서 일부 완고한 오스트리아 재향군인회 회원들은 '전우를 배반한' 탈영병을 나치와 싸운 '레지스탕스 전사'와 혼동해서는 안 된다며 불편함을 감추지 못했다.

1995년 제2차 세계대전 종전 50주년 기념으로 일본의 《아사히신문(朝日新聞)》이 기획한 귄터 그라스와 오에 겐자부로(大江健三郎)의 편지 대담에서 나온 탈영병 이야기도 자못 흥미롭다. 편지에 따르면, 전쟁 막바지에 귄터 그라스는 즉결처형되어 서부전선의 전봇대에 걸려 있던 독일군 탈영병들의 시신을 목격했다. 그 참혹한 기억을 지울 수 없었던 그라스는 오에에게 보낸 편지에서 "이들은 비겁자가 아니라 전쟁범죄를 거부한 제2차 세계대전의 진정한 영웅"이라고 썼다. 오에 겐자부로가 기억하는 일본군 탈영병의 상황은 더 끔찍했다. 그는 전쟁이 한창일 당시 일본군 헌병대가 탈영병으로 처형된 아들의 시신을 짓밟는 모습을 지켜보기만 하던 어느 부모의 이야기를 꺼냈다. 오에는 부모가 탈영병 아들을 치욕스럽게 여겼다며 "천황제로 대변되는 전체주의 윤리가 가족 안에까지 깊숙이 침투했기 때문"이라고 설명한다.[87] 반면 야스쿠니 신사에 안치된 아들의 '영령' 앞에서 기쁨의 눈물을 흘리는 어머니도 있다. 탈영한 아들의 시체 앞에서 느끼는 욕된 감정과 전사자로서 야스쿠니 신사에 안치된 아들의 영령 앞에서 흘리는 기쁨의 눈물은 동전의 양면과도 같은 것이다. 제국을 배신한 아들에 대한 수치심이 아들을 잃은 슬픔을 가리거나 제국을 위해 목숨을 바친 자식에 대한 자부심이 자식을 잃은 슬픔을 덮을 때, 제국주의적 욕망은 아래로부터 동력을 얻어 제어할 수 없는 폭력, 곧 전쟁으로 치닫는다.

권터 그라스와 오에 겐자부로의 편지 대담은 국가의 기억에 갇힌 전사자들을 가족의 품으로 돌려보내겠다는 강렬한 메시지를 담고 있다. 국가를 위해 장렬하게 전사한 애국자가 아니라 사랑하는 어머니와 아내, 자식을 두고서 비극적으로 세상을 떠난 한 사람, 한 사람을 기억해야 한다고 강조하는 것은 전사자 숭배의 코드를 앙양하는 기억 문화에 대한 문제제기다. 평화를 지향하는 기억이라는 관점에서 보면, 무명용사의 탑 같은 전사자 추모비보다 탈영병을 위한 기념비가 더 소중하다. 전사자와 탈영병에 대한 이런 시선은 최근 들어 생긴 것이 아니다. 일찍이 1943년 제2차 세계대전 당시에도 이탈리아 베네치아의 한 반파시스트 파르티잔이 "조국을 위해 죽은 자들에게 바친 우스꽝스러운 기념비들을 부수고 그 위에 탈영병들을 위한 기념비를 세우자"고 제안한 바도 있다. 전사자들 역시 죽는 순간에는 모두 전쟁을 저주하고 탈영한 병사들을 부러워하면서 죽어갔기 때문이라는 이유였다. 그에 따르면 "저항은 탈영에서 태어난다."[88] 이 파르티잔에 앞서 전사자 숭배에 일침을 가한 사람은 독일의 평화운동가이자 언론인이며 작가였던 쿠르트 투홀스키(Kurt Tucholsky)였다. 그는 곳곳에 제1차 세계대전의 전사자 추모비가 들어서는 모습에 분개하여 1925년에 탈영병을 위한 기념비를 제안하며 직접 비문을 썼다. "여기 같은 인간을 쏘아 죽이기를 거부한 한 남자가 살았노라. 그에게 경의를."

투홀스키가 제안한 탈영병 기념비는 제1차 세계대전은 물론 제2차 세계대전이 끝나고도 한참 뒤에야 실현되었다. 탈영병의 정의는 소련의 포로수용소에서 귀환한 독일군 포로의 고통에 묻혀버렸고, 전후 독일의 문화적 기억에서 철저하게 주변화되었다. 제2차 세계대전 당시 탈영병이자 투항자였던 전후 작가 하인리히 뵐(Heinrich Böll)과 알프레트 안더슈(Alfred Andersch)의 탈영에 대한 자전적 소설은 평론가들의 적대적인 서평과 분노어린 비판에 시달렸고, 독일의 평범한 독자에게 별반 감흥을 주지 못했다. 독일군 탈영병은 탈영이 법적으로나 사회적으로 히틀러에 대한 저항이었다는 사회적 인정을 받지 못했다. 나치 군사법정의 희생자로 인정받기도 어려워 배상법에서 제외되었다. 또 명예롭고 깨끗하며 정상적인 독일 정규군에 대한 이미지는 군사법정의 유죄 판결에 이의를 제기하는 것도 어렵게 만들었다. 무장친위대(Waffen-SS) 소속의 군인과 가족은 전투 중에 입은 부상 등에 대해 배상받았지만, 탈영병과 가족은 제외되었다. 동독에서도 탈영병은 경제적 배상에서 배제되었고, 공산주의 사상의 정치적 동기로 탈영했다는 것을 입증할 때만 나치의 희생자로 인정받았다. '신티(Sinti)'와 '로마(Roma)', 동성애자, 강제노동자, 불임시술 및 안락사 프로그램의 희생자 등 '잊힌 희생자'에 대한 기억과 배상, 복권 문제 등이 제기되면서 탈영병의 기억도 정상화될 수 있었다.[89] 1983년 카를스루에에 세워진 '무명의 탈영병' 조소상을 시작으로 1986년 브레멘, 1987년 카셀, 1989년 울름, 1995년 에르푸르트, 1999년 포츠담, 2007년 슈투트가르트 등 독일 각지에서 25개가 넘는 탈영병 기념비가 세워졌다. 독일의 뒤를 이어 2001년에는 영국 스태포드셔의 알레워스(Alrewas)에도 제1차 세계대전 당시 탈영과 겁쟁이라는 이유로 처형당한 306명의 영국 및 영연방 탈영병의 기념비가 세워졌다. '새벽의 처형(Shot at Dawn)'이라는 이름의 기억활동가 조직이 탈영으로 처형된 병사들의 사면을 위해 여러 해 동안 노력한 결과였다.[90] '무명용사' 대신 '무명 탈영병'을 기리는 문화적 기억은 정치종교로서의 희생자의식 민족주의에 대한 반기억(counter memory)이다.

그라스와 오에가 탈영병을 위한 기념비에 대해 진지하게 편지를 주고받고 있을 때, 국가 건설을 역사적 과제로 삼았던 탈식민국가에서는 전사자 숭배의 정치종교적 집단 심성이 미동도 하지 않았다. 해방 이후 남북한의 국가권력이 제국 일본의 정치종교를 자신들의 국가적 목적에 맞게 전유했다고 해서 놀랄 것은 없다. 사실상 '국기에 대한 맹세'는 월요일 아침의 애국 조회는 물론 결혼식 때도 암송했다는 일본 제국주의 시대 '황국신민서사'의 술어적 체계를 그대로 답습하고 있다. 주체가 황국 신민에서 대한민국 국민으로, 충성의 대상이 일본 천황과 제국에서 대한민국으로 바뀌었을 뿐이다. 또 지도자 숭배를 통한 민족적 제의 형식은 그대로 유지되었다. '민족의 태양'이자 불멸하는 영혼인 민족의 지도자 김일성에 대한 개인숭배와 북한의 가족국가적 이상 역시 식민통치 당시 일본의 천황 숭배를 빼놓고는 이해하기 어렵다. 유럽의 중세 신학이나 유교의 왕권을 연상케 하는 북한의 개인숭배는 정치종교적 전통의 연장선에 있다.[91] 단순화를 무릅쓰고 말한다면, 러일전쟁에서 시작하여 총력전 체제에서 만개한 일본 제국의 정치종교는 여전히 탈식민 시대 동아시아의 정치문화를 지배하는 코드인 것이다.

정치종교가 파시즘과 나치즘의 패망으로 사라진 것은 아니며 여전히 현재의 역사라는 조지 모스의 결론은 동아시아나 한반도의 현실에도 적확하다.[92] 일본 총리의 야스쿠니 신사 참배를 둘러싼 동아시아의 외교 갈등, 1999년 8월 13일 공포된 〈국기 및 국가에 대한 법률〉을 통해 기미가요와 히노마루를 국가의 공식적 제의에 넣은 일본의 '우경화'에 대한 한국과 중국 등 주변 국가들의 반발, 그러면서도 동시에 자국에서는 세속종교적인 경건한 민족주의적 제의를 고수하는 이율배반. 이러한 이율배반은 단지 제국과 식민지라는 역사적 경험의 차이로 정당화될 수 있는 것이 아니다. 탈식민주의의 시각에서 보면, 국가를 위해 전사한 군인을 정점으로 죽은 자를 서열화하여 국가로 회수하는 추도의 정치는 제국과 식민지, 독재와 민주주의, 사회주의와 자본주의를 막론하고 20세기 거의 모든 국민국가의 트랜스내셔널한 규범으로 작동하고 있다. 민주화된 한국에서 '국기에 대한 맹세'가 끈질기게 살아남았듯이, 정치종교는 여전히 살아 있는 텍스트다. 2007년 탈식민화되고 민주화된 대한민국의 국기법은 민주주의의 외양을 띠는 국가권력일수록 밑으로부터의 동의를 확보하는 헤게모니적 기제로서의 정치종교를 더 절실히 필요로 한다는 점을 다시 한번 확인해주었다.

2007년 1월 새로 제정된 대한민국 국기법에는 '국기에 대한 맹세' 조항이 없다. 그러나 국기에 대한 충성서약은 행정자치부의 시행령으로 살아남았다. '국기에 대한 맹세'의 존속 여부를 놓고 2007년 5월 16일 행자부에서 실시한 여론조사는 흥미로운 결과를 보여준다. '맹세'의 존속에 찬성하는 의견이 75%로, 없애야 한다는 14.6%의 의견을 압도한 것이다. "나는 자랑스러운 태극기 앞에 조국과 민족의 무궁한 영광을 위하여 몸과 마음을 바쳐 충성을 다할 것을 굳게 다짐합니다"라는 문구를 지금처럼 유지하자는 의견 또한 44%로, 시대 상황에 맞게 수정해야 한다는 42.8%의 의견보다 약간 높았다. 결국 '국기에 대한 맹세문 검토위원회'는 '조국과 민족'을 '자유롭고 정의로운 대한민국'으로 대체하고 '몸과 마음을 바쳐' 조항을 삭제한 '국민과 함께 만들어낸 수정안'을 '대한민국 국기법 시행령'으로 공포했다. 철학자, 헌법학자, 문인, 대학원생 등 9명의 '전문가'로 구성된 위원회는 수정된 맹세문이 "국민통합과 애국심 함양에 기여할 수 있기를 희망한다"고 밝혔다.[93] '국기에 대한 맹세'는 과거에 독재정권이 위로부터 강제한 국가주의의 훈육 장치이므로 폐지해야 한다는 비판은 사람들의 몸과 마음에 각인된 '국민의례'의 힘 앞에서 맥없이 무너졌다.

순교에 대한 환상은 전쟁을 겪은 사람들보다 전쟁을 겪지 않은 사람들 사이에서 더 뿌리 깊다. 순교에 대한 저항은 죽음을 목격하고 죽음의 공포를 처절하게 겪은 전선의 병사들 사이에서 더 완강하다. 어느 면에서는 전쟁터에서 살아남는다는 것 자체가 순교를 거부하는 행위였다. 전사, 희생, 순교, 죽음 등에 대한 지구적 기억구성체의 코드가 죽음의 민주화에서 삶의 민주화로 중심을 이동할 때 희생자의식 민족주의는 흔들리기 시작한다. 희생자에게 순교를 향한 뜨거운 열정과 죽음을 각오한 의지를 기대하는 대신, 게토의 비루한 일상을 견딘 생존에까지 초월적인 의미를 부여하기 시작한 것이다. 희생자의 복잡한 내면을 재구성하자, 겉으로는 억압자에 대한 복종처럼 보이는 굴욕적 생존이 내면적으로는 자기 삶의 자존감을 지키기 위한 일상의 저항이자 투쟁이 되었다.[94] 츠베탄 토도로프(Tzvetan Todorov)가 예리하게 지적하듯이, 극한의 전쟁 상황이나 게토, 강제수용소 등에서 살아남기 위해서는 매 순간 용감한 결단과 현명한 판단이 요구된다. 영웅적 죽음이나 순교처럼 찬란한 희생은 아니지만, 비루한 일상을 견뎌내는 삶 자체가 저항이자 희생이다.[95]

매일매일의 투쟁이라는 관점에서 보면, 사는 게 죽는 것보다 어렵다. 비겁한 일상 대신 영웅적 죽음을 강변했던 이들은 생존의 어려움과 직면할 용기를 갖지 못했는지도 모르겠다. 영웅적 비겁함과 일상의 용기가 대비되는 대목이다. 영웅주의적 민족주의를 대체하는 새로운 민족 담론으로 희생자의식 민족주의가 훨씬 더 복잡한 양상을 띠는 것도 이 때문이다. 영웅처럼 장렬하게 산화한 자들이 아니라 억울하게 희생된 자들이나 비루하게 살아남은 자들을 고귀하고 초월적인 추상으로 승화시켜야 하는 어려운 과제를 어떻게 이해하고 푸는가에 따라 희생자의식 민족주의는 천차만별의 모습을 띤다. 영웅 민족주의와 단짝을 이루는가 하면 정반대의 지점에 서기도 하고, 가해자와 희생자, 승자와 패자의 역사적 위치가 뒤바뀌는가 하면, 결국 가해자는 증발하고 서로 자기가 진정한 희생자라고 주장하는 희생자들의 세계사가 펼쳐지는 것이다.

Ⅳ. 지구화

홀로코스트 희생자에 대한 깍듯한 사죄와 배상과는 달리 나미비아의 헤레로와 나마 부족을 학살한 제국 독일의 식민주의 제노사이드에 대한 독일 정부의 공식 사과와 배상은 지지부진했다. 사진은 2011년 제1차 식민지 유골 반환을 위해 베를린 방문 도중 홀로코스트 기념관의 돌 위에 앉아 휴식을 취하는 나미비아 제노사이드 희생자 유족들과 기억활동가들. 사진 출처 © Reinhart Kössler

식민주의 제노사이드의 맥락에 홀로코스트를 배치하는 순간, 영·미식의 자유민주주의에 내장된 식민주의적 제노사이드와 선주민 제노사이드의 원죄가 드러나는 것이다. 제브 스테른헬의 주장을 빌리면, 파시즘은 유럽 문명의 일탈이 아니라 본질적 일부다. 스테른헬의 논지를 더 밀고 나아가면, 제노사이드와 인종 청소 등은 '원시적 부족갈등'이 아니라 유럽 근대 문명에 내장된 위험이다. 서구중심주의에서 벗어난 기억은 20세기의 제노사이드를 비판적으로 기억함으로써 민주주의의 민주화를 향한 21세기의 전망을 담을 수 있다.

탈냉전과 기억의 지구화

1945년이 글로벌 현대세계의 탄생이라는 의미에서 이안 부루마(Ian Buruma)의 '0년'이었다면, 2000년은 지구적 기억구성체의 형성이라는 의미에서 지구적 기억 문화의 '0년'이었다.[1] 유난히도 2000년이라는 해에 국경을 넘는 자기 성찰의 기억이 큰 울림으로 지구적 기억 공간을 들었다 놓았다. 자기 국가나 사회의 집단 기억을 비판하고 다른 민족, 심지어는 적대 민족의 고통에 공감하는 새로운 기억 문화의 등장은 기억의 탈영토화를 의미했다. 세 번째 밀레니엄의 첫해를 맞은 흥분이 채 가시기도 전인 2000년 1월 26~28일 '홀로코스트에 대한 스톡홀름 국제포럼'이라는 이름의 기억 관련 정상회담이 스웨덴의 수도 스톡홀름에서 열렸다. 23개국의 정상을 비롯해 14명의 부통령과 부수상 등 전 세계 46개국의 정치지도자들이 모인 회의 규모도 놀랍지만, 사람들의 이목을 끈 것은 '홀로코스트 교육, 기억, 연구'라는 정상회담의 의제였다. 홀로코스트의 기억과 교육이 소규모의 친밀한 정상회담에서 의제로 오른 적은 있지만, 46개국의 정상과 대표자가 모여 토의하고 선언을 공표했다는 것은 의미가 달랐다. 회의는 기억의 지구화가 국제정치에서 무시할 수 없는 현실이라는 메시지를 던졌다. 회의 종료와 함께 1월 28일 공표된 '스톡홀름 선언(Stockholm Declaration)'은 홀로코스트가 '보편적 의미'를 가지며 인류에게 영원히 기억되어야 한다고 명시했다. 총 8개 조로 구성된 선언의 내용은 다음과 같다.

1. 홀로코스트(쇼아)는 문명의 근원을 흔들었다. 홀로코스트는 유례가 없다는 특징 때문에 항상 보편적인 의미를 지닐 것이다. (후략)
2. 우리는 나치가 계획하고 저지른 홀로코스트의 끔찍함을 영원히 집단 기억으로 간직할 것이다. (후략)
3. 국제 공동체는 제노사이드, 인종 청소, 인종주의, 반유대주의, 외국인 혐오증으로 상처받은 사람들과 함께 그러한 악과 싸워야 하는 엄숙한 책임을 나누어 갖는다. 또 우리는 홀로코스트를 부정하는 자들에 대항해 홀로코스트의 끔찍한 진실을 지켜야만 한다. (후략)
4. 우리는 홀로코스트에 대한 교육, 기억, 연구를 장려하는 노력을 강화하겠다고 다짐한다. (후략)[2]

나머지 5~8조는 희생자의 아픔에 공감하는 기억의 중요성을 다시 강조하고, 각급 학교와 대학, 시민사회 등의 공공영역에서 홀로코스트 교육과 연구를 고취하며, 공공 역사 차원에서 홀로코스트 희생자를 기억하고 기념하기 위한 적절한 형식을 찾아야 한다는 내용이었다. 마지막 8조에서도 밝히고 있듯이, 희생자의 고통에 공감하고 생존자를 존중하면서 그들을 기억하는 일은 "상호 이해와 정의를 위한 인류 공동의 열망"을 재확인하는 일이기도 했다.[3] '인간 및 시민의 권리 선언'이 프랑스혁명에 보편사적 의미를 부여했다면, 스톡홀름 선언은 홀로코스트를 기억하는 것이 지구적 시민사회의 "트랜스내셔널한 시민적 미덕"이라고 못박았다.[4]

새 밀레니엄에 열린 최초의 대규모 정상회의가 홀로코스트 교육과 기억을 의제로 삼은 것은 이미 지구적 기억구성체가 더는 무시할 수 없는 현실로 정치권에 다가왔기 때문이다. 이 의제가 스톡홀름 정상회의에 오르기까지는 몇 차례의 협상이 있었다. 먼저 1997년 12월 잉글랜드 은행의 지하 금고에 보관해온 '금 더미'에 대한 회의가 있었다. 이 금 더미는 나치가 점령지의 국립은행에서 약탈한 것이었는데, 대개 '화폐용 금(monetary gold)'인 것으로 미루어 유대인들로부터 빼앗은 것이라고 추정되었다. 그런데 무슨 이유에서인지 나치의 패전 직후 소유자를 찾아 돌려주는 대신, 영국으로 가져와 잉글랜드 은행의 지하 금고에 보관하고 있었다. 무기명 재산이라 원래의 주인을 찾기도 쉽지 않았겠지만, 그들이 대부분 홀로코스트로 희생된 것도 한 이유였을 것이다. 나치가 홀로코스트 희생자들에게서 약탈한 자산의 처리에 대한 세계 여론의 관심이 커지면서 이 금 더미가 주목을 받자, 당시 시가로 약 4,600만 파운드에 달하는 이 '주인 없는' 금 더미를 어떻게 할 것인가를 놓고 여러 차례 설왕설래가 있었다. 1997년 12월 런던에서 열린 유럽, 이스라엘, 미국의 정부 대표 연석회의는 이 금의 처리방식을 논의하기 위한 것이었다. 런던 회의는 남아 있는 금을 되도록 빨리 처리해서 확보한 기금으로 홀로코스트를 기억하기 위한 다양한 프로젝트를 지원한다는 결정을 내렸다.[5]

런던의 '나치 금 회의(Conference on Nazi Gold)' 다음 해인 1998년에는 미국 국무부와 홀로코스트 기념관 주최로 워싱턴 D.C.에서 '반환과 배상'에 대한 국제회의가 열렸다. 이 회의는 40개국 이상의 대표단과 '세계유대인회의(World Jewish Congress)' 등 관련자들이 참가한 대규모 회의였다. 회의 기간 중 독일, 이스라엘, 스웨덴, 영국, 미국의 대표로 구성된 '홀로코스트 교육, 기억, 연구 국제협력 특별위원회'가 꾸려졌는데, 이 위원회는 회의 폐막 날 모든 참가국의 '학부모, 교사, 시민운동가, 정치지도자, 종교지도자'에게 홀로코스트의 교육과 기억, 연구에 힘쓸 것을 당부했다. 아울러 홀로코스트 관련 모든 문서보관소의 개방과 민주적 접근권을 강조하는 선언을 제출했다.[6] 2000년 스톡홀름 선언의 초안은 문서보관소의 민주적 접근권을 재확인했다. 이 조항은 공산주의 시절의 비밀 관행에 젖어 문서보관소에 있는 제2차 세계대전과 홀로코스트 관련 문서를 외부의 연구자들에게 공개하지 않고 폐쇄적인 태도를 보인 동유럽 국가들을 겨냥한 것이었다. 현실사회주의가 붕괴한 이후 서유럽의 재정 지원과 집단 안전보장에 목말라 했던 동유럽 국가들로서는 스톡홀름 선언의 지지가 사실상 나토에 가입하기 전에 해결해야 할 조건이 되었다.[7]

스톡홀름 선언의 역사적 의의는 이처럼 홀로코스트의 기억에 대한 보편적 인권의 원칙이 집단적 안전보장에 대한 국제정치의 작동원리로 확장되었다는 데 있다. 2000년 1월 새천년의 벽두에 46개국의 정상과 대표가 모여 홀로코스트가 상징하는 타자의 고통에 대한 기억, 교육, 연구를 국제정치의 의제로 삼았다는 것은 '기억의 지구화'라는 21세기 지구화의 흐름을 예언하는 것이었다. 이제 홀로코스트를 기억하는 것은 이스라엘이나 유대인 디아스포라 공동체를 넘어서 지구적 기억구성체의 시민종교가 된 것이다.[8] 댄 다이너(Dan Diner)와 알론 콘피노(Alon Confino) 등의 적극적 해석에 따르면, 이제 홀로코스트의 기억은 서구 문명의 인본주의적 가치를 재확인할 때마다 회귀했던 프랑스 혁명을 대신해서 현대 유럽의 토대를 상징하는 과거로 기능하고 있다.[9] 21세기에 들어서 홀로코스트가 유럽의 정체성을 상징하는 프랑스혁명을 대신한 것은 소련군 포로, 사회주의자, 동성애자, 로마와 신티, 아프리카계 독일인, 여호와의 증인, 선천적 장애인 등 홀로코스트의 '잊힌 희생자'에 대한 연구가 비약적으로 발전하고 그 기억의 저변이 한층 넓어짐으로써 가능한 일이었다. 홀로코스트는 이제 유대인의 대재앙에서 유럽의 정체성을 넘어 인류의 보편적 고통을 상기하는 지구적 기억으로 확장된 것이다.

스톡홀름 정상회담이 끝나고 3개월도 채 지나지 않은 5월 19일에는 폴란드에서 얀 그로스의 《이웃들》이 출간되어 폴란드뿐 아니라 동유럽의 홀로코스트에 대한 기억 문화를 뒤흔들었다. 1968년 학생시위에 연루되어 미국으로 망명한 폴란드 역사가 그로스의 이 책은 1941년 7월 10일 폴란드 동부 변경 지역의 예드바브네라는 인구 3,000여 명의 작은 마을에서 벌어진 유대인 학살이 나치 독일군이 아닌 폴란드 이웃들의 범죄임을 밝혀 폴란드의 과거사 논쟁을 완전히 새로운 국면으로 끌고 갔다. 《이웃들》의 출간은 인식론적, 존재론적, 윤리적 차원에서 폴란드 사회의 집단 기억을 뒤흔들고 바꾸어놓았다. 조그만 시골 마을 예드바브네의 평범한 폴란드인이 홀로코스트의 능동적 참여자이자 가해자였다는 역사 앞에서, '십자가에 못 박힌 민족'이라는 19

세기 이래 폴란드인이 견지해온 민족적 이미지는 큰 상처를 입었다. 1992년 공산주의 몰락에 대한 《다이달로스(Daedalus)》의 특집호에서 공산주의의 과거와 대면해야 하는 동유럽이야말로 자기 나름의 '역사가 논쟁(Historikerstreit)'이 필요하다고 역설한 레셰크 코와코프스키(Leszek Kołakowski)의 예견은 그대로 들어맞았다.[10] 코와코프스키는 동유럽의 문화적 기억이 희생자의 기억 뒤에 숨어 공범자의 과거를 지우고 홀로코스트에 대한 책임을 회피하려는 태도에 대해 경고했었다. 포스트 공산주의 폴란드의 '역사가 논쟁'이 이 정도로 첨예할지 코와코프스키가 예견했는지는 알 수 없지만, 전후 폴란드 지식계의 '황제'다운 통찰이었다.

폴란드 사회가 《이웃들》을 둘러싼 논쟁으로 한창 시끄럽던 8월 2일, 독일 연방의회는 제2차 세계대전 당시 나치에 동원된 외국인 강제노동자에 대한 배상 관련법을 통과시켰다. 나치 국가가 착취한 강제노동자에 대한 정치적·도덕적 책임을 독일 정부와 재계가 나누어 떠맡는다는 내용의 이 법안이 통과되자, 폴란드, 우크라이나, 러시아, 벨라루스, 리투아니아, 라트비아, 에스토니아, 몰도바, 체코 등 동유럽에서 강제 동원된 노동자와 독일 내 강제수용소의 수감자와 유대인, 소련, 프랑스, 세르비아, 이탈리아의 전쟁포로 등이 배상을 받을 수 있었다. '기억·책임·미래 재단(Stiftung Erinnerung, Verantwortung und Zukunft)'을 발족해 강제노동의 배상을 주관하도록 한 이 법은 8월 12일부터 즉시 효력을 발휘했다. 이로써 독일의 역사 화해와 배상 정책에서 제외되어온 약 843만 5,000명의 외국인 강제노동자와 458만 5,000명의 전쟁포로 등 연인원 1,300만 명의 희생자가 독일인의 기억 속에 공식적으로 재진입했다.[11] 배상액이나 인정 절차에 대한 여러 불만에도 불구하고, 이 법안은 도이치방크, 알리안츠, 다임러-벤츠, 바이엘, BMW, 폭스바겐 등 독일 굴지의 대기업이 외국인 강제 노동자에 대한 책임을 인정하고 재단 건립을 위한 발기인 명단에 이름을 올리고 배상을 위한 공동 기금을 마련했다는 것만으로도 그 의의가 인정된다.

1953년 '런던채무협약(Londoner Schuldenabkommen)'으로 전후 배상 문제는 일괄 타결되었다고 간주해온 독일 정부 및 재계의 과거 입장과 비교해보면 '기억·책임·미래 재단'의 발족은 큰 진전이었다. 독일 정부의 입장 변화는 평화조약이 체결될 때까지 그 이상의 배상 논의를 유예한다는 런던채무협약의 조항이 무의미해졌기 때문이다. 동독과 서독, 미국, 영국, 프랑스, 소련이 1990년 독일 통일을 인준한 '2+4 조약(Zwei-plus-Vier-Vertrag)'은 평화조약으로 보기에 충분했다. 그 이면에는 나치의 강제 노동에 동원되었다가 미국으로 이주한 유대인이 미국 법원에서 제기한 집단 소송이 있었다. 소송이 시작되자 반인륜적 범죄에 연루되어 미국 내에서의 기업활동과 교역을 전면 금지당할까 두려운 독일 기업은 배상 문제에 전향적으로 나올 수밖에 없었다. 50년 후 기업의 출연금 액수에 대한 자료가 공개되면 분명히 알 수 있겠지만, 제2차 세계대전 당시 외국인 강제노동자를 많이 고용했던 기업보다 미국과의 교역에 사활이 걸린 기업일수록 더 많은 출연금을 냈을 거라는 추정은 어느 정도 일리가 있다.[12] 나치 독일로 끌려간 강제노동자가 조국을 배반한 나치의 협력자가 아니라 전쟁의 희생자였다는 동유럽 국가들의 인식의 변화 역시 독일 정부와 기업의 사과와 배상을 끌어내는 데 중요한 계기가 되었다. 동유럽의 기억 문화가 냉전 체제의 이데올로기적 구속에서 벗어남으로써 그러한 인식의 변화가 가능해졌다.

독일 정부와 기업이 오랜 조사와 협상을 거쳐 나치가 강제 동원한 외국인 노동자에게 공동으로 배상하기로 했다는 소식은 지구적 기억 공간에서도 큰 반향을 일으켰다. 특히 일본 제국 시기 연인원 782만 7,355명이 강제 동원되었다고 추산하는 한국 언론의 반응은 신속하고 뜨거웠다.[13] 독일의 "나치 배상 참회, 세계가 격찬", "독일 재계, 나치 노역 피해보상 근거 마련 환영", "나치 강제노역 국제보상협정 서명", "독 나치 노역자 150만 명 배상, 1인당 최고 800만 원" 등의 기사에서 보듯이, 한국 언론들은 배상에 다소 불만인 동유럽 언론보다 더 환영 일색이었다.[14] 2007년 6월 12일자《경향신문》의 기사 제목 "'나치 과거사' 보상 마무리 "일과 대조적""에서 보듯이, 한국 언론의 관심은 독일의 배상을 전례로 삼아 일본 정부와 재계에 식민지 조선인의 강제노동을 배상하라고 촉구하는 데 있었다. 독일의 기억·책임·미래 재단이 나치 시대 강제 노역자 167만 명에게 총 58억 4,000만 달러의 보상금을 지급, 7년여에 걸친 보상 작업을 마무리했다는《경향신문》의 보도가 전 세계의 여러 신문 가운데 유독 이스라엘의 일간지《예루살렘포스트》를 인용한 것도 흥미롭다.[15]

서울 주재 프리드리히 에베르트 재단에서 발행하는 소식지에 한국의 독일사 연구자 두 사람이 집필한 독일의 외국인 강제노동 배상에 대한 보고서도 눈길을 끈다. 동 보고서는 끝부분에 중국인 강제노동자가 미국 캘리포니아주에서 미쓰이와 미쓰비시 등 일본 기업을 상대로 제기한 소송을 언급하고 있어 독일의 강제 노동 배상에 대한 관심이 어디에서 비롯되었는지를 잘 보여준다.[16] 지구 반대편 독일에서 들려온 동유럽 강제노동자에 대한 배상 소식은 한국의 기억 문화에서 한동안 버림받고 지워진 조선인 징병, 징용, 정신대, 일본군 '위안부' 등을 일본 제국의 협력자에서 '강제 동원'의 희생자로 재구성하는 계기가 되었다. 한국에서는 1945년 해방 직후 "억울하게 왜놈을 위해 아까운 생명을 바친 동포"로 규정된 조선인 강제 동원 피해자는 '한일청구권협정'으로 일괄 타결된 문제로 간주된 바 있다. 그러다가 21세기 들어 희생자의식 민족주의가 대두하면서 일본 제국이 '강제 동원'한 희생자로 재구성되면서, 이들에 대한 개인적 보상 문제가 한·일 간의 국제적 현안으로 제기된 것이다. 더 멀리는 지구적 기억구성체의 형성과 더불어 강제 동원 희생자들의 인권에 대한 보편적 관심이 확대된 것도 주요 원인이었다.

일본군 '위안부'와 반인륜적 범죄

지구적 기억구성체의 0년인 2000년의 마지막을 장식한 큰 이슈는 12월 도쿄에서 열린 '일본군 성노예제에 대한 여성 국제전범재판소(Women's International War Crimes Tribunal on Japan's Military Sexual Slavery)'였다. 1960년대 베트남전쟁 반대운동의 일환으로 버트런드 러셀(Bertland Russel)이 주도한 시민 법정을 모델로 삼은 여성 국제전범재판은 법적 구속력을 지니지는 못했지만, 그 도덕적 목소리로 인해 정치적 의미가 컸다. 세계 각지에서 도쿄로 모인 일본군 '위안부' 기억활동가들은 천황 히로히토를 필두로 일본 제국 최고의 정치·군사 지도자 10명을 '전쟁 범죄와 반인륜적 범죄' 혐의로 기소했다. 재판관들은 '위안부' 생존자 증인 35명의 법정 증언과 비디오 증언을 믿을 만한 증거로 채택했다. 생존자들의 증언은 깊은 상처를 껴안고 있으며, 그 명백한 고통이야말로 증언의 진정성과 진실을 보여주었다는 게 법정의 판단이었다. 법정은 이들의 증언이 일본 정부나 일본군 장병의 시인, 기타 전문가의 증언, 성노예제에 대한 UN의 특별보고서, 극동국제군사재판의 판결문에 나타나는 정황 증거들로 뒷받침되므로 '난징의 강간' 이후 성노예제가 일본 제국 정부와 군대의 주도 아래 제도적으로 운영된 것이라고 판단했다.[17] 법정에서 제시된 증거를 바탕으로 도쿄의 여성 국제전범재판은 '위안부' 제도 아래 자행된 강간과 성노예제가 '반인륜적 범죄'라고 판결했다.

일본군 '위안부'라는 반인륜적 범죄에 대한 일본 정부의 책임과 마땅한 반성과 사과, 배상을 적시한 후, 여성 국제전범재판의 판결문은 다음과 같이 결론짓고 있다.

> 이 판결을 통해 재판관들은 일본군 성노예제도의 모든 여성 희생자를 인정한다. 우리는 자신들의 삶을 재건하고 법정 앞에서 증언해 준 생존자의 위대한 용기와 존엄성을 인정한다. 이들에게 저질러진 범죄는 제2차 세계대전의 해결되지 않은 커다란 불의 중 하나로 남아 있을 것이다. 일본군 성 노예제의 희생자를 위한 박물관, 무명의 '위안부'를 위한 무덤, 미래 세대를 위한 교육, 심판의 날도 아직 없다. 앞장서서 정의를 위해 싸워온 여성 대부분은 기록되지 않은 영웅으로 죽어갔다. 역사의 페이지에 자주 기록된 이름은 범죄로 고통받은 여성이 아니라 범죄를 저지른 남성이었다. 이제 이 판결은 자신의 이야기를 말하기 위해 무대에 섰던, 그래서 최소한 지난 4일만이라도 잘못을 저지른 자들을 처형대에 세우고 진실에 왕관을 씌운, 생존자들의 이름을 남긴다.[18]

일본 정부의 국가적 책임 인정과 개별 배상을 강제할 국제법적 구속력이 없었다 해도, 지구적 기억구성체에서 여성 국제전범재판이 차지하는 비중은 아무리 강조해도 지나치지 않다. 이 재판은 아시아·태평양 전쟁 당시 일본군이 여성에게 저지른 성범죄를 어떻게 기억할 것인가 하는 문제가 이미 지구적 기억의 문제가 되었음을 선포한 것이었다. 1991년 김학순 피해자가 자신의 '위안부' 경험을 공개한 이후 2000년 도쿄의 여성 국제전범재판이 열리기까지 10년 동안 세계는 르완다와 유고슬라비아의 내전을 겪었다. 1994년 르완다의 제노사이드는 강간이 전쟁 범죄의 양상을 넘어서 제노사이드의 무기임을 보여주었다. 12세 이상의 거의 모든 투치 여성이 강간의 피해자가 된 폭력의 규모나 에이즈를 앓고 있는 후투 남성 환자를 강간의 가해자로 대거 동원한 잔인성에서 르완다의 성범죄는 실로 제노사이드 못지 않은 것이었다. 그 참상은 강간의 결과로 태어난 적지 않은 아이가 생모에게 살해당했다는 보고에서 잘 드러난다. 1992년에서 1995년 사이 보스니아의 '전쟁 아기' 대부분이 생모에게서 버려지거나 살해당했다는 보고 역시 인종주의적 성범죄의 결과가 제노사이드와 크게 다르지 않다는 걸 보여준다. 1937년 난징의 강간으로 수천 명의 아이가 태어났지만, 일본군 병사의 아이를 기르고 있다고 인정한 사람은 없었다. 난징에서도 일본군의 강간으로 출산한 여성들의 신생아 살해가 빈번했다고 전해진다.[19]

르완다와 유고슬라비아의 범죄 현장에서 다른 종족에 대한 집단적 강간이 제노사이드의 무기로 사용되는 참상이 TV 화면으로 생중계되자 영상 뉴스를 지켜본 세계 여론은 경악했다. 영상 이미지의 설득력은 여성 인권과 같은 추상적 논리보다 훨씬 컸다. 도덕적 금기를 깨트린 르완다와 유고슬라비아에서의 성폭력은 전시에 여성이라서 겪어야만 했던 고통에 대한 동정 여론을 전 세계적으로 불러일으켰다. 전 세계 시청자가 르완다와 유고슬라비아 현장에서 목격한 성폭력은 금기를 깨트린 반인륜적 폭력이었다. 세계의 시청자들이 목격한 그 고삐 풀린 폭력은 전쟁의 부산물인 '부수적 민간인 피해(collateral damage)'라는 용어에 가두어두기에는 너무도 의도가 분명한 잔인한 폭력이었다. 반인륜적 성폭력에 대한 분노는 그것이 양도할 수 없는 불가분의 인권 문제라는 인식으로 이어졌으며, 옛 유고슬라비아와 르완다의 국제전범재판소는 전시 강간을 반인륜적 범죄로 규정했다. 2000년 12월 도쿄에서 열린 여성 국제전범재판에 참가한 법률가들의 면모를 보면, 유고슬라비아-르완다의 성폭력에 대한 지구적 시민사회의 분노가 일본군 '위안부' 문제는 반인륜적 범죄라는 인식과 이어졌음을 추측할 수 있다. 그중에서도 특히 '구유고슬라비아국제전범재판소(ICTY)'의 재판장이었던 개브리엘 커크 맥도널드(Gabrielle Kirk McDonald)와 르완다 및 유고슬라비아 국제전범재판에서 검찰 측의 젠더 관련 법률 고문을 지낸 퍼트리샤 비줴르-셀러스(Patricia Viseur-Sellers)의 이력이 주목된다.[20] 이들의 참가는 국제전범재판에서 아시아·태평양 전쟁 당시의 일본군 '위안부' 제도와 르완다 및 유고슬라비아 내전의 조직적 성폭력이 여성에 대한 반인륜적 범죄라는 고리로 한데 엮이고 있다는 것을 시사해준다.

1989~1991년 소련 및 동유럽 공산주의가 붕괴하고 자유주의 서구 문명이 세계사적 승리를 거두었다는 낙관주의에 취해 있을 때, 르완다와 유고슬라비아에서 일어난 제노사이드와 체계적 성폭력은 우리가 살아가고 있는 이 시대가 '역사의 종언'이 아니라 '역사의 반복'임

을 일깨워주었다. 특히 인종 청소라는 이름으로 보스니아의 이슬람 여성에게 자행된 체계적인 집단 강간은 시간을 거슬러 올라가 일본군 '위안부'의 기억을 전 세계에 되살렸다. 또 거꾸로 르완다 및 유고슬라비아의 국제전범재판에서는 무력 충돌 때 발생한 체계적 강간에 대한 법적 정의를 내리는 데 일본군 '위안부' 문제를 참고하기도 했다. 국제노동기구 또한 일본군 '위안부' 문제를 1930년 제정된 강제노동협약 위반이라고 보았다.[21] 1993년 빈 세계인권회의에서 여성의 권리는 인권 문제라는 점이 강조된 데 이어, 같은 해 12월 유엔 총회에서는 '여성에 대한 폭력 철폐 선언'이 채택되었다. 1990년대 중반 르완다와 옛 유고슬라비아의 전범재판에 이어 1998년 국제형사재판소 로마 규정은 '강간, 성노예제, 강요된 매춘'을 '전쟁 범죄'이자 '반인륜적 범죄'로 규정했다. 이제 일본군 '위안부' 문제는 여성의 인권 문제가 되었다. '너무 일반적이고 익숙해서 둔감했던(blind familiarity)' 전시 성폭력이 반인륜적 범죄로 인정받는 데는 지구적 기억 공간에서 여성 인권을 위한 연대의 상징으로 일본군 '위안부'의 의제화가 크게 이바지했다. 캐럴 글룩(Carol Gluck)의 표현을 빌리면, "홀로코스트가 제노사이드의 지구적 기준이 되었듯이, 일본군 '위안부'도 전쟁 기간 중 여성에 대한 폭력과 관계된 새로운 국제법의 시금석이 된 것이다. 전쟁만큼 오래된 폭력인 강간은 이제 국제법에서 반인륜적 범죄가 되었다."[22]

실제로 성폭력은 피해자인 여성은 물론이고 그 여성이 속해 있는 공동체의 남성에게도 여성을 지키지 못했다는 씻을 수 없는 굴욕감을 안겨준다는 점에서 가해자의 권력을 행사하고 과시하는 가장 원초적이고 효율적인 지배 도구였다. 20세기 들어, 집단 강간을 비롯한 성폭력은 제노사이드의 주요 수단 중 하나가 되었다. 인종·민족·종족·종교 등으로 범주화된 피해자 집단의 생물학적 인구 재생산을 통제하는 제노사이드의 방법과 결합함으로써 성폭력의 양상은 더 체계적이고 정교해졌다. 여성이 다른 혈통의 아이를 갖는 것을 바람직하지 못한 혈통의 확대재생산으로 여기는 가부장적 문화가 지배적인 사회에서 특히 성폭력은 제노사이드의 효과적인 도구였다. 부계를 통해 종족적 혈통이 승계되고 여성의 몸이 민족의 몸을 재현한다는 사고방식은 전시 성폭력을 넘어 특정 집단 여성의 불임을 목표로 하는 성적 제노사이드를 낳았다.[23] 성폭력에 대한 단죄는 제노사이드에 대한 단죄가 되는 것이다. 성적 제노사이드의 가해자에 대한 단죄가 지체될수록 더는 민족의 몸을 재현하지 못하는 성폭력 피해자는 외부의 가해자뿐 아니라 내부의 가부장적 민족주의자들의 비난에서도 벗어나지 못하고, 극심한 육체적·정신적 고통에 시달린다. 그러나 제2차 세계대전 직후 열린 나치 전범에 대한 뉘른베르크 재판이나 아시아·태평양 전쟁의 일본 전범에 대한 도쿄 재판에서 성범죄에 대한 고발과 처벌은 홀로코스트와 난징 학살, 연합군 포로 학대 등의 이슈에 밀려 주변화되었다.

반인륜적 범죄로서의 전시 성폭력이 전 세계 시민사회의 심각한 윤리적 의제로 등장한 것은 21세기에 들어서의 일이었다.[24] 지구적 기억 구성체의 형성과 더불어 지금까지는 타자화되었던 성폭력 희생자에 대한 윤리적 감수성이 크게 발전했기 때문이다. 구유고슬라비아국제전범재판소가 보스니아의 이슬람 여성들에 대한 세르비아계 민족주의 민병대의 집단 강간과 성폭력을 '성노예제'로 단죄한 데 이어, 국제형사재판소(ICC)는 인신매매와 함께 납치되어 강제 결혼을 통해 제도적으로 강간당한 여성들의 사례를 다루었다. 국제형사재판소는 '제르맹 카탕가(Germain Katanga)와 마티외 추이(Mathieu Ngudjolo Chui) 사건'에서 성노예제의 하위 범주로 강제 결혼(forced marriage)을 기소했지만, 반인륜적 범죄라고 명시하지는 않았다. 성폭력으로서의 강제 결혼이 반인륜적 범죄라는 최초의 판결은 2012년 열린 '시에라리온특별재판소(SCSL)'의 찰스 테일러(Charles Taylor) 항소 법정이었다. 유엔 평화유지군도 연루된 '강제 매춘' 역시 여성을 인신매매하는 범죄를 촉발한다는 점에서 반인륜적 범죄로 기소해야 한다는 목소리가 높아졌다. 이는 제노사이드나 전쟁 범죄를 다루는 국제형사재판에서 성폭력에 대한 기소가 주로 강간에 초점을 맞추고 있는 한계를 넘어서려는 시도라고 판단된다.[25] 남성 동성애자에 대한 성폭력도 반인륜적 범죄로 간주해야 한다는 목소리가 국제법 연구자들을 중심으로 커지면서, 이제 반인륜적 범죄로 분류되는 성폭력의 외연은 점차 넓어지고 있으며 이는 되돌릴 수 없는 추세다.[26]

일본군 '위안부' 문제가 글로벌 이슈로 발전해온 과정은 트랜스내셔널한 기억 운동의 관점에서도 흥미롭다. 한국과 일본의 시민단체는 1991년 김학순 피해자의 공개 증언 이후 유엔 국제인권기구에 중대한 인권침해 사안으로 '위안부' 문제를 제기해왔다. 양국 여성단체의 초국가적 연대에 더하여, 북미 대륙의 한국계 이주민 여성들도 일본군 '위안부' 문제를 지구적 이슈로 만드는 데 크게 이바지했다. 인종과 여성이라는 이중 차별을 겪은 그들의 이주 경험이 고향을 떠나 아시아·태평양전쟁의 낯선 전쟁터로 가야만 했던 일본군 '위안부'의 고통에 대한 공감 능력을 발전시킨 덕분이었다.[27] 일본계 미국인 NGO인

'인권과 배상을 위한 일본계 미국인(Nikkei for the Civil Rights and Redress, NCRR)'의 활동도 이와 관련해 주목된다. 제2차 세계대전 당시 일본 제국의 잠재적 스파이로 몰려 강제 수용된 일본계 미국인의 명예 회복과 배상을 목적으로 결성된 NCRR은 모든 종류의 인종주의적 편견과 박해에 반대한다는 원칙을 단호히 하고, 글렌데일의 소녀상 건립을 지지했을 뿐만 아니라 '위안부' 피해자에 대한 일본 정부의 사과와 배상, 명예 회복을 요구했다.[28] NCRR은 2015년 12월 28일 한·일 양국 정부가 일본군 '위안부' 문제를 외교적으로 해결한다는 합의문을 발표했을 때 단호한 비판 성명을 내고, 이듬해 1월 5일에는 글렌데일의 소녀상 앞에서 열린 촛불 추모제에 동참하기도 했다. NCRR의 행보는 일본군 '위안부'가 거짓이라 주장하고, 백악관 청원과 의회 로비, 지방정부에 대한 압력 등을 통해 '위안부' 기림비나 소녀상의 철거를 주장한 본국 정부와 일부 일본계 미국인의 원거리 민족주의와는 퍽이나 대조적이다.[29] NCRR은 또한 9·11테러 이후 미국 내에서 반이슬람 정서가 높아지자, 이슬람 공공업무 위원회 등과 협력하여 미국계 아랍인에 대한 차별을 반대하는 투쟁을 지속해왔다.[30]

지구적 기억구성체에서 일본군 '위안부' 논쟁은 한·일 간의 민족적 대립이 아니라 일본의 수정주의적 역사 부정론 대 국제 인권 규범의 대립으로 재구성된다.[31] 미국 내의 아르메니아 제노사이드 기억활동가와 일본군 '위안부' 기억활동가의 연대는 이 점에서 상징적이다. 글렌데일의 시의회 의원인 아라 나자리안(Ara Najarian)은 소녀상 건립을 지지하면서, 일본군 '위안부' 생존자에게 치유의 과정이 되었으면 한다는 희망을 피력했다. 또 다른 시의원인 자레 시나얀(Zareh Sinanyan)

역시 일본 정부의 강력한 로비나 보수적 일본계 미국인 단체의 반대를 무릅쓰고 평화의 소녀상 건립을 지지했다. 소녀상 건립 직전인 2013년 4월에 갓 평의원으로 당선된 서른 살의 정치 초년생이 자신과 특별한 이해관계도 없고 정치적으로 민감한 문제에 다칠 걸 각오하고 덤벼드는 일은 드물다. NCRR이 발행하는 신문 《라푸 신포(Rafu Shimpo)》에 실린 시나얀의 제막식 연설이 이 궁금증을 풀어주었다. 그는 자기 할아버지가 아르메니아 제노사이드의 생존자임을 밝힌 뒤, 희생자의 고통과 공포를 누구보다 잘 이해한다고 운을 뗐다. "갈등을 해소하고 상처를 치유하는 최선의 방법은 …… 그것(가해 사실)을 인정하는 것이다. 아르메니아인과 내 할아버지는 끔찍한 범죄에 희생되었다. …… 오늘날까지 아무런 사과가 없고 또 (가해자가) 그 사실을 인정하지 않기 때문에 상처는 깊고 덧난다."[32] 어려서부터 익숙한 아르메니아 제노사이드에 대한 기억이 그에게서 일본군 '위안부' 희생자에 대한 정서적 공감을 불러일으켰을 것이다. 글렌데일이 미국에서 가장 큰 아르메니아 디아스포라 공동체의 근거지라는 점에서 "왜 글렌데일인가?" 하는 의문이 어느 정도 해소된다. 뉴욕에서 홀로코스트와 만난 일본군 '위안부'의 기억이 미 대륙을 횡단해 로스앤젤레스로 와서는 아르메니아 제노사이드의 기억과 만나 지구적 기억의 연대를 결성한 것이다.

평화의 소녀상을 코앞에 둔 글렌데일 시립도서관 안에 새로 문을 연 갤러리 리플렉트스페이스(ReflectSpace)에서 열리고 있는 기획 전시도 이목을 끈다. 2017년 5월에 있었던 미술관 개막전 '기억의 풍경'은 아르메니아 제노사이드에서 공식 역사와 생존자의 증언이 어떤 관계를 맺고 있는지를 묻는 기획 전시였다. 아르메니아 공동체가 절대적으로 강한 도시이니 이런 주제가 당연히 이해된다. 그런데 두 번째 전시 주제가 일본군 '위안부' 피해자의 침묵과 대화에 대한 예술적 성찰이라는 게 눈길을 끈다. 한국계로 추정되는 모니카 혜연 전(Monica Hyeyeon Jun)과 아르메니아 제노사이드 생존자에 대한 사진 작업을 계속해온 아르메니아계 미국인 아라 오샤간(Ara Oshagan) 부부가 전시 큐레이터로 나란히 이름을 올린 것도 상징적이다. 이 시립 갤러리는 노예무역에서부터 오늘날 미국 노예제의 유산을 그린 '노예제의 사후세계', 현대 사진과 희귀한 자료들을 섞어 홀로코스트의 다양한 서사를 검토하는 '나는 누구인가: 홀로코스트의 서사들', '비선형적 역사들: 트라우마에 대한 트랜스내셔널한 기억' 등의 전시를 연달아 기획하면서 비극적인 역사를 예술로 재현하고 기억하는 문제를 일관되게 추구했다. 이 전시들을 한데 묶는 키워드는 "개인적 트라우마에 대해서 말할 수 없음과 그것을 말하고 싶은 깊은 인간적 충동 사이의 긴장"으로, 그것은 모든 제노사이드 희생자-생존자에게서 발견된다는 게 전시 기획자들의 설명이다.[33] 리플렉트스페이스 갤러리는 미국 노예제, 아르메니아 제노사이드, 홀로코스트, 일본군 '위안부'라는 각기 다른 희생의 기억이 예술적 재현을 통해 연대하고 소통하는 지구적 기억구성체의 특징을 잘 보여준다.

한국, 일본, 중국, 필리핀, 타이완, 인도네시아 등의 여성·시민단체와 미국의 아시아 이주 여성단체가 태평양을 횡단하여 일본군 '위안부' 문제에 대한 기억의 연대를 할 수 있는 것도 여성의 인권이라는 트랜스내셔널한 의제가 있기 때문이다. 일본군 '위안부' 문제가 갖는 트랜스내셔널한 성격은 일본의 페미니스트 연구자들이 일본군 '위안부'의 기억을 일본 국내 미투 운동의 동력으로 삼으려는 시도에서도 잘 나타난다. 무타 가즈에(牟田和惠)의 단편영화는 '성폭력 NO!'라는 캐치프레이즈 아래 국제적인 일본군 '위안부' 기억 운동과 일본 페미니즘 미투 운동의 연대 가능성을 타진하고 있다. 무타는 이 영화에서 오랜 침묵을 깨고 공개 증언을 택한 김학순 등 일본군 '위안부' 피해자를 자신의 존엄을 위해 목소리를 낸 미투 운동의 선구자로 자리매김하고 있다. 일본군 '위안부' 문제는 그 트랜스내셔널한 억압의 기억 때문에 트랜스내셔널한 페미니즘적 연대의 상징으로 자리 잡은 것이다.[34] 다른 한편으로 일본군 '위안부' 부정론은 일본 제국의 파시스트 가부장주의, 전후의 가부장적 성차별주의, 탈냉전기의 신민족주의의 결절점으로서 가해자 이데올로기의 연대를 상징하기도 한다.[35] 일본 내부의 기억 정치적 지형에서 일본군 '위안부' 부정론은 페미니즘의 미투 운동에 대한 남성주의적 혐오와 연결되어 있다. 미투 운동에도 불구하고 남성의 성적 가해가 묵인되고 허용되어 처벌받지 않고 반복되는 일본의 상황에서 일본군 '위안부' 문제는 종결된 과거사가 아니라 현재 진행형이라는 무타의 지적은 더 통렬하다.[36] 일본군 '위안부'의 기억은 이제 "여성의 수치에서 남성의 범죄"로 바뀌었다.[37] 이슬람 국가와 보코 하람(Boko Haram)의 성노예제, 여성의 인신매매, 강제 결혼 등을 여성의 인권침해라는 문제로 다룰 때 일본군 '위안부'의 기억은 자주 소환되어 중요한 준거점으로 제시되기에 이르렀다.[38]

2005년 마우트하우젠(Mauthausen) 수용소 박물관에서 열린 '나치 강제수용소와 강제 성노동' 전시는 나치의 강제수용소와 강제 성매매의 문제를 기억의 공론장에서 본격적으로 논의하는 계기였다. 2007년 9월 라벤스브뤼크(Ravensbrück)에서 열린 '전시 강제 성매매' 여름 대학은 일본군 '위안부', 보스니아 그르바비차(Grbavica)에서 벌어진 세르비아 민족주의자의 이슬람 여성 집단 강간, 나치 수용소의 강제 성매매를 같이 다룸으로써 아시아·태평양 전쟁과 나치의 강제수용소, 유고슬라비아 내전의 강제 성매매와 폭력이 같은 기억 공간에 배치되기에 이르렀다. 동아시아에서 일본군 '위안부' 문제가 이슈화된 것과는 별도로 비슷한 시기 독일에서는 크리스타 파울(Christa Paul)이 나치의 강제 성매매에 대한 연구를 선도했다. 파울은 1990년 아우슈비츠 강제수용소 매춘소의 생존자 '마리아 W'의 인터뷰를 바탕으로 1992년 페미니즘 잡지 《엠마(EMMA)》에 글을 발표한 후, 1994년에는 본격적인 연구서를 출간했다.[39] 한국의 일부 언론 보도처럼, 일본군 '위안부'를 의제화한 한국의 기억 운동이 나치 독일의 성매매에 대한 독일 학계의 관심과 연구를 촉발했다는 인과관계를 확인할 길은 없다.[40] 그러나 어디가 먼저였는가를 따지거나 기원론에 빠질 필요는 없다. 핵심은 일본군 '위안부'와 나치 강제수용소의 강제 성매매가 지구적 기억 공간에서 만나 여성의 인권 문제로 도약하고 있다는 점이다.

일본군 '위안부' 문제가 지구적 기억구성체의 의제가 되면서 전시 성폭력과 강요된 매춘에 대한 지구적 시민사회의 관심을 증폭시킨 것은 이제 누구도 부인하기 어렵다.[41] 일본군 '위안부'에 대한 기억이 지구적 기억구성체에서 여성의 인권 문제를 환기하는 보편적 참조 지점으로 작동하게 된 것이다. 지구적 기억 공간에서 일본군 '위안부' 피해자에 대한 공감과 기억의 연대를 보여준 아르메니아 제노사이드, 미국

노예제, 홀로코스트, 나치 강제수용소의 강제 성매매 희생자들이 실제 역사 속에서 서로 마주치거나 얽힌 적은 없다. 완전히 동떨어진 역사의 기억이 제2차 세계대전 이후 대양을 가로질러 이주한 미국이라는 낯선 땅에서 만나 얽히고, 트랜스내셔널한 기억활동가들이 기억의 연대를 위해 고군분투하면서 지구적 기억구성체는 서서히 그 모습을 갖추어갔다.

검은 대서양과 홀로코스트

지구적 기억구성체 '0년'으로서의 2000년이 갖는 의미는 아무리 강조해도 지나치지 않다. 세 번째 천년을 맞이하는 첫해라는 점이 과거의 미진한 점을 짚고 넘어가자는 결의를 다지게 했을 것이다. 그러나 지구적 기억구성체가 서기 2000년에 갑자기 뚝 떨어진 것은 아니다. 민족과 국가, 대륙의 경계를 넘는 희생자들의 연대는 생각보다 오랜 역사를 갖고 있다. 미국의 백인 우월주의와 반유대주의, 노예제와 홀로코스트가 지구적 기억 공간에서 만난 것은 이미 오래전의 일이다. 하버드 대학에서 박사학위를 받은 첫 번째 흑인이자 계급 모순과 인종 모순이 중첩된 미국 사회의 모순을 예리하게 간파한 급진적 사회학자 윌리엄 듀보이스(William E. B. Du Bois)가 쓴 〈니그로와 바르샤바 게토(The Negro and the Warsaw Ghetto)〉란 짧은 에세이가 그 좋은 증거다. 《유대인의 삶(Jewish Life)》이라는 급진적인 유대계 잡지는 1952년 4월 16일 바르샤바 게토 봉기 9주년 기념 음악회를 열면서 듀보이스에게 "오늘날 미국의 니그로에게 게토 투쟁이 갖는 의미"에 대해 15분 정도 강연해달라고 요청했다. 잡지의 편집장 루이스 하랍(Louis Harap)의 편지는 미국 흑인과 유대인의 연대 투쟁이라는 관점에서 바르샤바 게토 봉기의 역사적 의의를 짚어달라며 청탁 의도를 분명히 전달하고 있다.[42]

듀보이스는 이 에세이에서 1890년대 초 베를린에서 대학원 과정을 밟을 당시 인종주의에 대해 새로운 깨달음을 얻은 이야기를 들려준다. 하나는 방학을 맞아 스위스, 헝가리, 오스트리아, 체코슬로바키아, 폴란드 등지를 여행하던 중 폴란드령 갈리치아의 한 작은 마을에 도착했을 때의 일이다. 숙소를 찾기 위해 마차를 잡아탔는데, 마부가 한참을 물끄러미 쳐다보더니 "유대인들 사이(Unter den Juden)에서 자겠냐?"라고 묻더라는 것이다. 조금 의아해하면서 그러겠다고 하자 마을 경계의 외진 곳에 자리 잡은 작은 유대인 호텔로 데려다주더라는 것이다. 생전 처음 흑인을 본 마부가 듀보이스를 유대인이라고 지레 짐작한 것이다. 독일의 작은 마을에서 사교 모임에 참석했을 때는 어느 순간 분위기가 심상치 않게 돌아가고 있음을 느끼고, 미국에서처럼 흑인이란 존재가 분위기를 어색하게 만드는 것이라 생각했다. 하지만 옆에 앉은 독일 친구가 "그들이 불편해하는 건 네가 아니라 나야. 내가 유대인일지도 모른다고 생각하나 봐"라고 속삭이더라는 것이다. 중부 유럽에서 유대인의 지위가 흑인의 지위보다 더 불안하다는 깨달음은 놀라운 것이었다. 듀보이스는 이렇게 중동부 유럽에서 자신이 겪은 두 가지 일화를 소개하면서, 인종주의를 피부색의 문제로 환원하는 "사회학적 고루함"에서 벗어날 수 있었다.[43] 듀보이스는 또한 1949년 모스크바에서 열린 세계사회학자 대회에 참석하고 귀국하는 길에 바르샤바의 폐허가 된 게토를 찾았다. 그곳에서 듀보이스는 "애틀랜타 인종 폭동의 비명과 총소리"를 듣고 행군하는 쿠 클럭스 클랜(Ku Klux

Klan, KKK)의 환영을 보았다. 듀보이스의 표현을 빌리면, 바르샤바의 게토에서 그는 "지구상에서 유대인 문제를 분명하게 이해함으로써 니그로 문제를 더 완전하게 이해할 수 있었다."[44]

트랜스애틀랜틱 기억 공간에서 유대인과 아프리카계 미국인의 조우는 듀보이스가 처음은 아니었다. 대서양 노예무역으로 아메리카 대륙으로 팔려 온 흑인 노예와 그 후손들은 모세의 인솔 아래 이집트의 파라오 치하에서 탈출한 유대인의 렌즈를 통해 자신들을 조망함으로써 아프리카 디아스포라 공동체의 자존감을 지켰다.[45] 이에 화답하듯 유대계 이민자도 흑인 노예의 고통에 따듯한 공감을 보냈다. 미국으로 대거 이주한 동유럽의 유대인이 미국 남부로 행상을 다닐 때 흑인 고객들의 집에 기식하면서 흑인과 유대인의 관계는 더 긴밀해졌다. 1868년에는 빌뉴스(Vilnius/Wilno)에서 《톰 아저씨의 오두막(Uncle Tom's Cabin)》이 이디시어로 번역되어 《노예제 또는 농노제(Di shklaveray oder di laybeygnshaft)》라는 제목으로 출간되었다. 작가 아이직-마이어 딕(Ayzik-Meyer Dik)이 노예제에 반대하는 러시아의 저항적 인텔리겐치아의 영향을 받아 번안했다고 알려진다.[46] 또 1927년 《톰 아저씨의 오두막》이 영화로 제작되어 뉴욕에서 처음 상영되었을 때는 급진적 이디시어 신문인 《전진(Forverts)》이 적극적으로 영화 관람을 권하기도 했다.[47] 유대 공산주의 또는 시온주의 좌파 그룹이 미국에서 만든 이디시어 신문·잡지는 이른바 '니그로 문제'에 깊은 공감을 보이고 유대인과 니그로의 연대를 거리낌 없이 지향했다. 《톰 아저씨의 오두막》이 톰 아저씨에게 읽히거나 톰 아저씨를 설득하기 위해 쓴 것이 아니라는 토니 모리슨(Tony Morrison)의 지적은 통렬하지만,[48] 러시아와 미국의 계몽주의 유대인 사이에 널리 읽혔다는 사실은 적지 않은 위안이 된다.

폴란드령 갈리치아 출신 라파엘 렘킨(Raphael Lemkin)의 발의로 1948년 신생 유엔 총회에서 '제노사이드 조약(Convention on the Prevention and Punishment of the Crime of Genocide)'이 채택되었을 때, 가장 먼저 열렬히 호응한 집단이 급진적인 아프리카계 미국인이었다는 점도 예사롭지 않다. 이들은 1951년 유엔에 〈우리는 제노사이드를 기소한다(We Charge Genocide)〉라는 청원서를 제출하여 나치의 홀로코스트와 미국의 인종주의적 박해가 지닌 공통점을 지적했다. 이 청원서는 미국 정부가 흑인 노예들에게 제노사이드를 저질렀다며 미국 정부를 기소하기 위한 문서였다. 청원서의 핵심 주장은 제노사이드 조약의 정신에 따라 미국의 노예제를 제노사이드로 인정해달라는 것이었다. 이들은 렘킨에게도 자신들의 주장을 지지해달라고 요구했다. 그러나 렘킨은 거절했다. 렘킨이 제시한 제노사이드 조약의 초안은 국제정치의 힘의 논리에 밀려 이미 만신창이가 된 상태였다. 미국·영국·프랑스 등 식민주의의 원죄를 안고 있는 서구 열강의 압력으로 토착문화 말살과 같은 문화적 제노사이드 관련 조항이 사라졌고, 인민의 적을 학살한 소련의 반대로 정치적 제노사이드 관련 조항도 날아갔다. 서구의 식민주의 제노사이드와 소련의 스탈린이 저지른 제노사이드를 제외하면 홀로코스트만 남는다. 그래도 제노사이드 조약의 비준이 절실했던 렘킨의 입장에서는 미국의 노예제가 제노사이드였다고 주장하기는 어려웠을 것이다. 미국의 심기를 건드리면 조약안 상정 자체가 물거품이 될 수 있는 상황이었기 때문이다.[49]

오스트레일리아의 선주민 인권운동가들은 1930년대에 이미 나치의 억압으로 고통받는 유대인에게 연대의 손길을 내밀었다. 오스트레일리아의 요르타 요르타(Yorta Yorta) 부족 지도자 윌리엄 쿠퍼(William Cooper)는 1938년 12월 6일 멜버른의 나치 독일영사관 앞에서 '수정의 밤(Kristallnacht)'에 항의하는 선주민 인권운동가들의 시위를 조직했다. '수정의 밤'은 파리에서 유대인이 독일 외교관을 저격한 사건을 빌미로 1938년 11월 9일 나치 돌격대원들이 독일 전역에서 유대인 상점과 예배당 등을 불법 약탈·훼손한 사건을 말한다. 쿠퍼는 선주민 운동가들을 이끌고 항의 시위를 마친 뒤 "나치 독일 정부의 유대인에 대한 끔찍한 박해"에 항의하는 서한을 독일영사관에 전달하려고 했다. 그러나 독일영사관은 문을 열어주지 않았고, 쿠퍼 일행은 서한을 들고 귀가해야 했다. 나치의 유대인 박해에 항의하는 이 서한은 이로부터 74년이 지난 후에야 독일에 전해졌다. 2012년 12월 6일 멜버른에서 쿠퍼의 손자 알프레트 터너(Alfred Turner)가 쿠퍼 역을 맡아 항의 시위를 재연했는데, 둘러선 유대인들과 선주민 운동가들의 박수 속에 할아버지의 항의 서한을 현장에 서 있던 독일 영사에게 전달한 것이다.[50] 제2차 세계대전 이후 홀로코스트 생존자의 이민을 받아들일 때도 하얀 피부의 아슈케나지 유대인에게만 입국 비자를 발급하고 짙은 색 피부의 중동 출신 세파르디 유대인에게는 비자 발급을 거부한 오스트레일리아 정부의 백호주의에 비하면 1938년 윌리엄 쿠퍼의 항의 시위는 놀랄 정도로 선구적이다. 그런데도 야드 바셈 홀로코스트 기념관이 쿠퍼를 유대인을 돕거나 구한 '정의로운 비유대인'에 선정한 것은 21세기 들어서의 일이다. 2010년 12월 예루살렘의 야드 바셈 홀로코스트 박물관은 윌리엄 쿠퍼에게 헌정하는 '홀로코스트 저항 연구 석좌(The

Chair for the Study of Resistance During the Holocaust)' 직을 신설함으로써, 쿠퍼의 의로움에 뒤늦게 답했다.

안네 프랑크의 일기가 아프리카 국민회의(African National Congress, ANC)의 반아파르트헤이트 정치범들에게 인기가 높았다는 사실도 흥미롭기 짝이 없다. 아파르트헤이트 시절 정치범의 감옥으로 악명 높았던 로벤섬의 자료실에는 수감자들이 남긴 노트가 전시되어 있다. 그중에서도 아메드 카트라다(Ahmed Kathrada)의 노트가 가장 유명한데, 18년간 복역하면서 밀반입된 책이나 신문 등에서 따온 인용문이 주된 내용이다. 안네 프랑크는 카트라다가 엄중한 처벌을 각오하고 만든 이 노트에서 가장 많이 인용되는 4인방 가운데 한 명이다. 비록 장기수의 노트 속에서이긴 하지만, 안네 프랑크가 소포클레스, 공자, 잔 다르크와 같은 반열에 올라 있는 것이다. 아파르트헤이트(apartheid, 1948~1994)라는 시대착오적 인종차별주의와 싸우고 있던 이들에게 나치의 극단적 인종주의 절멸 정책인 홀로코스트의 희생자였던 안네 프랑크의 기억은 소중한 정치적·문화적 자산이 아닐 수 없었다. 인종차별 정책인 아파르트헤이트에 대항해 온 몸을 던진 투사이자 세계적으로 존경받는 인권운동가이며 정치가였던 넬슨 만델라 역시 안네 프랑크의 일기가 자신의 정신을 강화하고 승리에 대한 확신을 심어주었다고 회고한 바 있다. 이미 1940년대 초부터 남아프리카공화국의 민주화 운동가들은 자국의 인종차별주의와 나치의 반유대주의를 연결해 운동의 동력과 국제적 지지를 얻으려 했다. 민주화 이후인 1990년대에도 정의와 화해, 아파르트헤이트와 그 희생자에 대한 기억과 그들의 복권 등을 둘러싸고 토론을 벌일 때면 나치즘과 홀로코스트의 비

교는 단골 의제였다.[51]

"반아파르트헤이트 운동이야말로 나치의 패망 이래 세상에서 가장 중요한 도덕적 전투"라고 규정한 유럽의 인권운동가들에게도 《안네의 일기》는 홀로코스트의 기억과 아파르트헤이트 체제의 반인륜적 범죄를 연동시키는 중요한 기제였다. 네덜란드 암스테르담의 안네 프랑크 기념관에서 1971년부터 3년 연속으로 열린 '남아프리카공화국의 나치즘(Nazime in Zuid-Afrika)'이란 주제로 열린 기획 전시가 좋은 예다. 1971년 여름 남아프리카공화국과 네덜란드의 반아파르트헤이트 운동 단체가 주관한 첫 번째 전시는 나치의 뉘른베르크 법령과 남아프리카공화국의 아파르트헤이트에 기초한 사법 조치, 게토와 남아프리카공화국의 흑인 구역인 반투스탄(Bantustan) 사이의 직접적인 연결고리를 보여주고자 했다. 전시 기획자의 말을 빌리면, 굳이 나치의 말을 인용하지 않더라도 전시를 한번 둘러본 사람은 누구나 나치즘과 아파르트헤이트를 연결할 수 있었다. 나치의 추적을 피해 안네 가족이 숨어 살던 집이라는 장소의 특별함 덕분인지 이 전시는 많은 관람객을 끌어모았다. 전시는 안네 프랑크 가족이 숨어 지내던 2층에서 출발해 1층으로 내려와 전시실 입구에서 관람을 끝내는 동선으로 짜였는데, 전시실을 나서는 관람객은 모두 '나치즘=아파르트헤이트'라는 문구가 적힌 플래카드 밑을 지나야만 했다. 1972년 여름의 두 번째 전시에서는 나치의 휘장인 하켄크로이츠를 들고 있는 당시 남아프리카공화국 수상 발타자르 포어스터(Balthazar J. Vorster)의 실물 크기 종이 인형이 세워져 있었다. 또 이런저런 아파르트헤이트 정치가들의 인종주의적 발언을 딴 포스터가 걸려 있었다. 이 전시 역시 관람객을 끄는 데 크게 성공했다.

1973년의 세 번째 전시는 관람객 방명록이 남아 있어 흥미롭다. 유럽, 미국, 중남미, 일본, 오스트레일리아, 이스라엘, 남아프리카공화국 등에서 온 수천 명이 남긴 반응은 제각각이다. 많은 사람이 나치즘과 아파르트헤이트의 비유가 설득력이 있으며 인종주의에 맞서 싸울 필요가 있다고 썼다. 그러나 이스라엘에서 온 방문객은 대부분 심드렁했고, 남아프리카공화국에서 온 관람객은 격렬히 항의했다. 남아프리카공화국의 언론도 전시를 주목하고 본국에서 토론을 이끌었다. 편견과 광기에 사로잡힌 남아프리카공화국 때리기라는 비난이 주류를 이루었지만, 아파르트헤이트가 지속되는 한 전시가 보여준 남아프리카공화국의 이미지는 바뀔 수 없다는 용기 있는 주장도 나왔다. 전시를 주도한 집단 안에도 이견이 있었다. 아파르트헤이트는 나치즘 이전부터 존재한 식민주의의 유산이기도 한데 '나치즘=아파르트헤이트'라는 등식은 식민주의의 책임을 지워버린다는 비판이 대표적이었다. 안네 프랑크의 유산을 반아파르트헤이트 투쟁에 이용하는 데 찬성하고 투쟁을 지지해온 안네의 아버지 오토 프랑크도 '나치즘=아파르트헤이트' 등식에는 반대한다는 뜻을 내비쳤다. 남아프리카공화국 본국의 반아파르트헤이트 운동가들은 여전히 아파르트헤이트를 나치즘에 비유했다. 만델라는 "히틀러 같은" 국민당 정부, "미래의 게슈타포" 같은 표현을 즐겨 썼고, 남아공의 백인 인종주의를 나치의 '주인 인종(Herrenvolk)' 개념에 비유했다. "벨젠(Belsen)과 부헨발트(Buchenwald) 강제수용소의 유령이 남아공을 배회하고 있다"는 경고도 마다하지 않았다. 결국 1973년 전시를 마지막으로 안네 프랑크 기념관과 남아프리카공화국-네덜란드 학생 단체는 결별하고 말았다.[52]

1920년대 아프리카의 식민지에서 독일로 이주한 '검은 독일인'과 독일에서 태어난 자식 세대 역시 학교와 직장에서의 차별과 이웃의 심한 괴롭힘, 강제 불임시술 등으로 크게 고통받았다. 독일이 전쟁에서 승리했다면 이들도 유대인이나 로마와 마찬가지로 홀로코스트의 희생자가 되었을 것이다. 아프리카계 미국인 작가 버니스 맥패든(Bernice McFadden)의 소설 《할런의 책(The Book of the Harlan)》(2016)은 아프리카계 미국인 재즈 연주자 할런과 리저드를 홀로코스트의 희생자로 그리고 있다.[53] 작가의 할아버지인 할런 맥패든(Harlan McFadden)의 실화에 바탕을 둔 이 이야기는 감동적이지만, 부헨발트 강제수용소에 대한 묘사나 수용소 소장 코흐(Karl-Otto and Ilse Koch) 부부에 대한 비역사적 설정, 아프리카계 독일인이나 유럽의 흑인보다 파리의 아프리카계 미국인을 홀로코스트의 주된 희생자로 그리는 등 역사적 사실과 관련해서 많은 문제점이 지적되었다.[54] 이에 비하면 아프리카계 영국 감독들인 존 세일리(John Sealey)의 〈가장 위대한 탈출(The Greatest Escape)〉과 아마 아산테(Amma Asante)의 〈손길이 닿는 곳(Where Hands Touch)〉은 각각 프랑스 식민군대에 복무하는 세네갈 출신의 흑인 포로와 '라인란트 검둥이(Rheinland Mongrels)'인 레이나(Leyna)를 주인공으로 등장시킨다. 유럽의 아프리카계 디아스포라를 끌어들여 홀로코스트의 지리적 경관을 아프리카의 식민지로 확장하는 데 성공했다.[55] 식민본국으로 이주한 아프리카계 유럽인의 첫 무대인 '인간동물원(Völkerschau)', 라인란트 검둥이에게 시행한 강제 불임시술 등을 통해 홀로코스트 흑인 희생자를 이야기하는 게 가능해지자 굳이 아프리카계 미국인을 유럽의 역사 무대로 데려올 필요가 없어진 것이다.[56]

홀로코스트 희생자가 된 아프리카계 유럽인에 대한 기억은 대서양 횡단 노예와 그 후예인 아프리카계 미국인을 특권화하는 대신 홀로코스트와 미국 노예제 희생자의 기억을 다방향적 기억으로 유도하는 계기로서 주목된다. 그러나 아프리카의 탈식민주의적인 기억과 홀로코스트의 기억이 만날 때 누가 더 큰 희생자인가 하는 문제를 둘러싼 갈등과 긴장은 쉽게 해소될 기미가 없다. 이 갈등은 누구의 어떤 기억이 해당 국가의 기억 문화에서 '서사적 표준'의 지위를 차지할 것인가 하는 헤게모니적 기억 투쟁이기도 한데, 2020년 독일의 기억 공간을 뜨겁게 달군 아실 음벰베(Achille Mbembe) 논쟁은 그러한 갈등을 집약적으로 보여준다. 아프리카의 대표적인 탈식민주의 이론가 음벰베는 2020년 8월 개최 예정인 '루르 트리엔날레 문화축제'의 개막 연설에 초청받았다. 이 소식이 전해지자 2020년 3월 반유대주의와의 투쟁을 위한 독일연방 총재인 펠릭스 클라인(Felix Klein)과 자유민주당 소속의 지역 정치인 로렌츠 도이치(Lorenz Deutsch)가 축제 조직위원회에 음벰베 초청을 취소하라고 요구했다. 음벰베가 이스라엘 국가를 남아프리카공화국의 아파르트헤이트 체제와 동일시함으로써 홀로코스트를 상대화했다는 이유였다. 이들은 이스라엘 국가를 의문시한 음벰베의 입장이 이스라엘의 국가적 존재를 방어해온 독일의 오랜 정책에 위배된다면서 주 정부의 축제 지원을 철회할 뜻을 시사했다. 음벰베는 클라인이 인종주의자라고 맞섰고, 일련의 유대계 독일인 및 이스라엘의 기억활동가들이 음벰베와 연대하겠다고 나서며 클라인의 해임을 촉구했다.[57] 문제가 된 구절은 독일어 번역본《적대감의 정치(Politik der Feindschaft)》(2017)의 한 부분이었는데, 음벰베는 홀로코스트와 아파르트헤이트를

'동일시'하지 않고 '비교'한 바 있다. 실제로 음벰베는 홀로코스트와 아파르트헤이트가 서로 다른 역사적 맥락에서 나왔다는 점을 분명히 하고 양자를 병치했을 뿐이다. 음벰베를 비판하는 이들이 주장하듯이 '동일시'나 '상대화' 등의 표현은 발견할 수 없다.[58]

클라인 등이 '동일시'와 '비교'를 똑같다고 주장할 정도로 단순하다고 보기는 어렵다. 홀로코스트를 '상대화'한다는 비판을 보면, 오히려 이들은 홀로코스트를 인류의 다른 어떤 고통이나 비극과 비교하는 것을 불편하게 생각했다는 것이 옳다. 지구적 기억 공간에서 홀로코스트가 남긴 "결코 다시는!(Never Again)"이라는 메시지는 크게 두 가지 해석을 낳았다. 1948년 유엔의 '보편적 인권선언'이 대변하는 한 흐름은 '인류의 양심을 분노하게 만드는 야만적 행위'인 여타 제노사이드, 독재, 식민주의, 아파르트헤이트 등에 반대하는 보편적 인권 옹호의 담론으로 홀로코스트의 "결코 다시는!"을 강조해왔다. 다른 하나는 유대인에 대한 범죄라는 해석으로 좁혀 홀로코스트가 다시 일어나지 않게 하기 위해서는 이스라엘 국가를 재건해 유대인에게 안전한 피란처를 제공하고 다른 민족과 동등한 국제적 위상을 인정받는 게 절박한 과제라는 이스라엘 독립선언이 대변한다.[59] 자신의 '집합적 유죄'를 절실하게 자각하고 있는 독일의 문화적 기억에서, 홀로코스트와 다른 범죄를 비교하면 독일인이 저지른 나치의 범죄를 최소화하거나 독일인의 역사적 책임감을 희석할 것이라는 우려가 컸다.[60] 1986~1987년의 역사가 논쟁의 망령이 아직 독일의 기억 문화를 떠돌고 있는 것이다. 논쟁 당시 나치즘을 유럽의 기독교 문명을 파괴하려는 아시아적 볼셰비즘에 대한 반작용으로 해석하고 홀로코스트는 나치가 스탈린에게 배운 '아시아적 행위'라며 나치즘에 면죄부를 준 에른스트 놀테(Ernst Nolte) 등의 민족주의적 옹호론에 대한 경각심이 비교 자체에 대한 우려를 낳았던 것이다. 놀테 등의 해석은 '유럽의 시민전쟁'이라는 틀 안에서 나치즘이 스탈린주의에 대한 응답이라는 점을 강조하고 나치의 범죄를 볼셰비즘 탓으로 떠넘김으로써 나치즘의 기억을 소독했다.[61]

68혁명 이후 독일의 기억 문화를 주도하는 비판적 지식인 그룹의 '상대화'에 대한 과민반응에는 분명 일단의 진정성이 있다. 그러나 다른 역사적 비극과의 비교 자체를 부정하는 것은 홀로코스트를 절대화하고, '절대 악'으로서의 홀로코스트는 화석화된 도덕적 불문율로 탈역사화되기 쉽다. 음벰베에 대한 날 선 비판은 아파르트헤이트나 노예제, 식민주의 제노사이드 등 비유럽의 기억이 홀로코스트의 헤게모니적 지위에 도전하는 것을 용인하지 않겠다는 의사 표현이었다. 그러나 나미비아를 식민 지배했던 독일도 식민주의의 유산인 오늘날의 구조적 인종주의와 경제적 불평등에 역사적으로 연루되어 있으며, 팔레스타인 문제 또한 홀로코스트의 여파라는 점에서 독일 사회는 현재의 이스라엘-팔레스타인 문제에 대한 책임 있는 기억을 구축할 필요가 있다. 홀로코스트의 기억이 다른 제노사이드의 기억과 경쟁하지 않고 서로 소통하는 '다방향적인 기억' 또는 식민주의 제노사이드와의 '비판적 상대화'를 통한 비교는 지구적 기억구성체에서 홀로코스트의 단일한 역사성을 인정하면서도 특권적 지위에 대한 헤게모니적 욕망을 제어하는 중요한 디딤돌이 될 것이다.[62] 홀로코스트에 대한 철저한 비판적 기억과 더불어 식민주의적 과거에 대한 망각이 전후 독일의 기억 문화를 구성하는 다른 한 축이었다는 사실을 지적하지 않을 수 없다.

예컨대 나미비아는 독일인에게 책임이 있는 제노사이드의 터, 또는 제노사이드의 역사를 극복하기 위한 투쟁의 터로 등록된 적이 없다. 특히 1904~1908년 나마 부족과 헤레로 부족의 반란을 진압할 때 제노사이드를 공리주의적 해결책으로 공개 토론한 독일 식민주의자들의 기록을 보면, 독일의 기억 문화에서 식민주의에 대한 망각은 많은 것을 생각하게 해준다. 제1차 세계대전 이후 식민지를 잃고 '식민지 없는 식민주의', '최초의 탈식민국가'라고 자신을 규정한 독일 사회의 공공연한 식민주의적 욕망은 바이마르 공화국 시대에도 시들지 않았다. 동유럽의 슬라브 이웃에 대한 나치의 공격 또한 식민주의적 프로젝트의 연장이라고 볼 때, 독일의 기억 문화에서 식민주의적 망각은 심각한 문제다.[63] 과거를 극복하기 위한 독일 사회의 기억 투쟁에서 홀로코스트가 차지해온 헤게모니적 지위가 식민주의적 폭력과 대량학살에 대한 기억을 지우는 가림막 역할을 한 측면도 무시할 수 없다. 홀로코스트의 유일성(uniqueness) 테제 아래 아파르트헤이트나 식민주의 제노사이드와의 비교를 부정하는 데 그치지 않고 이스라엘의 시온주의적 국가주의에 대한 비판조차 반유대주의라고 낙인을 찍을 때, 식민주의에 대한 독일의 죄의식을 부정하는(Kolonialschuldlüge) 전간기 우익 민족주의의 망령이 부활하는 것이다. 동유럽의 점령지에서 일어난 홀로코스트와 슬라브 국가들에 대한 나치의 동방정책을 식민주의의 연속성에서 비판적으로 상대화할 때, 독일의 기억 문화에서 홀로코스트와 식민주의적 폭력은 기억의 경쟁 구도에서 벗어나 서로에게 더 날카로운 성찰의 기회를 제공할 것이다.

68혁명과
기억의 연대

대서양 노예무역과 아프리카계 미국인, 유럽의 식민주의와 아프리카계 유럽인, 홀로코스트와 나치의 동유럽 식민주의 기억이 우연적이고 수평적으로 얽혀 있는 양상은 탈영토화된 지구적 기억구성체의 특징을 잘 드러낸다. 1960년대 미국의 인권운동이 탈영토화된 기억의 연대를 향한 역사적 배경이었다는 데는 의심의 여지가 없다. 미국의 인권운동은 베트남전 개입에 반대하여 세계적으로 펼쳐진 반전 평화운동과 결합함으로써 지구적 기억구성체가 형성되는 데 이바지했다. 1960년대 미국의 학생운동에 참여한 많은 유대계 학생은 베트남에서 일어난 미군의 인종주의적 학살행위에서 홀로코스트를 떠올렸다. 뉘른베르크 재판에서 미국 측 검사였던 텔퍼드 테일러(Telford Taylor)는 《뉘른베르크와 베트남: 미국의 비극(Nuremberg and Vietnam: An American Tragedy)》을 써서 이에 호응했다. 뉘른베르크 재판의 기준을 적용하면, 미군이 베트남에서 한 행동은 나치가 제2차 세계대전에서 저지른 범죄와 다를 바 없다는 게 그의 주장이었다.[64] 버트런드 러셀은 1966년 뉘른베르크 재판을 모델로 한 '시민법정(Russell Tribunal)'을 열어 베트남에서 미군이 자행하는 학살극을 성토하고 기소했다. 장-폴 사르트르(Jean Paul Sartre)는 베트남에서 벌어지는 미군의 잔학행위에서 알제리 민족해방군에 대한 프랑스 식민주의의 폭력을 떠올렸다.[65] 그리스의 젊은 좌파 수정주의 역사가들은 베트남 반전운동의 경험을 통해 영·미 제국주의의 억압에 눈뜨기 시작했다. 영국과 미국은 공산주의의 압제에서 그리스를 구원한 구세주가 아니라 밑으로부터 폭넓은 지지를 받던 토착 급진주의 운동을 질식시킨 제국주의자로 받아들여졌다. 1967년 그리스의 군사쿠데타에 대한 미국 정부의 암묵적 지지는 미 제국주의에 대한 이들의 의심을 확인해주었다.[66]

동아시아에서 베트남 인민과 연대하는 반전운동은 '15년 전쟁' 또는 아시아·태평양 전쟁 당시 일본군의 잔학행위에 대한 기억을 일깨우는 계기이기도 했다. 냉전 체제에서 미국의 유대계 공동체가 홀로코스트의 기억을 억눌러야 했던 것처럼, 동아시아라는 기억 공간에서도 냉전의 구속력은 강했다. 자유를 지키는 반공주의 십자군이라는 선전·선동이 지배적이었지만, 일본군의 전쟁 범죄에 대한 기억을 언제까지고 가둘 수는 없는 일이었다. 물꼬는 일본에서 먼저 터졌다. 《아사히신문》의 베트남 특파원으로 미군의 잔학행위를 현장에서 목격한 혼다 가쓰이치(本多勝一)는 돌연 "아시아·태평양 전쟁터에서 일본군의 행동은 어땠을까"라는 데 생각이 미쳤다. 중국 전선의 일본군이 베트남의 미군보다 점잖았다고 믿을 이유가 없었던 것이다. 일본군의 중국 공격 경로를 따라가는 취재 여행을 계획한 것도 그런 생각의 연장선이었다.[67] 1971년 여름 40여 일 동안 취재하면서 그는 일본군의 잔학행위 증거를 모으고 증언을 기록했다. 일·중 수교에 앞서 중일전쟁 시기 일본이 저지른 전쟁 범죄에 대한 반성이 있어야 진정한 우정이 가능하다는 메시지를 담은 그의 여행기는《아사히신문》에 연재되면서 엄청난 논란을 일으켰다. 일본의 우파는 특히 난징 학살에 대해 코민테른 사관으로 무장한 좌파가 일본 민족의 명예를 더럽히려는 선전 책동의 하나로 조작된 것이라고 주장했다. 보통 독자들의 편지 또한 당혹감을 감추지 못했지만, 르포 기사에 대한 긍정 비율은 95%에 달했다.[68] 난징 학살에 대한 혼다의 여행보고서가 잠자고 있던 일본의 양심적 기억을 일깨운 것이다.

1971년 당시 중일전쟁과 난징 학살에 대한 일본 사회의 자기 비판적 기억은 '베트남평화시민연합(べへいれん, 베헤이렌)'으로 상징되는 1960년대 일본의 베트남 반전운동이 남긴 성과였다. 베헤이렌의 출발점은 "베트남전쟁에서 일본인은 피해자이면서 동시에 가해자다"라는 자기 성찰이었다.[69] 일본이 베트남전쟁에 참전하는 미군을 위한 군사기지가 되면서 특히 미군 기지 주변의 일본 주민이 겪어야만 했던 고통도 인정하지만, 일본 경제가 베트남전쟁 특수의 수혜자라는 점에서 일본인도 공범자라는 비판적 자기 인식이 분명했다. 1960년대의 반전운동을 통해 홀로코스트와 식민주의 제노사이드, 미국의 노예제와 아시아·태평양 전쟁에서 일본 제국의 침략과 잔학행위에 대한 기억이 전 지구적 기억 공간에서 서로 만나 연대하기 시작했다. 그것은 가히 전 지구적 시민운동이라 할 만한 것이었다. 정치 동학의 관점에서는 68혁명이 실패한 혁명인지는 모르겠지만, 기억 문화의 관점에서는 실패라고 단정하기 어렵다. 1968년을 기점으로 국가권력의 헤게모니가 작동하는 자기중심적 기억 문화의 코드를 흩트리고 국경을 넘어 타자의 고

통에 공감하는 대장정이 시작된 것이다. 과거에 대한 사람들의 기억을 국민국가의 틀에서 구출하여 타자의 고통에 공감하는 기억 문화의 코드를 바꾸는 데 이바지했다는 점에서 68혁명의 문화사적 의의는 실패한 정치혁명이라는 부정적 의미를 훌쩍 뛰어넘는다.

기억 정치의 관점에서 볼 때 68혁명은 결코 돌발적인 것이 아니었다. 기억 혁명으로서의 68혁명은 1961년에 시작됐다. 1961년은 예루살렘에서 아이히만 재판이 열린 해이자, 10월 17일 파리 시가에서 반식민주의 시위에 나선 알제리 이민자들이 학살된 해였다. 알제리 시위자들을 학살하고 시체를 센강에 유기한 학살의 총책임자인 파리 경찰국장 모리스 파퐁(Maurice Papon)은 보르도 지역 유대인을 색출해 죽음의 수용소로 보낸 비시 프랑스 정권의 경찰 간부이자 나치의 협력자였다.[70] 프랑스 작가 마르그리트 뒤라스(Marguerite Duras)는 알제리 시위자 학살 사건 후에 〈두 개의 게토(Les deux ghettos)〉라는 글을 발표했다. 신좌파 주간지 《옵세르바퇴르(Observateur)》와의 인터뷰를 기반으로 한 이 에세이에서 뒤라스는 바르샤바 게토 생존자와 알제리 노동자를 병치해 홀로코스트와 식민주의에 대한 기억의 연대를 타진했다. 《레 탕 모데른(Les Temps Modernes)》은 1961년 5월호에 프리모 레비(Primo Levi)와 프란츠 파농(Frantz Fanon)의 글을 발췌해 게재했고, 겨울에는 아이히만 재판과 파리의 알제리인 10월 학살을 병치했다. 샤를로트 델보(Charlotte Delbo)가 식민주의의 폭력과 아우슈비츠의 경험을 편지 형식으로 직조한 증언 문학인 《아름다운 편지(Les Belles Lettres)》를 출간한 것도 1961년이었다. 델보의 글은 나치와는 기꺼이 싸우겠지만 알제리 민족해방전선 진압 작전은 단호히 거부하겠다는 가톨릭 군인의 편지나 유엔 제노사이드 조약을 바탕에 깔고 시작한다. 이 작품의 문제의식은 "알제리의 강제수용소에는 가스실과 화장터가 없다고 우리는 안도해도 되는가?"라는 시니컬한 질문으로 요약된다. 델보의 질문은 1961년 프랑스의 기억 문화에서 홀로코스트와 식민주의적 폭력이 어떻게 비판적으로 병치되어 서로의 기억을 환기하고 강화했는지를 잘 보여준다.[71]

아메리카 선주민에 대한 식민주의 제노사이드와 홀로코스트의 기억이 만나는 지점도 흥미롭다. 미국의 선주민 운동가 워드 처칠(Ward Churchill)은 콜로라도의 대학신문 사설에서 아메리카를 발견한 콜럼버스와 히틀러의 학살 총책이었던 하인리히 힘러(Heinrich Himmler)를 비교해서 논란이 된 적이 있다. 콜럼버스가 인디언을 절멸시킬 계획을 갖고 미 대륙에 발을 디뎠는지는 의문이지만, 홀로코스트를 비교분석의 지렛대로 삼아 인디언 제노사이드에 대한 미국 사회의 관심을 불러일으키려는 그의 도발은 어느 정도 성공했다. 그는 특히 홀로코스트 집시 희생자와 식민주의 제노사이드의 미국 선주민 희생자를 병치시키는 담론 전략을 취한다.[72] 미국의 서부 '개척' 당시 백인 이주민이 아메리카 선주민을 절멸시키기 위해 저지른 체계적이고 의도적인 학살에 대해 미국의 주류 시민사회나 학문기관은 좀처럼 제노사이드로 인정하지 않는다. 홀로코스트의 주문(呪文)이 필요한 것은 이 때문이다. 디지털 아카이브 '북서부 캘리포니아 제노사이드 프로젝트(Northwestern California Genocide Project)'에 따르면, 샌프란시스코에서 오리건주의 경계에 이르는 캘리포니아 북서부에서만 무려 7번의 제노사이드가 있었다. 학살의 희생자는 윈투(Wintu), 위요트(Wiyot), 톨로와

(Tolowa), 휘커트(Whilkut), 포모(Pomo), 유로크(Yurok) 부족 등 우리로서는 거의 처음 듣는 이름이다. '운디드 니 대학살(Wounded Knee Massacre, 1890)'처럼 잘 알려진 사건은 아니지만, 미 서부에서 인디언 학살이 얼마나 폭넓게 자행되었는지를 보여준다. 어린이, 여자, 노인 등을 가리지 않고 죽이는 학살의 양상은 비슷한데, 학살자는 다양하다. 운디드 니 학살의 제7기병대처럼 군대가 주역일 때도 있지만, 백인 이주민이 결성한 자경대가 주인공일 때도 많다.[73]

백인 이주민 자경대의 아메리카 선주민 제노사이드는 뜻밖의 사실을 알려준다. 정착민 민주주의 체제가 권위적인 식민주의 체제보다 학살의 빈도와 강도가 훨씬 더 많고 높다는 것이다. 이주민 공동체 내부의 의사결정 구조가 민주적일수록 학살의 강도도 더 높았다는 사회학자 마이클 만(Michael Mann)의 조사 결과는 식민주의 제노사이드와 홀로코스트를 둘러싼 지구적 차원의 기억 정치에 대해 많은 점을 시사해준다. '신세계의 제노사이드 민주주의'라고 부르는 민주주의와 제노사이드의 역설적 결합은 민족주의뿐만 아니라 서구중심주의로부터 기억의 탈영토화가 절실하다고 말해준다.[74] 서구중심주의에서 벗어난 제노사이드의 기억은 정상적 근대의 길을 걸은 서구에서는 제노사이드나 홀로코스트가 발생할 수 없다는 서구중심주의의 역사적 알리바이가 거짓임을 드러내준다.[75] 서구 민주주의는 홀로코스트의 대척점에 있는 게 아니라 홀로코스트의 가능성을 내장한 체제인 것이다. 근대 문명은 홀로코스트를 내장하고 있다는 지그문트 바우만의 지적은 미국의 민주주의에도 해당한다.[76] 홀로코스트를 '전근대적이고' '반(半)봉건적인' 독일사의 특수성으로 국한하려는 시도에는 정치적 알리바이의 냄새가 짙다. 식민주의 제노사이드의 맥락에 홀로코스트를 배치하는 순간, 영·미식의 자유민주주의에 내장된 식민주의적 제노사이드와 인디언 제노사이드의 원죄가 드러나는 것이다. 제브 스테른헬(Zeev Sternhell)의 주장을 빌리면, 파시즘은 유럽 문명의 일탈이 아니라 본질적 일부다.[77] 스테른헬의 논지를 더 밀고 나아가면, 제노사이드와 인종 청소 등은 '원시적 부족갈등'이 아니라 유럽 근대 문명에 내장된 위험이다.[78] 서구중심주의에서 벗어난 기억은 20세기의 제노사이드를 비판적으로 기억함으로써 민주주의의 민주화를 향한 21세기의 전망을 담을 수 있다.

기억의 탈영토화라는 관점에서 보면, 독일의 이슬람계 이주민이 홀로코스트 희생자와 맺고 있는 기억의 연대도 주목된다. 마이클 로스버그(Michael Rothberg)와 야즈민 일디즈(Yasemin Yildiz)의 흥미로운 연구에 의하면, 1961년 대규모 이민이 시작된 이후 터키계 이주민은 독일의 과거, 특히 홀로코스트의 기억에 어떻게 개입할 것인가 하는 문제로 고민해왔다. 독일 사회는 그들에게 홀로코스트는 당신들이 오기 전에 일어난 일이므로 개입하지 말라고 경고하는 동시에 이슬람계 이주민은 반유대주의자라서 홀로코스트에 무관심하다고 힐난했기 때문이다. 이 어이없는 이중 잣대에 이주민들은 분노했다. 이들에게 독일로 이주하는 일은 독일의 기억 속으로 이주하는 것이기도 했다. 독일의 이슬람 이주민은 국가가 주도하는 기념 의례를 소비하는 수동적 구경꾼이 아니라 자기 나름의 기억을 만들고 퍼뜨리는 적극적 행위자로 목소리를 내기 시작했다. 그리고 이들의 목소리가 독일의 기억 경관을 바꾸기 시작했다. 터키계 독일 작가인 자페르 셰노차크(Zafer Şenocak)는 소설《위험한 유사성(Gefährliche Verwandtschaft)》(1998)의 주인공이자 화자인 터키계 이슬람 독일인의 개인적 기억 속에서 홀로코스트와 아르메니아 제노사이드를 만나게 함으로써 기억의 민족적 경계를 흔들어 버렸다. 카바레의 만담꾼 세르다르 소문주(Serdar Somuncu)는 홀로코스트 생존자의 수기를 독일의 쿠르드족 이주민의 수기로 각색하여 카바레 무대에 올림으로써 아르메니아 제노사이드에 대한 기억을 일깨웠다.[79] 독일로 망명한 터키 역사학자 타네르 악참(Taner Akçam)은 아르메니아 제노사이드에 대한 최초의 본격 연구서를 출간했다.

특히 흥미로운 것은 베를린 노이쾰른구의 기억활동가들이 시도한 '노이쾰른 동네 어머니' 프로젝트였다. 가난한 이민자 가정의 사회복지와 교육, 자녀 돌봄 노동 등의 문제에서 출발한 이 프로젝트는 정치와 역사를 포괄하는 데까지 발전했다. 프로젝트 참가자들은 독일의 자원활동가 집단과 연대하여 나치의 역사를 배우고 탐구했으며, 급기야는 아우슈비츠로 답사 여행을 떠나면서 여정 전체를 직접 다큐멘터리 영상에 담았다. 터키, 에리트레아, 이라크, 스리랑카, 팔레스타인 등에서 이주한 이 여성들 대부분은 자기 나라에서 이미 정치적 폭력과 경제적 결핍, 인종주의적 학대와 제노사이드를 겪은 사람들이었다. 그들에게 아우슈비츠 방문은 어린 시절에 직접 경험했거나 어른에게 들었던 자기 고향의 제노사이드 기억을 되살리는 계기가 되었다. 아우슈비츠 강제수용소가 위치한 오시비엥침(Oświęcim)이라는 낙후된 작은 도시의 길거리에서 이들이 맞닥뜨린 폴란드 스킨헤드의 인종주의적 폭언도 관객에게 낯선 느낌을 주는 연극 효과처럼 영상에 담겼다. 유대인의 공동묘지인 아우슈비츠에서 맞닥뜨린 인종주의적 폭언은 거꾸로 홀로코스트라는 유대인의 트라우마와 이슬람 소수민족의 트라우마가 연대할 가능성을 시사해주는 무대장치처럼 느껴진다. 더 중요하게는 이 터키계 이슬람 독일인의 개입이 전후 독일의 기억공동체를 혈통적으로 단일화하는 경향을 벗어나 트랜스내셔널한 기억공동체로 독일을 재구성하는 계기가 된다는 점이다. 자신들이 이민 오기 전의 과거에 대한 기억 문화 형성에 개입함으로써 이들은 외부에 닫혀 있는 단일한 서사와 기억에 균열을 만든 것이다.[80]

자신들이 연루되지 않은 과거에 대해 지금 여기에서 생성되는 집단 기억에 이민자들이 참여할 수 있는가, 또 참여한다면 어떤 방식으로 이루어져야 하는가는 21세기의 지구적 기억구성체가 직면한 새로운 유형의 문제다. 노이쾰른의 이슬람 이민자들이 새로운 주체의 시점에서 홀로코스트에 대한 기억 문화에 참여한 경험은 이민자들의 참가가 탈영토화된 기억을 향한 소중한 자산일 수 있다는 좋은 선례를 남겼다. 민족공동체가 흔히 빠지기 쉬운 영토화된 민족주의적 기억의 질곡에서 벗어나기 위해서는 그 과거를 공유하지 않는 이질적 기억 주체의 참여가 필요하다. 예컨대 베트남전쟁에 대한 한국 사회의 기억은 우파적 기억이냐 좌파적 기억이냐, 공식 기억이냐 풀뿌리 기억이냐의 구분을 넘어서 베트남계 이주민들이, 더 나아가서는 베트남의 침공을 받은 캄보디아계 이주민들이 기억의 구성 과정에 참여할 때 급진적으로 탈영토화될 것이다. 그러나 다음 장에서 보듯이, 지구적 기억구성체가 형성되어온 궤적은 기억의 지구화와 국민화 사이의 경계가 생각보다 흐릿하고 겹쳐지는 부분이 의외로 넓다는 것을 드러내 준다. 기억의 지구화가 기억의 국민화를 넘어서는 움직임이라는 것은 분명하지만, 기억의 국민화를 재촉하고 강화하는 의도치 않은 결과를 낳기도 하는 것이다.

VICTIMHOOD NATIONALISM

V. 국민화

바르샤바 현대미술관이 보관하고 있는 36장의 흑백사진은 1963년 1월 27일 아우슈비츠 해방의 기념식에 참여한 일본 대표와 폴란드의 관계자, 아프리카인으로 보이는 제3세계의 평화운동 참가자의 다채로운 모습을 보여준다. 인류 평화를 향한 이들의 염원은 냉전이라는 정치적 코드를 통과하면서 굴절될 수밖에 없었다. 사진은 1963년 히로시마-아우슈비츠 평화행진에 참여한 일본 승려 사토 교쓰와 군중. 사진 출처 © Anka Ptaszkowska. The negative is owned by Museum Of Modern Art in Warsaw

지구적 기억구성체에서 홀로코스트가 다양한 희생자의 연대를 타진하는 지구적 기억의 준거로 작동한 지 이미 오래다. 그 과정에서 나타나는 탈영토화하는 기억과 재영토화하는 기억 사이의 긴장과 균열은 비단 동아시아에서만 발견되는 현상이 아니다. 그 균열은 비교할 수 없는 유일무이성을 강조하는 홀로코스트의 기억을 지구화한다는 작업 속에 이미 배태된 것이다.

히로시마와 아우슈비츠

크라쿠프에서 발간되는 일간지 《폴란드 매일(Dziennik Polski)》 1963년 1월 29일자는 흥미로운 기사를 하나 싣고 있다. '자유의 첫째 날'이라는 제목으로 1~2면에 걸친 이 기사는 4명의 일본 반핵평화활동가가 아우슈비츠 해방 18주년 기념식에 참석했다는 소식을 전했다. 히로시마부터 아우슈비츠까지 8개월 동안 아시아와 유럽의 23개 나라를 거쳐 3만 3,000km에 이르는 이들의 긴 여정을 기사는 '히로시마-오시비엥침 평화행진'이라고 일컫고 있다. 오시비엥침은 아우슈비츠-비르케나우 강제수용소가 자리 잡았던 폴란드 실롱스크(Śląsk, 독일어로는 '슐레지엔Schlesien', 영어로는 '실레지아Silesia') 지역의 소도시 이름이다. 기사에 따르면, 전 세계에서 히로시마와 아우슈비츠는 수십만의 무고한 사람을 죽인 잔인한 역사의 상징이다. 또 1963년 1월 27일 아우슈비츠 해방 기념식에서 처음 만난 두 도시의 기억은 전 인류에게 전쟁의 비극이라는 경종을 울릴 것이었다. 히로시마-아우슈비츠 평화행진 일본 대표는 원폭 투하 당시 폭탄의 열기에 녹아내린 히로시마의 기와 조각을 가져왔고, 아우슈비츠 기념관 측은 그 답례로 홀로코스트 희생자를 소각하고 남은 재를 항아리에 담아 기증했다. 기념식 참석자들은 "Nigdy więcej Hiroszimy(히로시마는 다시 없게!)"와 "Nigdy więcej Oświęcimia(아우슈비츠는 다시 없게!)"를 연호했다. 히로시마와 아우슈비츠의 잔해에서 각각 길어 올린 죽음의 상징을 교환한 후에, '폴란드 통합노동자당'의 크라쿠프시당 서기장 스타니스와프 피엥타(Stanisław Pięta)가 먼저 환영사를 했다. 폴란드 측의 환영사가 끝나자, 니혼잔 묘호지(日本山 妙法寺) 승려이자 아시아·태평양 전쟁의 참전 군인이었던 사토 교쓰(佐藤行通)는 동유럽의 비핵화가 얼마나 중요한지를 깨달을 수 있었다고 화답했다. 이들은 기념식 다음 날인 1월 28일에 크라쿠프 바벨 성의 왕궁을 방문해 폴란드의 유물을 관람하고, 1964년 개교 600주년을 맞는 야기에우워 대학을 방문해 총장을 접견하고 환담하기도 했다. 레닌 제철소의 노동자, 학생 대표와의 만남도 잇달았다.[1]

바르샤바 현대미술관이 보관하고 있는 36장의 흑백사진은 1963년 1월 27일 아우슈비츠의 기념식에 참여한 일본 대표와 폴란드의 관계자, 아프리카인으로 보이는 제3세계의 평화운동 참가자의 다채로운 모습을 보여준다. 제2차 세계대전 당시 폴란드 군대의 군복과 아우슈비츠 수용소의 줄무늬 죄수복을 입은 유럽인 참가자들과 함께 행렬의 맨 앞에서 불교 만장을 높이 들고 눈 덮인 아우슈비츠-비르케나우 수용소 길을 걷고 있는 일본 측 참가자들의 사진은 독특한 기억의 풍경을 제공한다. 역시 압권은 승복을 입고 결연한 표정으로 염불하는 사토의 모습이다.[2] 그러나 평화를 향한 이들의 염원은 냉전이라는 정치적 코드를 통과하면서 굴절될 수밖에 없었다. 히로시마-아우슈비츠 평화행진에 대한 기사를 실은 우치의 지방신문《우치 매일(Dziennik

Łódzki)》은 평화행진의 기사 바로 위에 미국, 영국, 소련 사이에 비핵화에 대한 협의가 뉴욕에서 다시 시작되었다는 소식을 작은 박스 기사로 처리하고 있다.[3] 동유럽 비핵화의 중요성을 강조한 사토의 아우슈비츠 연설을 떠올리면 우연한 배치만은 아니다. 사토 일행이 아우슈비츠로 가는 평화행진에 한창이던 1962년 10월에는 이른바 쿠바 미사일 위기가 불거졌다. 소련 핵미사일의 쿠바 배치에서 비롯된 이 위기로 전 세계는 핵전쟁 일촉즉발의 상황까지 나아갔다. 가까스로 핵전쟁을 피했지만, 인류 파멸의 위험을 실감한 인류에게 히로시마-아우슈비츠 평화행진의 반핵-평화 메시지는 더 절실하게 다가왔을 것이다. 굳이 경중을 따지자면, 핵전쟁의 위협 앞에 떨고 있는 1960년대 초의 동시대인에게 더 절실한 기억은 아우슈비츠보다 히로시마였다.

이스라엘 출신 일본 연구자 란 츠비겐베르크(Ran Zwigenberg)에 따르면, 히로시마-아우슈비츠 평화행진은 일본 국내적으로도 나름대로 맥락이 있었다. 이 행진은 1960년 반공주의 미·일 동맹에 반대하는 '안포 투쟁(安保闘争)'에서 패배한 일본의 평화운동이 새로운 길을 모색하는 가운데 기획된 것이기도 했다. 히로시마의 경험과 원자폭탄 피폭자들의 증언을 통해 전 세계적인 반핵평화운동과 결합하여 안포 투쟁의 패배를 딛고 일어서려 했던 것이다. 실제로 이들이 던진 행진의 출사표는 들르는 곳마다 비극의 장소를 방문하여 그곳의 희생자들과 일본의 원폭 희생자들이 연대하는 길을 찾겠다는 목표를 분명히 했다. 세계 유일의 원폭 희생자인 일본인이야말로 세계평화를 추구하는 데 특별한 의무를 갖는다는 게 이들의 출발 일성이었다. 이들이 출사표에서 제시한 목표는 네 가지였다. 첫째, 히로시마와 아우슈비츠의 참상을 최대한 많은 사람에게 알리고, 둘째, 세계 여러 나라 희생자들의 고통을 기록하고, 셋째, 가는 장소마다 평화집회를 열어 히로시마나 다른 비극의 희생자들이 겪은 고통을 전달하고, 넷째, 프라하와 도쿄의 세계종교대회를 기반으로 국제적인 연대를 추구한다는 것이었다.[4] 아우슈비츠로 행진하는 도정에 비극의 현장을 찾아 희생자들의 연대를 구하겠다는 의도도 신선하지만, 아우슈비츠를 행진의 목적지로 잡은 것도 놀랍다. 자기 입장을 정당화하기 위해 아무 데나 다 홀로코스트를 갖다 붙이고, 아우슈비츠가 '어둠의 여행(dark tourism)'에서 대표적 행선지가 된 오늘날의 시각으로 보면 히로시마-아우슈비츠 행진은 별반 새로울 것도 없다. 그러나 1962년 당시 미국 전역에서 홀로코스트 강좌가 브랜다이스 대학이 개설한 딱 하나만 있었다는 현실에 비추어보면, 이 행진을 주도한 일본의 평화운동가들이 얼마나 선각자였는지를 잘 알 수 있다.

일본인 행진 참가자들의 회상에 따르면, 히로시마-아우슈비츠 평화행진에 대한 구상은 1961년 7월 교토에서 열린 화해와 평화를 위한 다양한 종교활동가의 모임에서 처음 제기되었다. 히로시마-아우슈비츠 위원회의 의장이었던 구와하라 히데키의 회고에 따르면, 행진을 처음 발의한 사람은 폴란드 가톨릭 '신부' 얀 프란코프스키(Jan Frankowski)였다.[5] 구와하라의 회고와는 조금 다르게, 프란코스프스키는 가톨릭 신부가 아니라 폴란드 공산당의 가톨릭 방계조직인 '팍스(PAX)'의 조직원으로 가톨릭 세력을 대표해 국회의원을 지낸 정치가이자 가톨릭 종교운동가였다고 폴란드 자료들은 밝히고 있다. 폴란드 공산정권의 비호 아래 전전의 과격한 반유대주의-가톨릭 우익인사로 구성된 팍스는 조금 독특한 조직이었다. 정치적 성향이나 이데올로기적 지향에서 팍스는 결코 공산당과 공존할 수 없는 조직이었다. 그래도 팍스는 공산당과의 정치적 타협 아래 비교적 탈 없이 성장했다. 팍스의 가톨릭 민족주의가 소련 대신 서독을 겨냥하는 한, 그것은 냉전 시대 폴란드 공산당의 국제전략과 모순되지 않을 터였다. 프란코프스키는 1956년의 변혁 이후 정통파 가톨릭을 고집하는 팍스에서 뛰쳐나와 1957년에 '기독교사회연합(Chrześcijańskie Stowarzyszenie Społeczne, CSS)'을 결성했다. 또 그는 1947년 폴란드인민공화국의 입법의회부터 시작해서 1972년까지 국회의원을 지낸 인물이었다.[6]

공산당과의 협의 및 조율 아래 '통일전선'의 한 방법으로 가톨릭 세력에게 배당된 국회의원직을 25년간이나 꿰차고 있던 프란코프스키의 이력으로 미루어 판단컨대, 그의 평화행진 발의는 일본에서 기억하는 것처럼 개인적 견해나 가톨릭교회의 입장을 진정으로 대변했다고 보기는 어렵다. 프란코프스키는 성직자라기보다는 공산당과의 협력을 마다하지 않은 가톨릭 협력파의 정치가로 팍스 주류인 볼레스와프 피아세츠키(Bolesław Piasecki)의 가톨릭 최대주의로부터의 분리를 주도했다. 당과의 협상을 통해 가톨릭의 가치를 지키려는 '최소주의'의 흐름을 대변하는 인물로, 그의 현실주의는 1956년 당시 폴란드 공산당 서기장이었던 에드바르트 오합(Edward Ochab)의 지원을 받았다.[7] 프란코프스키의 이력을 보면, 국제무대에서 피력한 그의 입장은 사견이기보다는 어떤 형태로든 당과의 조율을 거쳤다고 보는 게 상식적인 추론일 것이다. 일본의 반핵평화운동가들에게 그가 제안한 히로시마-아우슈비츠 평화행진은 소련과 동유럽의 현실사회주의 정권이 추구하던 반제·반핵평화운동 캠페인의 하나로 구상되었을 가능성이 크다.[8] 1963년 1월 27일의 아우슈비츠 해방 기념식장에서 중부 유럽의 비핵화를 언급한 사토의 답사는 폴란드 주최 측에게 만족스러운 정치적 메시지로서, 냉전 구도 속에 편입된 히로시마-아우슈비츠 평화행진의 한 단면을 드러낸다.

히로시마-아우슈비츠 평화행진이 단지 현실사회주의의 냉전 정치에 이용되었을 뿐이라고 한다면, 그 해석 역시 일방적이다. 미국과 반공주의 포위 전략인 안포 조약 체결 이후의 일본 역시 냉전 체제의 속박에서 벗어날 수 없었다. 폴란드인민공화국과는 냉전 체제의 반대편에 자리 잡았던 일본 정부는 히로시마 평화운동가들의 여권 발급에 난색을 보였다. 적국인 소련군이 학살을 저지른 카틴 숲 대신에 우방인 서독 군인의 제노사이드 현장인 아우슈비츠만 방문하는 것은 공평하지 못하다는 게 그 이유였다.[9] 반공주의 군사동맹인 나토의 주요 멤버이자 자유민주주의의 우방인 서독의 범죄 장소보다는 '악의 근원'인 공산주의 소련의 범죄 현장을 답사하는 게 더 필요하다는 냉전 논리가 확연히 드러나는 대목이다.[10] 1962년의 평화행진은 이처럼 출발점인 히로시마부터 종착점인 아우슈비츠까지 냉전의 포로였다. 평화의 선의는 공산주의 진영과 반공 진영 양쪽의 냉전 논리에 포획되었다. 냉전 체제의 구속은 평화행진 참가자의 개인 역량으로 풀 수 있는 문제가 아니었다. 냉전 체제는 평화행진의 이면에서도 작동했다. 중요한 것은 평화 자체가 아니라 평화에 대한 기억과 선전이었다. 누구의 평화냐에 따라 평화의 내용은 크게 달라졌다. 냉전 체제의 진영론은 핵폭탄과 홀로코스트라는 인류의 보편적 비극에 대한 기억의 연대 가능성을 이데올로기적 진영론으로 영토화해버렸다.

행진이 시작되기 1년 전인 1961년 6월 드레스덴의 시장 한스 본(Hans Bonn)은 드레스덴과 히로시마의 자매결연을 제안하는 편지를 히로시마 시장에게 보냈다. 편지의 취지는 '동·서양의 경계를 넘어 대두하는 군사주의에 맞서 평화를 지키는 싸움'에 동참하자는 것이었다. 동독의 공산주의 정권에서 드레스덴은 영국과 미국 공군의 무차별 폭격에 2만 5,000여 명의 '무고한' 시민이 죽고, 오페라 하우스와 프라우엔 교회 등이 파괴된 영·미 제국주의의 야만적 상징으로 기억되었다. 히로시마에서 아무런 답장이 없자 드레스덴 시장은 1963년 다시 한번 편지를 보내 자매결연을 촉구했지만, 히로시마 시장은 침묵으로 일관했다.[11] 영·미 제국주의 공군이 악당의 역할을 맡은 드레스덴 폭격의 이미지는 자칫 '귀축영미(鬼畜英米)'라는 일본 군국주의의 슬로건을 연상시킬 수 있는 것이었다. 또 동독 공산정권과 보조를 맞춘다는 혐의를 받으면 곤란할 것이었다. 이렇듯 홀로코스트 희생자에 대한 일본 원폭 희생자의 공감과 감수성은 냉전 체제의 정치적 이해관계에 따라 권장되기도 하고 억제되기도 했다.

냉전 체제가 일본의 피폭자 기억 문화에 미친 영향은 냉전이 끝난 지 30여 년이 지난 오늘날에도 나가사키 평화공원에 그대로 남아 있다. 나가사키의 폭심 근처에 세워진 이 평화공원에는 전 세계 각지에서 보내준 공감과 위로의 기념물이 서 있다. '평화의 상징 존'이라 부르는 공간에 밀집된 이 기념물들에서 흥미로운 점이 하나 발견된다. 이른바 서방의 자유주의 진영에서 보낸 기념비나 기념 조각은 전부 나가사키의 자매 도시에서 시장과 시민의 이름으로 보냈지만, 공산주의 진영에서 보낸 기념비들은 전부 국가 권력이 기증의 주체다. 1980년대 냉전의 마지막 시기에 '자유' 진영에서 보낸 기념비는 포르투갈의 포르투(Porto, 1978), 네덜란드의 미델뷔르흐(Middelburg, 1983), 이탈리아의 피스토이아(Pistoia, 1987), 브라질의 산투스(Santos, 1988), 터키의 앙카라(Ankara, 1991), 미국의 세인트폴(St. Paul, 1992) 등 모두 도시의 시장과 시민이 기증의 주체로 새겨져 있다. 자칫 미 제국주의의 범죄로 기억될 수 있는 원폭 기념 공원에 반공 진영의 우방 국가들이 기념비를 보내기는 부담스러웠을 것이다. 반면 공산주의 진영에서 보낸 기념비들은 체코슬로바키아(1980), 불가리아(1980), 동독(1981), 소련(1985), 중화인민공화국(1985), 폴란드(1986), 쿠바(1988) 등 한결같이 국가가 기증자로 명시되어 있다. 미 제국주의의 범죄를 기억하는 데 마다할 이유가 없었던 것이다. 양쪽의 기념비들은 한결같이 평화와 우정, 사랑을 새기고 있지만, 나가사키의 원폭을 기억하는 주체와 방식은 이렇듯 냉전의 경계에 따라 확연히 구분된다.

히로시마-아우슈비츠 평화행진의 선한 의도는 출발지점에서부터 냉전 체제의 차가운 정치적 계산에 어그러지기 시작했다. 그렇다고 평화행진의 한계를 냉전 체제 탓으로 돌려서는 곤란하다. 참가자들이 가진 인식 지평의 문제도 결코 무시할 수 없다. 세계 최초의 원폭 희생자의 기억을 안고 아우슈비츠로 출발한 참가자들은 아시아의 기착지인 싱가포르에서 생각지도 못했던 문제에 봉착했다. 1962년 5월 이들이 도착할 무렵 싱가포르 해안의 한 건설 현장에서 일본군에게 대량 학살된 중국계 주민의 유해가 수백 구 발굴된 것이다. 아시아 이웃들에게 저지른 일본군의 잔학행위를 잊었던 행진 참가자들에게 이 사건은 충격이었다. 도시를 가득 메운 반일 감정의 공기에 놀란 평화행진의 리더 사토는 일본 제국주의의 희생자를 애도하는 불공을 드리고, 나아가서는 행진 참가자 모두가 유해 발굴 작업에 참여했다. 이들은 일본군 만행의 희생자 유족들에게 사죄하면서도 동시에 히로시마 희생자의 명분을 설파해야 하는 어려운 과제 앞에서 난감해했다. 자신들을 제2차 세계대전의 가장 큰 희생자라고 생각했던 히로시마의 희생자가 싱가포르에서 자신들에게 희생당한 이들을 만난 것이다.[12] 히로시마와 아우슈비츠 희생자의 연대를 향한 평화행진이라는 메시지는 세계 곳곳에서 격찬을 받았지만, 이처럼 싱가포르에서부터 삐걱거리기 시작했다. 이들이 '일본=원폭 희생자'라는 프레임에 갇혀 일본군의 잔학 행위와 아시아 이웃 희생자들을 잊고 있었다는 게 드러났다.

일본 제국주의가 만들어낸 아시아 이웃 희생자들을 발견한 경험은 이스라엘의 야드 바셈이나 아우슈비츠의 경험 못지않게 중요한 것이었다. 일본인이 겪은 희생과 고통의 역사만 강조하고 그들이 저지른 가해의 역사를 지우는 결과를 낳는다면 평화행진의 의미는 크게 퇴색될 수밖에 없었다. 히로시마에서 아우슈비츠까지의 평화행진은 중일 전쟁 당시의 난징 학살이나 삼광작전(三光作戰)이라 불린 일본 군부의 절멸 전쟁 전략, 아시아 각국에서 동원된 강제 노동과 일본군 '위안부' 등에 대한 기억과 연상이 이어지지 않는 한 반쪽짜리 평화로 남을 수밖에 없었다. 중일전쟁으로 중국 전선에서만 많게는 1,500만 명, 적게는 1,000만 명의 중국인이 목숨을 잃었고, 약 6,000만 명의 피란민과 500억 달러의 재산 피해가 있었다. 동남아시아에서는 인도네시아의 피해가 가장 커서 100만 명의 강제노동자 중 약 30만 명이 죽었고, 전쟁 막바지에는 기근과 전염병 등으로 자바섬에서만 약 300만 명이 죽었다. 비시 프랑스의 행정기구를 통해 간접 통치한 인도차이나에서는 일본군을 먹여 살리기 위한 쌀 공출과 연합군의 해안 봉쇄로 1945년 통킹과 안남에서만 100만 명 이상의 주민이 아사했다. 한반도에서 군인·군속·징용 등의 형식으로 차출된 식민지 조선인의 사망자도 최대 약 20만 명에 달했다. 필리핀에서는 1945년의 마닐라 포위 당시에만 거의 9만 명의 민간인이 죽고 군인 전사자 수도 3만여 명에 달했다.[13] 이들 수많은 희생자를 도외시한 채, 히로시마와 나가사키의 원자폭탄 및 미군의 공습으로 죽은 약 40만 명의 일본 민간인 희생자만 기릴 수는 없는 일이다.

일본인을 원숭이와 기생충에 비유하고 '하등 인간'으로 취급하는 미국의 인종차별주의적인 '하얀 태평양(White Pacific)'에 맞서 싸웠다고 해서 아시아 이웃에 대한 일본의 패권주의가 정당해지는 것은 아니다.[14] 일본 군부의 오만과 독선, 인종주의적 차별 때문에 많은 아시아인이 일본 제국에 등을 돌렸다. 아시아 이웃에 대한 일본의 오리엔탈리즘은 메이지 유신의 시대 분위기로 거슬러 올라간다. 청일전쟁을 그린 일본의 인기 있는 목판화를 보면, 일본 군인은 키가 크고 하얀 피부의 유럽인처럼 그려지지만, 중국인은 괴기한 모습의 변발을 한 아시아 인종으로 묘사되고 있다.[15] 청일전쟁과 러일전쟁을 거치면서 아시아에 대한 일본의 오리엔탈리즘은 '동양학', '동양사', '식민지 정책학' 등의 학제적 지식-권력의 차원으로 발전한다. 일본의 국학자들은 문명화된 중심을 뜻하는 '중국(中國)'을 '지나(支那)'로 개명함으로써 전통적인 중국적 세계질서에서 벗어나고자 했다. 청일전쟁 이후 일본인의 역사적 상상 속에서 지나의 역사, 즉 중국사는 조선사와 더불어 '동양사'를 구성하며 일본의 주변부 역사로 전락했다. '탈아입구(脫亞入歐)'의 슬로건에서 보듯이 일본의 오리엔탈리즘은 중국과 조선을 열등한 동양으로 주변화하고 일본은 우월한 서양으로 정론화하는 헤게모니적 담론이었다.[16] 아시아 이웃에 대한 일본의 오리엔탈리즘은 일본제국과 아시아·태평양 전쟁에 대한 일본의 문화적 기억을 구성하는 서사적 틀이자 얼개였다. 아시아 이웃에 대한 우월감의 밑에는 일본은 서양의 제국주의에 의해 밀려나고 주변화된 '서벌턴 제국주의'에 불과하다는 연민이 강하게 자리 잡고 있었다.[17] 히로시마-아우슈비츠 평화행진의 주도자들 또한 서벌턴 제국주의가 구성하는 일본 사회의 기억 문화에서 크게 벗어나지 못했다는 생각을 지우기 어렵다.

원폭의 기억은 일본 사회의 희생자의식을 더 강화하고 기억의 국민화를 재촉했다. 원폭 희생자가 일본 국민으로 획일화되는 순간, 재일조선인, 타이완인, 오키나와인, 중국인, 연합군 전쟁포로, 거류 외국인 등의 비국민 희생자들은 일본 사회의 기억에서 지워지고 희생자의 국민화가 완성되었다.[18] 1970년에 세워진 히로시마의 한국인 원폭 희생자 위령탑이 오랜 논란 끝에 1998년에야 평화공원 안으로 옮겨진 것도 배타적 희생자의식의 좋은 예다.[19] 히로시마의 기억이 일본 제국주의의 침략이라는 맥락과 연결되지 않는 한, 싱가포르의 성난 희생자 유족들 앞에서 사토 일행이 겪어야 했던 당혹감은 일본의 반핵평화운동에서 계속 되풀이될 것이었다. 지구 반 바퀴를 돌아 히로시마의 원폭 희생자와 아우슈비츠의 홀로코스트 희생자를 연결한다는 발상은 탈영토화된 지구적 기억구성체로 나아가는 소중한 자산임에 틀림없었다. 그러나 희생자의 기억 뒤에 숨은 가해의 역사를 집요한 비판의 시선으로 응시하지 않는 한 히로시마-아우슈비츠의 연계는 기억의 재영토화를 정당화하는 도구가 되기 쉬웠다. 실제로 일본의 민족주의 우파나 보수주의자에게 아우슈비츠와 히로시마는 제2차 세계대전의 절대 악을 상징하는 쌍둥이였으며, 유대인은 일본인과 더불어 백인 인종주의의 가장 큰 희생자였다.[20] 쌍둥이 절대 악으로서의 히로시마-아우슈비츠 연계는 오늘날의 '새역사교과서를 만드는 모임'에까지 이어져 일본 민족주의 우파의 문화적 기억을 구성하는 중요한 축으로 남아 있다.[21]

전후 일본의 기억 문화에서 때로 히로시마-아우슈비츠의 연상은 히로시마의 고통이 아우슈비츠의 고통보다 더 큰 것으로 비약되기도 한다. 히로시마의 평화운동가이자 리버럴에 가까운 시인 구리하라 사다코(栗原貞子)의 시편들은 그런 생각을 숨기지 않고 그대로 드러낸다. 아우슈비츠와 히로시마·나가사키를 세상에서 가장 큰 두 개의 홀로코스트라고 묘사한 구리하라는 히로시마가 아우슈비츠보다 더 끔찍하다고 썼다. 아우슈비츠는 끝났지만, 생존자들이 피폭의 후유증으로 여전히 고통받고 있는 히로시마는 끝나도 끝나지 않았다는 게 그 이유였다.[22] 구리하라에게는 후유증에 시달리는 히로시마 피폭자들의 고통이 아우슈비츠 희생자들의 고통보다 훨씬 더 큰 것이었다. "누가, 어느 민족이, 어느 인종이, 어느 희생자가 더 고통을 받았느냐"는 식의 질문은 희생자의식의 경쟁을 촉발하는 것으로, 지구적 기억구성체 안에서 기억의 재영토화가 고개를 들 때마다 나타나는 전형적인 담론 전략의 하나였다. 지구적 기억구성체의 맥락에서는 노골적으로 영토화된 단세포적 기억보다 탈영토화 또는 지구화의 장막 아래 재영토화된 기억이 훨씬 다루기 어렵다.

8장에서 다시 이야기하겠지만, 나가사키의 문화적 기억에서 아우슈비츠의 성인 콜베 신부와 나가사키의 성자 나가이 다카시(永井隆)의 병치는 '유일한 원폭 희생자'라는 일본의 희생자의식을 뒷받침하고, 트랜스내셔널한 기억의 국민화를 촉진하는 기제였다. 아우슈비츠의 성인 콜베 신부를 경유한 나가사키의 희생자 기억 문화는 폴란드의 기억 문화에 완강하게 자리잡은 반유대주의 문제를 완전히 지워버림으로써 트랜스내셔널한 기억이 국민화되는 복잡한 과정을 잘 드러낸다. 2008년 3월 16일 베트남전쟁 당시 미군에 의한 미라이(Mỹ Lai) 학살 40주년 기념식도 흥미롭다. 이 식전에 참석한 해외 대표단 가운데 히로시마와 나가사키에서 온 일본 대표단의 규모가 가장 컸다. 이들은 일본의 원폭 피해를 베트남전쟁의 고엽제 피해와 비교하기도 하고, 무차별적 민간인 살해라는 점에서 히로시마·나가사키와 미라이를 비교하기도 했다. 더 나아가 미라이 학살은 홀로코스트, 난징 학살, 제주 4·3 사건, 노근리 양민학살사건과 같은 항렬에 배치됐다.[23] 기억의 탈영토화를 지향하는 듯한 이러한 배치가 기억의 재영토화로 종종 귀결되는 것은 단순한 동일화가 일으키는 정치적 효과 때문이 아닌가 한다. 그것은 일본의 희생에 대한 기억을 트랜스내셔널한 기억의 연상 네트워크에 배치함으로써, 희생자의식을 중심으로 구성된 전후 일본의 문화적 기억을 더 공고히 하는 것이었다.

아우슈비츠의 기억 전쟁

1945년 1월 27일 소련 적군의 해방 이래, 아우슈비츠는 국가와 민족, 이데올로기와 종교적 차이를 넘어 인류의 고통을 상징하는 탈영토화된 기억의 공간이었다. 특히 스탈린주의 시대(1948~1953)에는 소련을 비롯해 동유럽의 거의 모든 공산주의 국가에서 홀로코스트의 기억은 철저하게 주변화되었다. 홀로코스트는 제2차 세계대전을 전 세계 노동자계급의 반파시즘 투쟁과 소련 인민의 '위대한 애국 전쟁'이라고 보는 공식적인 서사에 맞지 않는 것이었다. 폴란드 공산주의 정권에서도 홀로코스트의 기억은 소련의 선례에 따라 주변화되었다.[24] 신생국 이스라엘의 시온주의 문학에서도 홀로코스트 생존자인 유대인 피란민은 주체성을 박탈당한 수동적 대상으로 그려졌다.[25] 홀로코스트는 공론장에서 기피되는 주제였다. 홀로코스트가 이스라엘의 공공 기억의 장에서 논의되는 경우는 바르샤바 게토 봉기의 영웅적 전사들에 대한 기억으로 한정되었다. 신생국 이스라엘에서 홀로코스트에 대한 기억은 '홀로코스트와 게토 봉기', '홀로코스트와 영웅주의', '순교자와 영웅' 등으로 환원되었고, 희생의 기억은 되도록 억눌렸다. 영웅주의의 기조는 역사 서술에도 그대로 반영되어 마사다(Masada)의 전사들을 고대 히브리 민족해방투사로 승화시켰다. 홀로코스트 희생자는 이들 고대와 현대의 히브리 민족해방 전사를 영웅적으로 미화하는 배경으로만 언급되었을 뿐이다.[26] 미국의 유대인 사회도 홀로코스트를 기피하기는 마찬가지였다. 공산주의 대 자유주의라는 냉전 체제의 정치적 압력 아래에서, 자유 진영을 대변하는 미국의 유대인은 '유대인 빨갱이(Jewish Commies/Żydo-komuna)'라는 고정관념과 싸우는 게 급선무였다. 볼셰비즘을 막는 방파제로 서독의 존재 가치를 믿는 워싱턴의 정책입안자들에게 호응해야만 했던 미국 유대인 공동체의 공식 기억에서 주된 적은 나치의 반유대주의와 홀로코스트가 아니라 소련의 반유대주의였다.[27]

그러나 아우슈비츠는 그렇게 간단히 지워질 수 있는 기억의 터가 아니었다. 비극의 압도적 규모에서 오는 보편적 상징성 때문에 아우슈비츠는 다양한 희생자의 기억이 각축하는 정치적 경쟁의 장이자 재영토화의 대상이었다. '폴란드통합노동자당'은 아우슈비츠를 독점자본주의의 최후 단계를 보여주는 공포극의 무대로 설정하고, 폴란드 및 여타 민족의 저항과 순교를 기리는 국제적 기념관으로 공포했다.[28] 아우슈비츠를 기억하는 완강한 국제주의는 폴란드 공산당 내부 파르티잔파의 원초적 민족주의를 은폐하는 가림막이었다. 1968년 미에치스와프 모차르 장군이 이끄는 민족공산주의 세력의 반유대주의 캠페인은 1967년 간행된 12권짜리 폴란드판 《대백과사전(Wielka Encyklopedia Powszechna)》과 사전의 편집책임자에 대한 공격으로 시작되었다. 《대백과사전》에서 '강제수용소'와 '절멸수용소'를 구분하고, '절멸수용소'

는 유대인 전용으로, '강제수용소'는 나머지 모두를 위한 장소라고 구분한 것이 사달이었다. 민족공산주의자들은 이러한 이분법이 유대인의 고통을 강조함으로써 폴란드인의 순교를 저평가하려는 불순한 의도를 담고 있다고 의심했다. 유대계 공산주의자였던 사전의 편집책임자가 스웨덴으로 망명함으로써 문제가 일단락되었지만, 그것은 1968년 당이 주도한 대대적인 반시온주의 캠페인의 전조였다.[29] 아우슈비츠에서 살아남은 유대계 폴란드인에게 1968년은 홀로코스트의 경험을 되살렸고, 이들은 다시 폴란드 이웃에게 소외되고 버림받았다는 외로움에 시달렸다.[30]

철저하게 국가 단위로 배치된 아우슈비츠 기념관의 구조는 폴란드 당 주류 민족 공산주의가 내건 국제주의의 이중성을 잘 보여주었다. 당은 아우슈비츠 수용소의 각 건물을 국가별로 나누어 구획하고 기념함으로써, 유대인 희생자는 유대인이 아니라 출신국에 따라 그리스인, 네덜란드인, 이탈리아인 등으로 분류되었다. 1960년대부터 체코슬로바키아, 헝가리, 소련관을 필두로 1970~1980년대에는 유고슬라비아, 오스트리아, 프랑스, 네덜란드, 이탈리아, 폴란드관이 연이어 문을 열었고, 심지어는 아우슈비츠에 수용된 적 없는 덴마크인, 불가리아인 희생자를 기리는 기념관도 생겨났지만, 전쟁이 끝난 지 한참 후에도 유대인을 위한 기념관은 없었다.[31] 모든 희생자를 국적에 따라 분류함으로써 아우슈비츠에서 유대인이란 존재가 사라져버린 것이다. 홀로코스트 당시 이스라엘이라는 국가가 없었던 유대인 희생자는 그들이 속했던 국적에 따라 겨우 기억될 수 있었다. 1967년 아우슈비츠 해방 기념식에서 당시 수상 유제프 치란키에비츠(Józef Cyrankiewicz)는 400만 명으로 부풀린 아우슈비츠 희생자를 추모하는 연설을 했지만, 유대인에 대해서는 단 한마디도 언급하지 않았다.[32] 폴란드 사회주의 조직원으로 아우슈비츠에 수감된 바 있는 치란키에비츠가 아우슈비츠 희생자의 인적 구성을 몰랐으리라고 상상하기는 어렵다.

우여곡절 끝에 아우슈비츠의 유대관이 문을 열었지만, 반유대주의 캠페인이 절정에 달했던 1968년 유월절(Passover)의 마지막 토요일에 개관식이 열렸다. 유대교의 안식일인 토요일에 개관식이 열리는 바람에, 안식일 전통에 충실한 유대인은 참석할 수 없었다.[33] 게다가 국제 기념 행사에서 폴란드어 알파벳 순서에 따라 아우슈비츠 희생자를 호명하자 유대인을 뜻하는 'Żydzi'는 맨 마지막에 배정되었다. 공산주의 정권하에서 1980년대 말까지도 아우슈비츠의 공식 안내서는 600만 '폴란드 시민'의 죽음을 강조했다. 유대인은 기억의 정치에서 폴란드인의 희생을 강조하고 희생자 수를 상향할 때만 폴란드인으로 취급되었다. 폴란드인으로 죽은 유대인만 훌륭한 폴란드인이 될 수 있었다. 이보나 이르빈-자레츠카(Iwona Irwin-Zarecka)의 표현을 빌리면, 유대인은 사후에만 폴란드 국민의 자격을 얻을 수 있었다.[34] 희생자의식 민족주의의 특징인 '숫자의 정치학'이 폴란드 국민 희생자의 수를 늘리려고 할 때, 유대계 폴란드인 희생자의 숫자는 소중한 것이었다. 폴란드의 민족공산주의 정권 아래에서 아우슈비츠라는 기억의 터가 폴란드인과 유대인의 희생자의식이 경쟁하는 터였다고 해서 특별히 놀랍지는 않다.

'폴란드통합노동자당'이 만들어낸 공식 기억은 요컨대 나치가 전멸시키려던 것은 폴란드인이었으며 유대인은 단지 이주의 대상이었다는 것이다. 1943년 바르샤바 게토 봉기를 '폴란드 지하 파르티잔이 이끈 특수한 형태의 투쟁'으로 각색하고, 아우슈비츠를 폴란드 민족의 순교 성지로 둔갑시키는가 하면, 클로드 란츠만의 영화 〈쇼아〉 상영을 불허했던 당의 기억 정치도 같은 맥락에서 이해된다. 폴란드 공산주의 운동사에서도 유대계는 주변화되었다. 22세에 '폴란드왕국사회민주당(SDKP)'의 당 강령을 만들고 당을 이끈 로자 룩셈부르크(Róża Luksemburg)와 레온 요기헤스(Leon Jogiches) 등의 유대계 지도부는 당사의 중심에서 밀려나고, 체자리나 보이나로프스카(Cežaryna Wojnarowska) 같은 '순수' 폴란드인 지도부가 운동의 역사적 중심에 섰다.[35] 한 사회의 기억 문화는 그리 쉽게 바뀌지 않는다. 공산주의 정권이 무너지고 민주화가 진행되던 1992년 폴란드에서 실시한 한 여론조사는 절반에 가까운 47%의 폴란드인이 여전히 아우슈비츠를 폴란드인의 순교 장소로 기억하고 있음을 보여준다. 1990년대 내내 민족주의적 역사 교과서들은 나치가 생물학적으로 절멸시키려 한 민족은 폴란드 민족이고 유대인은 단지 유럽에서 추방하려 했을 뿐이라고 주장하며 희생자 사이에 위계질서를 확립했다. 이 질서 속에서 유대인 희생자는 폴란드인 순교자의 밑에 들어갔다.[36]

아우슈비츠의 십자가 논쟁은 인류의 보편적 비극의 장소로서의 아우슈비츠와 폴란드의 민족적 고난의 터인 아우슈비츠, 즉 기억의 탈영토화와 재영토화 사이의 긴장을 가장 상징적으로 드러내는 일화일 것이다. 유대인 공동체에서 가톨릭의 십자가가 중세의 학살을 연상케 하는 죽음의 표식으로 기억되고 있는 상황에서, 유대인의 공동묘지인 아우슈비츠의 십자가는 많은 유대인에게 가톨릭교도의 도발처럼 느껴졌다. 아우슈비츠의 십자가를 둘러싼 유대인과 폴란드인 사이의 상징적 갈등은 1979년 폴란드 출신인 교황 요한 바오로 2세가 아우슈비츠를 방문해 미사를 집전하면서 표면으로 불거졌다. 당시 교황은 비르케나우의 시체소각로 2호와 4호 사이에서 미사를 집전했는데, 이를 기념하기 위해 1984년에 지클론 B(Zyklon B) 가스 캔을 저장했던 창고 건물에 가톨릭 수녀원인 카르멜 수녀원이 들어섰다. 교황이 방문하거나 미사를 집전한 장소에 기념비를 세우는 폴란드의 관행으로 보면 별반 새로운 것은 없었다.[37] 문제는 장소였다. 유대인을 대량 학살한 독가스 저장시설이자 아우슈비츠 수용소를 굽어보는 창고 건물 자리에 수녀원이 들어섰다는 것은 아우슈비츠-비르케나우 수용소가 홀로코스트보다는 폴란드인 가톨릭교도의 순교와 희생을 상징하는 것으로 받아들여졌다.

폴란드 가톨릭교회는 아우슈비츠에 세워진 카르멜 수녀원이야말로 사랑과 평화, 화해의 신성한 상징이라고 소개했지만, 유대교 랍비들의 해석은 달랐다. 여성 랍비의 임명이나 동성애 결혼을 인정하는 등 자유주의적인 해석을 주도해온 미국 뉴욕시의 정통 유대교 회당 랍비 아브라함 바이스(Avraham Weiss)도 분노했다. 그는 아우슈비츠의 카르멜 수녀원이 홀로코스트를 탈유대화하고 기독교화하려는 바티칸의 큰 그림 중 일부라고 비판하고, 수녀원 철거를 강력히 요청했다.[38] 민족 공산주의자들이 아우슈비츠에서 지워버린 유대인의 기억이 되살아나나 싶더니, 가톨릭의 보편적 사랑과 구원의 이름으로 다시 삭제되지 않을까 하는 우려가 컸을 것이다. 세계 각국의 유대계 단체의 반발이 그치지 않자, 1987년 로마가톨릭교회 대표와 유럽 유대인 지도자가 제네바에서 모여 1989년 2월까지 카르멜 수녀원을 이전한다는 데 합의했다. 이로써 논란은 잠잠해지는 것처럼 보였다.[39] 이 갈등은 아우슈비츠가 100만 명이 넘는 유대인이 희생된 세계에서 가장 큰 유대인 공동묘지면서 폴란드의 막시밀리안 콜베 신부와 개종한 독일 유대인 에디트 슈타인(Edith Stein) 수녀 등 가톨릭 성인의 순교지이자, 소련군 포로, 사회주의자, 집시, 동성애자, 폴란드 레지스탕스 등이 희생된 다층적 기억의 장이라는 데서 비롯되는 것이었다. 물론 타자의 아픔에 공감하고 그것을 통해 다시 자신의 아픈 기억을 보듬는 기억의 지구화와 탈영토화라는 맥락에서 보면 다층적인 기억의 장이라고 해서 반드시 적대적 갈등과 충돌이 일어나는 것은 아니다. 그러나 유감스럽게도 기억의 터로서의 아우슈비츠를 지배한 것은 충돌하고 경쟁하는 기억의 '제로섬' 게임이었다.

제2차 세계대전이 끝난 후 폴란드의 공산당 정권은 아우슈비츠에서 유대인의 기억을 숙청했지만, 탈냉전 시대 아우슈비츠의 기억은 "아우슈비츠를 유대화함으로써 오시비엥침을 탈폴란드화"하는 방향으로 흘러갔다.[40] '폴란드화=탈유대화' 대 '유대화=탈폴란드화'의 진자운동 속에서 아우슈비츠는 끊임없이 재영토화하려는 민족주의적 기억의 각축장이 되어버렸다. 1989년까지 카르멜 수녀원을 옮긴다는 합의는 현실적으로 지켜지기 어려웠다. 아우슈비츠 기념관이 있는 오시비엥침 교구를 관장하는 크라쿠프의 대주교이자 추기경 프란시셰크 마하르스키(Franciszek Macharski)는 폴란드 정부의 비협조로 수녀원을 옮길 새 장소를 찾는 데 어려움이 있다고 밝혔다. 카르멜 수녀원의 수녀들은 물론이고 폴란드 가톨릭교회 내에서도 수녀원의 이동에 대한 불만이 터져 나왔다. 1989년 7월 뉴욕의 랍비 아브라함 바이스를 비롯한 일곱 명의 유대인 기억활동가가 수녀원을 즉시 철거하라는 뜻에서 줄무늬 죄수복을 입고 수녀원 울타리에 오르는 시위를 벌였다.[41] 그러자 수녀원의 폴란드 일꾼들이 울타리를 오르는 유대인 시위대에게 오물을 끼얹고, 이들을 구타하면서 끌고 나갔다. 신고를 받고 출동한 경찰과 수녀 들이 지켜보는 가운데 일어난 일이었다. 이어서 7월 27일에는 서유럽의 유대인 학생 단체 소속 100여 명이 "카르멜 수녀원은 아우슈비츠를 떠나라" 등의 구호를 외치며 아우슈비츠의 수녀원 앞에서 연좌시위를 벌였다. 이를 지켜보던 오시비엥침의 지역 주민들은 유대인 학생들에게 "팔레스타인으로 돌아가라"고 성난 목소리로 외치거나, "수녀님들은 유대인을 포함해 죽은 모든 사람을 위해 기도한다"며 달래기도 했다.[42]

폴란드 가톨릭교회의 수장 유제프 글렘프(Józef Glemp) 추기경은 수녀들이 아무도 다치지 않고 수녀원이 온전하다는 데 안도감을 피력하고, 각국의 언론을 장악하고 있는 유대인에게 폴란드 혐오 감정을 부추기지 말라고 당부했다.[43] 글렘프 추기경은 은연중에 언론을 장악한 유대인이라는 고정관념을 내비쳤다. 마하르스키 추기경은 카르멜 수녀원 수녀들의 인권과 기독교도의 존엄성이 존중받지 못했다며 유대인 활동가의 행동을 비난했다.[44] 카르멜 수녀원 논란 당시의 거친 발언 때문에 글렘프 추기경은 그해 9월 예정된 미국 방문을 취소해야만 했다. 글렘프 추기경은 결국 자신의 강론이 유대주의와 유대인에 대한 고정관념을 강화할 수 있다는 문제점을 인정한 2년 후에야 미국에 갈 수 있었다.[45] 카르멜 수녀원은 우여곡절 끝에 1993년 교황 요한 바오로 2세의 결단에 따라 철수했다. 하지만 유대인은 그 자리에 여전히 남아 있는 커다란 교황 십자가를 문제 삼았다.[46] 교황의 미사를 기념해 세운 7m 높이의 십자가로, 카르멜 수녀원을 옮기기로 한 제네바 합의 당시 이 십자가는 아직 설치 전이어서 제네바 합의에는 포함되지 않았다. 카르멜 수녀원은 옮겨졌지만, 유대인의 죽음과 고통이 켜켜이 쌓여 있는 아우슈비츠-비르케나우에 가톨릭 십자가를 용인할 수 없다는 게 유대인의 주장이었다.

기독교도의 박해와 학살에 시달린 유대인에게 십자가는 사랑과 구원이 아닌 박해와 죽음의 상징이었다. 중세의 학살 때마다 기독교도 이웃들이 십자가를 앞세우고 유대인 이웃들을 학살한 기억은 지워지지 않았다. 1998년 2월에는 폴란드 외교부의 유대인 디아스포라 문제 전권대사인 크시슈토프 실리빈스키(Krzysztof Śliwiński)가 프랑스 신문 《십자가(La Croix)》와의 인터뷰에서 교황의 십자가도 철거해야 한다고 주장해서 파문이 일었다. 연대노조의 전설적 지도자이자 대통령을 지낸 레흐 바웬사(Lech Wałęsa)를 필두로 130명의 하원의원과 16명의 상원의원 등 폴란드의 우파 정치인과 글렘프 추기경이 앞장선 폴란드 가톨릭교회가 유대인에 맞서 교황의 십자가를 지켜야 한다고 목청을 높였다. 그해 4월 유대인의 아우슈비츠 정례 행진 때는 교황의 십자가가 서 있는 수녀원의 울타리에 "십자가를 지키자", "아우슈비츠의 예수를 지키자", "여기에서 1940~1945년 사이 독일인이 폴란드인을 살해했다"는 등의 플래카드가 붙었다. 새로 생긴 십자가들과 함께 "유대인의 폴란드 홀로코스트, 1945~1956" 같은 플래카드의 등장은 상황의 심각성을 잘 보여주었다.[47] 그것은 폴란드에 강요된 스탈린주의 체제가 러시아 볼셰비키들과 유대계 공산주의자들의 합작품이라는 세간의 반유대주의적이고 반공주의적인 역사 인식을 반영하는 것이었다. '유대인 빨갱이'라는 반유대주의적 편견을 담은 플래카드가 아우슈비츠 강제수용소에 접한 수녀원의 울타리를 장식한 것이다.

플래카드를 내건 주체는 '교황의 십자가를 지키는 사람들' 같은 단체 소속의 폴란드 민족주의자들이었다. 이들은 교황의 십자가를 지키는 데 그친 것이 아니라, 아우슈비츠와 비르케나우 기념관에 별도로 크고 작은 십자가를 세웠다. 연대노조의 활동가이자 우익 민족주의 정당 '독립폴란드연합(KPN)' 소속으로 1990년대 초 국회의원을 지낸 카지미에시 시비톤(Kazimierz Świtoń)이 아우슈비츠의 십자가 수호자를 자칭하고 나섰다. 1998년 시비톤 등은 아우슈비츠의 폴란드인 희생자에게 바치는 십자가가 이곳에 영원히 서 있을 거라는 보장이 문서화될 때까지 이곳을 떠나지 않겠다고 공언했다.[48] 그는 폴란드 애국시민에게 교황의 십자가가 서 있는 수녀원 앞마당에 그곳에서 숨졌다고 문서로 확인된 152명의 폴란드 희생자를 기념하는 152개의 십자가를 세우자고 호소했다. 그의 호소는 열화와 같은 반응을 불러왔고, 그해 8월 21일에는 이미 135개의 십자가가 서 있었고, 9월 말에는 236개에 이르렀다.

십자가를 철수하기는커녕 오히려 그 수를 엄청나게 늘려버린 그들의 행동에 전 세계의 유대인이 거세게 항의했다. 그러자 다시 가톨릭계 폴란드 민족주의자들이 분노하기 시작했다. 이들은 이제 아우슈비츠에 1,000개의 십자가를 세우자는 캠페인을 펼치기 시작했다. 십자가 철거를 요구하는 유대인에게는 십자가 밑에 부비트랩을 설치해 제거하려는 순간 폭발하도록 만들겠다고 협박하기도 했다. 캠페인에 참여한 폴란드 시민은 마치 "우리가 우리나라, 우리 땅에 가톨릭의 십자가를 세우겠다는데 왜 시비냐?"라는 투였다. 공공장소에서 십자가를 치우라고 명령한 공산주의 체제의 기억은 십자가가 가진 종교적 상징에 민족주의적 상징을 덧붙임으로써, 아우슈비츠의 십자가는 갑자기 폭발적인 쟁점이 되어버렸다. 반가톨릭적인 외래 이데올로기인 공산주의를 강요한 폴란드 민족의 원수 러시아인의 이미지와 아우슈비츠에서 십자가를 치우라고 요청하고 수녀원에 난입하려던 유대인의 이미지가 겹쳐지면서 아우슈비츠의 십자가는 폴란드인의 감정을 건드리는 기억으로 전화되었다. 1998년 여름 내내 수녀원 뜰을 중심으로 펼쳐진 '십자가 계곡'은 애국적 가톨릭 신자의 순례지로 자리 잡으면서 미사와 기도, 정치적 시위와 민족주의적 선동이 만나고 전통 종교와 정치종교가 뒤얽힌 기억의 터가 되었다. 다음 해인 1999년 5월 결국 폴란드 군대가 출동하여 십자가 계곡을 청소했을 때, 수거한 십자가의 수는 322개에 달했다. 그러나 정작 교황의 십자가는 그대로 서 있었다.[49] 막시밀리안 콜베 신부가 동료 수감자를 대신해 자신을 희생하고, 카르멜 수녀원의 에디트 슈타인 수녀가 순교한 장소인 아우슈비츠 안의 감옥이었던 블록 11호 건물 2층의 창 앞에 서면, 지금도 담 넘어 교황의 십자가가 자연스레 눈에 들어온다. 이 공간적 구성에서는 오히려 못 보는 게 불가능할 정도다.

아우슈비츠의 교황 십자가는 사실상 유대인 대부분이 학살당한 아우슈비츠-비르케나우 기념관과 블록 11호 건물이 포함된 아우슈비츠 I 기념관 사이에 자리 잡고 있어, 훗날 성인으로 추대된 두 명의 가톨릭 순교자를 추모하는 장소에 설치되었다고 해도 틀린 말은 아니다. 그러므로 중세 이래 유대인 억압의 상징인 십자가를 가장 큰 유대인 공동묘지에서 철거해야 한다는 유대 랍비 바이스 등의 주장은 맞지만 틀린 말이기도 하다. 아우슈비츠에서 유대인의 희생이 압도적이라고 해서 가톨릭이나 여호와의 증인, 집시 등을 비롯한 다른 종교의 희생자를 기릴 수 없다는 주장은 기억의 폭력이다. 그렇지만 유대인 희생자의 관점에서는 가톨릭교회의 콜베 신부 및 슈타인 수녀의 성인 숭배가 불편하기 짝이 없다. 타인의 생명을 구하기 위해 자신의 생명을 바친 콜베 신부의 '사랑의 기적'은 가치를 인정받고도 남을 만하지만, 콜베 신부가 전쟁 전 폴란드에서 가장 과격한 반유대주의 논단을 제공한《작은 매일(Mały Dziennik)》의 창립자였다는 이력, 그리고 그의 종교적 에세이에 담긴 반유대주의의 편린을 어떻게 기억할지는 쉽지 않은 문제다.[50] 브로츠와프(Wrocław/Breslau)에서 유대인으로 태어나 가톨릭으로 개종해 아우슈비츠에서 순교한 슈타인 수녀는 폴란드-독일의 역사적 화해와 유대교-기독교의 종교적 대화를 상징하기에 부족함이 없다. 그러나 가톨릭으로 개종한 '유대인' 수녀의 생애를 통해 사악한 나치 대 선한 기독교를 대조하는 가톨릭의 홀로코스트 기억을 이야기한다는 점에서 슈타인 수녀의 독특한 위상은 많은 유대인에게 개종을 강요했던 가톨릭교회의 억압의 역사를 떠올리게 했다.[51]

2020년 1월 27일 아우슈비츠 해방 75주년 기념식에 참가한 아브라함 바이스 등 4명의 뉴욕 랍비가 비르케나우에 세운 가톨릭교회의 철거를 요구했다는 로이터 통신의 기사는 폴란드인과 유대인 사이에 아우슈비츠의 재영토화를 위한 기억 전쟁이 여전히 지속된다는 것을 보여준다.[52] 아우슈비츠는 유네스코의 세계 문화유산으로 등록된 지 오래지만, 여전히 유대인의 문화유산인가 폴란드인의 문화유산인가를 놓고 싸우는 형국이었다. '홀로코스트의 코즈모폴리턴화'가 시사하듯이 아우슈비츠의 기억은 이미 폴란드 국경을 넘어 탈영토화된 기억이 되어버렸지만, 코즈모폴리턴적 기억의 이면에서는 끊임없이 탈영토화하려는 도덕적 힘과 재영토화하려는 현실적 힘 사이에 밀고 당기는 갈등이 지구적 기억구성체를 지배했다. 기억의 지구화와 더불어 탈영토화하는 기억과 재영토화하는 기억 사이의 갈등은 더 깊어지는 경향이 있었다. 과거에는 서로 단절된 상태로 지내던 기억이 같은 공간에서 만나서 상대를 인식하자 경쟁은 더 심해졌다. 기억의 지구화 이전의 기억 전쟁은 특정 국가 안에서 국내 정치세력 사이의 헤게모니 투쟁과 갈등에 그쳤지만, 이제는 전 지구적 차원으로 확대되기에 이르렀다.

동아시아의 기억과 홀로코스트의 국민화

1947년 네덜란드에서 안네 프랑크의 일기가 처음 출판되었을 때, 출판 부수는 1,500부에 불과했다. 이어서 독일어판과 프랑스어 번역본이 나왔지만, 판매량은 미미했다. 미국에서는 책보다 할리우드의 시나리오 작가가 만든 대본을 무대에 올린 브로드웨이 연극이 더 관심을 끌었다. 훗날 이 연극은 일기를 각색하는 과정에서 유대인적 삶의 흔적보다는 사춘기 소녀의 보편적 감정을 앞세움으로써 홀로코스트를 탈유대화한다는 비난에 직면하기도 했다.[53] 1950년 서독에서 나온 독일어판은 초판 4,500부를 찍었으나, 독서 시장의 반응은 미지근했다. 안네의 일기는 서서히 알려지면서 판을 거듭해 1955년에는 누적 70만 부를 찍었으며, 20세기 말까지는 독일어판만 250만 부가 팔렸다. 특히 1955년 무선 보급판은 책 표지에 "이 모든 것에도 불구하고 나는 아직 사람들의 마음은 진정으로 선하다고 믿는다"는 일기의 한 구절을 옮겨적어 눈길을 끌었다.[54] 희생자가 가해자를 용서하는 듯한 이 구절은 특히 독일 독자에게 안네 프랑크의 용서를 받는 듯한 착시효과를 주어 일기의 인기가 높아진 측면도 있다. 동시에 이 구절은 안네 프랑크에 대한 기억의 지구화 과정에서 안네를 살해한 역사의 잔인성이 지워지고 홀로코스트가 주변화되는 부작용을 낳기도 했다. 안네 프랑크가 강제수용소에서 살아 돌아왔다면 자신의 일기가 엉뚱하게 오용되는 현실에 경악했을 것이라는 추측이 터무니없지만은 않다.[55]

안네 프랑크의 일기가 가장 많이 팔린 나라가 일본이라는 것은 다소 의외다. 1952년 일본어 번역판이 출간된 이래 20세기 말까지 400만 권이 팔렸다. 최소 4종의 만화책 판매 부수와 3편의 다른 버전 애니메이션 필름을 본 관객 숫자까지 합치면, 안네 프랑크의 일기를 접한 일본인의 수는 훨씬 늘어날 것이다. 일본인의 특별한 안네 프랑크 사랑은 책과 만화, 애니메이션에 국한되지 않는다. 매년 네덜란드의 안네 프랑크 하우스를 방문하는 일본인의 수는 이스라엘인 방문객을 훨씬 웃돈다. 동아시아 유일의 홀로코스트 교육센터도 일본에 있다. 피폭지 히로시마에서 80km 정도 떨어진 후쿠야마의 시골 마을 논 가운데에 서 있는 홀로코스트 교육센터는 1995년 일본의 개신교 목사 오쓰카 마코토(大塚信)가 세운 이래 10만 명 이상의 일본 어린이가 견학을 다녀갔다.[56] 안네 프랑크의 장미정원을 거쳐 기념관으로 들어가 2층의 메인 전시실로 가는 계단을 오르면 히브리어와 영어, 일본어로 "결코 다시는!"이라고 쓴 명판이 방문자를 맞이한다.[57] 메인 전시실에는 문외한을 위한 홀로코스트의 역사가 간략히 서술되어 있고, 아우슈비츠와 비르케나우 수용소의 모형, 게토 담벼락, 예루살렘의 돌로 만든 벽, 안네의 일기와 안네가 숨어 지내던 암스테르담 은닉처의 방이 재현되어 있다. 기념관 앞에서 가지 접치기를 통해 자라고 있는 암스테르담 안네 집 앞의 마로니에 나무도 인상적이지만. 홀로코스트로 숨진 유대인 어린이 150만 명을 상징하는 150만 개의 종이학도 상징적이다.[58] 일본 전국의 어린이가 각자의 개성을 살려 나름대로 접어 보냈다는 게 센터 측의 설명이다. 홈페이지를 열면 관장의 환영사와 더불어 엘리 위젤(Elie Wiesel)이 어린이들에게 보낸 당부의 말이 나온다. 관장은 "안네를 비롯한 150만 명의 어린이에게 단지 동정만 보내지 말고 평화를 위해 무엇이라도 할 수 있는 사람이 되어주세요"라고 안네의 아버지 오토 프랑크가 유언처럼 남긴 당부를 환영사의 끝에 적고 있다. 엘리 위젤은 "왜 교양 있는 사람들이 유대인을 전부 죽이려고 했는지, 어떻게 아무렇지도 않은 얼굴로 수천수만의 아이를 죽일 수 있었는지" 답을 찾아보라고 조언한다.[59]

인상적인 기념관이지만 어딘지 모르게 과잉되어 있다는 인상을 지우기도 쉽지 않다. 암스테르담에서 9,000km나 떨어진 일본 중부 시골 마을의 논 사이에 있는 기념관의 장소성도 그렇지만, 창립자 오쓰카 목사의 외신 인터뷰에서도 과잉이 느껴진다. 2015년 3월 한 독일 방송(Deutsche Welle, DW)과의 인터뷰에서 오츠카 목사는 역사적 증거는 없다면서도 유대인과 일본인의 조상이 같고 유대주의와 일본의 국가신도에 공통점이 많다는 놀라운 주장을 펼쳤다. 심지어는 일본어와 히브리어의 발음도 유사한 게 많다고 덧붙였다.[60] 일본인과 유대인 사이의 과잉된 동질성에는 전후 일본인의 상실감을 홀로코스트의 트랜스내셔널한 기억의 코드 속에서 위로하고, 지구적 기억구성체 안에서 일본의 희생자적 위치를 공고히 하겠다는 욕망이 느껴진다. 제2차 세계대전의 희생자를 상징하는 안네 프랑크와 동일화함으로써 세계 유일의 원폭 희생자인 일본의 희생자의식을 세계로부터 공인받고 싶은 것이다. 그러나 욕망의 과잉은 히로시마와 나가사키에서 자기네 안네 프랑크를 발견하는 대신, 식민지 조선과 타이완, 중일전쟁과 아시아·태평양 전쟁에서 일본군이 인간적 존엄성을 말살하고 다치거나 죽게 만든 아시아 이웃의 안네 프랑크들은 보지 못하는, 반성적 시선의 부재와 연결되어 있다. 오쓰카 마코토에 따르면, 교육센터는 홀로코스트에만 집중하기 때문에 다른 전쟁범죄에 대해서는 관심을 쏟지 않는다.[61] 이 발언은 일본에 이식된 홀로코스트의 기억이 히로시마의 원폭 기억과 연결되어 아시아·태평양 전쟁에서 일본의 가해자적 위치를 은폐하는 가림막 기억으로 작동하는 것이 아닌가 하는 의심을 자아낸다.

물론 전후 일본의 기억 문화에서 홀로코스트가 항상 일본의 가해 역사에 면죄부를 주는 방어 기제로만 작동하는 것은 아니다. 1956년 일본어로 번역 출간된 빅토어 프란클(Viktor Frankl)의 《밤과 안개(원제: trotzdem Ja zum Leben sagen)》가 일본 사회에서 어떻게 유통되고 읽혔는가 하는 독서의 역사에 주목하는 것은 이 맥락에서다. 이 책을 출판한 미스즈 출판사(みすず書房)의 현 사장 모리타 쇼고(守田省吾)에 의하면, 프란클의 책은 독일에서 재판까지 찍고 절판되었으나 일본에서 스테디셀러로 자리 잡으면서 세계적인 베스트셀러가 되는 첫걸음을 떼었다. '1,000만 명을 학살한 대학살공장의 실태'라는 출판사의 자극적인 광고가 문제라는 비판도 있었지만, 광고 문안이 대중성을 높이는 데 이바지했는지도 모른다. 1956년 일본어판의 편집자는 자기반성의 관점에서 아우슈비츠와 홀로코스트의 실상을 일본에 알리고 싶었으며, 다시는 이런 비극이 일어나서는 안 되겠다는 "일상의 정치적 결의의 표현"으로서 이 책의 편집에 임했다고 밝힌다.[62] 1956년 초판의 서두에

실린 '출판자의 서'는 1937년 일본 군대가 저지른 난징 학살과 나치 강제수용소의 집단학살이라는 두 사건이 인간성의 본질에 대해 심각한 반성을 절실하게 요구한다고 쓰고 있다.[63] 당시 편집자의 의도는 일본인이 자신의 죄를 이해하기 위해서는 홀로코스트에 대한 지식이 절대적으로 긴요하다는 것으로 읽히는데, 그것은 홀로코스트와 히로시마의 기억을 연결하는 것과는 사뭇 다르다. 일본군의 난징 학살과 나치의 홀로코스트 범죄행위에 대한 비유가 일본의 가해자적 과거를 상기하는 수단이라면, 히로시마와 아우슈비츠의 단순 유비는 유대인 홀로코스트 희생자와 일본의 원폭 희생자를 동렬에 놓는 효과가 있었다.

1956년《밤과 안개》일본어 번역판의 편집자가 홀로코스트에 비추어 일본의 난징 학살을 소환한 자기 비판적 기억은 '희생자' 일본을 변호하는 도구로서 홀로코스트의 기억이 소비되고 유통된 1960~1970년대의 방식과는 크게 다르다. 그것은 한국전쟁 이후 일본이 동아시아의 반공 진영에 중심국가로 편입되어 재군비에 박차를 가하면서 교과서 검정체제가 바뀐 것과 연관이 있는 것처럼 보인다. 냉전 체제가 공고해지면서 리버럴 좌파의 '빨간 교과서(akai kyōkasho)'들이 위험한 왜곡으로 오염된 교과서라는 비판이 비등했다.[64] 1955~1956년에 논의가 시작된 새로운 검정방침은 태평양 전쟁에서 일본의 부정적인 측면을 되도록 쓰지 말고, 설혹 어쩔 수 없이 제시할 때는 낭만화해서 쓰도록 촉구했다. 일본은 태평양 전쟁에서 서구 식민주의로부터 아시아의 여러 민족을 해방해 독립의 기회를 주었다는 식의 서술이 필요하다는 의견도 나왔다. 1958년에 우익 민족주의자들이 교과서 검정 과정을 장악함으로써 1960년대의 교과서 검정체제는 제2차 세계대전 당시 총력전 체제의 검열 체제처럼 변해갔다. 예컨대 '침략'을 '진출'이라 표현하고, 난징 학살은 지워버리고, 종전을 위한 천황의 용단을 강조하는 식이었다.[65]

침략과 학살을 부정하는 일본 우익의 민족주의는 희생자의식과 동전의 양면이었다. 하야시 후사오(林房雄)의 논리에 따르면, 아시아 민족이 서양 식민주의의 억압에서 벗어나는 데 이바지한 '대동아전쟁'은 1853년 페리 제독의 개항 이래 일본이 서양에 맞서 싸운 '약 1세기에 걸친 하나의 긴 전쟁'의 일부인 것이다.[66] 그의 '동아 백년전쟁'론은 잔 다르크의 '영불 백년전쟁'에서 모티브를 따왔는데, '하얀 태평양'을 건설하려는 미국의 야망과 '아시아 방위'에 대한 일본의 열정은 태평양을 두고 부딪칠 수밖에 없었다는 것이다. 태평양은 미·일 간의 도버해협이었고, 미일전쟁은 일본의 비장한 운명이었다.[67] 일본의 민족주의와 국민국가론에 대한 가장 매서운 비판자 중 한 명인 니시카와 나가오(西川長夫)가 날카롭게 지적했듯이, 메이지 초기 일본은 저항 민족주의로 출발했다.[68] 일본의 저항 민족주의는 청일전쟁과 러일전쟁 그리고 조선 침략을 거치면서 순식간에 식민주의로 변화해갔지만, '서양 식민주의의 희생자'라는 의식은 일본의 기억 문화를 구성하는 주요한 축이었다. 메이지 유신을 인도의 세포이 반란이나 중국의 태평천국운동과 같은 반열에 놓고 서양의 제국주의에 맞선 아시아 민족의 반제 민족투쟁으로 재구성하는 해석도 같은 맥락에서 이해된다. 1905년 러일전쟁에서 일본의 승리는 서양 제국에 맞선 주변부의 저항 민족주의자들에게 희망의 방아쇠를 당겼다. 모한다스 간디(Mohandas Gandhi)가 남아프리카 한구석에서 일본의 승리를 자축할 때, 라빈드라나트 타고르(Rabindranath Tagore)는 학생들을 이끌고 승리 행진을 벌였다. 오스만 제국의 병사 무스타파 케말(Mustafa Kemal), 영국의 사립학교 해로에 다니던 소년 자와할랄 네루(Jawaharlal Nehru), 중국의 국부 쑨원(孫文), 이집트의 무스타파 카밀(Mustafa Kamil) 등에게 일본의 승리는 도미노 효과를 일으켜 서양 제국의 붕괴를 알리는 신호탄으로 받아들여졌다. 듀보이스는 러일전쟁에서 일본의 승리 이후 세계 각지에서 분출하는 '유색인의 자긍심'에 대해 말했다.[69]

일본의 저항 민족주의적 관점에서 보면, 하야시 후사오의 백년전쟁론이 새롭지만은 않았다. 1931년 만주사변을 계획하고 실행한 관동군 작전주임참모였던 이시와라 간지(石原莞爾)는 이미 1927년부터 미일전쟁의 필연성을 확신했다. 미일전쟁 불가피론은 1920년 캘리포니아주에서 통과한 제2차 배일 토지법, 1924년 미국 의회를 통과한 일본 이민자를 배척하는 이민법 등 미국에서 일본인 배척을 위한 법적 체계가 점차 틀을 갖추어가자, 그에 대한 반동으로 제기된 측면도 크다. 일본 각지에서 반미 항의 집회가 열렸고, 대미 개전을 주장하는 목소리가 커졌다. 이시마루 도타(石丸藤太)의 《일미전쟁, 일본은 지지 않는다》(1924)를 비롯해 《일미일전론》(1925) 등의 책이 잇달아 나와 반미감정을 부추겼다. 이시와라 간지는 만주사변 당시 이미 만몽 문제는 미국을 격파하겠다는 각오 없이는 해결될 수 없다고 역설하고, 미일전쟁은 피할 수 없는 세계사의 필연이라고 주장했다. 이시와라 같은 일본의 민족주의자에게 "미일전쟁은 단순히 태평양의 정치적 패권을 둘러싼 항쟁이 아니라 인류사상 수천 년에 걸쳐 진보해온 동서양 문명이 일본과 미국을 각각의 챔피언으로 내세워 최후의 자웅을 겨루는 싸움"으로 받아들여졌다. 여운형과도 가까웠던 일본의 아시아주의자이자 우익 국수주의 운동의 지도자 오카와 슈메이(大川周明)에 따르면, 앵글로 색슨의 패권에 대항하여 새로운 세계질서를 구축하려는 일본과 미국의 충돌은 불가피한 역사적 운명이라고 역설한 것도 같은 맥락에서 이해된다.[70]

흥미로운 것은 아프리카계 미국인으로 마르크스주의에 인종 문제를 본격적으로 제기한 듀보이스 또한 일본의 만주 점령으로 아시아에서 백인의 지배 전략은 종말을 맞았고 일본이 아시아와 유색인의 지도자가 될 것이라 전망했다는 점이다. 1936년 만주국을 방문하여 '남만주철도주식회사(South Manchuria Railways Company)'의 총재 마쓰오카 요스케(松岡洋右)와 환담을 나누고 현지를 둘러본 듀보이스는 만주국이 백인 유럽의 통제 아래 있는 아프리카나 서인도와 완전히 다르다는 결론을 내렸다. 그는 '오족협화' 이데올로기의 만주국을 인종적 평등이 구현된 이상적 식민지이자 자본주의의 모순과 폐해로부터 자유로운 체제를 가진 다인종 공동체로 인식했다. 만주국을 떠나면서 유색인 일본 제국의 식민주의적 기획은 백인 유럽의 식민주의와 달리 착취와 종속이 없다고 확신했다.[71] 이는 비단 듀보이스 개인의 판단은 아니었다. 세네갈 등의 아프리카 민족주의 지도자들은 '더 검은 민족의 국제연맹(International League of Darker Peoples)'을 결성하면서 일본과의 연대를 추진했다. 존 에드워드 브루스(John Edward Bruce) 등 아프리카계 미국인 작가들은 다가오는 미일전쟁에서 일본이 승리하는 소설을 발표했다. 소설은 일장기가 필리핀과 하와이의 항복한 미군 요새에서 휼날리는 장면을 그려 미국 정보당국을 긴장시켰다.[72]

많은 일본인이 《안네의 일기》를 읽으며 원폭 희생자의식을 일깨웠다면, 한국인은 대부분 일본 식민주의에 희생된 한국인을 떠올렸다. 한 인터넷서점의 초등학교 어린이 독후감 대회에 제출된 독후감에는 "일본에 침략당해서" 안네처럼 "억울하게 감옥에 갇혀" "일제강점기에 조선 사람으로 살았다면" 안네와 비슷했을 것이라는 상상, 나치의 강제수용소로 끌려간 유대인이 겪은 일이 일제강점기에 조선 사람들이 겪은 일과 비슷하다는 생각, 나치와 "조선인을 통나무라며 잔인하게 생체실험"을 하는 일본인을 비유하는 내용이 압도적으로 많았다.[73] 2020년 9월에 업로드된 초등학교 4학년의 독후감이 예외적인데, 코로나19 때문에 밖에도 못 나가고 집에만 갇혀 있는 자기 생활의 답답함을 토로하면서, 없는 것처럼 숨어지내야만 했던 안네는 얼마나 답답하고 억울했겠냐고 위로의 말을 건네는 내용이었다.[74] 초등학생이 아닌 성인의 독서 블로그는 오히려 일본 식민주의 지배를 연상해야 한다는 강박관념에서 벗어나 예민한 사춘기 소녀의 내밀한 심상 지리, 사랑, 슬픔, 기쁨 등 일상의 소중한 감정, 인종주의와 전쟁 일반에 대한 성찰, 정돈된 문장 등을 강조하는 독후감이 적지 않다.[75] 초등학생들이 교육의 프레임에 많이 매여 있다면, 성인이 될수록 외부의 프레임에서 벗어나 비교적 자기 생각과 감정에 충실하다.

1960년대 일본과 한국의 기억 문화에서 더 큰 차이는, 일본의 집단기억이 홀로코스트를 자주 참조한 대신 한국은 신생국 이스라엘을 건국 모델로 자주 불러냈다는 점이다. 일본인이 유대인의 희생에 더 큰 관심을 가졌다면, 한국인은 이스라엘의 영웅적 민족주의에 더 끌렸다. 아시아·태평양 전쟁 당시 일본군 '위안부'나 '징용' 등에 기반한 한국의 집단 기억이 일본보다 더 자주 희생자의식 민족주의로 회귀하는 21세기 현재와는 사뭇 다른 모습이다. 식민지 조선인은 주로 국가를 잃고 유랑하는 유대인의 곤경과 고통에 관심을 보였다. 비로비잔의 유대인 자치주 계획, 팔레스타인에서 이슬람교도와 유대인 이주민 사이의 갈등, 조선이 자신의 정체성을 찾기 위해서는《성서》에서 이스라엘 민족의 역사적 교훈을 찾으라는 충고, 세계사에 이름을 남긴 유대계 위인 이야기 등 유대인에 대한 읽을거리가 식민지 조선의 일간 신문에 넘쳐난다.[76] 나라를 잃고 유랑하는 유대인의 처지에 식민지 조선의 식자들이 느끼는 동병상련인 듯하다. 1947년 이스라엘 건국과 1948년 남한 건국 이후, 한국 언론의 관심은 유랑하는 유대민족에 대한 공감에서 신생국 이스라엘의 국가 건설과 국민적 통합 과정에 대한 찬탄으로 바뀐다. 1945년 8월 15일 해방 이후부터 20세기의 끝인 1999년 12월 31일까지로 한정해도, 이스라엘과 유대인 관련 기사는 거의 6만 건에 이른다. 중동 침입자에 맞서 싸우는 이스라엘, 수에즈 운하 사태, 이스라엘과 이집트, 시리아, 요르단 등 중동 국가들과 벌인 크고 작은 전투, 6일 전쟁 등에 대한 기사가 끊이질 않는다. 유대인의 표상이 나라 없는 민족의 설움과 유랑으로 고통받는 희생자에서 불굴의 의지와 애국심으로 주변 중동 국가들의 방해를 무릅쓰고 부강한 나라 이스라엘을 건설한 영웅적 민족주의로 바뀐 것이다.

한국 사회의 이스라엘 담론에서 드러나는 영웅 민족주의는 특히 1967년 6일 전쟁의 전설적인 승리 이후 뚜렷해진다.[77] 그중 특히 눈길을 끄는 것은 철없는 데모와 결별하고 국토건설에 앞장서겠다는 '새물결학생녹십자대'의 가나안 선언, 젖과 꿀이 흐르는 가나안의 복지,

김용기 장로가 건설한 가나안농장, 가나안농군학교 등에 관한 기사다. 5·16군사정변 이후 최고회의 시절인 1962년 2월 가나안농장을 찾은 당시 최고회의 의장 박정희는 농장에서 같이 점심을 들며 '가나안 이상촌'을 결성한 김용기 장로 가족을 격려했다. 양복과 치마저고리를 재건복으로 갈아입고 1만 평을 개간한 농사 혁명, 외제를 능가하는 '건국 차'와 '건국 빗자루' 등을 만드는 가나안농장을 방문하여 김용기 장로의 인도로 눈 감고 기도하는 '이교도' 박정희 의장의 모습은 어색하지만 묘하게 눈길을 끈다. 박정희에게 키부츠를 모델로 한 가나안농장과 농군학교는 애국적 농업혁명의 길을 보여주는 것이었다.[78] 1962년 7월에는 키부츠를 모델로 한 '농촌 개척대대'가 출범했으며, 이스라엘 정부는 이에 화답하듯 1963년 12월 키부츠에 대한 한글 책자 간행 보조비로 '재건국민운동'에 1,100달러를 기증했다.[79] 1970년대 초 새마을운동 초창기에 가나안 농군학교는 농촌 지도자를 키우는 산실 역할을 할 정도로 가나안에 대한 박정희의 사랑은 식지 않았다.[80] "이스라엘 부의 요람" 키부츠는 계속해서 '한강의 기적'을 향한 한국 근대화의 농촌 모델이었다. 오늘날까지도 한국의 극우 민족주의자에게 '강소국' 이스라엘은 취약한 안보 환경을 극복하고 국가 건설을 위한 세계적 경쟁에서 성공한 가장 중요한 모델로 남아 있다.

일본과 한국의 우익 민족주의자들이 각각 취한 홀로코스트의 희생자 이스라엘 대 시오니스트 영웅의 강소국 이스라엘이라는 대조적 기억 성향은 기억의 탈영토화와 재영토화 과정이 가진 복잡성을 잘 드러내준다. 한국의 언론에서 홀로코스트라는 용어가 처음 등장한 것은 1979년이었다. 1978년 미국 NBC방송에서 제작한 미니시리즈 〈홀로코스트〉가 한국어로 더빙되어 방영된 탓이다. 그러나 홀로코스트라는 용어가 한국 언론의 지면에 본격적으로 등장하는 것은 1990년 이후의 일이다. 네이버 뉴스 라이브러리를 보면, 해방 이후부터 1999년까지 홀로코스트라는 용어는 175번 등장하는데, 그중 149번은 1990년부터 1999년까지다. 또한 이 시기에는 '이스라엘' 대신 '유대인'이라는 용어가 더 자주 신문 지상에 오르내린다. 1990년대 한국 사회에서 이스라엘의 이미지는 영웅적 투사에서 억울한 희생자로 이동하고 있었다. 1992년 개편된 제6차 교육과정에서 홀로코스트를 세계사 교과서에 서술하도록 하는 새로운 편찬 지침이 만들어진 것도 큰 몫을 했을 것이다. 홀로코스트에 대한 새로운 편찬 지침 자체가 기억의 지구화를 반영하는 것이었다. 지구적 기억구성체의 보편적 인권에 대한 감수성이라는 점에서, 홀로코스트 희생자에 대한 공감은 바람직하지만 부작용도 있었다. 생명권을 비롯한 기본 인권이 짓밟힌 희생자라는 자리가 갖는 도덕적 정당성 때문에 누가 더 큰 희생자였는가 하는 경쟁이 지구적 기억구성체를 달궜다. 국제사회의 승인을 받기 위한 민족주의적 인정 투쟁이 영웅적 민족주의에서 희생자의식 민족주의로 자태를 바꾼 것이다. 기억의 지구화 시대 국제사회의 도덕적 공감을 얻기 위해서는 자기 민족이야말로 집단적 희생자라고 읍소하는 희생자의식 민족주의가 더 효율적이라는 판단이 서자, 희생자의식 민족주의는 여러 나라에서 문화적 기억을 규율하는 지배적 서사가 되었다.

1990년대 이후 기억 문화가 민족주의적 영웅숭배에서 희생자를 신성화하는 방향으로 바뀌는 현상은 '홀로코스트의 코즈모폴리턴화'라는 한마디로 압축된다. 자기 민족이야말로 비극적 과거의 진정한 희생자였다는 점을 강조하는 기억이 홀로코스트를 참조와 비교의 준거로 삼는 것이다. 한국의 기억 문화를 놓고 보면, 강소국 이스라엘을 모델로 삼는 영웅적 민족주의가 홀로코스트를 참조하는 희생자의식 민족주의로 이동했다. 미국의 인터넷 서점 아마존의 독자 서평에서 일본 피란민의 수난담인《요코 이야기》에 대한 한국 독자들의 비판에서 홀로코스트 비유가 자주 등장하는 것도 이 점에서 흥미롭다. 한국계 미국인으로 보이는 한 독자는 이렇게 쓰고 있다.

"그것(책)은 제2차 세계대전 당시 일본의 공격과 잔학함에 대한 진실을 완전히 왜곡하고 있다. 만약 안네 프랑크가 독일인이고 오늘날까지 살아남아서 홀로코스트에 대해서는 일언반구도 없이 유대인 레지스탕스 전사들과 유대계 미국 군인들이 저지른 무분별한 강간에 대해서 썼다고 치자. 이것이 역사의 **왜곡**이 아니라면 무엇이겠는가?"

비슷한 독자 서평은 여기저기 나온다.

"이 책은 비르케나우-아우슈비츠 강제수용소에서 도망가는 SS 가족의 탈출기와 비슷하다. 주인공인 나치 장교의 딸이 강제수용소에서 풀려난 잔인하고 위험한 유대인과 폴란드인으로부터 달아나고 있는 것이다. 이런 서사는 순진한 아이들에게 도덕적으로 무책임하고 역겨운 자료를 강요하는 것이다."

이 외에도 "거짓말", "놀라운 거짓말", "역사 왜곡", "끔찍한 허구", "아시아 이웃들을 악당으로 만듦으로써 자신은 희생자로 보이게 만들려는 일본의 사악한 음모" 등의 평가가 계속 이어진다.[81] 흥미로운 점은 동아시아의 역사에 상대적으로 무지한 미국의 독자를 이해시키는 방식으로 홀로코스트가 비유의 수사법으로 계속 사용된다는 점이다.

한국의 문화적 기억이 영웅주의적 이스라엘 담론에서 홀로코스트의 희생자의식으로 비교의 준거를 바꾼 데는 일본군 '위안부'에 대한 기억을 축으로 하는 희생자의식 민족주의의 발현과도 관계가 있다고 여겨진다. 가장 비근한 예로는 2011년 12월 13일 뉴욕시 퀸즈버러 구민대학(Queensborough Community College)의 쿱퍼버그 홀로코스트 센터(Kupferberg Holocaust Center)에서 이루어진 한국의 일본군 '위안부' 피해자와 홀로코스트 생존자의 만남을 들 수 있다. 재미 교포 한인 유권자센터(Korean American Civic Empowerment)와 유대계 이민자들이 중심인 쿱퍼버그 홀로코스트 센터가 함께 조직한 이 모임은 낯선 땅으로 이주한 별개의 집단 기억이 국경을 넘어 어떻게 서로 만나 얽히는가를 잘 보여준다.[82] 식민지 조선의 일본군 '위안부' 피해자와 홀로코스트에서 살아남은 유럽 유대인의 기억이 뉴욕이라는 트랜스내셔널한 기억의 장에서 만날 수 있었던 것은 각각 태평양과 대서양을 건넌 기억 덕분이다. 일본군 '위안부'와 홀로코스트는 미국의 역사와는 무관하지만, 태평양을 건넌 한국계 이주민과 대서양을 건넌 유럽 유대인의 이주 덕에 미국의 기억이 된 것이다. 그러나 기억의 지구화를 상징하는 이 사례에서도 국민화의 그림자가 어른거리고 있다. 행사를 기획한 두 단체는 함께 미국 대학생을 대상으로 일본군 '위안부'에 대한 일본군의 만행에 초점을 맞춘 '아시아 사회정의 인턴십' 프로그램을 진행한 바 있다. 일본군 '위안부' 기억활동가가 미국에서 기자회견을 할 때 유대문화센터를 주된 회견 장소로 삼는 것도 우연은 아닐 것이다. 1990년대 이후 한국의 기억 문화가 홀로코스트의 기억을 전유해온 궤적은 너무도 뚜렷하다.

오늘날 한국의 기억 문화에서 목격되는 홀로코스트의 토착화는 지구적 기억구성체의 출현 이상의 배경을 갖고 있다. 1987년 정치적 민주화도 주요 계기 중의 하나였다. 정치적 민주화는 냉전 시기 국가 권력에 의한 정치적 제노사이드의 진상조사와 억눌린 기억을 복권하자는 분위기를 조성했다. 이 과정에서 수사법으로서의 홀로코스트는 정치적 제노사이드 희생자에 대한 정동적인 기억을 끌어내는 장치로 자주 사용되었다.[83] 1990년대 한국의 좌파 민족주의 진영의 시인 가운데 한 명인 이산하는 자신의 서사시 〈한라산〉을 "민족해방과 조국통일을 위하여 싸우다 장렬히 산화한 모든 혁명 전사에게" 헌정했다. 현실사회주의가 무너진 후 폴란드의 아우슈비츠를 방문할 수 있었던 시인은 제주도 4·3 사건과 정치적 학살을 '가스실 없는 한국판 아우슈비츠 홀로코스트'라고 묘사한 바 있다.[84] 또 정찬의 소설 《슬픔의 노래》에서는 신문기자인 작중 주인공이 폴란드의 쇼팽 음악원을 취재하는 과정에서 나치의 수용소에 갇힌 18세 소녀가 벽에 새긴 애절한 기도문을 노래로 만든 폴란드 작곡가 헨리크 구레츠키(Henryk Górecki)의 〈교향곡 3번 슬픔의 노래〉에 빠져들고 아우슈비츠 강제수용소를 방문한다.[85] 정찬의 소설은 많은 5·18 소설이 국가 폭력에 대한 윤리적 분노를 표출하는 것과 대조적으로 슬픔이라는 감정으로 독자를 초청하고, 그 슬픔의 강을 어떻게 건널 것인가의 문제로 이동한다. 정찬의 소설은 홀로코스트의 희생자의식과 광주를 비유함으로써 광주의 분노를 슬픔으로 이전시킨 것이다.[86]

비록 수사법의 차원이라고는 하지만, 제주와 광주, 아우슈비츠를 직접 연결하는 이들의 비유는 독자의 감정에 호소하기 위해 역사를 단순화했다는 혐의가 짙다. 이는 현재 한국 사회의 기억 정치를 규율하고 구조화하는 헤게모니적인 기억 문화가 홀로코스트를 기억의 서사적 표본으로 삼고 있다는 흥미로운 증거다. 민족적 민주주의와 한국적 민주주의라는 이름 아래 밑으로부터의 자발적 동원체제를 도모한 박정희 정권의 기억 문화가 이스라엘의 영웅적 민족주의에서 세계사적 알리바이를 구했다면, 유신체제와 제5공화국의 대중독재에 저항해 온 민주화운동의 주체들은 이스라엘의 희생자의식 민족주의에서 우익 국가 폭력에 대한 비판의 전거를 찾았다. 냉전기의 한반도 남부에서 일어난 우익 제노사이드는 홀로코스트보다는 동유럽 스탈린주의자들의 좌익 제노사이드나 북한의 정치범 탄압과 같이 배치될 때, 기억의 유비가 더 설득력이 있다고 나는 판단한다. 그러나 남한의 우익 제노사이드에 대한 비판을 주도하는 좌파적 성향의 지식인들은 대개 북한의 정치 범죄에 침묵하는 냉전적 '제로섬게임' 논리에 빠져 있다. 마치 북한 국가권력의 폭력을 상기하면 남한의 냉전적 제노사이드에 대한 비판이 무뎌진다는 식이다.

한국의 민주화운동과 정치적 대립각을 세우는 북한 민주화운동 주체들도 홀로코스트를 전거로 삼기는 마찬가지다. 북한 홀로코스트 기념관 추진 위원회의 '북한 홀로코스트 사진전'은 나치의 홀로코스트와 북한의 인권탄압, 아우슈비츠와 북한의 정치범 수용소를 병렬함으로써 북한의 인권 문제에 관심을 보이기를 촉구한다. 전시 광고는 "북한의 정치범 수용소 상황은 내가 어린 시절 나치 수용소에서 보고 경험한 것처럼 끔찍하거나 더욱 심하다"는 홀로코스트 생존자로 국제사법재판소 판사를 지낸 토머스 버겐설(Thomas Buergenthal)을 인용하여 사람들의 관심을 촉구한다. 또 "최대 비극은 나쁜 사람들의 아우성이 아니라 선한 사람들의 소름 끼치는 침묵이다"라는 마틴 루터 킹의 경고도 서슴없이 인용하고 있다.[87] 수사법으로서의 홀로코스트는 한반도에서 북한에 호의적인 좌파 민족주의자와 탈북 반공 민족주의자가 공유하는 거의 유일한 보편적 자산일 것이다. 정치적 제노사이드에 대한 냉전적 정파주의가 홀로코스트를 좌우 모두 공유할 수 있는 '객관적인' 준거점으로 만든 것이다. 희생자의식 민족주의를 정당화하기 위해 자신들의 비극적 과거와 홀로코스트를 같은 심급에 단순 병치하고 비교하는 기억 정치는 이처럼 문제적이다.

그것은 홀로코스트의 토착화가 갖는 가장 큰 문제라고 해도 과언이 아니다. 그렇다고 해서 홀로코스트에 대한 비서구 사회의 기억은 '부정확하고' '모호하며' '오도하는' 경향이 있다고 손쉽게 일반화하는 서구중심주의적 평가가 반사적으로 정당화되는 것은 아니다.[88] 홀로코스트에 대한 서구 사회와 이스라엘의 기억 또한 많은 문제를 안고 있다. 홀로코스트가 유럽과 이스라엘, 미국의 밖에서는 진정한 반향을 갖지 못한다는 식의 재단은 홀로코스트를 겪은 당사자의 기억만이 진정성을 가질 수 있다는 당사자주의적 입장을 암묵적으로 전제하고 있다. 당사자주의는 외부의 비판적 개입을 원천적으로 봉쇄한다는 점에서 기억을 특권화하려는 유혹에서 벗어나기 어렵다. 지구적 기억구성체에서 홀로코스트가 다양한 희생자의 연대를 타진하는 지구적 기억의 준거로 작동한 지는 이미 오래다. 그 과정에서 배태된 탈영토화하는 기억과 재영토화하는 기억 사이의 긴장과 균열은 비단 동아시아에서만 발견되는 현상이 아니다. 그 균열은 비교할 수 없는 유일무이성을 강조하는 홀로코스트의 기억을 지구화한다는 작업 속에 이미 배태된 것이다. 홀로코스트의 기억에 지구적 차원의 인권을 지키는 코즈모폴리턴적 윤리성을 부여하면서 홀로코스트 희생자를 특권화하는 이율배반이나 '지구화된 홀로코스트'와 '진짜 홀로코스트' 사이의 긴장과 균열은 불가피한 면도 있다.[89] 홀로코스트의 지구화가 곧 홀로코스트의 국민화가 되는 모순적 과정이 탈영토화와 재영토화의 긴장을 지구적 기억구성체의 상수로 만드는 경향도 있다. 다음 장에서 살펴보듯이, 정치적 측면에서 기억의 지구화와 국민화, 탈영토화와 재영토화는 인식론적 측면에서 탈역사화, 과잉역사화와 교차 결합하면서 훨씬 복잡한 양상으로 전개된다.

VICTIMHOOD NATIONALISM

Ⅵ. 탈역사화

"네! 총통이여, 우리는 당신을 따른다!"는 문구가 적힌 나치 정치 포스터. 사진 속의 많은 독일 민간인이 연합군의 전략폭격이나 소련 적군의 무차별적 공격에 희생되었을 것이다. 히틀러에게 보낸 열렬한 지지를 잊은 채 이들의 희생만을 강조하는 기억의 탈역사화는 문제적이다. 드레스덴 전쟁박물관 소장. 사진 출처 © 임지현 개개인의 사적 기억은 가족이나 개인의 직접 경험에서 비롯되지만, 국가와 사회의 문화에 뿌리내린 집단 기억은 공적인 역사 담론의 프레임과 같이 엮이는 경우가 많다. 과거와 현재, 미래에 대한 사람들의 생각과 실천을 유도하는 문화적 기억은 그 사회의 지배적인 역사의식 및 역사 담론과 불가분의 관계에 있는 것이다. 소수의 나치와 군국주의자가 선량한 민중을 총동원체제로 밀어 넣었다는 '특수한 길' 테제는 추상의 사회체제와 구조에 책임을 떠넘겼다. 그러나 희생자를 처형장에 몰아넣고 총을 쏘고 스위치를 당겨 사람을 죽인 가해자는 현장에서 살아 움직이는 작은 행위자들이었다.

패전의 우울과 희생자의식

1950년 10월 미국의 유대계 교양지 《코멘터리(Commentary)》는 전쟁의 참화로 고통받는 전후 독일에 대한 한나 아렌트(Hannah Arendt)의 르포 기사를 실었다. 잿더미 속에서 허덕이는 패전 독일을 현지에서 그려낸 아렌트의 보고서는 "집을 잃고 사회적으로 뿌리뽑히고 정치적 권리를 잃은" 독일 사람의 신산한 삶을 생생하게 전하고 있다.[1] 이상하게도 독일인은 독일의 끔찍한 악몽에 대해서는 정작 모르는 척한다고 아렌트는 쓰고 있다. 도시 곳곳의 파괴된 잔해더미 옆을 덤덤하게 지나가고, 죽은 자들을 애도하지도 않고, 피란민의 참상을 못 본 척하기 일쑤라는 것이다. 아렌트가 볼 때, 독일인은 타자의 고통에 공감하는 능력이 없어 보였다. 아렌트는 과거를 직시하고 성찰하는 고통스러운 작업에는 눈을 감고, 과거를 외면하고 부정하려는 완고함이 독일인 사이에 이토록 깊이 뿌리박고 있다는 데 놀랐다. 실제로 아렌트가 만난 독일인은 자신들이 얼마나 고통받았는지를 끝없이 떠들어대고, 패전의 고통이 너무 큰 탓인지 유대인 희생자에 대한 배려는 일체 찾아보기 어려웠다. 아렌트는 독일인과 대화할 때 자신이 유대계임을 알렸을 때조차도 "그럼 가족은 무사했느냐?"는 식의 걱정 어린 질문은 단 한 번도 받은 적이 없다고 씁쓸하게 적고 있다. 마치 독일인의 고난을 강조하면 할수록 유대인이 겪은 홀로코스트의 고통은 상쇄된다고 생각한 게 아니냐고 아렌트는 덧붙였다.[2]

자신이 입은 피해를 강조하면 그만큼 타자에게 자신이 입힌 가해의 크기가 작아진다고 믿는 희생자의식 민족주의의 집단 심리는 이미 거기 있었다. 아렌트는 패전 직후 독일이 겪고 있는 모든 고통을 점령 당국의 탓으로 돌리는 심리적 책임 회피와 변명도 선뜻 이해하기 어려웠다. 영국은 미래에 닥칠 독일과의 경쟁을 두려워하기 때문에, 프랑스 점령군은 못 말리는 민족주의 때문에, 미군 점령 당국은 유럽인의 집단 심성을 이해하지 못하기 때문에 각각 자기 방식대로 독일인에게 불필요한 고통을 주고 있다는 식의 해석이 당시 독일 사람들 사이에 널리 퍼져 있었다. 독일 신문들은 노골적으로 '샤덴프로이데(Schadenfreude)'라는 단어를 사용해 연합군 점령 당국이 독일의 불행에서 고약한 쾌감을 느낀다고 써 갈겼다. 독일 사람 대부분은 세상이 자신들을 저버렸다며 승자들을 원망했다. 점령 당국의 악의와 무지에 고통받는다고 느끼면서 나치즘과 홀로코스트, 전쟁에 대한 자기 책임을 묻어버렸다. 부헨발트 강제수용소 사진을 배경에 깔고 독일인을 향해 "당신은 죄인이다"라며 손가락질하는 포스터는 결코 독일인의 양심을 일깨우지 못했다. 독일의 고통에서 쾌감을 느끼는 점령 당국의 반독 선전으로 치부되었을 뿐이다.[3] 남부 독일에서 만난 상당한 지적 수준의 한 여성은 심지어 러시아군이 단치히(Danzig)를 먼저 공격해서 제2차 세계대전이 발발했다고 말해 아렌트를 놀라게 했다.[4] 전쟁이 끝나고 5년 동안 전쟁의 실상이 적지 않게 밝혀졌는데도 대부분의 독일인이 이 여성처럼 나치즘이 제2차 세계대전의 원인이라고 생각하지 않았다.

"인류는 왜 전쟁을 해야만 하는가?" 등의 막연하고 추상적인 질문으로 제2차 세계대전의 구체적인 사실을 대체하고, 패전의 고통은 선악과를 따먹은 벌로 에덴동산에서 쫓겨난 아담과 이브의 고통과 동일시함으로써 독일인은 인류의 죄를 속죄받기 위한 고귀한 희생자라는 자기 이미지를 만들고 싶어 했다. 자신들이 겪고 있는 고통이 인류를 위한 대속(代贖)의 대가라면 충분히 견딜 만한 것이었다.[5] 1950년 아렌트가 만난 독일은 과거의 범죄를 사죄하고 보상하는 성찰적 기억의 모범국가인 오늘날의 독일과는 달라도 너무 달랐다. 아렌트가 맞닥트린 패전 직후 독일인의 집단 심성은 당시 실시된 각종 여론조사에서 다시 한번 확인된다. 1946년 11월 미군 점령지역의 한 조사에서 독일인 응답자의 37%는 "유대인과 폴란드인, 기타 '비'아리아인의 절멸은 독일인의 안전을 위해 필요"했다는 생각을 피력했다. 같은 조사에서 세 명 중 한 명은 "유대인은 아리아 인종에 속하는 사람들과 같은 권리를 가질 수 없다"고 응답했다. 6년 뒤인 1952년의 조사 결과도 유사하다. 약 37%의 응답자가 유대인이 없는 게 독일에 더 득이라고 답했다. 전쟁이 끝난 후에도 한참 동안 독일인 대다수는 '나치즘은 좋은 생각이었지만 잘못 적용됐을 뿐'이라는 생각에서 벗어나지 못했다.[6] 서독의 연방의회 회의록은 독일인이 처음에는 히틀러의 희생자였다가 다음에는 연합국의 희생자였다는 기억을 굳게 견지했음을 보여준다. 이들의 기억에서 독일인 희생자는 넘쳐났지만, 독일인에 **의한** 희생자는 어디에도 없었다.[7] 전후 10년 동안 서독의 학생들은 제2차 세계대전과 홀로코스트 이야기보다는 호메로스의《트로이전쟁》을 그리스어로 읽는 데 더 많은 시간을 할애했고, 역사 수업은 바이마르 시대에서 갑자기 끝났다.[8]

전후 독일의 탈나치화는 신화였다. 고위급 나치들이 암시장에서 산 가짜 증명서로 신분을 세탁해서 점령 당국의 처벌을 피하고 탈나치화에 저항했다면, 보통 사람들은 위에서 강요된 탈나치화에 야유와 태업으로 맞섰다. 17세의 소년병 귄터 그라스가 수용되어 있던 미군 포로수용소의 독일군 포로들은 셔츠를 빳빳하게 다려 입은 미국인 강사가 부헨발트나 베르겐-벨젠(Bergen-Belsen) 강제수용소의 끔찍한 사진을 보여줄 때마다 "독일인이 이런 짓을 했다고? 천만에!"라고 강력히 부인하며 미국의 선전으로 여겼다. 같은 수용소에서 미군 강사가 인종주의의 참상에 대해 강의할 때면, 독일군 포로들은 미국에서 '검둥이'가 받는 대접에 대해 질문함으로써 강사를 곤혹스럽게 했다.[9] 미군 점령지역인 헤센주의 기독민주당 청년 모임에서 한 연사는 탈나치화가 독일의 볼셰비키화를 가져올 것이라고 공개적으로 경고했다. '연합국 군복을 입은 (독일) 이민자들', 즉 망명자로 독일을 떠났다가 연합군의 일원으로 돌아온 독일계 유대인이 이 모든 불행의 배후라는 이야기도 나왔다.[10] 동독에서는 반대였다. 전후 동독으로 돌아온 유대계 공산주의자들은 그 존재만으로도 반파시즘 투쟁의 상징으로 동독의 정치적 정통성을 공고히 하는 데 이바지했다. 그러나 동독에서도 희생자 사이의 위계가 존재했다. 유대인의 희생은 공산주의자의 희생에 가려지곤 했다. 동독의 기억 문화에서 유대인의 희생은 서독에 흡수 통일된 후에야 뒤늦게 강조되었다. 유대인 희생자는 다니엘라 단(Daniela Dahn)이나 크리스타 볼프(Christa Wolf) 등이 반파시즘적 고향으로서의 동독에 대한 정치적 향수를 표현할 때 뒤늦게 자주 소환되었다.[11]

자본주의 서독이든 사회주의 동독이든, 전후 독일은 모두 이스라엘에 대한 사과와 배상에도 소극적이었다. 자신들이 희생자인데 무슨 사과와 배상이냐는 투였다. "홀로코스트에 대한 국가적 배상을 왜 당시 존재하지도 않은 이스라엘 국가에 해야 하는가?"라는 실정법적 반박은 차치한다고 해도, 서독에서 콘라트 아데나워(Konrad Adenauer) 수상의 배상 계획은 좌·우를 막론하고 정치적 반대에 시달렸다. 아데나워가 소속된 집권 보수당인 '독일기독교민주동맹(Christlich Demokratische Union Deutschlands, CDU)'은 배상이 유대인 특별 대우에 반대하는 사람들 사이에 반유대주의를 조장하지 않을까 우려했다. '독일공산당(Kommunistische Partei Deutschlands, KPD)'도 배상에 반대하기는 마찬가지였다. 이스라엘의 자본가와 금융업자에게만 혜택이 돌아간다는 이유에서였다. 외교 당국자들 사이에서는 독일-이스라엘 화해가 아랍연맹의 회원국 중에서 독일의 잠재적 동맹국을 소외시킬 것이라는 우려도 나왔다. 여론도 크게 다르지 않았다. 1951년의 여론조사에 따르면 응답자의 5분의 1 이상이 모든 보상안에 반대했고, 나치의 유대인 희생자에 대한 보상을 지지한 응답자는 10%를 겨우 넘겼다.[12] 1953년 서독 연방의회가 통과시킨 배상안은 360명의 의원 중 239명의 찬성표를 얻었다. 사회민주당 의원은 모두 찬성했지만, 기사당과 기민당 계열의 보수당 의원은 대부분 기권표를 던져 불만을 표시했다. 흥미로운 것은 서독 공산당 의원 13명 전원이 반대표를 던졌다는 점이다. 보수정당

보다 공산당의 반대가 더 완강했다.[13]

사회주의 동독은 서독과는 다른 맥락에서 나치즘의 과거 청산에 소극적이었다. 지도부의 반파시즘 투쟁 이력이 동독의 새로운 정체성을 상징했지만, 바로 그 때문에 동독은 나치의 범죄와 아무 상관이 없다는 논리였다. 동독의 집권 공산당 '통일사회당(Sozialistische Einheitspartei Deutschlands, SED)'은 나치즘은 독점자본주의 금융 자본가의 범죄이므로 오로지 서독의 과거일 뿐이라고 차치했다. 나치와 서독 자본가는 민족 배반자이며, 반파시즘 투쟁을 이끈 공산주의자만이 독일 민족의 진정한 대변자라는 주장도 나왔다. 반파시즘 투쟁 과정에서 희생된 공산주의 투사들은 사회주의 미래를 위해 자신을 희생한 영웅적 희생자였다. 동독 체제의 역사적 정당성을 부정하는 자는 객관적으로도 주관적으로도 파시스트였다.[14] 동독의 기억 속에는 반파시즘 투쟁 과정의 영웅적 희생자와 별도로, 영문도 모른 채 숨져간 억울한 희생자도 자리 잡았다. 영·미 연합공군은 사회주의 건설을 방해하려는 사악한 의도로 동독의 도시를 맹폭했고, 동독의 무고한 시민은 그 폭격의 희생자였다는 것이다. 자본주의적 기계화의 결과인 홀로코스트도 문제지만 드레스덴의 무차별 공습이야말로 서구 제국주의의 파괴적 충동을 더 잘 보여준다는 냉전의 정치적 도구주의가 동독의 기억을 주도했다.[15] 동독의 당 서기장 발터 울브리히트(Walter Ulbricht)는 미국이 서독을 식민화했다는 인식 아래, 코즈모폴리터니즘의 심장부 '미 제국주의'에 대한 독일인의 반식민주의 투쟁을 제창하기도 했다.[16] 동독 공산당의 서기장에게 독일의 민족주의는 저항 민족주의였다.

갓 출범한 동독 정권의 수뇌부가 볼 때, 독일이 처한 진정한 위험은 마셜 플랜과 나토 결성으로 독일이 독립을 잃고 미국을 비롯한 서구 제국주의의 식민지로 전락하는 것이었다. 그러므로 서구의 지배에 대항하는 '민족전선(Nationale Front)'의 반제국주의 투쟁이 가장 시급한 정치적 과제인데, 누군가가 과거에 나치 당원이었는가 아닌가를 묻는 것은 민족전선 수립을 저해하는 행위이므로 삼가야 할 일이었다. 과거의 나치 범죄가 아니라 현재의 반제국주의 투쟁이 중요하다는 것이었다.[17] 나치의 과거사 문제를 자꾸 떠드는 사람은 시대의 변화와 새로운 동맹 체제에 적응하지 못하는 낡은 공산주의자-영원한 코즈모폴리턴일 수밖에 없는 유대계 공산주의자들이었다. 나치의 뿌리인 자본주의를 분쇄하고 제국주의를 격파하면, 나치즘의 과거는 자연스레 극복될 것이라고 주장했다. 반나치즘을 표방한 동독에서는 이렇게 나치의 전쟁범죄와 홀로코스트에 동조하거나 가담한 수백만 명의 동독인이 공범의 혐의에서 벗어났다. 이제 동독의 평범한 인민은 나치의 공범자가 아니라 미 제국주의의 희생자가 되었다.[18] 대량학살과 홀로코스트를 자본주의의 구조로 환원하는 동독의 역사유물론은 문제였다. 동유럽의 숲속에서 구덩이 앞에 꿇어앉은 유대인의 뒤통수에 방아쇠를 당기고 아우슈비츠의 가스실에서 가스 유입의 스위치를 누른 것은 사람이었다. 사람을 죽이는 것은 구조가 아니라 사람이다. 동독의 나치 공범자가 자신들의 죄를 자본주의 구조에 떠넘기는 동안, 반파시즘 투쟁에 나선 공산주의자에게는 더 적극적으로 유대인의 해방자라는 이미지도 주어졌다.[19] 동독의 지도부는 해방자가 되고 인민은 영·미 제국주의의 희생자가 되었다가 통일 이후에는 다시 스탈린주의의 희생이 추가되어 동독인은 나치즘과 미 제국주의, 소련 스탈린주의의 3중 희생자가 되었다.[20] 동독에는 피해자만 있을 뿐, 가해자는 없었다.

전후 일본의 기억 문화를 구성한 문법도 동독의 반제국주의 정치 문법과 유사했다. 1930년의 군부 쿠데타부터 1945년의 패전에 이르기까지 15년간을 정상적인 근대화의 흐름에서 벗어난 역사의 일탈로 설정하고, 천황을 포함한 모든 일본인이 군부 엘리트에게 희생되었다는 '전 국민 희생자론(national victimology)'이 일본의 문화적 기억을 떠받치는 기둥이었다.[21] 패전으로 일본에 진주한 연합군 최고사령부의 통치 아래 있던 일본인은 자신들이 포스트식민주의 상황에 놓여 있다고 생각했다.[22] 북으로는 내몽골과 만주에서부터 남으로는 뉴기니에 이르기까지, 동으로는 알류샨 열도에서부터 서로는 버마에 이르기까지 태평양과 인도양, 동해와 중국해에 걸쳐 광대한 영토를 지배한 제국의 기억이 포스트식민주의 문법으로 구성됨으로써 전후 일본의 희생자의식 민족주의를 정당화하는 기억 문화가 자리 잡았다. '새역사교과서를 만드는 모임'같이 더 극단적인 분파는 일본이 영·미 등 서구 제국주의의 희생자일 뿐만 아니라 인접국인 중국과 한국 민족주의의 피해자라는 이미지를 만들어내기도 했다. 아시아의 태평양을 '하얀 태평양'으로 만들려는 미 제국주의에 맞서 아시아를 해방하고 방어하려는 역사적 사명감으로 미국과의 전쟁에 나선 일본이 한국이나 중국의 공격적 민족주의가 주도하는 '일본 때리기'에 희생되고 있다는 것이다.[23]

자민당을 지지하는 보수 유권자들에게 일본 근현대사는 공산주의라는 '붉은 위협'과 서구 제국주의라는 '하얀 위협'에 맞서 싸운 정당한 자기방어 전쟁의 역사라는 이미지가 깊이 뿌리박고 있었다.[24] 신사의 젊은 신관은 야스쿠니를 찾은 이안 부루마에게 '대동아전쟁'은 침략전쟁이 아니라 일본 민족의 생존과 아시아 민족의 해방이 걸린 문제였으며, 아시아 민족들은 아직도 일본에 감사하고 있다고 말했다.[25] 2002년 새로 단장한 야스쿠니의 자료관인 유슈칸의 전시에서는 미국 대통령 프랭클린 루스벨트가 대공황으로 타격을 입은 미국 경제를 살리기 위해 자원 빈국인 일본을 압박해 전쟁으로 끌어들였다는 음모론적 해석이 서사의 중심을 이루고 있다. 일본 유족회가 운영하는 쇼와칸(昭和館)의 전시는 서양 제국의 봉쇄부터 소이탄 공격과 원폭 등에 이르기까지 일본의 희생 경험을 재현하는 데 초점이 맞추어져 있다.[26] 포스트 제국이 아니라 포스트 식민지로 자신을 표상한 전후 일본의 기억 문화는 희생자의식을 축으로 구성된 것이었다.

희생자 신화는 비단 우파 이데올로그나 자민당에 표를 던진 유권자뿐만 아니라 평화헌법의 지지자와 평화운동가 사이에도 깊이 뿌리내리고 있었다. 아시아의 이웃 국가들에 대한 일본의 가해자적 폭력은 전쟁과 군대를 부정하고 평화를 사랑하는 국민이라는 평화헌법의 이미지와 전쟁의 무고한 희생자 신화에서 출발한 평화운동의 반전 서사에 가려 기억에서 지워지거나 주변화될 수밖에 없었다.[27] 점령 통치의 주체였던 연합군 최고사령부, 전범을 대거 편입한 우파 정치세력, 평화운동의 주체인 좌파 정치세력과 사회운동권, 이렇게 어울리지 않는 3자는 희생자의식을 기초로 구성된 전후 일본의 기억 문화에서 기묘한 동거를 유지했다. 점령 당국은 일본의 보통 사람들을 군사 지도부나 군국주의 국가 엘리트로부터 떼어놓기 위해 희생자의식에 눈을 감았고, 전범을 포용한 우파 정치세력은 '일본=희생자'라는 등식을 이용해 자신들의 전쟁 책임에서 도망쳤다. 그리고 좌파 세력은 냉전 시기

보수 일본과 미국의 안보 동맹을 비판하고 반전 감정을 북돋우기 위해 전쟁의 희생자라는 일본 이미지를 열심히 만들었다.[28] 베트남평화시민연합(베헤이렌)이 예외적으로 일본의 가해 사실을 통렬하게 비판했지만, 그들의 목소리는 소수파로 남았다. 일본이 베트남전쟁의 공범자라는 베헤이렌의 비판적 자각과 별도로, 희생자 일본에 대한 자기 연민은 그치지 않았다. 가해자 미국은 자신을 베트남전쟁의 희생자로 간주하고 기념비를 세우는데 왜 일본은 '대동아전쟁'을 기념할 수 없냐는 반박도 만만치 않았다.[29]

패전 직후인 1945년 9월 2일 자결한 오키나와 출신 육군 대좌 오야도마리 조세이(親泊朝省)는 '대동아전쟁'이 일본의 도의적 승리라는 유서를 남겼다. 일본의 전쟁 목적은 "세계 인류의 행복, 세계 평화에 기여하겠다는 도의적 정신에 입각하여 출발했던" 데 비해, 미국은 "인류 역사에서 본 적 없는 잔학한 원자폭탄을 사용하고 득의양양한 면이 있지 않았나"라고 썼다.[30] 중일전쟁에 대해서는 침략전쟁이라며 비판적이었던 지식인들조차 진주만 기습에 대해서는 환영 일색이었다. 초기의 승전으로 영·미 선진국의 백인에 대한 열등감에서 해방되었다는 '대동아전쟁'의 격정적 기억은 패전 이후에도 여전히 살아 있었다. 군벌, 관료, 관제 단체가 인민의 자주성과 창의성을 질식시키고 국민의 총력이 발휘되지 못하도록 막았기 때문에 패배했다는 아쉬움이 식민주의와 전쟁 책임에 대한 반성을 덮었다.[31] 민주주의야말로 애국이라는 전후 민주주의론은 "다시 패배하지 않으려면?"이라는 물음에 대한 답 중의 하나였다. 승자 미국과 패자 일본의 간격은 원자폭탄과 죽창의 차이로 비유되었고, 일본이 과학과 기술에서 졌다는 반성은 교육에서 과학과 기술을 강조하는 정책을 낳았다.[32] '대동아전쟁'에 대한 일각의 반성조차 전쟁과 일본 군부의 잔학행위에 대한 반성이라기보다는 패전에 대한 반성이었다. 인종주의에 저항하는 도덕적으로 정당한 전쟁인데도 패했기에 진짜 문제라는 식이었다. 특히 패전 이후에는 이 전쟁이 도덕적으로 정당한 것이 아니라 침략전쟁이자 불의의 전쟁임을 받아들이지 않을 수 없었는데, 이 괴리는 전후 일본의 기억 문화를 관통하는 주요한 모순이었다. 모순보다 더 큰 문제는 이러한 인식 속에는 아시아 이웃들에 대한 가해의 기억이 자리 잡을 수 없다는 것이다.

1980년대 중반 문부성 장관을 지낸 후지오 마사유키(藤尾正行)는 부루마에게 도쿄 재판이 "일본의 힘을 약화하기 위한 인종주의적 복수"였다며 속내를 털어놓았다.[33] 1933년 일본이 만주 철수를 촉구하는 국제연맹 보고서에 반발하여 연맹을 탈퇴할 때, 전권대사 마쓰오카 요스케는 십자가에 못 박히는 일본의 각오를 비장하게 연설했다. 일본을 십자가에 못 박힌 예수에 비유함으로써 서구 제국주의의 희생자임을 강조한 그의 역사 인식은 반세기의 세월을 살아남았다.[34] 1964년 도쿄올림픽 폐회식을 장식한 마라톤 경기에서 경기장에 2등으로 들어온 자위대 소속 군인 쓰부라야 고키치(円谷幸吉)는 결승선을 불과 150m 앞두고 뒤에서 달리던 영국 선수 바질 비틀리(Basil Beatley)에게 추월당해 4초 차이로 은메달을 놓쳐 자신은 물론 경기를 애타게 지켜보던 일본 관중 모두에게 장탄식을 안겼다.[35] 일찌감치 1위로 들어온 에티오피아의 비킬라 아베베는 어차피 경쟁 상대가 아니었지만, 일본 선수가 결승선 바로 앞에서, 그것도 영국 선수에게 역전당하자 도쿄의 국립 경기장을 가득 메운 관중에게는 '귀축미영'에 패한 전쟁의 슬픔이 되살아났다. 쓰부라야가 1968년 멕시코올림픽을 앞두고 부상의 고통과 민족의 명예를 어깨에 지고 달리는 부담감 때문에 가족에게 짧은 유서를 남기고 스스로 생을 마감했을 때, 미시마 유키오, 가와바타 야스나리, 오에 겐자부로 등 일본의 내로라하는 문인들이 정치적 진영을 넘어서 그를 애도했다.[36] 승전국 미국의 거한들을 당수로 쓰러트려 링 안에서 통쾌하게 제2차 세계대전의 패배를 복수한 국가적 자존심의 상징, 프로레슬러 리키도잔(力道山)이 누린 폭발적인 인기는 전후 일본의 희생자의식 민족주의가 가진 서글픈 이면이다.[37]

패전 직후 지구적 기억구성체에서 집단적 희생자라는 역사적 위치는 유럽과 아시아 전선에서 먼저 전쟁을 도발하고 이웃 국가들을 침략한 독일과 일본 같은 추축국의 가해자들이 선점했다. 인류 역사상 최악의 비극이었던 제2차 세계대전의 참화와 전쟁 책임 문제가 기억에서 지워지고 탈역사화하자, 전쟁은 어느 날 문득 할퀴고 간 자연재해처럼 기억되었다.[38] 자연재해에는 가해자가 없고 피해자만 있다. 가해자를 꼭 찾아야 한다면, 신이거나 운명이거나 비인간의 영역에서 찾을 수밖에 없다. 전쟁을 탈역사화하고 희생의 역사적 맥락을 지워버리는 순간, 역사의 가해자는 희생자로 위치를 바꾸고 희생자의식 민족주의를 정당화한다. 전후 독일과 일본의 희생자의식 민족주의는 영·미 공군의 전략폭격과 원폭 투하, 동프로이센 피란민과 히키아게샤, 소련군 전쟁포로라는 세 가지 기억을 축으로 부침을 겪으면서 집단적 정체성을 구축해왔다. 전후의 지구적 기억구성체에서 독일과 일본 사회는 희생자의 기억을 공유함으로써 집단적 소속감과 안정감을 확보해왔다. 희생의 기억은 다수의 사회 구성원에게 기억의 차원을 넘어 존재론적 의미를 갖는 것이었다. 희생자의식 민족주의의 부정이 자주 집단적 존재의 부정으로 받아들여져 격렬한 감정적 반응을 불러일으키는 것도 그 때문이다.

공습의 기억과 원리적 평화주의

동독의 기억 문화에서 희생자의식을 가장 상징적으로 드러내는 것은 영·미 공군의 드레스덴 폭격이었다. '엘베강의 피렌체(Elbflorenz)'라 불렸던 문화도시 드레스덴은 공습에 희생된 다른 산업도시에 비해 무고한 희생자 이미지를 만드는 데 적합했다. 냉전이 아직 본격화되기 전인 1946년만 해도 '파시스트 범죄자'에게만 드레스덴 파괴의 책임을 묻고 영·미 공군에 대한 비판은 없었다. 1949년 동독 정권의 수립과 더불어 동독의 기억 문화에서 반파시즘의 수사는 반서구·반제국주의 구호로 바뀌었다. 정권 수립 이후 동독의 공식적 기억에서 영·미를 비롯한 서구 연합국은 히틀러의 나치와 제국주의적 이해를 같이했으며, 드레스덴의 무차별 공습과 파괴는 영·미 제국주의가 무고한 독일 인민에게 저지른 반인륜적 범죄였다.[39] 동독 정권은 1951년 교과서에 '영·미의 테러 공격'을 명시하도록 지도하고, 드레스덴을 폭격한 진짜 이유는 소련의 점령을 방해하고 연합국 공군의 파괴력을 과시함으로써 적군을 겁주려는 데 있었다고 주장했다. 작센주 장관이었던 막스 제이데비츠(Max Seydewitz)는 나치 공군의 게르니카, 바르샤바, 로테르담 폭격을 연합군의 드레스덴 폭격에 비유하는 데 그치지 않고, '수정의 밤' 당시 드레스덴에서 일어난 유대인 박해를 한 장에 걸쳐 묘사함으로써 홀로코스트와 드레스덴 폭격의 연상작용을 유도했다.[40] 실제로 동독의 공식적인 기억 문화에서 드레스덴은 아우슈비츠와 더불어 전쟁의 잔학함을 표시하는 상징이 되었고, 강제수용소의 유대인 학살과 드레스덴 폭격은 파시즘과 독점자본주의가 비밀리에 공모해 저지른 대표적인 범죄라고 기억되었다.[41]

동독의 공식 기억은 드레스덴의 비극과 핵전쟁의 위협을 연결했다. 원자폭탄은 원래 드레스덴에 투하될 계획이었으나 개발이 늦어지고 소련군이 재빨리 진주하는 바람에 무산되고, 대신 히로시마가 원폭의 첫 희생자가 되었다는 주장도 머리를 내밀었다. 1965년 출간된 발터 바이다우어(Walter Weidauer)의 저작 《불지옥 드레스덴(Inferno Dresden)》에서 이 주장이 처음 명시적으로 제기되었다.[42] 제2차 세계대전에 대한 기억에서 히로시마와 드레스덴을 병치하려는 시도는 서독에서도 발견된다. 훗날 홀로코스트 부정론자로 이름난 데이비드 어빙(David Irving)의 책 《드레스덴의 파괴(The Destruction of Dresden)》(1963)에 대한 《디 차이트(Die Zeit)》지의 한 서평은 이렇게 쓰고 있다. "인류 역사에서 단 하루 만에 일어난 가장 큰 대량학살은 사람들이 전에 생각했던 것처럼 히로시마 주민들에게 일어난 것이 아니라, 드레스덴 주민들에게 일어난 것이다."[43] 1960년대 초 드레스덴의 폭격 이야기를 쓸 당시, 어빙은 드레스덴 폭격이 스탈린의 요청에 의한 것이라는 심증을 굳혔다. 자신의 심증을 뒷받침할 자료를 찾지 못하자 어빙은 결과적으로 드레스덴 공습이 소련군의 진격에 도움이 되었으며, 소련 측에서 대규모 공습을 반긴 것은 분명하다고 썼다. 드레스덴에 대한 대대적 공습이 동부전선에서 소련군에 대한 나치 독일군의 압박을 덜어달라는 스탈린의 거듭된 요청 때문에 이루어졌다는 미국 국무성의 정치적 해석에 동조하는 것이었다.[44]

어빙은 드레스덴 공습 희생자 수를 공식 통계인 2만 5,000명보다 8배 정도 부풀린 20만 2,040명이라고 기술했는데, 그 수치는 서독 역사가들의 추계에 근접한 것이었다. 동독의 공식 입장은 드레스덴 경찰의 사망자 보고서에 나온 1만 8,375명에 부가적 피해자를 합쳐 약 2만 5,000명이 사망했다는 것이다. 드레스덴 경찰서와 베를린 경찰서의 문서가 잇달아 발견되자, 어빙은 자신의 사망자 추계가 과장된 것을 인정하지 않을 수 없었다. 동독의 당 역사가들은 서독의 반동 역사가들과 제국주의 역사가들이 과장된 25만 명 사망자 설을 고집하는 데는 이유가 있다고 주장했다. 원자폭탄과 재래식 공습의 파괴력 사이에 큰 차이가 없다는 것을 보여줌으로써 나토의 핵전쟁 준비를 정당화하려는 의도가 느껴진다는 게 동독 역사가들의 비판이었다. 정치적 효과는 모르겠지만, 설득력은 별로 없다.[45] 드레스덴의 폭격에서 25만 명이 사망했다는 서독 측의 주장도 과장과 비약이 섞여 있다. 연합국의 잔인성을 강조하려는 나치 선전기관의 한껏 부풀려진 통계를 그대로 계승한 서독의 25만 명 사망설 밑에는 소련군의 폭력을 피해 드레스덴으로 피란 왔던 독일인 추방자의 희생을 강조하려는 냉전의 논리도 작동했다. 소련군을 피해 도망온 무고한 피란민이 스탈린의 요청으로 이루어진 무차별 공습으로 대거 희생되었다면, 주된 가해자는 스탈린과 소련군이 되는 것이다.

결국 드레스덴 폭격의 기억은 동독에서는 영·미 연합국을 가해자로 몰았고 서독에서는 스탈린과 소련을 가해자로 만들었다. 반대로 폭격의 기억은 동독과 서독 모두 독일 민간인을 희생자로 만드는 데 일등 공신이었다. "아름다운 우리 도시에 천재지변처럼 찾아온 저 끔찍했던" 폭격은 전쟁의 연대기를 잊고 폭격의 참상과 아픔에만 집중하는 탈역사화된 기억을 낳았다.[46] 독일 도시들을 무자비하게 파괴한 폭격에 대한 작가들의 침묵을 질타하면서 독일의 기억 문화에서 영·미 연합공군의 무차별 폭격은 터부였다는 빈프리트 제발트(Winfried G. Sebald) 등의 주장은 서독에만 국한된 사실이었다. 그나마 서독에서도 개인이나 가족, 지역적 차원에서 공습에 대한 기억은 계속해서 전해졌다. 제발트 자신이 취리히 강연 후기에서 인정했듯이, 그 기억이 문학적으로 표현된 형식이 마땅치 않았을 뿐이다. 제발트가 끝내 못마땅했던 것은, 폭격의 기억이 사람들의 고통을 증언하는 게 아니라 전후의 국가 재건이라는 용도에 맞게 도구화되었다는 점이다.[47] 베를린 동물원의 우리 안에서 시꺼멓게 타죽은 사자의 사체, 고통으로 몸을 돌돌 감고 죽은 채 부서진 인공 정글 계단에 널려 있는 도마뱀들, 막사 안에서 죽은 거대한 사체를 옮기기 위해 두꺼운 가죽을 열고 토막 나는 코끼리의 고통에 대한 묘사가 인간의 고통에 대한 묘사보다 더 적나라해서 우리를 놀라게 했다는 제발트의 감수성은 높이 살 만하다.[48]

그러나 다른 한편으로는 공습의 희생자가 겪어야만 했던 고통에 대한 사실적 묘사에는 가해의 역사를 탈역사화하는 대가가 뒤따른다는 점도 지적하지 않을 수 없다. 예컨대 트레블링카 강제수용소에서 대량의 유대인 시체를 태워본 나치 친위대가 없었다면 드레스덴 구시가의 광장에서 폭격의 희생자 6,865구의 시신을 장작더미 위에 쌓아놓고 소각하는 일이 훨씬 어려웠을 것이다.[49] 독일인의 사기를 떨어뜨리기 위해 민간 주거지에 무차별 폭격을 가한 연합군 공군과 비교해서 나치 독일 공군의 런던 공습은 비행장, 비행기 공장, 조선소, 항구의 접안시설 등에만 집중했다는 외르크 프리드리히(Jörg Friedrich)의 주장은 사실에 근접해 있지만, 역사적 맥락을 지우고 있다.[50] 나치 독일군이 폴란드를 침공한 제2차 세계대전의 개전 첫날, 폴란드의 소도시 비엘룬(Wieluń) 공습을 이끈 편대장의 명령은 사람들이 몰려 있는 시장 한복판을 명중시키라는 것이었다. 이 공습으로 장터에 몰려 있던 폴란드 민간인 1,200명이 죽고 도시의 70%가 파괴됐다. 전쟁 초기 나치 공군의 공습으로 인한 폴란드 민간인 사망자는 2만 명에 달했다. 비엘룬 공습의 최고 지휘관은 공군 소장 볼프람 폰 리히트호펜(Wolfram Freiherr von Richthofen)으로, 에스파냐 내전 당시 나치 독일의 공군 파견부대 콘도르 여단을 지휘해서 게르니카를 폭격한 인물이었다.[51] 이 오만하기 짝이 없는 나치 공군 고위 장교는 훗날 스탈린그라드를 공습하면서 소이탄의 효력이 처음부터 아주 좋다고 썼다.[52] 프리드리히의 책은 1945년 2월 포르츠하임(Pforzheim)이라는 독일 소도시에 대한 폭격으로 주민 3명 중 1명이 죽은 데 비해 나가사키에서는 원자폭탄 투하로 주민 7명 중 1명이 사망했다는 통계를 비교 제시함으로써, 연합공군의 독일 폭격이 원자폭탄의 치사율보다 더 높았다고 주장한다. 그러나 그는 게르니카와 비엘룬에 대한 나치 공군의 공습에 대해서는 끝내 침묵했다.[53] 나치 독일의 전쟁범죄에 연루된 독일인의 희생은 부인하기 어렵지만, 반드시 '죄 없는' 희생은 아니었다.[54]

1995년 종전 50주년을 기념한 다양한 텔레비전 프로그램에 대한 분석이 보여주듯이, 일본의 경우에는 원자폭탄의 기억이 공습의 기억을 압도했다. '세계 유일의 피폭국'이라는 일본의 고유성은 가해의 역사가 피해의 기억으로 전도되기에 더 유리한 조건이었다. 일본이 인류 역사에서 유일한 피폭국이었다는 사실은 아시아 이웃에 대한 일본의 전쟁범죄와 가해 행위를 가리는 '가림막 기억'으로 작동한 측면도 있다. 원자폭탄 투하는 때때로 아우슈비츠와 비견되어, 일본의 민족주의 우파에게 아우슈비츠와 히로시마는 백인 인종주의의 가장 대표적인 전쟁범죄라는 생각이 강했다.[55] 히로시마의 희생자는 아우슈비츠의 희생자와 동렬에 놓이고, 이들은 다 같이 '절대 악'의 희생자로 간주되었다. 히로시마의 비극을 알리고 세계 곳곳을 방문해 핵무기 없는 미래를 설파하는 히로시마의 피폭자 출신 반관반민 기억활동가(Memory Keeper)의 강연에서도 홀로코스트와 히로시마는 자주 병치되었다.[56] 민족주의적인 잡지《쇼쿤(諸君)》1995년 5월호는 원폭을 비롯한 연합군의 공습을 제노사이드라고 표현함으로써 이러한 흐름을 더 보편화했다.[57]

자민당의 보수 정객들과 보수 유권자들은 일본이 아시아를 지도하여 공산주의라는 '붉은 위협'과 영·미 제국주의의 '하얀 위협'에 맞서 싸운 전쟁이 아시아·태평양 전쟁이라고 생각했다. '성전'의 전후적 표현이었다. 서구 제국주의가 저지른 악행에 비하면 일본 식민주의의 범죄는 그 10분의 1에도 못 미친다는 게 일본 민족주의자들의 변호 논리였다.[58] 도쿄 전범 재판장의 인도인 판사 라다비노드 팔(Radhabinod Pal) 또한 미국의 원폭 투하가 나치의 전쟁범죄에 비견될 수 있는 잔학행위라고 주장했다.[59] 히로시마의 원폭 투하에 대한 탈역사화된 기억은 좌파 평화활동가에게서 더 자주 발견된다. 이들에게는 원자폭탄이 사악한 인종주의적 군사 실험이자 소련군에게 겁을 주려고 일부러 투하되었다는 생각이 널리 퍼져 있다. 그 밑에는 일본 군국주의는 원폭을 통해 역사의 심판을 받았으므로, 그 희생자인 일본인은 미국이 히로시마의 평화 정신에 반하는 핵전쟁의 조짐을 보이면 바로 심판할 권리와 의무를 갖고 있다는 좌파 평화주의의 전제가 있다.[60]

원폭 기념관의 공식 명칭인 '히로시마평화기념자료관'의 서사 전략은 탈역사화된 기억의 전형을 보여준다. 상설 전시의 도입부에서 자료관이 전 세계에 전하고 싶은 메시지는 이렇다.

> "한 발의 원자폭탄이 무차별적으로 많은 사람의 생명을 빼앗고 살아남은 사람들의 인생도 바꾸어놓았다. 히로시마평화기념자료관은 피폭 자료와 유품·증언 등을 통해 핵무기의 공포와 비인도성을 알려서 '히로시마 이제 그만(No more Hiroshima)'이라고 세계에 호소한다."[61]

'히로시마 8월 6일'이라는 제목 아래 시작되는 본격적인 전시는 건물 복구작업을 하다 피폭되어 죽은 학생들의 타다 남은 옷, 전신 화상을 입고 죽은 남성, 등에 화상을 입은 여성, 얼굴과 양손에 중화상을 입은 어린아이 등 희생자의 끔찍한 광경을 보여주는 사진들과 빠진 눈알을 손에 들고 있는 피폭자 그림 등 피폭 당시의 참혹한 광경을 그대로 드러내 보여주고 있다. 전시의 동선을 따라가면, 피폭자의 증언, 기념관의 건립 역사, 핵무기의 위험성에 대한 전시가 이어진다. 전시의 종결부에서 청일전쟁 이후 군사도시 히로시마의 역사가 잠깐 언급되고 있지만, 원폭에 희생당한 히로시마의 지옥도 이미지에 압도당한 관객에게 역사적 균형감각을 되돌려주기에는 너무 빈약하다.[62] '히로시마평화기념자료관'의 전시 서사에서 평화의 메시지가 강렬한 것은 분명하다. 역설적인 것은 전후 평화의 메시지가 강렬할수록 전쟁과 원폭 투하에 대한 역사적 맥락과 정치적 책임이 가려진다는 점이다. 1950년대 일본에서 나온 영화, 만화, 소설, 그림 등 히로시마에 대한 이미지적 기억 속에서 히로시마의 원폭 경험이 역사적 맥락에서 벗어나 마치 자연재해처럼 그려지고 있는 것도 놀랍지 않다. 많은 일본인은 전쟁 자체를 자연재해처럼 느꼈다.[63] 고통과 상처는 기억으로 남았지만, 역사는 지워졌다.

모든 전쟁을 '절대 악'으로 규정하는 전투적 평화주의는 종종 전쟁의 역사적 맥락을 무시하는 경향이 있다. 1998년 나토군의 유고슬라비아 공습 당시, 《분게이슌주(文藝春秋)》와 《세이론(正論)》 등 보수색이 짙은 잡지에서부터 《세카이(世界)》 등 리버럴 좌파에 이르기까지 이구동성으로 폭격을 반대하는 의견이 나온 것은 탈맥락화된 평화주의 원칙의 연장선에서 이해할 수 있다. 일본 사회의 이러한 반응은 사회민주당은 물론 기독교민주연합이나 심지어는 녹색당까지 거의 모든 정파가 공습을 지지한 독일과 대조적이다. 일본의 미디어에서 나토군의 공습을 받는 베오그라드 영상은 B-29의 융단폭격으로 초토화된 도쿄나 원폭으로 폐허가 된 히로시마의 이미지와 자주 겹쳐졌다.[64] 베오그라드 공습에 대한 일본 조야의 비판적 시각에는 코소보의 알바니아계 이슬람에 대한 세르비아의 박해와 대량 학살 책임을 어떻게 추궁하고 나토 공습과의 관계를 어떻게 설정할 것인가 하는 곤란한 물음이 제거되어 있다. 일본의 반전 평화운동에 전쟁은 누가 일으켰는가 하는 주체와 책임의 문제가 빠져 있는 것과도 유사하다.[65] 전쟁을 일으킨 주체가 없으니 책임도 없으며, 문제는 늘 '절대 악'인 전쟁으로 환원된다. 탈역사적인 절대적 평화주의의 관점에서 보면 전쟁이나 원자폭탄이 문제일 뿐, 일본의 전쟁 책임이나 미국의 원폭 책임은 묻지 않는다는 전제가 깔려 있다.

종전 50주년인 1995년에는 스미소니언 박물관이 기획한 히로시마 원폭 투하 폭격기 '에놀라게이' 전시를 둘러싼 논란이 불거졌다. 맨해튼 프로젝트, 미국의 원폭 투하 결정 과정, 에놀라게이의 준비 과정, 원폭의 참상, 핵의 유산 등으로 구성된 박물관의 전시 계획은 제2차 세계대전 참전용사들의 반발에 부딪혔고, 미 상원은 이 전시가 참전용사들에 대한 역사 수정주의의 공격이라고 비난했다. 예산 삭감을 우려한 박물관 측의 요구로 전시는 우여곡절 끝에 항공우주박물관에서 에놀라게이 비행기 동체에 초점을 맞추기로 결정되었다. 아시아·태평양 전쟁은 일본의 공격에 맞선 정의로운 전쟁이었으며, 원폭 투하는 종전을 앞당겨 미군뿐 아니라 많은 일본인의 생명을 구했다는 미군 퇴역군인단체의 입장은 원폭 투하를 정당화할 뿐 아니라 원폭의 발단이 된 전쟁 책임 문제를 상기시켰다.[66] 전시가 취소되자 히로시마의 피폭자 시인 구리하라 사다코는 "원폭 투하가 자비라면/황군의 20만 명 난징 학살도/나치의 600만 명 독가스 학살도/자비"라고 썼다.[67] 반전 평화 시인 구리하라의 이력을 고려하면, 홀로코스트와 난징 학살을 긍정하는 게 시인의 의도는 아니었으리라 충분히 짐작할 수 있다. 그러나 원폭을 홀로코스트와 난징 학살에 비유한 구리하라의 시는 원폭의 희생으로 일본군이 저지른 난징의 잔학행위를 상쇄하는 맥락적 논리를 표현하고 있어 놀랍다. 실제로 미국은 노예제를 옹호하다 전사한 남군 병사 기념비와 자신을 희생자로 간주하는 베트남전쟁 기념비를 세우는데, 왜 일본은 안 되는가 하는 항변이 적지 않게 터져 나왔다.[68] 야스쿠니 신사 부속 유슈칸의 제2차 세계대전 전시는 일본이 프랭클린 루스벨트 대통령의 음모에 말려 전쟁에 끌려 들어갔으며, 미군 주도의 도쿄 재판은 승자의 재판이라는 서사로 구성되어 있기도 하다.

탈역사화된 평화주의는 위험하기까지 하다. 1950년대 초의 많은 반전 영화가 일본의 침략을 비판적으로 성찰하기보다는 일본의 희생자 의식을 강조했다. 전쟁 체험 수기를 보아도 미국에 대한 열등감을 떨치고 일어선 일본의 영웅적 투쟁을 그리면서, 그러한 서사가 평화주의와 모순된다는 자각은 찾아보기 어렵다.[69] 원자폭탄의 섬광이 번쩍인 그날 히로시마에서 태어난 젊은이가 1964년 도쿄올림픽의 최종 성화 주자로 평화의 불을 밝힌 것까지야 에피소드로 넘길 수 있지만, 히로시마평화기념자료관의 건립 역사는 불편하다. 자료관의 건립 전시실은 1949년 히로시마평화기념공원 및 자료관 설계 공모에서 당시 도쿄대학 조교수였던 단게 겐조(丹下健三)의 설계안이 1등으로 당선되었으며, 그의 설계안에 따라 1955년 8월에 자료관이 개관되었다고 전한다.[70] 그런데 전시실의 설명에는 단게의 설계안이 '대동아건립기념영조계획(大東亞建立記念營造計劃)'에서 비롯되었다는 사실이 생략되어 있다. 1942년 단게가 만든 이 계획안에 따르면, 일본 제국의 대동아건설을 축하하기 위해 일본 민족의 영산 후지산 기슭에 세울 이 기념관은 웅장한 국가신도 신사 스타일의 건축물로 '근대초극론'의 건축 미학을 담고 있었다. 이 건축안은 아시아·태평양 전쟁이 격화되고 일본의 패색이 짙어지면서 무산되었지만, 그 설계 정신은 그대로 남아 히로시마원폭평화공원과 기념관으로 실현된 것이다.[71] 대동아공영권에 대한 일본 제국의 꿈과 결합한 탈역사적 평화주의는 노골적인 제국주의적 향수나 역사 수정주의보다 더 문제적이다. 흥미로운 것은 한국인 피폭자에 대한 특별구제대책을 역설한 이들이 대동아공영권의 논리를 고수하는 일본의 우파라는 점이다. 일본의 대동아공영권 논자들에게 한국인 피폭자는 서양 제국주의에 맞서 같이 싸운 제국의 신민이었다.[72] 한국인 피폭자의 특별구제대책을 낳은 것은 그들의 짓밟힌 인권에 대한 보편적 고려가 아니라 제국의 논리였다.

원폭에 대한 탈역사화된 평화주의는 점령군의 엄격한 검열에도 일단의 책임이 있다. 점령군의 검열체제는 원폭 희생자에 대한 기억을 억누름으로써 풀뿌리 기억의 영역에서 일본의 희생자의식을 강화하는 역효과를 낳았다. 전후 서독의 민간 기억에서 연합공군의 폭격 희생자의 기억을 억누름으로써 게르니카와 비엘룬에 대한 가해의 기억이 지워졌듯이, 중일전쟁 당시 1938년 12월부터 시작된 일본군 항공대의 무차별적인 폭격 등은 전후 일본인의 기억에서 쉽게 지워졌다. '일방적으로 기계화된 살육의 세계'인 공습에서 고공에 떠 있는 가해 주체는 폭격의 결과에서 소외되기 때문에 가해자의 자책감에서 벗어날 수 있었다.[73] '도덕적 비가시성(moral invisibility)'이 홀로코스트와 같은 근대 문명의 기계화된 폭력을 가능케 했다는 바우만의 성찰도 이 점을 지적한 것이었다.[74] 한편 알카에다의 뉴욕 무역센터 빌딩 테러를 가미카제에 비유한 서구 언론에 대한 일본 사회의 분노에서도 공습에 대한 기억은 일그러져 있다. 민간 건물을 목표로 삼은 알카에다의 테러는 군사 목표에만 집중한 가미카제 특공대와는 질적으로 다르며, 9·11테러는 민간인에 대한 무차별적 공격이라는 점에서 오히려 히로시마의 원폭 투하와 비교해야 마땅하다는 논리가 그들의 분노를 정당화한다.[75] 9·11테러를 기리는 임시 기념관에는 히로시마 시장이 보낸 우정과 평화의 상징 사다코 종이학 다발이 걸려 있었다. 종이학 다발은 알카에다의 테러와 가미카제의 비교를 부정하고, 뉴욕의 9·11 테러 희생자와 히로시마의 원폭 희생자의 기억을 포개 놓는 효과가 있다. 민간 목표에 대한 공습의 기억 또한 이처럼 자국 중심적이다.

원폭의 민간인 희생자들에 대한 기억이 강조되자, 히로시마 위성도시 구레(吳)가 일본 태평양 함대의 모항이었다거나 나가사키의 미쓰비시 중공업이 군함 건조 기지였다는 사실 등은 가려지고 지워져 버렸다. 기억의 탈역사화라는 관점에서 보면, 히로시마에서 도선으로 불과 40분 거리에 있는 세토(瀨戶)내해의 무인도 오쿠노섬(大久野島)도 흥미롭다. 일명 '토끼섬'이라 불리는 이 목가적인 섬에 가면 토끼들이 먼저 손님을 반기는데, 사실 이 토끼들은 독가스 공장의 실험용 동물 중에서 살아남아 번식한 것이다. 이곳 선창가의 작은 콘크리트 건물에는 오쿠노시마 독가스 박물관이 있다. 일본 제국의 가장 큰 독가스 공장이 있던 이곳에서는 여자와 아이를 포함해 5,000명 이상의 노동자가 일했고, 그중 약 1,600명이 독가스 후유증으로 죽었다. 중국 측 자료에 따르면 약 8만 명의 중국인이 이곳에서 만든 독가스에 희생되었다. 8만 명이면 히로시마 원폭 희생자보다 적지만, 나가사키 피폭 사망자보다는 많은 인원이다. 도쿄를 제외한 일본 전국의 63개 도시에서 공습으로 사망한 민간인 수보다 조금 적을 뿐이니, 결코 무시할 만한 숫자는 아니다. 그러나 독가스 공장의 존재를 극비에 부쳤던 일본 정부는 모르쇠로 일관했다. 그러다 독가스 후유증으로 고생하던 일본 노동자 생존자들의 줄기찬 요구와 노력 덕분에 1988년에야 공장의 폐허 자리에 방 하나짜리 박물관이 문을 열 수 있었다. 이제는 한국인 여행객에게도 다크투어리즘의 명소로 잘 알려져 있지만, 히로시마의 옆에 거추장스럽게 붙은 오쿠노시마의 독가스 자료관은 무시되기 십상이다.[76]

실향민·전쟁포로와 가해의 망각

전후 독일과 일본에서 가해자의 경험이 희생자의 기억으로 바뀌는 데는 드레스덴 폭격이나 히로시마 원폭 외에 민간인 추방자와 소련 억류 전쟁포로의 기억도 큰 역할을 했다. 서독에서는 동맹국인 미군과 영국군의 무차별 공습의 기억이 주변으로 밀려난 대신, 소련 적군의 폭력과 슬라브 이웃들의 복수에 시달린 약 1,200만 명에 이르는 동유럽 지역의 독일 추방자/실향민의 기억이 중심을 차지했다. 피란 과정에서 이들은 소련군의 포격과 공습, 전례 없는 규모의 성폭력, 폴란드인·체코인의 잔인한 보복 살인과 폭행, 살인적인 추위와 기아 등으로 큰 고통을 받았다. 적게는 50만 명, 많게는 200만 명에 이르는 민간인이 희생된 것으로 추산된다. 특히 냉전 체제의 반공주의적 틀 안에서 희생자의 역사적 위치가 정립되면서, 슬라브 이웃에 대한 독일 식민주의와 나치의 박해 기억은 지워지고 '야만적' 슬라브 공산주의자에게 억압받은 억울한 희생자로서의 기억만 일방적으로 강조되었다.[77] 홀로코스트를 비롯해 동유럽의 슬라브 이웃들을 절멸하려던 나치 독일의 전쟁이 20세기 최악의 '인종 전쟁'이었다는 점을 고려하면, 독일 피란민의 희생과 슬라브 이웃의 희생은 비교가 무의미할 정도로 비대칭적이다.[78] 독일인 희생자가 느꼈던 공포의 크기와 폴란드나 러시아인 희생자가 느꼈던 공포의 총량은 다르다. 희생자를 죽이기에 앞서 먼저 인간성을 박탈한 나치의 체계적이고 압도적인 폭력과 소련 적군의 원초적 폭력은 공포의 양과 질에서 큰 차이가 있다. 적군의 집단 강간의 희생자이면서도 내면의 우월성과 유머 감각을 잃지 않았던 익명의 독일 여성 희생자가 남긴《베를린의 한 여인(Eine Frau in Berlin)》같은 기록을 동유럽 희생자들에게서 발견하기 어려운 것은 폭력의 성격이 다르기 때문이다.[79] 나치의 압도적으로 비인간적인 폭력에 비하면 소련 적군의 폭력과 맞닥뜨린 피해자에게는 자존감을 지킬 수 있는 작은 여지가 있었다.

공포와 희생의 비대칭성이라는 관점에서 보면, 나치 독일의 점령하에서 폴란드인이 치렀던 희생과 독일 피란민의 고통을 같은 선상에서 등가로 비교하기는 어렵다. 나치 독일의 가장 큰 희생자 중 하나였던 폴란드인에게 국경선의 조정은 또 한 번의 희생을 요구하는 것이었다. 종전 이후 유럽의 정치적 지도를 조정한 포츠담 회담에서 폴란드는 빌뉴스, 리비프(L'viv/Lwów) 등의 동부 변경을 리투아니아, 우크라이나, 벨라루스 등 소연방 공화국에 양도했다. 전전의 폴란드 영토 3분의 1에 해당하는 면적이었다. 대신 폴란드는 북해의 해안선을 따라 띠처럼 걸쳐 있던 동프로이센의 포모제(Pomorze/Pommern) 지역과 전전의 자유도시 그단스크(Gdańsk/Danzig), 브로츠와프 등 슐레지엔의 중심도시와 철강·석탄 산지인 서부 영토를 패전국 독일로부터 양도받았다. 전쟁을 일으킨 당사자인 독일뿐만 아니라 폴란드에서도 국경선의 조정에 따라 동부 영토에서 서부 영토로 대규모 피란민이 발생했다. 1795년부터 세 차례에 걸친 프로이센의 분할 점령과 나치 독일의 끔찍한 점령 기억이 생생한 폴란드 조야가 전후 새로 확정된 서부 영토에 대한 독일의 공식 인정과 안전보장에 목말라했던 것은 당연하다. 폴란드는 1950년 7월 6일 동독과 '즈고제레츠(Zgorzelec/Görlitz) 조약'을 체결해 포츠담에서 결정된 오데르-나이세 국경선을 확약받았지만, 국교가 없는 서독과는 여전히 국경 분쟁의 소지를 안고 있었다. 독일-프랑스의 경우와 달리, 폴란드-독일의 역사적 화해는 멀기만 했다.[80]

종전 이후 1960년대 초까지 서독의 문화적 기억은 과거를 성찰하고 반성하는 기억의 모범국가 독일이라는 오늘날 이미지와는 거리가 멀었다. 평균적 독일인의 기억 속에서 나치의 잔혹 행위나 홀로코스트는 히틀러와 그의 측근이 저지른 일이고, 이 소수의 범죄자는 뉘른베르크 재판을 통해 응징되었다. 평범한 독일인의 눈으로 볼 때 나치 범죄자들에 대한 역사적 정의는 이미 실현된 것이다. 반면 '히틀러의 첫 번째 희생자이자 마지막 희생자'였던 자신들은 정의롭지 못한 기억의 희생자라는 생각을 떨구지 못했다. 실제로 이들이 겪어야 했던 고통은 적지 않다. 연합군의 무차별 폭격으로 여성과 어린이 등 민간인이 희생되었고, 독일로 진격한 소련 적군의 약탈과 강간을 겪어야 했으며, 동프로이센과 슐레지엔에서 강제 추방을 당하는 등 독일인이 겪어야 했던 고통의 목록은 꽤 길다.[81] 특히 1,200만 명으로 추산되는 독일 민간인 추방자의 고통은 극심했지만, 전후 서독에 이주·정착한 이들 중 상당수는 강력한 선거 진영을 결성함으로써 서독의 현실 정치세력이라면 누구도 무시할 수 없는 유권자 집단이 되었다. 희생에 대한 이들의 기억은 강렬하면서도 자극적이었다.

독일 피란민을 임시 수용한 폴란드나 체코의 억류수용소는 종종 악랄한 직업적 범죄자가 운영을 맡았으며, 나치 강제수용소의 복사판인 경우가 많았다. 나치가 만든 강제수용소에 유대인과 슬라브인의 빈자리를 대신한 독일 피란민은 나치가 유대인에게 했던 만행을 거의 그대로 되돌려받았다. 나치 치하의 모든 유대인이 'Jude'의 첫 글자 'J' 표식을 가슴에 달고 다닌 것처럼, 독일 피란민은 폴란드어로 독일인을 뜻하는 'Niemiec'의 첫 글자 'N' 표식을 가슴에 달고 다녀야 했다. 18세 소년 체사로 김보르스키(Cesaro Gimborski)가 소장으로 있던 폴란드 람스도르프(Lamsdorf/Łambinowice) 수용소가 특히 악명 높았는데, 이 가학적 소년 범죄자는 800명의 아이를 포함해 6,000명 이상의 독일 피란민을 학대하고 살해했다. 람스도르프 수용소에서 안경을 쓴 한 독일 교수는 지식인처럼 보인다는 이유로 맞아 죽었다. 수용소 경비를 맡은 폴란드의 10대 청소년들이 독일인 지식인과 사업가, 상류층으로 보이는 부르주아 계급을 가학적으로 고문하고 죽인 과정을 보면, 캄푸치아의 크메르 루주나 마오쩌둥의 홍위병이 연상될 정도다.[82]

체코의 상황도 크게 다르지 않았다. 조화로운 다민족 체코슬로바키아를 꿈꾸었던 체코 대통령 에드바르트 베네스(Edvard Beneš)는 혹독한 전쟁이 끝나자 "독일인에게 재앙 있으라!"고 저주를 퍼부었다. 그는 공공연히 독일인을 싹쓸이하라고 선동했다. 체코의 '혁명수비대'는 스트라호프(Strahov) 축구 경기장에 모인 1만 명 이상의 독일 민간인에게 순전히 재미로 기관총을 난사했다. 남녀노소를 불문하고 수천 명의 독일인 피란민이 이들의 재미를 위해 죽었다. 또 1945년 7월 31일

수데테란트(Sudetenland)의 작은 도시 우스티(Ustí)의 무장대는 다리 위에서 우연히 마주친 독일 피란민을 강물로 던져버리고 총을 난사해 50여 명을 죽였다.[83] 수데테란트에서 황급히 독일로 피란해야 했던 독일계 체코슬로바키아인이 겪었던 고통은 동프로이센 피란민의 극심한 고통과 다를 바 없었다. 나치의 잔혹한 점령 통치 아래에서 홀로코스트와 절멸전쟁을 겪은 동유럽 사회는 희생의 크기만큼이나 큰 도덕적 감각을 잃었다. 나치 통치의 가장 끔찍한 점은 희생자를 죽이기에 앞서 도덕적으로 타락시킨다는 데 있었다. 독일인 피란민은 그 인과응보의 희생자였다.

독일 피란민이 동유럽에서 겪은 이런 식의 크고 작은 고통은 연합국 공군의 폭격보다 훨씬 생생하고 아팠다. 폭탄은 얼굴이 없었지만, 자신을 강간한 소련군 병사나 동유럽 가해자의 얼굴은 또렷이 기억할 수 있었다. 제국주의 연합국 공군의 폭격에 대한 동독의 기억이 얼굴 없는 가해자에 대한 것이었다면, 동유럽 슬라브인의 복수로 고통받은 서독 피란민의 기억은 가해자의 얼굴이 또렷한 구체적인 것이었다. 냉전 체제의 반공주의 또한 공산주의자의 야만적 폭력을 강조하는 데 일조했다. '강제 추방자 동맹(Bund der Vertriebenen, BdV)'을 결성한 독일의 강제 추방 희생자들은 이에 조응하여 자신들을 해치고 쫓아낸 소련, 폴란드, 체코 등 동유럽 국가들의 사과를 요구했다. 동독에서는 동유럽의 사회주의 형제국가를 가해자로 기억하는 것이 금기였으므로, 강제 추방에 대한 기억은 온전히 서독의 몫이었다. 1,200만 명에 이르는 추방자 중 약 750만 명이 서독에 터전을 잡은 것은 우연이 아니었다. 피란 도중 목숨을 잃은 사람을 제외하면, 독일로 돌아온 생존자 중

70%가량이 서독에 정착했다. 이들은 대개 독일 가톨릭교회와 돈독한 관계를 맺고 있었다. 나치당에 대한 높은 투표율을 보였던 이들은 전후에는 독일 '기독교민주당(Christlich-Demokratische Union, CDU)' 또는 '기독교사회당(Christlich Soziale Union, CSU)'의 주요한 지지 세력이었다. '강제 추방자 동맹'은 68혁명 이후 부모 세대의 과거에 비판적 성향을 지닌 자식 세대에 의해 주변화되었지만, 1960년대 후반까지는 결코 무시 못할 중요한 정치세력이었다.

종전 직후 서독 교회가 동유럽의 독일인 추방을 비판하고 '독일 강제 추방 실향민 헌장(Charta der deutschen Heimatvertriebenen)'(1950)을 지지한 것은 이들이 전통 교회의 주요한 지지 세력이었기 때문이다. 콘라트 아데나워 행정부의 교통부 장관 한스-크리스토프 제봄(Hans-Christoph Seebohm)은 한 걸음 더 나아가 독일 피란민이 겪은 고통을 홀로코스트의 유대인 희생과 동일시함으로써 역사의 탈맥락화를 시도했다. '강제 추방 실향민 헌장'에 서명한 지도급 인사 30명 중 20명이 전직 나치 친위대 간부거나 나치 당원이고 '강제 추방자 동맹'의 실무진 200여 명 중에도 나치 당원 출신이 3분의 1을 넘는 게 현실이었다. 이들을 홀로코스트 희생자와 같은 반열에 놓는다는 것은 홀로코스트 희생자를 속되게 하면서 나치의 역사를 지워버리는 것이었다. 서독 정부의 외교 방침 또한 동프로이센 실향민의 '고향으로 돌아갈 권리(Recht auf Heimat)'를 인정하는 것이었다.[84] 그러나 이들의 귀향 권리에 대해 폴란드인에게 이해를 구하는 것은 거의 불가능했다. 폴란드인에게 이들 나치 실향민은 희생자이기 이전에 가해자였고, 황급히 패주하는 독일 피란민에게 복수의 무기를 휘두른 폴란드와 체코의 무장 인민은 가해자이기 이전에 희생자였다.

'집합적 죄의식'에 갇혀 가해자 집단에 속한 타자의 고통과 희생을 부정하는 것도 문제지만, 가해와 희생의 중층구조를 무시한 채 모든 희생자가 다 같이 무고하다는 주장도 정당하지 않다. 희생은 같으면서도 다른 것이다. 그렇다고 해서 희생자를 줄 세워서 서열화하는 것도 온당하지 않다. 희생을 당한 본인이나 가족으로서는 자신의 희생이 다른 누구의 희생 못지않게 고통스럽고 견디기 힘들다. 그러나 개인적 차원에 머물러 있는 희생의 기억이 사회적 기억으로 전환되면, 그 희생의 역사적 결이 다르게 나타나기 마련이다. 사회적 기억의 장으로 진입한 개개인의 희생을 논의할 때 역사적 맥락화가 요구되는 것도 이 때문이다.[85] 희생자를 서열화하는 것도 기억의 폭력이지만, 모든 희생의 기억을 역사적 맥락에서 떼어놓고 추상적 고통으로 획일화하는 것도 폭력이다. 피해자의 고통에 충분히 공감하면서도 고통의 서열화와 획일화를 경계해야 하는 기억의 장은 불편하고 모순된 긴장으로 가득 차 있다. 고향에서 쫓겨난 동프로이센의 실향민이 겪어야 했던 고통을 이해한다고 해서 그들의 희생이 폴란드인의 희생과 동등하다는 주장이 성립되는 것은 아니다. 독일의 희생과 폴란드의 희생은 비대칭적이었다. 희생자 개개인의 관점에서는 모두 끔찍한 경험이지만, 폴란드, 독일 등의 국가나 민족 집단으로 분류해보면 희생의 비대칭성이 분명하게 드러난다. 나치에 희생당한 560만 폴란드인과 소련 적군과 폴란드 등의 복수에 희생된 50만에서 200만 독일인을 같은 위치에 놓을 수는 없는 것이다.

그러나 희생의 비대칭성을 지적한다고 해서 독일 추방자의 희생을 부정할 수도 없다. 희생의 비대칭성은 종종 더 큰 희생자가 작은 희생자의 희생을 부정하고 희생자의 지위를 독점하는 논리적 근거로 작동하면서 화해의 발목을 잡는다. 자신의 가해 사실과 상대방의 희생을 부정하면, 가해자가 회개할 이유도 희생자의 용서를 구할 이유도 없다. 용서가 없으면 화해도 없다. 자신들의 희생이 제2차 세계대전에서 독일이 저지른 죄를 대속했다는 독일 피란민의 입장은 역사적 화해를 더 어렵게 만들었다. 기독교의 관점에서 보아도 회개하지 않는 가해자를 용서할 수는 없는 일이었다. 회개가 전제되지 않는 용서는 범죄행위를 저지를 당시 가해자의 태도가 바뀌지 않아도 좋다는 의미이기도 했다. 그래도 폴란드-서독 관계를 정상화하기 위해서는 동프로이센에서 강제 추방된 독일 실향민 문제를 어떤 식으로든 풀어야 했다. 사실상 아데나워 정부의 속마음은 폴란드와의 관계 회복이 피란민의 권리보다 더 중요하다는 것이었다. 폴란드인민공화국의 고무우카 정권도 오데르-나이세 국경에 대한 안전보장과 피해 보상금을 기반으로 경제를 성장시켜야 했으므로 서독과의 역사적 화해 및 국교 수립이 절실했다. 서독 정부가 오데르-나이세 국경선만 보장하면 얼마든지 새로운 호혜 협정이 가능하다는 게 고무우카의 입장이었다.[86] 그러나 아데나워는 피란민 유권자의 표를 계산해야 했고, 고무우카는 독일에 대한 폴란드인의 공포를 정치적으로 도구화하려는 유혹을 쉽게 떨구지 못했다. 아데나워나 고무우카나 '역사의 인질'이기는 마찬가지였다.[87] 희생자의식 민족주의는 역사의 인질을 붙들어놓는 담론적 감시자였다.

독일에 비하면 작은 규모지만, 일본 피란민이 겪은 고충도 만만치 않았다. 1991년 출간된 후생성 자료는 1945년 종전 직후부터 1963년까지 귀환한 히키아게샤의 숫자를 629만 명으로 추계하고 있다.[88] 그 가운데 민간인은 약 320만 명으로 추산된다. 독일 피란민 총수 1,200만 명의 4분의 1이다. 1945년 10월부터 조선, 타이완, 중국 거주 일본인의 송환이 시작됐지만, 기아나 질병으로 사망자가 속출하여 만주 지역과 한반도의 히키아게샤 사망자 수는 각각 약 11만 명과 1만 8,000명으로 추산된다.[89] 이 역시 피란길에서 희생당한 독일 민간인 희생자 50만 명에서 200만 명에 비하면 4분의 1에서 18분의 1에 불과하다. 통계는 큰 차이를 보이지만, 경험은 유사했다. 이들은 대부분 전 재산을 빼앗기고 유리걸식하면서 현지인의 복수, 기아와 추위 등에 시달렸으며, 조선인과 결혼한 일본인 아내는 남편에게 버림받은 경우도 많았다. 이들 히키아게샤는 귀국한 뒤에도 본토 일본인의 편견과 차별에 시달렸다. 소련과 중국의 포로수용소 출신은 공산주의에 세뇌되었다는 의심에서 벗어날 수 없었다. 새로운 일자리를 찾기도 어려웠으며, 전쟁 전의 직장으로 복귀하기도 쉽지 않았다. 1949~1950년의 좌익 숙청 광풍은 어렵게 구한 일자리를 다시 빼앗아가기도 했다.[90]

요코 가와시마 왓킨스의 《요코 이야기》와 귄터 그라스의 《게걸음으로(Im Krebsgang)》(2002)는 모두 제2차 세계대전의 막바지에 패전을 앞두고 서둘러 피란길에 올라야 했던 일본과 독일 피란민의 수난을 그리고 있다. 그런데 두 소설이 그리는 기억의 정치적 지형도는 천양지차다. 두 작가가 지향하는 거대 담론이나 이념이 크게 달라서가 아니다. 한 사람은 역사를 왜곡하고 다른 한 사람은 역사적 진실만 추구하기 때문도 아니다. 얼핏 보면 눈치채지도 못할 만큼 미묘한 시각 차이가 있을 뿐이다. 그러나 잔뜩 예민해져 있는 집단 기억의 회로를 거치고 나면 사소한 듯 보이는 이 차이가 극복할 수 없는 차이를 낳는다. 두 책을 갈라놓은 것은 역사적 감수성이었다. 귄터 그라스와 요코 왓킨스는 작가로서 가진 문학적 필치나 문장의 향기보다는 역사적 상상력과 자신의 기억을 문제화할 수 있는 비판적 감수성에서 큰 간격이 있었다. 두 소설의 내용을 구체적으로 살펴보면 문제의 핵심이 더 명료하게 드러난다. 2장에서 자세히 설명했듯이 《요코 이야기》는 일본의 식민지 지배와 아시아 침략전쟁이라는 역사적 맥락을 생략한 채 히키아게샤로 총칭되는 일본 피란민의 고통과 희생만 일방적으로 강조하는 경향이 있었다. 요코 자신과 가족이 겪은 고통만 있을 뿐, 일본 식민주의의 역사적·도덕적 부당성이나 일본군이 저지른 범죄와 잔학행위를 비판적으로 성찰하고 그 역사적 맥락 속에서 자신의 고통을 객관화하는 역사적 감수성이 빠져 있는 것이다.

독일의 노벨상 수상 작가 귄터 그라스의 《게걸음으로》는 빌헬름 구스틀로프(Wilhelm Gustloff)호의 비극을 다루고 있다.[91] 이 배는 1945년 1월 30일, 1만여 명의 독일 피란민을 태우고 동프로이센의 고텐하펜(Gotenhafen, 현재 폴란드의 그디니아Gdynia) 항구를 출발한 직후 소련 잠수함의 어뢰에 격침됐다. 4,000여 명의 어린이를 포함한 민간인 승객 대부분이 발트해의 차가운 바닷속에 수장된 이 비극적 사건은 1959년 서독에서 영화로 만들어지기도 했다. 이때만 해도 구스틀로프호의 비극은 서독에 정착한 독일 피란민이 소련 공산군의 복수에 얼마나 고통받았는지 생생히 증언하는 사건 가운데 하나였다. 그러나 1960년대 말 이후 가해자 나치 독일에 대한 자기비판과 성찰이 서독 사회의 기억 문화를 지배하면서 독일인을 희생자로 자리매김해온 이 사건은 서독인의 기억에서도 지워졌다. 동유럽과의 역사적 화해를 추구한 빌리 브란트(Willy Brandt) 수상의 동방정책이 망각을 부추긴 면도 있다. 홀로코스트의 기억에 가려 은닉되어 있던 이 비극은 1990년 독일 통일과 소련의 붕괴로 정치적 환경이 급변하면서 다시 공적 영역의 표면에 등장한다.

탈냉전 체제가 구축되자 제2차 세계대전에 대한 기억도 냉전의 이데올로기에서 해방되어 새로운 코드로 재구성되기 시작했다. 특히 동유럽 국가들의 유럽연합 가입을 계기로 이들의 기억이 유럽의 기억구성체에 대거 편입되자 유럽의 기억 문화도 재편될 수밖에 없었다. 이 과정에서 스탈린주의 테러의 희생자를 어떻게 기억할 것인가 하는 문제가 확장된 유럽의 기억구성체를 재편하는 동력이 되었다. 소련군의 어뢰 공격으로 침몰한 구스틀로프호의 비극도 덩달아 주목을 받았는데, 우파 인사들이 그 기억을 주도했다. 옛 동독지역에서 고개를 든 네오나치 그룹도 적극적이었다. 이에 대해 귄터 그라스는 독일인의 죄가 너무 크다는 이유로 그들이 겪은 고통마저 외면해서는 안 된다고 단호하게 주장했다. 특히 좌파가 홀로코스트에 대한 죄의식에 사로잡힌 나머지 침묵으로 일관하면서 그 고통을 어떻게 기억할 것인가 하는 중차대한 문제를 우파에게 일임해서는 더더욱 안 된다고 목소리를 높였다. 독일인의 희생에 대한 기억을 우파의 독점에서 해방하고 좌파의 목소리가 더해질 때만 균형 잡힌 기억이 가능하다는 게 그라스의 생각이었다. 그라스는 이 비극을 사회적 기억에서 지워버리거나 반대로 독일 중심으로 절대화화는 대신 역사의 맥락 속에 놓고 비판적으로 기억하기를 바라지 않았나 싶다.

2002년에 출간된 이 소설이 독일 사회에서 피해자로서의 독일인에 대한 활발한 논의를 불러일으킨 것은 분명하다. 독일 지식인 사회의 양심을 대변하는 그라스의 작가적 존재감이 논의를 추동하는 데 큰 역할을 했을 것이다. 그래서인지 네오나치가 아닌 귄터 그라스가 발화자라는 사실에 당황한 일부 좌파 평론가는 이 작품이 나치즘을 정당화하는 논리로 귀결될 수 있다고 비판했다. 그러나 차가운 겨울 바다에 수장된 8,000여 명의 무고한 희생에 초점을 맞추었다고 해서 이 소설이 나치즘을 옹호하고 정당화한다고 단정짓기는 어렵다. 치열하게 역사를 응시하는 작가인 그라스는 이 배가 스위스 주재 나치당 조직의 최고책임자였던 빌헬름 구스틀로프의 이름을 땄다거나, 취역한 후에는 주로 나치의 노동자 회유 정책의 하나였던 '기쁨을 통한 힘(Kraft durch Freude)' 프로그램에 동원된 선전도구였다거나, 에스파냐 내전 당시 게르니카 폭격으로 악명 높은 콘도르 항공 여단을 본국으로 후송한 피 묻은 배였다거나, 침몰의 주된 희생자였던 동프로이센의 독일인 사이에서 나치당 지지율이 월등하게 높았다는 내용 등을 소설의 곳곳에 배치하여 가해와 피해가 복합적으로 교차하는 기억의 터를 독자에게 제공했다. 독일 피란민의 희생을 아무리 강조해도, 그것은 유대인 학살이나 슬라브족 노예화 같은 나치의 범죄행위에 괄호로 묶인 희생일 뿐이라는 작가의 관점이 분명하게 드러난다.

드레스덴 폭격에 대한 프리드리히의 서술이나 일본의 원자폭탄 희생자 담론, 《요코 이야기》의 히키아게샤 이야기와 귄터 그라스의 차별성이 분명하게 드러나는 대목이다. 동프로이센의 독일 피란민 희생자들에 대한 그라스의 독특한 관점은 가해자와 희생자의 이분법적 경계에 대한 그의 의구심에서 출발한다. 예측 불가능하게 요동치는 역사에서 가해자가 불시에 희생자가 되고, 희생자가 문득 가해자가 된 자신을 발견하는 일은 비일비재하다. 그러나 이분법적 경계를 해체한다고 해서 가해자와 희생자의 위치를 역전시키거나 모두가 희생자라는 식으로 가해와 희생의 기억을 얼버무리는 것은 곤란하다. 가해자와 희생자의 경계를 본질화하는 대신 역사적으로 맥락화하고 동요시키되, 비판적 기억 문화를 향한 시선을 잃지 않는 그라스의 역사적 응시는 새로운 길을 열어준 느낌이다. 역사적 맥락의 디테일을 놓치지 않는 그의 집요한 추적은 《요코 이야기》의 탈역사화 또는 탈맥락화를 허용하지 않는다. 전후 일본과 독일의 기억 문화에서 문제는 거짓말이나 역사의 왜곡이 아니라 탈역사화와 탈맥락화였다. 가해의 역사를 삭제한 채 희생만 일방적으로 강조한 그 기억은 거짓이라서 문제가 아니라 역사적 맥락을 무시한 게 문제였다.

소련의 포로수용소에 억류되었던 전쟁포로의 기억도 탈역사화되어 '아시아적 야만'에 물든 슬라브 공산주의자들의 억압과 박해라는 집단 기억을 강화했다. 1950년대 소련의 포로수용소에서 귀환한 일부 포로를 기다린 것은 서독의 법정이었다. 소련군 포로수용소에서 스탈린의 비밀경찰에 협력해 나치 전력의 상사와 동료를 고발한 귀환 포로들은 이른바 '전우 학대자(Kameradenschinder)'라는 낙인이 찍힌 채 나치 범죄자들보다 더 가혹하게 처벌받았다. 나치 전범들에게는 명령을 따랐을 뿐이라며 관대했던 서독 법정은 소련군 포로수용소의 '전우 학대자'들에게는 개인적 책임을 묻고 그들이 저지른 '죄'를 벌했다. 서독 재판부는 전우를 스탈린의 비밀경찰에 밀고한 병사들이 남성으로서의 미덕과 전우애를 잃어버렸다고 비판하고 이들의 처벌에 열심이었다.[92] 1950년대 서독의 법원이 강조한 남성적 미덕과 전우애는 1942년 폴란드 동부의 유제푸프에서 101예비경찰대대 대원들이 무언의 압력에 못 이겨 유대인 학살에 참여한 큰 이유였다. 학살에 동참하기를 거부하거나 주저한 병사는 전우들로부터 '나쁜 자식', '겁쟁이' 등의 비난에 시달렸으며, 이들에게는 유대인 희생자와의 인간적 교감보다도 동료 눈에 비칠 자신의 체면이 더 중요했다.[93] 동독에서는 소련군 포로수용소의 밀고자들이 반파시즘 투쟁의 투사이자 반파쇼 동독 민주주의 공화국의 이상적인 시민으로 대접받았지만, 서독에서는 포로들이 패전의 책임을 떠안았고 경멸과 싸늘한 시선을 받아야 했다.

소련의 중앙아시아나 시베리아의 깊숙한 오지에서 제네바 협약의 보호도 받지 못한 채 비밀경찰의 회유와 압력에 시달리며 추위와 기아, 각종 질병에 시달렸던 독일군과 일본군 포로들의 어려운 처지와 고통은 능히 짐작할 만하다. 그런데 기억의 영역에서 고통스러운 경험은 종종 탈역사화된 기억을 가져온다. 소련에 억류되었던 일본군 포로들과 소련 대표의 첫 공식 만남에서 러시아어와 일본어 동시통역을 맡았던 요네하라 마리(米原万里)의 회고는 흥미롭기 짝이 없다. 페레스트로이카와 글라스노스트로 소련 체제가 붕괴 직전에 놓였던 1990년 일본의 경제원조가 절실했던 소련 정부는 시베리아 억류 일본군 포로 문제에 대한 과거사를 청산하기 위해 도쿄에 대표단을 파견해 심포지엄을 열었다. 이미 노인이 된 좌중의 시베리아 억류 일본군 전쟁포로들은 심포지엄 시작 전부터 잔뜩 흥분한 상태였다. 소련 대표단의 역사학자가 만주에 소련군이 '들어갔다'는 표현을 쓰자 흥분이 고조되었고 장내는 소란스러워졌다. 일·소중립조약을 멋대로 깨트린 소련이 어떻게 '들어갔다'는 표현을 쓸 수 있냐는 항의가 빗발치고 장내의 소란이 가라앉지 않자, 참다못한 소련의 역사학자가 소리쳤다. "시끄러워! 그럼 그때 당신네가 있던 곳은 어디인가? 만주가 당신네 땅이란 말인가?" 그러자 장내는 찬물을 끼얹은 듯 조용해졌다.[94] 정신과 의사 노다 마사아키(野田正彰)가 시베리아 억류 포로 출신 화가와 나눈 대담도 흥미롭다. 시베리아 억류의 가혹한 체험, 죽은 전우들의 모습, 추위, 배고픔, 중노동, 수용소의 열악한 조건 등에 대해 웅변조로 증언하던 화가는, 노다가 중국 동북부 전선의 체험에 대해 묻자 거짓말처럼 입을 다물더라는 것이다.[95] 역사적 맥락으로부터 탈출한 기억의 탈역사화는 희생의 비대칭성을 묻어버리는 지름길이다.

한편 '가미카제 퇴물(かみかぜくずれ)'이라는 별칭이 시사하듯이, 서독이나 일본 모두 귀국한 전쟁포로에게는 패전의 책임에 더해서 한껏 팽창된 폭력 인플레의 주범, 암시장에서 사재기로 돈을 긁어모으는 악당이라는 이미지가 덧붙었다.[96] 중화인민공화국의 정치적 교화과정에서 절절한 반성문을 제출한 후에야 귀국할 수 있었던 중국 전선의 일본군 포로는 독일의 '전우 학대자'처럼 조국과 민족을 배반하고 공산주의의 선전에 물들었다는 의혹에서 벗어날 수 없었다. 소련군 포로수용소에서 돌아온 전쟁포로가 공산주의 이론에 세뇌되어 일본을 소비에트화하려는 목적으로 일본 공산당에 입당할 것을 맹세했다는 소문이 '마이즈루(舞鶴)' 등 귀환자들이 첫발을 내디딘 항구 도시 주변에서 떠돌아다녔다.[97] 다른 한편으로 소련의 포로수용소에 억류되었던 전쟁포로의 고난은 마치 나치 독일과 제국 일본의 가해 행위를 상

쇄할 수 있는 카드처럼 사용되기도 했다. 나치 독일의 경우 570만 명의 소련군 포로 중 330만 명이 수용소에서 학대와 기아 등 슬라브족에 대한 나치의 인종주의적 차별로 숨져갔지만, 미군과 영국군 등 연합군 포로의 경우 총 23만 2,000명 중 4%에 해당하는 8,348명이 목숨을 잃었다.[98] 이에 비해 일본군에게 포로로 잡힌 연합군 포로의 사망률은 27.1%로 나치 독일의 포로수용소 사망률의 거의 7배에 이르렀다.[99] 종전 후에도 마지막 포로가 송환된 1956년까지 길게는 10년가량 소련의 포로수용소에 억류되었던 독일군이나 일본군 포로는 바로 이들 연합군 포로의 고통을 상쇄하는 카드로 자주 인용되었다. 시베리아 억류 일본인 사망자는 총 60만 9,448명 중 6만 1,855명으로 10%를 약간 웃돌았고, 독일군 포로는 300만 명 중 100만 명이 사망했다. 독일군 포로보다 사망률이 훨씬 낮은 일본군 포로의 목소리가 더 컸던 것은 늦게 참전한 소련에 잔학행위를 할 기회가 없었고, 따라서 가해자의 죄의식을 가질 이유가 없었기 때문이다.[100]

희생의 기억과 역사의 면죄부

종전 직후 희생자의 역사적 위치를 차지한 것은 의외로 추축국의 병사와 시민이었다. 제2차 세계대전에 대한 책임 여부와 상관없이 죽은 자들이 남긴 숱한 빈자리와 경제적 어려움, 제국의 상실과 패자의 우울 등이 겹쳐 자신들이 역사의 희생자라고 느끼는 게 자연스러웠다. 이들 추축국의 희생자는 패전의 피폐한 삶을 가져온 나치와 파시스트, 군국주의 지도부에게 분노를 겨누었다. 이탈리아인은 자신들이 파시즘의 희생자라고 생각했다. 전후 이탈리아의 대표적 지성인 베네데토 크로체(Benedetto Croce)는 파시즘이 '괄호 안에 묶인 역사'라고 규정했다. 이탈리아인의 기억에서 파시즘은 이탈리아 역사의 주류가 아니라 밖에서 강요된 생소한 정치이념이었다.[101] 종전 직후 이탈리아 영화계를 지배한 누보 시네마는 반파시스트적 도덕성을 재현하는 데 열심이었다. 파시즘은 타락한 부르주아지와 외세의 책임이라는 게 주된 메시지였다. 이탈리아 파시즘의 도덕적·물리적 잔학행위는 그마저도 독일군인이나 마약중독자, 동성애자, 가학적 범죄자가 저지른 것이었다.[102]

순수한 진짜 이탈리아와 파시스트 가짜 이탈리아라는 이분법은 전후 이탈리아의 기억 문화를 지배하는 기본 문법이었다. 파시즘은 한마디로 이탈리아적이지 않았으며, 이탈리아 역사와 무솔리니의 파시즘은 별개였다. '좋은 이탈리아인'과 '나쁜 파시스트'는 반드시 구분되어야 하며, 파시스트의 잔학행위에 대해 좋은 이탈리아인인 보통 사람들에게 책임을 묻거나 죄를 추궁해서는 안 될 일이었다. 이탈리아의 뉘른베르크는 애초부터 불가능했으며, 전후 이탈리아에서 파시즘은 과거의 블랙홀 속으로 빨려 들어가 지워졌다.[103] 희생자 민족이라는 전후 이탈리아의 자기 최면적 이미지는 이렇게 만들어졌다. 파시즘의 희생자라는 이탈리아인의 기억이 '웃통 벗고 연설하는 두체(Duce)' 등 무솔리니 사진으로 만든 달력의 인기가 점차 치솟는 현상을 어떻게 설명할 수 있는지는 아직 수수께끼로 남아 있다.[104]

중부 유럽에서는 히틀러의 첫 번째 희생자라는 자리를 놓고 오스트리아인이 독일인과 경쟁했다. 나치의 첫 번째 희생자 오스트리아인이라는 이미지가 처음 만들어진 것은 1943년 모스크바 삼상회의 때의 일이다. 회의는 1938년 3월 12일 나치 독일이 무력으로 강제한 오스트리아 합병은 국제법적으로 무효라고 선언하고, 오스트리아는 "히틀러의 공격에 희생된 최초의 자유국가"라고 규정했다. 그에 앞서 1942년의 한 연설에서 윈스턴 처칠은 오스트리아를 '프로이센의 멍에'로부터 해방하겠다고 약속했다. 연합국이 적으로 삼은 것은 소수의 봉건적 프로이센 융커 지주와 나치였다. 덕분에 합병을 열렬히 지지하고 독일 제국의 마르크 경제권에 통합되기를 갈망했던 많은 오스트리아인은 '사악한' 나치-프로이센 악당들의 외투 자락 뒤로 숨어버렸다. 전후 오스트리아 집권당인 사회당은 나치 공범자 전범을 오스트리아 인민을 배반한 민족 배반자라고 탄핵했고, 나치에 협력한 오스트리아의 보통 사람들은 이들에게 배반당한 희생자로 남을 수 있었다.[105]

그런데 이 불쌍한 희생자 오스트리아인의 실상은 조금 더 복잡하다. 700만 인구 중 나치당에 가입했던 당원 수가 69만 3,007명이었으며, 독일에 버금가는 높은 비율이다. 더구나 그들 중 12만 7,000명은 합병 전부터 엥겔베르트 돌푸스(Engelbert Dollfuss) 정부의 반나치 감시와 탄압을 뚫고 나치당에 입당했다. 이들은 기회주의자가 아니라 이념에 헌신하는 열렬한 나치였다. 오스트리아인 비율은 제3제국 주민의 8%에 불과했지만, 나치 친위대의 오스트리아인 비율은 14%에 달했다. 심신장애자에 대한 '안락사' 프로그램부터 아우슈비츠에 이르기까지 집단학살에 어떤 형식으로든 가담한 학살자 중 오스트리아인의 비율은 무려 40%에 달했다.[106] 베를린 교향악단의 110명 단원 중 8명이 나치 당원이었는데, 빈 교향악단의 117명 단원 중 나치는 45명에 이르렀다. 빈 교향악단은 13명의 단원을 합병에 반대했다거나 유대인이라는 이유로 쫓아냈다.[107] 전쟁이 끝난 후 빈의 유대인 인구는 20만 명에서 6,500명으로 급감했다. 빈의 오스트리아인이 숨겨준 유대인은 200명뿐이었다. 홀로코스트는 빈의 주택난 해소의 비결이었다. 전쟁 중 유대인의 집을 점거한 오스트리아 이웃들은 홀로코스트에서 살아남아 돌아온 유대인을 "너 아직도 살아 있었냐?"는 질문으로 맞이했다.[108]

2013년 3월 나치의 오스트리아 병합 75주년을 맞이해서 빈의 일간지 《슈탄다르트(Der Standard)》에서 실시한 여론조사는 오스트리아의 기억 문화에 대해 시사해주는 바가 적지 않다. 그 조사에서 절반 이상인 54%의 응답자는 만약 지금 나치당이 합법화된 정당이라면 나치도 선거에서 당선될 것이라고 답해서 조사자들을 놀라게 했다. 또 응답자의 42%는 나치 치하의 삶은 결코 그렇게 나쁘지 않았다고 답했다. 더 놀라운 점은 39%의 응답자가 오스트리아에서 반유대주의적 박해가 다시 일어날 가능성이 있다고 답했다는 사실이다. 17%는 반유대주의 박해의 가능성이 아주 높다고 응답했다. 56%의 응답자가 박해 가능성을 인정한 것이다. 그러면서도 응답자의 61%는 나치 과거에 대한 청산 작업은 지금으로도 충분하다고 답했다. 53%는 오스트리아가 자유 의사에 따라 나치 독일과 합병했다고 답했지만, 46%는 여전히 1938년 합병으로 오스트리아는 나치의 희생자가 됐다고 확신했다. 독일 주간지 《슈테른(Stern)》은 이 조사 결과를 충격적이라고 보도했지만, 정작 오스트리아인은 별로 놀라지 않았다.[109]

1940년대 말 동·서독을 풍미했던 희생자의식은 냉전 체제가 끝나면서 이데올로기적 족쇄가 풀리자 다시 통일 독일의 기억 문화의 중심으로 들어왔다. 종전 50주년인 1995년 실시한 《슈피겔(Spiegel)》의 한 여론조사는 독일인 강제 추방이 홀로코스트처럼 반인륜적 범죄라는 의견이 적지 않았음을 보여준다. 특히 추방의 고통을 직접 겪은 노년 세대로 갈수록 그런 경향이 강해, 65세 이상 응답자는 약 40%가 그렇다고 답했다.[110] 심지어 독일인의 희생이 유대인의 희생보다 더 크고 고통스러운 것이었다는 주장까지 나왔다. 독일인의 가해 행위보다는 독일인에 대한 가해 행위가 더 강조된 것은 1940년대 말의 상황이나 1990년대 중반 이후의 상황이나 거의 비슷하다. 탈냉전의 새로운 기억 문화에서 독일인은 집단적 가해자를 넘어서 집단적 희생자라는 복합적 이미지를 갖고 있다. 지구적 냉전 체제의 이데올로기적 구속을 벗어던지자, 정치적으로 억압된 개인사와 가정사의 기억들이 해방되면서 개인적 고통과 희생의 기억이 되살아났다.

나아가서는 '독일인=가해자'라는 일반적인 등식을 흔들기 위해 절대적 희생자라는 독일인의 기억을 강조하는 경향도 나타났다.[111] 독일인 희생자를 독일 통일의 새로운 국민적 정체성으로 삼아 통일에 대한 주변국의 우려를 불식시키려는 헬무트 콜(Helmut Kohl) 수상의 문화정치도 희생의 기억을 되살리는 데 크게 이바지했다. 영국 수상 토니 블레어(Tony Blair)가 통일 독일에서 개별 희생자를 기리는 것은 당연하지만 희생자의식 문화를 북돋우는 것은 곤란하다는 우려를 표명했을 때, 그것은 개별적 희생자가 아니라 문화로서의 집단 기억을 지적한 것이었다. 특히 '소수의 나치 악당 대 다수의 선량한 독일인'이라는 이분법적 기억 구도 속에서 독일인은 나치의 압제에 희생된 최초의 희생자이자 히틀러 최후의 희생자가 되었다. 이 구조 속에서 나치즘은 그 뿌리가 독일 민족사의 외부에 있는 외래적인 현상이었다.[112] 이 의식 구조 속에서는 홀로코스트의 책임도 독일 외부 또는 독일의 민족적 전통에 이질적인 소수 악당 나치에게 돌아가야 마땅했다. 평범한 독일인은 히틀러 최초의 희생자이자 최후의 희생자였다.

독일인이 자신들을 히틀러의 첫 번째이자 마지막 희생자라고 간주했듯이, 평범한 일본인 또한 공습이나 원자폭탄에 앞서 자기네 군부 지도자들에게 속은 희생자라는 생각이 강했다. '익찬체제(翼賛体制)'라는 이름의 전시 총동원체제의 공범성을 지워버린 보통 일본인의 희생자의식은 '연합군 최고사령부(Supreme Commander for the Allied Powers, SCAP)'의 오리엔탈리즘과 인식론적 공모관계에 있었다. 연합군 최고

사령부는 보통의 일본인이 전시체제와 군부의 희생자라는 점을 강조하기 위해 "일본 국민은 권위에 복종하는 봉건적 관습의 노예"라는 오리엔탈리즘의 논리를 끌어왔다. 일본 국민은 천황과 총동원체제에 전심전력으로 충성을 바쳤지만, 군부의 배반 때문에 이들의 노력은 무위로 돌아갔다는 게 연합군 최고사령부의 인식이었다.[113] 이는 패전으로 고통받는 보통 사람들에게 위안이 되었겠지만, 총력전에 적극적으로 가담한 '총후 부인(銃後の婦人)' 같은 이들의 전쟁 책임과 죄책감을 벗겨주는 논리이기도 했다. 도쿄 재판 또한 대중이 군부 지도자에게 속았다는 감정을 생산해냄으로써 보통 사람들의 전쟁 책임에 면죄부를 발부했다. 점령군의 통치 아래 만들어진 집단 기억에서 일본의 보통 사람들은 전쟁과 군국주의의 무고한 희생자가 되었고, 가해자는 군부, 군국주의, 체제 같은 추상의 몫이었다. 그래서 일본 민중과 아시아 민중은 일본 군부의 공통의 피해자라는 이미지가 만들어졌다.[114] 아시아·태평양 전쟁에서 일본군이 저지른 야만적 잔학행위의 하수인은 일반 병사였으며 병영 내에서는 이등병에 불과한 국내의 '천한' 인민도 점령지에서는 황군의 한 사람으로 한없이 우월한 지위에 있었다는 마루야마 마사오의 반성적 시각은 1946년의 시점에서 극히 드문 소수의 견이었을 뿐이다.[115]

개개인의 사적 기억은 가족이나 개인의 직접 경험에서 비롯되지만, 국가와 사회의 문화에 뿌리내린 집단 기억으로 편제되는 순간 공적인 역사 담론의 프레임과 같이 엮이는 경우가 많다. 과거와 현재, 미래에 대한 사람들의 생각과 실천을 유도하는 문화적 기억은 그 사회의 지배적인 역사의식 및 역사 담론과 불가분의 관계에 있는 것이다.

전후 독일이나 일본의 지식사회는 모두 자본주의 발전의 '특수한 길(Sonderweg)'이라는 역사 담론을 공유하고 있었다. '특수한 길'은 식민주의와 봉건제의 완강한 잔재, 부르주아지의 봉건화와 봉건귀족 주도의 산업화, 부르주아 민주주의 혁명의 실패, 허약한 의회 민주주의, 개발독재의 폭력적 정치 양식, 기본적인 노동권과 사회권을 박탈당하고 '즉자적 계급'에 머물러 있는 노동자계급, 강력한 후견인이 된 국가의 존재, 근대적 개인 주체의 미성숙, 비자유주의적이고 반다원주의적인 정치문화 등을 역사적 특징으로 강조했다.[116] 영국을 보편적 모델로 하는 단선론적 발전론을 중시하는 마르크스주의적 역사주의나 영·미식 자유민주주의를 근대의 보편적 길로 간주하는 휘그적 부르주아 사관이 공유하는 이 해석에 따르면 독일의 나치즘이나 일본의 군국주의는 비정상적인 자본주의 발전에 따른 불가피한 결과였다.

독일과 일본은 전근대의 잔재와 일탈한 자본주의적 발전 때문에 봉건 지배계급과 군부, 대자본가가 결탁한 위로부터의 파시스트적 혁명의 길을 걸었다는 것이다. 자본주의적 근대의 '특수한 길' 테제는 독일과 일본의 자유주의 부르주아지, 사무직 노동자, 중하층 관료, 노동자계급, 농민 등 대다수 민중이야말로 위에서 강요된 파시즘과 폭력적인 근대화의 희생자였다는 전제를 안고 있다. 소수의 나치와 군국주의자가 선량한 민중을 총동원체제로 밀어 넣었다는 '특수한 길' 테제는 추상의 사회 체제와 구조에 책임을 떠넘겼다. 그러나 희생자를 처형장에 몰아넣고 총을 쏘고 스위치를 당겨 사람을 죽인 가해자는 현장에서 살아 움직이는 작은 행위자들이었다. 전쟁 상황에서 사람을 죽이는 것은 구조가 아니라 다른 사람이다. '특수한 길' 테제는 전쟁과 식민지의 현장에서 잔학행위의 가해자였던 작은 행위자들에게 면죄부를 주는 역사적 담론이었다.

전후의 자기 변명적 집단 기억 속에서 평범한 독일인과 일본인은 사악한 나치와 전근대적 군부의 최초의 희생양이었으며, 전쟁이 끝날 무렵에는 최후의 희생자가 되었다. 전쟁 2년 차인 1940년에 각각 6만 2,700명과 6만 4,500명이던 독일군의 전사자와 실종자 수는 전쟁 말기인 1944년에는 45만 8,800명과 152만 7,600명에 달해 전사자와 실종자가 각각 7배와 24배 가까이 급증한다.[117] 이 통계는 민족공동체를 위한 희생이야말로 가장 큰 미덕이라고 믿었던 독일군 병사야말로 가장 큰 희생자였다는 증거이기도 하지만, 패배가 확정된 순간까지 파괴와 학살 기계를 최대한 가동한 나치 체제에 대한 병사들의 헌신을 시사하는 통계이기도 하다. 1941년 12월 아시아·태평양 전쟁 개전 이후 사망한 일본인 희생자 310만 명 가운데 군인·군속이 230만 명, 민간인 사망자가 80만 명에 이른다. 이 가운데 군인·군속 201만 명, 민간인 80만 명 등 무려 91%에 달하는 281만 명이 1944년 1월 1일 이후에 전사했다는 통계는 나치 독일군의 전사 추이와 비슷해서 흥미롭다.[118] '절망적 항전기'에 덧없이 죽어간 이 병사들은 분명 위로부터의 파시즘 체제의 희생자였지만, 그 죽음의 의미는 훨씬 복합적이었다.

VICTIMHOOD NATIONALISM

Ⅶ. 과잉역사화

복잡한 기억 정치의 미로에서 벗어나 도덕적으로 편안하고 성가시지 않은 자기 위안의 기억을 만드는 방법은 생각보다 간단하다. 나치와 스탈린주의의 가장 큰 희생자이면서도 자신과 가족의 목숨을 걸고 유대인 이웃을 구한 폴란드인은 결코 가해자가 될 수 없다는 메시지를 따라갈 때만 단 하나뿐인 출구를 찾아갈 수 있는 것이다. 사진은 에스토니아의 점령 박물관에 있는 나치와 소련을 상징하는 전시물. 사진 출처 © Wikimedia Commons

'희생자 민족'의 집단적 기억 속에 깊이 각인된 세습적 희생자라는 지위는 잠재적 또는 이미 가시화되고 있는 식민주의의 위험성에 대한 비판을 근원적으로 가로막는다. 홀로코스트가 주는 섬찟한 교훈은 또다시 그런 일이 우리에게 닥칠 수 있다는 게 아니라, 우리도 그런 짓을 저지를 수 있다는 자각이다. 나치의 절멸 전쟁, 일본의 식민주의, 홀로코스트의 끔찍한 희생자였던 폴란드, 한국, 이스라엘의 기억 문화를 지배하는 희생자의식 민족주의가 위험한 것은 가해자를 피해자로 만들 뿐만 아니라 피해자에게 내재된 잠재적 가해자성을 비판적으로 자각할 길을 가로막기 때문이다.

집합적 무죄와 예드바브네

역사의 가해자가 기억의 희생자로 변신할 때는 공통된 현상이 하나 있다. 연루된 개개인이 행위의 주체성을 반납하고 역사의 구조 뒤로 숨는 것이다. 역사적 소용돌이의 한복판에 선 개인은 상황의 압도적인 힘 앞에서 초라할 수밖에 없다. 그러나 기억의 영역에서 행위 주체성을 반납한다는 것이 반드시 무기력의 표현만은 아니다. 폭력의 구조와 역사적 상황의 압도적인 힘에 대한 일방적 강조는 개개인의 주체적 행위와 그 결과에 대한 책임에서 도망가는 편리한 변명의 기제이기도 하다. 예드바브네에서 유대인 이웃들을 살해한 죄로 전후 공산주의 정권의 법정에서 각각 15년과 12년의 징역형을 선고받았던 라우단스키(Laudański) 형제 카지미에시(Kazimierz), 지그문트(Zygmunt), 예지(Jerzy)도 예외는 아니었다. 형제의 맏형 카지미에시가 폴란드의 자유주의 일간지 《가제타 비보르차(Gazeta Wyborcza)》에 보낸 2000년 12월 5일자 편지는 변명을 넘어 아예 도발적이다. 이 편지에서 그는 자신과 같은 폴란드인이 아니라 나치 독일 점령군이 예드바브네 학살의 주범이었으며, 스탈린의 비밀경찰과 함께 시베리아로 유배 보낼 폴란드인의 명단을 작성한 것은 유대인 빨갱이들이라고 항의했다. 또 라우단스키 가족의 애국주의적 전통을 들먹이며, 자기 형제를 악당으로 몰지 말라고 경고하기도 했다. "우리(라우단스키 형제)는 항상 공공선을 위해 우리나라에 봉사할 준비가 되어 있었고 지금도 그렇다"는 그럴듯한 상투어로 끝난 이 편지는 편집장 아담 미흐니크(Adam Michnik)의 참을성을 고갈시켰고, 신문의 편집진은 신중론을 벗어나 이 문제를 본격적으로 다루기로 했다.[1]

덕분에 《가제타 비보르차》의 안나 비콘트는 2000년 12월 16일 예드바브네에서 100km 떨어진 피쉬(Pisz)에서 라우단스키 형제를 인터뷰할 수 있었다. 만형인 카지미에시는 독일에서까지 단골이 찾아올 정도로 인근에서 이름난 양봉업자로 성공했다. 차와 수제 생강빵을 대접한 그의 집에서 비콘트와 형제의 인터뷰는 세 시간을 넘겼다. 이들은 침착하고 성실하게 인터뷰에 임했고, 인터뷰에 치밀하게 대비한 듯 비콘트의 모든 질문에 대해 준비된 답변은 술술 막힘이 없었다. 긴 인터뷰를 마친 비콘트는 호텔 예약을 취소하고 그날 밤 얼음 덮인 길로 차를 몰아 바르샤바로 돌아왔다. 자신들의 무죄를 주장하는 형제의 "눈꺼풀 밑에서 1941년의 광경이 재현되고 있다는 느낌을 떨칠 수 없었던" 비콘트는 도저히 그곳에서 잘 수 없었다. 예드바브네의 생존자 슈무엘 바서슈타인(Szmuel Waserstajn)의 증언에서 유대인을 불태워 죽인 헛간에 있던 폴란드인의 한 명으로 지목된 막내 예지는 자신은 헛간에서 30m나 떨어져 있었다고 정황적 무죄를 제시했다. 다른 폴란드 이웃들이 자기보다 헛간에 훨씬 더 가까이 있었다고 전하면서, 그는 입가에 웃음을 지었다. "전후 공산주의 정권에서 유대인이 무슨 짓을 했는

지나 아는가? 그렇다고 이제 폴란드인과 유대인이 서로를 비난해야만 하는가?"라는 그들의 항변을 뒤로한 채 차를 몰면서, 비콘트는 되도록 빨리, 그리고 멀리 그들에게서 떨어지고 싶었다고 회고한다. 인터뷰를 마치고 헤어질 때 만형인 카지미에시 라우단스키는 "우리는 유대인과 아무런 문제가 없으니 상처를 다시 헤집지 말라"고 경고했다.[2]

헤어지기 직전 라우단스키 형제가 무심코 던진 말은 '유대인 빨갱이'라는 고정관념을 무심코 드러냈다. '유대인 빨갱이'라는 고정관념은 폴란드인이 가해자이기는커녕 오히려 유대인 공산주의자의 희생자였다는 전도된 기억을 정당화한다. 이 기억에 따르면, 독소불가침조약에 따라 소련이 이 지역을 지배한 1939년부터 1941년까지 폴란드인들은 소련과 결탁한 유대인 공산주의자에게 고통을 받았다. 소련의 비밀경찰에 협력하는 유대인 공산주의자가 폴란드 민족주의 진영의 반공 파르티잔을 밀고하여 중앙아시아나 시베리아로 쫓아내는 데 앞장섰다는 것이다. 또 1942~1944년의 제2차 세계대전 중에는 전쟁 도적이 된 유대인이 폴란드 농민에게서 음식과 채소 등을 약탈했으며, 이들은 폴란드 지하정부와 폴란드인 다수에게 가장 극단적으로 불충한 집단이었다.[3] 이 역사에서 희생자는 유대인이 아니라 폴란드인이었고, 유대인은 동료 폴란드인을 소련에 팔아넘긴 배반자였을 뿐이라는 것이다. 그래서 부정론자들은 소련 점령기를 '소비에트-유대 점령기'라고 재정의하고, 유대인이 폴란드인을 박해했다는 점을 강조한다. 전간기 반유대주의의 언어로 무장한 '유대인 빨갱이'라는 고정관념은 반공주의적 역사 담론의 전형이지만, 21세기 폴란드의 기억 문화를 지배하는 담론으로 현실 정치의 선거전에서도 여전히 기승을 떨친다.

자신들이야말로 소련이 강요한 외래 이데올로기인 공산주의의 희생자였다고 강조하는 맏형 카지미에시의 변명은 70여 년 전 폴란드 비밀경찰 당국에 보낸 동생 지그문트의 편지 앞에서 여지없이 무너진다. 형제 중 둘째인 지그문트는 살인죄로 수감 중이던 1949년 폴란드 공산당 비밀경찰에 선처를 읍소하는 편지를 보냈다. 이 편지에서 지그문트는 자신이 1939년 10월 소련군의 예드바브네 점령 이후 1941년 나치가 재점령할 때까지 생명의 위협을 무릅쓰고 소련 비밀경찰(NKVD)에 복무했고, 나치의 패전으로 소련군이 진주하자 다시 공산주의 농민조합과 당에 입당한 충실한 공산주의자라는 사실을 들어 선처를 호소했다. 그의 이력에서 흥미로운 부분은 1939년 소련군이 진주하고 예드바브네가 '벨라루스 소비에트 연방공화국'에 편입되자 숲속에 숨어서 6개월을 보냈다는 점이다. 무엇인가 켕기는 게 있었을 것이다. 지그문트는 자신의 신변이 위험하지 않다는 판단이 선 후에야 세상으로 나와 소련 비밀경찰의 정보원으로 일했다. 소련군이 점령했을 때는 소련 비밀경찰의 정보원으로 활동했고, 나치가 점령했을 때는 나치에 동조해서 유대인 학살에 가담했으며, 나치가 패망하고 폴란드에 공산정권이 들어서자 다시 열렬한 공산주의자가 된 그의 이력은 친일파에서 친소련파로, 다시 친미주의자로 변신한 전광용의 소설 주인공 '꺼삐딴 리'를 연상케 한다.[4] 어느 면에서 지그문트 라우단스키의 편력은《꺼삐딴 리》의 소설 주인공보다 더 소설적이다.

예드바브네의 유대인 학살로 사형을 선고받았다가 수감 중 뇌졸중으로 사망한 카롤 바르돈(Karol Bardoń)의 이력도 흥미롭다. 시계 수리공으로 일하다가 1939년 소련군이 진주하자 비밀경찰 및 여타 다양한 행정부서의 일을 돕다가 트랙터 수리 공장의 공장장까지 올라갔던 그는 1941년 나치가 마을을 접수하자 유대인 학살에 앞장섰다.[5] 전간기 폴란드의 파시스트 지도자로 전후 공산주의 정권에서도 나름 화려한 정치적 경력을 쌓은 '완벽한 기회주의자' 볼레스와프 피아세츠키의 이력이 보여주듯이 파시즘, 반유대주의, 공산주의, 가톨릭교회, 민족주의를 한데 묶는 것은 이들에게 아무런 문제가 아니었다.[6] 문학적 상상력이 따라가지 못할 정도로 유연한 실용주의로 무장한 이 기회주의자들이 자신을 '유대인 빨갱이'의 희생자라고 기억한다고 해서 특별히 놀랄 일은 아니다. 이념과 체제의 촘촘한 그물망을 자유자재로 조롱하듯 넘나드는 이 기회주의자들은 폴란드에서 '작은 물고기'라는 은어로 불리는데, 이들의 변명을 기억의 왜곡이라고 단순히 차치해버리면 놓치는 것이 많다. 깊이 있는 분석을 위해서는 전후 폴란드의 기억 문화가 어떤 역사적 문법으로 구성되어 있으며 라우단스키 형제가 공범자적 과거를 희생자의 기억으로 재구성하도록 도와주는 서사적 모범 답안이 무엇인가라는 질문이 필요한 것이다.

한나 아렌트의 '집합적 유죄(collective guilt)'와 '집합적 무죄(collective innocence)'라는 쌍 개념은 다른 무엇보다 이 질문을 이해하기 위한 설득력 있는 준거점이다. 아렌트에 따르면, 집합적 유죄는 "자신이 저지른 일이 아닌데도 자기네 집단의 이름으로 저질러진 일에 죄가 있다고 가정하거나 죄책감을 느끼는" 범주적 사고방식이다.[7] 개개인의 생각이나 행위가 어땠는지와 상관없이 단지 독일인이라는 이유만으로 홀로코스트에 대한 죄를 묻거나, 일본인이라는 이유로 난징 학살에 대한 책임을 묻는 사고방식이 그것이다. 기억 정치의 현장에서 '집합적 무죄'는 '집합적 유죄'의 반대편에 있지만, 범주적으로 무죄를 가정한다는 점에서 논리는 같다. 트랜스내셔널한 기억의 정치에서 양자는 팽팽하게 대치하는 것처럼 보이지만 실은 서로를 떠받치고 정당화한다. 테이블의 반대쪽에 서 있을 뿐, 똑같은 논리와 게임 규칙을 공유하는 것이다.

아렌트의 비판에 따르면, 조상이나 아버지 세대의 죄를 민족의 이름으로 뒤집어쓰는 '집합적 유죄'나 개개인이 저지른 죄를 민족의 이름으로 덮어버리는 '집합적 무죄'는 집합 내의 모든 사람을 유죄나 무죄로 단정함으로써 결국 아무한테도 죄를 물을 수 없는 상황을 만들어버린다.[8] 유대인 이웃을 학살한 자신의 행동과 그 결과에 대해 실존적 책임을 지는 대신, 나치즘과 스탈린주의의 가장 큰 피해자인 폴란드 민족의 일원이라는 이유만으로 자신을 희생자로 간주하는 라우단스키 형제는 '집합적 무죄'의 사유 방식을 전형적으로 보여준다. 1939년 스탈린의 비밀경찰, 1941년 나치 점령군, 1945년 폴란드 공산당 정권, 1990년 연대노조 반공 정권 등 권력이 바뀔 때마다 기회주의적으로 협력했던 이들이 공범자가 아닌 희생자로 탈바꿈하는 기억의 둔갑술은 '집합적 무죄'에 그 비결이 있다. 스탈린주의와 나치즘으로 고통받은 폴란드 민족과 자신을 동일시함으로써, 이들은 희생자의식 민족주의 뒤에 자신들의 가해 사실과 기억을 은폐한 것이다. 희생자 민족이라는 집단적 과거 뒤에 숨어 개인의 가해 기억을 지우는 일은 희생자의식 민족주의에서 자주 발견되는 현상 중의 하나다. 개인적 가해 사실을 숨기기 위해 민족의 집단적 희생을 강조하는 현상은 널리 발견된다. 집단적 희생의 역사를 과잉 맥락화하는 것이다.

진짜 희생자는 끔찍한 기억을 억누르는 트라우마 때문에 침묵을 지키고, 가해자나 협력자가 희생자의식 민족주의의 전도사처럼 행동할 때가 많다. 죄의식을 강하게 느낄수록 특히 더 그렇다. 희생자의식 민족주의의 역설이다. 가해자들에게 희생자의식 민족주의는 자신의 죄의식을 숨기고 터무니없는 분노를 정당화하는 중요한 기억의 자산이다.[9] 유대인에게 납치되어 종교의식의 희생양이 될 뻔했다는 8세 소년의 거짓말로 촉발된 1946년 7월 4일의 키엘체 포그롬에 대한 폴란드 민족주의 우파의 부정론도 '집합적 무죄'의 심리상태를 반영한다. 시내에서 26km 떨어진 교외의 친구 집에 체리를 따러 가서 놀다가 무단 외박을 한 어린 소년이 엄마한테 혼날까 봐 한 거짓말에서 시작된 이 어처구니없는 학살에서 최소한 40명의 유대인과 2명의 폴란드인이 죽고 수십 명이 다쳤다. 40명의 유대인 희생자 중 30여 명이 성난 군중의 돌팔매에 맞아 죽었다. 당국은 재빨리 런던에 있는 망명정부와 연결된 반공주의 지하 세력의 책동이라고 학살을 비난하고, 12명의 학살 용의자를 군사재판에 넘겨 그중 9명에게 총살형을 집행했다. 나치의 압제에서 해방된 공산주의 폴란드에서 발생한 키엘체 학살은 아직 홀로코스트의 공포에서 벗어나지 못한 유대인에게 큰 충격이었다.

하지만 키엘체 포그롬은 일회성이 아니었다. 적군에 의해 폴란드가 해방된 1944년 11월에서 1945년 12월 사이에만 351명의 유대인이 학살되었으며, 1944년부터 1947년 사이에는 총 1,000명 이상의 유대인이 학살된 것으로 추정된다.[10] 1945년 6월부터 12월까지 해방 이후 반년 동안에만 해방된 키엘체, 크라쿠프 등지에서 약 30여 건의 유대인 생존자에 대한 공격이 보고되었는데, 그중 11건은 강도였으며, 5건은 전전 유대인의 재산 소유권에 대한 논쟁으로 촉발되었다.[11] 키엘체 포그롬은 나치 지배로부터 해방된 폴란드에서 일어난 반유대주의적 공격의 절정이었으며, 이는 유대인의 이주를 재촉하여 7월부터 9월까지 불과 3개월 만에 6만 명의 유대인이 고향 폴란드를 떠났다.[12] 홀로코스트에서 살아남아 집으로 돌아온 유대인 생존자가 다시 폴란드의 정든 고향을 떠나 나치의 흔적으로 가득 찬 독일의 '피란민 캠프'로 몰려드는 비정상은 이제 새로운 정상이 되었다. 키엘체 학살이 더 절망적인 것은 학살자들이 극단적 민족주의자나 비열한 불량배에 국한되지 않았다는 것이다. 그랬다면 차라리 위안이 되었을 것이다. 당시 신문 보도에 따르면 평범한 군중이 유대인 학살의 주체였다. 학살 참여자 중에는 붉은 완장을 찬 폴란드사회당(PPS) 키엘체 지부 당원과 많게는 1,000명에 이르는 인근 루드비쿠프(Ludwików) 주물 공장의 노동자도 있었다. 관동대지진 당시 '조센진'과 공산주의자를 학살한 일본의 이웃들처럼, 이들에게는 자경단의 정의를 행사한다는 자의식이 강했다.[13] 하르먼스 렘브란트의 그림 〈야경대(De Nachtwacht)〉에 나오는 자부심 있는 인물들이 그랬던 것처럼, 시민으로서의 본분을 다한다는 느낌이 아니었나 싶다.

학살의 당사자가 아닌 폴란드의 노동자계급 일반의 반응도 크게 다르지 않았다. 이들은 키엘체의 유대인 학살에 대한 비판 성명을 발표하기를 주저했고, 심지어 학살을 비난한 폴란드노동당이 너무 유대인 편이라는 볼멘소리도 나왔다. 학살이 진행되는 동안 키엘체 당 서기 유제프 칼리노프스키(Józef Kalinowski)는 군중을 진정시키는 연설을 하라는 중앙당의 명령을 거부했다. 폴란드사회당이나 폴란드노동당의 하급 당원 사이에서는 학살이 끝난 후에도 유대인에 대한 '도덕적 테러'가 계속되었다.[14] 민족주의 진영의 반유대주의는 더욱 노골적이었다. 1945년 8월 19일 크라쿠프의 '낙원(Raj)' 극장에서 열린 '폴란드 농민당' 대회에서 한 대의원은 유대인 추방을 결의하는 결의안을 제출하면서 "유대인을 절멸시킨 히틀러에게 감사해야 한다"고 연설했다. 대회에 참가한 1,000여 명의 대의원은 박수갈채로 그의 연설에 호응했다.[15] '당'과 경찰, 군부와 공안 등은 대중의 거침없는 반유대주의 물결 앞에서 속수무책이었다. 정통성이 취약한 당으로서는 대중의 뜻을 거스르면서까지 반유대주의와 싸울 수는 없었다. 이 시기 공산당의 공식 담론을 지배한 것은 '민족적 단합', '민족의 의지'와 같은 민족 담론이었다. 키엘체 학살에 앞서 이미 유대인에 대한 지역 주민의 학살과 약탈을 막는 조치가 충분치 않다는 지역 유대인위원회의 분노에 찬 비망록이 중앙의 공안부서에 쇄도했다.[16]

키엘체 학살은 돌연변이라기보다는 풀뿌리 반유대주의 진화 과정의 자연스러운 결과였다. 폴란드는 해방됐지만, 나치의 비인간적 지배와 전쟁을 겪으면서 도덕적 타락은 일상화되고 염치없는 이기주의는 생존의 이름으로 정당화되었다.[17] 특히 나치가 동유럽의 슬라브 주민에게 펼친 잔인한 통치는 생존의 합리성 앞에서 모든 도덕률을 버리도록 압박했다. 그 결과 "사회 전체가 금수적이거나 악마적으로 되었다."[18] 더는 나치 점령군에게 책임을 물을 수 없는 종전 상황에서 일어난 키엘체 학살에 누구보다 더 큰 충격을 받은 것은 폴란드의 계몽적 지식인 그룹이었다. 18세기 말 계몽주의 헌법과 '온건한 혁명' 시대까지 그 기원이 거슬러 올라가는 계몽주의 잡지 《대장간(Kuźnica)》은 "이

제 키엘체는 '유대인 없는(Judenrein)' 땅이 되었으며 …… 히틀러의 계획은 키엘체에서 완벽하게 실현되었다"고 탄식했다.[19] 폴란드 땅에서 벌어진 전례 없는 범죄행위인 홀로코스트가 폴란드인에게 유대인 이웃의 고통에 대한 따듯한 공감과 형제애를 불러일으킬 것이라는 기대는 산산이 무너졌다.

잡지 《재생(Odrodzenie)》에 게재된 카지미에시 비카(Kazimierz Wyka)의 에세이는 특히 크라쿠프의 학살을 예로 들어 사태의 복잡성을 잘 지적했다. 그는 폴란드의 비극이 노르웨이의 비드쿤 크비슬링(Vidkun Quisling) 정권 같은 토착적인 나치 협력체가 없었다는 데서 비롯되었다는 역설을 지적했다. 나치와 협력하기를 거부하고 런던 망명정부와의 긴밀한 협력 아래 잘 조직된 지하정부와 군대를 운영했던 폴란드 레지스탕스의 민족적 자부심과 도덕적 정당성이 반유대주의와의 싸움을 더 어렵게 만들었다는 것이다.[20] 비카가 제시한 폴란드 민족주의의 역설에 대해서는 예드바브네 논쟁 당시 아담 미흐니크가 더 발전된 해석을 내놓았다. 나치 점령군과 홀로코스트의 협력체제를 구축한 노르웨이의 크비슬링, 비시 프랑스, 발트 3국 등의 극우 민족주의 세력과 달리 폴란드의 극우 민족주의는 협력을 거부함으로써 역사적 정통성을 고수할 수 있었으며, 그 결과 반유대주의는 민족을 배반한 나치의 협력자가 아니라 여전히 폴란드 애국주의의 상징으로 남은 것이다.[21]

나치 점령기를 살았던 뜨거운 폴란드인 가운데 토착 파시스트이자 반나치 레지스탕스의 영웅이고, 유대인을 구출한 반유대주의자라는 모순이 집적된 인물을 찾는 것은 그리 어려운 일이 아니다. 여성 레지스탕스의 상징인 조피아 코사크-슈추츠카(Zofia Kossak-Szczucka)도 그런 인물 중의 하나였다. 저항군에서 베로니카(Weronika)라는 암호명을 썼던 코사크-슈추츠카는 가톨릭 계통의 민족주의 저항조직인 '폴란드 재생전선(Front Odrodzenia Polski, FOP)'의 공동창설자이자 유대인 구출 조직인 암호명 '제고타(Żegota)'의 창립자 중 한 명이었다. 1942년 8월 코사크-슈추츠카는 바르샤바 게토의 참상을 전하고 절멸 직전에 놓인 유대인을 구하자는 내용의 전단 〈저항〉을 5,000부 작성해서 살포했다. 전전부터 민족주의적인 소설과 산문으로 명망이 높은 작가의 이 전단은 세상과 분리된 장벽 뒤에서 수십만의 유대인이 아무런 구원의 희망과 외부의 도움도 없이 죽음을 기다리고 있는 바르샤바 게토의 참상에 대한 고발로 시작한다. 이어서 그녀의 날카로운 펜은 수백만의 비무장 민간인이 학살당하는 현실에 대한 세상의 침묵과 폴란드인의 침묵에 대한 비판으로 넘어간다. 살인을 보고도 '침묵하는 자는 살인의 공범자'이며, 비난하지 않는 자는 살인을 받아들이는 것과 마찬가지라는 것이다. 유대인 학살에 대한 항의는 살인하지 말라는 신의 명령이자 기독교적 양심에 따른 '우리 가톨릭-폴란드인'의 의무 같은 것이었다. 자기 땅에서 일어나고 있는 홀로코스트를 방관한다면, 예수를 십자가에 못 박아 죽이고는 피 묻은 손을 씻어버린 폰티우스 필라투스(Pontius Pilatus)와 다를 바 없다는 기독교적 도덕률이 유대인 구출의 행동에 나서게 한 것이다. 코사크-슈추츠카는 유대인의 목숨을 구하는 것이 '우리 가톨릭-폴란드인'의 의무라고 강조하면서도, 유대인이 "폴란드의 정치적·경제적·사상적 적"이라는 생각은 바뀌지 않을 것이라고 단언했다.[22]

코사크-슈추츠카의 행적에서 흥미로운 것은, 목숨을 걸고 유대인을 구출한 제고타의 활동과 유대인은 폴란드의 적이라는 반유대주의가 공존했다는 점이다. 민족주의적 신념이 '유대인을 구하는 반유대주의자'라는 역설을 낳은 것이다. 폴란드 민족의 명예를 위해서라면 반유대주의자도 유대인을 구해야만 했고, 그것은 폴란드 민족주의의 의무이자 자부심이었다. 그 밑에는 한 사람 한 사람의 구체적 생명을 구한다는 의미보다도 자기 땅에서 절멸 위기에 놓인 유대인을 구함으로써 폴란드 민족의 추상적 명예를 구해야 한다는 절박함이 있었다. 전후 코사크-슈추츠카의 행적도 흥미롭다. 그녀는 1943년 9월 나치의 불심 검문에 걸려 아우슈비츠-비르케나우 강제수용소로 끌려갔다가 탈출하여 1944년 8월의 바르샤바 봉기에 참여했다. 우여곡절 끝에 종전을 맞이한 코사크-슈추츠카는 우익 민족주의 성향 때문에 공산당 정권의 블랙리스트에 올랐지만, 폴란드인민공화국의 초대 공안부장이었던 야쿠프 베르만의 도움을 받아 서유럽으로 탈출할 수 있었다. 나치의 홀로코스트에서 자신의 동생이자 시온주의자인 아돌프 베르만(Adolf Berman)의 생명을 구한 데 대한 보답이었다. 조국에 대한 사랑이 유달랐던 타고난 민족주의자 코사크-슈추츠카는 탈스탈린주의화가 시작된 1957년 다시 폴란드로 돌아왔다.

코사크-슈추츠카는 목숨을 걸고 유대인을 구한 제고타의 활동을 인정받아 사후인 1985년 이스라엘의 야드 바셈에서 '의인'으로 추서되었고, 1989년 폴란드가 공산주의에서 벗어나자 그녀의 행적은 다시 활발하게 재조명받았다. 2009년 폴란드 국립은행은 코사크-슈추츠카의 활동을 기리는 기념주화를 발행했고, 2018년에는 폴란드 최고 훈장인 '흰 독수리 훈장'이 추서되었다. 기억 정치의 관점에서 보면, 폴란드의 반유대주의적 민족주의는 나치에 대한 저항의 한 방식으로 목숨을 걸고 유대인을 구출했다는 역설 때문에 비판과 성찰 대신 도덕적 정당성에 안주한 측면이 있다. 유대인 구출의 신화는 폴란드인의 '집합적 무죄'를 입증하는 중요한 기억의 코드였다. 나치의 가장 큰 집단적 희생자였던 폴란드의 민족주의적 애국자가 유대인 이웃을 구하기 위해 기꺼이 희생을 치렀다면, 폴란드 민족의 '집합적 무죄'는 다시 한번 검증되는 것이다.

유대인을 구하기 위해 목숨을 바친 폴란드인 중에는 민족주의 엘리트뿐만 아니라 평범한 농민도 있었다. 1944년 3월 24일 밤 나치 경찰 분견대는 마르코바(Markowa)라는 작은 마을에 있는 유제프 울마(Józef Ulma)의 농가를 급습하여 다락 안에 숨어 있는 8명의 유대인을 발견하고 그 자리에서 사살했다. 그러고는 주인 유제프 울마, 임신 7개월의 부인 빅토리아 울마(Wiktoria Ulma), 여섯 명의 아이를 마을 광장으로 끌고 와 강제 동원된 마을 사람들이 지켜보는 가운데 전부 처형했다. 맏아이가 막 초등학교에 들어갈 정도로 어린아이들이었다. 울마 부부가 숨겨준 유대인 중 하나인 샬 골드만(Szall Goldman)이 몸을 숨기며 맡기고 간 재산에 눈이 먼 폴란드인 이웃의 고발이 학살의 발단이었다고 추정된다. 나치의 위력 시위는 폴란드 농민들을 겁주기에 충분했다. 다음 날 아침에는 24구의 유대인 시체가 마을 주변의 들판에 버려졌다. 자기 가족의 안위를 걱정한 폴란드 농민들이 20개월 이상 숨겨준 유대인을 살해해 들판에 버린 것이다.[23] 울마 부부는 1995년 9월 13일 야드 바셈에서 '의인'으로 인정받아 그 희생이 헛되지 않게 되었다. 야드 바셈의 '의인'이 되었다고는 하나, 폴란드에서 울마 부부는 소수의 홀로코스트 전문가나 마을 주민들의 풀뿌리 기억 속에서만 전승되는 존재였다.

그런데 2018년 3월 폴란드 의회는 뜬금없이 3월 24일을 국경일로 선포하는 법령을 의결했다. 집권당인 '법과 정의당(PiS)' 출신 국회의장 마레크 쿠흐친스키(Marek Kuchciński)의 이름으로 공포한 법령은 "동료 인간에 대한 공감과 연대, 불굴의 용기를 의로운 영웅적 행동으로 가장 고귀한 윤리적 가치와 기독교적 자선의 전범이자 자주 폴란드 공화국의 윤리를 실천한 영웅들"에게 헌정하는 국경일이라고 설명했다.[24] 폴란드 의회는 울마 부부가 희생된 3월 24일을 "독일 점령하에서 유대인을 구한 폴란드인을 기리는 국경일"이라는 다소 긴 이름의 법정 공휴일로 지정했고, 이제 울마 부부의 기억은 폴란드의 국가적인 공식 기억으로 편입되었다. 그에 앞서 폴란드 교회는 울마 부부를 '하느님의 종'이라 부르며 '시복'을 위한 전 단계의 절차를 개시했고, 2006년에는 마르코바의 마을 학교가 '하느님의 종, 울마 가족 학교'로 이름을 바꾸었다. 2016년 3월에는 '제2차 세계대전 당시 유대인을 구한 폴란드인을 기념하는 울마 가족 기념관(The Ulma Family Museum of Poles Saving Jews in World War II)'이 마르코바에서 문을 열었다. 지방의 작은 박물관 개장 행사였지만, 안제이 두다(Andrzej Duda) 대통령을 비롯한 각계 인사의 참여는 울마 가족의 기억이 폴란드의 국가적 관심사임을 드러냈다. 같은 해 10월에는 비셰그라드 4개국의 국가수반들이 정상회담을 마치고 울마 가족 기념관을 방문하여 헌화하고, 유대인을 구한 폴란드인의 이름이 적혀 있는 화강암 벽 앞에 촛불을 밝혔다.[25]

더 상징적인 이벤트는 폴란드 수상 마테우시 모라비에츠키(Mateusz

Morawiecki)가 울마 가족 기념관에서 외신 기자들을 대상으로 연 폴란드 기억법에 대한 설명회였다.[26] 모라비에츠키 수상이 설명한 기억법은 2018년 1월 26일자로 개정된 '민족기억연구소'에 대한 수정 법령이었다. 법안은 홀로코스트 및 나치의 잔학행위에 대해 폴란드 민족에게 책임이 있다거나 공범이었다고 사실과 어긋나는 주장을 공개적으로 표명해서 폴란드 민족의 명예를 더럽힌 연구자를 처벌한다는 내용을 담고 있었다.[27] '폴란드 강제수용소'라는 모호한 용어를 써도 안 되는 것이었다. 더 중요하게는 나치의 가장 큰 희생자인 폴란드인이 나치의 협력자였다거나 홀로코스트의 공범이라는 주장도 기억법의 처벌 대상이 되었다. 법률의 취지에 따르면, 예드바브네에서 폴란드 이웃이 유대인 이웃을 학살한 역사를 쓴 얀 그로스도 처벌될 수 있었다. 실제로 그로스는 기억법이 입법되기 훨씬 전에도 폴란드 검찰의 기소 위협에 시달렸다. 키엘체 학살의 역사를 서술한《공포(Fear)》를 출간한 직후의 일이었다. 유대인을 숨겨주다 목숨을 잃은 울마 가족 기념관은 폴란드의 집합적 무죄를 상징하는 기억의 터로서, 홀로코스트의 공범자라는 이미지를 상쇄할 수 있는 좋은 예였다. 수상 모라비에츠키가 울마 가족 기념관에서 외신 기자들에게 폴란드 민족의 명예를 지키는 기억법 설명회를 개최한 것은 지금 폴란드에서 벌어지는 기억 정치의 단면을 잘 보여준다.

유대인 구원자의 기억이 민족주의를 정당화하는 방식으로 활용된 예는 북아프리카에서도 발견된다. 제2차 세계대전 당시 비시 프랑스가 강제한 반유대주의적 조처에도 불구하고 유대인 신민을 구한 모로코 국왕 모하메드 5세의 기억은 비슷한 이유로 전후 모로코의 민족 서사에서 빼놓을 수 없는 이야기가 되었다. 그런데 역설적으로 모로코의 유대인 구하기 기억 속에는 북아프리카의 비시 프랑스 정부가 세운 강제노동수용소가 있다. 24만 명의 모로코 유대인을 구한 모하메드 5세의 용기와 은혜가 홀로코스트 기억의 중심인데, 강제수용소에는 모하메드 5세 국왕이 없는 것이다. 독일의 게릴라 예술가 올리버 비엔코프스키(Oliver Biękowski)가 마라케시 인근에 만든 홀로코스트 기념비가 철거된 것도 비슷한 이유에서였다. 유대인 구원자로서의 모하메드 국왕에 대한 기억은 없고, 모로코에서는 아직 형사처벌 대상인 동성애자, 양성애자, 트랜스젠더를 기리는 시도가 문제가 된 것이다.[28]

리투아니아 카우나스의 일본 영사관의 외교관으로 2,000개가 넘는 통과 비자를 발급해 홀로코스트의 위협에서 최대 6,000명의 유대인을 구한 '일본판 쉰들러' 스기하라 치우네(杉原千畝)에 대한 일본 사회의 조용한 열광도 흥미롭다. 일본의 기억 문화에서 하얼빈의 러시아 지구에 러시아인 애인과 살면서 만주국의 외교를 관장하고 소련을 감시하는 스파이망을 움직인 외교관 스기하라의 이미지는 일본판 쉰들러의 이미지에 지워져 버렸다.[29] '중국판 쉰들러' 허펑산(何鳳山)과 첸슈링(錢秀玲)에 대한 시진핑 정권의 기억 정치도 더 면밀한 검토가 필요하다.[30] 중국 정부가 자국의 유대인 구원자들을 부각하는 것은 신장 위구르 강제수용소의 인권탄압을 가리는 '가림막 기억'의 효과를 노린 것은 아닌지 의심스럽다. 난징에 새로 문을 연 욘 라베(John Rabe) 기념관의 설명에서 나치 당원이자 지멘스 중국 지부장이었던 라베를 '위대한 인도주의자'라고 추켜세운 시진핑의 방명록은 분명히 도를 넘어섰다.

한편 울마 가족 이야기는 그단스크의 제2차 세계대전사 박물관의 공식적인 전시 서사 안에도 자리 잡았다. 박물관의 기획과 준비 단계부터 우파 민족주의자로부터 "충분히 폴란드적이지 않고", "폴란드 민족을 분열시키고", "코즈모폴리턴적이며", "사이비 보편주의적"이라는 공격에 시달렸던 제2차 세계대전사 박물관은 석연치 않은 정치적 이유로 관장이 경질된 후에야 울마 가족 이야기를 전시할 수 있었다.[31] 울마 가족 기념관의 미니멀리즘적인 건물의 뒤에서 작동한 기억의 정치는 훨씬 복잡했다. 복잡한 기억 정치의 미로에서 벗어날 수 있는 방법은 생각보다 간단하다. 나치와 스탈린주의의 가장 큰 희생자이면서도 자신과 가족의 목숨을 걸고 유대인 이웃을 구한 폴란드인은 결코 가해자가 될 수 없다는 메시지를 따라갈 때만 단 하나뿐인 출구를 찾아갈 수 있는 것이다. 유대인을 구하기 위해 자신과 가족을 희생한 '의인' 울마 가족의 기억이 예드바브네의 유대인 학살자 라우단스키 형제의 기억과 만나는 곳도 바로 이 지점이다. 선량한 희생자 폴란드 민족의 집합적 무죄가 폴란드 사회의 집단적 기억을 구성하는 프레임으로 자리 잡으면, 나치 점령기의 예드바브네 학살뿐만 아니라 전후의 키엘체 학살 부정론도 고개를 내민다. 이들에 따르면, 학살은 폴란드 민족주의의 명예를 실추시키려는 스탈린의 비밀경찰 또는 폴란드 공산당 공안기관의 음모로 환원되고, 폴란드인 가해자는 음모의 무고한 희생자가 된다. '키엘체 학살(pogrom kielecki)'이 아니라 '공안기관 학살(pogrom ubecki)'이라는 슬로건이 스킨헤드의 메가폰을 통해 유대인이 학살당한 키엘체의 '플란티'가 7번지 앞에서 메아리칠 때, 과잉역사화된 '집합적 무죄' 개념은 도덕적 테러의 무기가 된다.[32]

2021년 2월에는 민족기억연구소가 극우 민족주의 진영인 '급진민족주의 진영(Obóz Narodowo-Radykalny, ONR)'의 지도부에서 오래 활동해온 토마시 그레니우크(Tomasz Greniuch)를 브로츠와프 사무소 소장으로 지명해서 큰 소동이 일었다. 브로츠와프 시장과 브로츠와프 대학 역사가들이 반대하는데도 집권당은 그의 임명을 강행했다. 급진민족주의 진영에서 활동하던 시절 팔을 들어 나치식 경례를 하는 사진이 공개되어 논란이 일자, 그는 고대 로마인의 경례 방식인데 뭐가 문제냐는 반론으로 비판자들을 경악하게 했다.[33] 에스파냐 팔랑헤(Falange)당의 가톨릭 파시즘을 모델로 삼는 그의 서슴없는 정치 행보는 집합적 무죄라는 폴란드 사회의 문화적 기억을 배경으로 삼을 때 가능한 것이었다. 더 중요하게는 국가의 공식 기억이 집합적 무죄를 공식화하고 있다는 점이다. 집권당이 주도해서 만든 일련의 '기억법'과 기억과 관련된 재판 등이 그러하다. 거의 같은 시기인 2월 9일 바르샤바 법정은 역사가 얀 그라보프스키(Jan Grabowski)와 바르바라 엥겔킹(Barbara Engelking)이 자신들의 책에서 홀로코스트의 폴란드인 공범자라고 지적한 폴란드인 손녀에게 명예훼손죄로 고소당해 열린 소송에서 두 역사가에게 사과문을 쓰라는 판결을 내렸다.[34] '사과'를 구제 수단으로 삼는 법적 논리도 독특하지만, 폴란드 민족주의자의 분노는 그라보프스키와 엥겔킹의 역사 서술이 폴란드인의 집합적 무죄라는 문화적 기억을 부정한다는 데로 향했다. "다른 모든 폴란드인과 마찬가지로 우리는 소련과 독일, 폴란드인민공화국 치하에서 고통받았다"[35]는 라우단스키 형제의 맏형 카지미에시의 전도된 기억은 문화적 기억의 모태로서 집합적 무죄의 작동방식을 잘 드러낸다.[36]

비단 가해자뿐 아니라 평범한 폴란드인도 역사의 희생자라는 도덕적으로 편안한 지위를 포기하는 것은 참으로 견디기 어려운 것이었다. 예드바브네의 유대인 학살을 둘러싼 역사 논쟁이 시민사회 전체를 아우르는 진정한 '도덕 혁명'을 불러왔다는 평가는 이 논쟁이 폴란드에서 갖는 무게를 짐작케 해준다.[37] 현실사회주의가 무너진 직후 1990년대의 지배적인 역사 담론은 폴란드인이 밖에서 총칼로 강요한 이데올로기인 공산주의의 희생자인데도 국제사회가 폴란드 민족의 고통을 충분히 인정하지 않는다는 것이었다.[38] 공산주의가 역사 청산의 주된 의제로 남아 있는 한, 나치 점령기 유대인 홀로코스트에 대한 폴란드인의 죄의식이나 역사적 책임을 물을 여지는 없었다.[39] 아리안 지역에 사는 유대인을 협박하거나 나치에 팔아넘긴 직업적 폴란드인 밀고자(szmalcownicy)는 아예 제2차 세계대전의 역사에서 빠져버렸고, 유대인에 대한 폴란드인의 무관심은 나치의 혹독한 공포정치와 같은 압도적인 외부의 요인으로 환원되었다. 그 결과 정작 폴란드 사회 내부의 뿌리 깊은 반유대주의 등의 문제는 의도적으로 간과했다. 폴란드의 경험은 민족의 집합적 무죄에 기초한 사회적 기억이 얼마나 위험할 수 있는가를 잘 보여준다. 기억 정치의 도덕주의는 도덕적이지 못하다. 과잉 역사화된 집합적 무죄의 도덕적 정당성에 안주하기보다 개개인의 실존적 책임을 묻는 양심의 목소리가 훨씬 더 소중하다는 모순어법이야말로 바람직한 기억의 정치를 추동하는 문법이다.

B·C급 전범과 조선 화교 포그롬

안동원은 대한민국 정부 수립 직후 기독청년회(YMCA)의 후원으로 세계 일주 여행을 떠났다. 태극서관에서 발간된 《세계일주기: 붕정십만리》(1949)는 그 여행 기록이다. 당시로서는 보기 드문 이 여행기에서 그는 런던에서 당한 뜻밖의 봉변을 전한다. 한 영국인이 "유, 코리안?" 하고 물어 그렇다고 했더니 다짜고짜 "빠가야로, 빠가야로" 하면서 때릴 듯이 달려들더라는 것이다. 자신은 '잽(일본인)'이 아니라 한국인이라고 항변했지만, 그 영국인은 한국 놈이 더 나쁘다며 막무가내였다. 한국인에게 맞은 매를 너한테 갚아야겠다며 달려드는 그를 피하느라 안동원은 진땀을 흘렸다. 알고 보니 그 영국인은 일본군의 싱가포르 함락 당시 포로로 잡혀 일본군 포로수용소에서 3년을 보낸 영국군 포로 출신이었다. 포로수용소에 대한 그의 기억은 굶주림과 학대, 비인간적 처우 등으로 가득 차 있었는데, 그의 분노는 일본군에 배속된 식민지 조선인 간수들에게 향해 있었다. 영국군 포로가 수용소의 일상에서 늘 마주치던 상대는 일본군 지휘부가 아니라 현장의 조선인 간수들이었다. 포로수용소에서 얻어맞고 학대받아온 분풀이 대상이 일본군 간부가 아닌 조선인 하급 간수들이었던 것은 이런 이유에서다. 안동원은 이제 식민지 조선인이 아닌 해방된 독립국 대한민국의 당당한 시민이었건만, 그 영국인의 기억 속에서 한국인은 일본 제국의 신민이라는 굴레에서 벗어날 수 없는 존재였다. 안동원은 일제에 지나치게 충성해서 조선 사람에게 "적개심을 일으키도록 한 그 병정 놈들이 미웠다"고 쓰고 있다.[40] 영연방 참전용사들이 버마와 말레이의 일본군 포로수용소에서 경험한 조선인 포로감시원들의 학대에 대한 아픈 기억과 반발은 안동원의 생각 이상으로 컸다. 영국 정부가 1951년 샌프란시스코 평화조약에 한국 정부의 참여를 반대한 것은 이들 포로 출신 참전용사들의 반발을 무시할 수 없었기 때문이다.[41]

미군정 부녀국장으로 훗날 서울여대를 세운 고황경도 1947년 뉴델리에서 열린 범아시아대회에 참가했다가 비슷한 경험을 한다. 호텔 로비에 앉아 있는 고황경에게 말레이 대표 한 사람이 다가오더니 일본군이 말레이를 점령했을 때 자기 가족이 조선인 병사에게 고문을 당한 이야기며 일본군으로 진주한 조선인의 잔혹한 행동에 대해 항의했던 것이다. 적개심이나 경멸감을 감추지 않는 말레이 대표에게 고황경은 의심을 사지 않기 위해 일본인 병사보다 더 충성을 보여줄 수밖에 없었던 식민지 조선인 병사의 안타까운 처지를 설명했다. 궁극적인 책임은 조선인에게 잔학한 행동을 시킨 일본 제국에 있다는 변명으로 곤경을 피해가려고 했지만, 말레이 대표는 그런 사정을 다 고려한다고 해도 조선인은 비난받을 점이 많다고 차갑게 대응했다. 고황경은《인도기행》에서 아시아의 이웃들에게 악랄한 조선인의 인상이 박힌 데 대해 '찌르르'한 느낌을 받았다고 술회하고 있다.[42] 대영제국 참전용사의 공격을 받은 안동원과 달리, 성난 아시아 이웃의 비난에 직면한 고황경의 경험은 더 곤혹스럽다. 잔학한 일본 제국주의의 희생자였다는 신생 독립국 대한민국의 공식적 집단기억은 식민지 조선 병사가 일본군보다 더 고약했다는 아시아 이웃들의 풀뿌리 기억 앞에서 이렇게 가면이 벗겨졌다. 1947년 뉴델리의 범아시아대회는 대동아공영권의 이데올로기적 허구를 확인하고 전후 아시아의 새로운 단결을 도모하자는 취지로 열렸다. 그러나 한국의 엘리트 고황경에게 이 대회는 일본 제국의 피해자이면서 아시아 이웃에게는 가해자였던 조선인의 이중성을 폭로하는 계기였다.

영화 〈콰이강의 다리〉로 유명해진 타이-미얀마 철도 부설사업에도 식민지 조선인은 어김없이 모습을 드러냈다. 빽빽한 밀림과 크고 작은 강, 협곡을 가로지르는 철도를 하루 평균 840m를 건설했다는 신기록은 많은 희생을 대가로 치렀다. 철도 부설에는 5만 5,000명의 연합군 포로와 현지인 노동자 7만 명 등 총 12만 5,000명이 동원되었는데, 그중 4만 4,000명이 사망했다. 영양실조와 전염병, 일상적 폭력 등의 가혹한 작업환경 때문에 노역에 동원된 연합군 포로는 4명에 1명꼴로 죽어갔다.[43] 전쟁포로 처우에 대한 제네바 협약을 위반한 강제 노동의 책임을 묻는 연합국의 철도 관련 포로 학대 전범 재판에서 총 120명이 기소되어 111명이 유죄판결을 받았다. 재판에 기소된 120명 중 조선인 군무원의 수는 35명으로, 그중 33명이 유죄판결을 받았다. 전범 처리자 중 식민지 조선인은 거의 세 명 중 한 명꼴로, 이는 일본인 다음으로 높은 비율이었다. 조선인 전범의 형량도 상대적으로 높았다. 사형 선고를 받은 32명 가운데 조선인은 13명이었다. 4명이 감형을 받아

최종적으로는 9명에게 사형이 집행되었다. 유죄판결을 받은 B·C급 전범 111명에게 내린 형량을 보면, 사형 32명, 종신형 16명, 징역형 63명이었다. 그중 33명의 조선인 전범에게 내린 형량이 사형 9명, 종신형 7명, 징역형 17명이었으니, 중형의 비율이 거의 50%에 이를 정도로 높다는 걸 알 수 있다.[44]

종전 후 일본과 아시아 49개 지역에서 열린 아시아·태평양 전쟁 관련 B·C급 전범 재판에서 사형 948명을 비롯해 총 4,403명이 유죄판결을 받았는데, 그중 조선인은 사형 23명을 비롯해 총 148명이 유죄판결을 받았다. 148명 중 포로감시원으로 일한 군무원은 129명이었다. 1941년 12월부터 4단계의 심사 과정을 거쳐 선발되어 2개월간 부산의 노구치 부대에서 훈련을 받은 뒤 동남아시아와 서울, 인천 등의 포로수용소에 군무원으로 파견된 조선인은 3,223명으로, 그중 동남아시아에 배치된 인원은 3,016명이었다. 그중 129명이 전범이 되었으니 100명당 4.27명의 비율이다.[45] 4.27%는 악명 높은 일본군 헌병의 전범 비율 4.25%(3만 6,073명 중 1,534명)보다 조금 높다. 이처럼 높은 조선인 군무원의 전범 기소율은 일본군에 잡힌 연합군 포로의 높은 사망률과 관련이 있다. 연합군 포로 13만 2,134명 중 3만 5,756명이 사망했으니 사망률이 무려 27%에 달했다. 나치 독일과 이탈리아군의 포로가 된 연합군 포로 사망률 4%(23만 5,473명 중 9,648명 사망)의 거의 7배에 달하는 수치로, 포로에 대한 범죄적 잔학행위가 있었다는 심증을 주기에 충분했다. 27%라는 사망률은 전후 일본의 희생자의식을 정당화했던 시베리아 억류 일본인 사망률보다도 훨씬 높았다. 총 60만 9,448명 중 6만 1,855명이 사망한 시베리아 포로수용소의 일본군 포로 사망률이 10.1%였으니, 연합군 포로 사망률의 3분의 1을 겨우 넘는 수준이었다.[46] 일본군의 포로가 된 연합군 병사의 높은 사망률은 일본 제국의 이데올로기와도 관련이 있었다. 총독부 기관지 《매일신보》의 포로감시원 선전 기사들은 거만하기 짝이 없는 백인 포로를 감시하는 일은 "일본 제국에 대하여 존경하는 정신을 갖게 하고", 교만한 영국인과 미국인의 100년의 착취에 복수하는 통쾌한 일이라고 쓰고 있다.[47] 동남아 포로수용소보다 비교적 형편이 좋은 식민지 조선의 포로수용소도 영·미 '백인' 포로를 조선인에게 구경시켜 제국 일본의 실력을 보여주고 "조선인의 마음속에 남아 있는 영·미 숭배 관념을 불식시키기 위한 사상 선전 공작"의 차원에서 포로를 도구로 이용하려는 경향이 강했다.[48]

일본군 포로수용소의 조선인 군무원은 국제법에 따라 전범으로 처리되었지만, 대한민국의 탈식민주의 공적 기억에서는 희생자로 남았다. 부산에 있는 국립일제강제동원역사관의 상설 전시 '전범이 된 사람들' 항목은 이렇게 설명하고 있다.

> "조선인 포로감시원은 전후 연합군의 가장 손쉬운 희생양이 되었다. 일본은 가혹행위의 책임을 포로감시원에게 전가하였고, 일본인과 조선인을 구분하지 못한 연합군 포로는 조선인을 전쟁범죄자로 지목하였다."

"포로들의 원망이 자신들의 눈앞에 보이는 사람, 조선인 포로감시원에게로 향했고, 이로 인해 '학대하는 조선인'이라는 인식이 심어졌다"는 또 다른 설명은 연합군 포로의 오해가 조선인 군무원을 전범으로 몰아갔다는 의미를 담고 있다. 역사관의 공식적인 전시 서사에 따르면, 조선인 전범은 기본적으로 희생자다. 2020년에 열린 '죽음의 태국-버마 철도전'은 "일제 강제 동원 피해자였으나 연합군 포로에게 가해자로 지목되어 희생된 조선인 포로감시원의 비극적 삶"을 언급하고, 철도 부설사업에 희생된 영령에게 헌정된 전시임을 밝히고 있다. 한국의 공영방송 KBS가 만든 다큐멘터리 〈전범이 된 조선 청년들〉의 서사도 크게 다르지 않다. 일본군이 이 어려운 공사를 걱정하지 않았던 것은 "연합군 포로와 조선인 포로감시원이 있었기 때문"이라고 설명하는 대목에서는 연합군 포로와 조선인 포로감시원이 한배를 탄 희생의 운명공동체임을 시사한다. 다큐멘터리 시청자에게는 '일본군 가해자 대 조선인 포로감시원+연합군 포로 희생자'라는 대립 구도가 자연스레 들어온다.[49] 심지어 전범으로 재판에 넘겨진 조선 청년들의 운명은 연합군 포로보다 더 가혹했다는 설명도 흘러나온다. 여기에서도 전범이 된 조선인 포로감시원이나 연합군 포로보다 더 큰 희생자였던 현지 노동자에 대한 기억은 삭제되어 있다. 이들은 조선인 전범의 희생을 간접적으로 시사하는 증인으로만 드문드문 소환된다.

전범으로 고초를 겪고, 대한민국에서는 일제에 협력한 전범으로 백안시되었으며, 일본에서는 원호법 대상에서 배제되어 출소 후에도 고단한 삶을 살아야만 했던 이들의 역정은 애잔하다. 쓸쓸하고 애잔한 선율의 〈자클린의 눈물(Les Larmes De Jacqueline)〉이 흐르는 가운데 전쟁이 끝나고 전범 신세가 되어 이국의 감옥에 갇힌 이 '비운의 조선 청년들'에 대한 설명이 이어진다. 일제에 강제 동원되어 이국의 형장에서 이슬로 사라진 조선 청년들의 비극적 죽음은 애잔하고 슬픈 역사로

시청자의 감정을 북받치게 한다. 사형을 선고받았다가 20년형으로 감형되어 징역형을 산 이학래 전 포로감시원은 "일본군의 명령에는 절대복종할 수밖에 없었고, 또 목표를 달성한다는 관점에서 포로를 관리할 수밖에 없었다"고 증언한다.[50] 전범 재판에서 사형선고를 받은 장수업 역시 "자신이 조선인 출신으로 일본의 지배하에 놓여 있었고, 상관의 명령에 의해 어쩔 수 없는 상황이었다"고 자신을 변호했다. '규율'을 어긴 포로를 명령에 따라 구타했을 뿐이라는 게 조선인 전범들의 변론 요지였다. 영국 측 전범 재판에서 교수형을 선고받고 1947년 처형된 조문상은 부산 노구치 부대의 포로감시원 교육단계에서부터 "체구가 큰 포로에 맞서려면 폭력밖에 없다"고 교육받았다고 증언했다.[51] 현장의 작은 가해자들은 상부의 명령에 따라 위임받은 일을 했을 뿐이라며 자신을 변호하고, 명령권자는 현장 가해자들과 달리 자신은 한 번도 가해 행위를 저지른 적이 없다고 책임을 회피한다.

조선인 전범의 변론과 그에 대한 한국 사회의 옹호론적 기억은 '집합적 무죄'와 '매개 행위(mediation of action)'의 논리로 구성되어 있다. 식민지 조선 출신의 포로감시원은 일본의 식민 지배를 받던 한민족 전체와 더불어 무죄라는 식이다. "조선인 포로감시원의 행위가 엄연한 전쟁범죄라고 할지라도 행위 자체의 폭력성 이면에 식민지 민중에게 '강요'된 가해의 '완장'을 단순한 범법행위로 처벌할 수 있는가"라고 묻는 것은 집합적 무죄론의 전형을 보여준다.[52] 그러나 일본어를 할 수 있고 일정 학력 이상의 신체 건강한 장정이라는 까다로운 조건에도 불구하고 모집 시작 4일 만에 정원의 10배가 넘는 지원자가 몰린 경성부 포로감시원 지원현황은 그것이 식민지 민중에게 강요된 것이라는 해석에 물음표를 던진다. 식민지 조선인은 모두 무죄라는 집합적 무죄의 논리적 강변이 아닐 수 없다. 한국 민족이 일본 식민주의의 희생자였으므로 식민지배하에 있던 모든 한국인은 희생자라는 논리의 비약이 그대로 드러난다. 집단적 희생의 역사 속에 개별적 역사 행위자의 가해 행위를 가리는 과잉맥락화의 논조는 여기에서도 지배적이다.

한편 '매개 행위'는 가해자가 자신의 무고함을 읍소할 때 자주 사용하는 논리다.[53] 유대인의 뺨 한번 때린 적 없는 자신은 결코 반유대주의자가 아니며, 단지 나치 독일의 관료로서 상부의 명령에 복종했을 뿐이라고 무죄를 강변한 아돌프 아이히만이 대표적이다. 이 논리에 따르면 '책상 위의 가해자'인 명령권자는 자신은 실제로 사람을 죽인 적이 없다는 이유로, 명령 체계 말단의 가해자는 자신은 강요된 명령을 수행할 수밖에 없었다는 이유로 모두 무죄가 된다. 가해자의 행위 주체성은 사라지고 없는 것이다. 그러나 다른 한편으로 포로 학대가 상관의 명령에 따른 불가피한 것이었다는 이학래 씨의 말은 자신이 '불가피한' 가해자였음을 인정하는 것이기도 하다. 실제로 이학래 씨는 오스트레일리아로 건너가 일본군의 일원으로 영연방 포로 학대에 참여한 데 사과했으며, 조선인 포로감시원 출신 전범과 유족이 일본 정부에 명예회복과 피해보상을 요구하기 위해 1955년 결성한 동진회의 전 회장 문태복 씨 또한 영국의 포로에게 사죄하고 싶다고 말하곤 했다.[54]

그러나 조선인 포로감시원의 사죄와 미안함을 뒤로 제쳐두고, 한국 사회에서 이들에 대한 공적 기억은 너무 자기방어적이다. 일련의 정부 보고서에서 그것은 특히 잘 드러난다. '대일항쟁기강제동원피해조사 및 국외강제동원희생자등지원위원회'라는 긴 이름의 정부 산하 과거청산 기관에서 발간한 〈조선인 BC급 전범에 대한 진상조사〉 보고서는 "2011년 4월 현재 위원회에서는 129명의 포로감시원 출신범 중 신고 접수된 86명을 강제 동원 피해자로 인정"했다. "식민지 지배 아래에서 일제의 침략전쟁에 동원되고, 해방 후에는 연합군에 의해 범죄자로 전쟁 책임을 떠맡았던" 조선인 포로감시원은 '이중피해'를 입은 이중의 희생자였다.[55] 그 보고서는 이들이 "연합군 포로들을 학대하게 된 것은 일제의 침략전쟁에 강제 동원되었기 때문"이라고 주장한다. "강제 동원 피해를 입은 조선인이 연합군을 학대하는 가해자로 돌변한 것은" "일제가 의도적이고 지속적으로 조선인을 '가해 현장'으로 내몬 결과"라는 게 보고서의 해석이다. 이 논리를 따르면 가해자는 조선인 포로감시원이 아니라 일본 제국주의이며, 조선인 전범은 일본 제국주의와 연합군의 전범 재판에 의해 이중으로 희생당한 역사의 피해자일 뿐이다. 일본 제국주의라는 구조가 1차 가해자이며, 그 역사 상황을 이해하지 못한 연합군 군사재판이 2차 가해자다.[56] 정작 당사자는 자신들의 가혹행위에 대해 영연방 포로에게 사죄했거나 사과 의사를 보였지만, 한국 정부의 조선인 BC급 전범 진상조사 보고서는 이들을 이중의 피해자로 규정했다. 물론 정부 보고서도 이들의 사과 사실을 보고서 말미에서 언급하고는 있지만, 보고서 전체의 기조는 피해자의 정체성을 부각하고 있다.

〈조선인 BC급 전범에 대한 진상조사〉 보고서의 논리는 예드바브네의 학살자였던 라우단스키 형제의 방어 논리와 놀라울 정도로 유사하다. 1941년 7월 나치가 점령한 폴란드의 작은 마을 예드바브네에서 유대인 이웃들을 학살한 형제는 나치와 소련의 이중 점령으로 고통받은 폴란드 민족의 일원인 자신들이야말로 역사의 희생자라고 강변했다. 라우단스키 형제뿐만 아니다. 홀로코스트의 공범자와 협력자가 자신이 나치즘과 스탈린주의 테러의 희생자였음을 강조하는 모습은 우크라이나, 발트 3국, 헝가리, 발칸반도 등에서도 발견된다. 개별 가해자가 희생자 민족의 담 뒤에 숨어 집합적 무죄의 이름으로 자신을 변호하고, 나아가 가해자에서 희생자로 위치를 뒤집는 기억의 전도는 위험한 속임수다. 식민지 피지배민족 또는 희생자 민족의 일원이라는 이유로 인권을 짓밟은 개인적 범죄행위에 대해 면죄부를 줄 수 있다는 사고방식은, 개인의 생각이나 행동이 아니라 소속 민족에 따라 유·무죄를 결정한다는 점에서 거꾸로 선 반유대주의다. 개별 행위의 잘잘못에 상관없이 유대인이므로 유죄라는 발상의 극단이 홀로코스트였다는 점에서, 국적이나 민족이 무엇이냐에 따라 가해자와 희생자를 나누는 기억의 코드는 위험천만하다. 조선인 포로감시원은 식민지 조선인이기 때문에 피해자였다는 식의 논리가 아니라, 일본의 침략전쟁에 동원된 같은 가해자인데도 일본인이 아니라는 이유로 그들에 대한 원호를 거부해온 일본 정부의 국제적 책임을 어떻게 묻고 기억할 것인가가 더 중요한 질문이 아닐까 한다.

주체의 관점에서는 훨씬 더 복잡한 문제가 제기된다. 조선인 포로감시원으로 인도네시아에서 일했던 김철수는 몇 차례 승급을 거쳐 월 80엔 정도를 충청남도 고향의 가족에게 송금할 수 있었는데, 당시 면장 월급 55엔보다 훨씬 많은 액수여서 화젯거리가 되었다. 일반적으로 조선인 포로감시원은 일본군 사병의 7배에 달하는 높은 급료를 받았다. 가난한 조선의 청년이 징용이나 곧 도입된 징병제로 군대에 끌려가느니 "차라리 2년 기한 조건에 급여도 좋은 군무원으로 남방에 가겠다"고 결심했다고 해서 이상할 것은 없다.[57] 제국의 제도와 논리를 전유하고자 했던 식민지 조선의 가난한 청년에게 '친일파' 딱지를 붙이자는 게 아니다. 자신에게 적대적인 외부 세계를 전유하며 꾸불꾸불 살아가는 역사적 행위자의 구체적인 삶은 추상적인 이념의 잣대로 측량할 수 없는 변화무쌍한 것이다. 헤게모니적 기억의 영토 안에 갇히지 않고 탈영토화된 기억의 경계인으로 살아온 역사적 하위주체에 대한 풀뿌리 기억이 소중한 것도 이 때문이다.

조선인 군무원으로 일본군에 복무했다가 인도네시아 민족해방군에 가담하고, 이후 네덜란드군에 사로잡혀 총살당한 양칠성은 기억의 경계인이 어떤 존재인지를 잘 보여준다. 식민지 조선인, 일본군 군무원, 친일협력자, 일본군 전범, 인도네시아 민족해방군, 네덜란드군에게 사로잡힌 사형수 포로로 이어진 그의 굴곡진 삶의 여정은 결코 어느 한 가지 영토화된 기억의 틀 안에 가두어둘 수 있는 것이 아니었다. 자바섬의 외딴 시골 가룻(Garut)의 인도네시아 민족영웅묘지에 묻혀 있는 양칠성은 제2차 세계대전 이후 남북한과 일본, 네덜란드와 인도네시아의 기억 공간을 넘나드는 기억의 경계인이었다. 비단 양칠성 등 조선인 군무원들만이 아니었다. 타이완 군무원들 또한 제국에 등을 돌리고 인도네시아의 독립운동에 투신했고, 아시아 민족을 백인 제국주의의 쇠사슬에서 해방시킨다는 대동아공영권의 대의를 믿었던 일본군 패잔병들도 아크멧 수카르노(Achmed Sukarno)의 파르티잔을 따라 정글로 들어갔다. 영국 식민주의 군대의 첨병으로 인도네시아에 진주한 구르카 병사들도 인도네시아의 민족해방군에 가담했다.[58] 조선인 포로 감시인 전범을 희생자로 단호하게 규정하는 21세기 한국 정부의 공식 기억에는 양칠성 같은 기억의 경계인을 포용할 수 있는 공간이 극히 제한되어 있다.

집합적 무죄의 코드가 기억 문화를 지배하는 한, 식민지 조선인이나 탈식민 한국인이 가해자일 수도 있고 또 가해자이기도 했다는 기억이 들어설 수 있는 공간은 더더욱 제한된다. '완바오산 사건'에 대한 한국 사회의 기억이 대표적이다. 이 사건은 1931년 4월 만주의 창춘 북방 완바오산(萬寶山, 만보산) 인근의 황무지 개간과정에서 수로 공사를 둘러싸고 불거진 조선 농민과 중국 농민의 갈등에서 비롯되었다. 조선 농민은 일본 제국의 무력을 빌려 갈등을 해소하고자 했고, 7월 1일 무력을 가진 일본 관헌이 개입하여 조선 농민의 편에 서서 갈등을 해소했다. 그러나 7월 2일 이주한 조선 농민이 중국인에게 습격·폭행당하고 있다는《조선일보》만주 지국의 오보로 갈등은 한반도로 확대됐다. 1931년 7월 3일부터 30일까지 이리, 서울, 개성, 평양, 원산, 사리원, 인천 등 30곳이 넘는 지역에서 조선 거주 화교를 학살하는 일이 벌어진 것이다. 국제연맹에서 작성한《리턴보고서》에 따르면, '완바오산 사건'으로 127명의 화교가 목숨을 잃고 393명이 부상을 당했다.[59] 그러나 실제 피해는 더 컸을 것으로 추정된다. 7월 7일 현재 평양에서만 행방불명자 59명, 부상자 819명, 가옥 파괴 479호라는 피해 추계가 나올 정도였다. 학살의 가해자로 체포된 조선인은 1931년 7월 13일까지 경기도의 490여 명, 평안도의 750여 명, 기타 지방 600명 등 총 1,840명이었다. 사건 관련 공판이 종결된 1932년 9월까지 1,000명에 가까운

조선인이 벌금형과 징역형을 받았다.[60]

역사가 유구한 평양에서 이런 참극은 처음이라며, "유아와 부녀의 박살 시체가 시중에 산재"했다는 당시 《동아일보》 기자 오기영의 회고는 단편적이지만 평양에서 일어난 학살의 끔찍한 정황을 전한다.[61] 희생자 수나 가해자의 처벌 규모만 놓고 보면, 조선 화교 학살의 규모는 1946년 폴란드의 키엘체에서 일어난 유대인 학살보다 컸다. 나는 이 책에서 '완바오산 사건' 대신 '조선 화교 포그롬'이라는 용어를 제안한다. 한국의 연구자 사이에서 공식처럼 사용되는 '완바오산 사건'은 만주 창춘에서 일어난 조선-중국 농민의 갈등을 설명하는 용어는 될 수 있지만, 이후 한반도에서 일어난 중국인 학살과 약탈을 은폐하는 역기능이 우려되기 때문이다. 언어적 수행성의 관점에서 본다면 '완바오산 사건'은 '난징 사건'과 동렬에 놓인다. 난징 학살은 일본의 민족적 명예를 훼손하려는 좌파의 정치선전이라면서 전시의 혼란기에 일어난 사건이라는 의미에서 '난징 사건'이라고 부르는 일본 우파의 의식 세계와, '완바오산 사건'이라는 용어를 관행처럼 사용하는 한국 지식인 사회 사이의 간격은 생각보다 가깝다. 1931년 7월 한 달 동안 거의 매일 《동아일보》와 《조선일보》 지면을 메운 수십 건의 완바오산 관련 기사는 당시 언론이 이 사건을 얼마나 중시했는지를 잘 보여준다. 흥미로운 것은 그 기사들이 만주에서 일어난 조선-중국 농민의 갈등은 '완바오산 사건'으로 간주하지만, 그 여파로 조선에서 일어난 화교 습격과 학살을 '중국인 습격 사건', '만보산과 평양 사건', '인천충돌사건', '조선사건' 등의 제목으로 보도하면서 완바오산 사건과 조선 화교 학살을 구별하고 있다는 점이다.[62] 완바오산의 한·중 농민 갈등과 조선 화교 학살을 한데 묶어 '완바오산 사건'이라고 통칭하는 현대 한국 연구자의 의식은 1931년 당시 식민지 조선의 신문 기자들보다 더 퇴보했다는 느낌을 지우기 어렵다.[63]

조선 화교 포그롬이 당시 식민지 조선 사회에 던진 충격의 크기에 비하면, 해방 이후 그에 대한 기억은 흐릿하기 짝이 없다. '완바오산 사건'이라는 이름 아래 묶이면서 식민지 조선에서 일어난 화교 학살은 만주의 한·중 농민 갈등으로 덮였다. 한국과 중국을 이간질하여 만주 침략을 옹호하고 유리하게 만들려는 일본 제국주의의 이간책이라는 음모론이 '조선 화교 포그롬'에 대한 해방 이후 한국 사회의 기억을 지배했다. 음모론에 따르면, 조선 총독부 형사들이 '조선인 지게꾼'들을 매수하여 중국인 상점과 중국인을 습격하게 했고, 이들은 일본 경찰의 방조 아래 중국인에 대한 방화와 약탈, 파괴를 자행했다. 심지어는 식민지 시대가 주요 배경인 대하소설 《토지》에서 작가는 "한복으로 변장한 일본인이 군중 속에 섞여 있었다"는 가설을 내놓기도 했다.[64] 이는 폴란드 공안 장교가 군중을 진두 지휘한 키엘체 학살은 폴란드 공산당의 음모였다거나, 이 학살에서 군중을 이끌던 인물이 1960년대 텔아비브의 소련 대사관에서 근무한 스탈린의 비밀경찰 간부였다는 폴란드 우익의 스탈린주의 음모론을 연상시킨다.[65] 음모론을 논리적 극단까지 밀고 가면 화교를 학살한 조선인 이웃들은 가해자가 아니라 일제가 조작한 악랄한 음모의 피해자가 된다. 더 온건한 버전에서는 조선과 중국 민중을 반목하게 음모를 꾸민 일본 제국주의가 주된 가해자가 되고, 조선인 가해자는 동조자 또는 결과론적 공범자가 된다. 식민지 조선의 화교 학살에 대한 한국 사회의 기억이 일본 제국주의의 음모론에서 크게 벗어나지 않는 것도 그것이 식민지 조선인의 집합적 무죄를 정당화해주기 때문이다.

그런데 모든 음모론은 학문적 검증을 거친 신뢰도보다 그 가정을 믿느냐 안 믿느냐 하는 정치적 선택의 문제로 흐르기 쉽다. 음모론은 대부분 검증할 수 없는 가정에서 출발하기 때문에 처음부터 오류의 검증 가능성을 배제하는 경향이 있다. '믿거나 말거나'의 문제가 되는 것이다. 믿으면 우리 편이고 안 믿으면 남의 편이라는 폭력적 논리가 우세할 수밖에 없다. 조선 민족의 선험적 전제로서의 집합적 무죄가 음모론과 만나는 것도 이 지점에서다. 일본 제국주의의 이간질이라는 음모론을 믿지 않으면 조선 민족의 존재론적 전제를 부정하는 반민족적 악당이 되기 쉽다. 해방 이후 60여 년이 지난 2003년, 고등학교 국사 검인정 교과서가 처음으로 '완바오산 사건'을 기술함으로써 그 역사는 공식 기억의 영역으로 들어왔다. 그러나 일본 제국주의의 악의적인 한·중 이간책이라는 음모론을 답습함으로써 조선 화교 학살을 성찰하고 그에 대한 비판적 기억을 만들어내는 데는 실패했다.[66] 이는 1931년 7월 학살 발생 당시 만주의 '완바오산 사건'과 조선인의 화교 학살을 구분하고, 시종일관 학살에 대한 '조선인의 책임'을 강조했던 《조선일보》의 기사 논조보다도 훨씬 무책임하고 미성숙한 기억 문화다.

만주의 일본 제국주의는 '조선인 대리 이주민을 통한 삼투적 팽창 정책'을 추구했다.[67] 조선의 이주민에게 만주는 일본 제국의 엘도라도였으며, 만주의 주민에게 조선인은 일본 식민주의의 대리인으로 비치기 쉬웠다. 만주로 간 조선 이주민은 100만 명의 농업 이주민을 비롯해 1만 3,000명의 만주국 중·하급 관료, 2,000명의 의료진, 마약 밀매

업자, 뜨쟁이, 일확천금을 노리는 룸펜을 포함해서 약 200만 명에 달했다. 계획경제와 민족주의적 동원체제 등 만주국의 역사적 유산은 남한의 개발독재와 북한의 김일성 독재에 그대로 이어졌지만, 만주의 기억은 철저하게 지워졌다.[68] 그러면서 '완바오산 사건'과 식민지 조선의 화교 학살에 대한 기억도 덩달아 지워졌다. 화교 학살에 참여한 조선인 가해자에 대한 기본적인 연구조차 없는 현실은 참담하지만 어쩌면 당연하다. 집합적 무죄의 관점에서 보면 조선인 가해자는 존재하지 않는 행위자인데, 역사 속에 실존하지 않았던 사람을 연구하는 것은 불가능한 일이다.

한편 한국인의 집합적 무죄에 대한 확신은 일본인의 집합적 유죄에 대한 폭력적 단죄론을 낳기도 했다. 2013년 5월 20일자《중앙일보》의 논설위원 칼럼은 일본의 원자폭탄 피폭에 대해 "신의 징벌이자 아시아인의 복수였다"고 써서 큰 논란을 낳았다. 아베 신조 일본 총리와 하시모토 도루(橋下徹) 오사카 시장 등의 역사 수정주의와 침략 부정론, '위안부' 망언 등을 비판하려는 의도였다고 하지만, 기명 칼럼의 언어는 민족적 증오와 복수심으로 가득 찬 것이었다. "마루타 비명이 하늘에 닿은 것인가. 45년 8월 원자폭탄 열 폭풍이 히로시마와 나가사키를 덮쳤다"면서 "마루타의 원혼(冤魂)이 아직 풀리지 않았다고, 그래서 일본에 대한 불벼락이 부족하다고 판단하는 것도 신의 자유일 것"이라는 칼럼의 내용이 일본에 알려지자, 일본의 조야가 들끓었다. 스가 요시히데 관방장관이 "세계 유일의 피폭국인 일본으로서 결코 용서할 수 없는 인식"이라고 항의하고, NHK와 교도통신 등 일본의 주요 언론이 비중 있게 보도하는 등 사태가 일파만파로 커졌다.《중앙일보》는 신문사의 공식 의견이 아니라 논설위원 개인의 사견이라는 입장문을 내놓았지만, 뒷맛은 개운치 않았다.[69]

오히려 한국인 원폭 피해자 단체가 중심이 되어 칼럼을 강력하게 규탄했다. 히로시마와 나가사키의 원폭 투하 당시 조선인 7만여 명을 포함해 중국인, 타이완인, 아시아 남방지역의 유학생과 연합군 전쟁포로, 해외선교사를 포함하여 수많은 외국인도 일본의 어린이와 여성, 노약자 등 순수 민간인과 함께 희생되었으며, 특히 대한민국은 일본 다음으로 세계에서 두 번째 원자폭탄 피해국이라는 성명의 비판은 통렬했다.[70] 조선인 피폭자들도 '신의 징벌'을 받은 것이냐는 이들의 분노에 찬 항의는 피폭 당사자들의 풀뿌리 기억이 일본 민족의 집합적 유죄 개념을 부채질하는 공적 기억에 대한 비판의 무기일 수 있음을 잘 보여주었다. 《중앙일보》 원폭 칼럼 스캔들은 씁쓸하기 짝이 없지만, 집합적 무죄와 집합적 유죄, 기억의 탈역사화/탈맥락화와 과잉역사화/과잉맥락화가 같이 얽혀서 작동하는 대립쌍 개념이 만드는 기억 문화와 서사적 표준의 문제점을 적나라하게 보여주었다는 점에서 나름대로의 의미가 있다.

세습적 희생자의식과 이스라엘

1992년 이스라엘의 사범대학 학생을 대상으로 한 정체성에 대한 설문 조사에서 80%에 가까운 응답자가 "우리는 모두 홀로코스트 생존자다"라는 항목에 그렇다고 답했다.[71] 1992년의 대학생이라면 대부분 1960년대 중·후반부터 1970년대 초 사이에 태어난 세대일 것이다. 제2차 세계대전이 끝나고 20여 년이 지난 후에 태어났으니 홀로코스트를 직접 경험할 수 있는 세대는 아니었고, 존재론적으로 홀로코스트의 희생자나 생존자가 된다는 것도 불가능했다. 홀로코스트 당시 세상에 나오지도 않았던 유대인 아들딸들이 홀로코스트의 세습적 희생자가 될 수 있는 것은 사회적 기억의 마술을 통해서였다. 홀로코스트를 상징 자본으로 삼는 이스라엘의 기억 문화는 '홀로코스트의 아이들'인 전후 세대에게 홀로코스트의 희생자라는 지위를 세습시켰다.[72] '포스트 메모리'가 주로 자기 부모나 일가친척의 트라우마적 기억을 개인의 성장 과정에서 가족관계와 맞물려 획득한 사회화된 기억이라면,[73] 세습적 희생자의식을 고취하는 사회적 기억은 반드시 희생자의 가족적 트라우마를 전제할 이유가 없다. 이스라엘의 사회적 기억에서 세습적 희생자인 '홀로코스트의 아이들' 신분은 자신의 부모나 조부모가 홀로코스트의 희생자인지, 또 전쟁 중에 어떤 일을 했는지와 상관없이 모든 유대인에게 열려 있다. 자신의 가족사와 관계없이 자신을 홀로코스트의 세습적 희생자와 동일시하는 것은 사회적 기억의 영역에서 이스라엘의 시민권을 얻는다는 의미이기도 했다.

이스라엘의 사회적 기억에서 세습적 희생자의식은 처음부터 지배적인 코드는 아니었다. 신생국 이스라엘의 기억 문화를 지배한 것은 오히려 영웅주의였다. 베르겐-벨젠 강제수용소 출신의 베르너 바인버그(Werner Weinberg)는 회고록에서 이스라엘인이 자신과 같은 홀로코스트 생존자를 '박물관 물건, 화석, 별종, 유령'처럼 취급했다고 썼다.[74] 이스라엘 건국의 아버지이자 초대 수상 다비드 벤구리온(David Ben-Gurion)의 서유럽 특사로 독일의 난민 수용소를 둘러본 다비드 샬티엘(David Shaltiel)은 "생존자들은 이기적이고 자기 자신만 생각했기 때문에 살아 남았다"고 퉁명스럽게 내뱉었다.[75] 유대인 디아스포라 희생자에 대한 시온주의 민족문학의 언어는 더 신랄하고 더 난폭하다. 저명한 시온주의 시인 하임 나흐만 비알리크(Haim Nahman Bialik)는 유럽의 유대인 희생자들이 "쥐처럼 도망가고, 벼룩처럼 숨고, 발각된 그곳에서 개처럼 죽어갔다"고 썼다. '이곳' 팔레스타인으로 와서 이슈브(yishuv) 시온 공동체를 건설하자는 시온주의자의 요청을 무시하고 '그곳'에 남아 있던 유대인 디아스포라에 대한 시온주의자의 경멸 섞인 적대감이 잘 드러나는 대목이다.[76] 이스라엘의 공식적 기억은 강인하고 남성적이며 능동적인 이스라엘의 시온주의적 영웅 대 허약하고 여성적이며 수동적인 유대인 디아스포라 희생자라는 이분법에서 크게 벗어나지 못했다. 심지어 홀로코스트는 '장교 전용'이라는 문신을 새긴 홀로코스트 생존자 여성의 매춘 이미지를 통해 상징화되기도 했다.[77] 한마디로 그것은 홀로코스트 생존자를 여성화하고 주변화하는 "성차별주의적 역사의 재구성"이었다.[78]

혁명적 시온주의자는 디아스포라 유대인 생존자를 짊어져야 할 거추장스러운 부담이라고 생각했으며, '인적 자원' 등의 말로 대상화하고 도구화했다.[79] 홀로코스트 생존자는 시온주의자가 지배하는 이스라엘의 공식 기억에서 이렇게 행위 주체성을 박탈당하고 수동적 대상으로만 남아 있었다. 유대인 디아스포라에 대한 시온주의의 비판적 시선은 제2차 세계대전 당시 팔레스타인에서 간행된 시온주의 신문들의 홀로코스트 보도 태도에서도 잘 드러난다. 예컨대 1942년 11월 25일자《팔레스타인포스트(Palestine Post)》는 하인리히 힘러의 유대인 절멸 명령에 대한 폴란드 망명정부의 보고서를 간략하게만 보도했다. 기사의 크기나 중요도에서 스탈린그라드에서 소련군의 승리, 연합군의 튀니지 진격 등이 훨씬 비중 있게 다뤄졌다. 힘러의 절멸 명령에 대한 보도는 심지어 태평양 전쟁에 대한 뉴스에도 밀렸다. 제2차 세계대전 당시 팔레스타인의 유대계 신문에는 디아스포라 유대인의 운명보다 팔레스타인 지방당 차원의 정치적 문제가 더 절실하고 중요했다.[80] 시온주의자들은 히틀러의 집권을 유대인 동화주의자들의 패배라고 보았다. 벤구리온은 나치의 집권이 유대인의 팔레스타인 이주를 촉진함으로써 시온주의에 유리한 환경을 제공할 것으로 기대했다. 팔레스타인의 유대인을 대표한 하바라(Ha'avarah)가 나치 독일과 맺은 협정은 팔레스타인으로 이주하는 독일 유대인에게 전 재산을 현금 대신 독일 상품으로 바꾸어갈 수 있게 물꼬를 텄다. 미국의 유대인이 독일 상품 불매 운동을 벌이는 동안, 덕분에 팔레스타인에는 독일 상품이 넘쳐났다.[81]

종전 직후 미국 유대인의 마음을 끈 것도 홀로코스트 희생자보다는 남성주의적 전쟁 영웅이었다. 신대륙 아메리카로 건너온 미국의 유대인은 희생자 민족이 아니라 승리자 민족이었다. 홀로코스트 희생자는 그들이 두고 떠나온 구대륙의 유대인일 뿐, 미국의 유대인은 바람직한 미국적 특성을 몸에 각인시킨 승리자 영웅이었다. 제2차 세계대전이 종전을 향해 달려갈 무렵, '미국 유대위원회(American Jewish Committee, AJC)'의 상임 의장 존 슬로슨(John Slawson)은 유대인 이미지의 바람직한 재현 방식에 대해서 "(우리는) 유대인을 허약하고 희생되었으며 고통받는 존재로 재현하는 걸 피해야 한다. …… 희생된 유대인에 대한 끔찍한 이야기를 없애버리거나 최소한 줄일 필요가 있다. …… 전쟁 영웅 이야기가 본보기다"라고 말했다.[82] 패배자나 희생자가 아닌 승리한 영웅에 속해야 한다는 게 미국 유대인 사이에 널리 공유된 문화적 코드였다. 홀로코스트의 배타적 유일무이성을 통해 희생자의식을 강조하는 오늘날과 비교해보면 격세지감이 있다. 미국의 목소리 큰 유대계 비정부조직 '반비방연맹(Anti-Defamation League, ADL)' 지도부가 다큐멘터리 필름 〈나치즘의 해부(The Anatomy of Nazism)〉에 대해서 너무 편협하게 유대인의 고난에만 초점을 맞추고 있다고 비판한 것도 흥미롭다. 나치를 피해 미국으로 망명한 프랑크푸르트학파의 대표적 이론가 막스 호르크하이머(Max Horkheimer) 또한 유대인의 희생을 강조하는 것은 바람직하지 않은 영향을 줄 수 있다고 우려했다. 무엇보다 '유대인=희생자'라는 고정관념이 굳어질까 두려웠던 것이다.[83]

미국의 유대인 사회에서 홀로코스트의 기억을 억누른 데는 막 수립된 냉전 체제도 크게 이바지했다. 미국 공산당원의 50~60%가 유대계인 상황에 더하여 소련에 원자폭탄 제조 비밀을 넘긴 유대인 로젠버그 부부 스파이 사건으로 유대계 미국인은 궁지에 몰렸다. 냉전이 격화되는 상황에서 '유대인 빨갱이'라는 선입견에서 벗어나는 것이 전후 미국의 유대인에게는 가장 시급한 문제였다. 워싱턴의 정치권이 서독이야말로 유럽에서 볼셰비즘을 막는 유일한 방벽이라고 생각하는 상황에서 홀로코스트의 기억을 강조하는 것은 서독을 가해자로 모는 유대인-공산주의자의 정치적 도발이라고 읽힐 수도 있었다. 미국과 서독이 맺고 있는 나토의 반공 통일전선을 균열시켜 공산주의를 이롭게 만든다는 혐의는 불편하고도 무서운 것이었다. 그래서 나치의 홀로코스트보다 스탈린의 반유대주의와 동유럽의 유대계 공산주의자 숙청이 더 강조됐다. 반유대주의는 나치즘의 문제가 아니라 공산주의의 문제인 것처럼 몰고 간 것이다. 체코슬로바키아의 스탈린주의자들이 연출한 루돌프 슬란스키(Rudolf Slánský) 재판을 계기로 미국 유대인은 스탈린과 공산주의 진영의 반유대주의를 강조하기 시작했다. 스탈린의 반유대주의가 홀로코스트의 기억을 밀어냈지만, 그 대신 유대 공산주의라는 고정관념에서 벗어날 수 있었다.[84] 1946~1948년 사이 뉴욕시에 게토 봉기 및 홀로코스트 희생자 기념관을 세우려는 계획도 유대인 단체의 지지를 얻지 못했다. 이스라엘 건국이 이들의 우선적 관심사였을 뿐만 아니라 모르데하이 아니에레비츠(Mordechai Anielewicz)를 비롯한 게토 봉기 전사들이 유대 공산주의 그룹인 '분트(BUND)'에 가까웠다는 것도 큰 걸림돌이었다. 그러니까 기념관을 세우는 데 실패한 것이 놀랍다기보다는 그런 생각을 했다는 것 자체가 놀라운 일이었다.[85] 1962년 당시 미국 전역에서 브랜다이스 대학만이 유일하게 홀로코스트 강좌를 개설했다는 것도 놀랍지는 않다.

미국에서 냉전의 논리가 홀로코스트의 기억을 억압했다면, 이스라엘에서는 시온주의적 헤게모니에 입각한 역사 담론이 홀로코스트에 대한 생산적인 토론을 막았다. 팔레스타인으로 이주하기를 거부하고 동화를 주장하면서 유럽에 남은 유대인에게 닥친 대재앙은 이스라엘 땅에 독립된 국가를 재건하는 것만이 유일한 대안이라는 시온주의적 전망이 옳음을 입증하는 것처럼 보였다. 홀로코스트의 희생자는 대부분 유럽에 남아 있던 동화주의자였던 것이다. 민족은 시민적 선택의 문제라고 생각했던 동화주의의 패배는 이스라엘에서 시온주의자의 혈통적 민족주의를 강화했다.[86] 또한 팔레스타인 이주를 강조한 시온주의적 민족주의 노선이 옳다는 증거라고 받아들여졌다. 시온주의에 따르면, 팔레스타인 옛 땅에 독립된 이스라엘 국가를 세우는 것은 유대 민족에게 부과된 태생적 운명이자 유일한 대안이었다.[87] 이런 역사 담론에 홀로코스트가 들어설 여지는 별반 없었을 것이다. 건국 초기 이스라엘에서 홀로코스트의 기억은 바르샤바 게토 봉기와 모르데하이 아니에레비츠를 비롯한 게토 전사에게 집중되었다. 1951년 이스라엘 의회 크네세트는 1943년 유월절 이브에 일어난 게토 봉기를 기념하는 뜻에서 유월절 1주일 후인 이스라엘력 '니산(Nissan)' 27일을 홀로코스트 기념일(욤 하쇼아, Yom HaShoah)로 하는 결의안을 통과시켰다. 서력으로는 1951년 5월 3일이 되는 날이었다. 그에 앞서 1943년 12월에는 '야드 아니에레비츠' 키부츠 명명식이 열려 게토 전사의 용기를 기렸다. 1951년 '욤 하쇼아' 제정을 기리는 뜻에서 아니에레비츠 키부츠 광장에는 그의 동상이 세워졌다.[88] 또 1959년에는 〈순교자와 영웅 기념일에 대한 법령〉이 제정되어 2분간의 묵념과 조기 게양 등의 의례 준칙이 만들어졌다.

홀로코스트의 희생자보다는 게토 봉기의 영웅적 전사와 그들의 순교자적 죽음을 기리는 기억의 문법은 19세기 시온주의자가 만든 마사다에 대한 신화적 기억과도 조화를 이루었다. 압도적인 군사력의 로마 군대에 맞서 3년을 버티다가 마지막에는 항복 대신 집단 자결을 택한 마사다의 히브리 전사들은 고대 이스라엘의 민족해방투쟁을 상징하는 사건이었다. 자살을 인정하지 않는 유대교 교리에도 불구하고, 마사다 전사들의 집단 자결은 신성한 '순교'로 미화되었다. 민족해방운동의 전범을 보인 마사다의 전사는 홀로코스트에서 동화주의 유대인이 보여준 수동적 죽음과 대비되어, 홀로코스트 희생자의 대안적 모델이었다. 특히 팔레스타인에서 태어나 히브리어로 시온주의 교육을 받은 젊은 세대일수록 마사다 신화에 더 호응하는 경향이 있었다.[89] 개개인의 죽음이 민족의 부활을 가져온다며 승화된 죽음을 칭송하는 문화는 전형적인 시민종교의 문법이다.[90] 제브 스테른헬의 표현을 빌리면, 민족을 사유와 실천의 중심에 두는 "이스라엘 국가는 동유럽이나 제3세계에서 실현된 것과 같은 근대 민족주의의 고전적 산물"이었다.[91] 유대 민족을 지키기 위해 순교한 마사다의 전쟁 영웅이 지배하는 기억 문화에서 홀로코스트의 희생자는 주변화될 수밖에 없었다. 1950년대 이스라엘에서 홀로코스트의 기억은 게토 봉기 전사들에게 집중되었다. 홀로코스트의 희생자는 '유대인'이라 부르고, 게토 봉기 전사는

'시온주의자', '히브리 청년'이라고 부르며 차별한 '호명'의 정치는 이스라엘 기억 문화의 시온주의적 색채를 드러냈다. 기본적으로 그것은 디아스포라를 부정하는 데서 출발하는 것이었다.[92]

그러나 이스라엘의 문화적 기억에서 홀로코스트는 영웅주의의 이면에 그림자처럼 존재하면서 이스라엘의 국가적 존재 이유를 뒷받침하는 논리로 작동해왔다. 공식적 기억의 차원에서는 다른 무엇보다 이스라엘의 독립선언서가 이 점을 잘 드러내 준다. 이스라엘 독립선언서는 수백만 유럽 유대인의 학살이야말로 디아스포라의 과거를 청산하고 이스라엘 국가의 수립이 시급한 과제임을 일깨워주었다고 적시한 바 있다. 이스라엘 국가는 유대인에게 고향으로 오는 길을 활짝 열고 유대 민족도 다른 민족과 마찬가지로 국제무대의 당당한 일원으로 만들어준다는 것이었다.[93] 한편 시민사회나 개개인의 풀뿌리 기억 차원으로 눈을 돌리면, 디아스포라 유대인이 대부분인 홀로코스트 희생자가 이스라엘인의 이목을 끌기 시작한 계기는 아돌프 아이히만 재판이었다. 모사드가 아르헨티나에 숨어 살던 아이히만을 납치해 이스라엘로 데려오고, 1961년 4월 11일 시작하여 같은 해 12월 15일 사형 선고를 내릴 때까지 아이히만 재판은 이스라엘 국민과 전 세계 언론에 공개된 일종의 여론 재판이었다. '600만 원고' 측의 검사 기드온 하우스너(Gideon Hausner)는 아이히만 재판을 통해 세대의 벽을 넘어 반향을 줄 수 있는 이스라엘 민족의 대하소설(national saga)을 만들고 싶어 했다.[94] 독자의 심금을 울리는 그 소설의 주인공은 증인으로 소환된 홀로코스트의 생존자들이었다. 재판정에 등장한 증인의 입을 통해 홀로코스트의 참상이 적나라하게 공개되고 언론에 보도되면서 전 세계 여론과 이스라엘 사람들 사이에는 홀로코스트 희생자의 고통에 공감하는 기운이 크게 늘었다. 홀로코스트 생존자 예히엘 디누어(Yahiel De-Nur)가 증언 도중 갑자기 쓰러져 정신을 잃은 상태로 병원으로 실려감으로써 재판은 극적인 효과까지 낳았다.

재판을 지켜보던 이스라엘인은 젊은 세대든 나이 든 세대든 홀로코스트의 희생자가 겪은 고통을 자신과 동일시하기 시작했으며, 이스라엘 국가는 다시 한번 도덕적으로 정당성을 인정받았다. 이스라엘 젊은이들은 이제 홀로코스트 희생자를 비난하는 대신 유대인을 강제수용소의 고통 속에서 스러지게 만든 세계를 비난했다. 훗날 하우스너는 "아이히만에게 유죄를 선고하는 데는 문서자료만으로 충분했다"고 회고하면서, 증인들을 법정에 소환한 이유는 민족의 엄청난 비극을 이스라엘 사람들에게 생생하게 전달하기 위한 것이었음을 분명하게 밝힌 바 있다.[95] 이미 출간된 증언집 등을 읽고 1차 후보를 추리고, 인터뷰를 통해서 법정에 세울 최종 증인을 선발했다는 점에서 증인을 필요로 한 것은 재판이 아니라 국민감정이었다.[96] 총 121개의 재판 세션 중 62개에 달한 희생자의 증언 세션은 사실을 입증하기보다는 희생자의 고통을 효과적으로 전달해 재판을 지켜보는 사람들의 감정을 움직이는 데 목적이 있었다.[97] 이스라엘 국민통합이라는 점에서 아이히만 재판은 대성공이었다. 재판은 디아스포라 유대인의 고통과 죽음을 이스라엘 국가의 존재 이유와 결부시켰으며, 디아스포라와 홀로코스트를 거치면서 이스라엘 국가 수립으로 나아가는 벤구리온의 목적론적 역사관을 정당화했다.[98] 홀로코스트는 위로부터의 공식 기억과 밑으로부터의 풀뿌리 기억이 서로 조응하면서 이스라엘의 기억 문화에서 헤게모니적 지위를 차지했다. 희생자의식 민족주의는 이스라엘의 문화적 기억 속에 굳건하게 뿌리내린 역사적 서사의 전범이자 현재를 규정하고 미래를 기획하는 지배 이데올로기로 자리 잡았다.

아이히만을 귀신같이 납치해온 모사드의 비밀작전은 전 세계의 찬탄과 비난을 같이 불러왔지만, 원래 모사드의 주요 과제는 전범 추적이 아니라 중동 스파이 색출과 중동 국가들에 대한 정보망 구축 등 이스라엘의 국가안보였다. 1959년 하이파 항구의 빈민가 와디 살립(Wadi Salib)에서 발생한 세파르디 유대인의 봉기는 이스라엘 조야에 큰 충격을 안겼다. 모로코를 비롯한 중동에서 이주한 세파르디 유대인은 정치권력이나 사회적 지위, 재산과 고등교육 정도에서 유럽 출신인 아슈케나지 유대인보다 열등한 위치에 놓인 이스라엘의 하위주체였다. 이스라엘 건국의 주역인 시온주의자들에게 중동의 세파르디 유대인은 인류학적 관심의 대상이었을 뿐이다. 그러나 홀로코스트로 유럽의 유대인이 대량으로 죽임을 당하자, 중동 세계에 사는 75만 명의 유대인이 전후 새로운 이민의 대안으로 등장했다. 이스라엘이라는 국가는 만들어졌는데, 국가를 채울 국민이 절실하게 필요한 상황이 된 것이다. 세파르디 유대인은 이스라엘 독립전쟁 이후 중동 이웃들이 적대감을 드러내자 이스라엘로 들어왔지만, 이스라엘의 계급 피라미드에서 하층을 구성했다. 그 결과 이스라엘의 시온주의자와 홀로코스트 생존자의 갈등보다 유럽계 유대인과 중동계 유대인의 갈등이 더 첨예해졌다. 더욱이 독일의 배상금이 유입되면서 유럽계와 중동계의 계급 격차는 더 벌어졌다.[99]

오리엔탈 유대인의 봉기는 시온주의의 핵심인 아슈케나지 유대인의 헤게모니에 대한 위협으로 비쳤다. 여전히 압도적인 중동의 적들에게 둘러싸여 있는 신생국 이스라엘로서는 두 유대인 그룹의 갈등을 봉합하고 국민 전체를 아우르는 애국주의적 카타르시스가 절실한 상황이었다. 벤구리온은 "아시아와 아프리카에 살아서 히틀러가 우리에게 무슨 짓을 했는지 알지 못하는" 이들 중동계 유대인에게 홀로코스트를 가르침으로써 국민적 통합을 위한 집단적 기억을 만들고자 했다.[100] 아이히만 재판이 이스라엘의 국민감정에 호소하는 여론 재판으로 흘러간 데는 이런 이유가 컸다. 1967년 6일 전쟁의 경험은 홀로코스트 희생자와 국민적 일체감을 더 강화했다. 6일 전쟁 당시 이스라엘을 절멸시키겠다는 중동 국가들의 위협은 이스라엘 국민에게 위기감을 불러일으켰다. 린든 존슨 정부의 미 정보 당국은 일주일에서 열흘 이내에 이스라엘이 적들을 휩쓸어버릴 것이라고 정확히 예측했지만, 이스라엘 사람들은 홀로코스트의 불안에 시달렸다. 젊은 병사 한 사람은 6일 전쟁 당시를 이렇게 회상했다. "전쟁에서 지면 우리는 절멸될 것이라고 사람들은 믿었다. 이 생각은 강제수용소에서 물려받았다. 이스라엘에서 자란 사람이라면 누구나 히틀러의 박해를 직접 경험하지 않았다고 해도 그런 생각을 했다."[101] 홀로코스트의 세습적 희생자의식이 이스라엘 국가의 존재론적 위기의식과 맞닿아 있음을 잘 알 수 있다. 레몽 아롱(Raymond Aron)의 '국가살해(state-cide)' 개념이 시사하듯이, 이스라엘에 대한 중동 국가들의 위협은 정치적이기보다 존재론적인 것으로 해석되었다.[102]

6일 전쟁 이후 이스라엘에서 특징적인 현상은 국가라는 행위자가 적극적으로 희생자의 지위를 욕망하기 시작했다는 점이다. 6일 전쟁으로 획득한 영토를 포함하는 새 국경선을 '아우슈비츠 라인'이라 부르는 등, 이스라엘의 세습적 희생자의식은 국민의 '생활양식(modus vivendi)'이자 국가의 '작동원리(modus operandi)'가 되었다.[103] 해방 이후 남북한 지도자들이 모두 "나라 없는 백성의 설움"을 다시 겪지 않으려면 강한 국가를 만들어야 한다고 식민지의 아픔을 강조했다면, 이스라엘에서는 홀로코스트와 마사다의 역사 담론이 공공영역을 지배했다. 그것은 다시 중동에서 이스라엘의 헤게모니를 정당화하는 논리로 작동했다. 홀로코스트의 세습적 희생자의식을 이스라엘 국가의 존재론적 당위로 끌어오는 경향은 리쿠드(Likud)당을 창당한 메나헴 베긴(Menachem Begin)의 수상 재임 시절 더 두드러졌다. 베긴은 팔레스타인 민족해방전선의 야세르 아라파트(Yasser Arafat)를 히틀러와 비교하는가 하면, 팔레스타인 민족해방선언을 히틀러의 《나의 투쟁》에 비유하기도 했다. 베긴은 1981년의 이라크 핵시설 파괴를 "150만 명의 아이들을 나치의 가스실에서 잃은 우리 민족"을 지키기 위한 불가피한 조처라고 설명했다. 다음 해인 1982년 레바논 침공을 앞두고는 각료회의에서 이렇게 말했다. "우리는 전쟁과 생명 손실을 막기 위해 모든 일을 다 해왔다. 그게 이스라엘의 운명이다. 이기적으로 싸우는 것 외에는 다른 방법이 없다. 그러지 않으면 다른 대안은 트레블링카뿐이다. 더는 트레블링카는 안 된다고 우리는 이미 결정하지 않았는가?"

베긴은 레바논 침공 이후 국제사회의 비판이 고조되자, 홀로코스트 이후 국제사회는 이스라엘의 행동에 대해 답하라고 촉구할 권리를 잃어버렸다고 답했다. 또한 이스라엘 의회에서 "지구 위 어디에도 우리 민족에게 도덕성을 설교할 수 있는 민족은 없다"고 소리쳤다.[104] 이스라엘에서 편찬된 홀로코스트 백과사전을 보면, 제2차 세계대전 당시 팔레스타인의 민족주의 지도자 무프티(Mufti, Amin al-Husseini) 항목은 파울 괴벨스나 헤르만 괴링의 거의 두 배 분량으로, 하인리히 힘러와 라인하르트 하이드리히(Reinhard Heydrich)를 합친 것보다 더 길다. 인물 중에서는 아돌프 히틀러의 항목만이 무프티보다 길다. 유대인을 유럽 밖으로 추방하려고 했던 히틀러에게 홀로코스트라는 발상을 심어준 것은 예루살렘의 율법학자 아민 알 후세이니였다는 이스라엘 매파 수상 베냐민 네타냐후(Benjamin Netanyahu)의 연설은 2015년 10월 예루살렘의 세계시온주의자대회에 참석한 사람들을 깜짝 놀라게 했다.[105] 이스라엘의 공식 기억에서 홀로코스트의 서사적 가치는 이처럼 팔레스타인 국가살해를 정당화하는 정치적 계산에 잠식된 경우가 많았다. 홀로코스트의 희생 때문에 이 세상에서 가장 도덕적인 국가라고 자부하는 이스라엘의 공식 기억은 희생자의식 민족주의의 흑역사이기도 하다.

다른 한편으로 시민사회의 풀뿌리 기억에서 홀로코스트는 고삐 풀린 국가주의에 대한 안티테제로 작동하기도 했다. 1956년 10월 수에즈 운하 사태 당시 시나이반도의 크파르 카셈(Kfar Kassem)이라는 작은 마을에서 이스라엘군이 통금령을 모른 채 일터에서 돌아오는 중동 민간인 50명을 학살하자, 이를 나치의 범죄와 비교하고 이스라엘 전 민족의 수치이자 불명예이며 이스라엘인은 나치나 동유럽 포그롬의 유대인 학살자들과 다를 바 없다는 자성의 목소리가 터져 나왔다. 홀로코스트는 이스라엘 내부에서도 보편적 인권에 대한 도덕적 정언명령의 근거로 사용된 것이다.[106] 그러나 희생자의식 민족주의가 홀로코스트를 도구화하면서 홀로코스트의 기억은 서서히 보편적 고통으로 인한 보편적 해방의 가능성을 잃어갔다. 팔레스타인의 인티파다 이후, 자국 병사에게 게토 봉기 전사 기념관의 방문을 전격적으로 금지한 이스라엘군의 조치는 매우 상징적이다. 바르샤바 게토 봉기를 잔인하게 진압한 나치 군대의 역사에서 인티파다에 나선 팔레스타인 청소년을 진압하는 이스라엘 군대의 자화상을 떠올릴까 두려웠던 것이다.[107] 그 두려움은 이미 현실이었다. 아랍인에 대한 인종주의적 혐오가 공공연히 표출되고, 군대 내부에서 아랍인 학살 음모를 꾸민 이스라엘 병사들이 자신들을 '멩겔레(Mengele) 부대'라고 부르는가 하면, '아우슈비츠 소대', '데미야니우크 부대' 등의 별칭도 나왔다. 이스라엘의 기억 정치에서 희생자의식 민족주의가 발전하면서 홀로코스트의 기억은 희생자의 무기에서 가해자의 무기로 탈바꿈한 것이다.

희생자의식 민족주의가 전제하는 가해자와 희생자의 이분법적 세계관에서는 식민주의, 제노사이드, 홀로코스트 등을 근원적으로 비판할 수 없다. 그것은 식민주의와 홀로코스트를 낳은 세계사의 규칙을 비판하고 바꾸기보다, 규칙은 그대로 둔 채 패자의 자리에서 승자의 자리로, 희생자의 자리에서 가해자의 자리로 유리한 위치를 차지하겠다는 욕망을 낳기 쉽다. 희생자의식 민족주의는 희생자가 된 역사에 대한 회한과 비판에서 출발하지만, 자리를 바꾸어 승자나 가해자가 될 수 있다면 식민주의와 홀로코스트의 규칙도 받아들일 수 있다는 식이다. '세습적 희생자'라는 의식에서 벗어나 자신도 가해자가 될 수 있다는 역사적 성찰이 21세기 문화적 기억의 서사적 틀이 되어야 한다고 생각하는 것도 이 때문이다. '희생자 민족'의 집단적 기억 속에 깊이 각인된 세습적 희생자라는 지위는 잠재적인 또는 이미 가시화되고 있는 식민주의의 위험성에 대한 비판을 근원적으로 가로막는다. 홀로코스트가 주는 섬찟한 교훈은 또다시 그런 일이 우리에게 닥칠 수 있다는 게 아니라, 우리도 그런 짓을 저지를 수 있다는 자각이다.[108] 나치의 절멸 전쟁, 일본의 식민주의, 홀로코스트의 끔찍한 희생자였던 폴란드, 한국, 이스라엘의 기억 문화를 지배하는 희생자의식 민족주의가 위험한 것은 가해자를 피해자로 만들 뿐만 아니라 피해자에게 내재된 잠재적 가해자성을 비판적으로 자각할 길을 가로막기 때문이다. 자기 성찰을 포기한 도덕적 정당성만큼 위험한 것은 없다.

VIII. 병치

1971년 폴란드에서는 시복을 앞둔 '아우슈비츠의 성인' 콜베 신부의 자격에 대한 논쟁이 벌어졌다. 《주간 보편》이 콜베 신부의 반유대주의에 의문을 품는 독자 편지를 실으며 촉발된 논쟁에서, 편지의 필자는 콜베 신부가 극단적인 반유대주의의 나팔수이자 증오와 혐오의 온상인 신문을 창립하고 편집했다고 주장했다. 사진은 나가사키 혼고치의 '원죄 없는 성모 기사단' 수도원 집무실에서 일하는 콜베 신부.

살아남은 자의 죄의식은 '인간적 연대감의 측면에서 실패했다는 자책'과 맞닿아 있다. 절체절명의 수용소 상황에서 자신의 생존을 위해 이웃의 절절한 요청을 외면하고 살아남은 홀로코스트 생존자의 죄의식 같은 것이 나가이 다카시 등의 나가사키 원폭 생존자에게서 발견된다고 해서 이상할 것은 없다. 동료 수인 대신 자신의 목숨을 내준 아우슈비츠의 성인 막시밀리안 콜베 신부에 대한 일본 가톨릭의 존경 밑에는 살아남은 자의 죄의식이 깔려 있다. 나가사키와 깊은 인연을 가진 콜베 신부의 아우슈비츠 순교는 우라카미 홀로코스트에서 살아남은 가톨릭 신자의 죄의식을 성찰하고 정화하는 데 최상의 재료였다.

나가사키의 성자와 아우슈비츠의 성인

'병치'는 지구적 기억구성체의 주요한 작동방식 가운데 하나다. 비교가 역사적 상상력의 시작이라면, 병치는 문화적 기억의 출발점이다. 의식적이든 무의식적이든 모든 민족사가 다른 민족의 역사를 비교사적으로 곁눈질하듯이, 과거에 대한 헤게모니적 서사를 구성하는 문화적 기억은 자기 집단의 기억을 다른 기억과 병치해보려는 경향이 있다. 기억의 병치는 겉보기에는 순진한 호기심에서 비롯된 것처럼 보이지만, 치밀한 정치적 계산의 산물일 때도 많다. 서로 다른 기억을 병치하는 순간, 알게 모르게 특정한 기억을 부각하여 돋보이게 하는 대신 다른 기억은 억압하고 지우는 기억 정치의 메커니즘이 작동하는 것이다. 기억의 병치는 새로운 것 같지만, 생각보다 오랜 관행이고 또 널리 펴져 있다. 기억의 병치는 가시화되지 않고 은연중에 작동하기 때문에 연구자들이 관심을 덜 가진다. 누구의 눈에도 명백하게 보이는 '얽혀 있는 기억'과 달리, 멀리 떨어진 기억의 병치는 눈에 보이지 않는 방식으로 문화적 기억을 구성하고 감정을 움직인다. 자기 역사의 특수성을 강조하고 본질화하는 '국사'의 서사가 보편성을 상정한 '세계사'의 서사와 한 쌍으로 형상화되듯이, 희생자의식 민족주의는 자기 민족과 타 민족의 희생을 똑같은 기억의 서사 속에 병치하는 경향이 있다.[1] 지구적 기억구성체에서 누가 더 많이 고통을 받았으며 누구의 고통이 더 보편적 의미를 지니는가 하는 희생자의식 민족주의의 경쟁 구도는 기억의 병치를 전제한다. 기억의 병치는 정교한 이론적 서사나 감성에 호소하는 장치를 수고스럽게 만들지 않고도 비교적 쉽게 자기 나라의 희생자의식 민족주의를 본질화하고 정당화한다. 희생자의식 민족주의를 정당화하는 비교의 도구로 이용되는 병치를 비판적으로 검토할 필요가 있는 것도 이 때문이다.

기억의 병치가 항상 희생자의식 민족주의를 정당화하는 방식으로만 작동하는 것은 아니다. 서로 다른 기억의 몽타주를 통해 의도하지 않은 공통성을 드러내되, 기억의 선형적 질서를 교란하고 위계를 인정하지 않는 '급진적 병치(radical juxtaposition)'의 방법도 있다.[2] 이 장은 지구적 기억구성체에서 나란히 배치된 기억의 정치적 작동방식과 효과를 묻는 '비판적 병치'의 방법론 위에 서 있다. 비판적 병치의 관점에서 보면, 무관하게 서로 떨어져 존재하는 것처럼 보이는 사회적 기억이 뜻밖에도 내밀하게 연결되어 있음을 알 때가 많다. 예컨대 미국의 공공영역에 점점 깊이 들어오는 홀로코스트의 기억과 점차 희미해지고 주변화되는 베트남전쟁의 기억은 서로 무관한 것처럼 보이지만, 비판적으로 병치해보면 깊은 연관이 있음을 알 수 있다. 홀로코스트의 기억이 위기에 빠진 유럽 유대인을 나치의 압제로부터 구출한 강력하고 도덕적인 미국의 이미지를 만드는 반면, 민간인 학살과 고엽제 후유증 등으로 점철된 베트남전쟁의 기억은 패배와 죄책감, 수치의 감정을 불러오는 것이다. 홀로코스트에 대한 기억이 갑자기 부상하여 미국의 문화적 기억에서 중심을 차지한 것과 미국 사회의 정치적 분열과 도덕적 죄의식을 상기시키는 베트남전쟁의 망각은 미국의 기억 정치를 움직이는 같은 메커니즘의 두 얼굴이다.[3]

미국의 기억 문화에서 베트남전쟁의 부재는 미국의 역사 교과서에서 단적으로 나타난다. 동아시아처럼 교과서 검열 제도 등 위로부터의 압력이 없는데도 미국 교과서 대부분은 미라이 학살, 군사 목표와 민간 목표를 가리지 않은 무차별적 융단폭격, 고엽제 살포로 인한 환경 파괴 등을 언급하지 않는다. 대학 교재는 고등학교 교과서보다는 미국의 전쟁에 대해 비판적이지만, 베트남전쟁이 미군의 전쟁범죄라는 판단은 하지 않았다. 미국 교과서들의 베트남전쟁 서술은 홀로코스트에 대한 비판적 기억을 국민적 정체성의 기초로 삼은 독일은 물론이고 일본의 검인정 교과서들이 아시아·태평양 전쟁에 대해 취하는 비판보다도 훨씬 자기 변호적이다.[4] 베트남전쟁에 대한 미국의 기억 문화에서 가장 큰 문제는 국가의 공식 기억뿐만 아니라 시민사회의 민간 기억조차 비판적 시각이 없다는 점이다.

베트남전쟁 기술과는 대조적으로, 1970~1980년대에 널리 읽힌 역사 교과서들은 제2차 세계대전 당시 일본계 미국인의 강제 억류를 비극적이며, 부끄럽고, 불명예스러운, 중대한 범법 행위 등으로 기술했다. 또 강제수용소로 들어가기 위해 줄지어 서 있는 일본계 미국인 여성들과 아이들의 사진을 게재함으로써 죽음의 강제수용소에 수용되는 유럽 유대인의 이미지를 떠올리게 했다. 미국 정부는 1987년 제2차 세계대전 당시 일본계 미국인의 강제 억류에 대해 공식적으로 사과하고 개인적 배상을 시작했다.[5] 미국의 기억 문화에서 홀로코스트-베트남전쟁-일본계 미국인의 억류라는 세 가지 다른 기억이 배치된 양상은 흥미로운 점을 시사해준다. 병치는 존재하는 기억의 병치를 넘어서, 부재하는 기억과 존재하는 기억의 병치를 통해 문화적 기억에 대한 계보학적 분석을 가능하게 해준다. 왜 어떤 기억은 강조되고 어떤 기억은 지워지는가 하는 물음은 기억 정치에 대한 계보학적 분석의 출발점이 된다.

비판적 병치의 관점에서 보면, 세르비아의 사례는 더 극단적이다. 세르비아 정교회 주교회의 산하 야세노바츠(Jasenovac) 위원회는 홀로코스트를 기념하는 대표적인 위원회다. 야세노바츠 절멸수용소(1941~1945)는 나치 독일군이 아닌 크로아티아 파시스트 조직인 '우스타샤(Ustasha)'가 운영했다. 동 위원회는 야세노바츠를 '세르비아의 코소보'라 부르며, 세르비아 민족의 고통을 상징하는 터로 만들려는 의도를 분명히 드러냈다. 이때 홀로코스트는 세르비아의 민족적 고통을 돋보이게 하는 기억의 장치인 동시에 세르비아의 국가적 도덕성을 국제사회에 과시하는 장치이기도 하다.[6] 공통의 고통을 바탕으로 유대인과 세르비아 민족 간 기억의 연대를 강조하는 세르비아 민족주의자의 기억 정치에 홀로코스트가 동원되는 것이다. 문제는 이 과정에서 야세노바츠 절멸수용소가 세르비아의 희생자의식 민족주의를 정당화하는 차원을 넘어서 유고슬라비아 내전에서 세르비아가 저지른 전쟁범죄를 은폐하는 '가림막 기억'으로 작동하고 있다는 점이다. 더 나아가 야세노바츠 위원회의 기억 정치는 우스타샤에 맞선 체트니크 세르비아 파시스트를 복권하는 데 홀로코스트를 지렛대로 쓰고 있다는 점에서 홀로코스트와 파시즘의 기억 연대라는 부조리한 모순을 드러낸다.[7] 야세노바츠 위원회가 록밴드까지 동원하여 요란하게 만들어낸 홀로코스트에 대한 기억은 유고슬라비아 내전 당시 세르비아 민족주의자가 저지른 인종청소에 대한 기억을 덮어버리는 장치다.

홀로코스트의 복권은 유고슬라비아 인민의 보편적 고통과 반파시즘 투쟁 아래 지워져 있던 기억을 사회주의 형제애의 이름으로 복원한다는 의의에도 불구하고 곧바로 세르비아의 민족적 기억으로 전유되었다. 세르비아인은 유대인처럼 홀로코스트의 희생자이며 심지어는 유대인보다 더 큰 희생자라는 인식이 널리 퍼지고, 세르비아 혐오주의는 반유대주의와 같은 것으로 해석되었다. 세르비아의 제노사이드 박물관이 홀로코스트라는 렌즈를 통해 크로아티아 파시스트에 의한 세르비아 민족의 고통과 희생을 전시한다고 해서 놀랄 것은 없다.[8] 세르비아의 기억 정치는 홀로코스트의 기억을 세르비아인에 대한 우스타샤의 대량학살의 기억과 떼어놓는 크로아티아와 정반대의 양상이라 흥미롭다. 토착 파시스트와 독일계 주민이 홀로코스트에 적극적으로 가담한 크로아티아에서는 약 3,000명의 유대인만이 살아남았다. 그러나 1961년 아이히만 재판에 대한 지역 언론의 보도 태도나 1963년 아우슈비츠에 문을 연 유고슬라비아 전시관은 유대인의 고통을 적시하기보다 모든 유고슬라비아 인민의 고통과 저항이라는 서사구조에서 벗어나지 못했다. 폴란드를 비롯한 동유럽 공산주의 진영 전체가 아우슈비츠의 기억에서 유대인을 제거하는 데 공모한 혐의가 짙다.

1990년대 포스트 공산주의 시대에 들어서면, 특히 유고슬라비아 내전을 거치면서 크로아티아의 기억 문화는 공산주의 파르티잔과 세르비아 희생자의 기억을 지우는 방향으로 나아갔다. 더 멀리는 공산주의 파르티잔에 희생된 우스타샤 전사자와 유고슬라비아 내전 당시 크로아티아 전사자를 야세노바츠 강제수용소의 홀로코스트 희생자 유해와 함께 매장하려고 하는 등, 홀로코스트의 가해자이자 협력자를 희생자와 병치함으로써 우스타샤의 역사적 복권을 시도하기도 했다.[9] 반유대주의적 민족주의 파시스트를 역사적으로 복권하기 위해 홀로코스트를 이용하는 현상이 옛 유고슬라비아의 기억 정치에서만 나타나는 것은 아니다. 포스트 공산주의 시대의 동유럽 사회는 소련이 강요한 외래 이데올로기인 공산주의에 자기 민족이 희생되었다는 점을 강조하는 과정에서 홀로코스트의 이미지를 동원했다. "희생자 사이에는 위계가 없다"는 슬로건 아래 스탈린주의의 범죄와 홀로코스트를 병치하려는 경향은 동독 등 구공산주의 진영의 여러 지역에서 널리 발견된다. 희생자 개개인의 실존적 관점에서 보면, 나치 홀로코스트의 희생자가 스탈린주의 테러의 희생자보다 더 아픈 희생자라고 단정하기는 어렵다. 모든 희생자는 아픈 것이다.

홀로코스트 유대인 희생자와의 나르시시즘적인 동일화를 추구하는 포스트 공산주의 동유럽의 기억 서사는 홀로코스트를 민족주의적으로 전유하려는 경향이 있다. 이들 사회에서 홀로코스트의 기억 서사는 유럽연합이 표방하는 코즈모폴리턴적 서사를 공유하겠다는 강력한 의사 표현이지만, 동시에 물밑에서는 홀로코스트를 민족주의적으로 전유하려는 교묘한 기억 정치가 작동하고 있다. 나치와 스탈린주의라는 두 전체주의의 압제 아래 신음했다는 서사는 발트해 국가들에서도 공통으로 발견된다. 1939년 몰로토프-리벤트로프 비밀조약은 스탈린주의와 나치즘이 공모했다는 명백한 증거로 자주 인용된다. 이때 나치즘과 스탈린주의는 '똑같이 나쁜' 정치적 대칭으로 그려진다.[10] 그러나 지속성과 강도에서 스탈린주의 범죄가 악의 중심에 놓이는 경우가 많다. 에스토니아의 애도기념일에서 보듯이, 아우슈비츠보다는 굴라크가 더 문제인 것이다. 홀로코스트는 특히 소련 '점령기'의 민족적 고통에 밀려 주변화되는 경향이 있다.[11] 더 적극적으로는 공산주의의 범죄가 홀로코스트를 낳았다는 식으로 독일의 역사가 논쟁 당시 에른스트 놀테의 입장을 되풀이하기도 한다. 홀로코스트의 책임은 공산주의에 있다는 논리만큼 공산주의의 정통성을 더 잘 흔들 수 있는 논리는 찾기 힘들다. 공산주의의 범죄를 고발하기 위해 홀로코스트의 기억을 전유하는 이러한 기억 정치는 공산주의의 반나치 투쟁과 나치 점령기에 일어난 홀로코스트에 대한 동유럽 사회의 협력과 공범의 기억을 지우려고 한다. 그 결과 현재 동유럽에서 발흥하고 있는 극우 민족주의와 네오파시즘을 정당화하는 것이다.[12]

동유럽에서 이러한 기억의 반전은 비단 극우 민족주의 세력에 국한되지 않고 시민사회 주류의 풀뿌리 기억 차원으로까지 일반화되고 있다는 데 심각함이 있다. 2013~2014년 우크라이나 저항운동의 참가자가 자신들을 '반데라파(Banderivtsi)'라 부르며, 우크라이나의 극우 혈통적 민족주의자 스테판 반데라(Stepan Bandera)의 이미지를 부패한 친러시아 정권에 대한 저항의 상징으로 재구성한 것 등이 좋은 예다.[13] 또 서부 우크라이나에서는 나치의 리비프 점령일을 폴란드의 압제에서 해방된 날이라고 주장하고 볼리니아(Volhynia/Wołyn)의 학살을 둘러싸고 폴란드와 대립하는 등 나치와 이데올로기적 친연성을 지닌 우크라이나 민족주의를 복권하려는 움직임이 활발했다. 포스트 공산주의 시대 동유럽에서 홀로코스트 기억의 토착화 과정은 공산당 주도의 반파시즘 저항운동을 지우는 대신 반유대주의적이고 인종주의적인 극우 민족주의를 신화화하는 양상을 드러냈다.[14] 그것은 미국이나 서유럽의 홀로코스트 부정론과는 다르지만, 반유대주의 성향의 극우 민족주의를 역사적으로 복권하기 위해 홀로코스트를 전유한다는 점에서 더 야비한 형태의 부정론이다. 지구적 기억구성체에서 홀로코스트의 기억이 제노사이드에 대한 묵시록적인 예언을 소환하는 정치의 재난적 서사화를 통해 선제공격 등의 국가 폭력을 정당화하는 소재로 전용되는 것도 언급하지 않을 수 없다.[15]

동아시아로 눈을 돌리면, 전후 일본의 기억 문화에서 홀로코스트와 다른 전쟁범죄의 병치가 특히 두드러진다. 전후 일본의 기억 문화에서 홀로코스트와 원자폭탄 피폭의 병치는 아시아·태평양 전쟁의 기억을 구조화하는 서사적 기법이자 헤게모니적 장치로서 주목된다. 그중에서도 특히 '아우슈비츠의 성인' 폴란드 신부 막시밀리안 콜베와 '나가사키의 성자'로 추앙받는 나가이 다카시에 대한 기억의 병치는 두 사람 사이의 인연 때문에 특히 돋보인다. 가톨릭의 종교적 색채가 강한 나가사키의 기억 공간에서 이 두 명의 가톨릭 '순교자'는 세속의 죽음과 종교적 신성성을 이어주었다. 콜베 신부는 1930년부터 1936년까지 나가사키에서 선교 활동을 마친 후 귀국했다가, 나치의 폴란드 침공 이후 아우슈비츠로 끌려갔다. 그곳에서 그는 다른 수감자들의 탈출 시도에 대한 나치의 보복으로 처형될 운명에 놓인 폴란드인 동료 수감자 프란시셰크 가요브니체크(Franciszek Gajowniczek)를 대신해서 죽음을 택했다. 콜베 신부는 아우슈비츠 수용소 11호 막사의 징벌방에서 1941년 8월 14일 순교했다. 독실한 가톨릭 신자이자 의사였던 나가이 다카시는 나가사키에 투하된 원자폭탄으로 부인을 잃고 본인도 크게 다쳤다. 다행히 아이들은 무사했지만, 부엌 한구석에 뼈에 걸친 묵주의 아주 작은 흔적만 남긴 채 원폭의 열기로 증발해버린 부인에 대한 상실감은 쉽게 메워질 수 없는 것이었다.[16] 백혈병으로 죽어가면서 그가 남긴 에세이들은 원폭의 비극에 대한 독특한 증언을 담고 있다. 전후 일본의 기억 문화 속에서 아우슈비츠와 나가사키, 홀로코스트와 원자폭탄은 콜베 신부와 나가이, 이 두 사람을 통해 얽히기 시작했다.

1945년 8월 9일 원폭 투하 당시 나가사키 대학병원에 있던 나가이는 폭탄의 후폭풍으로 오른쪽 상반신에 무수한 유리 파편상을 입었다. 그중 오른쪽 머리의 동맥을 끊은 파편 하나가 말썽이었다. 급기야 9월 중순에는 상처의 피부조직이 썩고 지혈이 안 되어 사경을 헤매기에 이르렀다. 나가이는 임종이 다가온 것을 알고 9월 20일 병상을 방문한 신부에게 총고해를 하고 병자성사를 받았다.[17] 서서히 의식을 잃어가던 중 그는 갑자기 입에 차가운 것이 느껴지면서 어머니가 "루르드의 물이란다" 하고 속삭이는 환청을 들었다. 그의 눈에는 "루르드의 장미꽃이 만발한 바위와 아주 청초한 성모님의 모습이 뚜렷하게 보였다. 그리고 막시밀리안 콜베 신부님께 전구(轉求)해달라는 기도를 하라는 목소리가 들려오는 것 같았다"고 한다.[18] 병상 옆의 의사와 간호사가 피가 멎었다며 놀라는 소리에 나가이는 혼수상태에서 깨어났다. '루르드의 물'을 마시자 피가 완전히 멎고 상처까지 저절로 나았으니 프랑스 루르드 동굴의 기적이 나가사키의 병상에서 재연된 것이다. 그

러나 나가이 다카시가 마신 기적의 물은 1858년 기적이 일어난 프랑스 루르드에서 가져온 물이 아니라, 혼고치(本河內)의 샘물이었다. 막시밀리안 콜베 신부가 혼고치의 '성모의 기사(聖母の騎士)' 수도원 뒷동산에 루르드를 모방해서 만든 나가사키판 짝퉁 루르드 샘물이었던 것이다.[19]

임종을 앞둔 나가이 다카시에게 일어난 이 기적이 흥미로운 것은 콜베 신부의 존재 때문이다. 혼고치의 성모의 기사 수도원에서 길어온 루르드의 샘물도 그렇지만, 콜베 신부에게 자신을 대신해서 은혜를 구해달라고 기도하는 대목이 특히 인상적이다.[20] 나가이 다카시와 막시밀리안 콜베의 인연은 전쟁 발발 이전으로 거슬러 올라간다. 나가이는 〈미소의 비밀(微笑の祕訣)〉이라는 짧은 에세이에서 1935년 혼고치의 수도원으로 콜베 신부를 방문했던 일을 적고 있다. 콜베 신부를 진찰한 나가이는 신부의 양쪽 폐가 모두 결핵을 앓고 있다는 사실을 알고는 절대 안정을 취해야 한다고 조언했다. 오랜 결핵으로 양쪽 폐 모두 80%가량의 기능을 잃고도 정열적으로 잡지 《성모의 기사(聖母の騎士)》를 발간하는 등 선교 활동에 열심인 신부의 모습은 의학적 상식으로 이해할 수 없는 현상이었다. 콜베 신부도 자신의 결핵이 중증이라는 것을 잘 알고 있었다. 그런데도 미소를 잃지 않고 일에 열중하는 콜베 신부는 미스터리였다. 의아해하는 나가이에게 신부는 묵주를 들어 보이면서, "바로 이거예요, 이거예요"라며 그 비결을 전해주었다.[21]

'아우슈비츠의 성인'과 '나가사키의 성자'는 이렇게 얽혔다. 그것은 개인적 인연 이상의 것이었다. '작은 로마'라 불렸던 아시아의 성지 나가사키에서 가톨릭은 기억 문화의 매트릭스였다. 1941년 일본이 진주만을 기습 공격한 12월 8일은 성모 마리아가 원죄 없이 잉태한 축일이기도 했다. 우연의 일치였겠지만, 나가이 다카시는 진주만 폭격 소식을 듣고 우라카미가 전부 잿더미로 변할지도 모른다는 예감이 들어 소름이 끼쳤다고 회고한 바 있다.[22] 8월 9일 나가사키에서 원자폭탄이 폭발한 순간에는 우라카미 천주당에서 모든 신자를 위한 고해 성사 미사가 있었다. 공교롭게도 원자폭탄의 폭심이 우라카미 천주당 위에서 형성되는 바람에 누구도 죽음을 피해갈 수 없었다. 다가오는 8월 15일의 성모승천일 행사를 준비하기 위해 모여 회의하고 미사를 드리던 사제와 부사제, 신도가 모두 원폭으로 사망했다. 원자폭탄의 폭심이 형성되고 나가이가 추모사를 읽은 우라카미 천주당의 정식 명칭도 심상치 않다. '무원죄의 성모 주교좌 성당(無原罪の聖母司教座聖堂, Immaculate Conception Cathedral)'이라는 정식 명칭은 콜베 신부가 창건한 '무원죄의 성모 기사단(Rycerstwo Niepokalanej; Militia Immaculatae)'에 연원이 있다.

나가이는 콜베가 창간한 《성모의 기사》에 1947년부터 1951년 죽기 직전까지 〈원폭 황무지의 기록(原子野錄音)〉을 연재했다. 이로써 콜베 신부의 사후에도 두 사람의 인연은 지속되었다. 콜베 신부와 나가이 박사의 인연은 전후의 기억 공간에서 지속되었다. 원폭의 기억이 가톨릭 박해의 기억과 함께 날줄과 씨줄처럼 엮인 나가사키의 역사적 특성이 두 사람의 인연을 지속시키는 요인이었을 것이다. 하필 가톨릭 박해의 상징인 우라카미 천주당 위에서 폭심이 형성된 우연도 무시할 수 없었다. 원폭의 비극은 그 묵시록적인 이미지 덕분에 가톨릭 박해의 문화적 기억과 결합하기 좋은 소재였다. 가톨릭 박해의 역사 위에 원폭의 묵시록적 이미지가 더해지자 나가사키의 비극은 보편적 의미를 더했다. 나가사키의 가톨릭 박해는 전전에도 국제적으로 널리 알려진 이야기였다. 제노사이드 용어의 창안자 라파엘 렘킨은 나가사키의 가톨릭 박해가 독일의 헤레로 부족 학살, 벨기에령 콩고의 식민주의 학살, 집시·미국 인디언·아즈텍·잉카·아르메니아·유럽 유대인의 대학살 등과 함께 제노사이드의 세계사를 구성한다고 썼다.[23] 원폭 투하는 나가사키의 가톨릭 박해에 묵시록적인 이미지를 부여함으로써 제노사이드의 비극성을 강화했다. 나가사키의 기억 문화에서 아우슈비츠의 성인 막시밀리안 콜베의 의미가 두드러지는 것도 이 때문이다.

1982년 가톨릭 성인으로 인정된 콜베 신부보다 나가이 다카시가 먼저 유명해졌다. 종전 직후 나가이는 "네 이웃을 너 자신처럼 사랑하라(己の如く人を愛せよ)"는 〈마르코복음서〉 12장 31절을 따서 이름을 붙인 작은 다실 '뇨코도(如己堂)'에 누워서 병마와 싸우며 명상적 에세이를 썼다. 나가사키 원폭 희생자의 부조리한 죽음에 종교적 의미를 부여하는 위로의 글이었다. 1949년 더글러스 맥아더 군정의 검열이 완화되자, 나가이의 에세이들은 《나가사키의 종》이라는 제목으로 출간되어 6개월 만에 11만 부가 팔리는 성공을 거두었다. 일본군이 마닐라에서 저지른 만행에 대한 보고서를 부록으로 첨부한다는 조건이 붙었지만, 나가사키의 피폭이 일본인의 원죄를 씻어주려는 신의 섭리라는 그의 해석은 전쟁의 참화와 무고한 죽음의 의미를 찾지 못하는 사람들을 감명시켰다. 1949년은 예수회 소속 프란시스코 사비에르(Francisco Xavier) 성인의 일본 선교 400주년이 되는 해이기도 했다. 바티칸에서 파견한 사절이 '26명 순교자 성인 기념관'과 우라카미 천주당의 잔

해에서 특별 미사를 집전했는데, 수만 명의 일본 가톨릭 신자가 모였다.[24] 이후 헬렌 켈러와 일본 천황, 로마 교황의 특사까지 뇨코도를 방문하는 등, 나가이는 치유와 평화의 상징으로 여겨지며 '우라카미의 성인'으로 불렸다. 나가이가 1951년 숨을 거두자 나가사키 명예 시민장으로 치른 장례식에는 2만 명의 추모객이 참여해 그의 죽음을 애도했다. 나가사키의 모든 교회와 사찰에서는 종을 울려 조의를 표했다.

남을 자기처럼 여기라는 '뇨코도'의 의미는 콜베 신부의 순교를 상징하는 "친구를 위해서 목숨을 버리는 것만큼 큰 사랑은 없다"는 〈요한복음서〉 15장 13절과 닿아 있다. '우라카미의 성자' 나가이 다카시와 '아우슈비츠의 성인' 막시밀리안 콜베의 인연은 나가사키의 원폭과 홀로코스트의 기억을 병치시키는 연결고리로 작동했다. 이 독특한 병치를 통해 나가사키의 원폭 희생자는 지역적 고립에서 벗어나 홀로코스트의 트랜스내셔널한 기억과 소통하면서 비극의 보편성을 획득할 수 있었다. 그러나 나가사키의 기억을 '탈영토화'하려는 시도는 그 기억을 '재영토화'하려는 힘과 끊임없이 갈등하고 타협하면서 우여곡절을 겪었다. 나가사키의 원폭 기억은 콜베 신부를 통해 아우슈비츠의 기억과 얽힘으로써 전쟁과 제노사이드의 고통을 성찰하면서 평화를 향한 보편적 기억으로 나아가는 첫걸음이었다. 연대를 강조하는 나가사키의 기억 문화는 그 대신 원폭의 비극을 낳은 아시아·태평양 전쟁의 역사적 맥락을 경시하는 경향이 있었다. 탈역사화된 나가사키의 피폭 기억은 일본의 희생자의식 민족주의를 정당화하기도 했다.[25] 전후 지구적 기억 공간에서 흔히 발견되는 보편주의와 특수주의, 국제주의와 민족주의의 긴장은 이처럼 나가사키의 기억 문화에서도 어김없이 발견된다.

옛 유고슬라비아나 동유럽에서 홀로코스트의 기억이 공산주의 박해의 기억과 병치되면서 정작 자신들의 공범성과 가해의 기억을 지우는 가림막 기억으로 작동했듯이, 홀로코스트에 대한 일본의 집요한 기억 역시 가림막 기억의 역할은 없었는지 검토할 필요가 있다. 일본인과 유대인이 백인 인종주의의 대표적 희생자라고 떠드는 우파의 희생자의식 민족주의처럼 거칠지는 않지만, 미묘한 병치를 통해 더 감성적으로 일본의 희생자의식 민족주의를 촉발하는 측면도 있는 것이다. 1995년 2월 분게이슌주의 잡지 《마르코 폴로(マルコポーロ)》에 실린 홀로코스트 부정론에 대한 반기억으로서, 그해 8월에 안네 프랑크와 홀로코스트 전시가 히로시마와 나가사키에서 열린 것도 흥미롭다.[26] 이 장에서 아우슈비츠의 막시밀리안 콜베와 나가사키의 원폭 희생자가 일본의 기억 문화에서 병치되는 양상을 고찰하려는 것도 같은 문제의식에서다. 병치는 지구적 기억 공간에서 서로 다른 두 기억이 반드시 유기적으로 얽혀 있다는 의미는 아니다. 두 기억은 지역적으로 파편화되거나 자의적으로 선별되어 그저 나란히 놓이기도 했다. 유럽과 미국에서 벌어진 '콜베 신부와 반유대주의' 논쟁이 일본 기억의 장에서는 무시되었듯이, 1945년 11월 23일 우라카미 천주당 원폭 희생자의 추모사에서 나가이 다카시가 언급한 '한사이(燔祭)'가 홀로코스트의 번역어라는 사실 역시 유럽이나 미국의 기억의 장에서는 관심을 끌지 못했다. 두 기억은 유기적으로 얽히기보다는 단순히 병치되었지만, 그것만으로도 복합적인 의미를 가질 수 있었다. 콜베 신부를 통해 아우슈비츠와 나가사키가 결합하는 방식에서 보듯이, 트랜스내셔널한 기

억은 민족이나 국가의 경계를 넘어 민족주의적 기억을 정당화하는 방식으로도 작동할 수 있는 것이다.

‘우라카미 홀로코스트’와 사랑의 기적

지구적 기억구성체에서 나가이 다카시의 역사적 의미는 ‘우라카미 번제설(浦上燔祭說)’의 창시자라는 데 있다. 1945년 11월 23일 우라카미 천주당의 원폭 희생자 추모 미사에서 추도사를 부탁받은 나가이는 〈창세기〉 22장의 ‘번제(홀로코스트)’를 인용해 나가사키의 원폭 경험을 종교적으로 승화시키는 감동적인 추모 연설을 했다. ‘우라카미 번제설’의 시작이었다. 나가이가 추모 연설에서 ‘번제’를 인용한 것은 원자폭탄이 투하된 직후 가톨릭에 대한 흉흉한 소문을 잠재우려고 한 측면도 있다. 원폭 투하 직후 나가사키시의 비기독교도 사이에서는 우라카미 천주당 상공에 원자폭탄의 폭심이 형성된 것은 일본의 신을 믿지 않고 서양의 신을 믿는 가톨릭 피폭자에 대한 천벌이라는 소문이 돌았다. 원폭 투하 당시 우라카미 천주당에서 미사를 드리던 80여 명의 신자를 비롯해 인근에 살던 약 8,000여 명의 우라카미 가톨릭교도가 몰살당한 것을 빗댄 것으로 우라카미의 가톨릭/부락민에 대한 뿌리 깊은 차별의식이 잘 드러나는 대목이다. 이와 반대로 나가사키의 가톨릭교도는 많은 가톨릭 신자를 앗아간 원자폭탄의 참상을 다섯 번

째 박해라고 불렀다. 도요토미 히데요시부터 시작해서 도쿠가와 막부, 개항기에 이르기까지 네 차례에 걸쳐 일어난 가톨릭 박해의 연장으로 본 것이다. 우라카미 천주당은 예수의 성상을 밟아 배교를 입증하는 후미에(踏み絵) 의식이 벌어졌던 터를 가톨릭 신자들이 마을 촌장으로부터 사들여 세운 동양 최대의 가톨릭 성당이었다. 박해와 고난의 역사를 딛고 가톨릭의 부활을 상징하는 그 성당이 원자폭탄의 직격을 당했으니, 나가사키 가톨릭교도의 당혹감을 이해할 만하다. 나가사키 원폭 투하를 일본 가톨릭의 다섯 번째 박해라고 본 가톨릭교도의 해석도 충분히 일리가 있다.[27]

다른 한편으로 나가사키 원폭은 도쿠가와 막부 시절 가톨릭 박해의 상징인 우라카미 천주당 위에서 폭심이 형성됨으로써 묵시록적 이미지를 더했다. 그 시너지 효과로 나가사키의 비극은 보편적 차원으로 승화됐다. 천벌이든 박해든, 나가사키의 집단 기억 속에서 우라카미 천주당의 피폭자는 역사적 행위자라기보다는 거역할 수 없는 운명의 희생자가 되어버렸다. 가톨릭 피폭자들은 자신들이야말로 인류를 위해 참회하고 대속한 신성한 희생자임을 죽음으로 입증했다고 생각했다. 나가이 다카시의 추도사는 이들의 심정을 대변하는 것이었다. 나가이는 나가사키 원폭 희생자 추모 미사에서 2,502자 길이의 추도사 '원자폭탄사자합동장조사(原子爆彈死者合同葬弔辭)'를 읽었다.[28] 우라카미 지역의 가톨릭 원폭 희생자 8,000명을 상징하는 8,000개의 촛불을 들고 미사에 참가한 신도들 앞에서 읽은 이 추도사에서 나가이는 우라카미 천주당에 원폭이 투하된 비극을 신의 섭리라고 승화시켰다. 나가이는 원폭이 투하된 후 천황이 "전투를 중지하는 칙서를 공포하고 전 세계가 평화의 아침을 환영한" 8월 15일이 바로 성모승천 기념일인 것은 단순한 우연이 아니라고 역설했다.

나가이에게는 우라카미 천주당 바로 위에 원자폭탄의 폭심이 형성된 것도 우연처럼 느껴지지 않았다. 원래 원자폭탄은 나가사키시 중심에 투하될 예정이었으나 구름이 시야를 가려 시 북쪽의 우라카미에 투하되고 전쟁이 끝났다. 원폭 투하 당시 공교롭게도 그때 성모승천 기념일 준비를 위해 성당에 모여서 미사 드리던 사제와 신자 80여 명이 몰살당했다. 이들의 죽음은 우라카미 천주당이 성모에게 봉헌된 성소라는 점에서 운명적인 느낌을 더해주었다. 나가이의 말을 빌리면, "우라카미 천주당은 세계 대전쟁이라는 인류의 죄를 씻기 위해 희생의 제단에 바치는 순결한 어린 양으로 선택되어 도살되고 불태워졌다."[29] 나가이의 논리를 끝까지 밀고 나가면, 우라카미 가톨릭교도의 희생은 종전을 앞당김으로써 그러지 않았다면 전화에 휩싸였을 수십억의 인류를 구한 것이었다. 400년에 걸친 박해를 이겨내고 정통 신앙을 지켜온 우라카미의 기독교인이 '천주의 제단에 바치는 순결한 어린 양'으로 전 세계 가톨릭 중에서 선택되었다면, 그것은 은총이자 축복이라는 게 나가이의 해석이었다. 나가이의 추도사는 우라카미 천주당에 모인 가톨릭 원폭 희생자의 영문 모를 죽음에 비장한 인도주의적 의미를 부여했다. "8월 9일 세계대전이라는 어둠을 쫓아내고 평화의 빛을 가져온 이 천주당의 불길, 아 거룩하고 위대한 번제여! 우리는 깊은 슬픔 속에서 아름답고 순결하며 선한 그 무엇을 우러러보고 있습니다."[30]

나가사키의 원폭 희생자가 통째로 태워 신께 제물로 바치는 번제처럼 자신의 몸을 태워 평화의 제단에 바쳤다는 그의 연설은 그들의 원통한 죽음을 평화를 위한 희생으로 승화시킨 명연설이었다. '홀로코스트'는 부정 타지 않은 깨끗한 동물을 산 채로 태워 신께 공양하는 제의를 뜻하는《성서》의 용어다.[31] 그러므로 '우라카미 번제'설은 홀로코스트의 유대인 희생자와 나가사키의 원폭 희생자를 같은 심급에서 기억한다는 의미였다. 이들은 오염되지 않은 순결한 양이었기에 천주의 제단에 바치는 제물로 선택되어 원자폭탄으로 불태워지는 거룩한 홀로코스트의 신성한 희생자가 되었다. 또 자신의 죽음으로 제2차 세계대전 중에 인간들이 저지른 죄를 용서받고 종전을 이끌어 그 이상의 무고한 희생을 막는 평화의 순교자였다. 르네 지라르(René Girard)의 해석을 빌리면, 박해론을 펼친 가톨릭교도는 자신들이야말로 '죄인' 대신 대가를 치른 이타적 희생자라고 생각했다. 성스러운 제의적 희생물을 죽이는 것은 죄악이지만, 그 희생의 제물은 죽임을 당하지 않으면 성스러워지지 않는다.[32]

"우라카미가 잿더미가 되는 순간 비로소 하느님은 이를 받아주시고 인류의 잘못을 들어주셔서 바로 천황 폐하께 하늘의 계시를 내려 종전의 성스러운 결단을 내리도록 해주신 것"이라는 나가이 다카시의 추도사는 천황의 '옥음 방송'과 놀랄 정도로 비슷하다. 이 방송에서 천황은 자신의 항복 결정이 원자폭탄을 투하한 잔혹한 적으로부터 인류를 구하기 위한 고귀한 행위로 "앞으로 태어날 수천 세대의 인류에게 위대한 평화의 길을 열어주기 위한 것"이라고 강조한다. 이 논리에 따르면, 전쟁 자체가 가장 큰 가해자이며 일본인은 인류 평화를 위해 자신을 희생한 성스러운 희생자가 된다.[33] 원폭 희생자의 승화 레토릭은 원자폭탄의 희생에 비하면 일본군의 재래식 전쟁 가학 행위는 사소하다는 감정을 밑에 깔고 있다. 이 감정은 일본의 반핵평화운동이 침략의 과거사를 반성하기보다 평화 국가 일본의 미래를 그리는 데 몰두한 집단 심성과도 크게 다르지 않다. 희생자의식은 전후 일본의 좌파 평화운동에서도 핵심이었다.[34]

나가사키 가톨릭 희생자들의 심정을 대변했다고 하지만, 기억 정치의 관점에서는 나가이 다카시의 추도사에 대한 비판이 그치지 않았다. 나가이 다카시의 우라카미 번제설에 대한 비판은 그것이 천황의 전쟁 책임과 미국의 원폭 투하 책임을 지워버리는 '이중의 면책' 담론이라는 데 있었다. 나가사키의 피폭자이자 시인 야마다 칸(山田かん)은 번제설이 원자폭탄을 떨어뜨린 미국으로 향해야 할 "민중의 원한"을 '신의 섭리'라는 말로 달래는 친미적 허위 선전이라고 비난했다. 작가 이노우에 히사시(井上ひさし)도 '신의 섭리'는 원폭 투하의 책임 소재를 흐리게 만든다고 비판했다.[35] 정치적 효과라는 맥락에서 볼 때 이들의 비판은 나름대로 일리가 있다. '신의 섭리'를 통해 원자폭탄의 무고한 희생자를 세계평화를 위한 거룩한 희생자로 승화시킨 나가이의 연설은 나가사키의 비극을 탈역사화할 소지를 안고 있었다. 원폭 투하라는 미증유의 역사적 비극을 탈역사화하고 종교적 본질로 환원한다면, 원폭 희생자의 무고한 죽음에 대한 정치적 책임을 지워버리는 것이다. 나가사키 피폭자의 희생자의식이 탈역사화되면 그에 입각한 전후 일본의 평화주의도 다시 탈역사화라는 기억 정치의 덫에 빠져버린다.

기억 정치의 관점과는 반대로 나가이가 취한 가톨릭의 존재론적 관점에서 볼 때, 히로시마의 정치적 기억은 원폭 희생자를 현실 정치로 끌고 들어가 도구적으로 이용한다는 역비판이 가능하다. 살아남은 자들이 죽은 자들에게 바치는 진혼곡은 정치적 차원을 넘어 존재론적 의미를 찾게 마련이다. 우라카미 천주당의 가톨릭 원폭 희생자가 신의 섭리에 따라 '천주의 제단에 바치는 순결한 어린 양'으로 선택되었다면, 이들의 죽음은 제2차 세계대전을 일으킨 인류의 죄를 대속하고 세계평화를 위해 자신을 던진 거룩한 희생이 된다. 영문 모를 무고한 죽음에 거룩한 희생의 의미를 부여한다는 것은 정치적 판단을 잠시 미루고 죽은 자들에게 먼저 존재론적 가치를 부여하는 작업이기도 했다. 우라카미 번제설이 전쟁과 원폭 투하의 정치적 책임을 벗겨주는 결과를 가져왔다는 정치적 비판은 타당하지만, 그 대신 살아남은 자들이 원폭 희생자의 존재론적 가치와 죽음의 의미를 확신할 수 있다면 그런 비판은 상쇄되고도 남는다.

원폭 희생자의 존재론적 의미를 확인하는 것은 죽은 자들을 위한 것만은 아니다. 그것은 죽은 자에게 보내는 의례적인 추모를 넘어 살아남은 자의 죄의식과 맞닿아 있다. 나가이 다카시의 말을 빌리면, "원폭처럼 규모가 큰 파괴 속에서, 인간은 …… 양심에 따르면 죽고 만다. 죽지 않으려면 여지없이 양심을 등진 처지로 떨어져야 한다." 원폭 투하가 만든 극단적 상황은 "분명히 불길에 싸일 것이 분명한데도 눈앞에서 신음하는 친구를 구할 것인가? 친구를 죽게 버려두고 달아날 것인가?" 하는 이성과 도덕이 갈등하는 선택을 요구한다. "만약 원폭 전쟁이 벌어진다면 어느 나라도…… '남의 일은 상관 말고 자기 몸을 살리라, 의무 따윈 생각하지 말라, 내 목숨이 살고 볼 일이다……'라고 권장할 것이다." 이 상황에서 "사람을 사랑하라, 자신을 죽이고 사랑을 베풀라, 의무를 다하라"는 가르침이 실현되기는 참으로 어렵다.[36] 사랑하는 아내와 친척, 가까운 동료와 이웃의 죽음을 눈앞에 두고도 속수무책이었던 생존자들의 죄의식은 정치적이기에 앞서 종교적이고 윤리적인 것이었다.

프리모 레비가 고통스럽게 증언했듯이, 살아남은 자의 죄의식은 '인간적 연대감의 측면에서 실패했다는 자책'과 맞닿아 있다.[37] 절체절명의 수용소 상황에서 자신의 생존을 위해 이웃의 절절한 요청을 외면하고 살아남은 홀로코스트 생존자의 죄의식 같은 것이 나가이 다카시나 원폭 생존자에게서 발견된다고 해서 이상할 것은 없다. "살아남은 자들이 원폭에 타죽은 수십만 희생자를 그저 본보기로 내세우면서 평화운동을 유지하기 위한 동력으로 유용해온 것은 아닌가? 히로시마와 나가사키의 시민(피폭 생존자)이 평화를 요구하면서 기도해왔지만, 그 기도를 위해 대체 무슨 희생을 바쳤던 것일까?"라고 자문하는 나가이 다카시한테도 살아남은 자의 죄의식이 발견된다.[38] 그것은 히로시마의 원폭 투하가 미국 인종주의의 산물이며 아우슈비츠와 더불어 절대 악을 상징한다는 히로시마의 정치적 희생자의식과는 다르다. '친구를 죽게 내버려두고 달아난' 살아남은 자의 죄의식이 그 대척점에 있는 순교 또는 타자를 위한 희생에 대한 동경 또는 존경이라는 감정을 낳은 게 아닐까? 동료 수인 대신 자신의 목숨을 내준 아우슈비츠의 성인 막시밀리안 콜베 신부에 대한 일본 가톨릭의 존경 밑에는 살아남은 자의 죄의식이 깔려 있다.

《나가사키의 콜베》를 쓴 오자키 도메이(小崎登明) 신부에게서도 그런 죄의식의 흔적은 역력하다. '혈기왕성한 17세'였던 오자키 신부는

우라카미의 병기 공장에서 일하다가 피폭당했다. "상처를 입은 사람들로 아수라장이 된 현장을 목격한 나는 쇼크 상태로 현장에서 도망쳐 나왔고 그 2개월 후에 수도회에 입회했다"고 오자키 신부는 당시를 술회한 바 있다.[39] 피폭으로 죽어가는 사람들을 버려두고 현장에서 도망친 죄의식이 수도원 문을 두드리는 계기였음을 넌지시 드러낸 것이다.[40] 수도회에 들어간 이후 오자키 신부가 '전쟁 중에 다른 사람을 대신해서 목숨을 바친 사랑의 순교자 콜베 신부'에게 마음이 끌린 데는 그런 죄의식이 작동했을 것이다.《아사히신문》에 연재한 소설《여자의 일생: 2부 사치코의 경우(女の一生: 二部 サチ子の場合)》를 통해 콜베 신부를 일본의 독자에게 널리 알린 소설가 엔도 슈사쿠(遠藤周作)도 이 소설의 후기에서 살아남은 자의 미묘한 죄의식에 대해 이렇게 쓰고 있다. "아니 이런 어려운 말보다는 '정말 서로 용케도 살아남았군요'라는 게 솔직한 기분일지도 모른다. 서로, 용케도, 살아남았다. 그러나 이 기분의 배후에는 더 복잡한 감정이 있다. 즉 나는 살아남았지만, 그리운 사람, 사랑한 사람, 친하게 지낸 사람을 전쟁이나 전후에 잃어버렸다는 슬픔과 괴로움이 숨겨져 있는 것이다."[41]

독실한 가톨릭 신자였던 엔도의 소설 속에서 콜베 신부는 "사람이 친구를 위해서 목숨을 버리면 이보다 더 큰 사랑이 없다"는《성서》의 구절을 자주 인용하여 살아남은 자의 죄의식을 일깨운다. 동료 수인을 대신해서 자기 목숨을 희생한 콜베 신부는 살아남은 자들의 죄의식을 대속해주는 순교자였다. 실제로《여자의 일생》1부와 2부를 모두 관통하는 주제는 사랑하는 사람을 위해 순수하고 절절한 사랑을 바치고 목숨까지 마다하지 않는 자기희생이었다. 1부에서 사랑하는 세이키치

(淸吉)를 위해 목숨을 바친 기쿠는 오우라 천주당의 성모 마리아 앞에서 피를 토하고 죽는데, "이때 성모 마리아의 커다란 눈에 기쿠와 똑같이 맑은 눈물이 가득히 넘쳐흘렀다. …… 자신의 몸을 더럽히면서까지 연인에게 모든 것을 바쳐 사랑한 기쿠를 위해 성모 마리아도 지금 울고 있었다." 성모 마리아는 "당신도 내 아들(예수)과 마찬가지로 사랑을 위해 이 세상을 살아왔는데요"라고 위로하면서,[42] 예수의 사랑과 세이키치에 대한 기쿠의 사랑을 포개놓는다. 오우라 천주당의 성모 마리아상은 아우슈비츠의 성인 콜베 신부가 오우라 신학교에서 강의하던 시절 날마다 무릎 꿇고 기도하던 그 마리아상이다.

2부에서는 기쿠의 손녀인 사치코 역시 마리아상 앞에서 기도를 드렸다. 기쿠가 목숨을 바쳐 사랑한 주인공 세이키치가 나가이 다카시의 아들과 동명인 것도 단순한 우연은 아닐 것이다. 《여자의 일생》 2부의 주인공으로 기쿠의 손녀뻘인 사치코, 사치코가 순수하고 절절한 사랑을 바쳤으나 특공대원으로 전사한 슈헤이(修平), 콜베 신부가 등장한 것도 우연은 아니다. 소설 2부는 나가사키에서 벌어진 사치코와 슈헤이의 비극적인 사랑 이야기가 아우슈비츠에서 동료 수인을 대신해서 목숨을 바친 막시밀리안 콜베 신부의 이야기와 교차하는 이른바 '이중 소설'의 형식으로 쓰였다. 이 소설에서 콜베 신부는 마리아가 그려진 성화를 사치코에게 주는데, 성화에는 《성서》의 구절이 인쇄되어 있다. "친구를 위해서 목숨을 버리는 것만큼 큰 사랑은 없다."[43] 그런데 세속적인 남녀의 사랑이 종교적 순교와 교차되는 게 조금도 낯설지 않다. 엔도는 사랑하는 사람을 위해 자신을 희생하는 연인의 마음을 "모든 것을 버리고 신을 위해 생애를 바치는 성자의 심리와 너무도 닮

았다"고 쓴 적도 있다.[44]

사랑하는 사람을 위해 자신의 목숨까지 바치는 기쿠의 희생적인 사랑과 동료 수인을 대신해서 목숨을 바친 콜베 신부의 순교자적 사랑은 살아남은 자의 죄의식을 깨닫게 하고, 또 대신 속죄해주는 종교적 카타르시스를 가져다준다. 타인의 고통과 불행에 대한 무관심이야말로 죄이며, 그에 대한 죄의식을 느낄 때 구원의 가능성이 있다는 엔도 슈사쿠의 기독교에 대한 이해는 그의 소설에서 아우슈비츠의 성인 콜베와 나가사키를 잇는 중요한 연결고리였다.[45] 나가사키와 깊은 인연을 가진 콜베 신부의 아우슈비츠 순교는 우라카미 홀로코스트에서 살아남은 가톨릭 신자의 죄의식을 성찰하고 정화하는 데 최상의 재료였다.

반서구주의와 반유대주의

나가사키 시절의 콜베 신부와 폴란드로 귀국한 이후 콜베 신부 사진을 보면 뚜렷한 차이가 하나 발견된다. 폴란드에서 찍은 사진을 보면, 나가사키 시절 콜베 신부의 상징과도 같았던 길고 검은 수염이 사라지고 말끔하게 면도한 얼굴이다. 오자키 도메이 신부의 해석에 따르면 나가사키에서는 동양의 전통적 현자의 모습으로 보여 일본인과 친해지려고 일부러 수염을 길렀다는 것이다.[46] 다른 한편으로는 정반대의 해석도 가능하다. 19세기 말 이래 동아시아의 문명개화 과정에서 남성의 수염은 신체의 근대화를 상징하고 문명과 권력을 과시하는 징표였다.[47] 문명개화를 상징하는 수염은 대체로 수염 끝이 입가에서 말려 올라간 카이저 수염으로 콜베 신부의 긴 수염 연출과는 달라, 그의 수염이 동양의 정형화된 현자 상을 의도했는지 일본에 대한 공격적인 선교의 욕망을 드러낸 것인지는 분명치 않다. 여하튼 콜베 신부 일행은 나가사키 도착 직후부터 소련의 스파이가 아닌가 하는 일본 경찰의 의심에 시달렸다. 훗날 전쟁이 벌어지고 미군의 상륙이 임박해지자 가톨릭교회에 대한 군과 고등계 경찰의 압력은 갈수록 심해졌다.[48]

가톨릭에 대한 일본 사회의 시선은 그다지 곱지 않았으며, 교회는 서양 식민주의의 이미지와 겹쳐졌다. 독실한 가톨릭 신자였던 엔도 슈사쿠조차 식민주의와 얽힌 가톨릭에 대한 따가운 시선을 의식하지 않을 수 없었다. 엔도의 문학이 서양과 일본의 거리감을 자각하고 기독교와 일본의 범신론적 미학 사이의 거리를 간과할 수 없는 데서 출발했다는 것은 여러모로 상징적이다.[49]

엔도는 《여자의 일생》 1부에서 나가사키 부교쇼(奉行所)의 혼도 슌타로(本藤舜太郎)의 입을 빌려 가톨릭과 서구 식민주의의 공범 관계에 대한 비판을 감추지 않는다. 혼도는 "기리시탄 나라들이 동양인 토지를 도적질하고 침략하고 살인을 일삼고 있던 사실을 기리시탄의 법왕인가 하는 사람은 어째서 묵묵히 간과하고 있었냐"고 힐문하며, 프랑스와 미국 공사의 기독교도 석방 요구를 내정간섭이라고 거부한다. 이를 반박하기 어려웠던 프랑스인 베르나르-타데 프티장(Bernard-Thadée Petitjean) 신부의 곤혹감은 소설에서 잘 나타난다. 서양 기독교 국가들이 아시아·아프리카를 침략하여 식민지로 만든 사실을 정당화할 수 없었던 프티장 신부는 엔도의 소설 속에서 기독교의 위선에 대한 동양인의 비판이 타당하다고 인정할 수밖에 없다. "프티장 신부, 당신은 일본과 우라카미 부락을 시끄럽게 만들어놓고 우라카미 기리시탄은 감옥에 있는데, 이 방에 편안히 있구나"라는 혼도의 인신공격적 비판 앞에서 푸른 눈의 프랑스 신부는 할 말을 잃는다.[50] 폴란드 출신의 콜베 신부가 프티장 신부와 대비되는 것도 이 대목에서다. 유럽의 주변부이자 '서양'의 '동양'으로 '서양'이면서 '서양'이 아닌 폴란드, 120여 년간 러시아·프로이센·오스트리아 삼국에 분할 점령된 피억압 민족으로 식민주의의 원죄에서 자유로운 폴란드, 러시아라는 공통의 적을 통해 러일전쟁 당시부터 국제무대에서 돈독한 관계를 유지해온 일본과 폴란드의 관계 등을 고려하면, 일본의 기억 문화에서 콜베 신부는 주변부 국가로서의 폴란드 출신이 갖는 역설적 비교우위를 누릴 수 있었다.[51]

폴란드 동료 수사들의 회상에 의하면, 실제로 콜베 신부는 나가사키에서《성모의 기사》를 발간할 당시 그의 단순하고 소박한 선교 방식에 회의적인 오우라 천주당의 하야사카 규노스케(早坂久之助) 주교나 우라카와 와사부로(浦川和三郎) 신부의 박대를 받았다.[52] 그러한 박대는 식민주의 국가 출신인 여타 서양 신부나 선교사라면 경험하기 힘든 것이었다. 성모 마리아를 폴란드에서 어린아이가 어리광으로 엄마를 부르듯이 '마무이사(mamuisa)'라 부르고 영양실조를 일으킬 만큼 극단적 청빈 생활과《성모의 기사》에만 의존하는 콜베 신부의 단순한 선교방식은 '서양' 식민주의 선교사들과 많이 달랐다.[53] 콜베 신부 일행이 나가사키에 도착하는 광경에 대한 엔도 슈사쿠의 묘사 또한 오우라 천주당의 프랑스 신부 프티장에 대한 묘사와는 사뭇 다르다. 콜베 신부를 비롯한 다섯 명의 폴란드인 수사는 일등석으로 들어오는 여느 외국인과 달리 나가사키마루(長崎丸)호의 삼등석을 타고 도착했다. 짐이라야 옷가지 몇 점과 두세 권의 책밖에 없는 삼등실의 폴란드인들이 일본에 왜 왔는지 고개를 젓는 나가사키 경시부장 다마키(玉置)의 태도에서는 일본어는 거의 못 하고 영어도 조금밖에 못 하는 이 가난한 '서양인'에 대한 답답함과 애처로움이 느껴질 뿐이다. 인력거를 타지 않고 길 한복판에서 트렁크를 든 채 쩔쩔매고 있는 그들을 오우라 천주당 길로 안내하면서 가네다(金田) 형사는 짜증을 느끼기도 했다.[54] 폴란드 성직자들에 대한 가네다 형사의 호기심과 짜증은 나가사키 부교쇼의 혼도가 프티장 신부에게 가졌던 서양 식민주의에 대한 두려움과는 사뭇 다르다.

일본 제국의 군사적 힘에 의탁해서라도 성모 마을 건설이라는 선교 목적을 달성하겠다는 콜베 신부의 순진한 발상도 전후 일본의 기억 문화에서 콜베 신화를 만드는 데 일조했을 것이다. 콜베 신부를 곁에서 보좌했던 세르기우스 수사는 1932년 인도 여행을 다녀온 콜베 신부에게서 직접 들은 이야기를 생생히 기억하고 있다. "일본은 지금 러시아와 전쟁을 하려고 준비하고 있습니다. 일본은 아무것도 두려워하지 않고 있습니다. 미국도 두려워하지 않습니다. 성모님께서는 잘 인도하고 계십니다. 일본은 아시아 전부를 손에 넣을지 모릅니다. 때에 따라서는 유럽도 손에 넣을지 모릅니다. 이것은 성모기사단에 매우 좋은 일입니다. 우리도 일본인과 함께 밖으로 나가서 그곳에서《성모의 기사》를 나누어줍시다."[55] 태평양이나 동남아시아에서 미국 및 영국, 프랑스, 네덜란드 등 '서양' 식민주의에 맞서 일본 제국을 지지하는 콜베의 입장은 일반적으로 '서양' 선교사에게서 기대하기 어려운 것이었다.

일본 제국에 대한 콜베의 견해가 당대의 일본인 또는 전후의 일본 사회에 얼마나 잘 알려졌는지는 알 길이 없다. 한 가지 분명한 것은, 폴란드 출신 콜베의 세계사적 위치나 정치적 입장이 '서양' 식민주의와 공모한 가톨릭이라는 혐의에서는 비교적 자유로울 수 있었다는 것이다. 서구 열강 제국의 여느 선교사와 비교할 때, 폴란드 출신의 콜베 신부는 주변부 지식인의 특권을 누릴 수 있었다. 콜베 신부는 전후 일본의 기억 문화에서 큰 위화감 없이 받아들여질 수 있는 몇 안 되는 '서양' 사람이었다. 러일전쟁 이래 일본 제국과 폴란드 민족주의 진영이 러시아라는 공통의 적에 대항하는 국제적 연대를 타진하고 또 추진해 온 역사적 유대도 중요한 역할을 했을 것이다. 1931년 가을 소련의 정보기관은 폴란드와 일본이 소련을 동시에 공격하기 위한 협정을 맺었다는 첩보를 올릴 정도였다.[56] 소련과 폴란드가 불가침조약을 맺음으로써 이 첩보는 사실이 아닌 것으로 드러났지만, 그런 의심을 받을 만큼 폴란드와 일본의 관계가 돈독했던 것은 사실이다.

《기적(奇蹟)》이라는 '사소설'에 가까운 다큐멘터리 전기를 통해 막시밀리안 콜베 신부의 생애를 일본에 널리 알린 소노 아야코(曾野綾子)의 각별한 콜베 사랑도 같은 맥락에서 이해된다. 소노 아야코는 1971년 10월 17일 바티칸에서 열린 콜베 신부의 '시복식'에 참가하기에 앞서 9월 21일 폴란드를 찾았다. 소노는 폴란드 예수회 신부인 타데우시 오블락(Tadeusz K. Oblak)의 안내로 3주 이상 폴란드에 흩어져 있는 콜베 신부의 흔적을 찾아다녔다. 콜베 신부의 고향인 즈둔스카 볼라(Zduńska Wola)부터 니예포칼라누프(Niepokalanów) 수도원과 신부의 휴양지 자코파네(Zakopane)를 거쳐, 아우슈비츠 강제수용소에 이르는 긴 여정이었다. 또 콜베 신부가 순교한 덕분에 목숨을 건진 프란시셰크 가요브니체크를 방문해 콜베 신부에 대해 환담을 나누기도 했다. 오블락 신부의 안내로 동네 사람들에게 물어물어 가요브니체크의 집을 찾아가면서, 소노는 그가 별로 유명하지 않은 데 놀랐다. 일본이라면 벌써 미디어가 몰려들고 일상생활이 망가졌을 거라며 폴란드 미디어의 무신경을 은근히 탓했다.[57] 소노는 이 여행 기록을 1972년 1월부터 1년간 가톨릭 잡지《가톨릭 구락부》에 연재했다. 프랑스어로 쓰인 마리아 비노프스카(Maria Winowska)의 콜베 전기를 바탕으로 폴란드 여행 당시 취재한 내용과 작가의 감성이 덧붙은 이 기록은 연재가 끝나자《기적》이라는 단행본으로 출간되었다.

소노 아야코가 이해한 콜베 신부는 무엇보다도 애국자였다. 콜베는 폴란드를 강점한 외부의 적들을 응징하고 싶었지만, 폭력 대신 하느님의 진리를 설파하여 전 세계의 사람을 사로잡는 게 진정한 복수임을 깨달았다는 것이다. 또 크라쿠프에서 만난 안셀모(Anselmo) 신부는 콜베 신부의 아버지가 제1차 세계대전 당시 유제프 피우수트스키(Józef Piłsudski)의 폴란드 여단에 입대해 싸우다 러시아군에 포로로 잡혀 처형되었다는 일화를 작가에게 전해주었다.[58] 피우수트스키는 1904년 7월 일본 참모본부의 초청으로 일본을 방문하여 러시아에 대항하는 폴란드·일본의 공동전선을 타진했던 사회 애국주의 계열의 폴란드사회당 지도자였다.[59] 민족운동에 투신하여 러시아 지배 세력에게 처형당한 아버지를 둔 콜베 신부의 애국주의는 서양 식민주의의 공범자이기보다는 희생자인 폴란드 가톨릭의 역사적 산물이다. 그래서인지 콜베 가문의 민족주의에 대한 소노 아야코의 시선은 기본적으로 따듯하다.[60] 작가는 시복 당시 콜베 신부의 '순교' 인정 논란을 염두에 둔 듯, 기독교의 황금률은 사랑이며 아우슈비츠의 콜베 신부가 가요브니체크를 위해서 그랬듯이 친구를 위해 자신을 희생하는 것이야말로 지고의 사랑이라고 썼다. 예수의 사랑을 끝까지 밀고 나가면 죽음과 맞닿을 수밖에 없다는 것이다. 만약 가족을 만나기 위해 자신의 목숨을 살려달라고 울부짖는 가요브니체크를 모른 체했다면 콜베 신부는 육체적으로는 살아남았을지 모르지만, 사제로서는 영적으로 이미 죽은 거나 마찬가지라는 것이다.[61]

콜베 신부의 순교에 대한 확증은 신문연재 소설《여자의 일생: 2부 사치코의 경우》에서 사치코와 콜베를 교차하는 주인공으로 세운 엔도 슈사쿠에게서도 다시 확인된다. 고등학교 검정판 국어교과서에 실린 수필 〈콜베 신부〉에서 엔도는 기적을 이렇게 정의한다. "나는 기적이라는 게 불치의 병을 고치거나 돌을 금으로 만드는 것이라고 생각하지 않는다. 기적이라는 것은 우리가 할 수 없는 것을 행하는 데 있다. 콜베 신부는 극도로 처참한 지옥 같은 나치 수용소에서 우리가 할 수 없는 사랑을 실천했다. 나는 이것이야말로 기적이라고 부른다."[62] 고등학교 국어교과서에 실린 엔도 슈사쿠의 짧은 에세이는 이 교과서를 채택한 고등학교를 졸업한 보통 일본인에게 콜베 신부의 '사랑'을 알리는 중요한 메신저였다. 가톨릭 신자도 아니고 문학 애호가도 아닌 보통 일본인에게 콜베 신부의 존재를 알리는 데 이바지한 것이다. 그런데 1971년 9월 21일 소노 아야코가 파리 공항에서 바르샤바행 비행기를 기다리고 있을 때, 폴란드에서는 시복을 앞둔 콜베 신부의 자격에 대한 논쟁이 벌어지고 있었다. 크라쿠프에서 간행되는 자유주의적인 가톨릭 주간지로 비판적 지식인의 폭넓은 지지를 받는 잡지《주간 보편》이 1971년 9월 19일자에 콜베 신부의 반유대주의에 의문을 품는 독자 편지를 실은 것이다. 편지의 필자는 비판적 좌파 지식인이자 저명한 마르크스주의 경제학자인 얀 유제프 립스키(Jan Józef Lipski)였다. 그는 이 편지에서 콜베 신부의 시복은 교회 내부의 문제라고 전제하면서도, 폴란드 민족 전체의 관점에서 의구심을 표현했다. 콜베 신부는《작은 신문(Mały Dziennik)》의 창립자이자 편집인이었는데, 이 신문은 극단적인 반유대주의의 나팔수이자 증오와 혐오의 온상이었다는 것이다. 특히 그 신문이 극단적 반유대주의를 부추기는 급진민족주의 진영(ONR)의 인사들과 돈독한 관계를 맺었던 것은 누구도 부인할 수 없는 사실이었다.[63]

유감스럽게도 콜베 신부가 자신의 반유대주의를 잘못이라고 인정하고 용서를 구했는지는 의문이다. 단지 다른 사람을 위해 자신을 희생했다는 사실만으로 그가 자신의 잘못을 인정하고 용서를 구했다고 추론하는 것은 희망 어린 생각에 불과하다는 게 립스키의 주장이었다.[64]《주간 보편》의 편집진은 콜베 신부의 시복식을 주관한 바르샤바의 가톨릭 신학 아카데미의 요아힘 바(Joachim Bar) 박사에게 이 문제를 문의하고 그 결과를 립스키의 비판 편지 밑에 편집자 주 형식으로 배치했다. 편집진의 반론에 따르면《작은 신문》첫 호가 나온 1935년 5월 콜베 신부는 아직 나가사키에 머물고 있어 신문 제작에는 직접 관여하지 않았다. 이어 나가사키에서 콜베가 폴란드의《작은 신문》주간에게 보낸 1935년 7월 12일자 편지를 공개했다. 이 편지에서 콜베는 "다른 사람이나 정당, 다른 민족에 대해 불필요한 비난을 삼가고 …… 특히 유대인 문제는 독자에게 증오를 부추기거나 확대하지 않도록 조심하고 …… 유대인을 비난하기보다 폴란드의 상업과 공업을 발전시키도록 노력하는 게 옳다"고 썼다. 또 1936년 귀국 이후 콜베 신부는 주로 니예포칼라누프 수도원 일에만 전념했고, 발행인 자리는 명목뿐이어서 바르샤바의 편집자들이 자율적으로 발간하고 있었다는 것이다.[65] 이 논란은《주간 보편》이 콜베 신부의 시복일인 10월 17일자 1면에 당시 크라쿠프의 추기경 카롤 보이티와(Karol Wojtyła)가 예수 그리스도의 희생으로 만들어진 제단에 콜베 신부를 모시는 글을 발표하여 수면 아래로 가라앉았다.[66]

콜베 신부의 반유대주의를 둘러싼 논란은 소노 아야코가 바르샤바에 도착하기 직전부터 화제가 되었지만, 정작 소노 아야코는 이에 대해 일언반구도 없다. 물론 언어적 장벽 때문에 논란을 몰랐을 가능성도 있다. 그러나 여행 기간 내내 통역 겸 안내자로 폴란드 예수회의 오블락 신부가 같이 다녔고, 또《주간 보편》이 폴란드 지식인 사이에서 누린 영향력을 고려하면 몰랐다는 게 오히려 이상하다. 더구나 콜베 신부의 시복식을 불과 한 달 남긴 예민한 시점에 이 문제가 불거졌고, 저자는 바로 그 시점에 폴란드를 방문하여 현지의 가톨릭 지식인과 교류했다. 소노 아야코가 이 문제에 대해 의도적으로 함구하는 것인지 아예 몰랐던 것인지는 본인만이 알 것이다. 그러나 추측을 가능케 해주는 실마리는 있다. 소노는 콜베 신부가 '원죄 없는 성모기사단'을 만들 당시 호전적 단어를 많이 사용했다는 사실에 주목한다. 콜베가 '원죄 없는 성모기사단'을 만든 계기는 1917년 로마에서 열린 프리메이슨 창립 200주년 기념집회였다. 바티칸 궁전 앞에 걸린 '사탄이 바티칸을 지배해야 하고 교황은 그의 노예가 될 것'이라는 프리메이슨의 깃발을 보고는 결심을 굳혔다는 것이다. 소노는 "바티칸의 창문 아래 검은 흙을 배경으로 악마 루시퍼가 대천사 미하엘을 짓밟고 있는 프리메이슨의 깃발을 보는 순간 프리메이슨이나 악마의 다른 대리인과 싸우는 조직을 만들어야겠다는 생각이 들었다"는 구절을 마리아 비노

프스카의 콜베 전기에서 따 와서 인용하고 있다.[67]

콜베는 실제로 완강한 프리메이슨 반대론자였는데,[68] 콜베의 글에서 프리메이슨은 자주 사회주의자와 유대인과 한데 엮여 반가톨릭적 악의 축으로 그려졌다. 반유대주의자가 유대인 음모론을 선동하기 위해 만든 위서인 《시온의정서(The Protocols of the Elders of Zion)》가 때때로 근거로 제시되기도 했다.[69] 로마의 프리메이슨 집회에 대한 콜베의 기억은 반유대주의 논란이 있을 때마다 자주 인용되는 구절인데, 이토록 민감한 시점에 소노 아야코가 이 구절에 주목했다는 것은 의미심장하다. 명시적으로든 암시적으로든 소노 아야코가 콜베 신부의 반유대주의 논란을 알았을 가능성이 높다. 훗날 소노 아야코의 행적을 좇다 보면, 콜베의 반유대주의를 알고도 뭉개버렸다고 해서 이상할 것은 없다. 소노는 2015년 《산케이신문》에 기고한 칼럼에서 이민을 받아들이되 인종별로 분리 거주하게 해야 한다며 남아공의 아파르트헤이트를 이민 정책의 모델로 삼을 것을 아베 정권에 건의해서 전 세계 언론의 화제가 된 바 있다. 또 2016년에는 장애인에 대한 차별 발언을 서슴지 않는 등[70] 아베 정권의 이데올로그로 활동하는 소노의 사상적 관점에서 보면 콜베의 반유대주의가 특별히 큰 문제일 이유는 없었다.

콜베의 반유대주의 의혹에 대한 소노 아야코의 무관심은 신부의 민족주의에 대한 전폭적 지지와 대조되어 흥미롭다. 민족주의/애국주의 일반에 대한 소노의 호의는 일찍이 오에 겐자부로의 《오키나와 노트(沖縄ノート)》에 대한 비판에서 드러난 바 있다. 1973년 출간된 《어떤 신화의 배경: 오키나와·도카시키지마(渡嘉敷島)의 집단 자결》에서 소노는 430여 명의 섬사람에게 집단 자결을 강요한 '게라마 제도(慶良間

諸島)'의 수비대장에 대한 오에의 비판을 문제 삼는다. 오에 겐자부로가 수비대장의 죄를 '신의 관점'에서 비판한다는 것이다. "그렇게 나라에 목숨을 바치겠다는 아름다운 마음으로 죽은 사람을, 전후가 되어 왜, 그건 명령으로 강요된 것이다, 하는 식으로 말하여 그 깨끗한 죽음을 스스로 더럽히는가 하는 점입니다"라는 대목에서 소노의 속마음이 여과 없이 드러난다.[71] 소노의 트랜스내셔널한 기억 속에서는 아우슈비츠에서 순교한 콜베와 게라마 제도 섬주민의 강요된 집단 자결이 성스러운 그 무엇인가를 위해 '목숨을 바치겠다는 아름다운 마음으로 죽은 사람들'로 같이 배치되는 것이다. 이에 대해 오에 겐자부로는 일본군 수비대장의 죄를 인간의 관점에서 비판했음을 재천명하고, "(소노처럼) 이렇게 말하는 자야말로 인간을 더럽히고 있다"고 대응했다. 나라를 위해 아름다운 마음으로 죽은 사람들에 대한 소노의 애착은 전후 일본 민족주의의 시민종교적 집단 심성을 대변한다.[72]

1982년 콜베의 시성식을 전후해서 콜베 신부의 반유대주의가 다시 논란의 대상이 되었다. 이번에는 폴란드를 넘어서 《뉴욕타임스》와 《워싱턴포스트》 등 미국의 주요 언론이 이 문제를 다루었다.[73] 가톨릭 교회의 국제적 동향에 민감한 가톨릭 지식인이라면 폴란드어를 모른다 해도 그냥 넘어가기 어려웠을 것이다. 그 후에도 1995년 3월 15일자 《뉴욕타임스》는 콜베가 자기 목숨을 희생해 구했던 가요브니체크의 부고 기사에서 다시 콜베 신부의 반유대주의에 대해 언급했다.[74] 또 1983년 2월에는 퍼트리샤 트리스(Patricia Treece)의 콜베 전기에 대한 서평에서 존 그로스(John Gross)가 콜베 신부의 반유대주의를 언급한 데 대해 독자 투고 형식의 반론과 재반론으로 이어지는 《뉴욕 리뷰 오브

북스(The New York Review of Books)》의 논쟁이 있었다.[75] 논쟁에서 드러났듯이, 콜베 신부가《시온의정서》를 사실로 믿었으며, 프리메이슨 마피아가 무신론적 공산주의를 부채질하고 국제시온주의가 그 뒤에서 조종하고 있다는 식의 발언을 한 것은 부인할 수 없는 사실이다. 또 콜베 신부가 창간한《작은 신문》이 강한 반유대주의적 논조를 띤 것도 사실이다.

그러나 콜베 신부는 유대인의 개종을 승인하고 또 독려했다는 점에서 유대인의 개종이나 동화를 허용하지 않는 급진적 인종주의자는 아니었다. 나치의 박해를 피해 니에포칼라누프 수도원에 숨고자 했던 1,500여 명의 유대인을 기꺼이 받아들이고 숨겨주었던 일화에서 보듯이, 콜베 신부는 전형적인 반유대주의자 이미지와 거리가 있다. 수도원 주변에 살았던 로잘리아 코블라(Rosalia Kobla)의 증언에 따르면, 콜베 신부는 모든 사람은 우리의 형제이므로 빵을 구하러 오는 유대인에게 빵을 주라고 신자들에게 충고하기도 했다.[76] 콜베의 변호인들이 주장하듯, 1만 통이 넘는 그의 편지와 396편에 이르는 논설·칼럼 중 유대인 문제를 언급한 것은 31편에 불과하고 그의 주된 관심은 유대인을 기독교도로 개종시키는 데 있었다.[77] 콜베 역시 시대의 자식이었다. 콜베 신부가 반유대주의의 혐의에서 벗어날 수 없는 것은 사실이지만, 그렇다고 유대교가 기독교의 전통에 흐르는 정신 중 하나라고 선언한 세계교회주의를 그에게서 기대한다면 그것도 무리다. 반유대주의자이면서 목숨을 걸고 유대인을 구한 조피아 코사크-슈추츠카가 보여주듯이, 폴란드 가톨릭교회 내에서 반유대주의와 나치의 홀로코스트에 대한 비판과 항의가 공존하는 경우도 적지 않다.[78] 콜베의 활동은 폴란드 가톨릭교회 내부의 좌파 또는 자유주의의 영향력을 숙청하려는 우파의 헤게모니적 투쟁의 하나이기도 했다.

그러나 콜베 신부가 반유대주의자였는가 여부를 따지는 것이 우리의 목적은 아니다. 콜베 신부의 반유대주의 논란에 대해 일본의 가톨릭 지식인들이 지켜온 침묵의 의미를 어떻게 읽을 것인가가 이 책의 관심사다. 콜베의 반유대주의 논쟁에 대한 이들의 철저한 침묵은 일본 가톨릭 일반의 떠들썩한 콜베 숭모 열기와 대조되어 더 흥미롭다. 남아공의 아파르트헤이트를 이민 정책의 모델이라 칭찬한 소노 아야코한테야 콜베 신부가 반유대주의자라 해도 큰 문제가 아니겠지만, 비교적 자유주의적인 가톨릭 지식인이라 할 수 있는 엔도 슈사쿠의 침묵은 당혹스럽다. 콜베의 반유대주의에 대한 엔도의 침묵은 개개인의 사상적 성향으로 환원되기보다 전후 나가사키 또는 일본 사회 전반의 기억 문화와 관련된 것은 아닐까 한다. 그것은 아마도 전후 일본의 희생자의식 민족주의를 정당화하는 원폭 기억의 트랜스내셔널한 참조 지점으로서 콜베의 위상이 흔들리는 데 대한 당혹감의 표현은 아닐까?

물론 엔도가 콜베의 반유대주의 논란에 대해서 전혀 알지 못했을 가능성도 완전히 배제할 수는 없다. 그러나 엔도가 프랑스 유학 시절 좌파 가톨릭 잡지인 《에스프리(Esprit)》의 애독자였고 거기에 실린 프란츠 파농의 에세이를 읽으며 인종, 식민주의, 해방 등에 대한 파농의 논의에 일본의 문제의식을 투영하고자 했다는 점을 고려한다면, 콜베의 반유대주의에 대한 엔도의 무거운 침묵은 여전히 당혹스럽기 짝이 없다.[79] 동아시아의 엔도와 마르티니크-알제리의 파농이 지리적 경계를 넘어 생각의 지평에서 만났을 가능성은 그 생각만으로도 짜릿하고,

이들의 조우에 대한 더 분명한 증거를 찾으면 더 말할 나위가 없다. 지금까지는 분리되어 생각해왔던 아프리카의 반식민주의 탈식민화가 아시아의 전후 냉전 체제와 만나 지구적 기억구성체의 탈식민주의적 기억이 어떻게 지구적 차원에서 얽혀 있는지를 보여주는 또 하나의 흥미로운 예가 될 것이다. 그런데 나가사키의 원폭 기억에 깊숙이 개입한 콜베 신부의 반유대주의 논란은 그러한 탈식민주의적 기억의 연대에 쐐기를 박는 사건이었다.

풀뿌리 기억과 순교의 문화

폴란드의 국경을 넘어 전 지구적 기억 공간에서 콜베 신부의 아우슈비츠 순교가 알려지기 시작한 것은 1982년 10월 10일 콜베 신부의 시성식 이후의 일이다. 그에 앞서 교황 선출 이후 고국 공산주의 폴란드를 첫 방문한 요한 바오로 2세는 1979년 6월 7일 한 강론을 펼쳤는데, 아우슈비츠와 같은 극한 상황에서 가톨릭 정신의 승리를 상징하는 두 인물로 콜베 신부와 카멜 수녀원의 수녀 에디트 슈타인을 들었다.[80] 또 교황은 1981년 2월 나가사키를 방문하여 오우라 성당의 콜베 동상 앞에서 예를 표했고, 1982년 4월에는 테레사 수녀가 나가사키를 방문했다. 거의 비슷한 시기인 1980년 11월부터 1982년 2월까지 엔도 슈사쿠가 《아사히신문》에 《여자의 일생》을 연재했다. 연재와 동시에 엔도 슈사쿠는 1981년부터 나가사키에서 콜베 신부에 대한 자료를 모으고 콜베 신부 기념관을 만드는 캠페인을 시작했다. 같은 해인 1981년에는 일본의 근대영화협회와 여자 바오로회가 〈콜베 신부의 생애: 아우슈비츠 사랑의 기적(コルベ神父の生涯: アウシュビッツ 愛の奇跡)〉이라는 저예산 영화를 만들어 제3회 일본적십자영화제 최우수상을 받기도 했

다. 폴란드에서 〈삶을 삶과 바꾸다(Życie za życie)〉라는 평범한 콜베 전기 영화가 만들어진 것은 현실사회주의가 무너진 1991년에 들어서의 일이었다. 일본 가톨릭의 교세는 폴란드와 비교가 안 될 만큼 미약하지만, 1980년대 초 일본의 콜베 열풍은 콜베의 조국 폴란드보다도 분명 앞선 것이었다. 일본의 콜베 열풍 배경에는 가톨릭교회 이상의 무언가가 있다고 생각하지 않을 수 없다.

폴란드에서는 2007년 TV 다큐멘터리가 방영된 후 콜베 신부가 다시 세간에 회자했다. 폴란드 상원은 2010년 콜베 신부 순교 70주년이 되는 2011년을 성인 막시밀리안 콜베의 해로 선포하기도 했다. 콜베 신부가 자신의 고향인 즈둔스카 볼라의 수호성인으로 추대된 것은 이보다 이른 1998년의 일이지만, 그조차도 일본의 콜베 숭배에 비하면 늦은 편이었다. 그리고 무엇보다 콜베 신부는 폴란드의 민족적 기억의 중요한 일부였다. 콜베 신부에게 헌정된 최초의 교구 교회는 '폴란드 민족의 골고다'라 불리는 카우코프-고두프(Kałków-Godów)의 교회였다. 1943년 5월 24일과 11월 11일 폴란드 파르티잔에 대한 보복으로 나치가 벌인 폭력적 소개 과정에서 희생된 136명의 폴란드 농민을 기념하기 위해 만들어진 예배당이었다. 1981년 작은 예배당으로 시작한 이 교구 교회는 같은 해 12월 13일 연대노조를 억압하는 공산정권의 계엄령이 선포되자 성당으로 발전시키기 위한 모금 운동이 일어나 1983년에는 성당의 1층이 완공되었다. 1984년 11월 11일에는 '모국을 위한' 첫 미사가 열렸고, 1986년에는 '폴란드 민족의 골고다'라는 이름을 얻었다. 골고다라는 이름이 상징하듯 이 교회는 나치즘과 공산주의 정권의 희생자를 순교자로 기리는 기억의 터가 되었다.[81]

1971년 시복 이후 공산주의 정권 아래 폴란드에서 콜베 신부는 이처럼 무신론적 공산주의에 저항하는 순교의 상징으로 받아들여졌다. 폴란드 교회의 관점에서 볼 때, 콜베 신부의 반프리메이슨주의와 반유대주의는 반공주의의 사상적 뿌리라는 데 의미가 있었다. 그러나 1984년 10월 19일 연대노조의 예지 포피에우슈코(Jerzy Popiełuszko) 신부가 공산정권의 보안경찰에게 피랍되어 잔인하게 살해되자, 콜베 신부의 반공 순교자적 상징성은 상대적으로 빛이 바랬다.[82] 1984년 이후 폴란드 가톨릭교회의 기억 문화에서는 포피에우슈코 신부가 콜베 신부를 제치고 무신론적 공산주의에 희생된 순교자의 지위를 차지했다. 나치의 박해가 이미 희미해진 먼 기억이라면, 공산주의의 박해는 생생하게 살아 있는 가까운 기억이었다. 연대노조 운동 이후 공산주의와의 싸움이 더 급했던 폴란드 가톨릭교회의 대표적인 순교자는 콜베 신부라기보다 포피에우슈코 신부였다.[83] 20세기 말까지 폴란드보다 일본에서 콜베 숭배가 더 컸던 데는 이런 이유가 있다.

일본의 콜베 신부 추모 열기는 그의 아우슈비츠 순교가 나가사키의 가톨릭 원폭 희생자를 신성화하는 도덕적 기억의 준거였다는 것으로 설명할 수 있을 것이다. 자신을 통째로 태워 신께 바치는 번제처럼 자신의 몸을 태워 평화의 제단에 목숨을 바친 나가사키의 원폭 희생자는 타자를 살리기 위해 아우슈비츠에서 순교한 콜베 신부와 비견될 수 있었다. 이는 비단 나가이 다카시나 엔도 슈사쿠 같은 가톨릭 지식인에게만 국한된 생각이 아니었다. 적지 않은 보통의 일본인이 공유하는 생각이기도 했다. 단편적 자료이긴 하지만, '오우라 콜베 성인 기념관'과 혼고치에 있는 '성모의 기사 콜베 기념관'에 비치된 방명록은 이

곳을 방문한 일본인의 생각을 잘 드러내준다.[84]

한국인과 폴란드인 방문객이 남긴 후기와 비교해볼 때, 일본인의 후기는 아우슈비츠를 방문했던 자신의 기억을 떠올리며 평화를 기원하는 내용이 압도적으로 많다. 폴란드인의 후기는 대부분 자기 동포인 콜베 신부의 흔적을 나가사키에서 발견한 데서 오는 놀라움과 즐거움이 많다. 콜베의 역사를 잘 보존하고 있는 일본에 대한 고마움도 자주 등장하는데, 폴란드 방문객이 남긴 후기 중에는 아우슈비츠를 언급한 내용이 하나도 없어 흥미롭다. 한국인 가톨릭 순례자의 후기는 통일과 평화를 기구하는 내용도 있지만, 자기 가족이나 지역 성당의 행복과 발전을 비는 기복적인 내용이 많다. 일본인의 후기는 콜베 신부에 대해 알게 된 계기로 대부분 엔도 슈사쿠의 에세이나 소설을 들고 있지만, 아우슈비츠 수용소에서 콜베 신부를 알게 되었다는 후기도 가끔 있다. 일본인의 후기에서 또 하나 눈에 띄는 점은 '동일본대지진'에 대한 언급이다. 2014년 3월 17일 자기 나이가 순교할 당시 콜베 신부의 나이와 같다고 밝힌 피폭자 2세가 남긴 장문의 후기는 나가사키 피폭자인 어머니의 돌연한 죽음, 후쿠시마 원자력 발전소의 방사능 유출 등을 언급한 후 원자력 발전에 의존하는 자본주의 체제 속에서 살아가야만 하는 모든 사람에게 콜베 신부의 숭고한 삶의 발자취를 상기시킨다. 그 외에도 2018년 6월 24일자 후기는 동일본대지진 때 콜베 신부의 동료로 일본에서 같이 선교 활동을 했던 제노 수사의 책이 큰 위로가 되었다며 콜베 신부에 대해 기술하고 있다.

콜베 신부는 이제 막부의 가톨릭 박해-아우슈비츠의 홀로코스트-나가사키의 원폭이라는 세 개의 기억을 넘어 2011년 3월 11일 발생한 동일본대지진의 기억까지 이어주는 상징적 고리가 된 것이다. 1941년 아우슈비츠에서 순교한 콜베 신부의 기억이 전근대 막부시대의 기독교 박해, 1945년의 나가사키 피폭, 2011년의 동일본대지진의 기억과 결합하는 것은 방문객들이 콜베 기념관의 기억 담론을 자신의 기억 속에서 시간을 재구성하여 재배치했기 때문이다.[85] 이는 일본의 풀뿌리 기억이 콜베의 기억을 시간적으로 재구성하여 자기 사회의 비극을 이해하기 위한 참고자료로 소환한다는 증거이기도 하다. 이들은 콜베 자료관의 전시 담론을 수동적으로 받아들이는 관람객이 아니라 자신의 해석을 통해 그 전시에 적극적으로 개입하고 상호 소통하는 적극적인 참여자다. 2011년의 동일본대지진까지 포괄하는 방식으로 콜베의 기억을 자신의 역사적 경로에 맞게 시간적으로 재구성하는 일본의 풀뿌리 기억은 아우슈비츠와 나가사키가 만들어내는 기억의 연상 작용을 흥미롭게 보여준다. 또 이 방명록은 콜베 기념관 전시에 일본 관람객이 적극적으로 개입하여 상호 소통의 기억 문화를 만들어간다는 점에서 의미가 크다. 나가사키의 피폭에 버금가는 동일본대지진의 경험이 나가사키의 기억을 새로 역사화하는 차원으로까지 나아간 것이다.

그러나 다른 한편으로 기억의 이러한 '재시간화' 전략은 콜베의 순교를 탈역사화하고 탈맥락화한다는 비판에서 벗어날 수 없다. 이들 역시 콜베 신부에 대한 반유대주의 논란은 잊어버린 채 아우슈비츠에서 사랑의 기적을 실천한 성인이라는 신성화의 영역에 안주하고 있다. 이렇게 탈역사화된 기억은 아시아 이웃에 대한 일본 제국의 침략성과 가해자의 기억에는 짐짓 눈을 감고 세계 최초이자 유일한 원폭 피해자임을 강조하는 전후 일본의 희생자적 기억과 같은 탈맥락화의 논리

구조를 공유하고 있다. 아우슈비츠와 나가사키의 희생이 진정한 의미를 유지하기 위해서는 그 희생을 정당화하고 합리화하는 관행에서 벗어나는 것이 그 첫걸음일 것이다. 2019년 11월 24일 방일 중이던 프란치스코 교황이 히로시마 평화공원에서 한 연설은 지구적 기억구성체에서 히로시마와 나가사키 원폭의 바람직한 기억에 대한 방향을 제시하고 있어 흥미롭다. 그는 히로시마의 원폭 희생자에 관해 "여러 장소에서 모여 저마다의 이름을 가지고 있었고 그중에는 다른 언어를 사용하는 사람들도 있었다"며 "이 장소의 모든 희생자를 기억에 남긴다"고 말했다. 프란치스코 교황은 또 히로시마시 소재 평화기념공원에서 열린 평화 기원 행사에서 재일 한국인 가톨릭 피폭자 박남주 씨와 악수하고 대화하는 등 비일본계 타민족 피폭자들을 배려하는 태도를 보였다.[86]

국적과 출신지를 따지지 않고 모든 원폭 희생자를 추모한 프란치스코 교황의 방일 행적은 콜베 신부의 기억에 많은 관심을 표명한 폴란드 출신 교황 요한 바오로 2세의 방일 메시지와 많은 차이가 있다. 슬라보이 지제크가 암시한 것처럼, '희생'을 희생시킬 때 비로소 그 희생의 의미가 살아나는 역설을 음미할 필요가 있다.[87]

IX. 용서

1965년 11월 18일 폴란드 가톨릭교회 주교단은 독일 주교단에 전쟁의 가해자인 독일 형제자매를 용서하고 또 용서를 구한다는 사목 서신을 보냈다. 폴란드 주교단의 사목 서신은 가해자가 먼저 피해자에게 용서를 구하게 마련인 세속의 상식을 엎어버렸고, 편지가 던진 역사 화해를 위한 전복적 상상력은 시간이 갈수록 역사적 의미를 더해갔다. 사진은 1989년 11월 평화 메시지를 교환하는 서독 수상 헬무트 콜과 폴란드 수상 타데우쉬 마조비에츠키. 사진 출처 © Adam Hawałej, Muzeum Historii Polski

폴란드 주교단의 사목 편지는 가톨릭의 문화에서 개인의 영역에 머물던 '용서'의 의미를 순식간에 정치의 영역으로 옮겨놓았다. 일본의 식민지 지배와 아시아·태평양 전쟁의 과거사를 놓고 한국과 일본의 국가권력뿐만 아니라 시민사회의 구성원 다수가 첨예하게 대립하고 있는 동아시아의 기억 공간으로 옮겨질 때, 1965년 폴란드 주교단의 편지는 돌연 동유럽의 과거이기를 멈추고 동아시아의 미래가 된다. 동아시아의 기억 공간에서 1965년 폴란드 주교단의 편지와 그 역사를 반추하는 것은, 역사적 화해를 도모하는 초국가적 행위자로서 가톨릭교회의 정치적 수행성과 윤리적 의미를 넓혀 교착상태에 빠진 한·일 간 역사 화해의 새로운 가능성을 모색하는 일이기도 하다.

용서의 폭력성과 가톨릭 기억 정치

용서와 화해는 가장 중요한 기억 윤리이자 바람직한 기억 정치의 목표지만, 실천에 옮기기 가장 어려운 덕목일 것이다. 가해자가 적절하게 사과하고 용서를 구하기도 어렵지만, 피해자가 가해자를 용서하는 것도 그리 쉬운 일은 아니다. 바르샤바 출신의 유대교 랍비 아브라함 요슈아 헤셸(Abraham Joshua Heschel)은 사과와 용서의 엇박자에 대해 흥미로운 일화를 들려준다. 유명한 학자이자 고매한 인격자로 알려진 한 랍비가 바르샤바에서 집으로 돌아가는 기차여행 중에 겪은 일이다. 랍비가 객실의 자기 자리에 앉자 일찍부터 카드놀이에 열중하고 있던 옆자리의 상인들이 같이 놀자고 권했다. 랍비는 카드놀이를 한 번도 해본 적이 없다며 정중히 사양하고 초연한 듯 앉아 있었다. 하지만 무리에 끼지 않는 랍비의 존재가 눈에 거슬렸던 한 명이 기어이 랍비의 멱살을 잡고 객실에서 쫓아냈다. 쫓겨난 랍비는 복도에 선 채로 목적지까지 갈 수밖에 없었다. 객실에서 랍비에게 무례하게 굴었던 상인들은 목적지의 플랫폼에 내리자마자 당혹스러운 광경과 마주쳤다. 기차에서 내린 랍비를 알아본 많은 사람이 달려와 반기며 악수를 청하기 때문이었다. 그제야 자신이 객실에서 쫓아낸 옆자리의 승객이 브레스트-리토프스크(Brest-Litowsk)의 존경받는 랍비임을 안 상인은 곧바로 자신이 한 짓을 용서해달라고 청했다. 그러나 랍비는 그를 용서해주지 않았다.

도무지 마음이 편치 않았던 상인은 그날 저녁 랍비의 집을 찾아가 300루블의 위로금을 내밀며 다시 용서를 청했다. 랍비의 대답은 간단했다. 그럴 수 없다는 것이었다. 랍비의 완강한 태도에 사람들은 모두 의아해했다. 그토록 고매한 인격의 소유자가 어찌 그만한 일로 삐쳐서 용서를 거부한다는 말인가? 결국 랍비의 큰아들이 나섰다. 조심스러운 대화 끝에, 누군가 세 번 이상 용서를 간청하면 반드시 용서해주어야 한다는 용서의 율법이 아버지의 입에서 나오자, 그 틈을 타서 아들은 용서를 간청하던 상인의 이름을 꺼냈다. 용서의 율법에 따라 상인도 용서해야 하지 않겠냐고 물었다. 그러자 랍비는 이렇게 답했다. "나는 그를 용서하고 싶어도 용서할 수가 없다. 기차 안에서 그는 내가 누군지 몰랐다. 그러니까 그는 내가 아니라 어느 이름 없는 사람에게 죄를 지은 셈이지. 그러니 나 말고 그 이름 없는 사람을 찾아가 용서를 구하는 게 옳다." 아브라함 헤셸이 들려준 이 일화는 누구도 자기 자신이 아닌 다른 사람에게 저질러진 죄를 대신 용서해줄 수 없다는 유대교의 가르침에 대한 것이다. 유대교가 아니라 존재론의 상식적 관점에서 보아도 제삼자가 피해자를 대신해 가해자를 용서할 수 있는지 의문이다.[1] 기차 안의 랍비 이야기는 사실 '나치 사냥꾼'이라 불리는 시몬 비젠탈(Simon Wiesenthal)의 곤혹스러운 질문에 대한 헤셸의 우회적 답변이었다.[2]

비젠탈은 1969년에 《해바라기(Die Sonnenblume)》라는 소책자를 통해 가슴 깊이 묻어두었던 이야기를 끄집어냈다. 그러고는 전 세계의 종교 지도자와 양식 있는 지식인에게 의견을 구했다. 제2차 세계대전의 경험에서 제기된 가장 첨예한 도덕적 문제 중 하나라고 평가되는 그의 이야기는 멀리 1942년 여름으로 거슬러 올라간다. 당시 비젠탈은 나치에 의해 서부 갈리치아의 중심지 리비프에 자리한 야노프스카(Janowska) 강제수용소에 갇혀 있었다. 전쟁의 황폐함을 비웃기라도 하듯 곳곳에 무심하게 피어 있는 여름날의 해바라기는 그 아름다움 때문에 강제수용소의 비참한 삶과 대조되어 세상의 부조리를 더 날카롭게 증언하는 듯했다. 그는 매일 초현실적인 오브제 같은 해바라기를 보며 수용소 밖으로 강제 노역을 다녀야 했다. 전쟁 전에는 젊음을 낭비하며 돌아다니던 낯익은 거리를 이제는 굶주림과 피로에 지친 몸으로 줄무늬 죄수복을 입은 채 걸어야 했다. 어느 날 나치 독일군에 의해 임시병원으로 개조된 자신의 모교 리비프 공과대학으로 사역을 나갔다. 그에게 주어진 일은 코를 찌르는 소독약 냄새와 상처에서 배어 나온 악취가 뒤범벅된 병원 쓰레기를 치우는 것이었다. 그런데 한창 일에 열중하고 있는 그에게 간호사 한 명이 다가오더니 유대인이냐고 묻고는 건물 안으로 데려갔다. 간호사를 따라 걸으며 학창 시절의 기억을 더듬다 보니 어느새 한 병실 앞에 섰다. 간호사가 이끄는 대로 따라 들어간 병실에는 침대 하나가 덩그러니 놓여 있고 그 위에는 온몸을 하얀 붕대로 감싼 남자 하나가 미동도 없이 누워 있었다. '카를'이라는 이름의 그 남자는 나치 친위대에 자원입대하여 동부전선으로 왔다가 큰 부상으로 죽어가고 있다고 했다. 그런데 간호사로부터 강제수용소의 유대인들이 병원으로 노역을 왔다는 이야기를 듣고는 그들 가운데 누구라도 좋으니 한 명을 데려와 달라고 부탁했다는 것이다. 죽기 전에 자신이 유대인에게 저지른 끔찍한 범죄에 대해 용서를 구해야 편히 눈을 감을 수 있을 것 같다는 생각 때문이었다.

침대 옆에 엉거주춤 서 있는 비젠탈에게 그는 죽음을 앞에 두고 병상에 누워 있으려니 죽어가던 유대인들의 얼굴이 자꾸 눈앞에 어른거려 도무지 평온을 찾을 수 없다며, 자신의 부대가 동부전선에서 유대인에게 저지른 만행을 고백했다. 그 병사는 비젠탈에게 성당에서 복사 노릇을 하며 행복해하던 어린 시절부터 나치에 열광하여 히틀러 유겐트에 들어간 후 사회민주당 지지자였던 아버지와 사이가 벌어진 청소년 시절, 나치 친위대에 자원입대하여 동유럽에서 집단적 범죄행위에 가담하기까지의 과정을 참회의 심정으로 솔직하게 털어놓았다. 특히 러시아 시골의 한 마을에서 유대인을 모두 창고에 몰아넣고 불을 지른 후 뛰쳐나오는 사람들을 기관총으로 쏘아 죽인 기억이 자신을 내내 괴롭힌다고 했다. 옷에 불이 붙은 채 2층 창문에서 자식의 눈을 가리고 뛰어내리던 유대인 남자의 모습도 도저히 잊을 수 없다고 했다. 검은 머리에 갈색 눈을 한 아이의 얼굴이 너무도 또렷하고 생생해서 편히 죽음을 맞을 수 없을 것 같다고도 했다. 그래서 누구든지 유대인을 만나기만 하면 죽기 전에 모든 것을 고백하고 용서를 빌겠노라고 생각하던 차에 마침 비젠탈을 만났다는 것이다. 제발 편히 죽음을 맞게 해달라며 간절히 용서를 비는 카를에게 비젠탈은 아무런 대꾸도 하지 않고 조용히 방을 나왔다. 그를 용서하지 않은 것이다. 용서하지 않은 게 아니라 용서할 수 없었을 것이다.

그런데 비젠탈은 홀가분하기보다 자꾸 무언가 꺼림칙했다. 죽음을 눈앞에 둔 '어린 양'을 용서하지 않고 그냥 나온 게 너무 비정한 것은 아니었는지, 죽어가는 사람의 마지막 소원을 그렇게 무시해도 되는 건지 확신할 수 없었다. 수용소 친구 요제크(Josek)가 그 이야기를 듣고 비젠탈을 위로했다. 자신도 절대 용서하지 않았을 테지만, 자신은 조용히 방에서 빠져나오는 대신 분명한 어조로 거절 의사를 밝혔을 거라고 했다. 그 나치 친위대 청년이 다른 유대인에게 저지른 죄를 우리가 용서하는 건 주제넘은 짓이라는 이야기였다.[3] 비젠탈은 오랫동안 이 이야기를 마음에 품고 있었다. 그리고 20년이 훌쩍 지나 사람들에게 질문을 던졌다. "당신이라면 어떻게 했을까?" 비젠탈이 던진 질문을 두고 전 세계의 많은 철학자와 신학자, 지식인이 답을 고민하는 과정에서 용서가 얼마나 복잡하고 어려운 문제인지 잘 드러났다. 앞서 랍비 헤셸이 우회적으로 표현했던 것처럼, 비젠탈이든 요제크든 또 다른 누구든 희생자들이 용서할 권리를 위임하지 않은 상황에서 그 나치 청년을 대신 용서할 수는 없는 일이다. 가해자를 용서할지 말지는 전적으로 피해 당사자의 결정에 달려 있다. 이미 억울하게 죽은 자를 대신해서 다른 사람이 살인자를 용서한다는 것은 어불성설이다. 유대교의 관점에서 보면, 비젠탈이 죽어가는 '어린 양'을 용서하지 않은 것은 양심의 가책을 받을 일이 아니다. 피해 당사자가 아닌 누군가가 피해자를 대신해서 가해자를 용서하는 것은 불가능할뿐더러 비도덕적이다. 그러나 용서를 강조하는 가톨릭의 관점에서 보면 자신의 죄를 진정으로 뉘우치고 용서를 구하는 사람에게서 속죄의 기회를 빼앗았다는 비판도 가능하다.

세속적 관점에서 보면, 신념을 갖고 유대인 학살에 나선 나치 친위대 카를은 인종주의를 정치적으로 성찰하지 못했다는 비판에서 벗어나기 어렵다. 죽음의 병상 위에서 자신을 돌보는 간호사에게 유대인 '아무나' 한 명 불러달라고 해서 용서를 받고자 했던 카를의 발상은 유대인 전체를 하나로 묶어 죄악시해온 나치의 논리를 여전히 답습하고 있었다. 그뿐만 아니다. 단지 유대인이라는 이유로 일면식도 없는 비젠탈에게 마지막 용서를 구함으로써 이 나치는 자기가 해야 하는 도덕적 결정의 부담을 비젠탈에게 떠넘겨버렸다. 평안한 죽음을 맞겠다는 일념으로 이 나치 범죄자는 자신이 죽인 유대인들 대신 유대인 아무에게나 용서를 구하고, 그를 용서하지 못한 유대인 아무개는 스스로를 책망하는, 어처구니없는 상황을 만든 것이다. 프리모 레비의 냉정한 평가에 따르면, 이 나치는 자신의 평안한 죽음을 위해 다시 한번 유대인을 도구로 사용한 데 지나지 않는다. 그는 단지 자신의 죄책감과 고민을 유대인 아무에게나 떠넘기고 싶었을 뿐이다. 이기적이고 뻔뻔하기 짝이 없는 행동이다. 그러고 보면 그는 죽음이 임박하거나 적어도 독일의 패망이 확실해졌을 때나 참회했을 법한 인물이다. 나치의 제3제국이 승승장구하고 자신이 승리의 특전을 마음껏 누리는 상황에서도 그가 진정으로 참회하고 용서를 구했을지는 의문이다.[4]

기억의 정치에서 용서는 폭력적일 때가 많다. 유대교의 구약성서적 세계관에서 보면, 용서는 엄격하게 피해 당사자만의 고유한 권한이다. 예컨대 이미 죽은 피해자를 대신해 누군가 살해범을 용서하는 행위는 피해자의 고유한 권한을 부정하는 것이나 마찬가지로, 피해자에게는 또 다른 폭력일 수 있다. 설혹 부모가 자기 자식을 죽인 범인을 용서한다고 해도, 그것은 가장 사랑하는 사람을 자기 삶에서 강제로 빼앗아 간 행위에 대한 용서지, 살인에 대한 용서일 수는 없다. 생명을 빼앗아 간 행위를 용서하는 것은 그에게 살해당한 아이만이 할 수 있는 일이다. 살해당한 연인이나 친구를 대신해서 살인자를 용서할 수 있다는 생각도 위험하기는 마찬가지다. 내가 용서할 수 있는 부분은 사랑하는 사람을 앗아가서 내게 상실감을 남긴 행위에 대한 것뿐이다. 누구도 사랑이라는 이름으로 다른 사람의 생명권을 소유할 수는 없다. 그것은 착각일 뿐이다. 논리를 떠나서 용서가 정말 위험한 것은, 그 행위가 피해자를 잊을 수 있도록 만들기 때문이다. 용서가 구해지면 사람들은 화해와 용서의 힘겨운 줄다리기가 끝났다고 생각하고, 아무 일도 없었던 듯 평온하게 살아갈 수 있다. 그러나 기억의 정치에서 중요한 것은 서둘러 가해자를 용서하고 상처를 봉합하는 것이 아니다. 그렇게 끔찍한 행위조차도 인간성의 일부임을 아프게 인정하고, 그 끔찍한 일부가 다시는 세상에 드러나지 않도록 더 나은 기억의 방법을 모색하는 일이 더 중요하다. 레비나 헤셸의 엄격한 견해보다 비교적 관대한 가톨릭의 용서에 조심스럽게 접근해야 하는 것도 이 때문이다.

물론 기독교의 용서관도 그렇게 간단하지는 않다. 아우구스티누스의 《고백록》에서 보듯이, 가톨릭의 용서 이론은 잘못을 저지른 주체와 벌을 받아야 하는 주체를 분명히 구분한다. 즉, 두 주체 중 용서의 대상은 잘못을 저지른 주체라고 한정함으로써 사람에 대한 용서와 범죄 행위에 대한 사면을 분명히 구별하는 것이다.[5] 잘못을 저지른 사람에 대한 용서가 인간의 영역이라면, 벌을 받아야 하는 주체에 대한 사면은 신의 영역이다. 기독교적 관점에서 볼 때, 용서는 용서하는 자와 용서받는 자를 모두 과거의 부담에서 벗어나 상처받은 관계를 복원하도록 도와준다. 신이 인간을 용서하기 위해서는 먼저 인간이 회개해야 하지만, 인간 대 인간의 관계에서는 용서가 회개보다 앞설 때가 있다. 용서가 먼저 이루어진 다음에 용서받은 자의 회개를 기다리는 것이다.[6] 용서는 또한 과거에 행해진 악을 부정하는 것이 아니라, 희생자를 복수의 욕망에서 해방하여 또 다른 악이 저질러지는 것을 막기 위한 고도의 윤리적인 결단이어서 인간 사회에서 매우 중요한 덕목이다.[7] 그러나 때때로 가해자의 편에서 용서를 촉구하는 정치적 담론은 용서하지 않으려는 피해자를 비난하고 정치적으로나 사회적으로 그들의 입지를 약화하는 도구로 사용되기도 한다. 자신에게 불편한 과거를 지워버리고자 하는 사람들이 용서를 강요하는 것이다. 희생자 또한 희생자의 지위를 유지하고 가해자를 자신에게 종속된 위치에 묶어두기 위해 용서를 남용할 때가 많다. 자신의 도덕적 우월성을 확인하는 윤리적 도구로서 용서를 도구화하는 것이다.[8] 용서의 폭력성에 대한 인식은 복수에 연연하고 용서하지 못하는 유대인 대 사랑과 자비의 기독교도를 대비시키는 '신학적 반유대주의'에 대한 비판의 무기이기도 하다.[9]

개개인의 실존적 영역에서 정치적 영역으로 관점을 이동하면, 용서는 절대선이 아니다. 지구적 기억구성체라는 정치적 영역에서 용서는 희생자의식 민족주의를 해체할 수도, 정당화할 수도 있는 양날의 칼이다. 이 장에서는 1965년 11월 18일 폴란드 가톨릭교회 주교단이 독일 주교단에게 보낸 사목 편지를 중심으로 희생자의식 민족주의와 용서의 문제를 고찰할 것이다. 제2차 세계대전 종전 20주년을 맞아 폴란드 주교단이 독일의 형제들에게 보낸 이 편지는 세간에 알려지자마자 곧 '사건'이 되었다.[10] 얼핏 보면 이 편지는 바티칸 공의회의 막바지에 폴란드 주교단이 전 세계 주교단에 보낸 56통의 편지 중 하나에 불과했다. 그러나 이 편지를 특별하게 만든 것은 그 내용이었다. 스테판 비신스키(Stefan Wyszyński) 추기경을 필두로 대주교와 주교 35명의 서명이 담긴 이 편지의 주된 메시지는 폴란드 가톨릭교회가 독일의 가톨릭 형제들에게 화해의 손길을 내미는 것이었다. 나치 독일의 가장 큰 희생자였던 폴란드의 가톨릭교회가 먼저 나서서 가해자인 독일의 형제자매를 용서한다며 화해의 메시지를 보낸 것도 놀라웠지만, 피해자가 가해자에게 오히려 용서를 구하는 편지의 결말은 더 충격적이었다. 폴란드 주교단의 이 사목 서신은 가해자가 먼저 피해자에게 용서를 구하게 마련인 세속의 상식을 엎어버렸다. "그대에게 용서를 베풀며, 또 그대의 용서를 구한다"는 속칭으로 잘 알려진 이 편지의 전복적 상상력은 먼저 그 제목만으로도 세간의 이목을 끌 만했다. 편지는 가톨릭의 문화에서 개인의 영역에 머물던 '용서'의 의미를 순식간에 정치의 영역으로 옮겨놓았다.[11]

사목 서신의 초안을 작성한 볼레스와프 코미네크(Bolesław Kominek) 대주교는 물론이고 서명에 동참한 폴란드 주교단도 편지가 몰고 올 파장을 충분히 인지했던 것처럼 보인다. 편지가 발표되기 5일 전인 11월 13일에 당 중앙에 보낸 폴란드 내무부 정보국의 첩보 보고에 따르면, 코미네크 대주교는 이 편지가 '진짜 폭탄(prawdziwa bomba)'이 될 거라고 주변 사람들에게 말하고 다녔다.[12] 코미네크 대주교뿐만 아니라, 편지에 서명한 폴란드 주교단 모두 당이나 국가권력뿐 아니라 사회 전체의 반응이 아주 험악할 것이라고 짐작했고, 대가를 치를 각오를 다졌다. 대주교의 우려는 곧 현실로 드러났다. 12월 5일 독일 주교단이 미지근하고 변명조의 답장을 발표하고, 그 내용이 세간에 알려지자 폴란드 공산당의 선전 기관과 매체는 기다렸다는 듯이 일제히 가톨릭교회를 비난하기 시작했다. 당의 선전 매체들은 "우리는 용서하지 않으며, 또 용서를 구하지도 않는다(Nie przebaczamy i nie prosimy o przebaczenie)"는 슬로건을 내세웠다. 폴란드 주교단 서신을 조롱 조로 패러디한 것이었다. 나아가 당 기관지와 국영 언론은 '민족 배반자', '서독의 복수주의자에 대한 항복문서', '비공민적 행위' 등의 격한 용어를 구사하며 주교단을 비난했다. "(민족 배반자) 추기경을 폴란드에서 추방하자"는 구호까지 나올 정도였다.[13] 나치 독일의 후신인 서독의 제국주의자에게 폴란드의 민족적 이익을 팔아넘긴 매국노라는 게 주된 논조였다.[14] 폴란드와 서독 사이에 아직 동서 냉전이 한창이고, 나치의 대량학살에 대한 역사적 화해가 요원했던 당시 상황에서 이런 비난은 폴란드 가톨릭교회의 평판에 치명적일 수 있었다.

인구 비례로 볼 때, 폴란드는 제2차 세계대전의 가장 큰 희생자였다. 소련 점령지역의 15만 명을 제외하고도 약 300만 유대계를 비롯하여 540~560만 명에 이르는 폴란드인이 나치 점령지역에서 희생되었다. 전체 인구의 20% 가까이가 죽은 것이다. 절대 수치로는 군인과 민간인을 합쳐 2,900만 명에 달하는 소련의 희생자보다 적지만, 전체 인구의 20%에 가까운 폴란드 희생자는 17%에 달하는 소련의 희생자 비율보다 훨씬 높았다. 폴란드인의 희생은 질적으로도 큰 것이었다. 나치의 엘리트 말살 정책에 따라 법률가의 50% 이상, 의사의 40%, 대학

교수와 고등학교 교사 3분의 1 이상이 희생되었다. 가톨릭 사제도 예외가 아니어서 약 2,000명의 신부와 다섯 명의 주교가 강제수용소 등에서 살해당했다. 전체 사목 인구의 25%에 달하는 높은 수치였다. 홀로코스트뿐 아니라 동유럽의 슬라브 이웃들에 대한 나치 독일의 절멸 전쟁은 20세기 최악의 '인종 전쟁'이었다.[15] 그러나 전쟁이 끝난 후 20년이 지나도록 폴란드는 서독과 동독 그 어느 쪽에서도 공식적인 사과를 받지 못했다. 동독의 공식 입장에 따르면, 나치즘의 죄악은 독일 인민의 민족적 이해를 배반한 채 제국주의와 군국주의를 지지한 금융자본가와 그들의 나라 서독의 책임이었다. 사과는 온전히 서독의 몫이어야 했다. 동독은 폴란드의 사회주의 형제국이었을 뿐이다.[16] 반면 폴란드와 공식적 외교 관계가 없는 서독의 기민당 보수 정권은 사과할 통로도 의지도 없었다.

폴란드는 1950년 7월 6일 동독과 '즈고젤레츠 조약'을 체결해 포츠담에서 결정된 오데르-나이세 국경선을 확약받았지만, 국교가 없는 서독과는 여전히 국경 분쟁의 소지를 안고 있었다. 독일-프랑스의 경우와 달리, 폴란드-독일의 역사적 화해는 멀기만 했다.[17] 오데르-나이세 국경선은 포츠담 회의의 자식이었다. 이 회의에서 폴란드는 빌뉴스, 리비프 등의 동부 변경을 리투아니아, 우크라이나, 벨라루스 등 소연방 공화국에 양도했다. 전전의 폴란드 영토 3분의 1에 해당하는 크기였다. 폴란드는 대신 발트해 연안에 띠처럼 걸쳐 있던 동프로이센의 포모제 지역과 전전의 자유도시 그단스크, 브로츠와프, 오폴레(Opole/Oppeln) 등 슐레지엔의 중심도시와 철강·석탄 산지인 서부 영토를 패전국 독일로부터 양도받았다. 1795년부터 세 차례에 걸친 프로이센의 분할 점령과 나치 독일의 끔찍한 점령 기억이 생생한 폴란드 조야가 전후 새로 확정된 서부 영토에 대한 독일의 공식 인정과 안전보장에 목말랐던 것도 당연하다. 하지만 서독의 보장은 여전히 요원했다. 동프로이센과 슐레지엔, 수데테란트를 비롯한 동유럽의 실향민이 큰 비중을 차지하고 있는 서독의 가톨릭교회 또한 새로운 국경선을 인정할 준비가 되어 있지 않았다. 서독 가톨릭교회의 기본 입장은 동유럽의 독일 민간인 추방을 비판하고 '독일 강제 추방 실향민 헌장'을 지지하는 것이었다.

주교단 편지는 원래 폴란드 가톨릭교회가 1966년 예정된 기독교 수용 1000주년 기념식에 서독의 가톨릭 형제들을 초대하여 교착상태에 빠진 양국의 화해와 용서의 물꼬를 트려는 의도에서 작성되었다. 기독교 수용 1000주년 기념행사는 폴란드 가톨릭교회가 공산주의 이데올로기에 맞서 무형의 민족 자산으로서 기독교의 중요성을 재확인하는 소중한 기회였다. 냉전의 틀을 깨고 서독과 화해한다는 것은 동구 진영의 공산주의 무신론에서 벗어나 서구의 기독교 전통으로 회귀한다는 신호이기도 했다. 그러나 의도와 달리 폴란드 교회는 이 편지로 인해 큰 어려움에 봉착했다. 공산주의 체제 수립 이후 사회문화적 헤게모니를 놓고 가톨릭교회와 줄곧 경합해왔던 '폴란드통합노동자당'은 이 편지를 문제 삼아 가톨릭의 민족적 정통성에 흠집을 내려고 했다. 특히 독일 주교단이 답장에서 전후의 오데르-나이세 국경선을 분명하게 인정하지 않았다는 사실이 밝혀지자, 조국을 배반한 비애국적 가톨릭교회라는 당의 반교회 선전은 효과적으로 먹혀들었다. 폴란드 가톨릭교회는 당장 큰 타격을 입었고, 교회 내부에서도 갈등이 생겼다.

종교 담당 정부 부처의 설문 조사에 응한 폴란드 신부 50% 이상이 주교단의 사목 서신에 반대한다고 답했고, 비신스키 추기경은 젊은 사제들의 반발이 못마땅했다.[18]

그러나 가해자가 먼저 용서를 빌어야 한다는 통념을 깨고 피해자인 폴란드가 먼저 용서를 주도한 사목 서신의 전복적 상상력은 역사 화해에 미온적인 전후 독일의 사과를 끌어내려는 고도의 정치적 메시지였다.[19] 가해자에게 용서를 구하는 폴란드 주교단의 메시지를 받은 독일 주교단은 좌불안석의 심정으로 어떤 식으로든 용서를 빌지 않을 수 없었을 것이다. 대국적으로 보면, 폴란드-서독 간에 대화의 물꼬를 텄다는 점에서 편지는 대성공이었다. 빌리 브란트의 동방정책, 1970년 폴란드-서독의 국교 정상화, 1989년 서독 수상 헬무트 콜과 폴란드 수상 타데우쉬 마조비에츠키(Tadeusz Mazowiecki)의 평화 메시지 교환, 오데르-나이세 국경선의 국제적 재인정과 독일 통일, 폴란드의 유럽연합 가입 등 숨 가쁘게 탈냉전의 역사를 거치면서, 이 사목 서신의 역사적 의미는 점점 중요해졌다. 편지는 가톨릭의 문화에서 개인의 영역에 머물던 용서의 의미를 국제정치의 영역으로 옮겨놓았다. 가톨릭 교리에서 용서는 희생자를 복수의 욕망에서 해방하여 또 다른 악을 막으려는 윤리적이고 감정적인 장치다. 이러한 용서가 국가 간 역사 화해에 적용된다는 것은 그 가능성만으로도 의미심장한 것이었다. 폴란드와 독일의 역사적 화해가 진전되면서, 폴란드 주교단 편지에는 "화해의 아방가르드"(로베르트 주레크), "제2차 세계대전 이후 폴란드의 역사에서 가장 위대한 선견지명"(얀 유제프 립스키), "감동적인 화해 문서"(헬무트 콜), "폴란드와 독일의 대화를 이끈 편지"(타데우쉬 마조비

에츠키), "심리적 장벽을 허문 문서"(아담 미흐니크) 등의 격찬이 뒤늦게 쏟아졌다.[20]

폴란드 주교단의 사목 서신은 21세기에 들어서서 폴란드-독일 관계를 넘어 역사적 화해의 외연을 넓혀갔다. 종전 60주년인 2005년 6월 바르샤바에서 열린 주교회의에서 폴란드 주교단은 1965년 사목 서신을 모델로 폴란드와 우크라이나가 서로 용서할 것을 촉구하는 편지를 발표했다. 이 편지는 폴란드인-유대인-우크라이나인의 다문화 도시였던 서부 우크라이나의 리비프, 테르노필(Ternopil/Tarnopol)의 차르바니치야(Zarvanytsia) 그리스 정교회 등에서도 낭독되었다.[21] 테르노필은 폴란드-우크라이나 접경인 볼린/보윈(Волинь/Wołyń) 지역에 있는 도시로, 제2차 세계대전 당시 유대인 주민을 대량 학살한 홀로코스트뿐 아니라 폴란드 민족저항군과 나치와 연합한 우크라이나 민족주의자가 서로 10만 명이 넘는 폴란드와 우크라이나 농민을 보복 학살한 비극의 현장이었다.[22] 2013년에는 폴란드 가톨릭교회와 우크라이나 정교회가 '상호 용서와 화해'를 촉구하는 공동의 화해 선언을 발표하기에 이르렀다.[23] 1990년 중반 이래 양국의 자유주의 정치가들과 비판적 지식인 그룹이 꾸준히 역사 화해의 필요성을 제기했지만, 화해의 역사적 문서를 만든 것은 폴란드 가톨릭교회와 우크라이나 정교회였다. 또 브로츠와프에서는 2019년 유럽연합의 지원으로 편지의 저자 코미네크 대주교를 기리는 '볼레스와프 코미네크 유럽 청년 포럼(Bolesław Kominek Youth European Forum)'이 출범해 유럽 전역의 젊은이가 역사적 화해에 대한 생각과 경험을 공유하는 모임이 매년 여름 열리고 있다.

이 장에서는 1965년 폴란드 주교단의 사목 서신과 독일 주교단의 답서, 그 왕복 서한에 대해서 폴란드와 독일 사회의 다양한 행위자가 어떻게 반응했는가를 텍스트 중심으로 검토한 후, 오늘날의 동아시아로 시·공간을 옮겨 그 사건의 초국가적 의미를 반추하고자 한다. 폴란드 주교단의 사목 편지는 일본의 식민지 지배와 아시아·태평양 전쟁의 과거사를 놓고 한국과 일본의 국가권력뿐만 아니라 시민사회의 구성원 다수가 첨예하게 대립하고 있는 동아시아의 기억 공간으로 옮겨질 때, 돌연 동유럽의 과거이기를 멈추고 동아시아의 미래가 된다. 그것은 1965년 주교단 편지의 역사적 맥락을 지워버리고 자의적으로 탈역사화하는 작업과는 분명히 구분된다. 이 논문은 1965년 사목 서신의 정신을 21세기 동아시아의 맥락에서 어떻게 되살릴까 하는 문제의식에서 출발한다. 2019년 동아시아의 기억 공간에서 1965년 폴란드 주교단의 편지와 그 역사를 반추하는 것은, 역사적 화해를 도모하는 초국가적 행위자로서 가톨릭교회의 정치적 수행성과 윤리적 의미를 넓혀 교착상태에 빠진 한·일 간 역사 화해의 새로운 가능성을 모색하는 일이기도 하다. 국가와 시민사회 모두 국제정치의 세속적 규범에 매여 돌파구를 찾지 못하고 있는 동아시아의 현 상황에서, 가톨릭교회의 관계자들이 자유롭게 이념의 장벽과 국경을 넘어 대화한 선례는 특별히 중요하다. 폴란드 가톨릭교회에 대한 성찰은 화해와 용서를 동아시아의 기억 정치를 움직이는 게임 윤리로 정립하기 위한 첫걸음이 될 것이다.

폴란드 주교단 편지와 화해의 메타 윤리

폴란드와 서독의 역사적 화해를 가로막는 교착상태를 넘어서기 위해서는 가해자와 희생자를 따지고, 누가 더 큰 희생자였으며, 따라서 누가 먼저 사과하고 용서를 구해야 한다는 식의 통속적 계산을 넘어서는 화해의 새로운 메타 윤리가 필요했다. 폴란드와 독일 중 누가 더 큰 희생자였는가 하는 문제는 논의가 필요 없을 만큼 너무도 자명했다. 사리를 따지는 게 아니라 사리를 넘어서는 메타 윤리는 세속의 몫이 아니었다. 양국의 가톨릭교회가 초국가적 기억의 주체로서 그 역할을 자임했다. 제2차 바티칸 공의회가 열린 1962년부터 폴란드와 서독의 가톨릭 대화는 이미 시작되었다. 1962년 2월 공의회에 참가하기 위해 로마에 도착한 폴란드의 비신스키 추기경은 독일의 율리우스 되프너(Julius Döpfner) 추기경을 저녁 식사에 초대했다. 두 추기경은 같이 바티칸 공의회 특별 위원회의 서기로서 돈독한 관계를 유지하고 있었다. 되프너 추기경은 실향민의 고통을 나치의 범죄행위라는 역사적 맥락 속에서 상대화하는 독일 가톨릭의 자유주의적 전통을 대변하는 인물이었다. 이 자리에서 되프너 추기경은 서독 고위층의 내부 정보를 비신스키 추기경에게 흘렸다. 아데나워 수상은 오데르-나이세 국경을 인정하고 싶어 하지만, 실향민의 정서를 고려하여 공개적으로 밝히지 못하고 있을 뿐이라는 것이었다. 아데나워 서독 정부는 폴란드와의 관계 정상화에 더 큰 관심이 있다는 게 되프너 추기경의 전언이었다.[24]

두 추기경의 화기애애한 친목과는 별도로, 독일 주교단은 아우슈비츠에서 순교한 폴란드 신부 콜베의 '시성'을 독일-폴란드 교회 공동으로 교황청에 요청하자고 제안했다. 1964년에는 독일 가톨릭 평화단체인 '그리스도 평화 운동(Pax-Christi-Bewegung)' 일행이 폴란드를 방문했다. 이 단체는 폴란드와의 화해가 독일 가톨릭의 의무라고 생각했다. 훗날 요한 바오로 2세 교황이 되는 크라쿠프 대주교 카롤 보이티와가 이들을 아우슈비츠 정문에서 반갑게 맞이했다. 또 1965년 브로츠와프에서 열린 종전 20주년 기념식의 강론에서 브로츠와프 대주교 코미네크는 폴란드 주민뿐만 아니라 그곳에서 쫓겨난 독일인에게도 축복의 메시지를 건네고, 폴란드인-독일인의 상호 이해와 평화를 촉구했다. 구르니실롱스크/오버슐레지엔 출신으로 독일과 폴란드의 하이브리드 문화에 익숙한 코미네크 대주교의 강론은 공통의 문화유산을 시사함으로써 슐레지엔이 '원래 폴란드 땅'이었다는 당시 폴란드의 민족주의적 역사 이해와는 다른 관점을 보여주었다.[25]

이처럼 1960년대 들어 대화의 기운이 서서히 무르익고 있었다. 이런 가운데 1965년 10월 14일 '독일개신교연합(Evangelische Kirche in Deutschland, EKD)'은 훗날 〈동방백서(Ostdenkschrift)〉라 알려지는 중요한 문서를 공표했다. 전후 20주년을 맞아 공표된 이 문건은 제2차 세계대전 이후 오데르-나이세 국경선을 인정하고 폴란드에 할양된 독일 영토의 주권이 폴란드에 있음을 분명히 함으로써 폴란드와의 화해를 향한 첫발을 내디뎠다. 〈동방백서〉는 독일 실향민의 고통과 어려움을 외면하지 않으면서도 나치 범죄와의 역사적 관계를 맥락화함으로써 폴란드 희생자와 독일 희생자 사이에 상호 이해의 물꼬를 텄다. 동프로이센 실향민의 귀향 정서에 반해서 그들의 동쪽 고향이자 폴란드의 서부 영토에 대한 폴란드의 주권을 인정한 이 문서는 그야말로 전후 서독 사회의 '금기'를 깨고 역사 화해의 새로운 길을 제시한 이정표가 되었다.[26] 백서가 발표되자 폴란드에서는 자유주의 가톨릭 지식인 그룹인 '즈낙(Znak)'에서 먼저 이 문건에 주목했다. 당의 통제에서 비교적 자유로운 이들은 대화의 시기가 왔다고 믿었다. 〈동방백서〉는 서독의 '복수론자'가 폴란드의 '되찾은 땅'인 서부 영토를 다시 빼앗으려고 한다는 폴란드 공산당의 민족주의적 반독 선전을 무효화시키는 효과를 낳을 것이라 기대했다.[27]

그러나 공산당의 반독 선전이 힘을 잃은 것보다 더 중요한 의미는 양국 간 불신의 얼음이 녹기 시작했다는 것이다. 실제로 서베를린 주재 폴란드군 감독관의 보고서나 쾰른 주재 폴란드 무역대표부의 보고가 〈동방백서〉에 호의를 보이고 있어 흥미롭다. 폴란드군 감독관은 독일 실향민 문제와 독일-동유럽 관계에 대한 독일개신교연합의 기자회견에 대해 아무런 비난 없이 담백하게 보고하고 있다.[28] 또 쾰른 주재 폴란드 무역대표부는 〈동방백서〉와 관련하여 독일사회민주당의 당 기관지 편집장이 구스타프 하이네만(Gustav Heinemann) 박사의 폴란드 초청 가능성을 타진했다는 접촉 결과를 보고하고 있다. 박사는 독일개신교연합 지도부의 일원인데, 〈동방백서〉에 대한 폴란드 조야의 반응을 직접 보고 싶어 한다는 것이다. 보고서는 하이네만 박사가 원래 독일기독교민주동맹 소속이었으나 서독의 재무장에 항의하여 기민당을 탈당해서 사민당에 입당했다는 개인 정보를 덧붙임으로써 그의 초청에 긍정적인 분위기를 조성하고 있다.[29] 또 며칠 후에는 본의 외신기자 클럽에서 오이겐 게르스텐마이어(Eugen Gerstenmaier)를 초청해 오찬 모임을 가졌는데, 이 자리에서 게르스텐마이어가 폴란드 대표부 관계자와 오래 이야기를 나누었다. 그는 폴란드와 서독이 화해해야 한다고 역설하고 〈동방백서〉에 대한 폴란드의 반응을 알기 위해 개인 자격으로 폴란드를 방문하고 싶다는 희망을 피력했다는 보고도 있다. 보고서는 바르샤바의 국제문제연구소를 초청 주체로 하면 어떻겠냐는 건의를 조심스레 하고 있다.[30]

독일 개신교의 〈동방백서〉는 폴란드의 권력기관뿐 아니라 가톨릭 교회 내부에서도 큰 반향을 일으켰다. 교회의 주교단 가운데 백서의 의미에 처음으로 주목한 것은 브로츠와프의 대주교 코미네크였다. 브로츠와프는 제2차 세계대전 이후 국경선 조정 과정에서 폴란드에 할양된 독일 영토였다. 폴란드에서 '되찾은 영토(ziemia odzyskana)'라 부르는 전형적인 변경 지역으로, 독일과 폴란드의 문화가 뒤섞인 문화 공간이었다. 브로츠와프에서 태어나고 자라 독일어와 독일 문화에 정통했던 코미네크 대주교는 훗날 독일 개신교의 〈동방백서〉가 주교단의 사목 서신을 쓰는 계기였다고 고백한 바도 있다.[31] 〈동방백서〉의 가장 큰 의미는 오데르-나이세를 잇는 독일-폴란드 국경을 현실화하고, 제2차 세계대전 이후 폴란드로 할양된 '되찾은 영토'에 대한 폴란드의 주권을 인정했다는 점이다. 당 서기장 브와디스와프 고무우카조차 서독이 오데르-나이세 국경선을 인정하기만 하면 폴란드-서독의 관계 정상화와 화해에 문제가 없다고 생각했다는 점에서 〈동방백서〉는 폴란드-서독 화해의 물꼬를 튼 것이나 마찬가지였다. 소련에 대해 독자 노선을 펼친 민족 공산주의자 고무우카로서는 중부 유럽의 거중 조정자 역할을 자처하는 소련의 간섭과 개입을 막는 선제 조치로서 폴란드-서독의 화해가 절실했다.[32]

독일 개신교의 진보 진영은 이미 1961~1962년 서독 의회에 보낸 〈튀빙겐 백서(Tübinger Memorandum)〉에서 서독의 핵무장 계획에 반대하고 오데르-나이세 경계를 전후 독일과 폴란드의 공식적인 국경선으로 인정할 것을 서독 정부에 촉구한 바 있다. 1961년 11월 6일 여덟 명의 저명한 개신교 학자와 과학자가 서명하여 몇몇 의회 의원에게 보낸 이 문서는 1962년 2월 일반에게 공개되어 서독 사회에서 격렬한 논쟁을 일으켰다. 백서의 내용이 공개되자 서독 거주 실향민들은 〈튀빙겐 백서〉를 신랄하게 비난했다. 백서에 대한 그들의 주된 비난은, 백서가 공산주의에 반대하는 동독과 동유럽 인민의 정치적 자결권을 무시하고 부정과 폭력을 찬양하는 공산주의에 동조했다는 것이었다. 〈튀빙겐 백서〉 논란에서 드러난 실향민들의 목소리는 생각보다 컸고, 서독 사회는 아직 오데르-나이세 국경선을 인정할 준비가 되어 있지 않았다. 불과 7년 후면 '동방정책'으로 〈튀빙겐 백서〉의 주장을 정책으로 옮길 사회민주당도 당시에는 '조국 없는 놈들(vaterlandslose Gesellen)'이라 낙인이 찍힐까 두려워 이 문건을 공개적으로 지지하지 못했다. 동방정책의 입안자였던 빌리 브란트조차 당의 공식 입장이 이 백서에 기초해서는 안 된다고 생각할 정도였다.[33]

독일개신교연합의 〈동방백서〉와 폴란드 주교단의 사목 편지가 잇달아 발표된 1965년 10~11월의 분위기가 1962년과 크게 달라졌다고 보기는 어렵다. 그런 가운데 독일의 가해자를 용서하고 또 가해자에게 용서를 구하는 폴란드 주교단의 편지는 답답한 교착상태를 깨트리고 일거에 상황을 반전시킬 수 있는 메가톤급 폭탄이었다. 독일-폴란드 문화가 뒤섞인 변경에서 자란 코미네크 대주교의 개인사적 경험은 주교단 편지가 폴란드의 자국중심주의에서 벗어날 수 있게 해주었다. 폴란드 주교단의 사목 서신은 역사 용어에서부터 폴란드 공산당의 편협한 민족-공산주의적 역사해석과 크게 달랐다. 제2차 세계대전 이후 독일로부터 할양받은 영토에 대해 '원래 폴란드 땅(Ur-polnisch)', '되찾은 영토(ziemia odzyskana)' 같은 폴란드 중심적인 표현이 배제되었다. 대신에 '포츠담조약의 서부 영토(Potsdamer Westgebiete)' 같은 중립적 용어를 사용하고, 독일 실향민의 아픔에 충분히 공감한다는 취지에서 서독의 기억 문화에서 일반적인 '피란민(Flüchtlinge)', '강제추방자(Vertriebene)' 등의 용어를 썼다.[34] 주교단 편지에서 사용한 서독의 이 용어들은 폴란드의 기억 문화에서 사회적 금기어였으며, 재정착(민)을 뜻하는 동독의 'Umsiedler'나 폴란드의 'przesiedlony'와 정치적 의미가 달랐다. 서독의 용어가 실향민의 아픔을 담고 있다면, 사회주의 동독과 폴란드의 용어는 고통의 역사가 지워진 중립적인 뜻이었다. 미세한 것처럼 보이는 이 용어의 차이는 나중에 주교단 편지가 폴란드 공산당의 비난에 시달리는 중요한 이유가 되기도 했다.

1966년 5월 '야스나 구라(Jasna Góra)'에서 열릴 예정인 폴란드의 가톨릭 수용 1000주년 기념행사에 독일 주교단을 초청하는 문구로 시작하는 편지는, '오토 대제' 덕분에 폴란드가 그리스 정교가 아닌 로마 가톨릭을 받아들였다고 감사의 뜻을 표한다. 또 중세 이래 독일 상인, 건축가, 예술가, 이주민이 서구 문화와 폴란드를 잇는 문화적 가교였으며, 사도와 성인 대부분이 독일을 비롯한 서구에서 왔다는 역사적 사실도 담담히 인정한다. 독일의 마그데부르크법이 폴란드 도시의 공기를 자유롭게 하고 자유도시의 성장에 이바지했다고 말하는 데도 스스럼이 없다. 편지는 예술가와 건축가 등 독일 이주자들이 폴란드 민족문화의 발달에 미친 영향이나 독일-폴란드 사이의 문화와 예술의 교류를 민족적 우월감이나 열등감 없이 묘사했다.[35] 폴란드 문화와 독일 문화가 로마 가톨릭에 기반한 공통점을 갖고 있다는 주장의 행간에는 폴란드 문화가 그리스 정교의 동유럽보다는 서유럽에 가깝다는 역사적 암시가 숨어 있다. 독일과 폴란드 사이의 민족적 적대감보다 가톨릭과 유럽이라는 공통의 가치로 묶인 하나의 '우리'라는 개념이 강했다. 반면 동쪽 소련에서 강요된 공산주의는 타자라는 암묵적인 메시지가 읽히기도 한다.[36]

역사 방법론의 관점에서 보아도 편지에 담긴 역사관은 당시 기준으로 매우 앞선 것이었다. 편지는 폴란드 문화에 대한 독일의 영향을 스스럼없이 인정하는 것처럼 보인다. 그렇다고 해서 편지가 독일의 식민주의 사관을 인정한 것은 결코 아니다. 편지에 따르면, 서유럽의 가톨릭 문화와 폴란드를 잇는 독일의 가교 구실은 오늘날의 식민주의와 분명히 다른 것이었다. 편지의 역사관은 또 폴란드의 역사적 강역 내에서 이질적인 외래 역사의 흔적을 일절 인정하지 않는 민족주의 사관의 '영토 순결주의(autochthonousism)'와도 거리가 멀다.[37] 변경사(border history), 지구사(global history), 트랜스내셔널 역사(transnational history), 얽혀 있는 역사(entangeld history), 중첩된 역사(overlapping history) 등의 새로운 역사학 방법론이 등장하려면 아직 한참을 기다려야 했고, 일국사(national history)의 서술과 방법론이 압도적이었던 1965년의 역사 서술을 고려한다면, 편지의 역사관은 놀랍도록 진취적이다. 폴란드와 독일의 미술사가들이 바르샤바와 베를린, 드레스덴 등지에서 '공동의 유산'이라는 전시를 처음 가진 게 겨우 2000년의 일이었으니, 시대에 앞선 편지의 선도성은 아무리 강조해도 지나치지 않다.[38]

편지의 역사관에서 "형제 민족을 탐하는 대신 신의 뜻에 따라 자신의 소중한 자산인 문화를 전달하는 가톨릭 성인들"은 기독교의 진정한 선교 소명과 식민주의 사이에 분명한 선을 긋고 있다. 편지는 1414년 콘스탄츠 공의회에서 비기독교도의 인권을 강조하고 총과 칼 대신 종교적 관용으로 선교해야 한다고 역설했던 야기에우워 대학 총장 파베우 브워트코비츠(Paweł Włodkowic)를 대표적인 예로 적시하면서, 불과 칼로 이교도를 개종하려고 했던 튜턴 기사단을 단호하게 비판한다.[39] 그 결과 튜턴 기사단은 유럽의 기독교에는 끔찍한 짐이자 폴란드인에게는 모욕적인 악몽으로 남았다는 것이다.[40] 폴란드 주교단 편지는 튜턴 기사단에 대해 사뭇 비판적이다. 호전적 식민주의의 욕망이 기독교의 평화로운 선교를 덮어버린 튜턴 기사단의 전통이 훗날 프로이센의 프리드리히 대왕-비스마르크-히틀러로 이어져, 제2차 세계대전 당시 폴란드는 강제수용소의 시체소각장 굴뚝이 밤낮으로 연기를 뿜어대는 죽음의 땅으로 전락했다는 것이다. 유대계를 포함한 '600만' 폴란드인 희생자 가운데는 2,000명의 사제와 5명의 주교도 포함되어 있었다. 폴란드 전체 가톨릭 사제의 25%를 학살한 나치의 지배는 기독교의 평화적 선교 전통이 잔인한 식민주의적 통치로 타락했음을 의미했다. 한 예로 전쟁 발발 초기, 헤움노 주교구 한곳에서만 전체 사제의 47%인 278명의 신부가 즉결 처형되었다. 이런 예는 무수히 많다. 제2차 세계대전 당시 나치의 종말론적 파괴는 폴란드에 부서진 건물 잔해와 파편, 가난과 질병, 눈물과 죽음만 남겼다.[41]

편지 기안자 코미네크 대주교는 폴란드인이 서부의 가장 가까운 이웃인 독일을 믿지 않고 오데르-나이세 국경선과 안전보장을 그토록 절실히 요청하는 이유를 독일의 형제들도 충분히 이해할 수 있으리라고 기대했다. 편지는 이처럼 오데르강과 나이세강을 경계로 하는 폴란드-독일 국경을 현실로 인정해야 한다는 전제를 분명히 했다. 승전국의 일원이라고는 하지만, 나치의 대량학살과 의도적 파괴로 아주 피폐해진 채 종전을 맞이한 폴란드로서는 실롱스크와 포모제 등의 서부 영토 요구가 절실한 생존의 요청이었다. 그것은 아리안을 위한 더 넓은 '생활공간(Lebensraum)'을 요구하며 동유럽을 침공한 나치의 식민주의적 요구와는 전적으로 다르다는 게 편지의 요지였다. 독일 실향민의 희생과 폴란드인의 희생 사이에 비대칭성을 적시하고, 유대인 홀로코스트 희생자와 독일인 희생자를 같은 위치에 놓는 역사적 탈맥락화를 반대한다는 점을 분명히 한 것이다. 편지는 또한 '그대들의 자유, 우리의 자유'라는 슬로건 아래 자기 민족의 해방뿐만 아니라 이웃 민족의 해방을 꿈꾸었던 19세기 폴란드 민족해방운동의 전통을 호출하여 폴란드의 안전과 평화는 독일의 안전과 평화를 불러온다고 암시했다. 폴란드의 자유와 독일의 자유는 같이 얽혀 있다는 것이었다.[42]

주교단 편지에서 제2차 세계대전 말기에 동프로이센에서 추방되거나 피란길에 올라야 했던 독일 실향민의 고난이나 나치 치하에서 독일인이 겪어야 했던 '양심의 고통'에 따듯한 공감을 보낸 것도 19세기적 전통의 맥락에서였다. 주교단 편지는 또 '백장미단'이나 히틀러의 암살을 시도한 독일의 반나치 레지스탕스 운동에 경의를 표하며, 적지 않은 독일인이 나치의 강제수용소에서 폴란드 형제들과 운명을 같이했다고 지적했다.[43] 편지는 공의회의 건너편 벤치에 앉아 있는 독일 주교단에 폴란드의 기독교 수용 1000주년 기념식 초청장과 화해의 손을 내밀면서, "그대에게 용서를 베풀며, 또 그대의 용서를 구한다(wir... gewähren Vergebung und bitten um Vergebung)"는 유명한 구절로 끝을 맺는다.[44] 이 구절은 폴란드 주교단이 고대 로마의 시인 호라티우스(Quintus Horatius Flaccus)의 경구 "Veniam damus petimusque vicissim"을 빌려온 것으로, 1963년 10월 17일 당시 교황 바오로 6세가 상쟁을 멈추고 세계 교회를 통일하자고 촉구하면서 인용한 바 있다. 3~4세기 로마제국 시대 이래 분쟁국이나 지역의 사목자들이 편지를 주고받으면서 갈등을 해소하고 화해의 물꼬를 트는 것은 기독교의 전통이기도 했다.[45]

그러니 가톨릭 역사에서 폴란드 주교단 편지의 형식이나 주장이 전례가 없다거나 유난히 파격적인 것은 아니었다. 그래도 1965년의 폴란드 주교단 편지는 '화해의 아방가르드'라는 평가도 부족할 정도로 시대를 앞선 것이었다. 편지의 작성자들은 독일-폴란드인의 고통이 똑같다는 의미가 아니라 크기와 상관없이 고통은 고통일 뿐이며, 정치적 의미가 다르다 해도 고통과 슬픔을 이야기하는 것 자체가 정의로운 일이라는 믿음 위에 서 있었다.[46] 자신들의 희생을 절대화하여 폴란드인을 가해자로 몰거나 홀로코스트 유대인 희생자와 등치했던 독일의 강제 추방 실향민의 태도와 비교하면, 폴란드의 주교단 편지는 절제된 희생자의식과 더불어 훨씬 성숙한 화해와 용서의 윤리를 제시한다.[47] 더 큰 고통의 희생자가 자신을 가해한 작은 희생자들에게 공감과 화해의 손길을 먼저 내민 것은 희생자 사이의 위계질서를 거부하는 단호한 도덕적 결단이었다. 《디벨트(Die Welt)》지가 썼듯이, 적지 않은 독일인이 폴란드 주교단 편지에 감동한 것은 희생자인 폴란드가 처음으로 독일 실향민의 고통을 인정하고 이들에게 정의를 되돌려주려는 메시지를 읽었기 때문이다. 희생의 비대칭성을 근거로 독일인의 희생을 부정하지 않고 그들의 고난에 따듯한 공감을 표시한 것은 이렇게 가해자 독일 대 희생자 폴란드라는 집합적 죄의식을 넘어섰기에 가능했다.

화해의 물꼬를 트는 것이 독일 교회의 의무라고 생각했던 폴란드 주교단의 편지가 가해자-피해자의 상투적 고정관념을 넘어섰다는 것도 소중한 성과였다. 전후 폴란드의 기억 문화에서 오랜 터부였던 독일 피란민의 고통을 인정하는 화해의 메시지는 상당한 용기가 필요한 것이었다. 독일인이 폴란드에 저지른 죄보다 독일 피란민에 대한 폴란드의 죄가 더 크다고 생각하는 독일인이 다수파였던 당시 상황에서 그것은 용기 이상의 도박이기도 했다. 동프로이센 피란민이 가톨릭의 중심세력이라는 점을 고려해 폴란드와의 화해에 소극적이었던 서독 가톨릭교회의 입장과 비교해보면 그 선도성은 더욱 두드러진다.[48] 폴란드 주교단 편지는 자신들의 더 큰 희생을 강조하기 위해 상대방의 작은 희생을 부정하거나 반박하는 논거로 희생의 비대칭성을 사용하는 '희생의 제로섬게임'을 넘어선 것이다.[49] 자기 집단의 고통과 희생을 정당화하기 위해 타자의 불행과 희생을 부정하는 희생자의식 민족주의가 지배적인 기억 문화에서 폴란드 주교단 편지의 '화해' 선도성이 빛나는 것도 이 때문이다. 초국가적 화해라는 관점에서 볼 때, 폴란드 주교단의 사목 서신은 기독교적 용서의 윤리를 통해 교착상태에 빠진 폴란드-독일의 역사적 화해를 시도했다는 데 의미가 있다.

독일 주교단의 답서와 수직적 화해

전통 신학에서는 신이 인간을 용서하는 수직적 용서가 지배적이며, 따라서 화해도 신과 인간 사이의 수직적 화해가 중심이었다. 수직적 화해를 넘어 인간과 인간 간의 수평적 화해는 '세계교회협의회(World Council of Churches, WCC)' 세계교회주의 신학이 주도했다. 모든 피조물 간의 평화로운 관계를 추구하는 세계교회주의 신학의 경향으로 볼 때, 인간과 인간 사이의 수평적 화해를 추구하는 것은 당연한 일이었다.[50] 복음주의 교회들의 참여로 WCC가 보수화되면서 수평적 화해의 열기는 식었지만, 그것은 여전히 살아 있는 의제다. WCC와는 다른 한편으로 로잔 운동 내에서도 수평적 화해에 대한 관심은 높아졌다. 1990년대 중반 이후 9·11테러, 팔레스타인-이스라엘 분쟁, 유고슬라비아 내전, 발칸의 인종청소, 르완다 제노사이드 등 인종·민족·종족 간의 갈등이 격화되는 현실을 기독교계가 더는 무시할 수 없었다. 로잔 운동은 종족 간 폭력의 실례로 인종주의, 흑인 노예제, 홀로코스트, 인종청소, 식민주의 제노사이드 등을 열거하고, 기독교도에게 화해의 건설적 참여자가 될 것을 촉구했다. '가해자를 용서하고 타인을 위해 불의에

도전하기', '갈등의 상대편인 이웃을 환대하고 화해를 추구하기', '파괴나 복수보다 고난과 죽음을 기꺼이 받아들이기' 등으로 구성된 '화해의 생활양식'을 기독교적 실천의 한 방식으로 강조했다.[51] 그러나 이 역시 실천보다는 수사의 영역에 머무르는 측면이 강했다.

21세기의 진보적 기독교 운동에서도 수평적 화해의 길이 여전히 험난한 작금의 현실과 마주하면, 피해자가 가해자에게 용서를 구한 1965년 폴란드 주교단의 사목 서신이 얼마나 시대를 앞선 것인지 가늠할 수 있다. 세속적 통념을 뒤집은 이 과감한 용서의 윤리는 저질러진 악과 악을 행한 죄인을 구분함으로써 가능했다. 잘못을 저지른 주체와 벌을 받아야 하는 주체로 분리되자, 악은 응징하되 악을 저지른 인간은 용서하는 것이 가능해졌다. 폴 리쾨르의 논리를 빌리면, 벌을 받아야 하는 주체의 운명은 신의 자비에 맡기되 피해자가 가해자를 용서할 수 있게 된 것이다. 이 용서를 통해 폴란드인은 독일에 대한 복수의 욕망을 떨쳐버림으로써 또 다른 악을 저지르는 위험에서 벗어났다.[52] 맹아적인 형태이기는 하지만, 반식민주의를 넘어선 탈식민주의적인 문제의식이 느껴지는 대목이기도 하다. 폴란드 주교단의 편지는 제2차 세계대전 당시 가해자-피해자의 기억을 폴란드와 독일의 희생자의식 민족주의에서 구출하여, 역사적 화해와 기독교적 용서의 길로 이끌겠다는 의지의 표현이었다. 죄인이 회개를 전제로 신에게 용서를 구하고 신은 회개한 죄인을 용서함으로써 신과 인간이 화해하는 수직적 화해와 달리, 인간과 인간 사이의 수평적 화해는 더 유연할 수 있었다. 인간과 인간 사이의 화해는 용서를 먼저 베풂으로써 회개를 끌어내는 역순의 화해가 가능한 것이다.[53]

폴란드 주교단이 독일인의 회개와 자책을 기다리지 않고 먼저 용서를 결단한 것은 독일인이 용서의 도덕적 압력 아래 참회와 사과의 길로 나아가 폴란드인에게 용서를 구하게 한다는 참신한 역발상이 그 밑에 깔려 있었다. 그러나 이러한 역발상이 효력을 발휘하기 위해서는 편지 수신자인 독일 주교단의 대응이 중요했다. 화해와 용서의 행위 자체가 이미 초국가적 행위였다. 용서의 대상인 가해자 집단이 피해자가 받아들일 만큼 충분한 회개의 의지를 보이지 않을 때, 피해자가 베푼 용서의 의의는 반감될 수밖에 없었다. 당시에는 폴란드인에 대한 독일인의 인종적·민족적 편견이 아직 강했다. 가해자인 독일인이 충분히 회개하고 속죄하지 않은 상황에서 폴란드 주교단이 독일인을 용서할 뿐만 아니라 그들의 용서를 빈다면, 평범한 세속의 폴란드인에게 그것은 용서의 남용으로 느껴졌을 것이다. 이에 비하면 독일에 대해 동등하다고 느끼거나 살짝 문명적 우월감을 가졌던 프랑스의 용서와 화해는 폴란드보다 더 쉬웠다.[54] 불행히도 독일 주교단의 답서는 폴란드 주교단이 용서를 남용했다는 인상을 줄 만큼 빈약한 것이었다. 답서는 서두에서 독일인이 독일 민족의 이름으로 폴란드 민족에게 가한 테러를 인정했지만, 폴란드 주교단이 독일인의 고통을 언급한 것에 감사하면서 훨씬 많은 분량을 할애해 강제 추방된 독일 실향민의 고통을 이야기했다. 또 동프로이센의 독일인 이주민은 중세 이래 정복자로서가 아니라 그 지역 슬라브 통치자들의 초청으로 건너가 올바르게 살았으므로, 침략의 의도가 없는 이 독일인 실향민의 고향에 대한 권리는 존중되어야 한다는 것이 주요 논지였다. 폴란드 정보부의 첩보에 따르면, 독일 주교단은 폴란드 주교단에게 튜턴 기사단과 비스마르크에 대

한 비판적 해석을 바꾸어달라고 비공식적으로 요청하기까지 했다.[55]

한편 역사해석의 차이가 중요하기는 하지만 어디까지나 부차적 문제였다. 가장 본질적인 문제는 제2차 세계대전 이후 오데르강과 나이세강을 따라 그어진 새로운 국경선을 인정하느냐 여부였다. 실향민이 고향으로 돌아갈 권리를 강조한 독일 주교단의 답장은 한 마디로 오데르-나이세 국경선을 인정하지 못한다는 것이었다. 또 폴란드 주교단의 편지가 폴란드인과 독일인 간에 인간 대 인간으로서의 수평적 화해에 초점을 맞추었다면, 독일 주교단은 신과 인간의 수직적 화해를 강조했다. 인간의 모든 부당한 행위는 무엇보다 먼저 신에 대한 죄이므로 동료 인간보다 신에게 먼저 용서를 빌어야 한다는 것이다. 그런 연후에야 이웃의 인간에게 용서를 구할 수 있다는 것이었다.[56] 독일 주교단은 폴란드 주교단의 수평적 화해 요청에 대해 수직적 화해로 답함으로써 역사 화해에 소극적 자세를 보인 셈이었다. 세계교회주의 신학의 관점에서 보면 답답할 정도로 보수적인 행보였다. 독일 주교단의 답신이 공개되자 비신스키 추기경은 불만을 감추지 못했다. 비신스키 추기경은 독일의 되프너 추기경에게 보낸 서신에서 개신교의 〈동방백서〉보다 한참 고답적인 독일 주교단의 답신에 대한 실망감을 여과 없이 드러냈다. "독일 주교단의 답신은 너무 억제되고 유보적이었다"는 것이다.[57]

독일인 희생자에 대해 침묵을 지키는 폴란드 사회의 금기를 과감하게 깨고 용서의 새로운 도덕률을 제시한 폴란드 주교단의 편지에 비하면, 독일 주교단의 답신은 빈약하기 짝이 없었다. 훗날 독일의 되프너 추기경은, 다수의 가톨릭 실향민을 고려하느라 어쩔 수 없었다고 변명하면서도 "더 따듯하게 답할 수 있었다"며 후회했다. 서독인 대다수가 폴란드와의 화해를 절실하게 원하지 않았던 점도 있지만, 희생자의식에 젖어 있는 서독인 다수는 폴란드의 죄가 독일의 죄보다 더 크다고 생각했다. 이들은 '용서를 구한다'는 폴란드 주교단 편지의 마지막 구절을 폴란드인이 드디어 자기 죄를 인정한 증표라고 생각했다. 그런 상황에서 독일 가톨릭교회가 오데르-나이세 국경선에 대한 폴란드의 입장을 공인하면, 700만이 넘는 실향민의 지지를 잃고 가톨릭의 정치적 기반인 독일기독교민주동맹이나 기독교사회동맹과의 관계도 곤란해질 것이라는 정치적 고려도 한몫했다.[58] 1968년에는 독일 가톨릭의 '벤스베르크 그룹(Bensberger Kreis)'도 독일 주교단의 답신이 불충분했다고 비판했다. 개신교의 〈동방백서〉처럼 오데르-나이세 국경선을 확실히 인정하고 폴란드인의 불안과 공포를 덜어주었어야 했다는 것이다.[59] 바르토셰프스키, 마조비에츠키 등 폴란드의 가톨릭 지식인이 〈벤스베르크 백서〉 발간을 반겼지만, 엎질러진 물이었다. 오데르-나이세 국경선을 인정할 수 없다는 독일 주교단의 답신이 이미 폴란드인의 역린을 건드린 후였다.

폴란드 내무부 정보국은 독일 주교단의 답신을 신속히 번역해서 당 지도부에 넘겼고, 당의 선전 매체들은 독일어 원본 편지를 자의적으로 번역·해석한 바탕 위에서 대대적인 반가톨릭 캠페인을 펼쳤다. 이들은 제국주의 정치가, 보수적 실향민 단체 등 서독의 반폴란드 집단이 폴란드 주교단의 편지를 가장 반기고 있다는 증거로 독일의 언론 보도를 자주 인용했다. 특히 독일의 보수 언론들은 사목 편지의 역사해석에 불만을 토로하거나 폴란드 주교단이 오데르-나이세 국경을 인정하지 않는다는 자의적 해석까지 내놓았다. "고향에 대한 권리는 여전히 지속된다"는 《디벨트》의 머리기사처럼, 독일 언론의 자기중심적 보도 태도는 폴란드 공산당의 반가톨릭 선전에 힘을 보탰다.[60] 독일 주교단은 자기네 국가의 이익을 옹호하는데, 폴란드 주교단은 거꾸로라는 당의 선전이 먹혀들었다. 폴란드의 가톨릭 주교단은 민족적 이해를 서독 제국주의자에게 팔아버린 민족 배반자라는 악의적 비난이 빗발쳤다. 당 기관지 《트리부나 루두(Trybuna Ludu)》는 폴란드와 서독 주교단이 독일 피란민을 홀로코스트 희생자와 비유하고, 나치에게 야만적으로 살해당한 600만 폴란드인의 희생과 독일 실향민의 고통을 동일시했다고 분노했다. 서독 실향민 협회 회장 벤첼 야크슈(Wenzel Jaksch)가 폴란드 주교단의 편지를 자신의 업적인 양 선전하는 것을 보면, 서독 제국주의와 타협하는 것이 얼마나 위험한지를 잘 보여준다는 것이었다.[61] 당의 선전 매체들은 추방자 콤플렉스도 없고 나치의 국수주의 전통과 결별한 동독을 제쳐두고 서독 제국주의와 타협하는 가톨릭교회에 대한 경고도 잊지 않았다.

주교단 편지가 동독과 폴란드인민공화국에서 공인된 역사 용어인 '재정착민(Umsiedler; przesiedleńcy)' 대신 서독 보수파의 용어인 '강제추방자(Vertriebene; wygnancy)'를 사용한 것도 문제였다. 동독의 'Umsiedler'가 탈정치화된 중립적 용어였던 반면, 서독의 'Vertriebene'는 고향에서 쫓겨난 실향민이라는 역사를 담은 용어였다. 아직 냉전이 한창인 시기에 동독의 공식 용어 대신 서독의 용어를 사용한 것도 대담한 결단이었다. 당의 공식 입장에서는 편지의 '포츠담조약 서부 영토'라는 용어도 문제였다. 주교단 편지가 전후 재편된 폴란드 서부 영토의 불가침성을 주장했다고는 하지만, '포츠담조약 서부 영토'라는 용어 자체가 이미 오염된 것이라는 비판이 쇄도했다. 실롱스크와 포모제가 원래부터 폴란드 영토였음을 뜻하는 '되찾은 영토(ziemia odzyskana)' 대신 서독 제국주의자와 역사 수정주의자의 용어를 썼다는 것이다.[62] 당 공식기관의 비판과 별도로, 비신스키 추기경은 개인 명의의 항의 편지에 시달렸다. 주로 '되찾은 영토'의 주민이 보낸 이 편지들은 추기경을 '폴란드 배반자, 개탄스러운 자본주의 하수인'이라고 몰아갔다. "가해자 독일인은 용서를 빌지 않는데, 왜 우리 주교들이 독일인에게 용서를 구하느냐"는 반감이 표출되고 "추기경님은 폴란드인이 맞느냐"는 도발적인 질문이 빗발쳤다. "추기경을 폴란드에서 추방하자"는 등의 구호도 심심치 않게 들렸다. 그래도 추기경은 흔들리지 않았다. 맹렬한 비난이 이어지는데도 폴란드 주교단의 편지야말로 "우리 기독교 정신의 빛나는 증거이자 1000년이 넘는 가톨릭 역사의 성숙함의 표식"이라는 신념을 굽히지 않았다.[63]

당의 정치적 비난은 대부분 의도적 곡해에서 나온 것이 많았다. 폴란드인민공화국 국무장관의 공식 편지에서 보듯이, 영적 권력인 교회가 세속 권력인 국가의 외교 영역을 침범한 데 대한 반발이 특히 당 엘리트 사이에서 컸다.[64] 폴란드 주교단이 사목 서신을 독일어로만 작성하고, 폴란드어 번역본을 마련하지 않은 것도 큰 실수였다. 폴란드 공산당의 선전 기관에 자의적 번역과 공격의 빌미를 준 셈이었다. 그러나 교회로서는 가톨릭교회가 희생자 개개인을 대변해서 가해자를 용서할 권리가 있냐는 물음이 가장 뼈저린 비판이었다. 아무도 가톨릭 주교들에게 폴란드 민족을 대표할 권리를 주지 않았다는 당의 정치적 비난도 일리가 있었다. 비가톨릭 폴란드인까지 가톨릭교회가 대변할 수 있는 것은 아니었다. 또 가톨릭 내부로 눈을 돌린다 해도, 아직 용서할 준비가 되어 있지 않은 폴란드의 희생자 개개인을 대신해서 회개할 준비가 되어 있지 않은 독일인을 교회의 이름으로 용서한다고 선언한 것도 문제였다. 독일 가해자의 속죄 의지를 확인하고 폴란드 희생자에게 용서의 윤리를 설득하는 과정이 생략되었던 것이다. 폴란드 주교단 편지가 독일과 폴란드 사이에 초국가적 화해의 초석을 놓았지만, 용서를 남용했다는 비판을 받는 것도 이 때문이다.[65]

가톨릭 형제애와 동아시아 평화

1995년 2월 25일 일본 주교단은 제2차 세계대전 후 50주년을 기념하며 〈평화를 향한 결의〉라는 주교단 문서를 채택했다. 이 성명은 "일본군은 조선에서, 중국에서, 필리핀에서 그리고 다른 여러 지역에서 그곳 사람들의 삶을 짓밟고 …… 인간으로서의 존엄을 무시하고 잔혹한 파괴 행위로 무기를 지니지 않은 여자, 어린이를 포함한 무수한 민간인을 학살했다"고 솔직히 인정하고 사과했다. 가해자인 일본인에게는 "아시아인에게 부과된 상처"를 치유해야 할 책임이 있으며, 그 책임은 전후 세대 일본인도 이어받아야 한다고 강조했다.[66] 강우일 주교의 평가대로, 1995년 성명에서 보여준 "일본 주교단의 진심 어린 참회와 속죄의 고백은 한국과의 관계에 있어서 교회 안에 먼저 용서와 화해의 여정을 가능하게 한 중요한 첫걸음이 되었다." 이 성명은 한·일 주교단의 정례적 만남으로 이어져 1996년 제1차 한·일 주교회의 때 '한·일 교과서 문제'를 토론했다. 이후 주교회의에서 "관동대지진 조선인 학살의 교훈"(2003), "동아시아의 탈핵/탈원전"(2012) 등 예민한 쟁점을 다루면서 한·일 간의 역사 화해와 평화를 위한 가톨릭교회의 역할이 점차 중요해졌다. 한·일 간의 역사 화해를 향한 여정에서 중요한 또 다른 문건은 2019년 8월 15일 성모승천대축일에 발표된 '일본 가톨릭 정의와 평화협의회(일본 정평협)'의 성명이었다. 협의회장 가쓰야 다이지(勝谷太治) 주교의 명의로 발표된 이 담화는 '식민지 지배 역사에 대한 가해 책임을 인정하지 않는 일본 정부의 자세와 이에 분노하는 피해국, 한국인의 마음 사이에 벌어진 틈'이 한·일 간의 화해를 가로막는 장애라고 지적했다.

성명은 1965년 한일청구권협정에도 불구하고 전쟁피해배상에 관련된 개인 청구권은 소멸하지 않았다는 점을 재확인하고, 일본 정부에 식민지 지배자로서의 가해 책임을 인정할 것을 다시 한번 촉구했다. 일본 기업이 비인도적 노동 착취에 대한 책임을 인정하고 사과 배상한 중국인 징용공의 경우처럼 한국의 징용공에게도 개인적으로 배상하는 것을 일본 정평협의 공식 입장으로 명시한 것이다. 이는 일본 제국의 비인도적 행위의 피해자에 대한 개인 배상의 역사적·도의적 정당성을 강조한 것이다. 이 담화는 아울러 일본에서 예정된 '평화의 소녀상' 공립미술관 전시가 해당 기관장의 혐오 발언과 더불어 취소된 것을 예로 들면서, 격화되는 한·일 간의 갈등에 대한 일본 측의 책임을 준엄하게 묻고 있다.[67] 일본 정평협의 성명에 응답이라도 하듯, 한국 주교회의 정의평화위원장 배기현 주교는 "언어와 나라, 심지어 관습마저 빼앗겼던 한민족에게 일본의 경제 제재는 새로운 폭력이며, 진정한 반성과 성찰을 외면한 처사"라고 지적하면서도 "일본 주교회의 정의평화협의회의 초대에 형제적 사랑으로 일치하고 연대한다"는 뜻을 밝혔다. 또 '참회와 정화'를 한·일 간의 평화를 위한 전제 조건으로 제시했다.[68] 또 그에 앞서 2019년 3월에는 한국 주교회의가 '3·1운동 100주년 기념 담화'를 발표하여, 민족의 고통과 아픔을 외면하고 일제의 침략 전쟁에 참여하고 신사에 참배하라고 권유하는 등 식민지 시대 가톨릭교회가 저지른 잘못을 성찰하고 반성했다.[69]

이에 대해 일본 정평협은 일본의 가톨릭교회도 식민지 시대 한국 가톨릭교회에 깊이 관여했고, 또 신도들에게 일본의 침략 전쟁에 협력하라고 촉구했으며, 메이지 이래 일본의 침략 정책이 한국전쟁과 남북 분단에도 책임이 있다는 성명으로 화답했다.[70] 한·일 간의 역사적 화해가 교착상태에 빠진 현 상황에서, 한국 가톨릭 주교회의와 일본 가톨릭 정평협의 3·1운동 100주년 기념 담화는 제도로서의 교회에 대한 자기비판과 비판적 역사 이해가 잘 조화되고 있다는 점에서 소중한 문건이다. 또 정치권과 시민사회의 대화 채널이 거의 작동하지 못하는 현 상황에서, 화해와 평화를 위한 역사적 행위자로서, 또 초국가적 기억 주체로서 가톨릭교회의 역할이 더욱 중요해졌다는 징표이기도 하다. 그런 만큼 두 담화 모두 식민지 시대 과거에 대한 일본의 일방적 반성과 사과 차원을 넘어섰으면 하는 아쉬움도 크다. 가해자 일본의 회개와 반성, 사과는 물론 화해의 필요조건이지만, 필요충분조건까지 충족되는 것은 아니다. 가톨릭교회는 초국가적 기억 주체로서 일본 사회에 회개와 반성을 촉구하면서도 한국 사회의 희생자의식 민족주의에 대해서는 탈식민주의적 비판을 견지할 수 있다. 희생자가 가해자를 용서한다는 것은 가해자에게 복수하려는 욕망뿐만 아니라 가해자가 아니라 희생자, 지배자가 아니라 피지배자가 되었다는 회한을 떨쳐버리는 계기가 된다. 식민자와 피식민자, 가해자와 희생자, 지배자와 피지배자가 서로 위치만 바꾼 채 억압과 불의가 지속되는 연쇄 고리를 끊지 않는 한 식민주의적 불의는 재생산될 뿐이다. 이런 문제의식에서 보면, 반식민주의적 분노가 탈식민주의적 성찰을 앞서고 있는 게 한국 가톨릭교회의 현실이 아닌가 한다. 한국 가톨릭교회가 폴란드의 가톨릭교회처럼 가해자에게 먼저 용서를 베풂으로써 가해자의 사과와 참회를 끌어내는 전복적 상상력을 펼치려면 먼저 희생자의식 민족주의의 이념적·감정적 구속에서 벗어나야 한다.

2000년이 넘는 긴 세월을 거쳐 형성된 가톨릭교회는 세계사 속의 역사적 행위자들 가운데 대표적인 초국가적 행위 주체의 하나다. 한·일 양국의 가톨릭교회에 동아시아의 역사 화해를 주도하는 초국가적 기억 주체 역할을 기대하는 것도 이 때문이다. 과거사를 둘러싸고 민족주의적 반목과 갈등이 점차 첨예해지는 동아시아의 현실에서, 세속적 통념을 뒤집어엎고 희생자가 가해자에게 용서를 구한 1965년 폴란드 주교단의 사목 서신과 같은 발상의 전환은 더더욱 절실할 수밖에 없다. "각자의 민족주의적 서사 안에 갇힌 채, 서로에게 들리지도 공감을 만들지도 못하는 화해의 서사가 전개되고 있는" 동아시아의 대화 방식을 벗어나 돌파구를 마련할 초국가적 기억 주체 역할을 기대하는 것이다.[71] 가해자는 고통이 없고 피해자는 죄가 없다는 '강압적 이분법'에서 벗어날 때, 화해와 용서의 담론은 민족주의의 인질에서 벗어나 '슬픔의 보편성'에 주목할 수 있을 것이다.[72]

죄와 고통, 가해와 피해, 참회와 용서, 사과와 화해에 대한 양자택일적 이분법을 넘어서는 초국가적 화해와 용서의 동아시아적 길은 무엇일까? 폴란드 주교단의 1965년 사목 서신이 보여준 전복적 상상력이

21세기의 동아시아에서도 '화해의 아방가르드'적 동력으로 작동할 수 있을까? 역사적 화해와 용서를 위해 동아시아의 가톨릭교회가 할 수 있는 역할은 무엇일까? 일본 가톨릭교회의 '동방백서'는 한반도의 고통을 이해하고 공감하기 위해 무엇을 더 고민해야 하고, 한국 가톨릭교회의 '사목 서신'은 아시아·태평양 전쟁 당시 일본인이 겪어야 했던 불행과 아픔을 어떻게 받아들이고 이해할 것인가? 역사적으로 맥락화된 기억의 정치와 화해와 용서에 대한 기독교의 보편적 윤리는 어떻게 결합하고 충돌하는가? 동아시아의 초국가적 화해를 향한 이 질문은 여전히 서로 모순되는 복수의 대답에 열린 채로 남아 있다.

VICTIMHOOD NATIONALISM

X. 부정

실증주의를 부정론의 무기로 가장 먼저 활용한 것은 홀로코스트 부정론자였다. 과학적 사실보다 단지 몇 사람의 증언에 의지해 홀로코스트와 가스실에 대한 역사가 날조되었다는 식이다. 증인의 기억은 주관적이고 감정적이므로 믿을 수 없다는 논지가 그 중심에 있다. 사진은 뉘른베르크 재판을 위해 증거자료를 검토하고 있는 미국 요원. 사진 출처 Wikimedia Commons

미투 운동의 주요 무기인 피해자 증언은 성폭력 가해자의 명예를 훼손하기 위한 음모라고 일축된다. 한국과 비교해서도 현저하게 미약한 일본 미투 운동의 약세는 '위안부' 부정론의 득세와 한 쌍이다. 일본군 '위안부' 부정론과 미투 운동에 대한 남성주의적 혐오를 이어주는 핵심 고리는 피해자 여성의 목소리를 억압하는 성차별적 남성주의다. 이들 남성주의 가해자는 문서로 입증하지 못하는 증언은 증거가 아니라는 실증주의적 방어 논리 뒤에 꼭꼭 숨어 있다.

부정론, 제노사이드의 마지막 단계

2006년 12월 이슬람 신정국가 이란의 테헤란에서는 지구적 기억구성체를 동요하게 만든 일이 벌어졌다. "홀로코스트 검토: 지구적 전망(Review of the Holocaust: Global Vision)"이라는 제목의 국제 학술대회가 그것이다. 이란 외무부가 공식 후원한 이 국제 행사에는 대통령 마무드 아마디네자드(Mahmoud Ahmadinejad)와 외무장관을 비롯해 이란의 고위 각료가 대거 모습을 드러냈고, 이란 정부가 얼마나 큰 관심을 쏟고 있는지를 보여주었다. KKK 같은 서구의 극우 인종주의자, 홀로코스트 부정론자, 급진적 이슬람주의자, 세속적인 시온주의 국가 이스라엘이 유대교의 가르침에 반한다고 믿는 '네투레이 카르타(Neturei Karta)' 소속 정통파 랍비 등 30개국에서 67명이 토론자로 참가한 학술대회는 홀로코스트 부정론의 국제적 연대를 과시하는 듯했다. 언젠가는 이스라엘을 지구상에서 쓸어버리겠다는 아마디네자드의 개막 연설 직후 등장한 기조연설자는 미국 남부의 극우 인종주의 비밀결사 KKK 대표를 지낸 데이비드 듀크(David Duke)였다. 그는 홀로코스트에 의문을 제기하는 것 자체를 범죄시하는 서구의 분위기를 성토하며 이슬람의 반유대주의 정서를 자극했다. 듀크와 그의 백인우월주의 동료들은 21세기 들어 활동 기반을 중동지역으로 넓히기 시작했는데, 홀로코스트 부정론자를 처벌하는 서구의 법망을 피하기 위해서였다. 듀크는 이 국제학술대회를 후원하도록 이란 정부를 설득한 게 자기라고 떠벌리고 다녔다.[1] 역사적으로 따져보면 반유대주의는 오랫동안 서구의 특별한 현상이었다. 중세 기독교 세계와 비교해봐도 이슬람 세계가 유대인에게 훨씬 관대했다. 그러나 1948년 이스라엘 건국 당시 유대인과 아랍인의 유혈 투쟁을 거치면서 이슬람 세계에도 반유대주의가 본격적으로 뿌리내리기 시작했다. 홀로코스트 부정론도 이스라엘 건국의 정당성을 깎아내리기 위한 담론으로 이슬람 세계에 널리 유포되기에 이르렀다.

백인우월주의자인 듀크가 이슬람 세계에 주목한 것은 이런 이유에서였다. 더구나 이슬람 세계와의 접목은 제3세계적 외양을 띠게 함으로써 홀로코스트 부정론의 인종주의적 색채를 옅게 만드는 효과를 가져왔다. 최근 들어 듀크 같은 백인우월주의자들이 민족자결권의 수사를 빌려 '백인우월주의(white supremacy)' 대신 '백인분리주의(white separatism)'라는 용어를 사용하기 시작했다는 점도 주목할 필요가 있다. 테헤란 회의에는 듀크 외에도 프랑스의 로베르 포리송(Robert Faurisson)을 비롯해 스웨덴, 말레이시아, 스위스, 오스트리아, 헝가리, 오스트레일리아 등지에서 내로라하는 부정론자가 다 모였다.[2] 이란이 홀로코스트 부정론자 인터내셔널의 새로운 맹주로 부상했다고 해도 과언이 아니었다. 1979년 이슬람 혁명을 이끈 아야톨라 호메이니(Ayatollah Khomeini)는 반유대주의적 이슬람 신학자였으며, 혁명 이후 반유대주의는 이란의 국가 정책 차원으로 공식화되었다. 이슬람 혁명 이래 이란 정부는 홀로코스트 부정론자에게 끈질지게 연대의 손을 내밀었다. 《테헤란타임스》가 데이비드 어빙과 로베르 포리송 등 영국과 프랑스 부정론자들의 주장을 여과 없이 게재했고, 이란 라디오 방송은 독일의 에른스트 쥔델(Ernst Zündel)과 미국의 마크 웨버(Mark Weber) 같은 부정론자와의 인터뷰를 방송했다. 또 스위스의 위르겐 그라프(Jürgen Graf) 같은 홀로코스트 부정론자에게 정치적 망명처를 제공하기도 했다.[3] 실제 테헤란 회의에 참여한 부정론자들의 주장에는 특별히 새로운 것이 없었다. 아우슈비츠 강제수용소의 희생자 수는 실제로는 2,000여 명에 불과했고, 트레블링카에서는 단지 5,000명이 질병으로 숨졌을 뿐이며, 가스실은 없었다는 식의 강변은 너무나 상투적이었다.

그러나 테헤란 회의는 부정론이라는 거대한 빙산의 일각일 뿐이다. 대단히 유감스럽게도 부정론의 목록은 한없이 길다. 명백한 증거가 있는데도 자신은 죽인 적이 없다는 학살자들의 개인적 부정, 학살의 국가적 책임을 부인하는 국가적 부정, 언론의 조명을 받기 위한 노이즈 마케팅의 출세주의적 부정, 언론과 학문의 자유를 빙자한 철면피한 부정, 증거 조작의 부정, 대량 살상이지만 제노사이드는 아니라는 '정의론(definitionalism)적' 부정, 역사적 상대화를 통한 맥락주의적 부정, 자기 민족만이 특별한 제노사이드의 희생자라는 자민족 중심주의적 부정, 제노사이드를 속류화하는 부정 등 부정론의 유형은 일일이 다 거론할 수 없을 정도로 다양하다.[4] 부정론의 메타언어는 제노사이드를 고취하는 메시지를 담고 있으며, '제노사이드의 마지막 단계'라 일컬어질 정도로 극히 위험한 언어적 폭력이다.[5] 부정론이 가해자의 공식 기억에 그치지 않고 한 사회의 기억 문화를 규율하는 '서사적 표준'으로 작동할 때, 그것은 미래의 제노사이드를 위한 플랫폼이 된다. 부정론의 핵심은 기억을 죽이는 데 있다. 기억을 죽이는 것은 희생자를 두 번 죽이는 일이다. 부정론자는 인간적 존엄성을 무시당하고 비통하게 죽어간 희생자의 부름에 응답하려는 도덕적 결단으로서의 기억을 부정함으로써 응답 책임을 회피하고 '타자의 정의'를 부정한다. 말살을 망각하는 것은 또 다른 말살이다. 기억의 제노사이드야말로 최후의 제노사이드다.

홀로코스트가 한창이던 제2차 세계대전 당시 나치 학살자들은 이미 부정론의 토대를 닦기 시작했다. '걸어 다니는 살인자'라는 별명의 게슈타포 설계자 라인하르트 하이드리히는 홀로코스트 학살 현장의 사진 촬영을 엄격히 금지했다. 강제수용소 주변에 촘촘히 세워진 '사진 촬영 금지' 팻말은 학살의 기억을 학살하기 위한 나치의 의도를 잘 드러낸다. 나치는 자신들의 유대인 말살 기획이 성공할 최상의 조건이 외부에서는 아무도 그것을 믿지 않으리라는 데 있다고 확신했다.[6] 나치 친위대 대장이었던 하인리히 힘러는 홀로코스트 부정론의 효시였다. 그는 학살을 입증하는 공문서를 파기하고 수용소의 시체소각로를 비롯해 학살 흔적을 폭파해버리는 등 홀로코스트의 증거를 인멸하는 데 최대의 주의를 기울였다.[7] 휘하의 친위대원들은 단 한 명의 증인도 수용소를 살아서 걸어 나가지 못하도록 하겠다고 공언했다. 실제로 가스실을 살아서 걸어 나온 증인은 한 명도 없었다. 아무도 독가스를 이길 수는 없었다. 학살을 넘어 학살의 법의학적 증거인 시체마저 말살하려 했던 나치의 기괴한 안간힘은 기억을 지우기 위해 그들이 얼마나 노심초사했는지를 잘 보여준다. 문서 증거가 대부분 인멸된 상황에서 기억의 말살에 맞서 기억하기 위해서는 상상할 줄 알아야 한다. 트라우마로 단편화되고 두서없는 증언의 행간을 읽고, 언어, 시각, 청각의 사소한 감각적 흔적을 흘려보내지 않고, 아무것도 말해지지 않고, 보이지 않고, 들리지 않는 흔적을 통해 과거를 재현할 수 있는 상상력이 요구되는 것이다.

이 장에서는 부정론에 대한 단순한 비판을 넘어, 증거가 말살되었거나 희박한 과거를 재현하는 상상력으로서의 문화적 기억을 다루고자 한다. 물론 아우슈비츠는 상상이 아니라 현실이다. 일본군 '위안부' 제도는 과거의 재현을 통해 탄생하기 전에 과거의 사실로 존재했다. 스레브레니차(Srebrenica)의 보스니아 이슬람 학살은 '인종 청소'라는 이름표를 붙이기 전에 이미 일어난 비극이다. 아우슈비츠와 일본군 '위안부', 유고슬라비아의 '인종 청소'는 분명 담론이기에 앞서 현실이다. 그러나 역사 현실로서의 이들은 담론 밖에서 인지될 수 없고, 따라서 담론 밖에서 존재할 수도 없다. 우리의 역사는 인간의 인식 너머 존재하는 '물 자체'로서의 역사가 아니라 우리가 인지한 역사일 뿐이다. 과거 그 자체가 아니라 과거에 일어난 사실을 인지하는 기억이 문제라면, 특정한 방향으로 기억을 유도하고, 규율하고, 구성하는 기억의 규칙 또는 담론으로서의 기억 문화가 다시 문제가 된다. 이 장에서는 지구적 기억구성체의 주요한 기억 담론의 하나로서 다양한 부정론이 서로를 모방하고 참조하면서 합종연횡하는 부정론의 지구화 양상을 먼저 고찰할 것이다. 이어서 다양한 부정론의 지구화에 맞서 희생자들의 기억이 어떻게 연대하는가를 추적하여 국경을 넘는 연대의 가능성을 타진한다. 부정론의 지구화와 희생자의 지구적 연대가 맞서고 있는 지구적 기억구성체의 정치적 지형에서 희생자의식 민족주의를 재평가하고 전망하는 것으로 책의 결론을 대신할 것이다. 희생자의식 민족주의를 희생하지 않으면 희생자들이 기억의 연대를 이루기 어렵다는 게 이 책의 결론이다.

부정론의 스펙트럼과 담론적 지형

지구적 기억구성체를 구성하는 부정론의 지형에서 가장 먼저 눈에 띄는 것으로는 단도직입적인 부정론이 있다. 홀로코스트 당시 힘러까지 그 기원이 올라가는 이런 부류의 부정론은 폭력적이지만, 상대적으로 단순하고 눈에 잘 띄어 상식적인 사람이라면 누구나 부정론임을 쉽게 알아챌 수 있다. 단순 부정론은 공식 기억에 어긋나는 대항 기억이나 지배적인 기억에 저항하는 도전적 기억을 부정하는 초기 단계에서 잘 나타난다. 가장 단순하면서도 설익은 논조로 무장한 부정론자가 자주 사용하는 단어는 '거짓말', '혐오스러운 조작', '진실의 왜곡', '사실의 날조', '날조된 역사', '싸구려 소설', '각주가 달린 소설', '수백 가지 거짓말'처럼 즉물적이다. 테헤란의 국제대회에 모인 가장 극단적인 홀로코스트 부정론자들, 난징 학살과 일본군 '위안부', 강제노동의 폭력성을 부정하는 일본의 극우 논객들, 기억 전쟁이 벌어지는 곳곳의 제노사이드 부정론이 여기에 속한다. 홀로코스트는 연합국의 유대계 선전기관이 만든 거짓말이고, 1938년 수정의 밤에 일어난 폭력은 나치 돌격대가 아닌 유대인 선동가들의 자작극이며, 아우슈비츠에는 가스실이 없었고, 아우슈비츠의 유대인 희생자는 5만 명에 불과했으며, 홀로코스트의 유대인 희생자 총수는 20만 명을 넘지 않는다는 홀로코스트 부정론, 난징 학살과 일본군 '위안부'를 비롯해 아시아·태평양 전쟁에서 일본군이 저지른 범죄행위에 대한 부정론, 아르메니아 제노사이드와 식민주의 제노사이드 부정론, 오스트레일리아 백인 정권에게 '도둑맞은 선주민 아이들(Stolen Generations)' 부정론 등이 모두 여기에 포함된다.[8] 홀로코스트 기억이 산업이라면, 홀로코스트 부정론 역시 산업이 되었다.[9] 더 넓혀서 제노사이드 부정론이 산업화되었다고 해도 좋을 것이다.

제노사이드 부정론은 사실을 부정하는 데 그치지 않고, 용기를 내서 트라우마적인 기억을 끄집어내어 증언하는 피해자 증인을 모욕하고 기억을 억압한다.[10] 그런데 이러한 단순 부정론은 가해자 집단은 물론이고, 피해자 집단에서도 자주 발견된다. 희생자의식 민족주의의 도덕적 정당성을 확신해온 희생자 민족일수록 자신들도 가해자였다거나 자신들의 가해자가 희생자였다는 사실은 도저히 받아들일 수 없다. '집합적 유죄'와 '집합적 무죄'의 이분법은 이들에게 더 확신을 준다. 폴란드인 이웃들이야말로 예드바브네의 유대인을 학살한 장본인임을 밝힌 얀 그로스를 거짓말쟁이라고 비난하는 폴란드 민족주의자, 히키아게샤 일본인 민간인이나 독일의 민간인 피란민이 겪은 생명의 위협, 굶주림, 성폭행의 공포 등을 역사의 왜곡이라 부정하는 한국과 동유럽의 민족주의자 등이 즉물적인 부정론의 수사를 애용한다고 해서 놀랄 일은 아니다.[11] 폴란드나 한국의 민족주의자들은 그로스나 왓킨스의 책이 역사적 사실을 잘 모르는 순진한 국제여론이나 미국의 독자들을 속이고 역사와 자전적 소설로 위장한 채 서점가에 음모론을 전파하고 있다고 주장한다. 이들에 따르면, 그 책들은 폴란드나 한국 민족의 명예를 훼손하려는 적들의 음모일 뿐이다. 유감스럽게도 이는 일본군 성노예제 피해자를 부정하는 일본 극우의 논리와 별반 다르지 않다. 이들은 일본군 성노예제 피해자 문제야말로 일본 민족의 명예를 더럽히려는 한국 민족주의자의 거짓말이라는 주장을 고수해왔다. 일본의 민족적 자부심과 명예가 손상되었다는 이 주장의 심리적 기저에는 제도화된 성폭력으로서의 일본군 '위안부'의 존재가 일본군의 일원으로 전쟁에 참여했던 수백만에 이르는 평범한 일본군 남성의 공범성을 일깨워준다는 데서 불편함을 느끼는 것처럼 보인다.[12]

단도직입적 부정론보다 더 고약한 것은 '혐의(嫌疑)'의 부정론이다. 혐의의 부정론이 특히 고약한 점은 언어의 수행적 성격에서 나온다. 혐의가 씌워지는 순간, 그 혐의가 사실인지, 또 그것이 얼마나 역사적 진실에 근접해 있는지는 중요하지 않다. 혐의의 부정론은 발화되는 순간 그 언어적 수행성으로 인해 역사적 사실의 문제를 도덕적 감정의 문제로 바꾸어버린다. 대부분 확인되지 않은 소문을 갖고 상대방에게 혐의를 씌우는 데 불과하지만, 지지하는 측이나 부정하는 측 모두에게 격한 감정을 불러일으키려는 목적을 달성하는 데는 문제가 없다. 검증하는 과정에서 혐의가 사실이 아닌 것으로 밝혀져도 상관없다. 무혐의로 밝혀질 즈음이면, 이미 혐의가 만들어낸 격한 감정이 기억 공간과 담론 질서를 지배하는 상황이 전개되기 때문이다. 따라서 혐의 제기만으로도 절반은 성공한 셈이며, 근거가 없어도 혐의가 널리 퍼져나가기만 하면 대성공이다. 혐의는 부정론자들이 자기들 주장을 널리 퍼뜨리고 사실처럼 보이게 만드는 선전 활동에서 자주 사용하는 장치 가운데 하나다. 부정론자는 자신이 제기한 혐의를 굳이 입증할 필요가 없다. 입증된다면 더 좋지만, 선전 효과만 보장되면 입증되지 않아도 그만이다. 사실보다는 선전 효과가 더 중요한 것이다. 부정론의 언어적 수행성 때문에 선전만으로도 혐의를 쓴 대상에 대한 의심과 의혹, 불신을 불러일으키기 충분하다. 부정론자들은 명예훼손 민사재판이나 기억법의 형사재판에 피소되어 처벌받는다고 해도 아쉬울 게 없다. 노이즈 마케팅을 통해 자신들의 대의를 선전하고 부정론에 심정적으로 동조하는 이들이 오히려 언론과 표현의 자유를 억압하는 재판의 피해자임을 자처하며 정치세력으로 결집할 수 있기 때문이다.[13] 부정론자들은 재판에 져도 이기는 셈이다. 혐의가 비판적 기억의 역사적 진정성에 흠집을 내고 신뢰성을 뒤흔들어 반박하는 가장 손쉬운 도구로 자주 사용되는 것도 이 때문이다.

예드바브네 논쟁 당시 민족주의적 성향의 부정론자들과 비판자들은 얀 그로스가 《이웃들》에서 주된 역사적 근거로 인용한 증언의 주인공인 학살 생존자 슈물 바세르슈타인(Szmul Wasersztajn)을 목표로 삼았다. 그들은 바세르슈타인이 예브바브네 학살이 일어날 당시 현장에 있지도 않았으며, 소련 비밀경찰의 일원이자 해방 이후에는 중위 계급장의 장교로 폴란드 안전보위부에서 일했다고 주장한다. 바세르슈타인의 증언은 소련이나 폴란드 스탈린주의자의 정치적 각본에 따른 것이며, 그 공로로 바세르슈타인이 미국으로 이민할 수 있었다는 추측도 나왔다. 또 그로스가 인용한 1949년의 재판 기록이나 취조 기록은 공산당 비밀경찰이 고문과 협박 등을 통해 폴란드 피고와 그 가족에게 강요한 불법적 자백일 뿐이며, 따라서 그로스의 주장은 근거 자체가 스탈린주의자가 날조한 음모에 속아 넘어간 엉터리라는 것이다. 그 밑에는 폴란드인 이웃이 예드바브네에서 유대인 이웃을 학살했다는 주장은 소련의 스탈린주의자와 폴란드의 유대인 공산주의자가 공모해 날조한 거짓이라는 전제가 깔려 있다. 홀로코스트의 진짜 피의자인 독일인 대신 폴란드인에게 학살의 책임을 돌리는 이 책은 폴란드의 이미지를 훼손하려는 의도로 쓰였다는 의견도 적지 않다. 인터넷 서점 아마존의 독자 리뷰 등 사회적 미디어 공간을 중심으로 널리 퍼진 이러한 견해는 그로스의 책이 신뢰할 만하지 못하다는 인상을 주기 위해 절묘하게 선택된 혐의였다.[14]

키엘체 학살에 대한 혐의도 그 전제나 논리가 유사하다. 1946년 7월 4일 폴란드의 중소도시 키엘체에서는 성난 군중이 유대인 난민 센터를 습격하여 42명의 홀로코스트 생존자를 학살했다. 유대인이 비밀스러운 제의에 가톨릭 소년의 피를 사용하기 위해 폴란드 소년을 납치해서 살해하려고 했다는 소문이 학살의 발단이었다. 그런데 당시 제복을 입고 유대인 학살을 지휘한 인물이 폴란드 비밀경찰의 소령이었다는 설을 망명 우파 정객들이 퍼트리기 시작했다. 그다음에는 소련의 비밀경찰이라는 설이 나돌았다. 그 인물이 1960년대의 이스라엘 주재 소련 대사관에서 목격되었다는 식의 주장까지 나왔다. 이는 키엘체 학살이 소련 비밀경찰의 각본에 따른 비극이라는 의미다. 그렇다면 진범은 폴란드인이 아니라 소련의 비밀경찰이 된다.[15] 학계 일부에서 싹튼 이러한 혐의는 사회적 미디어 공간에서 폭발적으로 퍼져 나갔다. 키엘체 학살을 다룬 그로스의 책 《공포》는 스탈린주의자의 죄를 폴란드인에게 뒤집어씌우기 위한 조직적인 폴란드 때리기라고 비난받아야 마땅하다는 식이다. 폴란드 민족과 가톨릭교회에 대한 도발이자 아담 사피에하(Adam Stefan Sapieha) 추기경에 대한 명예훼손이라는 비난도 볼 수 있다. 얀 그로스가 이런 거짓말을 자꾸 하는 이유는 폴란드인이 그가 꿈꾼 공산주의 천국을 망가뜨렸기 때문이라며, 그로스와 공산주의자의 공모를 암시하여 풀뿌리 반공주의에 호소하는 혐의의 부정론도 있다.[16]

폴란드 국립 민족기억연구소가 간행한 키엘체 학살 자료집 어디에도 소련이나 폴란드 공산당 비밀경찰의 개입이나 도발을 시사하는 증거는 없으며, 민중의 자발적 거리 폭력에 대한 증거만 넘쳐난다.[17] 그러나 혐의는 의심만으로도 잘 작동한다. 키엘체 학살에 대한 반공주의적 혐의는 폴란드 국내를 넘어 국제적인 미디어 공간으로 퍼져나가는 경향이 있다. 특히 아마존과 같은 국제 인터넷 서점의 독자 서평 코너는 폴란드의 정치 상황, 언어와 문화를 모르는 외국의 독자에게 폴란드의 희생자의식 민족주의의 정당성을 주장하는 캠페인의 주요 무대로 활용할 수 있어서 폴란드의 민족주의적 기억활동가들에게 매우 중요한 공간이다. 동아시아의 인터넷 공간을 후끈하게 달군《요코 이야기》논쟁이 아마존의 독자 서평 코너에서 재연되었다고 해서 놀랄 일은 아니다. 지구적 기억 공간의 '링구아 프랑카'인 영어를 사용하는 인터넷 서점 독자 공간이나 영어로 움직이는 인터넷 소셜 미디어, 특히 '다크 웹'처럼 법적 규제의 외부에 존재하는 인터넷 공간이 부정론의 새로운 산실이다. 아시아와 유럽, 일본군 '위안부' 부정론과 '미투' 운동이 제기한 성폭력 부정론, 미국 '대안 우파'의 노예제 부정론과 네오나치의 홀로코스트 부정론, 한국과 폴란드의 민족주의적 부정론 등은 놀랄 정도로 닮아 있다. '다크 웹' 같은 인터넷 공간의 사각지대에서 생성되고 있는 부정론의 기억 문화에 대한 연구가 절실한 것이다.

1980년 5·18 광주 민주화운동에 대한 '북한군 개입설'도 키엘체 학살의 스탈린주의 음모론과 유사하다. 북한군 개입설의 발설자인 지만원은 2015년 7월에 5·18 민주화운동에 참여한 광주시민의 얼굴 사진과 북한군 고위직 등의 사진을 비교하며 5·18 당시 광주에 북한군이 침투했다는 내용을 '시스템클럽' 홈페이지와 인터넷 언론《뉴스타운》에 게재했다. 또 이런 내용이 담긴《뉴스타운》호외 30만 부를 광주시청과 전남도청 앞, 서울, 대구 등지에서 배포했다. 2019년 9월 26일 대법원이 '광수 시리즈'와 관련해 지만원에게 명예훼손 손해배상금 지급 판결을 확정한 직후, 그는 자신의 홈페이지에서 광주시민을 북한특수군으로 지목한 광수 시리즈를 삭제했다.[18] 지만원에 따르면, 북한 당국은 1980년 5월 광주 상황을 축구 경기 중계하듯 생중계를 했다. 그때 시민군이 "트럭을 뺏어 막 달리고 광주를 질주하니까 '야 신난다, 신난다' 하더니 '저 사람 광수다, 야, 광수 봐라'" 하면서 북한군이 실명을 언급했다는 것이다. 북한군이 화면에 "우리가 아는 광수가 있다"고 하면서 '광수'라는 말이 시작됐고, '광주에 온 북한 특수군'을 가리키는 용어로 바뀌었다는 것이다. 지만원의 주장에 따르면, 북한군 침투설의 근거가 되는 사진들은 '노숙자담요'라는 아이디를 쓰는 익명의 인물이 보내온 것인데, 그는 지난 4년 동안 632명의 북한 특수군 광수를 찾아냈다며 제보해왔다고 한다. 지만원은 이 익명의 인물이 미국 정보기관 출신으로 8명의 영상분석팀을 이끄는 전문가라고 강변하지만, 만나거나 얼굴을 본 적도 없고 전화 통화 한번 한 적이 없다.[19]

지만원이 증거로 제시한 북한 특수군 광수 사진은 실제로 국군기무사령부의 비공개 사진첩에서 발견한 사진을 자의적으로 해석한 것으로 판단된다.[20]

2016년 6월 《신동아》와의 인터뷰에서 '북한군 개입설'은 처음 듣는다고 답했던 전두환은 2017년의 회고록에서 "광주사태는 북한 특수부대에 의한 도시 게릴라 작전이었다"고 말을 바꿨다.[21] 그러나 《전두환 회고록》보다 중요한 것은 전두환 못지않게 지만원의 북한 특수군 개입설을 믿는 사람들이 아직도 존재한다는 점이다. 지만원이 자신의 홈페이지에서 광수 시리즈를 삭제했다고 해도, 혐의의 부정론이 완전히 실패한 것은 아니다. 지만원의 홈페이지 삭제 기사에 대한 한 네티즌의 댓글은 혐의의 부정론이 갖는 끈질긴 파급효과를 잘 보여준다. "지만원 박사님. 인내하시고 이겨내십시요. 박사님의 주장이 다는 아닐지라도 상당 부분 맞다고 생각합니다. 통일이 되어 북한의 비밀문서가 공개되는 날 그 진실이 밝혀지겠지요. 광수는 모르겠지만 그 외 여러 가지 정황은 소위 시민군이라는 일반인이 하기에는 너무 비상식적입니다. 진실은 반드시 밝혀질 것입니다. 반드시." 혐의가 사실무근으로 판명되었다고 해서 혐의의 부정론이 사라지는 것은 아니다. 그것을 사실로 입증하는 자료가 발견될 때까지 혐의는 영원히 혐의로 남아 있다. 혐의가 사실보다 더 큰 힘을 발휘하는 이유다. 그것을 믿는 사람들에게 혐의의 부정론은 양파 같다. 낡은 혐의가 벗겨지면, 새로운 혐의가 나타난다. 아무리 벗겨내도 혐의는 그치지 않는다. 또 다른 댓글은 북한 특수부대 투입설이 사실로 확인되고 있다며, "북한 교과서에도 광주사태 배후에 북한이 있음이 서술되어 있고, 1980년도에 사망한 특수부대원 위령탑이 있다"며 여전히 북한 음모설을 신봉하고 있다.[22] 당시 북한의 5·18 관련 보도를 보면 뒤늦게 '광주 사태'에 대한 소식을 전하는 데 급급했지만, 남한 혁명의 민주기지론을 자처하는 북한 당국으로서도 북한 음모설이 논리적으로 반드시 불편한 것은 아니다. 역설적으로 북한 음모론은 남한 혁명을 지도한 '위대한 지도자'와 북조선 노동당의 영도적 역할을 입증해주는 증거로 해석될 수도 있는 것이다.

키엘체와 광주에 대해 트랜스내셔널 반공주의자들이 휘두른 혐의의 부정론과 맥락은 다르지만, 2007년《요코 이야기》소동 당시 제기된 주인공 요코의 아버지가 악명 높은 731부대의 장교였다는 혐의도 주목할 만하다. 정황으로 미루어 요코의 아버지가 일본의 식민주의나 군사 침략에 연루된 것은 개연성이 높지만, 731부대 장교였다는 증거는 어디에도 없다. 그러나 사실은 여전히 중요하지 않다. 731부대 장교의 딸이라는 혐의는 그 자체만으로도 끔찍한 전범을 아빠로 두었다는 요코 가와시마 왓킨스의 성장 배경을 시사해주고, 그런 가족적 배경에서 자란 소녀이기 때문에 기억의 왜곡은 다반사라는 인상을 주기에 충분했다. 가와시마 왓킨스는 자신과 자신의 가족을 희생자로 그렸지만, 아버지가 생체실험을 일삼은 731부대의 악질 일본군 장교라면 결코 그 가족이 희생자일 수는 없다는 것이다. 민족주의 시민단체인 사이버외교사절단 반크의 보급판 만화는 한 걸음 더 나간다. 만화는 일본인이 한국인으로부터 적대행위나 괴롭힘을 당한 일은 전혀 없었고, 오히려 "한국인들은 역에서 쫓겨가는 일본인에게 물을 건네는 등 도움을 주려고 했으나 독약을 탔을지 모른다는 우려 때문에 일본인들이 마시길 꺼려 했다"고 서술한다. 그것은 "세균으로 사람을 죽이는 일을 일삼았던 731부대원과 그 가족들이 한국 사람들도 같은 짓을 할지 모른다는 우려에서 호의를 의심했기 때문"이다. 현재까지 입증된 바로는, 정체를 알 수 없는 일본인 피란민들이 한국인이 준 물을 거부했다는 게 요코 아버지가 731부대 장교였다는 가장 중요한 증거다.

사이버외교사절단 반크의 '정확한' 역사에 따르면, 일본인이 한국인으로부터 적대행위나 괴롭힘을 당한 적은 한 번도 없었고, 복수심에 불타는 성난 한국인의 성폭력 광경은 "일본군에게 끌려가 군인들의 성 노리개가 되어야 했던 불쌍한 조선 소녀들의 증언에 더 알맞은" 이야기가 된다. 이어서 일본군 '위안부' 박영심의 사진과 "총칼로 위안부를 위협하는 일본군"이라는 캡션이 달린 사진 등이 나온다.[23] 이들의 '정확한' 역사관에는 만삭의 앳된 소녀 박영심의 사진이 늙고 지친 이용수 '여성인권운동가'의 증언보다 더 정확한 증거라는 단순한 생각이 깔려 있다. 뒤에 살펴보겠지만, 과거의 재현에 대한 이 단순한 인식은 '정확한' 사진이 배치되는 맥락을 무시하기에 충분하다. 반크가 제시하는 사진처럼, 일본군 위안소에서 일본군이 왜 군표 대신 총칼로 '위안부'를 위협했는지, 또 일본군 위안소가 있는 곳이 왜 들풀이 우거진 야외의 들판인지 알 수는 없지만, 이들의 '정확한' 역사에서는 악랄한 일본군 가해자의 이미지를 강화하는 게 사실보다 더 중요하다. 가와시마 왓킨스의 아버지가 시베리아의 소련군 수용소에 억류된 것은 분명하지만, 731부대 장교였는지는 확인된 바 없다. 상관없다. 혐의의 부정론자는 자신들의 혐의가 사실무근으로 드러나도 '아니면 말고' 하는 식으로 도망가면 그만이다. 하지만 이미 증언의 진정성은 훼손된

상태이고, 또 피해자 증인이 이 과정에서 크게 마음의 상처를 받는다는 점에서 협의의 부정론은 악의적이다.

부정론의 원흉은 실증주의적 부정론이다. 이 유형의 부정론은 뿌리가 깊을 뿐만 아니라 실증주의적 인식론으로 무장하고 있어 '과학'에 빙의하고 있다. 그런데 과학적 부정론의 가장 큰 역설은 역사적 증거를 인멸한 자들이 엄격한 실증주의자를 자처한다는 데 있다. 이들이 한결같이 '증거, 증거, 증거!'를 외치는 것은 '증거'가 없다는 확신 때문이다. 사실 실증주의적 부정론자에게 중요한 것은 역사적 사실이 아니다. 실증주의는 희생자의 기억이 부정확하고 정치적으로 왜곡되거나 조작되었다는 인상을 주기 위해 자주 소환되는 이데올로기일 뿐이다. 이데올로기로서의 실증주의는 실증을 거부한다. 실증주의를 부정론의 무기로 가장 먼저 활용한 것은 홀로코스트 부정론자였다. 과학적 사실보다는 단지 몇 사람의 증언에 의지해 홀로코스트와 가스실에 대한 역사가 날조되었다는 식이다. 증인의 기억은 주관적이고 감정적이므로 믿을 수 없다는 논지가 그 중심에 있다. 예컨대 아우슈비츠 생존자들의 기억에서 나치 의사는 모두 요제프 멩겔레(Josef Mengele)라고 묘사되는 증언의 부정확성을 파고든 것이다.

'목소리'로만 남아 있는 유대인의 증언은 믿을 수 없으니 육하원칙에 따라 정연하게 문자화된 문서자료를 내놓으라는 엄포도 부정론의 중요한 인식론적 특징이다. 부정론자는 가해자가 문서보관소와 역사의 서사를 지배하고 있는데 반해 피해자는 경험과 목소리밖에 없다는 것을 알고 있다. 부정확한 증언 대신 정확한 문서에 대한 집착은 실증적 부정론을 정당화한다. 홀로코스트를 실행하라는 히틀러의 서명 문서가 한 통도 발견되지 않았으므로 히틀러에게 책임을 물을 수 없다는 식이다. 명령서가 하늘에서 툭 떨어지지 않는 한 홀로코스트는 생존자의 증언이 꾸며낸 이야기로 부정된다. 히틀러가 학살을 명령했다는 문서를 찾아오는 사람에게 1,000달러의 상금을 주겠다는 부정론자 어빙의 허풍은 실증을 무기로 생존자를 모독하는 것이었다.[24] 크리스토퍼 브라우닝이 법정에서 증언했듯이, 히틀러는 자신이 무엇을 기대하는지 하인리히 힘러 등 측근에게 여러 번 이야기했고, 그들도 히틀러의 의중을 충분히 이해하고 남았다. 브라우닝은 법정 증언에서 공문서를 남기지 않은 히틀러의 명령을 워터게이트 은폐를 두리뭉실하게 모의한 닉슨 대통령에 빗대서 '리처드 닉슨 콤플렉스'라 칭했다.[25]

히틀러에 대한 면죄 논리는 5·18 광주 민주화운동 당시 전두환 보안사령관의 발포 명령서를 찾지 못했으므로 전두환 사령관에게 광주 학살의 책임을 물을 수 없다는 논리와 놀라울 정도로 유사하다. '전두환 콤플렉스'라 불러도 좋겠다. 2017년 간행한 회고록에서 전두환은 자신이 광주 민주화운동 진압에 직접 관여하지 않았다며, '씻김굿의 제물'로 자신이 십자가를 졌다고 주장했다. 자신은 물론 그 누구도 의도적으로 발포하라고 지시한 바 없고, "발포 명령은 아예 존재하지도 않았다"며 학살책임을 부정한다. 자기야말로 광주의 비극을 치유하기 위한 기억 정치의 희생자라는 전두환의 도착 심리는 어빙의 실증적 부정론과 놀랍도록 닮았다. 1997년 4월 17일 한국 대법원은 전두환의 '내란목적살인죄' 혐의를 유죄로 판결하면서 발포 명령에 대한 포괄적인 책임을 인정했지만, 발포 명령자가 전두환이라고 적시하지 않았다. 이미 〈육참총장 지시사항 자료철〉(1980. 05. 03.~06. 29), 〈80년 정기군사보고〉(1980. 04. 24.~06. 22), 〈신군부 시국수습방안〉 등 주요 증거가 사라진 후였기 때문이다.[26] 국방부 '과거사진상규명위원회'가 오랜 수고에도 불구하고 전두환의 '발포명령서'를 찾지 못한 것은 어느 정도 예견된 일이다. 현재로서는 '전 각하'가 계엄군의 '자위권 발동'을 강조한 군 지휘관 수뇌 회의에 참가했다는 자료가 전두환의 학살책임을 입증하는 가장 근접한 증거다. 엄격한 실증주의의 관점에서 보면, 이는 정황증거일 뿐 직접적인 증거는 아니다. '스모킹 건'이 없는 것이다. 현실적으로 전두환 장군이 자필로 서명한 발포 명령서가 어느 날 갑자기 하늘에서 툭 떨어지는 일은 기대하기 어렵다. 실증주의적 공방에 말려들지 말고 끈질기게 전두환과 신군부의 학살 책임을 응시하는 사회적 기억이 요구되는 것도 이 때문이다.

아시아·태평양 전쟁 당시 일본군 '위안부' 제도를 부정하는 사람들의 논리도 유사하다. 가해자의 범행을 증명할 문서 기록이 없으므로 일본군 '위안부'는 사실이 아니라며 피해자의 증언을 모두 위증으로 몰고 간다. '위안부' 부정론자 중 한 사람인 후지오카 노부카쓰(藤岡信勝)는 "일본군이 강제로 조선 여성을 연행했다면 명령서가 반드시 남아 있을 것이다. 그러나 그러한 문서는 한 통도 발견되지 않았다"며 일본군 '위안부'에 대한 역사적 논의를 느닷없이 강제 연행으로 제한해버리고는, 강제 연행을 지시한 군의 공식문서가 없으니 피해자들의 증언은 거짓이라고 몰아붙인다. 후지오카는 '위안부' 피해자들이 특정 시간과 장소를 기억하지 못하고, 문서자료로 확증할 수도 없으므로 그들의 증언은 '사실'이 아니라는 것이다. 이뿐만 아니다. 그는 "저 할머니들이 정말로 '위안부'였다고 보증할 만한 것이 어디에 있는가?"

라고 반문한다. 그의 부정론에서 실증주의는 '일본군에 의한 조직적 성폭력'이라는 '위안부' 문제의 본질을 흐리는 전략으로 작동한다. 과학이나 실증의 이름으로 희생자를 거짓말쟁이로 몰고 가는 인권 유린은 더 큰 문제다. 부정론자가 서슴지 않는 인권 유린의 뒤에는 트라우마를 극복하고 어렵게 용기를 내서 증언에 나선 희생자를 위축시켜서 다시 침묵의 강에 익사시키려는 정치적 악의가 도사리고 있다. 부정론은 마무리 단계의 제노사이드다.

난징 학살에 대한 부정론도 같은 실증의 논리를 구사한다. 부분적 오류를 강조함으로써 전체 주장의 근거를 부정하는 방식이다. 부정론자의 실증은 난징 학살의 희생자 총수는 47명이라거나 난징 학살의 증인으로 전범 재판에 소환된 존 머기(John G. Magee)가 직접 목격한 학살은 3건에 불과하다는 식이다. 전범 재판에서 난징 학살의 증거로 제시된 자료 중에 사실의 오류가 있는 것도 부인할 수 없다. 난징 재판에서 증거 1호로 제출된 중국인의 목을 베는 일본군 사진은 여름 군복을 입고 있는 것으로 미루어 겨울에 들어선 12월 학살 당시의 사진으로 보기는 어렵다. 또 14명의 미국인이 공동으로 작성해 미 대사관에 보낸 친중국적 보고서에도 일본군이 중국인에게 총을 쏘았다는 내용이 없는 것을 보면, 일본군의 체계적 학살은 없었다는 것이다. 일본군의 공식문서에서 언급된 적이 없으므로 일본의 민족적 명예를 더럽히려는 분자의 역사 조작으로 볼 수밖에 없다는 것이다. 부정론자의 입장은 한마디로 그런 일은 일어나지 않았기 때문에 기록되지 않았다는 것이다.[27] 과거에 일어난 모든 일이 기록으로 남아 있을 것이라는 그들의 추정은 순진함을 넘어 무지에 가깝다.

아시아·태평양 전쟁 말기인 1945년 일본군이 점령하고 있던 베트남에서 일어난 대기근에 대한 부정론도 있다. 200만 명이 아사했다는 게 베트남의 공식 설명인데, 200만 명은 당시 베트남 전체 인구의 15%에 달하는 엄청난 숫자다. 문제는 대기근에 대한 공식 통계를 뒷받침할 만한 문헌 자료가 거의 없어 증언에 의존할 수밖에 없다는 점이다. 더구나 베트남에서조차 대기근의 기억은 민족해방투쟁의 영웅주의적 기억에 묻혀 오랫동안 억압되어왔다. 미제와의 투쟁을 전면에 내세운 중국 공산당의 공식노선이 난징 학살의 기억을 억압하고, 한국의 남성주의적인 영웅 민족주의 담론이 일본군 '위안부'의 기억을 억압한 것과 마찬가지다. 의도하지는 않았겠지만, 냉전 시기 한국과 중화인민공화국, 베트남의 공식 기억은 일본 우익의 부정론과 공명하는 부분이 있었다. 일본 우익의 실증주의적 부정론이 '기억에 대한 사실의 폭력'이라면, 중국, 한국, 베트남에서 희생자의 기억을 억누른 영웅주의적 공식 기억은 '과거에 대한 기억의 폭력'이었다.

실증주의가 사실과 실증을 거부하는 예는 한이 없다. 난징 학살과 일본군 '위안부', 731부대의 어두운 역사가 부정할 수 없는 역사적 진실이라고 못 박은 1997년 일본 대법원의 이른바 '이에나가 사부로(家永三郎) 판결'도 일본의 실증주의적 부정론자들을 바꾸지는 못했다.[28] 부정론자들의 실증주의는 필요에 따라 얼마든지 실증을 부정하는 독특한 실증주의다. 한국, 필리핀, 타이완, 네덜란드의 일본군 '위안부' 피해자들이 일본 정부를 대상으로 건 10건의 소송 가운데 8개 재판에서 일본 법원의 판사들은 실정법적으로 배상 불가 판결을 내리면서도 판결문 서론이나 부록 등에서 납치와 폭력, 잔학행위 등에 대한 전 일본군 '위안부' 원고의 주장은 '반박할 수 없는 역사적 증거'이자 진실이라고 결론지은 바 있다. 그것은 '위안부' 재판에 대한 일본 법조계의 '판례 평석'에서도 재확인되고 있다.[29] 그런데도 실증주의적 부정론자의 완강함은 그들에게 '증거=문서'의 존재가 중요하지 않다는 것을 방증한다. 이들에게 실증은 명목일 뿐이다. 진짜 중요한 것은 증거 그 자체가 아니라 증거의 정치다. 데버라 립스탯-데이비드 어빙 재판에서 어빙이 보여준 태도처럼, 실증적 부정론자들은 자신에게 불리한 증거가 나타나면 포스트모던적 상대주의나 불가지론으로 도피하기를 주저하지 않는다.[30] 누구도 과거를 완벽하게 재현할 수는 없는 법이다. 부정론자는 실증주의를 자신의 주장을 입증하기 위해서가 아니라 상대방의 주장을 반박하기 위해서 사용한다. 즉, 문서가 아니라 기억에 토대한 상대방의 증언이 지닌 허점을 파고들어 기억의 진정성에 타격을 입히기 위해 사용한다. 부정론자에게 중요한 것은 실증이나 과학이 아니다. 그것은 자신들의 부정론을 정당화하는 이데올로기로 소환될 때만 필요한 도구적 실증주의일 뿐이다.

음모론이 횡행하는 것도 이 때문이다. '위안부' 피해자들의 증언이 '돈'을 노린 거짓이며, 그 배후에는 일본국의 명예를 실추시키려는 '국내외의 반일 세력'이 있다는 식이다. 그러면서도 자신의 음모론을 실증하려는 노력을 기울이지는 않는다. 이들의 실증주의는 사실을 확인하기보다는 증언의 진정성을 깎아내리는 데 목적이 있기 때문이다. 최근 '미투' 운동에서 성폭력 가해자로 고발된 사회적 저명인사들이 피해 당사자들의 희미한 기억을 믿을 수 없으니 확실한 증거 자료를 대라고 큰소리치는 것도 같은 이유에서다. 미투 운동의 주요 무기인 피해자 증언은 성폭력 가해자의 명예를 훼손하기 위한 음모라고 일축된다. 한국과 비교해서도 현저하게 미약한 일본 미투 운동의 약세는 '위안부' 부정론의 득세와 한 쌍이다. 이는 비단 우익 정치가나 지도적 부정론자에게만 국한되지 않는다. 일본군 '위안부' 운동을 지지하는 마리몬드(Marymond) 에코백을 들고 다니는 직원들에게 일본 공항 당국이 마리몬드 백 소지 금지 조처를 내리고, 지상파 방송에서는 일본군 '위안부' 기억 운동을 지지하는 회사 브랜드는 반일 브랜드라 낙인찍으며, '위안부' 연구는 반일 연구이므로 연구비 지원을 철회해야 한다는 주장이 득세한다. 일본군 '위안부' 부정론과 미투 운동에 대한 남성주의적 혐오를 이어주는 핵심 고리는 피해자 여성의 목소리를 억압하는 성차별적 남성주의다.[31] 이들 남성주의 가해자는 문서로 입증하지 못하는 증언은 증거가 아니라는 방어 논리 속에 꼭꼭 숨어 있다.

국경을 넘는 부정론

비판적 기억에서 사소한 오류를 찾아내 이를 빌미로 증언의 역사적 진정성에 의문을 제기하고, 결국 희생자의 기억 자체가 거짓이라는 인상을 주는 것도 부정론자가 자주 쓰는 수법이다. 앞에서 언급한 난징 학살 부정론도 그렇지만, 더 널리 알려진 예는 독일군의 잔학행위를 다룬 "절멸 전쟁: 1941~1944년 독일 국방군의 범죄행위"라는 주제의 전시가 취소된 사건일 것이다. 이 전시는 1995년부터 약 5년에 걸친 독일 순회 전시에 이어 뉴욕 전시가 예정되었으나, 뉴욕 전시는 개막 두어 주 전에 갑자기 취소되었다. 소련 비밀경찰이나 독일군에 편제된 헝가리 군대와 핀란드 군대에 의해 희생된 사람들의 사진에 '독일군의 희생자'라는 설명을 붙였다는 이유 때문이다. 총 1,433장의 사진 가운데 설명에 오류가 있는 사진은 채 스무 장이 안 되고, 또 사진의 잘못된 설명이 독일 국방군의 범죄행위를 입증하는 다른 수많은 사진의 역사적 진정성을 부정하는 근거가 될 수는 없었지만, 전시회를 취소시킬 정도의 스캔들을 일으키기에는 충분했다. 실제로 독일 국방군의 범죄행위 사진은 독일 정규군뿐만 아니라 무장친위대, 보안경찰의 살인특무부대, 지역 민병대, 경찰 예비대 등 다양한 부대가 학살에 참여했다는 사실을 보여주는데, 이들은 모두 독일군에 편제되어 있거나 협력부대라는 점에서 '독일군'의 일부였다. 또 사진 속에서 갈리치아의 보리스와프(Borysław)와 주워추프(Złoczów)에서 유대인들이 발굴하는 시체는 독일군의 희생자가 아니라 소련 비밀경찰의 희생자가 분명하다. 그러나 소련 비밀경찰의 희생자 유해를 발굴한 유대인들은 그 직후 독일군에게 학살되었다.[32]

이 에피소드에서 흥미로운 점은 문제가 된 사진에 공개적으로 의문을 제기한 보그단 무시아우(Bogdan Musiał)와 크리슈티안 웅그바리(Krisztián Ungváry)가 각각 폴란드와 헝가리 역사가라는 점이다. 폴란드 역사가 무시아우는 특히 집요했다. 그는 예드바브네 논쟁에서 폴란드인 가해자를 변호하는 변호학파의 관점에서 얀 그로스를 저돌적으로 비판한 바 있다. 무시아우는 홀로코스트가 미국적 맥락에서 도그마적 세속종교로서 신성화되고, 도구화되고, 상업화되고, 정치화되었다고 지적하고, 그로스의 연구는 미국의 도그마화된 홀로코스트 테제를 되풀이한 데 지나지 않는다고 힐난했다. 또 그로스가 역사가로서의 직업적인 의심도 없이 학살에서 살아남은 바세르슈타인의 폭로를 그대로 인용했다는 비난도 아끼지 않았다. 흥미롭게도 무시아우는 "사실을 이데올로기적 압력에 종속시킨" 그로스의 《이웃들》과 "사진과 자료에 대한 정확한 분석 대신 사료를 원초적으로 조작"한 독일 국방군의 범죄행위 사진전을 동렬에 놓고 비판했다.[33] 그러나 무시아우의 실증 역시 자기 방식의 실증이지, 누구나 다 수긍하는 실증은 아니었다. 독일 국방군의 범죄행위 사진전에 대한 무시아우의 논고와 그가 인용한 사료를 검토하던 오메르 바르토프(Omer Bartov)는 무시아우 역시 사료를 정치적으로 활용하는 유혹에서 벗어나지 못했다는 점을 발견했다. 무시아우는 보리스와프의 학살 사진이 나치의 희생자가 아닌 스탈린 비밀경찰의 희생자라는 주장의 근거로 이레네 호로비츠(Irene Horowitz)의 회고록을 인용하고, 또 호로비츠가 자신의 논거를 확인해주었다고 주장한다. 그런데 호로비츠는 같은 회고록의 바로 다음 대목에서 독일군이 우크라이나인 지방 주민을 동원해서 유대인 학살을 기획했다고 쓰고 있다.[34] 무시아우가 독일군의 유대인 학살 기획에 대한 구절을 빼뜨린 것이 의도적인지 아닌지 알 수 없지만, 그의 실증적 텍스트 분석이 충분하지 않은 것은 사실이다. 이는 아마도 나치와 소련이라는 좌·우 전체주의 외세의 지배를 받으며 폴란드인이 치른 희생을 강조하는 그의 연구 경향과 관련이 있지 않은가 싶다.[35]

무시아우의 실증적 비판이 실증적으로 얼마나 타당한가를 가리는 것이 이 글의 주된 관심사는 아니다. 흥미로운 것은 그의 연구가 독일에서 소비되고 유포되는 방식이다. 독일 역사가가 독일 국방군의 홀로코스트 연루 혐의에 대해 공개적으로 반론을 편다면, 그 반론의 논리적 설득력과 상관없이 그 역사가는 나치 독일의 과거를 옹호한다는 비판에 직면하기 쉽다. 독일 역사가라면 논리적으로는 아무리 집합적 유죄에 대해 비판적이라고 해도, 심정적으로는 홀로코스트의 원죄에서 벗어날 수 없기 때문이다. 그런데 반론의 주체가 나치 독일의 희생자였던 폴란드의 역사가라면 상황은 달라진다. 스탈린주의에 의한 희생을 강조하는 폴란드의 반공주의적 희생자의식 민족주의가 국경을 넘어 독일의 기억 공간으로 들어올 때, 나치 범죄의 역사적 평가에서 상대적 감가상각이 이루어지는 것이다. 국경을 넘어 재생산되는 부정론의 내밀한 작동방식이 물 위로 떠오른 예라고 할 수 있다. 조선인 일본군 '위안부'의 강제성을 희석하는 한국 연구자들의 연구가 현해탄을 건너 일본의 부정론자들에게 전유되는 것도 비슷한 이치다. 일본의 기억 문화를 거치면서 '친일'의 논리가 강화된 한국 연구자들의 일본어판은 다시 반중국 친일본 노선의 타이완 독립파 민족주의자들에 의해 중국어로 번역되어 본토의 중국 민족주의에 대항하는 타이완 민족주의를 정당화하는 논거로 사용되기도 한다.[36] 국경을 넘는 기억의 연대는 탈영토화된 비판적 기억의 영역에서뿐만 아니라 민족주의적 기억을 재영토화하는 변호론적 기억, 더 나아가 부정론의 영역에서도 일어나는 것이다.

독일 국방군의 범죄행위 사진전 스캔들은 역사적 증거 자료로 제시되는 사진의 실증성에 대해 많은 점을 생각하게 해준다. 사실과 허구, 과거와 재현, 진짜와 가짜 사이에 놓여 있는 회색지대는 무한히 확장된다. 진짜 사진과 위조된 사진의 조잡한 이분법이나 '사진은 인간의 개입 없이 기계가 냉정하게 기록한 자료'라는 순진한 리얼리즘이 무릎을 꿇는 것도 이 회색지대에서다. 제2차 세계대전 당시 일본 제국 육군의 보도부원으로 종군한 야마하타 요스케(山端庸介)의 사진이 대표적인 예다. 나가사키 피폭 현장에서 포착된 주먹밥을 쥔 아이, 일본의 대중국 전선에서 중국 아이들과 놀고 있는 일본군 병사들, 가정적인 이미지의 전후 히로히토 천황을 촬영한 사진이 그러하다.[37] 이 사진들은 있는 그대로의 광경을 카메라에 담았다는 점에서 작위적이거나 위조된 것은 결코 아니다. 그러나 이 사진들이 전달하는 광경의 역사적 해석과 의미에 생각이 미치면, 역사와 허구, 진실과 거짓 사이의 경계가 다시 흐려진다. 사진은 애초에 객관적일 수 없다. 보이는 광경을 그대로 담았다고 하지만, 사진은 결국 촬영하는 사람의 선택과 배제의 결과물이기 때문이다. 실재를 가감 없이 드러내기보다는 조작하고 조정한다. 야마하타의 사진 속 히로히토는 전범이 아니라 평화를 사랑하는 가정적인 가장이 되고, 중일전쟁에서 삼광작전의 끔찍한 살육을 주도한 일본군 병사들은 중국 아이들과 웃으며 노는 따듯하고 착한 젊은이가 된다. 나가사키 피폭 현장의 순진무구한 어린이의 눈동자는 제2차 세계대전의 역사적 배경을 옆으로 제쳐놓고 '희생당한 일본 국민'이라는 이미지를 만들어낸다.[38] 제국 육군의 종군사진사이자 천황가의 전속 사진사였던 야마하타의 시선은 전후 수정주의 역사학의 시선과 많이 닮았다.

역사적 사실과 허구 사이를 오가는 시각적 재현의 회색지대는 비단 야마하타 같은 전문 사진사뿐만 아니라 아마추어의 작품에도 버젓이 도사리고 있다. 독일의 사진 영상 전문업체인 폴라필름(PolarFilm)은 나치 독일군 병사들이 찍은 16mm 다큐멘터리 필름을 모아 2004년에 DVD로 발매했다. 〈제3제국의 병사들: 일상과 생존〉이라는 제목의 이 DVD는 원래의 무성 필름에 임의로 사운드트랙을 덧붙였다.[39] 예컨대 나치 병사들이 점령지의 숲속에서 블루베리를 따는 장면에는 새소리를 집어넣었다. 여기에 영화배우 마티아스 포니어(Matthias Ponnier)의 유쾌하고 따듯한 목소리 해설이 결합되자 나치 병사들은 평화롭고 고요한 숲과 어울리는 순진무구한 청년이 되었다. 끔찍한 전쟁과 나치의 범죄행위는 병영 생활 중간중간의 나른한 평화로 대체되었다. 나치즘과 침략전쟁의 폭력성이 슬그머니 지워진 것이다. 사운드트랙이 주는 효과라는 측면에서 또 다른 흥미로운 예는 러시아 점령지에서 상반신을 노출한 채 춤추는 집시 소녀를 촬영한 영상이다. 마치 서구 식민주의자의 아프리카·아시아 여행기에 나오는 이국적 취향의 사진과도 같다. 그렇지만 반라로 춤추는 집시 소녀와 그녀를 둘러싸고 흥을 돋우는 나치 병사들을 촬영한 이 영상만으로는 당시의 구체적인 정황을 알기 어렵다. 집시 소녀가 압도적인 무력을 지닌 이방인들 앞에서 기꺼이 옷을 벗고 춤을 추었을 것으로 생각하기는 어려우니, 아마도 나치 병사들은 점령지에서 원하는 것은 무엇이든 강제할 수 있었다는 증거가 아닐까 싶다.

그런데 이 장면에서 흥겹게 흘러나오는 집시풍의 음악은 소녀가 병사들의 강요로 춤추는 게 아니라 마치 음악에 도취해 자발적으로 춤추는 듯한 분위기를 연출한다.[40] 미디어 재현에서 시각적 효과뿐만 아니라 청각적 효과가 얼마나 중요한 역할을 하는지 새삼 깨닫는 것도 이 장면에서다. DVD에 추가된 사운드트랙이 영상을 왜곡하거나 위조했다고 할 수는 없지만, 사실 그대로라고 믿기에는 무언가 꺼려진다. 폴라필름의 〈제3제국의 병사들: 일상, 삶, 생존〉 DVD 프로젝트는 원본에 음향 효과를 더함으로써 피사체의 이미지를 편집하고, 시청자의 해석을 특정한 방향으로 유도했다. DVD 재킷 뒷면에 쓰여 있는 "다양한 일상생활이 영위되는 틈새의 자유 공간들"이라는 광고 문구는 편집자의 의도를 은연중에 드러낸다.[41] 그러므로 낡은 16mm 롤 카메라 필름을 디지털화한 이 작업은 영상을 더 잘 보존하기 위해 새로운 기술을 적용했다는 차원을 넘어선다. 시각 자료에 음향을 덧입히는 편집을 통해 전쟁의 폭력적 일상이 나른하고 평화로운 일상으로 재현되었다. 나치 독일군 병사들이 점령지에서 누리는 일상을 담은 이 DVD가 부정론의 메시지를 담고 있다면 너무 과장된 해석일 것이다. 그러나 음향이 추가된 이 다큐 필름이 점령지의 현실을 그대로 보여준다고 하면 너무 순진한 해석일 것이다. 실증주의적 부정론에 대한 고찰이 우리에게 주는 교훈은 분명하다. 실증주의는 실증되기 어렵다.

증언의 진정성과 문서의 사실성

2018년 출간된 대담집에서 얀 그로스는 예드바브네의 비극적 학살을 생생하게 묘사한 슈물 바세르슈타인의 증언을 처음 접했을 때를 이렇게 기억하고 있다.

> "바세르슈타인의 폭로를 처음 읽었을 때 너무도 충격적이어서 한참 동안 이 사람을 어떻게 묘사해야 할지 몰라 망연자실했습니다. 무언가 깜짝 놀랄 일을 겪고 살아남기야 했지만 미쳐버렸다고 생각했지요. 독자로서 나는 증언의 주인공이 무언가 끔찍한 일을 겪었지만, 그가 묘사하고 있는 일은 너무 끔찍해서 실제 일어나지는 않았을 것이라고 생각했습니다. …… 평범한 작은 마을에서 자기 마을의 모든 유대인 이웃을 다 죽였고, 그것도 그들 대다수를 헛간에서 태워죽였다니요."[42]

요약하면 바세르슈타인이 너무나 끔찍한 일을 목격하고는 심약해져서 환상을 보는 정신병을 앓은 게 아닌가 의심했다는 게 예드바브네 학살의 역사 《이웃들》을 쓴 저자의 첫 반응이었다. 당시 그로스의 아내였던 이레나의 반응도 크게 다르지 않았다. 바세르슈타인의 증언 기록을 읽은 이레나도 처음에는 "그 사람 미치지 않았냐?"고 했다는 것이다.[43] 그로스는 후에 바세르슈타인의 증언을 텍스트로 만들 때조차 망설였던 것처럼 보인다. 예드바브네에서 일어난 일은 "자신이 끝내 이해할 수 없는 어떤 리듬, 그 사건만의 논리를 갖고 있다"는 데 생각이 미쳤고, 거기에 이르기까지 자기 생각이 진화해왔다는 다소 모호한 표현으로 역사가로서 자신의 관심이 문서자료에서 증언으로 이동한 과정을 설명하고 있다.[44] 그로스의 회고는 역사가와 증인, 사실과 재현, 역사와 기억의 관계에 대해 많은 것을 생각게 해준다.

"아우슈비츠 이후에도 각주를 다는 것은 야만적이지 않은가?"라는 라울 힐베르크(Raul Hilberg)의 질문은 그로스의 회고 이상으로 충격적이다. 자신이 검토한 문서자료의 서가 길이만 8km에 달한다고 토로할 정도로 홀로코스트에 대한 정밀한 실증 연구를 대변하는 힐베르크가 만년에 던진 이 질문은 "아우슈비츠 이후에도 시를 쓰는 것이 가능한가?"라는 테오도어 아도르노(Theodor W. Adorno)의 패러디라는 데 의문의 여지가 없다. 그보다 더 흥미로운 것은 이 질문이 담긴 에세이의 제목이다. 〈나는 거기 없었다(I was not there)〉라는 제목은 간결하지만, 읽는 이를 섬찟하게 할 만큼 복잡한 함의를 품고 있다.[45] 내가 볼 때 가장 핵심은, 아우슈비츠를 겪지 않고 문서보관소에서만 홀로코스트를 이해했던 탁월한 실증적 역사가가 문서자료로 재현하는 역사의 한계를 깨달았다는 데 있다. 역사 인식론의 관점에서 볼 때 힐베르크의 에세이는 과거를 재현하는 과정에서 '사실'과 '진정성' 사이에 흐르는 미묘한 긴장 관계에 대한 근본적인 물음을 던졌다. 과거에 일어난 사건에 대한 정확한 공식문서와 그 사건을 직접 경험한 증인들의 부정확한 기억이 서로 다툴 때 사실과 진정성은 양립할 수 없다.

사실과 진정성의 갈등 한복판에 선 역사가가 사실을 추구하는 역사가의 직업윤리와 희생된 동료 인간에 대한 공감의 윤리 가운데 하나를 택해야 하는 딜레마를 힐베르크 식으로 표현한 것이다.[46] "좋은 증인은 없다"며 증언의 부정확성을 지적한 마르크 블로크(Marc Bloch)의 경고는 여전히 역사가에게 사실에 대한 엄중한 직업윤리를 상기시키지만, 사실에 대한 집착은 역사가에게 증인을 취조하는 역할을 부여함으로써 희생자 증인에 대한 공감 능력을 약화시켰다. 희생자 증인에게 감정적으로 공감하지만 증언의 허점을 짚어 사실을 재구성해야 하는 취조실의 형사가 갖는 딜레마는 곧 역사가의 딜레마였다. 그렇기는 해도 "역사가는 설명의 문제가 아니라 윤리의 문제를 다루는 것"이라는 그로스의 단언은 지나치게 나아간 감이 있다.[47] 궁극적으로 가장 깊은 심급에서 기억 연구는 윤리적 문제와 부딪칠 수밖에 없지만, 역사적 설명의 복잡한 미로를 통과해야 하는 역사가의 의무를 저버려도 좋다는 의미는 아니다. 사실과 진정성은 결코 우열을 가리거나 양자택일의 문제가 아니다. 진실은 사실과 진정성이 힘겨룸하는 과정 그 어딘가에 있을 것이다. 그러나 지구적 기억구성체가 형성되면서 과거에 대한 우리의 인식이 역사에서 기억으로, 사실에서 진정성으로 옮겨가고 있는 것은 부인하기 어렵다.

전 세계에 방영된 아이히만 재판의 극적인 광경들이 그러한 이동을 도왔다. 특히 생존자 예히엘 디누어가 증언 도중 졸도해서 의식을 잃고 들것에 실려 나가는 광경이 그대로 방영되면서 사람들은 비극의 주인공에게 더 크게 공감했다. 재판은 한 편의 드라마가 되었고, 비극의 주인공들은 재판에 대한 세계 여론을 바꾸어놓았다. 모사드의 아이히만 납치가 국제법을 무시하고 아르헨티나의 주권을 침해한 불법행위라는 비판도 쏙 들어갔다. 나치의 범죄행위는 인류에 대한 범죄이므로 이스라엘 법정이 아닌 국제법정에서 아이히만을 재판해야 한다는 카를 야스퍼스(Karl Jaspers)나 마르틴 부버(Martin Buber)의 비판적인 목소리는 심금을 울리는 증인들의 영상에 묻혀버렸다.[48] 사실 아이히만의 유죄를 입증하는 데는 문서자료만으로도 충분했다. 그런데도 이스라엘 검사 기드온 하우스너가 인터뷰를 거쳐 증인을 선별하고 이들을 법정에 세운 이유는 TV를 통해 재판을 지켜보는 시청자의 감정에 호소하기 위해서였다. 하우스너는 이미 출간된 증언집이나 회상록을 면밀히 검토한 후 재판의 증인 후보를 1차 선발하고, 자신이 그들을 직접 인터뷰해서 재판정의 카메라 앞에 설 최종 증인을 뽑았다.[49] 증인들이 재판정에 서기 시작하자 이제 재판의 주인공은 아이히만이 아니었다. 트라우마를 극복하고 가슴 속 깊이 묻어두었던 기억을 끄집어내어 관객의 시선을 끌기 시작한 증인들이 새 주인공이었다. 재판을 거치면서 홀로코스트 생존자들의 말문이 트이자, 그들은 존경과 경외의 대상이 되었다. 홀로코스트 희생자나 생존자라는 사실은 더는 숨기거나 창피해해야 할 문제가 아니었다.

기억의 관점에서 본다면, 아이히만 재판은 홀로코스트 생존자들을 증언에 대한 두려움에서 해방했다는 데 의의가 있다. 아무도 자신들의 이야기에 관심을 가지거나 믿어주지 않을 것이라는 두려움은 홀로코스트 생존자들 스스로가 자신의 기억을 억누르는 계기였다.[50] 그들의 내밀한 기억이 사회적으로 소통되고 문화적 기억으로 전화되기 위해서는 먼저 공감의 청자 공동체가 형성되어야 했다. 희생자들의 증언은 홀로코스트를 사실로 입증하는 데 목적이 있는 게 아니라, 자신의 고통과 감정에 청자가 공감하도록 전달하는 데 있었다.[51] 아이히만 재판은 이스라엘에 홀로코스트 증인의 청자 공동체를 만드는 계기였고, 홀로코스트의 지구화와 더불어 이 청자 공동체는 세계로 확장될 것이었다. 재판 도중 증인 디누어는 자신의 기억 중 불명확한 부분을 취조하듯 따지는 재판관들의 태도에 분노와 좌절을 느끼고 기절해서 잠시 의식불명 상태에 빠졌는데, 이는 생존자들의 증언에 공감하고 잘 청취하는 것이 사실의 확인 못지않게 중요하지 않은가 하는 반성을 가져왔다.[52] 기억 연구는 홀로코스트 생존자의 증언을 연구하는 과정에서 실증주의적 역사 방법론에 회의를 품고 이를 비판하는 데서 출발했다고 해도 과언은 아니다.[53] 문서만이 과거를 입증할 유일한 증거라는 실증주의의 폭력에서 증인을 보호할 장치를 어떻게 마련할 것인가 하는 고민이 그 밑에 깔려 있었다. 립스탯-어빙 재판에서 립스탯 변호인단이 홀로코스트 생존자들을 증인으로 부르기를 포기한 것도 이런 고민 때문이었다. 증언의 가치를 부정하는 어빙이 재판에서 생존자 증인을 모욕할 것이라 예상되는 상황에서, 증인들의 인권과 품위를 지키기 위해 증인 소환이라는 손쉬운 방책을 포기한 것이다.[54]

희생자 중심적 관점은 궁극적으로 역사 인식의 민주화를 가져왔다. 인권의 강조는 희생자에 대한 공감을 낳고, 그 공감은 과거를 재현할 때 문서 자료 못지않게 목소리의 중요성을 재인식하는 계기가 되었다.

불의로 고통받은 희생자의 날것 그대로의 목소리가 학문적 거리감과 객관성으로 무장한 연구자의 아성을 뚫고 들어가 균열을 일으키기 시작한 것이다. 예일 대학의 홀로코스트 구술사 프로젝트 '포천오프 아카이브(Fortunoff Archive)'의 연장으로 참가한 슬로바키아의 유대인 기억 복원 프로젝트에서 나탄 베이라크(Nathan Beyrak)가 명시했듯이, 이름이 없는 사람은 없다. 구술사의 증언 채집은 개개 희생자를 익명의 숫자에서 구출하여 이름과 얼굴을 찾아주고 내밀한 역사를 되살리는 데 그 의미가 있었다.[55] 희생자들이 자신의 이름을 되찾자 역사는 여러 개개인의 이야기로 나뉘었고, 내밀한 역사의 추구는 역사의 정치적 범주를 심리적 범주로 바꾸어놓았다.[56] 구술사의 등장은 단순히 문서로 기록되지 않은 구술자료를 통해 과거를 더 잘 알 수 있다는 실증주의적 보완 이상의 의미였다. 가해자가 지배하고 있는 공식 역사와 문서보관소에 맞서 힘없는 희생자의 목소리에 주목한다는 것은 중요한 정치적 실천이었다. '역사 정치'의 관점에서 보면, 공식 역사의 단일화된 목소리에 삭제된 밑으로부터의 다양한 목소리를 복원한다는 것은 과거의 민주화를 의미한다. 그것은 공식 서사에서 무시되어온 하위주체들의 행위 주체성과 역사적 의의를 온전히 평가함으로써 '지금 여기에서' 그들의 존재론적 의미를 확인하는 일이기도 했다.

1970년대에 본격화되기 시작한 증언과 보통 사람들의 생애사는 침묵을 강요당하고 배제된 사람들에게 목소리를 되찾아주고 그들의 말로 역사를 다시 쓰게 만들었다. 희생자가 자신의 이야기를 구술하고 누군가가 그 이야기를 듣는 공공적 증언 행위를 통해 희생자는 수동적 피해자의 지위를 벗어나 '자기권능화(self-empowerment)'의 계기를 마련할 수 있었다. 역사적 행위자의 민주화를 가져왔다는 점에서 증언은 역사 인식의 혁명이었다. 증언의 출현은 지식 권력에 대한 도전을 의미했다. 문서보관소와 공교육, 미디어 등을 장악해 과거의 이미지를 독점 생산하고 과학적 역사와 학문적 진리라는 이름으로 정당화하는 권력의 지식 네트워크에 대한 의심이 일어났다. 힘 있는 가해자가 장악한 지식 권력에 비하면, 힘없는 피해자가 가진 것은 대부분 경험과 목소리뿐이라는 자각이 일었다.[57] 희생자의 목소리가 사회적 기억의 전면으로 등장하는 것과 동시에 과거를 인식하는 중심이 문서에서 증언으로 옮겨가기 시작했다. 비극적 역사의 희생자가 갖게 마련인 하위 주체적 위치성은 증언과 기억의 중요성을 다시 부각했다. 문서자료 못지않게 증언의 내밀한 역사를 중시하는 기억 연구의 등장은 역사 인식과 재현의 민주화를 촉진하는 계기였다. 이스라엘 내부의 정치적 계산을 떠나서, 아이히만 재판의 의의는 홀로코스트 희생자 증인에 대한 윤리적 공감 능력을 높이고, 그들의 기억이 과거를 재현하는 인식론적 한 축이 됨으로써 과거를 민주화했다는 데 있다.

'목소리 소설'이라는 장르를 개척한 스베틀라나 알렉시예비치(Svetlana Alexievich)는 자신이 '사람의 마음을 살피는 역사가'라고 선언한 바 있다.[58] 역사학의 실증적 전통에서 보면, '사람의 마음을 살피는 역사가'는 좋은 역사가일 수 없다. 자신이나 타인의 감정에 휘둘리지 않고 메마른 역사적 사실과 진실을 향해 한 걸음 한 걸음 나아가면서 트라우마, 슬픔, 분노, 외로움, 상실감, 자부심, 기쁨 등의 감정을 걷어내고, 감정으로 왜곡된 사사로운 기억을 꼬치꼬치 따져서 바로 잡는 것이 역사가의 임무였다. 그러니까 '사람의 마음을 살피는 역사가'는 형용모순인 셈이었다. 사람의 마음을 살피는 게 형용모순에서 역사가의 미덕이 된 것은 기억 연구가 대두하면서부터였다. 문헌 기록에서 증언으로 재현의 중심이 옮겨가고 과거에 대한 인식의 지평이 넓어지면서 문서화된 증거 자료와 역사적 서사의 권위가 흔들리기 시작한 것이다. 가해자와 희생자의 기억 전쟁에서 문서자료와 서사를 독점하고 있는 가해자에 맞서는 희생자가 가진 것은 경험과 목소리뿐이었다. 밑으로부터의 기억이 과장되고 부정확하며 정치적으로 왜곡되었으며 심지어는 조작되고 위조되었다는 인상을 주기 위해 소환되는 실증주의라는 가해자의 무기에 맞서 밑으로부터의 기억은 증언에 의존하는 경우가 많았고, 과거를 재현하는 수단으로 목소리가 문자에 대해서 가지는 비교우위가 무엇인지 고민하지 않을 수 없었다. 트라우마의 증인을 문서자료에 비추어 날카롭게 신문할 때 역사적 진실이 드러난다고 생각하는 역사가는 하수일 뿐이다. 기억 연구가 갖는 윤리적 감수성을 수용하는 문제는 21세기 역사학이 직면한 가장 큰 문제 중의 하나일 것이다.

루마니아 출신의 유대계 미국인 심리학자인 도리 라우브(Dori Laub)는 예일 대학 홀로코스트 생존자 비디오 아카이브 프로젝트의 책임자로서 오랫동안 아우슈비츠 생존자 인터뷰 진행과 심리 분석을 해왔다. 라우브는 아우슈비츠의 '캐나다 캠프'에서 가스실 희생자의 유품을 분류·정리하는 일을 했던 60대 여성 증인을 예로 들어 증언과 역사적 진실 사이의 관계를 되묻는다. 왜소한 체구에 속삭이는 듯한 목소리로 증언하던 60대 후반의 이 여성은 아우슈비츠의 봉기에 대해서 회고할 때, 마치 가시철망 뒤의 폭발음과 총소리, 비명 등의 전투 장면이 재현된 듯 갑자기 목소리를 높여 연구자들을 깜짝 놀라게 했다. 과거의 찬란한 기억이 전광석화의 속도로 얼어붙은 침묵을 깨고 큰 소리로 폭발했다가, 봉기가 진압된 장면에 이르러 다시 단조로운 한탄 조의 속삭임으로 돌아갔다. 라우브는 몇 달이 지난 후 홀로코스트 교육 관련 학술대회에서 이 여성의 인터뷰 녹화 영상을 틀어주었는데, 역사가들은 한결같이 이 여성의 증언이 정확하지 않다고 지적했다. 봉기로 폭파된 소각로 굴뚝은 하나뿐인데, 이 여성은 네 개가 파괴됐다고 증언한 것이다. 이 여성의 증언은 이처럼 역사적 사실과 달라서 그대로 받아들이기 어렵고, 신뢰할 수도 없다는 게 영상을 본 역사가들의 공통된 의견이었다.[59]

직업 역사가들의 불신에 맞서 심리학자 라우브는 역사적 진실에서 중요한 것은 파괴된 굴뚝의 수가 아니라 유대인의 무장 봉기라고 보았다. 무장 봉기가 일어나서도 안 되고 일어날 수도 없다는 아우슈비츠의 강요된 틀이 깨졌다는 것이 바로 역사적 진실이며, 증인은 바로 그 역사적 진실을 증언하고 있다는 것이었다.[60] 보통의 사실에 대한 '지적인 기억(intellectual memory)' 대 트라우마의 '깊은 기억(deep memory)'이라는 샤를로트 델보의 기억 대조법은 진실과 사실에 대한 깊은 통찰을 제공해준다. 델보의 이분법을 원용하면, 사실과 부합하는 한 개의 굴뚝이 '지적인 기억'의 영역이라면 사실과 모순되는 네 개의 굴뚝은 '깊은 기억'의 영역에 속한다.[61] 네 개의 굴뚝이 폭파됐다는 생존자의 증언은 한 개의 굴뚝만 폭파된 역사적 사실과 어긋나기 때문에 신뢰할 수 없는 게 아니라, 오히려 사실과 어긋나기 때문에 깊은 기억이 더 진정성이 있다는 신선한 해석이 가능한 것이다. 라우브에 따르면, 도저히 일어나지 않을 듯한 일이 눈앞에서 벌어지고 있을 때 사건의 목격자는 과장된 기억을 하는 경향이 있다. 도널드 스펜스(Donald Spence)의 '사실적 진실(factual truth)' 대 '서사적 진실(narrative truth)' 분류도 시사적이다. 사실적 진실이 실제 일어난 과거에 대한 엄격한 관찰에 근거를 두고 있다면, 서사적 진실은 현재 일어나고 있는 기억 행위에서 비롯된다.[62]

역사와 기억은 상보적이면서도 상충할 수밖에 없는 것이다. 조르조 아감벤(Giorgio Agamben)이 '아우슈비츠의 아포리아'라고 이름 붙인 재현의 역설, '사실'과 '진실'이 어긋나고 '입증'과 '이해'가 일치하지 않는 역설은 증언과 문서자료의 역사적 진정성에 대해 많은 시사점을 던져준다. 빈야민 빌코미르스키(Binjamin Wilkomirski)의 가짜 수기 파동에서 보듯이, 위조된 아우슈비츠 생존 수기가 사실의 복원이라는 점에서는 더 완벽하다는 역설도 이 지점에서 흥미롭다. 이는 위조된 수기가 대개 역사 자료를 주도면밀하게 검토하고 연구해서 쓰이기 때문이다. 자신의 고통을 전달하는 데 역점을 둔 생존자의 증언은 사실에 대한 강박에서 벗어날 수 있지만, 출간된 생존자의 증언이나 문헌자료에 의존할 수밖에 없는 가짜 수기는 세세한 사실적 진실에 더 충실한 경우가 많은 것이다. 사실에서 부정확한 '깊은 기억'이 사실에 충실한 '지적 기억'보다 더 큰 진정성을 갖는 딜레마는 아마도 해소되기 어려울 것이다.

때로는 진정성도 왜곡된다. 대중 매체와 사회적 미디어의 눈부신 발전으로 '과잉'이 대중문화의 정상적 감각이 되자, 홀로코스트의 생존자 증인들이 비극의 과잉을 증언하는 문화적 아이콘으로 소비되기 시작했다. 상상을 초월하는 끔찍한 비극을 겪은 이들은 '도저히 믿을 수 없는 것(disbelief)'을 증언함으로써 '우울의 즐거움(melancholic pleasure)'을 만족시켜줄 것으로 기대되었다. 역사적 서사로 포장된 가해자의 목소리와 달리 '날것' 그대로 전달되는 피해자의 목소리는 멜로드라마적 미학의 소재로 소비될 수 있는 여지가 더 많게 마련이다.[63] TV 카메라가 돌아가는 가운데 아이히만 재판장에서 증언 도중 실신한 디누어의 극적인 장면은 비극으로 시작했지만, 홀로코스트 드라마와 영화, 토크 쇼 등을 거치면서 성장한 1960년대 대중 매체의 고백 문화는 '고통의 민주주의'를 지고의 가치로 끌어올렸다.[64] 대중 매체들이 희생자 증인들의 역할을 '도저히 믿을 수 없는 것'을 극적으로 증언하는 데 고정하려는 것도 이 때문이다. 그래서 희생자 증인들은 희생의 기억에 대한 사회의 '과잉 소비' 욕구를 충족하는 대상으로 전락한다. 피해자는 피해자다워야 하고 희생자는 희생자다워야 하며, 이들은 다양한 욕망을 가진 평범한 인간으로 받아들여지지 않는다.

희생자의 개인적 기억을 희생자의식 민족주의의 공적 서사로 승화하는 과정에서 희생자 개개인에게 집단 기억의 폭력이 가해지는 것이다. 홀로코스트나 일본군 '위안부' 제도와 같은 국가적 폭력의 피해자/생존자 들은 가해자들의 잔혹함을 입증하여 진실을 확립해야 하고, 그 과정에서 피해 당사자는 한없이 불쌍해지고 비참해져야만 한다. 일본군 '위안부' 피해자의 증언에 대한 한국 사회의 소비 방식도 크게 다르지 않다. 일본군 '위안부 할머니'들에게서 일본군의 '도저히 믿을 수 없는' 만행을 듣고 싶어 하는 욕망과 '장기수 선생님'들에게서 자랑스러운 투쟁 이야기를 듣고자 하는 욕망은 전혀 다르다. '장기

수 선생님'들에게는 자랑스럽고 위대한 역사적 행위성을 청취하는 반면, '위안부 할머니'들은 희생자로 대상화하고 일제의 끔찍한 가학행위를 짜내는 증언의 청취 방식은 확실히 문제적이다. 자신은 일본군 '위안부' 피해자가 아니라 여성인권운동가라는 이용수의 항변은 일본군 '위안부' 피해자들을 일본 제국주의의 믿을 수 없는 만행을 폭로하는 증인의 위치에 고정해온 한국 사회의 기억 문화에 대한 절규였다.[65] "제가 왜 위안부고 성노예입니까?"라는 이용수의 반문에 한국 사회는 아직 답을 못하고 있다.

희생자 증인을 '도저히 믿을 수 없는 것'을 증언하는 역할에 가두어 두는 방식과 비교할 때, 증언 채록에 바탕을 둔 알렉시예비치의 목소리 소설에 등장하는 무수히 많은 말줄임표는 시사적이다. 많은 여성 증인이 증언과 기억의 마디마디마다 말줄임표를 쓰고 있다는 사실은 우리의 말과 감정이 허락하는 이야기의 경계가 그리 넓지 않다는 걸 보여준다. 제주도의 민간인 학살인 4·3 사건의 희생자 제주 할멍들의 인터뷰에 대한 김은실의 회고도 시사적이다. 제주 할멍들은 자주 김은실에게 왜 그 "추접스러운" 이야기를 들으려 하냐며 기억하지 않으려 했다. 알렉시예비치의 목소리 소설에서 말할 수 없는 러시아 여성 증인들의 '미안해'와 제주 할멍들의 '추접스러운 이야기'는 화자들이 가슴 속에 묻어둔 '깊은 기억'을 상징한다.[66] 그것들은 말할 수 없는, 재현될 수 없는, 끄집어내서 기억하기 싫은, 그 경험을 공유하지 않는 타자에게는 전달될 수 없는 기억이다. 트라우마가 그렇듯이 마음 가장 깊숙이 담겨 있는 기억은 밖으로 끄집어내기 싫고, 끄집어낼 수도 없으며, 말로 설명될 수도 없는 것이다. 알렉시예비치의 작품에 자주 등장하는 말줄임표는 말을 생략함으로써 말할 수 없는 것들이 말해지는 독창적인 방식이 되는 것이다. 작가의 말대로 "가장 중요한 이야기가 침묵으로 기록될 때" 말줄임표는 독자가 직접 개입하여 내면 깊숙이 침잠해 있는 침묵을 읽는 중요한 언어적 기제다. 증인이 말하지 못한 부분에 독자가 개입해서 공감을 만들어내는 통로가 되기도 한다. 산자의 말줄임표보다 더 극단적인 예로는 죽은 자를 귀신으로 소환해서 그들의 비극적 죽음을 예우함으로써 말할 수 없는 기억을 표현하는 방식도 있다. 유령을 통해 베트남인의 목소리를 복원한 권헌익과 제주 무당이 굿으로 소환한 귀신을 통해 4·3 사건의 기억을 재조명한 김성례의 연구가 이를 잘 보여준다.[67]

침묵의 재현이라는 관점에서 볼 때, 사진은 말줄임표의 대척점에 있는 것처럼 보인다. 말줄임표가 내면 깊숙이 침잠한 기억을 드러낸다면, 사진은 때로 웅변처럼 기억을 드러낸다. 말줄임표가 생략을 통해 말할 수 없는 것을 말한다면, 과거를 시각적으로 재현하는 사진은 훨씬 다양하고 정교하게 기억을 편집한다. 두 갈래의 철로가 수용소를 향해 달려가다가 정문 바로 앞에서 하나로 합쳐지는 아우슈비츠-비르케나우 수용소의 사진이 대표적이다. 이 사진만 놓고 보면 누구든 밖에서 수용소 정면을 향해 찍었다고 생각할 것이다. 그러나 실은 수용소 안에서 밖을 향해 찍은 사진이다. 즉, 한 줄기로 계속되던 철로가 수용소 정문을 지나면서 두 갈래, 세 갈래로 갈라진다. 아마 새로 도착한 유대인을 빠르게 정렬하기 위해서였을 것이다. 흥미로운 것은 아우슈비츠-비르케나우 수용소와 이어지는 철로 사진이 대부분 안에서 밖을 향하고 있는데도 방향에 대한 설명은 그 어디에도 없다는 점이다. 두세 갈래로 들어오던 철로가 수용소 안에서 하나로 합쳐지는 이미지가 유대인을 유럽 각지에서 아우슈비츠로 수송했다는 사실에 더 걸맞은 느낌을 주기 때문일 것이다.[68] 이 사진이 위조되었다고 하기는 어렵지만, 방향의 실체를 알고 나면 당황스러울 수 있다.

이용수 여성인권운동가가 정의기억연대의 희생자 억압적 기억 정치를 비판하는 과정에서 한국방송공사가 공개한 미 육군통신대 촬영 원본도 다른 맥락에서 의심스럽기는 마찬가지다. 한국의 공영 텔레비전 방송에서 2020년 5월 28일 내보낸 영상은 임신한 '위안부' 박영심으로 추정되는 인물을 정면으로 클로즈업하는데, 묘하게도 2006년 북한에서 사망한 박영심과 현실의 생존자 이용수가 대조를 이루는 자리에 위치한다. 희생자의식 민족주의의 관점에서 '위안부'를 끔찍한 성폭력의 피해자로 단일화하고 자신의 행위자적 주체성을 인정하지 않는 한국 사회의 공식 기억에 반기를 든 '여성인권활동가' 이용수에 대한 여론의 비판이 진행되던 시점에 이 필름 원본이 공개된 것도 우연은 아닐 것이다. 김한상의 날카로운 지적처럼 "살아 있는 이용수보다 흑백의 무성 푸티지에 담긴 박영심의 피해기록이 더 신뢰할 수 있다"는 증거로서 공영방송을 탄 것이다.[69] '위안부'의 기억을 민족주의적으로 전유하는 정의기억연대의 행태에 대한 이용수의 비판을 '오염'되었다고 몰고 가는 전술의 하나로 영상을 이용한 것이 아닌가 하는 생각을 떨치기 어렵다. '위안부'에 대한 한국 사회의 공식 기억을 둘러싼 논란이 뜨거운 상황에서 이 영상은 주체의 복합성이 드러나는 언어로서 이용수의 생존자 증언을 사진적 증거 앞에서 무력화하는 실증주의적 착시효과를 노린 것이다. 사진적 미디어가 담고 있는 과거의 사실은 실제로 존재했다는 기술적 증명이며, '위안부' 피해자들의 피해를 사진으로 가시화하는 것이 과학적이면서도 효과적이라는 실증주의적 믿음이 그 밑에 자리잡고 있다. 피해의 사진적 증명에 대한 편집증적인 집착은 흑백 원본에서 짙은 검은색의 상처 부위를 디지털 보정을 통해 선명한 붉은색 피로 칠한 데서도 잘 드러난다.[70] 사진적 이미지의 기호-의미 관계가 객관적이거나 과학적이기보다 해석 주체의 시각적 담론과 실천의 문제라는 점을 다시 한번 상기할 필요가 있다.

영화 〈쉰들러 리스트〉는 이미지의 편집과 조작이 더 직접적이다. 유대 단체의 반대로 영화는 아우슈비츠의 현장이 아닌 아우슈비츠 정문 밖에 새로 만든 세트장에서 촬영되었다. 세트장은 수용소 숙소와 새로 도착한 유대인이 기차에서 내리는 플랫폼, 시체소각장 등을 모두 한 장면에 담을 수 있도록 만들어졌다. 세트장 덕분에 관객은 수용소의 전모를 한눈에 볼 수 있었다. 실제 아우슈비츠-비르케나우 수용소에서 촬영했다면 불가능했을 일이다. 수용소는 너무 넓어서 아무리 애를 써도 모든 시설물을 한 화면에 담을 수 없다. 모조 세트장이 수용소 현장보다 더 생생한 효과를 준 셈이다. 진정성은 해석이나 의미의 부여 방식, 재현 도구의 발명과 활용, 실재의 재현에 이바지하는 이미지, 상징, 메타포를 전유하고 배치하는 담론에 달려 있다는 점에서 '문화적 구성물'인 것이다.[71] 촬영 기법도 그에 못지않은 생생함을 전달했다. 스티븐 스필버그는 게토를 폐쇄하는 군사작전 같은 긴박한 장면을 일부러 미세한 떨림이 있을 수밖에 없는 휴대용 카메라로 촬영했다. 〈쉰들러 리스트〉의 촬영감독 야누시 카민스키(Janusz Kamiński)에 따르면, 전체 촬영분의 40%를 휴대용 카메라로 촬영했다고 한다. 스토리텔링이나 시나리오의 구성도 그렇지만, 관객에게 영화가 아니라 뉴스를 보는 듯한 착각을 불러일으킨 촬영 기법도 영화의 현실감을 높였다. 사실이 아닌 영화라는 핑계로 관객에게 주는 시각 효과를 최대화하면서도 사실을 실감하게 만드는 잘 계산된 서사 기법도 영화의 성공에 크게 이바지했다.

그것이 눈속임이라면, 그 눈속임조차도 우리가 과거를 기억하는 방법 가운데 하나라는 점을 지적하지 않을 수 없다. 역사가 사실이 아니라 구성된 것이라면 홀로코스트도 구성된 것이냐는 비난에 몰려 곤경에 빠졌던 헤이든 화이트(Hayden White)가 에리히 아우어바흐(Erich Auerbach)의 '형상적 리얼리즘(figural realism)'에서 탈출구를 찾은 것도 시사해주는 바가 크다. 화이트가 아우어바흐를 빌려 모든 과거가 복수의 플롯에 열려 있으며 문자의 발화와 형상적 발화의 이분법을 반박하는 장면은 과거의 재현을 둘러싼 긴장이 앞으로도 계속될 수밖에 없다는 예언처럼 느껴진다.[72]

VICTIMHOOD NATIONALISM

XI. 연대

1980년대 중반 동아시아를 뜨겁게 달군 역사와 기억 논쟁은 서서히 형성되고 있던 동아시아 기억구성체를 배경으로 가능했고, 가열된 기억 전쟁은 다시 동아시아 기억구성체의 출현을 촉진했다. 국경을 넘어 '얽혀 있는 기억'은 국가 주권의 경계를 넘어 연루된 당사자의 목소리가 담겨야 한다는 새로운 자각이 일었다. 사진은 샌프란시스코에 자리 잡은 트랜스내셔널 위안부 기념비. 사진 출처 © 임지현

서로 경합하는 기억의 연대는 특정한 기억 아래 다른 기억을 위계적으로 줄 세우는 것과는 거리가 멀다. 기억의 연대는 지구적 기억구성체에서 서로 다른 기억이 만나고 얽히면서 생성되는 불협화음을 비판적 긴장 관계로 유지하는 데서 출발한다. 희생의 기억을 탈영토화하여 '제로섬게임'적 경쟁체제에서 벗어날 때, 자기 민족의 희생을 절대화하고 타자의 고통을 자신의 고통 뒤에 줄 세우는 기억의 재영토화에서 벗어날 때, 그래서 희생자의식 민족주의를 희생시킬 때, 기억의 연대를 막고 있는 장벽이 터지면서 지구적 기억구성체는 삐걱거리면서도 다양한 기억이 합류하여 흐르는 연대의 실험장이 될 것이다.

해방 이후 한국 신문에서 일본 총리의 야스쿠니 신사 참배를 보도한 것은 1978년에 들어서의 일이었다.[1] 1971년 《조선일보》의 "일요정담"에서 대담자 지명관이 야스쿠니와 일본의 우경화를 잠깐 언급한 적이 있기는 하지만, 야스쿠니보다는 아시아·태평양 지역에서 일본에 미국의 대역을 맡기려는 미국의 대외정책에 대한 우려가 더 컸다.[2] 일본 총리의 야스쿠니 신사 참배를 주제로 다룬 첫 기사는 1978년 8월 28일자 《동아일보》 기사였다. 도쿄 특파원이 보낸 이 기사는 후쿠다 다케오(福田赳夫) 총리와 아베 신타로(安倍晋太郎) 관방장관의 야스쿠니 신사 참배에 대한 일본 사회의 찬반 토론을 차분히 소개하면서, 전몰자 유족의 정치적 압력, 제국의 과거에 대한 일본 사회의 향수, 소련의 위협에 대한 피해의식 등으로 "일본 사회가 우경화의 유혹을 물리치기는 어려울 것"이라고 전망하고 있다. '사인' 자격으로 참배한다던 후쿠다 총리는 '사인'과 '공인'의 차이가 분명치 않다고 방어막을 치고 방명록에 총리 직함을 써넣음으로써 사실상 공식적인 참배임을 시사했지만, 《동아일보》의 비판 논조는 생각보다 온건하다. 같은 날짜 신문의 1면에는 한국에 대한 경제지원이 필요하다는 스노베 료조(須之部量三) 일본 주한대사의 교도통신 회견 내용이 실려 있어, '대일 무역역조'나 일본의 '대한 경제원조' 등 한·일 간의 경제 관계가 야스쿠니 참배 문제보다 더 중요한 현안임을 알 수 있다.[3]

시간을 거슬러 올라가 1977년 11월《동아일보》가 게재한 일본 시인 '고미야(小見山)' 인터뷰 기사도 흥미롭다. 이 기사는 식민지 조선인 전사자를 위령하고 전범 석방 운동을 벌인 그의 작업을 우호적으로 소개하고 있다. 1953년 9월 그가 야스쿠니 신사에서 거행한 조선인 전사자 위령 진혼제에 대해서도 거부감보다는 한·일 간의 정신적 화해를 향한 조치라며 긍정적으로 평가하고 있다.[4] 야스쿠니 신사의 조선인 전사자 위령제는 지원병이든 징병자이든 식민지인들의 억울한 죽음을 일본 제국을 위한 신성한 죽음으로 회수한다는 점에서 문제적이지만, 그에 대한 문제제기는 보이지 않는다. 1980년대 중반 이후 나카소네 야스히로(中曾根康弘) 일본 총리 등의 야스쿠니 참배와 야스쿠니의 위령 명부에 한국인 전사자 이름이 기재된 데 대한 격렬한 항의와 분노에 비교하면, 야스쿠니의 한국인 진혼제에 대한 이 기사의 논조는 놀라울 정도로 우호적이다.[5]《동아일보》는 다시 1980년 8월 16일자 신문에서 야스쿠니 신사를 참배한 스즈키 젠코(鈴木善幸) 일본 총리가 '제주(祭酒)'를 받아들고 있는 사진을 게재했지만, 그것으로 끝이었다. 다른 주요 일간지에는 그나마 이런 기사도 없다. 아베 총리가 주변국의 비판적 여론을 의식해 야스쿠니 신사 참배 대신 공물료를 보낸 것조차 거의 모든 언론이 비판적으로 기사화한 2018년 8월 15일의 한국 언론 논조와 비교하면 그야말로 격세지감을 느끼지 않을 수 없다.

돌이켜보면 1982~1985년이 분수령이었다. 1982년 아시아·태평양 전쟁에서 일본의 침략 행위를 물타기하고자 했던 교과서 검정체제도 그렇지만, 특히 1985년에는 나카소네 총리의 야스쿠니 신사 참배, 각급 학교 공식 의례에서 국기 게양과 국가 제창을 의무화한 일본 문부성의 지시, 방위비의 국민총생산 1% 상한선 돌파 등 나카소네 내각의 '전후 정치 총결산' 노선에 대한 지지율이 상승하는 등 일본의 우경화가 가시화되기 시작했다.[6] 이어서 1986년에는 일본의 조선 침략과 난징 학살을 부정하는 듯한 문부성 장관 후지오 마사유키의 망언과 자민당 정치 엘리트들의 황국사관 문제, 역사 교과서 검정 문제 등이 불거지고 이에 대한 한국과 중국, 소련의 비판이 거세지는 등 일본 제국주의 침략과 아시아·태평양 전쟁의 기억을 둘러싼 긴장이 고조되었다.[7] 이러한 긴장은 기본적으로 일본의 우경화에서 비롯되었다. 1978년과 1985년 사이 8년이라는 짧은 기간 동안 일본 정치의 급격한 우경화는 우려할 만한 것이었다. 그러나 일본 총리의 신사 참배에 대한 한국 언론과 동아시아 이웃 국가들의 예민한 반응은 일본의 우경화 문제로 환원될 수 있는 것이 아니었다. 그것은 한국과 중국 사회에서 일본의 기억 문화에 대한 감수성이 그만큼 첨예해졌다는 징표로서, 동아시아 기억구성체가 생성되고 있다는 증거였다. 1970년대까지 동아시아에서는 이웃 나라에서 어떤 역사 교과서를 쓰는지, 또 어떤 기억 문화가 지배적인지에 대한 관심이 별로 없었지만, 1980년대에 들어서면서 이웃 나라의 기억 문화와 역사 정책에 대한 관심이 고조되기 시작한 것이다. 일본의 공식 기억은 여전히 일국적이었지만, 아시아 이웃들의 역사적 감수성은 더 빨리 국경을 넘어 움직이고 있었다.

1980년대 일본 역사 교과서의 우경화는 특별히 새로운 현상이 아니었다. 그것은 이미 1950년대 중반에 시작되었다. 1955~1956년 검정 교과서 검열관들은 기존의 미군정 역사 교과서가 일본에 대한 부정적 편견을 조장하고 애국심을 함양하는 데 아무런 도움이 안 된다고 보고 일본에 대해 부정적인 것은 서술하지 말라고 지시했다. '태평양전쟁'은 일본이 아시아 민족들에게 서구 식민주의로부터 독립할 기회를 제공한 전쟁이라는 전제 아래, 아시아 이웃에 대한 일본의 '침략'은 '진출'로 바뀌고 난징 학살의 서술이 사라졌다, 총력전 체제 당시의 국정 역사 교과서를 연상케 하는 변화였다.[8] 그러나 1955년부터 1958년까지 한국 언론에서 개악된 검인정 일본 역사 교과서에 대한 비판 기사는 단 한 건도 찾아볼 수 없다. 일본 역사 교과서는 이에나가 사부로 재판을 거치면서 1970년대에는 난징 학살과 한국인 강제 징용, 오키나와의 집단 자살 등을 서술했지만, 이러한 변화도 한국 사회의 관심을 끌지는 못했다. 일본의 역사 교과서에 대한 한국 사회의 깊은 관심은 1982년의 교과서 검정 지침 때부터 시작되었다. 1982년의 새 지침은 '침략'을 '진출'로 바꾸고, 3·1 독립운동을 '폭동'으로 서술하며, 신사 참배 '강요'를 '장려'라고 표현하도록 요구했다.[9] 실제로 이것은 1955~1956년의 검정 교과서 서술과 크게 다를 바 없었지만, 아시아 각국의 우려와 비판이 쏟아졌다는 점이 달랐다. 전후 일본의 기억 문화와 역사 교과서는 이제 일본의 국내 문제가 아니라 동아시아 공동의 관심사가 된 것이다. 1982년 신설된 일본 교과서의 '근린 각국 조항' 검정 기준이 그 신호였다.[10]

1980년대 중반 동아시아를 뜨겁게 달군 역사와 기억 논쟁은 서서히 형성되고 있던 동아시아 기억구성체를 배경으로 가능했고, 가열된 기억 전쟁은 다시 동아시아 기억구성체의 출현을 촉진했다. 나카소네 정권은 교과서 검정체제에 대한 비판이 일본의 국내 문제에 대한 '내정간섭'이라고 강하게 반발했다. 역사 교과서는 일본의 주권 문제이므로 교과서 비판은 내정간섭이라는 것이었다. 심지어 1986년 일본의 우익 의원모임인 '국가 기본문제 동지회'의 가메이 시즈카(龜井靜香)는 당시 이규호 주일 대사를 예방한 자리에서 한국이나 중국이 일본의 역사 교과서나 신사 참배 문제 등에 대한 내정간섭을 중단하지 않으면 언젠가 전쟁이 일어날지도 모른다고 경고하기도 했다. 가메이 의원은 일본 역사 교과서에 대한 이웃 나라들의 비판과 수정 요청을 '내정간섭'이라고 표현했지만, 그것은 한·중·일뿐 아니라 동남아시아 각국의 기억이 서로 참조하고 간섭하며 얽히기 시작했다는 신호였다. 국경을 넘어 '얽혀 있는 기억'은 국가 주권의 경계를 넘어 연루된 당사자의 목소리가 담겨야 한다는 새로운 자각이 일었다. 동아시아 기억구성체는 1980년대 중반 겨우 첫걸음을 떼었지만, 누구나 그 실체를 감지할 만큼 빨리 성장했다. 동아시아 근대를 움직인 국민주권의 신성한 원칙조차 동아시아 기억구성체의 형성을 가로막지는 못했다.

'새역사 교과서를 만드는 모임'에서 펴낸 후소샤판 수정주의 역사 교과서는 일본 식민주의를 미화하고 애국심을 함양하는 국민 만들기를 지향했지만, 동아시아 기억구성체의 압력에서 완전히 자유롭지는 못했다. 관동 대지진 당시 일본인 자경단의 사회주의자 및 조선인 학살에 대한 서술, 난징 '학살'이 아닌 '사건'이라고 명명하면서도 "일본군이 다수의 중국인 민중을 살해했다"는 언급, 중국을 비롯한 "아시아 여러 지역 사람들에게 커다란 피해와 고통을 주었다"고 인정하거나 일본어 교육과 신사 참배 등을 '강요'했다는 표현 등은 '새역사교과서'마저 1957년부터 1970년대 초 일본의 역사 교과서들보다는 한 걸음 더 나아갔다는 인상을 준다. 물론 아시아·태평양 전쟁 초기 일본의 승리가 아시아 민중에게 독립의 희망을 주었다거나 '대동아공영권'이 아시아 각국의 자주독립, 경제번영, 인종차별 철폐의 명분을 내걸었다는 주장 등에서 일본의 식민주의와 침략을 옹호하는 경향은 여전히 존재한다. 그래도 일본 제국과 전쟁을 공공연히 옹호했던 1960년대의 교과서들에 비하면 최소한 더 나빠지지는 않았다.[11] 그러나 일본 역사 교과서에 대한 중국이나 한국 등 이웃 국가들의 비판은 더 신랄해졌다. 1982년 일본 역사 교과서 논쟁으로 시작해서 21세기에 들어서면서 더 첨예해진 동아시아의 기억 전쟁은 일본의 기억 문화가 후퇴했다기보다는 동아시아 공동의 기억에 대한 '근린 각국'의 관심과 감수성이 전례 없이 예민해진 결과였다.

전후 독일의 기억 문화도 지구적 기억구성체의 영향에서 벗어나지 못했다. 나치즘과 홀로코스트에 대한 근원적 비판에도 불구하고, 국가적 경계 안에 갇힌 독일의 기억 문화는 예기치 않은 문제를 드러냈다. 나치 독일 가해자들에 대한 독일 연구자들의 연구는 가차 없는 비판과 완벽성으로 정평이 나 있다. 그러나 역설적으로 그 철저한 연구가 나치에게 점령된 인접 국가들의 홀로코스트 방관자들이나 나치의 공범자들에 대한 무관심을 정당화하기도 했다. 동유럽인들의 홀로코스트 공범성에도 관심을 기울이라는 요구는 독일인의 책임을 다른 유럽인에게 돌리는 수정주의적 관점이라는 비판을 받을 수 있으므로 독일

연구자들은 몸을 사릴 수밖에 없었다. 2020년 5월 종전 75주년을 맞아 독일의 외무장관 하이코 마스(Heiko Mass)와 뮌헨의 현대사연구소장 안드레아스 비르싱(Andreas Wirsching)은 《슈피겔》에 공동 기고한 에세이에서 "독일은 폴란드에 대한 공격으로 제2차 세계대전을 시작했고, 또 홀로코스트라는 반인간적 범죄에 대한 전적인 책임을 지며, 그에 대해 의심하거나 가해자의 역할을 다른 민족에게 지게 하는 것은 희생자에게 불의를 저지르는 것"이라고 쓴 바 있다. 그것은 "역사를 도구화하고 유럽을 분열시킨다"는 게 이들의 판단이었다. 에세이는 또 독일 땅에서 다시는 전쟁이나 인간성의 파괴를 허용하지 않겠다는 독일 외교정책의 원칙을 재확인하고, 단합된 유럽연합 참여와 인간의 품위를 지키는 보편적 인권에 대한 존중 등 국제사회에 대한 독일의 기여를 강조했다.[12]

폴란드의 공범자들에 대한 단단한 연구서를 내놓은 얀 그라보프스키는 이 에세이의 자아비판을 존중하지만, 동의하지 않는다는 점을 분명히 했다. 폴란드인이자 홀로코스트 역사 연구자로서 그는 홀로코스트의 책임을 단독으로 짊어지겠다는 독일 연구자들의 선의와 정치적 올바름에서 느꼈던 불편함을 토로하면서, 폴란드, 우크라이나, 헝가리, 리투아니아 등의 공식적 기억이 홀로코스트를 왜곡하는 데 일조할 수 있다는 우려를 표명했다. 유대인 제거를 의도하는 반유대주의(eliminationist antisemitism)가 독일만의 고유한 현상임을 고집하는 독일 역사가들의 자기 비판적 선의는 동유럽인이 홀로코스트의 공범자였다는 사실을 은폐하는 결과를 낳는다는 것이다. 그라보프스키는 300만 명의 폴란드 유대인 희생자 중 약 20만 명이 폴란드의 직업적 인간 사냥꾼들과 이웃들의 밀고로 희생되었다는 연구로 폴란드 사회에 큰 충격을 준 바 있다. 홀로코스트에 대한 독일사의 고유성론과 독자적 책임론은 동유럽의 홀로코스트 공범의 기억을 은폐하는 '가림막 기억'으로 작동할 수 있다는 그라보프스키의 우려가 타당하다는 것은 그의 연구가 이미 입증한다.[13]

"홀로코스트는 우리 땅에서 일어났지만, 우리 손은 깨끗하다"는 동유럽 민족주의자들의 홀로코스트 부정론과 홀로코스트에 대한 독일 민족의 유일 책임론이 맺고 있는 기억의 공모관계를 깨닫는 것은 매우 불편하다. 실제로 폴란드와 헝가리 등에서 자기 민족의 홀로코스트 공범성을 인정하는 연구 등을 민족적 명예훼손죄로 처벌하려는 '기억법'이 위협적인 상황에서 자신의 유일한 책임을 인정하려는 독일 역사가들의 선의는 홀로코스트의 역사를 왜곡하고 그에 대한 책임을 회피하려는 동유럽의 민족주의 변호론을 정당화하는 결과를 낳는다. 독일의 민족적 기억을 넘어서 동유럽의 트랜스내셔널한 기억의 장으로 옮겨지면, 마스와 비르싱의 선의야말로 역사를 도구화하고 유럽을 분열시키는 것이다. 그라보프스키는 원래 자신의 에세이를《프랑크푸르터 알게마이네 차이퉁(Frankfurter Allgemeine Zeitung)》과《슈피겔》등에 투고했으나 독일 언론사들이 하나같이 게재를 거부하자 독일어로 쓴 에세이를 영어로 번역해서 이스라엘의 진보적 일간지《하레츠(Haaretz)》에 기고할 수밖에 없었다.[14]

거의 같은 시기에 불거진 카메룬 출신 탈식민주의 이론가 아실 음벰베의 '반유대주의자' 논란은 독일의 기억 문화가 지구적 기억구성체의 부분이라는 점을 여실히 보여주었다. 앞선 4장에서 살펴보았듯 일부 유대계 인사가 음벰베를 이스라엘의 팔레스타인 점령과 남아프리카공화국의 아파르트헤이트를 '동일시'한 반유대주의자라고 비난하자, 보수 정당인 '자유민주당' 소속 지역 정치가인 로렌츠 도이치가 루르 트리엔날레 주최 측에 음벰베의 기조 강연 초청을 취소하도록 압력을 행사함으로써 논란이 일었다. 음벰베의 글을 그대로 인용하자면, 아파르트헤이트와 홀로코스트는 "(홀로코스트가 더 극단적이기는 하지만) 서로 다른 구도 속에서 분리의 환상을 상징적으로 구현한 두 가지 예시다." 음벰베는 홀로코스트와 식민주의/노예제의 인종주의적 폭력의 관계에 대해 사유해온 사상가로, 그의 글 어디에도 홀로코스트와 아파르트헤이트를 '동일시'한 흔적은 없다.[15]

실제로 음벰베는 반유대주의를 비롯해 모든 인종차별주의와 식민주의 등에 반대하며 식민주의와 인종주의에 대한 합당한 비판은 홀로코스트의 상대화와 아무 상관이 없다는 점을 분명히 한 바 있다.[16] 그런데도 독일 사회 일각에서 음벰베를 반유대주의자라고 비판한 데는 홀로코스트와 식민주의적 폭력의 비교가 홀로코스트의 의미를 축소하고 자신들의 범죄행위에 대한 독일인의 책임의식을 희석하는 것이 아닌가 하는 우려가 컸다. 독일인의 이러한 우려는 홀로코스트의 역사적 의미를 '반인간적 범죄'에서 '반유대주의적 범죄'로 축소하는 경향이 있다. 음벰베를 둘러싼 논란은 기본적으로 홀로코스트에 대한 유엔의 '보편적 인권선언'(1948)과 이스라엘의 '건국선언'(1948)의 대립 구도를 반영한다.[17] 지구적 기억구성체의 관점에서 보면, 이 대립은 홀로코스트를 보편적 인권의 문제로 탈영토화하는 기억과 이스라엘의 국가 이성으로 재영토화하는 기억 사이의 갈등이라고 할 수 있다.

그러나 홀로코스트의 보편성을 강조한 음벰베를 반유대주의자라고 비난한다면 오히려 그 비난이야말로 '새로운 매카시즘'이라는 비판에서 벗어날 수 없다.[18] 홀로코스트에 대한 책임을 전적으로 혼자 감수하겠다는 독일 역사가들의 선의는 독일의 기억 문화를 자기비판의 궤도에서 벗어나지 않게 만드는 요인이지만, 서구 식민주의와 연결된 지구적 기억구성체에 배치되는 순간 기억의 재영토화로 이어지는 것이다. 자기 변호적인 일본의 기억 문화와 마찬가지로 자기 비판적인 독일의 기억 문화가 지구적 기억의 연대를 저해하는 모순된 상황이 시사해주는 바는 분명하다. 일국적 기억 공간 내에서 변명적 기억과 비판적 기억을 구분하고 그 간격을 똑바로 바라보는 것도 중요하지만, 지구적 기억구성체에 배치하여 기억의 탈영토성과 재영토성을 초국가적 관점에서 재검토할 필요가 있다는 것이다. 동아시아의 역사 논쟁이든 독일과 동유럽의 홀로코스트 논쟁이든, 그리고 이스라엘과 팔레스타인의 점령지 식민이주 논쟁이든, 기본적으로 시끄러운 것은 침묵보다 바람직하다. 국경에 갇혀 있던 기억이 국경을 넘으면서 내는 파열음은 자신과 다른 기억을 지각하면서 나타나는 건강한 긴장의 신호이기도 하다.

서로 경합하는 기억의 연대는 특정한 기억 아래 다른 기억을 위계적으로 줄 세우는 것과는 거리가 멀다. 기억의 연대는 지구적 기억구성체에서 서로 다른 기억이 만나고 얽히면서 생성되는 불협화음을 비판적 긴장 관계로 유지하는 데서 출발한다.[19] 희생의 기억을 탈영토화하여 '제로섬게임'적 경쟁체제에서 벗어날 때, 자기 민족의 희생을 절대화하고 타자의 고통을 자신의 고통 뒤에 줄 세우는 기억의 재영토화에서 벗어날 때, 그래서 희생자의식 민족주의를 희생시킬 때, 기억의 연대를 막고 있는 장벽이 터지면서 지구적 기억구성체는 삐걱거리면서도 다양한 기억이 합류하여 흐르는 연대의 실험장이 될 것이다.

미주

Ⅰ. 기억

1 Ulrich Beck, "The Cosmopolitan Perspective: Sociology of the Second Age of Modernity", *British Journal of Sociology*, vol. 51 no. 1, 2000, pp. 79~105; Andreas Wimmer and Nina Glick Schiller, "Methodological Nationalism and Beyond: Nation-State Building, Migration and Sociology", *Global Networks*, vol. 2 no. 4, 2002, pp. 301~334.

2 모든 역사 서술은 비교사를 안고 있다는 마르크 블로흐(Marc Bloch)의 통찰도 여기에 해당된다. 민족주의의 트랜스내셔널한 상상력에 대한 생각은 '일본'이 상상된 '서양'과 같은 담론 공간에 배치됨으로써 담론적 실체로 형성되는 과정을 분석한 사카이 나오키에게서 힌트를 얻었다. Naoki Sakai, *Translation and Subjectivity: On "Japan" and Cultural Nationalism*, Minneapolis: University of Minnesota Press, 1997, pp. 40~71; Jie-Hyun Lim, "The Configuration of Orient and Occident in the Global Chain of National Histories: Writing National Histories in Northeast Asia", *Narrating the Nation: Representations in History, Media and the Arts*, Stefan Berger, Linas Eriksonas and Andrew Mycock eds., New York: Berghahn Books, 2008, pp. 288~305.

3 Timothy Mitchell, "The Stage of Modernity", *Questions of Modernity*, T. Mitchell ed., Minneapolis: University of Minnesota Press, 2000, p. 4.

4 Benedict Anderson, *Imagined Communities: Reflections on the Origin and Spread of Nationalism* (revised edition), London: Verso, 1991, pp. 47~65; 시 엘 아르 제임스, 《블랙 자코뱅: 투생 루베르튀르와 아이티혁명》, 우태정 옮김, 필맥, 2007; 수전 벅모스, 《헤겔, 아이티, 보편사》, 김성호 옮김, 문학동네, 2012; Eric J. Hobsbawm, *Nations and Nationalism since 1780*, Cambridge: Cambridge Universty Press, 1990, pp. 46~79; Paul Gilroy, *Postcolonial Melancholia*, New York: Columbia University Press, 2005; Sakai Naoki, *The End of Pax Americana: The Loss of Empire and Hikikomori Nationalism*, Durham, NC: Duke University Press, forthcoming.

5 '희생자의식 민족주의(victimhood nationalism)'를 처음 개념화한 글로는 다음을 보라. 임지현, 〈희생자의식 민족주의〉, 《비평》 15호, 2007; 林志弦, "犠牲者意識の民族主義 (特集 シンポジウム グローバル化時代の植民地主義とナショナリズム) — (問題提起)", 《立命館言語文化研究》 95, 2009. 02., pp. 57~62; Jie-Hyun Lim, "Victimhood Nationalism in Contested Memories-National Mourning and Global Accountability", *Memory in a Global Age: Discourses, Practices and Trajectories*, Aleida Assmann and Sebastian Conrad eds., Basingstoke: Palgrave Macmillan, 2010, pp. 138~162; Jie-Hyun Lim, "Narody-ofiary i ich megalomania", *Więź*, no. 616-617, Marek Darewski trans., 2010, pp. 22~34; Jie-Hyun Lim, "Victimhood Nationalism and History Reconciliation in East Asia", *History Compass*, vol. 8 no. 1, 2010, pp. 1~10. 위 논문들이 이 책의

시작이었다.

6 Dan Diner, "Negative Symbiose. Deutsche und Juden nach Auschwitz", *Babylon* 1, 1986, p. 9; Sebastian Wogenstein, "Negative Symbiosis? Israel, Germany, and Austria in Contemporary Germanophone Literature", *Prooftexts: A Journal of Jewish Literary History*, vol. 33, no. 1, 2013, pp. 106~110; Tom Segev, *The Seventh Million: The Israelis and the Holocaust*, Haim Watzman trans., New York: An Owl Book, 2000, pp. 15~20, 29~31.

7 Dan Diner, "Cumulative Contingency: Historicizing Legitimacy in Israeli Discourse", *History and Memory: Studies in Representation of the Past*, vol. 7 no. 1, Special Issue: Israel Historiography Revisited, Gulie Ne'eman Arad ed., 1995, pp. 153~155, 160~163; Anita Shapira, "Politics and Collective Memory: The Debate over the 'New Historians' in Israel", *Ibid.*, pp. 9~11; Ilan Pappe, "Critique and Agenda: The Post-Zionist Scholars in Israel", *Ibid.*, pp. 69~73.

8 아시스 난디,《친밀한 적: 식민주의 시대의 자아의 상실과 재발견》, 이옥순 옮김, 신구문화사, 1993.

9 Larry Wolff, *Inventing Eastern Europe: The Map of Civilization on the Mind of the Enlightenment*, Stanford: Stanford University Press, 1994; Jan Kieniewicz, "The Eastern Frontiers and the Civilisational Dimension of Europe", *Acta Poloniae Historica*, no. 107, 2013; Jerzy Jedlicki, *A Suburb of Europe: Nineteenth-Century Polish Approaches to Western Civilization*, Budapest: Central European University Press. 1999; Lucy Mayblin, Aneta Piekut and Gill Valentine, "'Other' Posts in 'Other' Places: Poland through a Postcolonial Lens?", *Sociology*, vol. 50 no. 1, 2016, pp. 60~76; Jie-Hyun Lim, "A Postcolonial Reading of the *Sonderweg*: Marxist Historicism Revisited", *Journal of Modern European History*, vol. 12 no. 2, 2014, pp. 280~294.

10 임지현·이성시 엮음,《국사의 신화를 넘어서》, 휴머니스트, 2004; Jie-Hyun Lim, "The Configuration of Orient and Occident in the Global Chain of National Histories: Writing National Histories in Northeast Asia", *Narrating the Nation,* Berger, Eriksonas and Mycock eds., pp. 288~305.

11 Martin Krygier, "Letter from Australia: Neighbors: Poles, Jews and the Aboriginal Question", *East Central Europe*, vol. 29 no. 1-2, 2002, pp. 297~309; Dan Stone, "The Historiography of Genocide: Beyond 'uniqueness' and ethnic competition", *Rethinking History*, vol. 8 no. 1, 2004, pp. 127~138; Carol Gluck, "Operations of Memory: 'Comfort Women' and the World", *Ruptured Histories: War, Memory and the Post-Cold War in Asia*, Shelia Miyoshi Jager and Rana Mitter eds., Cambridge, Mass: Harvard University Press, 2007; Michael Rothberg and Yasemin Yildiz, "Memory Citizenship: Migrant Archives of Holocaust Remembrance in Contemporary Germany", *Parallax*, vol. 17 no. 4, 2011, pp. 32~48; Shirli Gilbert, "Anne Frank in South Africa: Remembering the Holocaust During and After Apartheid", *Holocaust and Genocide Studies,* vol. 26, no. 3, 2012, pp. 366~393; A. Dirk Moses, "The Holocaust and World History", *The Holocaust and Historical Methodology*, Dan Stone ed., New York: Berghahn Books, 2012; Roberta Pergher, Mark Roseman, Jrgen Zimmerer, Shelley Baranowski, Doris L. Bergen and Zygmunt Bauman, "Scholarly Forum on

the Holocaust and Genocide", *Dapim: Studies on the Holocaust,* vol. 27, no. 1, 2013, pp. 40~73.

12 19세기 이래 근대 역사학을 지배해온 '일국사(national history)' 패러다임의 대안으로 '트랜스내셔널 역사(transnational history)', '세계사(world history)', '지구사(global history)' 등의 용어가 엄밀한 구분 없이 뒤섞여 사용되는 것이 현실이다. 엄밀한 개념적 차이보다는 뉘앙스의 차이에 그칠 때가 많다. 그런데도 이 책에서 '트랜스내셔널 역사' 대신 '지구사'를 선호하는 것은 희생자의식 민족주의가 가해자 민족 대 희생자 민족이라는 양국적 관계를 넘어 대륙과 대양을 넘나드는 지구적 차원의 분석을 요구한다고 생각하기 때문이다. 전 지구적 차원에서 이 용어들이 사용되어온 역사에 대해서는 다음을 보라. Sven Beckert and Dominic Sachsenmaier eds., *Global History, Globally*, London: Bloomsbury, 2018; Douglas Northrop ed., *A Companion to World History*, Chicester: Wiley-Blackwell, 2012.

13 Aleida Assmann and Sebastian Conrad, "Introduction", *Memory in a Global Age*, Assmann and Conrad eds., p. 1.

14 '얽혀 있는 기억'에 대한 내 생각은 베르너와 짐머만의 '얽혀 있는 역사(histoire croisée)'에서 힌트를 얻었다. Michael Werner and Bénédicte Zimmermann, "Beyond Comparison: Histoire Croisée and the Challenge of Reflexivity", *History and Theory*, vol. 45 no. 1, 2006, pp. 30~50. 얽혀 있는 기억에 대해서는 다음을 보라. Jie-Hyun Lim, "Second World War in Global Memory Space", *Cambridge History of Second World War*, vol. III, Michael Geyer and Adam Tooze eds., Cambridge: Cambridge University Press, 2015, p. 699; Marius Henderson and Julia Lange, "Introduction", *Entangled Memories: Remebering the Holocaust in a Global Age*, Marius Henderson and Julia Lange eds., Heidelberg: Universitätsverlag, Winter 2017, pp. 3~16.

15 애초 나는 '트랜스내셔널 기억구성체'라는 용어를 사용했지만, 희생자의식 민족주의의 지구사로 기울면서 이 책에서는 '지구적 기억구성체'라는 용어를 사용한다. Jie-Hyun Lim, "Transnational Memory Formation: Memory-History-Culture", *The Routledge Companion to World Literature and World History*, May Hawas ed., London: Routledge, 2018, pp. 266~276.

16 기억 연구와 감정의 역사가 접합될 가능성을 타진하는 연구는 그리 많지 않다. 문화적 기억에서 감정의 문제를 제기한 아스만의 선구적 연구 외에는 방법론적으로 눈에 띄는 연구는 없다. 경험 연구로는 동유럽의 사례를 통해 양자의 접합 양상과 가능성을 밝힌 연구가 돋보인다. Aleida Assmann, "Impact and Resonance: Towards a Theory of Emotions in Cultural Memory", *Södertörn Lectures*, no. 6, 2011; Tea Sindbæk and Barbara Törnquist-Plewa eds., *Disputed Memory: Emotions and Memory Politics in Central, Eastern and South-Eastern Europe*, Berlin: Walter de Gruyter, 2016.

17 Paul Ricoeur, *Memory, History, Forgetting*, Kathleen Blamey and David Pellauer trans., Chicago: University of Chicago Press, 2004, pp. 1~2.

18 Chiara De Cesari and Ann Rigney, "Introduction", *Transnational Memory: Circulation, Articulation, Scales*, Chiara De Cesari and Ann Rigney eds., Berlin: Walter de Gruyter, 2014, p. 3.

19 Jie-Hyun Lim, "Second World War in the Global Memory Space", *Cambridge History of Second World War*, vol. III, Geyer and Tooze eds., pp. 698~724.

20 홀로코스트의 역사적 교훈은 어떻게 하면 우리가 다시는 그 끔찍한 비극의 희생자가 되지 않을 것인가가 아니라 우리도 홀로코스트의 가해자가 될 수 있다는 깨달음이라는 지그문트 바우만의 경고와, 나치의 홀로코스트 가해자에게서 평범한 독일인이 아니라 평범한 인간, 그래서 우리의 자화상을 본 크리스토퍼 브라우닝의 혜안은 지구적 기억구성체의 도덕성 문제를 고민할 때 여전히 많은 울림을 준다. Zygmunt Bauman, *Modernity and the Holocaust* (with a new afterward), Ithaca: Cornell University Press, 2000, p. 152; Christopher R. Browning, *Ordinary Men: Reserve Police Battalion 101 and the Final Solution in Poland* (with a new afterward), New York: Harper Perennial, 1993, pp. 189, 222~223; Michael Mann, *The Dark Side of Democracy: Explaining Ethnic Cleansing*, Cambridge: Cambridge University Press, 2005, p. 9.

21 Jean-Marc Dreyfus and Marcel Stoetzler, "Holocaust memory in the twenty-first century: between national reshaping and globalisation", *European Review of History*, vol. 18 no. 1, 2011, p. 75.

22 Marianne Hirsch and Leo Spitzer, "The witness in the archive: Holocaust studies/Memory studies", *Memory Studies*, vol. 2 no. 2, 2009, pp. 156, 159, 161.

23 국가의 '공식 기억', 시민사회의 '민간 기억', 개인의 '경험 기억', '메타 기억(meta-memory)'으로 구성된 기억의 지형과 이 다양한 기억의 상호작용에 대해서는 다음 글을 참조하라. Carol Gluck, "Operations of Memory: 'Comfort Women' and the World", *Ruptured Histories: War, Memory and the Post-Cold War in Asia*, Miyoshi Jager and Mitter eds., pp. 52~58.

24 민족의 단결을 위해서는 기쁨보다 고통이, 승리보다 애도의 기억이 더 낫다는 르낭의 주장은 희생자의식 민족주의가 갖는 '정동을 건드리는 기억'의 성격을 예언한 것처럼 보인다. 에르네스트 르낭, 《민족이란 무엇인가》, 신행선 옮김, 책세상, 2002, 81쪽. 방법론적으로 '정동적 기억'은 기억 연구와 '감정의 역사'가 만나는 지점이기도 하다.

25 로널드 스멜서·에드워드 데이비스 2세, 《제2차 세계대전의 신화와 진실》, 류한수 옮김, 산처럼, 2020, 88, 92, 94, 108쪽.

26 구 공산주의 진영의 기억 정치와 홀로코스트에 대한 최근의 연구로는 다음을 보라. Kata Bohus, Peter Hallama and Stephan Stach eds., *Growing in the Shadow of Antifascism: Remembering the Holocaust in Communist Eastern Europe*, Budapest: Central European University Press, 2021.

27 홀로코스트와 노예제, 식민주의 제노사이드 등이 지구적 기억으로 얽히는 양상에 대해서는 다음을 보라. Daniel Levy and Natan Sznaider, *The Holocaust and Memory in the Global Age*, Philadelphia: Temple University Press, 2006; Michael Rothberg, *Multidirectional Memory: Remembering the Holocaust in the Age of Decolonization*, Stanford: Stanford University Press, 2009; Aleida Assmann and Sebastian Conrad eds., *Memory in a Global Age: Discourses, Practices and Trajectories*, Palgrave Macmillan, 2010; Amos Goldberg and Haim Hazan eds., *Marking Evil: Holocaust Memory in the Global Age*, New York: Berghahn Books, 2015; Jie-Hyun Lim, "Triple

Victimhood: On the Mnemonic Confluence of the Holocaust, Stalinist Crime, and Colonial Genocide", *Journal of Genocide Research*, 2020. 04; A. Dirk Moses, "Conceptual Blockages and Definitional Dilemmas in the 'Racial Century': Genocides of Indigenous Peoples and the Holocaust", *Patterns of Prejudice*, vol. 36, no. 4, 2020, pp. 7~36; Jie-Hyun Lim and Eve Rosenhaft eds., *Mnemonic Solidarity: Global Interventions*, London: Palgrave Macmillan, 2021.

28 "美정부 1호 위안부기림비 뉴저지서 제막식",《조선일보》, 2013. 03. 09. [인터넷판]

29 홀로코스트의 보편화를 통한 기억의 코즈모폴리터니즘과 '내면적 지구화'에 대한 논의는 다음을 보라. Daniel Levy and Natan Sznaider, "Memory Unbound: The Holocaust and the Formation of Cosmopolitan Memory", *European Journal of Social Theory*, vol. 5 no. 1, 2002, p. 87. 이 책에서는 반드시 홀로코스트의 보편화에 초점을 맞출 필요는 없다는 전제 아래 '내면적 지구화'라는 레비와 슈나이더의 표현을 빌려 쓸 것이다.

30 Antony Polonsky and Joanna Michlic, "Introduction", *The Neighbors Responded: The controversy over the Jedwabne Massacre in Poland*, Antony Polonsky and Joanna Michlic eds., Princeton: Princeton University Press, 2004, p. 9.

31 Levy and Sznaider, *The Holocaust and Memory in the Global Age*; Rotheberg, *Multidirectional Memory*; Jie-Hyun Lim, "Second World War in the Global Memory Space".

32 최근 공개된 이스라엘 외교부의 기밀문서는 이스라엘 정부가 1982년 이스라엘에서 개최 예정인 홀로코스트와 아르메니아 제노사이드의 비교 학술대회를 무산시키거나 그 의미를 축소시키기 위해 각국의 대사관과 영사를 통해 어떻게 공작했는가를 잘 보여주고 있다. 그 결과 야드 바셈, 텔아비브 대학 등이 학술대회의 지원을 철회하고, 대회장으로 예정된 엘리 위젤(Elie Wiesel)이 이스라엘 총영사와 만난 후 대회 참석을 취소하는 등 홀로코스트-아르메니아 제노사이드 비교 학술대회는 반쪽 대회로 전락했다. 이스라엘 외무부는 시리아와 이란으로부터 터키를 거쳐 이스라엘로 이주하는 유대인에 대한 터키 정부의 잠재적 위협을 그 근거로 들었지만, 당시 대회장이었던 아르메니아 제노사이드 전문가인 챠니(Israel Charny)는 그 이론이 근거 없는 날조라고 주장하고 있다. Ofer Aderet, "How Israel Quashed Efforts to Recognize the Armenian Genocide – to Please Turkey", *Haaretz*, 2021. 05. 02. [인터넷판]

33 린 헌트,《인권의 발명》, 전진성 옮김, 돌베개, 2009.

34 Lea David, "Moral Remembrance and New Inequalities", *Global Perspectives*, vol. 1 no. 1, 2020.

35 United Nations, "Report of the Special Rapporteur in the field of cultural rights, Farida Shaheed: memorialization processes", 2014, pp. 5~6, digitallibrary.un.org/record/766862

36 Lea David, "Human rights, micro-solidarity and moral action: Face-to-face encounters in the Israeli/Palestinian context", *Thesis Eleven*, vol. 154 no. 1, 2019, pp. 66~79.

37 Samuel Moyn, *The Last Utopia: Human Rights in History*, Cambridge, MA.: Harvard University Press, 2010; Samuel Moyn, *Christian Human Rights*, Philadephia: University of Pennsylvania Press,

2015; Lea David, "Human Rights as an Ideology? Obstacles and Benefits", *Critical Sociology*, vol. 46 no. 1, 2020, p. 37.

38 '내재적 접근'이라는 논리로 북한의 인권 문제를 덮어버리는 한국 좌파 민족주의자의 침묵이나 난징 학살과 일본군 '위안부' 등의 만행을 저지른 일본 정부는 신장 위구르인의 인권 문제를 말할 자격이 없다는 중국 정부의 반박 등이 비근한 예다. 다음을 보라. "유엔북한인권사무소 설치의 문제점", 《자주시보》, 2015. 08. 15.; "대북전단금지법 두고 내정간섭하는 미국 규탄", 《자주시보》, 2020. 12. 23.; "난징 학살 자행 일본, 신장 인권 말할 자격 있나", 《YTN》, 2021. 03. 26. [인터넷판]

39 Kay Schaffer and Sidonie Smith, "Venues of Storytelling: the circulation of testimony in human rights-campaigns", *Life Writing*, vol. 1 no. 2, 2004, p. 3.

40 Lewis A. Coser ed., *Maurice Halwachs on Collective Memory*, Chicago: University of Chicago Press, 1992; Jan Assmann and John Czaplicka, "Collective Memory and Cultural Identity", *New German Critique*, no. 65, 1995, pp. 125~133.

41 Assmann and Czaplicka, "Collective Memory and Cultural Identity", pp. 128~129.

42 공식 기억, 민간 기억, 개인 기억, 메타 기억이라는 분류에 대해서는 다음을 보라. Gluck, "Operations of Memory: 'Comfort Women' and the World", pp. 52~58.

43 Nathan Wachtel, "Introduction", *Between Memory and History*, Marie-Noëlle Bourguet, Mucette Valensi and Nathan Wachtel eds., London: Harwood Academic Publishers, 1990, pp. 4~5. 파리의 '현재의 역사 연구소(Institut Histoire Temps Presents)'의 산파 역할을 한 앙리 루소(Henry Russo)는 '현재의 역사'라는 이름을 붙인 것은 현대사(contemporary history)의 의미가 아니라 현재 만들어지고 있는 기억의 역사를 염두에 둔 것이었다고 분명히 밝힌 바 있다. (2011년 5월 9일 앙리 루소와 개인적으로 나눈 대화.)

44 기억 정치와 그것을 구조화하는 헤게모니로서의 기억 문화의 구분에 대해서는 다음을 참조하라. Berthold Molden, "Resistant pasts versus mnemonic hegemony: On the power relations of collective memory", *Memory Studies*, vol. 9 no. 2, 2016, pp. 125~142. 이 책에서는 아스만의 '문화적 기억'과 몰덴의 '기억 문화'를 같은 의미로 사용하되, 미세한 문맥의 차이에 따라 양자를 번갈아 사용할 것이다.

45 Jie-Hyun Lim and Eve Rosenhaft eds., *Mnemonic Solidarity: Global Interventions*, London: Palgrave Macmillan, 2021; Jie-Hyun Lim, "Triple Victimhood: On the Mnemonic Confluence of the Holocaust, Stalinist Crime, and Colonial Genocide", *Journal of Genocide Research*, 2020. 04.; 임지현, 〈전지구적 기억 공간과 희생자의식: 홀로코스트, 식민주의 제노사이드, 스탈린주의 테러의 기억은 어떻게 만나는가?〉, 《대구사학》 125집, 2016, 110~134쪽; 林志弦, 〈グローバルな記憶空間と犧牲者意識〉, 《思想》, no. 1116, 2017, pp. 55~73.

46 Amos Goldberg, "Forum: On Saul Friedlaender's *The Years of Extermination 2*. The Victim's Voice

and Melodramatic Aesthetics in History", *History and Theory* 48, 2009, p. 234.

47 David Blackburn and Geoff Eley, *The Peculiarities of German History*, Oxford: Oxford University Press, 1984, pp. 7, 164 and passim.; Juergen Kocka, "Asymmetrical Historical Comparison: the Case of the German *Sonderweg*", *History and Theory*, vol. 38, no. 1, 1999, p. 41; Jie-Hyun Lim, "A Postcolonial Reading of the *Sonderweg*: Marxist Historicism Revisited", pp. 280~294.

48 Zygmunt Bauman, *Modernity and the Holocaust*, Ithaca: Cornell University Press, 1989; Enzo Traverso, *The Origins of Nazi Violence*, New York: The New Press, 2003; Jürgen Zimmerer, "Die Geburt des Ostlandes aus dem Geiste des Kolonialismus: Die nationalsozialistische Eroberungs- und Beherrschungspolitik in (post-)kolonialer Perspektive", *Sozial Geschichte*, vol. 19 no. 1, 2004, pp. 10~43; Benjamin Madley, "From Africa to Auschwitz: How German South West Africa Incubated Ideas and Methods Adopted and Developed by the Nazis in Eastern Europe?", *European History Quarterly*, vol. 35 no. 3, 2005, pp. 429~464; Robert Gerwarth and Stephan Malinowski, "Der Holocaust als kolonialer Genozid? Europaeische Kolonialgewalt und nationalsozialistischer Vernichtungskrieg", *Geschichte und Gesellschaft* 33, 2007; A. Dirk Moses, "Empire, Colony, Genocide: Keywords and the Philosophy", *Empire, Colony, Genocide: Conquest, Occupation, and Subaltern Resistance in World History*, A. Dirk Moses ed., New York and Oxford: Berghahn Books, 2008.

49 Lucy Mably et al., "'Other' Posts in "Other" Places: Poland through a Postcolonial Lens?", *Sociology*, vol. 50 no. 1, 2016, p. 66; Larry Wolff, *Inventing Eastern Europe: The Map of Civilization on the Mind of the Enlightenment*, Stanford: Stanford University Press, 1994, p. 9; Jerzy Jedlicki, *A Suburb of Europe: Nineteenth-Century Polish Approaches to Western Civilization*, Budapest: Central European University Press, 1999, xiii; David Furber, "Near as Far in the Colonies: The Nazi Occupation of Poland", *The International History Review*, vol. 26 no. 3, 2004, p. 559; Kristin Kopp, *Germany's Wild East: Constructing Poland as Colonial Space*, Ann Arbor: The University of Michigan Press, 2012.

II. 계보

1 이 에세이는 1996년 소책자로 간행되었다. Jan Błoński, *Biedni Polacy patrzą na getto*, Kraków: Wydawnictwo Literackie, 1996.

2 Jerzy Turowicz, "Ethical Problems of the Holocaust: Discussion held at International Conference on the History and Culture of Polish Jewry in Jerusalem on Monday, 1 February 1988", *My Brother's Keeper? Recent Polish Debates on the Holocaust*, Antony Polonsky ed., London: Routledge, 1990, p. 215.

3 Jan Błoński, "The Poor Poles Look At The Ghetto", *Strona Główna*, 2010. 12. 14. [인터넷판]

4 폴란드인의 일상생활에서 '원죄(grzech)' 또는 '원죄적(grzeszny)'이라는 형용사는 종교 차원을 넘어서, 예컨대 연인이나 부부 사이에 신뢰를 배반했을 때처럼 양심에 찔리거나 도덕적 죄의식을 느끼는 일상적 행위를 지칭할 때 많이 쓰인다.

5 브원스키의 에세이와 그와 관련된 논쟁을 영어로 번역·출판된 책이 《내 형제를 지키는 자(My Brother's Keeper)》라는 제목을 단 것도 의미심장하다.

6 Richard Bernstein, "An Epic Film about the Greatest Evil of Modern Times", *The New York Times*, 1985. 10. 20.

7 Roger Ebert, "Shoah", 1985. 11. 24., rogerebert.com/reviews/shoah-1985 (2019년 3월 18일 방문)

8 1985년 폴란드 공산당의 반응은 2020년 폴란드 민족의 명예훼손에 대한 기억법을 제정하려고 했던 폴란드 집권당인 '법과 정의당(PiS)'과 가톨릭 우익 민족주의 세력의 논리와 너무도 닮은 꼴이어서 흥미롭다.

9 Lawrence Baron, "Kino w krzyżowym ogniu polemiki żydowsko-polskiej", *Polacy i Żydzi: kwestia otwarta*, Robert Cherry and Annamaria Orla-Bukowska eds., Warszawa: Więź, 2008, p. 60.

10 Claude Lanzmann, *Shoah: the complete text of the acclaimed holocaust film*, New York: De Capo Press, 1995, pp. 77~79.

11 *Ibid.,* p. 24.

12 *Ibid.,* pp. 120~121.

13 폴란드 공산당의 공식 기억과 당사 서술에 대해서는 다음을 보라. Elizabeth Kridl Valkenier, "The Rise and Decline of Official Marxist Historiography in Poland, 1945-1983", *Slavic Review*, vol. 44 no. 4, 1985, pp. 663~680; Joanna Wawrzyniak, *Veterans, Victims, and Memory: The Politics of the Second World War in Communist Poland*, Simon Lewis trans., Frankfurt am Main: Peter Lang, 2015; Janusz Żarnowski, "Wege und Erfolge der polnischen Historiographie 1945-1975", *Zeitschrift für Geschichtswissenschaft*, Jg. 25, H. 8, 1977; Jie-Hyun Lim, "'The Good Old Cause' in the New Polish Left historiography", *Science & Society*, vol. 61 no. 4, 1997/1998; Jie-Hyun Lim, "The Nationalist Message in Socialist Code: On Court Historiography in People's Poland and North Korea", *Making Sense of Global History: The 19th International Congress of Historical Sciences* (Commemorative Volume), Solvi Sogner ed., Oslo: Universitetsforlaget, 2001; 임지현·미하우 실리바, 〈폴란드 사회주의 운동사 연구의 반성과 전망〉, 《역사비평》 32집, 1996, 230~251쪽; 임지현, 〈역사의 금기와 기억의 진정성: 21세기 폴란드 역사학과 '희생자의식'〉, 《서양사론》 111호, 2011. 12., 147~174쪽.

14 A. Kemp-Welch, *Poland Under Communism: A Cold War History*, Cambridge: Cambridge University Press, 2008, pp. 158~159; Dariusz Stola, "Fighting against the Shadows: The "Anti-Zionist" Campaign of 1968", *Anti-Semitism and its Opponents in Modern Poland*, Robert Blobaum ed., Ithaca: Cornell University Press, 2005, pp. 285, 292: Dariusz Stola, *Kampania antysyjonistyczna*

w Polsce 1967-1968, Warsaw: ISP PAN, 2000.

15 Andrzj Walicki, *Trzy patriotyzmy*, Warszawa: Res Publica, 1991, pp. 35~36.

16 Adam Michnik, "Nationalism", *Social Research*, vol. 58 no. 4, 1991, p. 759.

17 Timoth Snyder, *Bloodlands: Europe Between Hitler and Stalin*, New York: Basic Books, 2010, p. 406.

18 그의 동생 아돌프 베르만(Adolf Berman)은 나치 점령기 게토에서 '유대어린이후원회'를 조직하고 전후에는 시온주의 정당 '포알레이 시온(Poalej Syjon)' 좌파 그룹의 핵심 인물로 이스라엘로 이주하여 정치가와 문필가로 활동했다. 그에 대해서는 다음을 보라. Natalia Aleksiun, "Adolf Berman. W głównym nurcie historii. Żydowski Instytut Historyczny im. Emanuela Ringelbluma", *Żydowski Instytut Historyczny*, 2013. 10. 17., web.archive.org/web/20161005115834/http://www.jhi.pl/blog/2013-10-17-adolf-berman-w-glownym-nurcie-historii (2020년 4월 1일 방문)

19 Gniazdowski, Mateusz. "Losses Inflicted on Poland by Germany during World War II. Assessments and Estimates—an Outline", *The Polish Quarterly of International Affairs*, vol. 16 no. 1, 2007, pp. 107~108, 116.

20 Wojciech Materski and Tomasz Szarota eds., *Polska 1939–1945. Straty osobowe i ofiary represji pod dwiema okupacjami*, Institute of National Remembrance(IPN), Warszawa, 2009, web.archive.org/web/20120323161233/http://niniwa2.cba.pl/polska_1939_1945.htm (2020년 4월 1일 방문)

21 21세기에 들어서 벨라루스와 우크라이나의 희생자 수도 계속 늘어나는 추세다. 특히 스탈린의 강제집산화로 인한 대기근의 희생자를 포함하면 우크라이나의 희생자 비율은 폴란드를 웃돈다. 그러나 현재 치솟고 있는 사망자 숫자는 자기네 희생자 수를 많이 계산하려는 '숫자의 정치'가 작동하고 있어 정확한 추계는 조금 더 시간이 필요하다. 예컨대 우크라이나의 민족주의적 서술은 우크라이나의 대기근 희생자를 630만 명으로 올려 잡기도 하는데, 이는 명백히 홀로코스트 희생자 600만 명보다 많다는 것을 강조하기 위한 서사 전략으로 판단된다.

22 2020년 11월 1일 독일 의회가 제2차 세계대전의 폴란드인 희생자에게 헌정하는 기림비를 여야 합의로 베를린 중심부의 아스칸(Askan) 광장에 세우기로 의결했다. 이는 유대인과 로마 희생자 외의 단일 국민에게 헌정된 최초의 나치 희생자 기림비로, 폴란드인 희생의 크기를 짐작하게 해준다. Stuart Dowell, "German parliament says 'Ja' to Polish war memorial", *The first News*, 2020. 11. 02. [인터넷판]

23 조선인 희생자를 비롯해 아시아·태평양 전쟁 당시 아시아 각국 희생자의 통계에 대해서는 다음을 보라. United Nations, Economic and Social Council, 2nd Year, 4th Session, *Report of the Working Group for Asia and the Far East*, Supplement no. 10, 1947; John W. Dower, *War Without Mercy: Race and Power in the Pacific War* (7th edition), New York: Pantheon Books, 1993, pp. 295~299; "異域에서 不歸客된 七萬英靈에 慰靈祭", 《동아일보》, 1946. 01. 16., 2면. 일본 연구자 요시타 유타카(吉田裕)는 아시아·태평양 전쟁에서 전사자와 민간인을 포함한 조선인 사망자 총 수를 20만 명으로 추산하고 있다. 이는 타이완의 3만, 말레이시아/싱가폴의 10만보다는

많지만, 사망자가 100만 이상인 인도네시아, 베트남, 필리핀 등에 비해서는 상당히 적은 수치다. 吉田裕,《日本軍兵士》, 東京: 中央公論新社, 2017, p. 24.

24 Dower, *War Without Mercy*, pp. 296~297.

25 Gniazdowski, "Losses Inflicted on Poland by Germany during World War II. Assessments and Estimates—an Outline", pp. 103~104. 2018년 독일에 새로운 배상을 촉구하기 위한 폴란드 의회의 특별위원회가 추계한 바에 따르면, 폴란드인 사망자는 유대인 300만 명을 비롯한 510만 명, 물적 피해는 540억 달러에 달하고 있다. 정확한 통계를 내기 어렵다는 점을 고려하면, 500만 명을 웃도는 사망자와 500억 달러 내외의 물적 피해액은 대체로 수긍할 만한 통계가 아닐까? 폴란드 의회의 대독배상청구 특별위원회도 2018년 500만 명 사망자와 540억 달러의 피해액을 공표한 바 있다. "Poland totals WWII occupation's cost amid Germany claim talk", *AP News*, 2018. 09. 01. [인터넷판]

26 Jan T. Gross, *Fear: Anti-Semitism in Poland After Auschwitz*, New York: Random House, 2006, pp. 98, 121~122, 126.

27 물론 19세기의 희생자의식은 몇몇 민족주의 지식인의 전유물이었다는 점에서 대중이 널리 공유하는 20세기의 희생자의식 민족주의와는 구별된다. 민족운동과 관련된 19세기 폴란드의 지성사에 대한 국내 문헌으로는 임지현,《그대들의 자유, 우리들의 자유: 폴란드 민족해방운동사》, 아카넷, 2000을 보라. 십자가에 못 박힌 예수의 이미지는 민족이 인류를 위한 희생자로 승화할 때 자주 사용되는 메타포였다. '만주사변'에 대한 국제연맹의 비판에 불만을 품고 일본이 국제연맹을 탈퇴할 때 당시 일본 측 수석대사인 마쓰오카 요스케(松岡洋右)는 탈퇴 연설에서 일본을 세계 여론에 의해 못 박힌 예수라고 비유해 세계를 다시 놀라게 했다. 이안 부루마,《근대 일본》, 최은봉 옮김, 을유문화사, 2004, 98쪽.

28 Joanna Szczęsna, "25 lat sporów o 'Shoah", *wyborcza.pl*, 2010. 03. 24.[인터넷판]

29 이는 폴란드뿐 아니라 오스트리아, 프랑스, 네덜란드 등 서유럽 국가들에서도 광범위하게 발견되는 현상이었다. 그 밑에는 유대인의 재산을 노린 경제적 동기도 컸다. 홀로코스트 덕분에 폴란드에서도 자본의 본원적 축적이 가능했고 제3신분이 탄생했다는 냉소적 평가도 같은 선에 서 있다. 해리 하루투니언은 최근의 자서전에서 아르메니아 제노사이드를 '탈취(dispossession)'라는 맥락에서 이야기하고 있다. Harry Harootunian, *The Unspoken as Heritage: The Armenian Genocide and Its Unaccounted Lives*, Durham: Duke University Press, 2019, pp. 98~113.

30 펠릭스 티흐, 〈민족문제와 폴란드 공산주의 체제의 전술: 유대인 정책〉,《대중독재 II: 정치종교과 헤게모니》, 임지현·김용우 엮음, 책세상, 2005, 306쪽.

31 Gross, *Fear*, pp. 47, 98, 120 and passim. 스탈린에 의해 해체된 폴란드공산당(KPP)의 후신인 폴란드노동당(PPR)은 1948년 폴란드사회당(PPS)과 폴란드통합노동자당(PZPR)으로 합당하여 공산주의 폴란드를 지배했다.

32 안토니 폴론스키는 1984년 6월 옥스퍼드의 서머빌 칼리지(Somerville College)에서 열린 폴란

드-이스라엘 지식인 모임에서 미워시가 위의 시를 직접 낭독하고 그 모임의 발표와 토론을 열심히 노트하던 브원스키를 회고한다. 미워시와 브원스키는 개인적으로도 친분이 있었을 것이다. Konrad Matyjaszek and Antoni Polonsky, ""You need to speak Polish". Antoni Polonsky interviewed by Konrad Matyjaszek", *Studia Litteraria et Historica* 6, 2017, pp. 25~26.

33 Błoński, *Biedni Polacy patrzą na getto*, pp. 26~27.

34 *Ibid.*, p. 18.

35 "BENJAMIN (BEN) MEED DESCRIBES THE BURNING OF THE WARSAW GHETTO DURING THE 1943 GHETTO UPRISING", UNITED STATES HOLOCAUST MEMORIAL MUSEUM, *encyclopedia.ushmm.org* (2020년 11월 7일 방문)

36 Błoński, *Biedni Polacy patrzą na getto*, pp. 24~26.

37 '좋은 형제들'이라는 거리 이름도 얄궂다.

38 Lanzmann, *Shoah*, p. 184.

39 Ewa Berberyusz, "Guilt by Neglect", *My Brother's Keeper?*, pp. 70~71.

40 Błoński, *Biedni Polacy patrzą na getto*, p. 12.

41 *Ibid.*, pp. 13~14.

42 Stanisław Salmonowicz, "The Deep Roots and Long Life of Stereotypes", *My Brother's Keeper?*, pp. 55~56, 58.

43 Władysław Siła-Nowicki, "A Reply to Jan Błoński", *My Brother's Keeper?*, pp. 61~62, 67.

44 Berberyusz, "Guilt by Neglect", p. 70.

45 Teresa Prekerowa, "The Just and the Passive", *My Brother's Keeper?*, p. 75.

46 Jerzy Turowicz, "Polish reasons and Jewish reasons", *My Brother's Keeper?*, p. 141.

47 Elie Wiesel, "Freedom of Conscience: A Jewish Commentary", *Journal of Ecumenical Studies*, vol. 14 no. 4, 1977, p. 639.

48 Jerzy Jastrzębowski, "Differing Ethical Standpoints", *My Brother's Keeper?*, pp, 119~120.

49 Zygmunt Bauman, "On Immoral Reason and Illogical Morality", *Polin: A Journal of Polish-Jewish Studies*, vol. 3, 1988, p. 296.

50 *Ibid.*, p. 298.

51 Jan Gross, *Sąsiedzi: Historia zagłady żydowskiego miasteczka*, Sejny: Pogranicze, 2000. 영어판은 다음 해인 2001년 프린스턴 대학 출판부에서 간행되었다. Jan Gross, *Neighbors: The Destruction of*

the Jewish Community in Jedwabne, Princeton: Princeton University Press, 2001. 이 책에 대한 국내 소개는 2003년《서양사론》78호에 실린 임지현의 서평과 "임지현의 유목민통신 2: 역사 뒤편에 숨어 있는 인간 내면의 악마성",《중앙일보》, 2002. 11. 16.을 보라.

52 1,600명은 그로스의 추계이며, 폴란드 국영 민족기억연구소(IPN)는 2001년 학살 현장인 창고 건물에서 유해를 발굴해서 340명을 약간 웃돈다고 추정했다. Radoław J. Ignatiew, "On final findings of investigation S 1/00/Zn into the killing of Polish citizens of Jewish origin in the town of Jedwabne, on 10 July 1941, i.e. pursuant to Article 1 point 1 of the Decree of 31 August 1944", http://ipn.gov.pl/eng_konf_jedwabne_press.html (2020년 11월 4일 방문) 정확한 희생자 숫자를 파악하기 위해서는 더 정밀한 유해 발굴이 필요하지만, 폴란드 정부는 2019년 3월 더는 유해 발굴이 필요하지 않다고 결론을 내렸다. 오늘날에는 340명의 희생자가 정설로 인정되는 것처럼 보인다.

53 폴란드 방송 2 TVP에서 방영될 때 원래 제목은 얀 그로스의 책 제목과 같은 〈이웃들〉이었는데, 후에 〈내 큰아들 카인은 어디에 있느냐?〉로 바뀌었다. 제작은 1998년, 폴란드에서 방송된 것은 2001년이다.Tadeusz Sobolewski, ""Sąsiedzi" Agnieszki Arnold: Każdy ma swoje Jedwabne", *Gazeta Wyborcza*, 2001. 04. 02. [인터넷판]

54 Paweł Machcewicz, "In the shadow of Jedwabne", *Thou Shalt Not Kill: Poles on Jedwabne*, Jacek Borkowicz and Israel Gutman, Warszawa: Więź, 2001, p. 141.

55 Anna Bikont, *The Crime and the Silence: Confronting the Massacre of Jews in Wartime Jedwabne*, Alissa Valles trans., New York: Farrar, Strauss and Giroux, 2015, p. 9.

56 예드바브네 논쟁의 사학사적 의미에 대해서는 다음을 보라. 임지현, 〈역사의 금기와 기억의 진정성: 21세기 폴란드 역사학과 '희생자의식'〉,《서양사론》111호, 2011, 147~174쪽.

57 "Idzie po nas Ida czyli film zrobiony z nienawiści. Przypominamy poruszający felieton prof. Aleksandra Nalaskowskiego z tygodnika "w Sieci"", *Polityka*, 2014. 12. 26. [인터넷판]

58 Joanna Kurczewska, "From the Editor", *Polish Sociological Review*, vol. 137 no. 1, 2002, p. 4.

59 "Jej dokument ujawnił prawdę o Jedwabnem", *TOK FM*, 2017. 07. 07. https://www.tokfm.pl/Tokfm/7,103454,22035601,jej-dokument-ujawnil-prawde-o-jedwabnem-mam-poczucie-porazki.html (2020년 11월 7일 방문)

60 Ireneusz Krzemiński, "Polish-Jewish Relations, Anti-Semitism and National Identity", *Polish Sociological Review*, vol. 137 no. 1, 2002, p. 45.

61 Marek Ziółkowski, "Memory and Forgetting after Communism", *Polish Sociological Review*, vol. 137 no. 1, 2002, pp. 19, 22.

62 Marek Jan Chodakiewicz, *The Massacre in Jedwabne July 10, 1941: Before, During, and After*, Boulder: East European Monographs, 2005, p. 12; Paweł Machcewicz, "Wokół Jedwabnego", *Wokół*

Jedwabnego: Studia, vol. 1, Pawet Machcewicz and Krzysztof Persak eds., Warszawa: IPN, 2002, pp. 55~59.

63 *Thou Shalt Not Kill: Poles on Jedwabne*, Warszawa: Więź, 2001; A. Polonsky and J. A. Michlic eds., *The Neighbors Respond*, Princeton: Princeton University Press, 2004에 실린 안토니 마치에레비치(Antoni Macierewicz), 얀 노박 예지오란스키(Jan Nowak-Jeziorański) 등이 극우적 해석을 대변한다. 조금 더 학술적이면서 보수적인 필자로는 역시 위의 두 책에 실린 토마쉬 스트솀보쉬(Tomasz Strzembosz), 보그단 무시아우(Bogdan Musiał)의 글을 보라.

64 현재 폴란드의 집권당인 '법과 정의당(PiS)'의 기본 입장도 이와 다르지 않다. 학살은 전적으로 독일의 책임이며, 이를 부정하고 폴란드에 학살의 책임을 돌리는 해석은 폴란드적인 가치와 전통, 폴란드의 민족적 정체성에 대한 공격이자 폴란드 민족의 명예를 훼손하려는 음모라고 간주한다. 폴란드 우익의 예드바브네 학살에 대한 역사해석과 입장에 대해서는 다음을 참조하라. Joanna Beata Michlik, "'At the Crossroads': Jedwabne and Polish Historiography of the Holocaust", *Dapim: Studies on the Holocaust*, vol. 31 no. 3, 2017, pp. 296~306; Jörg Hackmann, "Defending the "Good Name" of the Polish Nation: Politics of History as a Battlefield in Poland, 2015–18", *Journal of Genocide Research*, vol. 20 no. 4, 2018, pp. 587~606. 폴란드 민족주의 우파가 비판적 역사학을 공격할 때 사용하는 '수치의 교육(pedagogika wstydu)'이라는 수사는 일본 극우파의 '자학사관' 수사와 놀라울 정도로 유사하다.

65 Zygmunt Bauman, "Afterwards to the 2000 Edition", *Modernity and the Holocaust*, Ithaca, New York: Cornell University Press, 2000, p. 236.

66 임지현, 〈지그문트 바우만 인터뷰: 악의 평범성에서 악의 합리성으로〉, 《당대비평》 21호, 2003 봄, 12~32쪽.

67 '비판과 연대를 위한 동아시아 역사포럼'에 대해서는 다음을 보라. 임지현, 〈동아시아 역사포럼: 선사시대에서 역사시대로의 이행〉, 《植民地近代の視座(朝鮮と日本)》, 宮嶋博史·李成市·尹海東·林志弦 編, 東京: 岩波書店, 2004, pp. 303~314.

68 林志弦, 〈"世襲的犧牲者" 意識と脱植民地主義の歴史学〉, 《東アジア歴史対話—国境と世代を越えて》, 三谷博他 編, 東京: 東京大学出版会, 2007, pp. 167~186.

69 Kazimierz Wóycicki ed., *Ofiary czy Współwinni: nazizm i sowietyzm w świadomości historycznej*, Warszawa: Volumen, 1997.

70 임지현·김용우 엮음, 《대중독재 I: 강제와 동의의 사이에서》, 책세상, 2004; 임지현·김용우 엮음, 《대중독재 Ⅲ: 일상의 욕망과 미망》, 책세상, 2007; Paul Corner and Jie-Hyun Lim eds., *The Palgrave Handbook of Mass Dictatorship*, London: Palgrave Macmillan, 2016; Jie-Hyun Lim, Barbara Walker and Peter Lambert eds., *Mass Dictatorship and Memory as Ever Present Past*, Basingstoke: Palgrave Macmillan, 2014.

71 이 글에서는 《조선일보》, 《동아일보》, 《중앙일보》, 《한겨레》와 《연합통신》의 인터넷판을 참고

했다. PDF 파일로 확인하면 2007년 1월 18일자 시판용 신문이다.《보스턴 글로브》의 한 기사에 따르면, 뉴튼 소재 한국 영사관이《요코 이야기》가 한국인을 사악한 가해자로 묘사하는 등 뒤틀리고 왜곡된 견해를 제공한다고 비판하는 편지를 매사추세츠주 교육부에 보낸 것이 1월 16일이다. http://www.boston.com/news/globe/west/2007/02/korean_official.html 미국 동부와 한국의 시차가 14시간이라는 점을 고려하면, 한국 영사관이 편지를 보낸 시점과 한국 언론이 일제히《요코 이야기》에 대한 보도를 내보낸 시점이 절묘하게 일치한다는 사실을 알 수 있다. 보스턴 주재 한국 총영사가 현직 기자 출신이라는 것도 한몫했을 것이다.

72 "열두살 일본 소녀가 겪은 전쟁",《조선일보》, 2005. 05. 06. [인터넷판]

73 책을 둘러싼 논란이 계속되자, 수정판에서는 편집자 서문 형식으로 일본 식민주의의 만주와 한반도 지배에 대한 한두 문장의 간단한 서술이 추가되었다.

74 테사 모리스 스즈키,《일본의 아이덴티티를 묻는다》, 박광현 옮김, 산처럼, 2005, 56쪽.

75 荒敬 編,《日本占領 外交關係資料集》3巻, 東京: 柏書房, 1991, p. 304, quoted in Lori Watt, *When Empire Comes Home: Repatriation and Reintegration in Postwar Japan*, Cambridge, Mass: Harvard University Press, 2009, pp. 2, 39. 1963년의 후생성 통계는 히키아게샤의 숫자를 총 628만 명이라 추산하고 있는데, 이는 pp. 1~6을 참고.

76 厚生省·若槻泰雄,《戦後引揚の記録》, 東京: 時事通信社, 1991, pp. 252~253, quoted in セレニ·コンスタンス,〈1950年代の引揚げ: 抹消されることを拒む人々未帰還者の問題〉, 国際交流基金 アルザス·欧州日本学研究所(CEEJA) 編,《アルザス日欧知的交流事業 日本研究セミナー〈戦後〉報告書》, 2014, p. 4.

77 山田陽子,《図説 満洲: 日本人の足跡をたどる》, 大阪: 梅田出版, 2011, pp. 80~98.

78 James Orr, *The Victim as Hero: Ideologies of Peace and National Identity in Postwar Japan*, Honolulu: University of Hawaii Press, 2001, p. 161.

79 洪郁如·田原開起,〈朝鮮引揚者のライフ·ヒストリー: 成原明の植民地·引揚げ·戦後〉,《人文·自然研究》10, 2016, pp. 160~175.

80 기억 정치의 관점에서 보면 희생자의 지위가 흔들리는 데서 오는 존재론적 불안감은 기억 문화의 불안감을 낳는다. 힘의 역학관계와는 다른 차원에서 이러한 존재론적 불안감 또는 기억 문화의 불안감은 희생자의식 민족주의의 집단 심리적 배경이자 국가 간의 역사 화해를 가로막는 장애물이다. 이에 대해서는 Maria Mälksoo, "'Memory must be defended': Beyond the politics of mnemonical security", *Security Dialogue*, vol. 46 no. 3, 2015 등을 보라.

81 이광수,《일본 역사왜곡 1편: 요코 이야기의 진실을 찾아라》(개정판), 키네마인, 2010, 52~57쪽.

82 이광수, 같은 책, 173~186쪽. 리포트와 원고지 양식을 책에 넣는 관행은 1970년대에 교재를 팔기 위해 활용한 전형적인 전략이다.

83 ヨーコ·カワシマ·ワトキンズ,《竹林はるか遠く—日本人少女ヨーコの戦争体験記》, 都竹恵

子 飜譯, 東京: ハート出版, 2013.

84 "So Far from the Bamboo Grove", *amazon.co.jp*.

85 J-H Lim, "Victimhood Nationalism: compelling or competing?", *Korea Herald*, 2007. 04 29.

86 크레올 민족주의에 대해서는 다음을 보라. Joshua Simon, *The Ideology of Creole Revolution: Imperialism and Independence in American and Latin American Political Thought*, Cambridge: Cambridge University Press, 2019, pp. 1~2.

87 Jie-Hyun Lim, "Triple Victimhood: On the Mnemonic Confluence of the Holocaust, Stalinist Crime, and Colonial Genocide", *Journal of Genocide Research*, 2020. 04.

Ⅲ. 승화

1 〈현충일 노래〉, 건시스템 커뮤니케이션즈, 2013. 06. 06. [인터넷판]

2 〈제헌절 노래〉, 건시스템 커뮤니케이션즈, 2013. 06. 06. [인터넷판]

3 Benedict Anderson, *Imagined Communities* (revised ed.), London: Verso, 1991, p. 145.

4 배묘정, 〈노래 부르기의 정치학: 〈임을 위한 행진곡〉의 제창·합창 논란에 대한 수행적 관점의 분석〉, 《서강인문논총》 제59집, 2020, 205~242쪽.

5 Jie-Hyun Lim, "Transnational Memory Activism and the Performative Nationalism", *Handbook of Memory Activism*, Yifat Gutman and Jenny Wüstenberg eds., Oxford: Oxford University Press, 2021.

6 에르네스트 르낭, 《민족이란 무엇인가?》, 신행선 옮김, 책세상, 2002, 81쪽.

7 정치종교, 시민종교, 세속종교의 정의에 대해서는 다음을 보라. Emilio Gentile and Robert Mallett, "The Sacralisation of Politics: Definitions, Interpretations and Reflections on the Question of Secular Religion and Totalitarianism", *Totalitarian Movements and Political Religions*, vol. 1 no. 1, 2000; Emilio Gentile, *The Sacralization of Politics in Fascist Italy*, Keith Botsford trans., Cambridge: Harvard University Press, 1996. 그러나 나는 '독재=정치종교' 대 '민주주의=시민종교'라는 에밀리오 젠틸레의 이분법에 대해서는 유보적이다. 대중독재의 관점에서 독재와 민주주의의 이분법 자체가 서구중심주의의 정치적 헤게모니를 유지하는 틀이라 보기 때문이다. 이 글에서는 맥락과 수식에 따라 '정치종교', '시민종교', '세속종교'를 구분 없이 사용했다. 독재와 민주주의의 이분법에 대한 대중독재의 비판적 관점에 대해서는 다음을 보라. 임지현, 〈독재는 민주주의의 반의어인가? 대중독재의 모순어법과 민주주의의 민주화〉, 《서양사론》 116호, 2013, 39~63쪽; Jie-Hyun Lim, "Series Introduction: Mapping Mass Dictatorship: Towards a Transnational History of Twentieth-Century Dictatorship", *Gender Politics and Mass Dictatorship: Global Perspectives*, Jie-Hyun Lim and Karen Petrone eds., New York: Palgrave Macmillan, 2011.

8 전근대 동아시아 전사자 의례의 '해원'적 성격에 대해서는 다음을 참조하라. 강인철, 《전쟁과

희생: 한국의 전사자 숭배》, 역사비평사, 2019, 76~80쪽; 이욱, 〈조선 전기 유교국가의 성립과 국가제사의 변화〉, 《한국사연구》 118집, 2002, 161~193쪽; 니시무라 아키라, 〈위령과 폭력: 전쟁사망자에 대한 태도 이해를 위해〉, 이세영 옮김, 《종교문화비평》 2호, 2002.

9 Thucydides, "History of the Peloponnesian War" 2.42, *Perseus Digital Library*.

10 Detlev Peukert, "Youth in the Third Reich", *Life in the Third Reich*, Richard Bessel ed., Oxford: Oxford University Press, 1987; Georgi Schischkoff, *Die gesteuerte Vermassung*, Meisenheim am Glan: Anton Hain, 1964, pp. 120~121.

11 George L. Mosse, *The Nationalization of the Masses*, New York: Howard Fertig, 1975. '대중의 국민화'는 히틀러의 《나의 투쟁》에서 조지 L. 모스가 따온 문구다. 모스가 이 책의 후속으로 쓴 책이 전사자 숭배에 대한 책이라는 점은 의미심장하다. George L. Mosse, *Fallen Soldiers: Reshaping the Memory of the World Wars*, Oxford: Oxford University Press, 1990.

12 Anthony D. Smith, "Neo-Classicist and Romantic Elements in the Emergence of Nationalist Conception", *Nationalist Movements*, Anthony D. Smith ed., London: Macmillan, 1976, pp. 77~79.

13 K. R. Minogue, "Naitonalism and the Patriotism of City-States", *Nationalist Movements*, p. 64.

14 마틴 버낼, 《블랙 아테나: 서양 고전 문명의 아프리카·아시아적 뿌리》, 오흥식 옮김, 소나무, 2006, 6~7장 참조.

15 George L. Mosse, *The Fascist Revolution*, New York: Howard Fertig, 1999, pp. 71, 83~86.

16 Chris K. Huebner, "Between Victory and Victimhood: Reflections on Culture and Martyrdom", *Direction: A Mennonite Brethren Forum*, vol. 34 no. 2, 2005, pp. 228~240.

17 2005년 당시 프랑스 대통령 자크 시라크(Jaques Chirac)가 제1차 세계대전의 마지막 참전용사는 팡테옹과 같이 특별한 곳에 모시겠다고 하자, 마지막 생존자 중 한 명인 라자르 퐁티첼리(Lazare Ponticelli)는 "내가 마지막 참전용사라면, 나는 싫다고 하겠다. 그건 아무런 명예도 받지 못하고 나보다 먼저 죽어간 모든 이를 욕보이는 일이 될 수 있다"고 응답했다. 참전용사들 사이에 퍼진 '죽음의 민주화' 관념에 대한 좋은 예가 아닐까 한다. Margaret MacMillan, *Dangerous Games: The Uses and Abuses of History*, New York: The Modern Library, 2008, p. 18.

18 Oded Wolkstein and Dror Mishani, "Interview with Slavoj Žižek: The World Is a Disaster Area", *Haaretz*, 2006. 06. 10. [인터넷판]

19 Yael Zerubavel, "The Death of Memory and the Memory of Death: Masada and the Holocaust as Historical Metaphors", *Representations*, no. 45, 1994, p. 87.

20 Amos Goldberg, "Forum: On Saul Friedländer's *The Years of Extermination* - 2. The Victim's Voice and Melodramatic Aesthetics in History", *History and Theory*, vol. 48 no. 3, 2009. 10., pp. 225~226, 232, 233.

21 *Ibid.*, p. 234.

22 Laura Jeffery and Matei Candea, "Introduction: The Politics of Victimhood", *History and Anthropology*, vol. 17 no. 4, 2006, pp. 289, 292.

23 Lea David, *The Past Can't Heal Us: The Dangers of Mandating Memory in the Name of Human Rights*, Cambridge: Cambridge University Press, 2020; William F. S. Miles, "Third World Views of the Holocaust", *Journal of Genocide Research*, vol. 6 no. 3, 2004, pp. 371~393.

24 Jie-Hyun Lim, "Victimhood Nationalism in Contested Memories-National Mourning and Global Accountability", *Memory in a Global Age*, Assmann and Conrad eds.; Jie-Hyun Lim, "Victimhood Nationalism and History Reconciliation in East Asia", pp. 1~10.

25 폴란드의 자유주의 가톨릭 잡지인 《비엥시(Więź)》에서 'victimhood nationalism'에 대한 내 논문을 게재할 때 'nacjonalizm ofiarności'라고 글자 그대로 번역하는 대신 '민족들-희생의 과대망상'이라는 의역을 택한 것도 영어와 폴란드어의 용례가 다르기 때문이다. 당시 역자 및 편집자와 폴란드어 번역어를 놓고 많은 고민을 나누었지만, 결국 만족할 만한 번역어를 찾지는 찾지 못했다. 'ofiara'의 의미가 양면적이라는 점도 문제였지만, 폴란드어로 'nacjonalizm'의 용례가 극히 부정적이라는 점도 큰 원인이었다. Jie-Hyun Lim, "Narody-ofiary i ich megalomania", pp. 22~34.

26 전후 독일, 특히 서독에서는 'Opfer'가 대의를 위한 적극적인 희생보다는 수동적 피해자라는 의미에서 'victim'에 더 가까운 경향을 보이기도 한다. 패전 이후 독일인의 고통을 강조하기 위한 것이다. Robert G. Moeller, "Responses to Alon Confino", *Cultural Analysis* 4, 2005, p. 67.

27 일본어로 번역하는 과정에서는 '희생자의식' 대신 '희생자성(犧牲者性)'이라고 번역하는 것이 어떻겠냐는 제안도 있었다. 제삼자가 희생자의 성격을 부여한 측면도 있지만, 피해자 본인이나 그 후손이 자신들을 희생자로 생각하는 주관적 측면과 문화적 기억을 구성하는 역사의식 또는 감정을 움직이는 기억이라는 측면을 고려하여 '희생자의식'이라는 용어를 고수했다. 林志弦, 〈グローバルな記憶空間と犧牲者意識〉, 《思想》 1116號, 2017. 04., pp. 55~73; 林志弦, 〈犧牲者意識の民族主義〉(特集 シンポジウム グローバル化時代の植民地主義とナショナリズム) ― (問題提起), 《立命館言語文化研究》 20(3), 2009, pp. 57~62. 최근 일본의 미즈노 히로코(水野博子)가 오스트리아의 기억 정치를 분석하면서 '희생자 내셔널리즘(犧牲者ナショナリズム)'이라는 책명을 붙인 바 있는데, 이 경우에도 '희생자의식 내셔널리즘'이라 명하는 게 더 타당할 것이다.

28 Zuzanna Bogumił and Małgorzata Głowacka-Grajper, *Milieux de mémoire in Late Modernity*, Geschichte-Erinnerung-Politik 24, Philip Palmer trans., Frankfurt am Main: Peter Lang, 2019, p. 33.

29 Søren Kierkegaard, *The Journals of Kierkegaard*, Alexander Dru trans., New York: Harper Torchbooks, 1959, p. 151.

30 에밀 뒤르켐의 '이타적 자살'에 대해서는 다음을 보라. Steven Stack, "Émile Durkheim and Altruistic Suicide", *Archives of Suicide Research*, vol. 8 no. 1, 2004, pp. 9~22; Lung-chang Young,

"Altruistic Suicide: A Subjective Analysis", *Sociological Bulletin*, vol. 21 no. 2, 1972, pp. 103~121.

31 Ami Pedahzur, Arie Perliger and Leonard Weinberg, "Altruism and Fatalism: The Characteristics of Palestinian Suicide Terrorists", *Deviant Behavior*, vol. 24 no. 4, 2003, pp. 405~423.

32 Lori Allen, "There Are Many Reasons Why: Suicide Bombers and Martyrs in Palestine", *Middle East Report*, no. 223, 2002, p. 36.

33 Mosse, *Fallen Soldiers*, p. 25.

34 *Ibid.*, pp. 29~32.

35 *Ibid.*, pp. 74~76.

36 *Ibid.*, p. 8.

37 Gentile, *The Sacralization of Politics in Fascist Italy*, p. 18.

38 폴란드 민족에게 '시민종교'를 세우라는 루소의 유명한 충고에 대해서는 다음을 보라. Jerzy Robert Nowak, *Myśli o Polsce i Polakach*, Warszawa: Wydawnictwo Unia, 1993, p. 81.

39 Mosse, *The Fascist Revolution*, p. 70.

40 Mosse, *Fallen Soldiers*, pp. 18~19.

41 조국을 위해 목숨을 바친 자를 기독교의 순교자로 인정할 것인가 여부를 놓고 벌어진 벨기에 메르시에(Mercier) 추기경과 프랑스 비요(Villot) 추기경의 논쟁은 순교가 순국으로 전화되는 순간의 지적 긴장을 잘 보여준다. Ernst H. Kantorowicz, "*Pro Patria Mori* in Medieval Political Thought", *The American Historical Review*, vol. 56, no. 3, 1951, pp. 472~473.

42 Mosse, *Fallen Soldiers*, p. 78.

43 Anderson, *Imagined Communities*, p. 8.

44 Tzvetan Todorov, "Totalitarianism: Between Religion and Science", *Totalitarian Movements and Political Religions*, vol. 2 no. 1, 2001, p. 41.

45 Anderson, *Imagined Communities*, pp. 10~12.

46 *Ibid.*, pp. 251~252.

47 Robert Mallet, "Forward", *Totalitarian Movements and Political Religions*, vol. 1 no. 1, 2000, p. ix.

48 Jay Winter, *Sites of Memory, Sites of Mourning: the Greatest War in European Cultural History* (Canto edition), Cambridge: Cambridge University Press, 1998. pp. 15~17.

49 *Ibid.*, pp. 23~24.

50 엘리아스 카네티, 《군중과 권력》, 강두식·박병덕 옮김, 바다출판사, 2002, 191~195, 351쪽.

51 Michał Łuczewski, *Kapitał moralny. Polityki historyczne w późnej nowoczesności*, Kraków: Ośrodek Myśli Politycznej, 2017, p. 97. 미하이 우체프스키는 후기 근대의 특징으로 도덕적 자본을 강조하고 있지만, 재주술화가 탈주술화와 함께 근대의 양면임을 강조한 막스 베버를 상기하면 반드시 후기 근대의 현상으로 못 박을 필요는 없을 것이다. 실제로 정치종교의 기원은 '이신교(Deism)'를 만드는 등 탈주술화에 힘썼던 프랑스 혁명 당시 자코뱅의 집권기로 거슬러 올라간다.

52 Rey Chow, "Sacrifice, Mimesis, and the Theorizing of Victimhood", *Representations*, vol. 94 no. 1, 2006, p. 134.

53 모스가 '전쟁의 사소화'라고 부른 이 현상은 전쟁의 일상화라는 표현이 더 잘 부합되는 게 아닌가 한다. Mosse, *Fallen Soldiers*, pp. 126~156.

54 Gentile, "The Sacralisation of Politics", pp. 41~43; Michael Burleigh, "National Socialism as a Political Religion", *Totalitarian Movements and Political Religions*, vol. 1 no. 2, 2000, pp. 3~11.

55 Gentile, *The Sacralization of Politics in Fascist Italy*, pp. ix, x, 1, 4~18, 34~38.

56 Michael Burleigh, "Political Religion and Social Evil", *Totalitarian Movements and Political Religions*, vol. 3 no. 2, 2002, p. 2.

57 Gentile, *The Sacralization of Politics in Fascist Italy*, p. 22.

58 다카하시 데쓰야, 《국가와 희생》, 이목 옮김, 책과함께, 2008, 199, 217쪽.

59 다카하시 데쓰야, 《야스쿠니 문제》, 현대송 옮김, 역사비평사, 2005, 34~35, 184~185쪽.

60 같은 책, 185~186쪽.

61 Gentile, *The Sacralization of Politics in Fascist Italy*, p. 14. 존 F. 케네디 대통령의 취임 연설을 시민종교에 대한 텍스트로 읽고 독재국가뿐만 아니라 미국과 같은 민주주의 사회에서도 시민종교가 작동한다고 주장하여 정치종교 연구에 이정표를 세운 종교사회학자 로버트 벨라가 도쿠가와 일본의 종교 전문가라는 점도 흥미롭다. Robert N. Bellah, "Civil Religion in America", *Daedalus*, vol. 96 no. 1, 1967, pp. 1~21.

62 다카하시 데쓰야, 《국가와 희생》, 199쪽.

63 나치 친위대 사령관이자 소비부르, 트레블링카 등 강제수용소 소장을 지낸 프란츠 스탱글(Franz Stangl)은 지타 세레니(Gitta Sereny)의 인터뷰에서 나치당의 간부로 임명될 당시 "나는 신을 믿었지만 이제 교회와의 관계를 단절한다는 동의서를 확인합니다"라는 문서에 서명해야 했다고 증언한다. 나치가 자신을 가톨릭교회와 경합하는 세속종교라고 생각했다는 흥미로운 증언이다. Gitta Sereny, *The German Trauma: Experiences and Reflections, 1938-2001*, London: Penguin Books, 2001, p. 102. 히틀러 유겐트의 노래인 〈호르스트 베셀의 노래(Horst-Wessel-Lied)〉 역시 기독교적인 미덕을 히틀러에 대한 충성으로 대체함으로써 전통종교 기독교와 세속종교 나치즘의 대립 구도를 드러내고 있다.

64 강인철, 《전쟁과 희생》, 113~114쪽.

65 Akiko Takenaka, *Yasukuni Shrine: History, Memory, and Japan's Unending Postwar*, Honolulu: University of Hawaii Press, 2015, pp. 46~48.

66 *Ibid.*, pp. 11~13, 57~71, 132~135. 또 영령, 위령, 추도, 현창 등 전후 일본의 용례에 대한 개념사적 연구업적을 정리한 책으로는 다음을 보라. 이영진, 《죽음과 내셔널리즘: 전후 일본의 특공위령과 애도의 정치학》, 서울대학교출판문화원, 2018, 76~99쪽.

67 비록 올림포스 경기장을 짓지는 못했지만, 오늘날 치도리가후치 전몰자 묘원(千鳥ケ淵戦没者墓苑), 부도칸(武道館), 쇼와칸(昭和館), 과학기술관, 국립근대미술관 등이 야스쿠니 신사와 황궁의 주변에 촘촘히 모여 있어서 정치종교적 복합공간으로서의 야스쿠니 신사에 대한 구로이타의 제안이 어느 정도 실현되었다고 보아도 좋다.

68 Sung-si Lee, "Shokuminchi bunka seisaku no kachi wo tsuujite mita rekishi ninsiki"(Historical consciousness represented by colonial cultural policies), a paper presented to Kyoto Forum of Public Philosophy, 2004. 03. 13.

69 Akiko Takenaka, "Mobilizing Death: Bodies and Spirits of the Modern Japanese Military Dead", *The Palgrave Handbook of Mass Dictatorship*, Paul Corner and Jie-Hyun Lim eds., London: Palgrave Macmillan, 2016, pp. 353~355. 식민지 조선인으로 1932년 만주에서 전사한 일등 헌병보 '채달묵'의 장례 의식도 다소 소략하기는 하지만 유사했다. 길림헌병대가 만주 현지에서 주관한 관민합동의 '고별식'과 유골이 경성에 도착한 이후 경성헌병대 주관의 '위령제'가 확인된다. 강인철, 《전쟁과 희생》, 96~97쪽.

70 Takenaka, "Mobilizing Death: Bodies and Spirits of the Modern Japanese Military Dead", pp. 356~357.

71 다카하시 데쓰야, 《국가와 희생》, 103, 105쪽.

72 이영진, 《죽음과 내셔널리즘》, 10~11쪽.

73 이영진, 《죽음과 내셔널리즘》, 184~205쪽; Emiko Ohnuki-Tierney, *Kamikaze, Cherry Blossoms, and Nationalisms: The Militarization of Aesthetics in Japanese History*, Chicago: the University of Chicago Press, 2002, ch. 6.

74 나카노 도시오, 《오쓰카 히사오와 마루야마 마사오: 일본의 총력전 체제와 전후 민주주의 사상》, 서민교·정애영 옮김, 삼인, 2005.

75 강인철, 《전쟁과 희생》, 171~173쪽.

76 같은 책, 184~185, 200, 202쪽.

77 같은 책, 200쪽.

78 같은 책, 129~133쪽.

79 "추도순례", 일제강제동원피해자지원재단, *fomo.or.kr/kor*. 주요사업 〉 추도사업 〉 추도순례에서 해당 사례를 살펴볼 수 있다. (2020년 6월 15일 방문)

80 "十勇士의 壯烈한 戰鬪經過 肉彈으로 陣地粉碎", 《동아일보》 1949. 05. 21.; "祖國守護의 精華 李總理 肉彈十勇士讚揚", 《경향신문》 1949. 05. 21.; "壯하다! 不滅의 靈魂 十勇士·戰沒將兵葬儀式嚴修", 《경향신문》 1949. 05. 29.; "十勇士에 慰問金遝至", 《조선일보》 1949. 05. 24.; "戰友의 吊砲도 肅然!! 忠魂의 冥福祈願", 《동아일보》 1949. 06. 07.

81 Takenaka, *Yasukuni Shrine: History, Memory, and Japan's Unending Postwar*, p. 127.

82 오구마 에이지, 《민주와 애국: 전후 일본의 내셔널리즘과 공공성》, 조성곤 옮김, 돌베개, 2019, 46~47쪽.

83 Fritz Wüllner, *Die NS-Militarjustiz und das Elend der Geschichtsschreibung: ein grundlegender Forschungsbericht* (2nd ed.), Baden-Baden: Nomos, 1997, p. 168.

84 Ariel Merari, Jonathan Fighel, Boaz Ganor, Ephraim Lavie, Yohanan Tzoreff and Arie Livne, "Making Palestinian "Martyrdom Operations"/"Suicide Attacks": Interview With Would-Be Perpetrators and Organizers", *Terrorism and Political Violence*, vol. 22 no. 1, 2009, pp. 102~119.

85 Bethany Bell, "Austria unveils World War Two deserters' memorial", *BBC News*, 2014. 08. 24. [인터넷판]

86 "Denkmal für die Verfolgten der NS-Militärjustiz in Wien", *deserteursdenkmal.at*.

87 "ギュンター·グラス", 《朝日新聞》, 1995. 05. 17.; 大江健三郎, 《朝日新聞》, 1995. 05. 18.

88 Michael Hardt and Antonio Negri, *Empire*, Cambridge, Mass: Harvard University Press, 2000, p. 205.

89 Steven R. Welch, "Commemorating 'Heroes of a Special Kind': Deserter Monuments in Germany", *Journal of Contemporary History*, vol. 47 no. 2, 2012. 04., pp. 370~376.

90 Peter Taylor-Whiffen, "Shot at Dawn: Cowards, Traitors or Victims?", *BBC*, 2011. 03. 03. [인터넷판]

91 찰스 암스트롱, 〈가족주의, 사회주의, 북한의 정치종교〉, 《대중독재 II: 정치종교과 헤게모니》, 임지현·김용우 엮음, 책세상, 2005, 168~189쪽.

92 Mosse, *Naitonalization of the Masses*. pp. 215~216.

93 "국기에 대한 맹세 이렇게 바뀐다", 《머니투데이》, 2007. 07. 06.; "'국기에 대한 맹세' 없애자", 《한겨레21》, 2006. 01. 03. [인터넷판]

94 Goldberg, "Forum: On Saul Friedlaender's *The Years of Extermination 2*. The Victim's Voice and Melodramatic Aesthetics in History", pp. 225~226.

95 Tzvetan Todorov, *Facing the Extreme: Moral Life in the Concentration Camps*, Arthur Denner and

Abigail Pollack trans., London: Weidenfeld & Nicolson, 1999, pp. 11, 15, 20.

Ⅳ. 지구화

1 Ian Buruma, *Year Zero: A History of 1945*, New York: The Penguin Press, 2013.

2 "Declaration of the Stockholm International Forum on the Holocaust", *holocaustremembrance.com*.

3 *Ibid.*

4 Benoît Challand, "1989, Contested Memories and the Shifting Cognitive Maps of Europe", *European Journal of Social Theory*, vol. 12 no. 3, 2009, p. 399.

5 Jan Surmann, "Zwischen Restitution und Erinnerung. Die US-Restitutionspolitik am Ende des 20. Jahrhunderts und die Auflosung der Tripartite Gold Commission", *Universalisierung des Holocaust? Erinnerungskultur und Geschichtspolitik in internationaler Perspektive*, Moisel Eckel ed., Beiträge zur Geschichte des Nationalsozialismus, vol. xxiv, Göttingen: Wallstein, 2008, pp. 135~155; Stuart Eizenstat, *Imperfect Justice: Looted Assets, Slave Labor and the Unfinished Business of World War II*, New York: Public Affairs, 2003.

6 "Declarations of the Task Force For International Cooperation on Holocaust Education, Remembrance, and Research", *fcit.usf.edu*, 1998. 12. 03.

7 Jean-Marc Dreyfus and Marcel Stoetzler, "Holocaust memory in the twenty-first century: between national reshaping and globalisation", *European Review of History*, vol. 18 no. 1, 2011, p. 70.

8 Larissa Allwork, "Holocaust Remembrance as 'Civil Religion': The Case of the Stockholm Declaration"(2000), *Revisiting Holocaust Representation in the Post-Witness Era*, Diana I. Popescu and Tanja Schult eds., Basingstoke: Palgrave Macmillan, 2015, p. 288.

9 Dan Diner, "Memory and Restitution: World War II as a Foundational Event in a Uniting Europe", *Restitution and Memory: Material Restitution in Europe*, Dan Diner and Gotthart Wunberg eds., New York/Oxford: Berghahn Books, 2007, p. 9; Alon Confino, *Foundational Past: The Holocaust as Historical Understanding*, Cambridge: Cambridge University Press, 2012, pp. 5~6.

10 Leszek Kołakowski, "Amidst Moving Ruins", *Daedalus*, vol. 121 no. 2, 1992, p. 56.

11 이 수치는 재단의 최종 보고서에 따른 것이다. Michael Jansen and Günter Saathoff, *A Mutual Responsibility and a Moral Obligation: the Final Report on Germany's Compensation Programs for Forced Labor and other Personal Injuries*, Basingstoke: Palgrave Macmillan, 2009, pp. 25, 27. 그러나 동유럽 점령 지역에서 무단으로 강제 동원된 인원까지 포함되면서 최근에는 그 수치가 많게는 2,000만 명까지 치솟고 있다.

12 기억·책임·미래 재단의 미하엘 얀센과 귄터 자토프와의 2016년 8월 19일 인터뷰.

13 일제 강제징용 역사관이 제시하는 이 통계에 따르면 노무동원 755만 4,764명, 군무원동원 6만 3,312명, 군인동원 20만 9,279명으로 합이 782만 7,355명이고, 그중 식민지 조선의 일에 동원된 연인원이 약 650만 명에 이른다.

14 "獨 "나치 노역자 150만명 배상" … 1인당 최고 8백만원", 《동아일보》, 2000. 07. 12.; "나치 강제노역 국제보상협정 7개국 서명", 《매일경제》, 2000. 07. 17.; "獨 '나치배상'참회 세계가 격찬", 《문화일보》, 2000. 07. 18.; "독일재계, 나치노역 피해보상 근거마련 환영", 《중앙일보》, 2001. 05. 23. [인터넷판]

15 "'나치 과거사' 보상 마무리 "日과 대조적"", 《경향신문》, 2007. 06. 12. [인터넷판]

16 정현백·송충기, 〈통일 독일의 과거 청산: 강제징용된 외국인 노동자에 대한 배상〉, *FES-Information-Series*, FES Korean Cooperation Office, 2000, p. 12.

17 Judges of the Women's International War Crimes Tribunal on Japan's Military Sexual Slavery, "Transcript of Oral Judgment", *Women's Caucus for Gender Justice*, 2001. 12. 04., articles 16~26, 27~28, 30~31.

18 *Ibid.*, article 153.

19 Daielle Paquette, "Turning Pain Into Hope: Rwanda's children of rape are coming of age—against the odds", *The Washington Post*, 2017. 06. 11. [인터넷판]

20 Maki Kimura, *Unfolding the "Comfort Women" Debates: Modernity, Violence, Women's Voices*, Basingstoke: Palgrave Macmillan, 2016, pp. 6~8; Rumi Sakamoto, "The Women's International War Crimes Tribunal on Japan's Military Sexual Slavery: A Legal and Feminist Approach to the 'Comfort Women' Issue", *New Zealand Journal of Asian Studies*, vol. 3 no. 1, 2001, pp. 49~50.

21 Carol Gluck, "Operations of Memory: "Comfort Women" and the World", *Ruptured Histories,* Jager and Mitter eds., pp. 69, 74.

22 Carol Gluck, "What the World Owes the Comfort Women", *Mnemonic Solidarity: Global Interventions*, Entangled Memories in the Global South Series vol. 1, Jie-Hyun Lim and Eve Rosenhaft eds., London: Palgrave Macmillan, 2021, p. 92ff.

23 R. Charli Carpenter, "Surfacing Children: Limitations of Genocidal Rape Discourse", *Human Rights Quarterly* 22, 2000, pp. 428~477; Alison Desforges, *Leave None to Tell the Story: Genocide in Rwanda*, New York: Human Rights Watch, 1999, p. 163.

24 제2차 세계대전 직후 네덜란드가 주관한 바타비아 전범재판에서 네덜란드 억류 여성을 군 '위안부'로 내몰았던 가해자에 대한 기소와 처벌이 이루어졌지만, 여성에 대한 남성의 성적 착취와 폭력을 심판했다기보다는 아시아 남성이 백인 여성을 성적으로 가해했다는 인종적 금기를 넘어선 행위에 대한 처벌의 성격이 더 강했다. Carol Gluck, "Operations of Memory: "Comfort Women" and the World", *Ruptured Histories,* Jager and Mitter eds., p. 67.

25 Melanie O'Brien, "'Don't kill them, let's choose them as wives': the development of the crimes of forced marriage, sexual slavery and enforced prostitution in international criminal law", *The International Journal of Human Rights*, vol. 20 no. 3, 2016, pp. 386~387, 393~395.

26 Dustin Lewis, "Unrecognized Victims: Sexual Violence against Men in Conflict Settings under International Law", *Wisconsin International Law Journal*, vol. 27 no. 1, 2009, pp. 1~49; Sandesh Sivakumaran, "Sexual Violence against Men in Armed Conflict", *European Journal of International Law*, vol. 18, no. 2, 2007, pp. 253~276; Sandesh Sivakumaran, "Lost in Translation: UN Responses to Sexual Violence against Men and Boys in Situations of Armed Conflict", *International Review of the Red Cross*, vol. 92 no. 877, 2010, pp. 259~277. 또한 필리핀의 일본군 게이 위안부 월터리나 마르코바(Walterina Markova)에 대한 흥미로운 전기 영화 〈마르코바: 게이 위안부(Markova: A Comfort Gay)〉(2000)를 보라. 마르코바에 대해서는 서강대 학부생 이석현 군이 일깨워주었다.

27 Gluck, "Operations of Memory", p. 72.

28 J. K. Yamamoto and Mikey Hirano Culross, "Comfort Women Monument Unveiled In Glendale", *The Rafu Shimpo: Los Angeles Japanese Daily News*, 2013. 08. 02. [인터넷판]

29 한국인이 일본군 '위안부'에 대한 왜곡된 주장으로 일본인의 명예를 더럽히고 있다며 소녀상 철거를 주장하는 일본계 미국인의 백악관 청원에 대해서는 백악관 홈페이지를 보라. petitions.whitehouse.gov/petition/remove-monument-and-not-support-any-international-harassment-related-issue-against-people-japan/FPfs7p0Q

30 "About NCRR", *Nikkei for Civil Rights and Redress*.

31 신기영, 〈일본군 '위안부' 문제: 보수의 결집과 탈냉전 세계정치의 사이에서〉, 《탈 전후 일본의 사상과 감성》, 조관자 엮음, 박문사, 2017, 237쪽.

32 Rafu Staff Report, "Glendale Approves Comfort Women Memorial", *Rafu Shinpo*, 2013. 07. 15. [인터넷판] 시나얀은 2019년 6월 아르메니아 내각 산하 '디아스포라 문제 특명대사'로 임명되었다. 이는 글렌데일의 아르메니아 공동체가 갖는 높은 위상을 잘 말해준다.

33 Glendale Government Library, Art & Culture Department ReflectSpace, "ReflectSpace/City of Glendale", *glendaleca.gov*.

34 무타 가즈에, 〈〈'위안부' 문제는 #MeToo다!〉 영상에 대한 공격을 통해 본 일본〉, 《전쟁, 여성, 폭력: 일본군 '위안부'를 트랜스내셔널하게 기억하기》(e-Pub), 허윤·무타 가즈에·도미야마 이치로·권김현영 지음, 서강대학교 트랜스내셔널인문학연구소, 41쪽.

35 C. Sarah Soh, *The Comfort Women: Sexual Violence and Postcolonial Memory in Korea and Japan*, Chicago: University of Chicago Press, 2008, p. 32.

36 무타 가즈에, 〈〈'위안부' 문제는 #MeToo다!〉 영상에 대한 공격을 통해 본 일본〉, pp. 45~46.

37 Gluck, "What the World Owes the Comfort Women", p. 117.

38 2015년 12월 28일 한국과 일본 정부가 외교 테이블에서 일본군 '위안부' 문제를 외교적으로 해결한다는 합의문을 발표했을 때, 미국의 블룸버그 통신은 일본군 '위안부' 문제에 대한 동시대의 관심과 우려를 바탕으로 전 지구적 시민사회가 이슬람국가나 보코 하람의 성노예로 납치된 여성들을 위해 행동할 것을 촉구하는 칼럼을 게재했다. Noah Feldman, "Apology Isn't Justice for Korea's 'Comfort Women'", *Bloomberg Opinion*, 2015. 12. 29. [인터넷판]

39 Christa Paul, *Zwangsprostitution. Staatlich errichtete Bordelle im Nationalsozialismus*, Berlin: Edition Hentrich, 1994.

40 정용숙, 〈나치 국가의 매춘소와 강제성매매: 그 실제와 전후 시대의 기억〉, 《여성과 역사》 29, 2018, 385~387쪽.

41 유엔 인권기구에 한국 측과 함께 일본군 '위안부' 문제를 제기했던 일본인 변호사 도쓰카 에쓰로(戸塚悦朗)는 일본에서 발신한 어떠한 인권 문제도 그만큼 빨리 주목받은 사례는 없었다고 회고한다. 戸塚悦朗, 《歴史認識と日韓の〈和解〉への道》, 신기영, 〈일본군 '위안부' 문제〉, 247쪽에서 재인용.

42 "Louis Harap's Letter to W.E.B. Dubois. Feb. 13, 1952", W. E. B. Du Bois Papers (MS 312) Special Collections and University Archives, University of Massachusetts Amherst Libraries.

43 W. E. B. Dubois, "The Negro and the Warsaw Ghetto", *The Oxford W. E. B. Dubois Reader*, Eric. J. Sundquist ed., Oxford: Oxford University Press, 1996, p. 470. 듀보이스의 경험은 1960년대에 맬컴 엑스가 하지(Hajj) 순례 중 만난 '하얀' 이슬람교도와 연대감을 느낀 경험과 다르면서도 비슷하다. 맬컴 엑스는 '하얀' 이슬람교도가 자신에게 보여준 연대를 통해 '우리'와 '그들'이 반드시 피부색으로만 나뉘는 것은 아니라는 점을 깨달았다. 암살당하기 직전의 맬컴 엑스가 검은 피부에 기초한 흑인 민족주의에서 벗어나 흑인-유대인 연대를 심각하게 고려했던 흔적은 여기저기서 발견된다. 알렉스 헤일리, 《말콤 엑스》, 박종규 옮김, 기원전, 1993.

44 Dubois, "The Negro and the Warsaw Ghetto", p. 471.

45 Paul Gilroy, *The Black Atlantic: Modernity and Double Consciousness*, London: Verso, 1993, pp. 207~208.

46 Rebecca Wolpe, "From Slavery To Freedom: Abolitionist Expressions In Maskilic Sea Adventures", *AJS Review*, vol. 36 no. 1, 2012, pp. 61~62.

47 작가 이지도어 센추리(Isidore Century)는 여섯 살 때인 1932년에 '스코츠버러 소년들을 석방하라'고 쓰인 피켓을 들고 메이데이 시위 행렬에 참여했던 일을 전한다. 스코츠버러 사건의 피고인인 흑인 소년 9명은 1931년 앨라배마의 기차 화물칸에서 백인 여성을 강간했다는 죄목으로 사형에 직면해 있었는데, 이들의 혐의는 조작된 정황이 짙었다. 메이데이 행사에서 유대인 이민자가 스코츠버러 흑인 소년들을 석방하라는 피켓을 들고 시위하는 광경은 여러모로 시사하는 바가 크다.

48 토니 모리슨, 《보이지 않는 잉크》, 이다희 옮김, 바다출판사, 2021, 160쪽.

49 Ann Curthoys and John Docker, "Defining Genocide", *The Historiography of Genocide*, Dan Stone ed., Basingstoke: PalgraveMacmillan, 2010, pp. 16~21. 구미와 동유럽, 이스라엘과 중동의 좌·우 정치 세력들이 라파엘 렘킨의 이론적 유산을 정치적으로 오용하고 남용하는 양상에 대해서는 다음을 보라. James Loeffler, "Becoming Cleopatra: the forgotten Zionism of Raphael Lemkin", *Journal of Genocide Research*, vol. 19 no. 3, 2017, pp. 340~360.

50 Dan Goldberg, "An Aboriginal protest against the Nazis, finally delivered", *Haaretz*, 2012. 10. 10. [인터넷판]

51 Shirli Gilbert, "Anne Frank in South Africa: Remembering the Holocaust During and After Apartheid", *Holocaust and Genocide Studies*, vol. 26 no. 3, 2012, pp. 366, 374.

52 Gilbert, "Anne Frank in South Africa", pp. 374~376.

53 Bernice L. McFadden, *The Book of Harlan*, New York: Akashic Books, 2016.

54 서평 사이트 '굿리더스(goodreads)'에 실린 독자평은 마음을 움직이는 소설로 높게 평가하고 있지만, 역사적 재현에서는 평가가 박하다. "The Book of Harlan", *goodreads.com*.

55 '라인란트 검둥이'는 1923~1925년 프랑스와 벨기에 군대의 루르 지역 점령 당시, 프랑스 군대에 복무했던 아프리카 식민지 병사와 독일인 여성 사이에서 태어난 아이들을 가리킨다.

56 이브 로제네프트, 〈히틀러의 흑인 희생자를 상상하기: 다방향 기억과 최근의 홀로코스트 소설〉, 문수현 옮김, 《독일연구》 42호, 2019, 118쪽.

57 "Mbembe's interview with RenAguigah: The Conviction and Conscience of Achille Mbembe", *New Frame*, 2020. 04. 23.; "Call to replace Felix Klein as the Federal government Commissioner for the Fight against Antisemitism", scribd.com/document/459345514/Call-on-German-Minister-Seehofer, 2020. 04. 30.

58 Michael Rothberg, "On the Mbembe Affair: The Specters of Comparison", Goethe Institut, *goethe.de/prj/lat/en/dis/21864662.html*

59 Natan Sznaider, "The Summer of Discontent: Achille Mbembe in Germany", *Journal of Genocide Research*, 2020. 12., p. 2.

60 Rothberg, "On the Mbembe Affair".

61 역사가 논쟁에 대한 비판적 소개로는 다음을 보라. Geoff Eley, "Nazism, Politics and the Image of the Past: Thoughts on the West German Historikerstreit 1986-1987", *Past & Present*, no. 121, 1988, pp. 171~208; Charles Maier, *The Unmasterable Past: History, Holocaust and German National Identity* (second edition with a new preface), Cambridge, MA: Harvard University Press, 1997; Siobahn Kattago, *Ambiguous Memory: The Nazi Past and German National Identity*, Westport: Praeger, 2001, pp. 56~62.

62 '다방향적 기억'과 '비판적 상대화'에 대해서는 각각 다음을 보라. Rothberg, *Multidirectional Memory*; Lim, "Triple Victimhood: On the Mnemonic Confluence of the Holocaust, Stalinist Crime, and Colonial Genocide".

63 전후 독일의 기억 문화에서 식민주의적 망각에 대해서는 Reinhart Kössler, *Namibia and Germany: Negotiating the Past*, Windhoek: University of Namibia Press, 2015, pp. 49~50, 59~63, 동유럽에 대한 나치 독일의 식민주의적 프로젝트에 대해서는 Kristin Kopp, *Germany's Wild East: Constructing Poland as Colonial Space*, Ann Arbor: The University of Michigan Press, 2012; Martin Winstone, *The Dark Heart of Hitler's Europe: Nazi Rule in Poland under the General Government*, London: I. B. Tauris, 2015, pp. 4~30; Thaddeus Sunseri, "Exploiting the *Urwald*: German Post-Colonial Forestry in Poland and Central Africa, 1900-1960", *Past & Present*, vol. 214 no. 1, 2012, pp. 305~342 등을 보라.

64 Telford Taylor, *Nuremburg and Vietnam: An American Tragedy*, Chicago: Quadrangle Books, Inc., 1970.

65 Berthold Molden, "Vietnam, the New Left and the Holocaust: How the Cold War Changed Discourse on Genocide", *Memory in a Global Age*, Assmann and Conrad eds., pp. 79~96.

66 Mark Mazower, "The Cold War and the Appropriation of Memory: Greece after Liberation", *The Politics of Retribution in Europe: World War II and Its Aftermath*, István Deák, Jan T. Gross and Tony Judt eds., Princeton: Princeton University Press, 2000, pp. 224~225.

67 혼다는 영역판 서문에서 그처럼 자신의 심경을 밝히고 있다. Honda Katsuichi, "Author's Preface to the U.S. Edition", *The Nanjing Massacre: A Japanese Journalist Confronts Japan's National Shame*, Karen Sandness trans., London: Routledge, 1998, p. xxvi.

68 일본 우파와는 다른 의도에서 마오쩌둥 정권 역시 난징 학살에 무관심했다. 중화인민공화국의 주된 관심은 일본을 재무장시키려는 미국 제국주의자의 의도를 분쇄하는 데 있었고, 난징 학살에 대한 지나친 관심은 반미 투쟁의 대오를 흐트러뜨리는 것으로 간주했다. 1960년대까지도 난징은 중국인 사이에서 역사적인 계급투쟁의 장소로만 기억되었다. 일본군에게 학살당한 중국인보다는 국민당 '반동' 세력에게 학살당한 혁명 순교자에 대한 기억이 우선이었다. Daqing Yang, "The Malleable and the Contested: the Nanjing Massacre in Postwar China and Japan", *Perilous Memories: The Asia-Pacific War(s)*, Takashi Fujitani, Geoffrey M. White and Lisa Yoneyama eds., Durham: Duke University Press, 2001, pp. 50~86. '제2차 세계대전의 잊힌 홀로코스트'라는 부제를 달고 출간된 아이리스 창의 난징 학살에 대한 논픽션 《난징의 강간》(1997)이 난징 학살에 대한 여론을 환기한 것은 훨씬 후의 일이었다. 아이리스 창은 이곳저곳의 여러 강연에서 '태평양의 홀로코스트'라는 표현도 써서 홀로코스트에 익숙한 미국 언론의 관심을 끌고자 했다. Iris Chang, *The Rape of Nanking: The Forgotten Holocaust of World War II*, New York: Basic Books, 1997.

69 針生一郎, 〈日本の68年〉, 《環: 歴史·環境·文明》, vol. 33, 2008, pp. 178~195.

70 김용우, 〈비평논문: 식민의 기억, 점령의 기억: 1961년 10월 사건과 모리스 파퐁(Maurice Papon) 재판〉, 《서양사론》 108호, 2011, 187~211쪽.

71 Michael Rothberg, "Between Auschwitz and Algeria: Multidirectional Memory and the Counterpublic Witness", *Critical Inquiry*, vol. 33 no. 1, 2006, pp. 158~160, 169~170; Michael Rothberg, "From Gaza to Warsaw: Mapping Multidirectional Memory", *Criticism*, vol. 53 no. 4, 2011, p. 528.

72 Ward Churchill, "American Holocaust: Structure of Denial", *Socialism and Democracy*, vol. 17 no. 1, 2003, pp. 26, 30, 61. 같은 맥락에서 나이지리아 내전 당시 현지의 가톨릭 선교사들은 비아프라 희생자를 '유대인 희생자'에 비유했다. 폴 포트의 학살 또한 자주 '캄보디아 홀로코스트'라고 불렸고, 킬링필드는 '아시아의 아우슈비츠'였다. 홀로코스트는 지구적 기억구성체에서 희생자들의 비극을 강조할 때 가장 자주 소환되는 메타포였다. 반유대주의적 성향이 다분한 폴란드 민족주의자들이 인종적 폴란드인에 대한 나치의 학살을 강조하면서 '잊어버린 홀로코스트'라는 용어를 사용한 것도 흥미롭다. 심지어는 중동에서도 약자의 희생을 강조할 때 홀로코스트가 사용됐다. 1980년대 아프가니스탄의 무자헤딘은 소련의 침공이 나치의 홀로코스트보다 더 악랄하다고 비난했고, 1991년 1차 이라크 전쟁 당시 서방 언론에서 사담 후세인은 히틀러보다 더 나쁜 악당이 됐다. 시몬 비젠탈 센터는 독일 기업들이 이라크의 독재자를 위해 '가스실'을 지었다고 폭로했다. 1992년 세르비아 군대와 민병대가 보스니아의 이슬람교도를 학살할 때, 한 이슬람 대학생은 자신들이 나치 치하의 유대인 같다고 신음했다. 스페인 내전 연구에 전 생애를 바친 영국의 폴 프레스톤(Paul Preston)은 자신의 신간을 '스페인 홀로코스트'라고 이름 붙였다. 일부 유대계 지식인은 홀로코스트를 너무 사소하게 만든다고 불평했지만, 홀로코스트는 이처럼 도처에서 사용되었다. 미국의 보수 기독교도들에게 낙태의 합법화는 '미국의 홀로코스트'였고, 동물 보호론자들은 모피 농장에서 '동물 홀로코스트'가 벌어지고 있다고 흥분했다. 게이 운동가들은 사회의 무관심 속에 '에이즈 홀로코스트'가 일어나고 있다고 경고했다. 총기 자유론자들은 게토 봉기에 사용된 사제 총기를 들먹거리며 나치 독일에서 총기 휴대가 허용됐다면 홀로코스트를 막을 수 있었다고 광고 문안을 만들었다. 끽연가들은 엄격한 금연 정책이 '흡연자 홀로코스트'의 음모라고 읍소했다. 기억의 지구화 과정에서 홀로코스트가 속류화·희화화되고 있다는 인상을 지우기 어렵다.

73 nwgenocide.omeka.net(2020년 11월 4일 방문)

74 Michael Mann, *The Dark Side of Democracy: Explaining Ethnic Cleansing*, Cambridge: Cambridge University Press, 2005, p. 4.

75 로버트 팩스턴, 《파시즘: 열정과 광기의 정치혁명》, 손명희·최희영 옮김, 교양인, 2005, 39쪽.

76 Zygmunt Bauman, *Modernity and Holocaust*, Ithaca, New York: Cornell University Press, 2000, p. 243.

77 Zeev Sternhell, Mario Sznajder and Maia Asheri, *The Birth of Fascist Ideology*, David Maisel trans., Princeton: Princeton University Press, 1994, p. 3.

78 유고슬라비아 내전에서 일어난 인종 청소가 '오직 인류학자만이 이해할 수 있는 원시적 부족 갈등'이라는 영국의 역사가 존 키건(John Keegan)의 언급은 서구중심주의적 기억의 현주소를 단적으로 드러낸다. John Keegan, "A primitive tribal conflict only anthropologists can understand", *Daily Telegraph*, 1993. 04. 15., quoted in Mark Mazower, *Dark Continent: Europe's Twentieth Century*, London: Allen Lane, 1998, p. xiv.

79 Michael Rothberg and Yasemin Yildiz, "Memory Citizenship: Migrant Archives of Holocaust Remembrance in Contemporary Germany", *Parallax*, vol. 17 no. 4, 2011, pp. 35, 37~38.

80 Rothberg and Yildiz, "Memory Citizenship: Migrant Archives of Holocaust Remembrance in Contemporary Germany", pp. 39~43.

V. 국민화

1 "Pierwszy dzień wolności…", *Dziennik Polski*, nr. 24(5908), Kraków, 1963. 01. 29.

2 "Marsz Pokoju Hiroszima-Oświęcim, 1963" nr. ilustracji: 8611, 8612, 7631, 4994. Archiwum Eustachego Kossakowskiego. Museum of Contemporary Art in Warsaw.

3 "Uczestnicy Marszu pokoju zwiedzają polski", *Dziennik Łódzki*, nr. 26(5027), Łódź, 1963. 01. 30.

4 Ran Zwigenberg, "Never Again: Hiroshima, Auschwitz and the Politics of Commemoration", *The Asia-Pacific Journal*, vol. 13 no. 3, 2015, pp. 3~4; Ran Zwigenberg, *Hiroshima: The Origins of Global Memory Culture*, Cambridge: Cambridge University Press, 2014, p. 176.

5 Interview with Kuwahara Hideki, Hiroshima, 2010. 07. 02., quoted in Zwigenberg, *Hiroshima*, p. 179.

6 "Jan Frankowski", *Słownik biograficzny katolicyzmu społecznego w Polsce: A–J*, Ryszard Bender ed., Lublin: Towarzystwo Naukowe Katolickiego Uniwersytetu Lubelskiego, 1994.

7 Ariel Orzełek, "U genezy Chrześcijańskiego Stowarzyszenia Społecznego. Powstanie i rozpad pierwszego zespołu redakcyjnego tygodnika „Za i Przeciw"", *Kwartalnik Historyczny*, vol. 126 no. 4, 2019, pp. 723, 727~728, 730.

8 유럽의 반핵 평화운동에 대한 소련 정보기관의 끊임없는 개입 시도를 상기하면 프란코프스키의 히로시마 평화운동에 대한 접근은 그리 놀랄 만한 일은 아니다.

9 HAP Newsletter I, p. 10, quoted in Zwigenberg, *Hiroshima*, p. 181.

10 그로부터 57년이 지난 2019년 3월 1일부터 5월 12일까지 오사카 평화박물관은 "카틴의 숲 사건: 22,000명의 폴란드인 장교의 행방"이라는 제목의 사진·자료전을 개최했다. 일본 주재 폴란드 대사관의 협찬으로 만들어진 이 특별전에는 포즈난의 서양연구소(Instytut Zachodni w Poznaniu)가 제공한 나치 독일군의 카틴 숲 학살현장 발굴 사진과 유류품 사진, 나치 점령하의

크라쿠프에서 간행된 폴란드어 나치 신문 기사가 전시되었다. 제2차 세계대전 말기 미군의 오사카 공습으로 희생된 1만 2,620명의 사망자와 2,173명의 행불자를 기리는 정원을 지나 특별전이 열리는 전시실로 들어가게 되어 있어, 자연스레 소련 비밀경찰에 학살당한 폴란드군 장교 희생자와 미군의 무차별 공습으로 사망한 오사카 민간인 희생자의 기억이 겹쳐졌다. 나는 강연차 방문한 오사카에서 2019년 4월 19일 우연히 이 특별전을 보았다. 그런데 전시 시점이나 장소, 전시된 자료가 전부 역사적 맥락에서 벗어나 뿔뿔이 흩어져 있다는 느낌을 받았다. "왜, 그때, 거기에서?"라는 질문에 대한 답은 아직 찾지 못했다. 일반론적 차원에서 가능한 하나의 답은 러일전쟁 이래 일본과 폴란드는 러시아라는 공동의 적 덕분에 국제외교를 넘어 정서적으로 유달리 친근했다는 점을 들 수 있다.

11 Zwigenberg, *Hiroshima*, pp. 180~181. 희생의 원인이나 양상 등을 보면 아우슈비츠보다는 드레스덴이 히로시마의 비극과 더 잘 연계되는 게 아닌가 한다. 그런데도 행진의 목적지로 드레스덴 대신 아우슈비츠가 선택된 데는 희생자의 비극적 기억을 되살리는 데 아우슈비츠가 갖는 상징적 힘이 작용했겠지만, 냉전의 국제정치가 막후에서 작동한 결과였다고 보는 게 타당할 것이다.

12 Zwigenberg, *Hiroshima*, pp. 189~194.

13 John W. Dower, *War Without Mercy: Race and Power in the Pacific War*, New York: Pantheon Books, 1986, pp. 296~297. 존 다워는 한국인 희생자가 7만 명이라 쓰고 있는데, 요시다 유카타(吉田裕)의 최근 통계는 20만 명으로 잡고 있다.

14 태평양전선에서 미군의 백인우월주의적이고 인종주의적인 선전과 군사 전략에 대해서는 다음을 보라. Dower, *War Without Mercy*, pp. 9, 14, 7, 38, 65 and passim.

15 이안 부루마, 《근대 일본》, 최은봉 옮김, 을유문화사, 2004, pp. 54~55.

16 Stefan Tanaka, *Japan's Orient: Rendering Pasts into History*, Berkeley: University of California Press, 1993, pp. 4~60.

17 Jordan Sand, "Subaltern Imperialists: The New Historiography of the Japanese Empire", *Past and Present*, vol. 225 no. 1, 2014, p. 275.

18 조지 W. 부시 전 대통령도 9·11테러 희생자를 추모하는 연설에서 3분의 1에 달하는 비국민 희생자를 생략하고 미국민의 희생을 배타적으로 강조해서 흥미롭다.

19 Yoneyama, *Hiroshima Traces*, pp. 152~166.

20 이안 부루마, 《아우슈비츠와 히로시마》, 정용환 옮김, 한겨레신문사, 2002, p. 119.

21 Takahashi Tetsuya, "The Emperor Shōwa standing at ground zero: on the (re-)configuration of a national 'memory' of the Japanese people", *Japan Forum*, vol. 15 no. 1, 2003, p. 6.

22 Sadako Kurihara, "The Literature of Auschwitz and Hiroshima", *Holocaust and Genocide Studies*, vol. 7 no. 1, 1993, pp. 86~87.

23 Fujimoto Hiroshi, "Towards Reconciliation, Harmonious Coexistence and Peace: The Madison Quakers, Inc. Projects and the Hibakusha's Visit to My Lai in March 2008", *Nanzan Review of American Studies*, vol. 37, 2015, pp. 14, 15, 20; "My Lai Survivors Gather to Pray for Victims, Peace 40 Years After Massacre", *Fox News*, AP, 2008. 03. 16. [인터넷판]; MQI Vietnam, *Winds of Peace*, #1~#12, 1999. 12.~2005. 10. *mqivietnam.org/archives*.

24 Michael C. Steinlauf, *Bondage to the Dead: Poland and the Memory of the Holocaust*, Syracuse: Syracuse University Press, 1997, pp. 63~74.

25 Idith Zertal, *From Catastrophe to Power: Holocaust Survivors and the Emergence of Israel*, Berkeley: University of California Press, 1998, pp. 217, 221.

26 Dan Diner, "Cumulative Contingency: Historicizing Legitimacy in Israeli Discourse", *History and Memory*, vol. 7 no. 1, Special Issue: Israel Historiography Revisited, 1995, pp. 153, 155, 157.

27 Peter Novick, *The Holocaust and Collective Memory*, London: Bloomsbury, 2001, pp. 91, 98, 116, 121 and passim.

28 Michael C. Steinlauf, "Teaching about the Holocaust in Poland", *Contested Memories: Poles and Jews during the Holocaust and its Aftermath*, Joshua D. Zimmerman ed., New Brunswick, NJ: Rutgers University Press, 2003, p. 264.

29 Steinlauf, "Teaching about the Holocaust in Poland", p. 265.

30 Barbara Engelking, *Holocaust and Memory*, London: Leicester University Press, 2001, pp. 282~283.

31 Lawrence Weinbaum, *The Struggle for Memory in Poland: Auschwitz, Jedwabne and Beyond*, Jerusalem: Institute of the World Jewish Congress, 2011, p. 15.

32 *Ibid.*, p. 17. 폴란드 당국의 공식 입장은 아우슈비츠의 희생자 400만 명 가운데 200만 명이 유대인이고 100만 명이 폴란드인이라는 것이었다. 공산주의 정권이 몰락한 이후, 아우슈비츠 희생자 통계는 110만 명으로 바뀌었고, 그중 90%가 유대인이라고 인정되었다.

33 전간기 폴란드의 제2공화정 시절 유대계 시민은 시민적 권리를 인정받았지만, 토요일을 안식일로 삼는 전통 때문에 일요일을 안식일로 삼는 국가 공무원이나 대기업 등에 취직하지 못하고, 유대인이 운영하는 중소공장에 취직하거나 자영업자의 길을 걸을 수밖에 없었다.

34 Iwona Irwin-Zarecka, "Poland after the Holocaust", *Remembering for the Future: Working Papers and Addenda*, Yehuda Bauer et al eds., New York: Pergamon Press, 1989, p. 147.

35 폴란드 공산주의 운동사와 당사의 민족화에 대해서는 다음을 보라. Jie-Hyun Lim, "The Nationalist Message in Socialist Code: On Court Historiography in People's Poland and North Korea", *Making Sense of Global History: The 19th International Congress of Historical Sciences Commemorative Volume*, S. Sogner ed., Oslo: Universitetsforlaget, 2001, pp. 373~380.

36 Steinlauf, "Teaching about the Holocaust in Poland", p. 266.

37 Geneviève Zubrzycki, *The Crosses of Auschwitz: Nationalism and Religion in Post-Communist Poland*, Chicago: University of Chicago Press, 2006, pp. 4~5.

38 Peter Steinfels, "Move By Vatican Applauded In U.S.", *The New York Times*, 1989. 09. 20.

39 Zubrzycki, *Crosses of Auschwitz*, p. 5.

40 *Ibid.*, p. 112.

41 "Auschwitz-Birkenau: Auschwitz Convent", *Jewish Virtual Library*; "A Polish Paper Accuses Jews From Bronx in Nuns' Attack", *The New York Times*, 1989. 07. 16., Section 1, p. 14.

42 John Tagliabue, "Strife Returns To a Convent At Auschwitz", *New York Times*, 1989. 07. 27., Section A, p. 3.

43 John Tagliabue, "Cardinal in the Auschwitz Whirlwind", *New York Times*, 1989. 09. 05., Section A, p. 8.

44 John Tagliabue, "Polish Prelate Assails Protests By Jews at Auschwitz Convent", *New York Times*, 1989. 08. 11., Section A, p. 4.

45 Peter Steinfels, "Polish Cardinal Acknowledges Distress He Caused in 1989 Homily", *New York Times*, 1991. 09. 21., Section 1, p. 5.

46 이 십자가는 1989년 여름에 랍비 아브라함 바이스 그룹이 카르멜 수녀원에서 항의 시위를 벌였을 때 이미 수녀원 앞에 세워져 있었다. 바이스는 이 사건 직후《뉴욕타임스》에 보낸 독자 투고에서 수녀원과 함께 이 십자가도 치워야 한다고 주장했다. Avraham Weiss, "We Did Not Go to Auschwitz to Be Beaten", *New York Times*, 1989. 09. 12., Section A, p. 24.

47 Zubrzycki, *Crosses of Auschwitz*, pp. 8~9.

48 Roger Cohen, "Poles and Jews Feud About Crosses at Auschwitz", *New York Times*, 1998. 12. 20., section 1, p. 3.

49 Zubrzycki, *Crosses of Auschwitz*, pp. 9~10.

50 이에 대한 상세한 내용은 이 책의 8장 〈병치〉를 참조하라.

51 Janine P. Holc, "The Remembered One: Memory Activism and the Construction of Edith Stein's Jewishness in Post-Communist Wrocław", *Shofar: An Interdisciplinary Journal of Jewish Studies*, vol. 29 no. 4, 2011, pp. 78, 91.

52 "Rabbis Call for Removal of Church at Auschwitz", *Reuters*, 2020. 01. 27. [인터넷판]

53 Novick, *Holocaust and Collective Memory*, p. 117.

54 Levy and Sznaider, *Holocaust and Memory*, pp. 60~63.

55 Alvin H. Rosenfeld, "Popularization and Memory: The Case of Anne Frank", *Lessons and Legacies: The Meaning of the Holocaust in a Changing World*, Peter Hayes ed., Evanston, Ill: Northwestern University Press, 1991, p. 265.

56 임지현, "인터뷰: 홀로코스트 교육센터 부관장, 요시다 아키오", 《후쿠시마 홀로코스트 교육센터》, 2012. 08. 07. 부관장 요시다 아키오의 설명에 따르면, 관장 오쓰카 마코토는 예루살렘의 성지 순례 중에 우연히 오토 프랑크를 만나 인연을 맺은 후 그의 유품과 각종 자료를 기증받아 기념관을 열 수 있었다. 기독교 개신교 목사가 유대인을 위한 기념관을 열고 운영한다는 것은 서구 기독교나 유대교의 관점에서 모두 이해하기 힘든 일이다. 유대 신학 연구자인 수산나 헤셸(Susannah Heschel)이 일본인 개신교 목사가 운영하는 이 센터에 대한 내 얘기를 처음에는 반신반의하면서 듣다가 나중에 내가 보낸 사진을 보고서야 믿기 시작했다.

57 'Never again'의 일본어 번역은 '잊지 마세요'이다.

58 히로시마의 피폭자 사사키 사다코는 1955년 11세에 원폭 후유증인 백혈병으로 죽기 전에 병상에서 1,000개의 종이학을 접었고, 이후 종이학은 순진무구한 어린이 희생자를 기리는 반전 평화의 상징이 되었다. 이후 안네 프랑크와 사사키 사다코는 어린이 전쟁 희생자에 대한 일본의 트랜스내셔널한 기억 담론에서 자주 단짝으로 등장한다. Eric Margolis, "Anne Frank and Sadako Sasaki: Two girls that symbolize the horrors of war", *The Japan Times*, 2020. 12. 28. [인터넷판]

59 "ホロコースト記念館", *hecjpn.org* (2020년 11월 4일 방문)

60 "Japanese retain fascination with Anne Frank", *Deutsche Welle*, 2015. 03. 02. [인터넷판]

61 "Why Are the Japanese So Fascinated With Anne Frank?", *Haaretz*, Jan. 22, 2014. [인터넷판] 이스라엘의 진보적 좌파 일간지 《하레츠(Haaretz)》의 이 기사에 대해 제2차 세계대전 당시 일본군이 (필시 상하이에서) 2만 명의 유대인을 구했다는 사실을 이스라엘 사람들이 모르는 게 아니냐는 구로카와라는 성을 가진 일본계 독자의 투고도 흥미롭다. 홀로코스트 교육센터에 대한 한국인 관람객의 반응은 일본인의 홀로코스트에 대한 과잉관심과는 지나치게 대조되어 흥미롭다. 필자와 인터뷰했던 요시다 아키오 부관장에 따르면, 한국인 단체 관람객은 대부분 건축학과 대학생으로, 이들의 관심은 전시 내용이 아니라 건물의 건축학적 특징에 집중되어 있다는 것이다. 각주 56의 인터뷰.

62 金井元貴, "永遠のロングセラーはどう生まれたか. みすず書房と《夜と霧》の60年", 《新刊 JP》, 2017. 12. 30. [인터넷판]

63 V. E. フランクル 著, 《夜と霧―ドイツ強制収容所の体験記録》, 霜山德爾 訳, 東京: みすず書房, 1956, p. 1.

64 Takashi Yoshida, "A Battle over History: the Nanjing massacre in Japan", *The Nanjing Massacre in History and Historiography*, Joshua Fogel ed., Berkeley: University of California Press, 2000, p. 76.

65 Yoshiko Nozaki, *War Memory, Nationalism and Education in Postwar Japan, 1945-2007: The Japanese history textbook controversy and Ienaga Saburo's court challenge*, London: Routledge, 2008, pp. 20~25.

66 林房雄,《大東亞戰爭肯定論(中公文庫)》, 東京: 中央公論新社, 2014, p. 7.

67 *Ibid.*, pp. 19, 149, 228.

68 니시카와 나가오,《국민이라는 괴물》, 윤대석 옮김, 소명출판, 2002, 6~9쪽. 니시카와의 지적은 저항 민족주의가 국민국가 건설을 서두르는 과정에서 종종 옛 종주국의 가장 반동적이고 극우적인 담론과 유사해지는 위험성에 대한 경고의 맥락으로 읽힌다.

69 판카지 미슈라,《제국의 폐허에서: 저항과 재건의 아시아 근대사》, 이재만 옮김, 책과함께, 2013, 11~20쪽.

70 야마무로 신이치,《키메라: 만주국의 초상》, 윤대석 옮김, 소명출판, 2009, 68~71쪽.

71 하영준,〈일본제국과 범아프리카주의의 '트랜스-퍼시픽 커넥션': W. E. B. 듀보이스와 C. L. R. 제임스의 동아시아 담론을 중심으로〉, *Homo Migrans*, vol. 18, 2018, pp. 166~169.

72 Yuichiro Onishi, "The New Negro of the Pacific: How African Americans Forged Cross-Racial Solidarity with Japan, 1917-1922", *The Journal of African American History*, vol. 92 no. 2, 2007, pp. 199~200.

73 "《안네의 일기》 어린이 독후감 대회 참여작", Yes24《안네의 일기》 도서 페이지. "조선인 통나무 생체실험" 운운하는 부분은 아마도 731부대의 조선인 '마루타'를 통나무라고 잘못 기억한 것 같다. 초등학생 독후감이라는 점을 고려한다면 있을 수 있는 오류지만, 이런 오류보다 더 큰 문제는 거의 모든 독후감이 일본 식민지 지배와 안네의 홀로코스트 체험을 동일시한다는 점이다.

74 "안네의 일기",〈Yes24 어린이 독후감〉 페이지, 2020. 09. 14.

75 "안네의 일기 줄거리 독후감", m.blog.naver.com/sbbamtol/220064081996, 2014. 07. 18.; "안네의 일기", bookbugs.tistory.com/entry/안네의-일기-안네-프랑크-저, 2013. 06. 08.; "안네의 일기", joungul.co.kr/after/after1/독후감_52984.asp, 2006. 10. 28.

76 "유태공화국",《조선일보》, 1928. 10. 22., 1면; "회회교도와 유대교도의 알력",《동아일보》, 1936. 04. 24., 1면; "팔레스타인에서 민족적투쟁격화",《조선일보》, 1936. 04. 24., 1면; "세계사에 나타난 유태계의 위인",《동아일보》, 1934. 07. 09., 1면 외 다수. '네이버 뉴스 라이브러리'를 검색하면 첫 일간지《조선일보》가 창간된 1920년 3월 5일부터 1945년 8월 15일 해방일까지 식민지 조선의 일간지에서 유대인을 다룬 기사는 무려 1,622건에 달한다.

77 이 현상은 이스라엘의 6일 전쟁 승리 이후 프랑스의 유대인 공동체의 공공 담론이 이스라엘이 처해 있는 위험천만한 상황은 홀로코스트 당시와 비슷하다는 위기감을 강화하고 희생자의식을 소환하는 것과 정반대의 경로를 걷고 있어 흥미롭다. Joan B. Wolf, ""Anne Frank is

dead, long live Anne Frank": The Six-Day War and the Holocaust in French Public Discourse", *History and Memory*, vol. 11 no. 1, 1999, p. 106.

78 "박의장, 청경우독을 남기고…", 《경향신문》, 1962. 02. 10., 3면; "만평 개간한 농사혁명", 《경향신문》, 1962. 02. 10., 3면; "박정희 의장 눈감고 기도", 《동아일보》, 1962. 02. 10., 3면; "농촌을 위한 박의장의 지시를 보고…", 《경향신문》, 1962. 02. 11., 3면.

79 "이스라엘에서 천여불 재건운동위해 기증", 《경향신문》, 1963. 12. 02., 7면.

80 "박대통령 가나안 농군수료식에 농축사건립비 등 보내", 《동아일보》, 1973. 11. 17., 1면.

81 "Customer reviews of *So Far From the Bamboo Grove*", *Amazon.com*, 2021. 03. 30.

82 "Compilation of news articles on Comfort Women Survivors and Holocaust Survivors' Meeting", *kace. org*, 2011. 12. 21. (2021년 1월 7일 방문)

83 그러나 내가 느끼기에는 그러한 시도가 한반도의 정치적 제노사이드 희생자의 마음을 움직이기보다는 오히려 홀로코스트에 대한 호기심을 부추기는 측면이 크다.

84 "4·3항쟁 담은 이산하 시인 시집 〈한라산〉 복간", 《오마이뉴스》, 2018. 04. 02. [인터넷판]

85 정찬의 소설이 현대음악적 관점에서 홀로코스트를 음악화한 쇤베르크의 19세기 폴란드 민족운동의 애국적 노래를 삽입하는 등 민족음악의 취향이 강한 구레츠키를 선호하는 것도 시사적이다.

86 정찬, 《슬픔의 노래》, 조선일보사, 1995.

87 ""감옥의 문은 밖에서 열어야" … 북한-홀로코스트 사진전 개최", 《더워드뉴스》, 2021. 04. 13. [인터넷판]

88 Alon Confino, "The Holocaust as a Symbolic Manual", *Marking Evil: Holocaust Memory in the Global Age*, Amos Goldberg and Haim Hazan eds., New York: Berghahn Books, 2015, p. 56.

89 Amos Goldberg, "Ethics, Identity, and Anfifundamental Fundamentalism", *Marking Evil*, p. 21; Haim Hazan, "Globalization versus Holocaust", *Marking Evil*, p. 31.

VI. 탈역사화

1 Hannah Arendt, "The Aftermath of Nazi Rule", *Commentary*, 1950. 10., p. 342. 아렌트는 미국, 영국, 프랑스 점령만 이야기하고 소련군 점령지역에 대해서는 언급하지 않는 것으로 보아 보고서의 독일은 대부분 서독을 의미하는 것으로 볼 수 있다.

2 *Ibid.*, pp. 342~343.

3 *Ibid.*, pp. 345, 347~349.

4 *Ibid.*, p. 344.

5 *Ibid.*, pp. 343~344. 나중에 보겠지만, 이 '대속'의 감상은 히로시마와 나가사키의 원폭 피해자가 자신들의 고통을 위로하는 도덕적·종교적 장치이기도 했다.

6 Tony Judt, *Postwar: A History of Europe Since 1945*, New York: The Penguin Press, 2005, pp. 58~59.

7 Maja Zehfuss, *Wounds of Memory: The Politics of War in Germany*, Cambridge: Cambridge University Press, 2007, pp. 92~93.

8 Peter Schneider, "Sins of Grandfathers", *New York Times*, 1995. 12. 03.

9 Ian Buruma, *Year Zero: A History of 1945*, New York: Penguin Press, 2013, p. 280.

10 *Ibid.*, p. 289.

11 Katharina von Ankum, "Victims, Memory, History: Antifascism, and the Question of National Identity in East German Narratives after 1990", *History and Memory*, vol. 7 no. 2, 1995, pp. 42, 45.

12 Robert G. Moeller, *War Stories: The Search for a Usable Past in the Federal Republic of Germany*, Berkeley: University of California Press, 2001, pp. 26~27. 배상에 대해 협상하던 도중 서독의 콘라트 아데나워 수상이 독일은 이스라엘에 대해 200만 달러의 국가 배상금을 생각하고 있다고 유대계 신문에 흘리자, 격노한 다비드 벤구리온은 각료회의에서 서독에 선전포고를 하자고 제안하기도 했다. 국제적 냉전 체제에서 이스라엘의 선택은 서구 진영이어야 하고, 서구 진영에 받아들여지기 위해서는 영·미 못지않게 독일·프랑스와의 돈독한 관계가 필요하다는 계산에도 불구하고 서독에 대한 선전포고 제의는 벤구리온의 분노와 좌절이 얼마나 컸는지 잘 보여준다. Tom Segev, *The Seventh Million: The Israelis and the Holocaust*, Haim Watzman trans., New York: An Owl Book, 2000, pp. 191, 200~201.

13 Moeller, *War Stories: The Search for a Usable Past in the Federal Republic of Germany*, p. 27. 이스라엘과 유대인에 대한 배상에 반대한 서독 공산당의 완고함은 사회민주주의와 파시즘을 동일시했던 1930년대 '사회파시즘' 테제의 경직성을 연상시킨다.

14 Jeffrey Herf, *Divided Memory: The Nazi Past in the Two Germanys*, Cambridge, Mass: Harvard University Press, 1997, pp. 33~36.

15 Bill Niven, "Introduction: German Victimhood at the Turn of the Millenium", *Germans as Victims*, Bill Niven ed., Basingstoke: Palgrave Macmillan, 2006, p. 2.

16 Herf, *Divided Memory: The Nazi Past in the Two Germanys*, pp. 109~113.

17 Walter Ulbricht, "Warum Nationale Front des demokratischen Deutschlands?", *Zur Geschichte des Deutschen Arbeiterbewegung: Aus Reden und Aufsätzen*, vol. 3, Berlin: Dietz Verlag, 1954, p. 491, quoted in Herf, *Divided Memory: The Nazi Past in the Two Germanys*, p. 110.

18 Herf, *Divided Memory: The Nazi Past in the Two Germanys*, pp. 109~112.

19 강제수용소에서 기운 없이 축 처진 유대인 수감자를 부축하는 공산주의 정치범 수감자들의 모습을 조각한 마이젠의 한 기념비는 유대인 해방자인 동독 공산주의자의 이미지를 잘 보여준다.

20 Sarah Farmer, "Symbols that Face Two Ways: Commemorating the Victims of Nazism and Stalinism at Buchenwald and Sachsenhausen", *Representations*, no. 49, Special Issue: Identifying Histories: Eastern Europe Before and After 1989, 1995, p. 113.

21 Takashi Fujitani, Geoffrey M. White and Lisa Yoneyama, "Introdcution", *Perilous Memories: The Asia-Pacific War(s)*, T. Fujitani et al. eds., Durham: Duke University Press, 2001, p. 7.

22 Carol Gluck, "Operations of Memory", p. 51.

23 林房雄,《大東亞戰爭肯定論》, 中公文庫, 東京: 中央公論新社, 2014, pp. 7. 19. 149; 테사 모리스 스즈키,《일본의 아이덴티티를 묻는다》, 박광현 옮김, 산처럼, 2002, 55~56쪽.

24 John W. Dower, "'An Aptitude for Being Unloved': War and Memory in Japan", *Crimes of War: Guilt and Denial in the Twentieth Century*, Omer Bartov, Atina Grossmann, Mary Nolan eds., New York: the New Press, 2002, p. 219.

25 Ian Buruma, *The Wages of Guilt: Memories of War in Germany and Japan*, New York: New York Review of Books, 1994, p. 224.

26 Roger B. Jeans, "Victims or Victimizers? Museums, Textbooks, and the War Debate in Contemporary Japan", *The Journal of Military History*, vol. 69 no. 1, 2005, pp. 157~159.

27 James J. Orr, *The Victim as Hero: Ideologies of Peace and National Identity in Postwar Japan*, Honolulu: University of Hawaii Press, 2001, pp. 2~3.

28 *Ibid.*, p. 7.

29 Dower, "'An Aptitude for Being Unloved': War and Memory in Japan", p. 230.

30 親泊朝省, "草莽の文", 오구마 에이지,《민주와 애국》, 조성윤 옮김, 돌베개, 2019, 193쪽에서 재인용.

31 오구마 에이지,《민주와 애국》, 58~59쪽, 87~91쪽.

32 John W. Dower, "The Bombed: Hiroshimas and Nagasakis in Japanese Memory", *Diplomatic History*, vol. 19 no. 2, 1995, pp. 278~279.

33 Buruma, *The Wages of Guilt*, p. 199.

34 David John Lu and Howard John Waitzkin, *Agony of Choice: Matsuoka Yōsuke and the Rise and Fall of the Japanese Empire, 1880-1946*, Lanham: Lexington Books, 2002, p. 85.

35 이안 부루마,《근대 일본》, 최은봉 옮김, 을유문화사, 2004, 13쪽; Roy Tomizawa, "The

Triumphant Tragedy of Marathoner Kokichi Tsuburaya Part 1: The Marathon Sprint that Broke the Hearts of the Japanese", *The Olympians*, 2017. 05. 03. [인터넷판]

36 Roy Tomizawa, "The Triumphant Tragedy of Marathoner Kokichi Tsuburaya Part 4: A Suicide Note that Captures an Essence of the Japanese, and Endures as Literature", *The Olympians*, 2017. 05. 10. [인터넷판]

37 이타가키 류타, 〈동아시아 기억의 장소로서의 역도산(力道山)〉, 《역사비평》 95호, 2011, 127~160쪽.

38 2011년 3월 11일 일어난 동일본대지진과 쓰나미, 후쿠시마 원전 사고 이후를 1945년 8월 15일의 전후와 포개어놓고 이야기하는 포스트 3·11 담론도 같은 맥락에서 이해된다. 심정명, 〈3·11과 전후의 끝: 무의미한 죽음과 애도의 문제〉, 《탈전후 일본의 사상과 감성》, 조관자 엮음, 박문사, 2017, 64~65쪽.

39 연합국 공습에 대한 동독의 기억에 대해서는 다음을 보라. Dorothee Wierling, "Krieg im Nachkrieg: Zur fentlichen und privaten Präsenz des Krieges in der SBZ und frühen DDR", *Der Zweite Weltkrieg in Europa. Erfahrung und Erinnerung*, Jörg Echternkamp and Stefan Martens eds., Paderborn: Schöningh, 2007, pp. 237~251.

40 Max Seydewitz, *Die unbesiegbare Stadt. Zerstung und Wiederaufbau von Dresden*, Berlin: Kongress Verlag, 1956, pp. 41, 183, 214~215, quoted in Bas von Benda-Beckmann, *A German Catastrophe? German historians and the Allied bombings, 1945-2010*, Amsterdam: Amsterdam University Press, 2010, pp, 124~125.

41 Bas von Benda-Beckmann, *A German Catastrophe?*, pp. 159~160.

42 *Ibid.*, p. 132. 바스 폰 벤다 베크만은 1965년에 출간된 발터 바이다우어의 저작 《불지옥 드레스덴》을 전거로 들고 있다. 그런데 5장에서 보았듯이, 이미 1961년 6월 드레스덴의 시장 한스 본은 동·서양의 경계를 넘어 대두하는 군사주의에 맞서 평화를 지키는 싸움에 동참하자며 드레스덴과 히로시마의 자매결연을 제안하는 편지를 히로시마 시장에게 보낸 바 있다. 동독의 공식적인 기억 문화에서 드레스덴과 히로시마를 병치하는 시도는 1960년대 초부터 이미 시작되었고, 쿠바 미사일 위기 등을 거치면서 핵전쟁의 위협이 커지자 더 강화된 것이 아닌가 한다.

43 Hofmann, "Als Dresden in Trmer sank", quoted in Bas von Benda-Beckmann, *A German Catastrophe?*, p. 142.

44 Bas von Benda-Beckmann, *A German Catastrophe?*, p. 146.

45 *Ibid.*, pp. 144~151.

46 W. G. 제발트, 《공중전과 문학》, 이경진 옮김, 문학동네, 2013, 41쪽.

47 같은 책, 112쪽.

48 같은 책, 126~127쪽.

49 같은 책, 134쪽.

50 Jörg Friedrich, *The Fire: The Bombing of Gemany 1940-1945*, New York: Columbia University Press, 2006, p. 59.

51 Tadeusz Olejnek, *Wieluń. Polska Guernika*, Wieluń: BWTN, 2004.

52 Anthony Beevor, *The Second World War*, New York: Little, Brown and Company, 2012, p. 337.

53 Friedrich, *The Fire*, p. 91. 프리드리히와는 달리 2011년 드레스덴에 새롭게 문을 연 '독일연방군 전쟁박물관(Bundeswehr Military History Museum)'은 드레스덴 폭격의 잔해를 전시하면서 나치 공군의 비엘룬 폭격 사진과 설명을 덧붙임으로써 균형감각을 보여주고 있다.

54 Zehfuss, *Wounds of Memory*, p. 94.

55 Buruma, *The Wages of Guilt*, pp. 92~98.

56 Sakiko Masuda, ""Memory keeper" Yumie Hirano to visit Poland in May, convey survivors' experiences of atomic bombing", *The Chugoku Shimbun*, 2016. 04. 18. [인터넷판]

57 Philip A. Seaton, *Japan's Contested War Memories: the memory rifts in historical consciousness of World War II*, London: Routledge, 2007, p. 135.

58 *Ibid.*, p. 82.

59 John W. Dower, "'An Aptitude for Being Unloved': War and Memory in Japan", *Crimes of War: Guilt and Denial in the Twentieth Century*, Omer Bartov et al. eds., New York: the New Press, 2002, pp. 219, 226.

60 Buruma, *The Wages of Guilt*, p. 98.

61 "広島平和記念資料館からのメッセージ", *hpmmuseum.jp*.

62 "常設展示", *hpmmuseum.jp*.

63 Noma Field, "War and Apology: Japan, Asia, the Fiftieth, and After", *Positions*, vol. 5 no. 1, 1997.

64 후지와라 기이치, 《전쟁을 기억한다: 히로시마·홀로코스트와 현재》, 이숙종 옮김, 일조각, 2003, 102~103쪽.

65 같은 책, 119쪽.

66 John W. Dower, "Triumphal and Tragic Narratives of the War in Asia", *The Journal of American History*, vol. 82 no. 3, 1995, p. 1125. 1945년 8월 6일 히로시마 상공에서 원폭 투하과정을 관찰한 과학자 해럴드 애그뉴(Harold M. Agnew)는 종전 60주년을 맞아 2005년 히로시마에서 진행된 피폭 피해자들과의 대담에서 종전을 위한 원폭 투하를 정당화하고 자신도 일본의 진주

만 공격으로 시작된 전쟁에서 많은 친구를 잃었다고 주장하면서 완강하게 사과를 거부함으로써 대담에 참여한 일본 측 피폭자들을 실망시켰다. 해럴드는 직접 사과를 요구하는 일본 측 피해자들에게 "저는 사과하지 않습니다. 직접 사과해야 할 사람들은 저들이지요"라고 단호하게 거부했다. 그런데 더 흥미로운 것은 이 기사에 달린 1만 3,220개의 댓글이다. 피해자인 척하는 일본을 비판하는 내용이 대부분으로, 원폭에 대해 사과할 수 없다는 미국의 입장에 동조하고 있다. "히로시마 원폭피해자들에게 돌직구 날리는 원폭 개발자", 《생생일본뉴스》, 2020. 08. 06. https://youtu.be/ufZym-LkkBw

67 《朝日新聞》, 1995. 11. 19., 후지와라 기이치, 《전쟁을 기억한다》 66쪽에서 재인용.

68 Dower, "'An Aptitude for Being Unloved': War and Memory in Japan", p. 230.

69 Seaton, *Japan's Contested War Memories: the memory rifts in historical consciousness of world war II*, pp. 34, 44.

70 "平和記念公園の建設", *hpmmuseum.jp*.

71 Lisa Yoneyama, *Hiroshima Traces: Time, Space, and the Dialectics of Memory*, Berkeley: University of California Press, 1999, pp. 1~3.

72 *Ibid.*, p. 25.

73 요시다 도시히로, 《공습》, 김해경·안해룡 옮김, 휴머니스트, 2008, 171, 178, 179쪽.

74 Bauman, *Modernity and the Holocaust*, p. 24.

75 Seaton, *Japan's Contested War Memories*, p. 83.

76 한국인 여행객들의 다음과 같은 다크투어리즘 블로그를 보라. blog.naver.com/jcjw1234/221558239896; https://blog.naver.com/jbm993/221543384914 그러나 아름다운 석양과 귀여운 토끼 이야기만 적은 한국인 여행자들의 여행기도 적지 않아, 독가스 자료관의 존재가 얼마나 미미한지 잘 알 수 있다. blog.naver.com/xjvmgksrldnj/221627795080; cafe.naver.com/sarangkeeper/100529

77 Niven, "Introduction: German Victimhood at the Turn of the Millenium", p. 15.

78 제2차 세계대전 당시 폴란드의 피해와 그에 대한 전후 기억에 대해서는 다음을 참조하라. 임지현, 〈역사의 금기와 기억의 진정성: 21세기 폴란드 역사학과 '희생자의식'〉, 《서양사론》 111호, 2011. 12.; Karolina Wigura, *Wina Narodów: Przebaczenie jako strategia prowadzenia polityki*, Gdańsk/Warszawa: Scholar, 2011; Joanna Wawrzyniak, Veterans, *Vicitims and Memory*, Frankfurt am Main: Peter Lang, 2015; Małgorzata Pakier and Joanna Wawrzyniak eds., *Memory and Change in Europe: Eastern Perspectives*, New York/Oxford: Berghahn, 2016, part IV; Janine Holc, *The Politics of Trauma and Memory Activism: Polish-Jewish Relations Today*, London: Palgrave Macmillan, 2018; Zusanna Bogumił and Małgorzata Głowacka-Grajper, *Milieux de mémoire in Late Modernity*, Frankfurt am Main: Peter Lang, 2019.

79 익명의 여인,《베를린의 한 여인》, 염정용 옮김, 해토, 2004.

80 19세기 이래 서쪽 이웃 프랑스는 동등한 파트너로 인정하면서도 동쪽 이웃 폴란드에 대해서는 오리엔탈리즘을 견지했던 독일 역사주의의 전통적 역사 인식에도 큰 책임이 있다. 이에 대해서는 다음을 보라. Jan M. Piskorski ed., *Historiographical Approaches to Medieval Colonization of East Central Europe*, Boulder & New York: Columbia University Press, 2002.

81 독일인의 희생자의식과 기억 문화에 대해서는 다음을 참조하라. Bill Niven ed., *Germans as Victims*; Robert G. Moeller, *War Stories: The Search for a Usable Past in the Federal Republic of Germany*, Berkeley: University of California Press, 2001; Herf, *Divided Memory*, 1997 외.

82 Ian Buruma, *Year Zero: A History of 1945*, pp. 94~95, 157. 이 수용소의 역사는 훨씬 복잡하다. 1870년부터 독일군의 포로수용소로 사용된 이곳은 제2차 세계대전 당시에는 소련군과 폴란드군, 특히 1944년 바르샤바 봉기에 참여한 폴란드 레지스탕스 포로를 가두어두었으나, 1945년 여름부터 다음 해 가을까지는 독일인 수용소로 사용되었다. 이 수용소는 1990년대에 폴란드의 실롱스크 거주 독일계 소수민족이 독일인에 대한 폴란드인의 범죄를 상징하는 장소로 거론하면서 논란의 초점이 되었다. Maren Roeger, "News Media and Historical Remembrance: Reporting on the Expulsion of Germans in Polish and German Magazines", *Mediation, Remediation, and the Dynamics of Cultural Memory*, Astrid Erll and Ann Rigney eds., Berlin: Walter de Gruyter, 2009, pp. 194~196.

83 Bill Niven, "Introduction: German Victimhood at the Turn of the Millenium", *Germans as Victims*, p. 18.

84 Moeller, *War Stories: The Search for a Usable Past in the Federal Republic of Germany*, pp. 32~35; Norbert F. Pötzl, "Versöhnen oder Verhöhnen: Dauerstreit um die Stiftung 'Flucht, Vertreibung, Versöhnung'", *Die Deutschen im Osten Europas: Eroberer, Siedler, Vertriebene*, Annette Großbongardt et al. eds., München: Deutsche Verlags-Anstalt, 2011, pp. 240~241.

85 역사적 탈맥락화와 과잉맥락화에 대해서는 다음을 보라. Jie-Hyun Lim, "Victimhood Nationalism in Contested Memories-National Mourning and Global Accountability", pp. 140~141.

86 '폴란드통합노동자당' 서기장 브와디스와프 고무우카의 옆에서 당의 대서독정책을 입안하는 데 결정적인 역할을 했던 미에치스와프 라코프스키(Mieczysław Rakowski)의 회고에 따르면, 공식 석상에서 표출된 고무우카의 반독 감정은 형식적인 것에 불과했다. 고무우카는 내심 서독을 잠재적 파트너로 여겼으며, 서독의 강력한 경제적 후견 아래 동독과 서독이 통일되어야 한다는 견해를 피력해 동독의 동지들을 깜짝 놀라게 했다. 폴란드 주교단의 편지에 대한 당의 대대적인 비난 캠페인과 고무우카의 비판에는 반독 감정보다는 오히려 폴란드인의 마음을 얻으려는 스테판 비신스키(Stefan Wyszyński) 추기경과 고무우카의 경쟁 관계가 더 크게 작용했다는 것이다. "Gespräch mit Mieczsław Rakowski: Wyszyński und Gomułka Kämpften um die Herrschaft über Die Seelen", *Wir Vergeben und Bitten um Vergebung: Der Briefwechsel der polnischen*

und deutschen Bischöfe von 1965 und seine Wirkung, Basil Kerski, Thomas Kycia and Robert Zurek eds., Osnabruck: Fibre, 2006, pp. 143, 145. 고무우카가 비신스키 추기경과 회담을 마친 후 "이 나라에서 권력은 도대체 누구 손에 있는가?" 하고 측근에게 불평했다는 일화가 1960년대 폴란드 사회에서 널리 회자되었다.

87 Andrzej Grajewski, "Over the wall. The letter of the Polish bishops in the context of the Eastern policy of Vatican", *Confrontation and Cooperation: 1000 Years of Polish-German-Russian Relations*, vol. 2 no. 1, 2015, pp. 4.

88 厚生省·若槻泰雄,《戦後引揚の記録》, 東京: 時事通信社, 1991, pp. 252~253, quoted in セレニ·コンスタンス, 〈1950年代の引揚げ: 抹消されることを拒む人々 未帰還者の問題〉,《アルザス日欧知的交流事業 日本研究セミナー〈戦後〉報告書》, 国際交流基金 アルザス·欧州日本学研究所(CEEJA) 編, 2014, p. 4.

89 山田陽子,《図説 満洲: 日本人の足跡をたどる》, 大阪: 梅田出版, 2011, pp. 80~98.

90 Lori Watt, *When Empire Comes Home*, p. 133.

91 귄터 그라스,《게걸음으로》, 장희창 옮김, 민음사, 2015.

92 Frank Biess, "Between Amnesty and Anti-communism: The West German Kameradenschinder Trials, 1948-1960", *Crimes of War: Guilt and Denial in the Twentieth Century*, Omer Bartov, Atina Grossmann and Mary Nolan eds., New York: The New Press, 2002, pp. 141~146, 149~152; Frank Biess, *Homecomings: Returning POWs and the Legacies of Defeat in Postwar Germany*, Princeton: Princeton Universtiy Press, 2006, pp. 154~166.

93 크리스토퍼 브라우닝,《아주 평범한 사람들: 101예비경찰대대와 유대인 학살》, 이진모 옮김, 책과함께, 2010, 107, 116쪽.

94 요네하라 마리,《마녀의 한 다스》, 이현진 옮김, 마음산책, 2009, 105쪽.

95 요네하라 마리,《대단한 책》, 이언숙 옮김, 마음산책, 2007, 126쪽.

96 Buruma, *Year Zero*, p. 140. 전쟁포로와 더불어 '재일조선인'이나 총력전을 목청껏 외친 전쟁 지도층을 잿더미 속 암시장의 패악과 결부하는 것은 전후의 문화적 상상에서 흔한 일이었다. 사카사이 아키토,《'잿더미' 전후 공간론》, 박광현 외 옮김, 이숲, 2020, 20, 29, 46~48쪽.

97 Lori Watt, *When Empire Comes Home*, pp. 128~129, 136~137.

98 Michael Burleigh, *The Third Reich: A New History*, New York: Hill and Wang, 2001, p. 512.

99 "Prisoners of War of the Japanese 1939-1945", *forces-war-records.co.uk*.

100 숫자로는 한 줌에 불과하지만, 북한에 납치된 일본인 희생자에 대한 기억이 떠들썩한 것도 같은 맥락에서 이해된다. 원폭 희생자나 히키아게샤, 전쟁포로와 달리 북한에 납치된 일본 민간인은 전쟁이나 식민주의적 가해에 연루되지 않은 순수한 피해자이기 때문에 북한의 납치행

위에 대한 분노가 여과 없이 표출될 수 있었다.

101 Mirco Dondi, "The Fascist Mentality after Fascism", *Italian Fascism: History, Memory and Representation*, R. J. B. Bosworth and Patrizia Dogliani eds., New York: St. Martin's Press, 1999, p. 141.

102 Ruth Ben-Ghiat, "Liberation: Italian Cinema and the Facist Past, 1945-50", *Italian Fascism: History, Memory and Representation*, R. J. B. Bosworth and Patrizia Dogliani eds., New York: St. Martin's Press, 1999, p. 84.

103 Paul Corner ed., *Popular Opinion in Totalitarian Regimes: Fascism, Nazism, Communism*, Oxford: Oxford University Press, 2009, pp. 122~123.

104 Angela Giuffrida, "'Gifts for fascist friends': Mussolini's calendar comeback", *The Guardian*, 2018. 12. 27. [인터넷판] 2021년 무솔리니 달력은 지금도 아마존 인터넷 서점에서 구입할 수 있다.

105 Matti Bunzl, "On the Politics and Semantics of Austrian Memory: Vienna's Monument against War and Fascism", *History and Memory*, vol. 7 no. 2, 1995, pp. 11~13.

106 Evan Burr Bukey, *Hitler's Austria: Popular Sentiments in the Nazi Era 1938-1945*, Chapel Hill: University of North Carolina Press, 2000, pp. 43~44.

107 Norman Lebrecht, "Beautiful music does not drown out shameful history of the past", *The Jewish Chronicle*, 2013. 03. 15. [인터넷판]

108 Bunzl, "On the Politics and Semantics of Austrian Memory: Vienna's Monument against War and Fascism", pp. 11~12, 24. 자기 집으로 돌아온 홀로코스트 생존자를 대하는 폴란드 이웃들의 태도도 크게 다르지 않았다. 가까스로 살아남은 귀환자가 자기 집을 점거하고 있는 폴란드 이웃들과의 재산 분쟁 때문에 살해당하는 경우가 적지 않았다. Bożena Szaynok, "The Impact of the Holocaust on Jewish Attitudes in Postwar Poland", *Contested Memories: Poles and Jews during the Holocaust and its Aftermath*, Joshua D. Zimmerman ed., New Jersey: Rutgers University Press, 2003, p. 240.

109 Conrad Seidl, "Umfrage: 42 Prozent sagen "Unter Hitler war nicht alles schlecht"", *Der Standard*, 2013. 03. 08. [인터넷판] "Umfrage Zur Ns-Vergangenheit: Österreicher schocken mit Umfrage zur Nazi-Zeit", *Stern*, 2013. 03. 10. [인터넷판]

110 Robert Moeller, "War Stories: The Search for a Usable Past in the Federal Republic of Germany", *AHR*, vol. 101 no. 4, 1996, pp. 1009~1010.

111 Niven, "Introduction: German Victimhood at the Turn of the Millenium", p. 19; Moeller, "War Stories: The Search for a Usable Past in the Federal Republic of Germany", p. 1010~1013.

112 Konrad H. Jarausch and Michael Geyer, *Shattered Past: Reconstructing German Histories*, Princeton: Princeton University Press, 2003, pp. 37~45.

113 James J. Orr, *The Victim as Hero: Ideologies of Peace and National Identity in Postwar Japan*, Honolulu: University of Hawaii Press, 2001, pp. 7, 14, 15, 16.

114 *Ibid.*, 4장의 교과서 분석 참조.

115 마루야마 마사오의 1946년 논문 〈초국가주의의 논리와 심리〉에 대해서는 오구마 에이지, 《민주와 애국》, 68쪽.

116 Sebastian Conrad, *The Quest for the Lost Nation: Writing History in Germany and Japan in the American Century*, Berkeley: University of California Press, 2010; Jie-Hyun Lim, "A Postcolonial Reading of the *Sonderweg*: Marxist Historicism Revisited", pp. 280~294.

117 Michael Geyer, "There is a Land Where Everything is Pure: Its name is Land of Death", *Sacrifice and National Belonging in Twentieth Century Germany*, Greg Eghigian and Matthew Paul Berg eds., Arlington: Texas A&M University Press, 2002, pp. 122~123.

118 일본군 전사자에 대한 신뢰할 만한 통계로는 다음을 보라. 吉田裕, 《日本軍兵士》, pp. 23~26.

VII. 과잉역사화

1 Anna Bikont, *The Crime and the Silence: Confronting the Massacre of Jews in Wartime Jedwabne*, Alissa Valles trans., New York: Farrar, Strauss and Giroux, 2015, p. 10.

2 *Ibid.*, pp. 16~17.

3 M. J. Chodakiewicz, *Po Zagładzie. Stosunki polsko-żydowskie 1944-1947*, Warsaw: Instytut Pamięci Narodowej, 2008, p. 58.

4 Jan Gross, *Neighbors: The Destruction of the Jewish Community in Jedwabne*, pp. 73~75; 전광용, 《꺼삐딴 리: 전광용 단편선》, 문학과지성사, 2009.

5 Gross, *Neighbors*, pp. 72~73.

6 Mikołaj Stanisław Kunicki, *Between the Brown and the Red: Nationalism, Catholicism, and Communism in 20th Century Poland-The Politics of Bolesław Piasecki*, Athens: Ohio University Press, 2012.

7 Hannah Arendt, *Eichmann in Jerusalem: A Report on the Banality of Evil* (revised and enlarged edition), New York: Penguin Books, 1994, p. 278.

8 *Ibid.*, pp. 297~298.

9 현실 사회주의 당시 폴란드인은 독점자본주의 최후 단계의 재앙인 홀로코스트가 폴란드 민족에 대한 독일-유대계 자본의 음모라고 배웠다. 탈공산주의 이후인 1997년 현재까지도 폴란드에서 가장 인기 있는 역사 교과서는 그렇게 가르치고 있었다. Michael C. Steinlauf,

"Teaching about the Holocaust in Poland", *Contested Memories*, Zimmerman ed., pp. 264~266.

10 Anna Cichopek, "The Cracow Pogrom of August 1945", *Contested Memories*, Zimmerman ed., p. 221.

11 Bożena Szaynok, "The Jewish Pogrom in Kielce, July 1946 – New Evidence", *Intermarium*, vol. 1 no. 3. 2016. 03. 04. [인터넷판]

12 키엘체 학살 이후 당은 약 10만 명의 생존 유대인을 국경선 조정을 통해 독일로부터 할양받은 '되찾은 영토(ziemia odzyskana)'로 이주시키는데, 이는 폴란드 이웃들의 반유대주의로부터 이들을 보호하고, 되찾은 영토의 폴란드화를 보장하기 위한 고육지책이었다. 폴란드 서부나 되찾은 영토는 오히려 폴란드 동부보다 반유대주의가 강하지 않았다. Frank Golczewski, "Die Ansiedlung von Juden in den ehemaligen deutschen Ostgebieten Polens 1945-1951", *Umdeuten, verschweigen, erinnern: die spaete Aufarbeitung des Holocaust in Osteuropa*, Michal Brumlik and Karol Sauerland eds., Frankfurt a. Main: Campus Verlag, 2010, pp. 93~104.

13 Jan T. Gross, *Fear: Anti-Semitism in Poland After Auschwitz*, New York: Random House, 2006, p. 118.

14 두 당은 1948년 폴란드통합노동자당으로 통합되어 공산주의 정권의 집권당이 되었다.

15 *Ibid.*, p. 225. 폴란드의 부수상 안제이 레페르(Andrzej Lepper)가 독일 주간지와의 인터뷰에서 히틀러를 긍정적으로 평가한 것도 넓게는 같은 맥락에서 이해된다. 2006년 얀 피스코르스키(Jan M. Piskorski)의 공개 편지와 내게 보낸 이메일.

16 Gross, *Fear*, pp. 120~121, 126.

17 홀로코스트 이후의 반유대주의는 폴란드에서만 나타난 현상이 아니었다. 1945년 4월 19일 파리 4구역에서는 약 400명의 파리 시민이 '프랑스인을 위한 프랑스'라는 슬로건 아래 시위를 벌였는데, 홀로코스트 생존자인 유대인 집주인이 자신의 집을 무단 점거한 프랑스인에게 퇴거를 요청하자 일어난 반유대주의적 시위였다. 홀로코스트에서 살아남은 유대계 네덜란드인 네티 로젠펠트(Netty Rosenfeld)가 네덜란드 레지스탕스 라디오 방송국에 낸 지원서는 공공방송에 적합지 않은 성이라고 반려되었다. 제2차 세계대전 희생자에 대한 벨기에의 국가 보상 정책에서 유대인은 배제되었다. 정치적 저항이 아니라 유대인이라는 이유로 희생되었기 때문이라는 것이다. Pieter Lagrou, "Victims of Genocide and National Memory: Belgium, France and the Netherlands 1945-65", *Past & Present* 154, 1997, pp. 182, 193, 198~199; Ian Buruma, *Year Zero: A History of 1945*, pp. 134~135.

18 Szewach Weiss, "To co pisze Gross, to nie są bzdury", *wiadomosci.gazeta.pl*. 2011. 01. 22. [인터넷판]

19 Cited in Gross, *Fear*, p. 129.

20 *Ibid.*, p. 130.

21 Adam Michnik, "Poles and Jews: How Deep the Guilt?", *The Neighbors Responded*, Polonsky and

Michlic eds., p. 435.

22 "Odezwa „Protest!" konspiracyjnego Frontu Odrodzenia Polski pióra Zofii Kossak- Szczuckiej, sierpień 1942 r.", zydziwpolsce.edu.pl/biblioteka/zrodla/r3_5d.html

23 Yad Vashem, "I Am My Brother's Keeper: A Tribute to the Righteous Among the Nations. Paying the Ultimate Price. Jozef and Wiktoria Ulma", *yadvashem.org*.

24 orka.sejm.gov.pl/opinie8.nsf/nazwa/1947_u/$file/1947_u.pdf (2020년 11월 4일 방문)

25 Zusanna Bogumił and Małgorzata Głowacka-Grajper, *Milieux de mémoire in Late Modernity*, Frankfurt am Main: Peter Lang, 2019, pp. 188~189.

26 *Ibid.*, p. 189ff.

27 이 법안에 대해서는 다음을 보라. "Dziennik Ustaw Rzeczypospolitej Polskiej", Warszawa, dnia 14 lutego 2018 r. Poz. 369. dziennikustaw.gov.pl/D2018000036901.pdf 이 법안은 곧 국제사회의 광범위한 비난에 부딪혔다. 당시의 국제적 논란에 대해서는 다음을 보라. Marc Santora, "Poland's 'Death Camp' Law Tears at Shared Bonds of Suffering With Jews", *New York Times*, 2018. 02. 06.

28 Aomar Boum and Daniel Schroeter, "Why Did Morocco Just Demolish a Holocaust Memorial?", *Haaretz*, 2019. 09. 22. [인터넷판]

29 스기하라 치우네의 대소 스파이 역할에 대해서는 다음을 보라. Hillel Levine, *In Search of Sugihara*, New York: The Free Press, 1996; Timothy Snyder, *Bloodlands: Europe between Hitler and Stalin*, pp. 69~70, 117.

30 "유대인 4000명 구한 '중국판 쉰들러' 있었다", 《동아일보》, 2015. 07. 21.; "'중국의 쉰들러' 실화소설 선물 … 시진핑, 벨기에 국왕 마음 얻다", 《중앙일보》, 2015. 06. 26. [인터넷판]

31 '뿌리 없는 코즈모폴리터니즘'은 폴란드 공산당이 펼친 반유대주의 캠페인의 키워드 중 하나였다. 한편 그단스크의 제2차 세계대전사 박물관을 둘러싼 논란에 대해서는 박물관의 기획 단계부터 준비위원장과 초대 관장을 역임한 파베우 마흐체비츠(Paweł Machcewicz)의 기록을 보라. Paweł Machcewicz, *The War that Never Ends: The Museum of the Second World War in Gdańsk*, Berlin: De Gruyter, 2019.

32 투포인츠필름(Two Points Film)에서 만든 다큐멘터리 〈보그단의 여행(Bogdan's Journey)〉의 카메라는 이들 스킨헤드의 시위를 클로즈업하고 있는데, 이들이 폴란드어로 'pogrom kielecki'가 아니라 'pogrom ubecki'라는 구호를 제창할 때 울리는 묘한 운율의 조화는 관객에게 훨씬 큰 호소력을 갖는다.

33 Tomasz Pajączek, "Związki szefa wrocławskiego IPN z ONR. Nowe fakty", *wiadomosci.onet.pl*, 2021. 02. 19. [인터넷판]

34 얀 그라보프스키의 변호사인 알렉산드라 글리시친스카-그라비아스와의 2021년 2월 4일 원

격 대화에서 확인한 사실과《뉴욕타임스》기사를 참고. Andrew Higgins, "A Massacre in a Forest Becomes a Test of Poland's Pushback on Wartime Blame", *New York Times*, 2021. 02. 08.

35 Bikont, *The Crime and the Silence*, p. 119.

36 라우단스키 형제의 무죄론적 변호는 우크라이나의 나치 보조경비 욘 데미야니우크(John Demjanjuk)의 변호 논리와 아주 유사하다. 2012년 3월 17일 소비부르 절멸수용소의 우크라이나 경비병 출신 데미야니우크가 사망하자 그의 아들은 자신의 아버지가 "어린 시절부터 야만적 소련과 독일의 희생자였으며 …… 독일은 나치 독일이 저지른 일에 대해 무고한 우크라이나 전쟁포로에게 비난의 화살을 돌리려고 아버지를 희생양으로 만들었다"고 가족의 견해를 대변했다. Ofer Aderet, "John Demjanjuk Dies at 91, Taking His Secret to the Grave", *Haaretz*, 2012. 03. 18. [인터넷판] 데미야니우크는 거의 마지막 나치 전범재판의 주인공으로 소비부르의 악명 높은 '공포왕 이반'이라는 혐의로 미국에서 이스라엘로 추방되어 재판에 넘겨졌으나 '이반 대제'가 아닌 것으로 판명되어 무혐의로 풀려났다. 그러나 소비부르의 죽음의 경비병이었다는 사실이 확인되어 독일에서 다시 재판에 넘겨져 재판을 기다리는 중 양로원에서 사망했다. 가족과 변호인 측은 그가 경비병이 아니라 소련군으로 복무하다 포로로 잡혔다고 주장한다. 이에 대한 상세한 내용은 다음을 보라. Lawrence Douglas, *The Right Wrong Man: John Demjanjuk and the Last Great Nazi War Crimes Trial*, Princeton: Princeton University Press, 2016.

37 Joanna Kurczewska, "From the Editor", *Polish Sociological Review*, vol. 137 no. 1, 2002, p. 4.

38 Ireneusz Krzemiński, "Polish-Jewish Relations, Anti-Semitism and National Identity", *Polish Sociological Review*, vol. 137 no. 1, 2002, p. 45.

39 Marek Ziółkowski, "Memory and Forgetting after Communism", *Polish Sociological Review*, vol. 137 no. 1, 2002, pp. 19, 22.

40 안동원,《세계일주기》, 태극서관, 1949, 71~73쪽, 장세진,《슬픈 아시아: 한국 지식인들의 아시아 기행(1945~1966)》, 푸른역사, 2012, 68~69쪽에서 재인용.

41 Alexis Duden, *Troubled Apologies: Among Japan, Korea, and the United States*, New York: Columbia University Press, 2008, p. 74.

42 고황경,《인도기행》, 을유문화사, 1949, 167쪽, 장세진,《슬픈 아시아》, 72~73쪽에서 재인용.

43 25%에 달하는 전쟁포로 사망률은 매우 높은 것이지만, 현지인 노동자의 사망률은 그보다 더 높았다. 그러나 현지에서 열린 전범재판은 연합군 포로 학대와 그에 대한 일본인/조선인 전범만 기억하고 현지 노동자의 기억은 지워버렸다.

44 우쓰미 아이코·무라이 요시노리,《적도에 묻히다: 독립영웅 혹은 전범이 된 조선인들 이야기》, 김종익 옮김, 역사비평사, 2012, 120~121쪽.

45 우쓰미 아이코,《조선인 BC급 전범, 해방되지 못한 영혼》, 이호경 옮김, 동아시아, 2007, 8~9쪽.

46 그러나 포로 학대와 관련된 어떠한 수치도 나치의 포로수용소에서 죽어간 소련군 포로 300만 명과는 비교할 수 없다. 그것은 슬라브족이 '하등인간'이라는 나치의 인종주의가 작동한 결과였다.

47 "半島人 青年의 光榮. 米英人 捕虜監視員에 大量採用", 《매일신보》, 1942. 05. 23. 2面; "快消息에 感激爆發. 半島青年의 榮譽인 米英人 俘虜의 監視指導", 《매일신보》, 1942. 05. 23. 3面.

48 우쓰미 아이코, 《조선인 BC급 전범》, 126~128쪽.

49 〈KBS파노라마 플러스_전범이 된 조선 청년들〉, 《KBS》, 2014. 09. 02. [인터넷판]

50 같은 곳.

51 조건(조사1과) 책임조사 작성, 〈조선인 BC급 전범에 대한 진상조사: 포로감시원 동원과 전범 처벌 실태를 중심으로〉, 《대일항쟁기강제동원피해조사및국외강제동원희생자등지원위원회 보고서》, 2011, 발간등록번호 11-1655026-000007-01, 41, 44, 55쪽.

52 *Ibid.*, 47쪽.

53 Zygmunt Bauman, *Modernity and the Holocaust*, pp. 24~25.

54 우쓰미 아이코·무라이 요시노리, 《조선인 BC급 전범》, 329쪽.

55 조건(조사1과) 책임조사 작성, 〈조선인 BC급 전범에 대한 진상조사: 포로감시원 동원과 전범 처벌 실태를 중심으로〉, ii쪽.

56 *Ibid.*, 5쪽.

57 우쓰미 아이코 외, 《적도에 묻히다》, 64~66, 70, 164쪽.

58 같은 책, 18, 22, 322, 324쪽.

59 리턴 조사단, 《리턴보고서》, 박영석 옮김, 탐구당, 1986, 138쪽.

60 윤상원, 〈한국 역사학계의 만보산사건 연구동향과 과제〉, 《한국문학연구》 51집, 2016, 15쪽.

61 오기영, 〈평양폭동사건 회고〉, 《동광》, 1931. 09., 김준현, 〈한국의 문학/지식 장에서 '만보산사건'이 기억되어 온 몇 가지 방식〉, 《한국문학연구》 51집, 2016, 63쪽에서 재인용.

62 예컨대 다음의 기사들을 보라. "朝鮮과 萬寶山 兩事件은 無關係", 《동아일보》, 1931. 07. 29.; "衝突事件의 政府方針決定", 《조선일보》, 1931. 07. 09.; "中人襲擊事件 第一次公判", 《조선일보》, 1931. 08. 13.

63 2021년 5월 31일, 1921년 5월 오클라호마 털사의 아프리카계 미국인 학살은 인종 폭동이 아니라 '포그롬'이라고 보아야 한다는 주장이 찰스턴 대학의 홀로코스트 연구자에 의해 제기되었다. '완바오산 사건'이 아니라 조선 화교 포그롬으로 보자는 내 주장과 유사한 맥락이라 흥미로웠다. Joshua Shanes, "The Tulsa massacre wasn't a 'race riot' — it was a pogrom", *Forward*,

2021. 05. 31. [인터넷판]

64 윤해동, 〈만보산 사건과 동아시아 기억의 터: 한국인들의 기억을 중심으로〉, 《사이間SAI》 14호, 2013, 495~496쪽.

65 Gross, *Fear*, p. 133.

66 강진아, 손승회, 김철, 김준현 등 몇몇 연구자를 중심으로 한국과 중국 노동자의 경쟁, 만주국 조선인의 대리 식민주의, 화교에 대한 식민지 조선의 총체적 억압체제 등을 논하는 연구들이 있으나 조선 화교 학살에 대한 한국 사회의 공적 기억이나 풀뿌리 기억에서 이들의 연구가 중심을 차지하지는 못하고 있다. 또 이들이 사용하는 '배화폭동'이라는 용어가 '완바오산 사건'으로 통칭하는 한국사 연구자들의 용법보다 한 걸음 더 나가기는 하지만, 화교에 대한 민족적 편견과 질시, 경쟁의식 등이 복합적으로 개입된 1931년 조선인 화교 학살은 소규모 종족 학살을 뜻하는 '포그롬'이라 부르는 게 더 타당하다는 생각이다. Jin-A Kang, "The Enforcement of Immigration Control in Colonial Korea and the Rise of Nationalism in the Chinese Media", *Translocal Chinese: East Asian Perspectives*, vol. 9 no. 1, 2015, pp. 142~169; 강진아, 〈만주사변 전후 재한화교 문제의 양상: 朝鮮總督府 外事課와 在韓中國領事館 간 왕복문서를 중심으로〉, 《동양사학연구》 120호, 2012, pp. 262~305; 손승회, 〈1931년 植民地朝鮮의 排華暴動과 華僑〉, 《중국근현대사연구》 제41집, 2009, 141~165쪽; 손승회, 〈근대 한중관계사의 새로운 시각 모색: 萬寶山事件 연구에 대한 적용가능성을 중심으로〉, 《역사학보》 제202집, 2009, 381~408쪽; 김철, 〈몰락하는 신생: '만주'의 꿈과 《농군》의 오독〉, 《상허학보》 제9집, 2002, 123~159쪽 등을 보라.

67 Suk-Jung Han, "The suppression and recall of colonial memory: Manchukuo and the Cold War in the Two Koreas", *Mass Dictatorship and Memory as Ever Present Past*, Jie-Hyun Lim et al. eds., Basingstoke: Palgrave Macmillan, 2014, p. 168.

68 *Ibid.*, pp. 172~174.

69 ""원폭은 신의 징벌" 중앙일보 칼럼에 日 술렁", 《경향신문》, 2013. 05. 25. [인터넷판]

70 "원폭피해단체들, '김진 칼럼'에 "한국은 두 번째 원폭 피해국"", 《통일뉴스》, 2013. 05. 26. [인터넷판]

71 Yahir Oron, *Jewish-Israeli Identity*, 1992, p. 58, quoted in Tom Segev, *The Seventh Million: The Israelis and the Holocaust*, Haim Watzman trans., New York: An Owl Book, 2000, p. 516.

72 Bauman, *Modernity and the Holocaust*, p. 238.

73 포스트 메모리에 대해서는 다음을 보라. Marianne Hirsch, *The Generation of Postmemory: Writing and Visual Culture After the Holocaust*, New York; Columbia University Press, 2012. 일본계 미국인 불법 억류 희생자 아이의 포스트 메모리에 대해서는 다음을 보라. Marita Sturken, "Absent Images of Memory: Remembering and Reenacting the Japanese Internment", *Perilous Memories: The Asia-Pacific War(s)*, Takeshi Fujitani, Geoffrey M. White and Lisa Yoneyama eds., Durham: Duke

University Press, 2001, pp. 34~47.

74 Werner Weinberg, *Self-Portrait of a Holocaust Survivor*, Jefferson, NC: Mcfarland, 1985, p. 152.

75 Idith Zertal, *From Catastrophe to Power: Holocaust Survivors and the Emergence of Israel*, Berkeley: University of California Press, 1998, p. 217.

76 Segev, *The Seventh Million*, p. 110.

77 *Ibid.*, pp. 179~180.

78 Ilan Pappe, "Critique and Agenda: the Post-Zionist Scholars in Israel", *History and Memory*, vol. 7 no. 1, Special Issue: Israel Historiography Revisited, 1995, p. 72.

79 Zertal, *From Catastrophe to Power*, p. 221.

80 Quoted in Peter Novick, *The Holocaust and Collective Memory*, London: Bloomsbury, 2001, pp. 35~36.

81 Segev, *The Seventh Million*, p. 18; Arendt, *Eichmann in Jerusalem*, pp. 58~60.

82 Novick, *The Holocaust and Collective Memory*, p. 121.

83 *Ibid.*, pp. 116, 122, 123.

84 *Ibid.*, pp. 91, 98, 116, 121, 123.

85 Annette Wieviorka, *The Era of the Witness*, Jared Stark trans., Ithaca: Cornell University Press, 2006, pp. 48~49.

86 Dan Diner, "Cumulative Contingency: Historicizing Legitimacy in Israeli Discourse", *History and Memory*, vol. 7 no. 1, Special Issue: Israel Historiography Revisited, 1995, pp. 153~155.

87 Uri Ram, "Zionist Historiography and the Invention of Modern Jewish Nationhood: The Case of Ben Zion Dinur", *History and Memory*, vol. 7 no. 1, Special Issue: Israel Historiography Revisited, 1995, pp. 110, 117.

88 Elon Gilad, "The History of Holocaust Remembrance Day", *Haaretz*, 2014. 04. 27. [인터넷판]

89 Yael Zerubavel, "The Death of Memory and the Memory of Death: Masada and the Holocaust as Historical Metaphors", *Representations*, no. 45, 1994, pp. 75~89.

90 3장 〈승화〉에서 보았듯이, 이는 전형적인 국민국가의 문법이었다.

91 Zeev Sternhell, *The Founding Myths of Israel*, David Maisel trans., Princeton: Princeton University Press, 1998, p. xii.

92 프랑스에서 랍비의 자식으로 태어나 1960년대 중반 이스라엘로 건너간 미하엘 바르샤프스

키(Michel Warschawski)는 홀로코스트 생존자를 비하하는 은어인 '작은 비누(savonette)'가 강인하지 못한 사람을 가리키는 용어로 사용되는 것을 처음 알았을 때의 충격을 기록하고 있다. 1960년대 중반까지도 이스라엘에서 약하다는 것은 흠결이었다. Michel Warschawski, *On the Border*, Levi Laub trans., Cambridge, MA: South End Press, 2005, pp. 153~154.

93 "The Declaration of The Establishment of The State of Israel", *mfa.gov.il*, 1948. 05. 14.

94 Segev, *The Seventh Million*, p. 333.

95 Gideon Hausner, *Justice in Jerusalem*, New York: Holocaust Library, 1977, p. 291.

96 Wieviorka, *The Era of the Witness*, p. 71. 매카시 선풍으로 일자리를 잃고 실업자로 지내던 할리우드의 전설적인 촬영감독 레오 호르위츠(Leo Horwitz)의 카메라 워크도 큰 역할을 했다.

97 Marianne Hirsch and Leo Spitzer, "The witness in the archive: Holocaust Studies/Memory Studies", pp. 152, 155.

98 Idith Zertal, *Israel's Holocaust and the Politics of Nationhood*, Chaya Galai trans., Cambridge: Cambridge University Press, 2005, p. 111.

99 Segev, *The Seventh Million*, pp. 121, 185, 186, 249 and passim.

100 *Ibid.*, p. 328.

101 Cited in Segev, *The Seventh Million*, p. 389.

102 Wieviorka, *The Era of the Witness*, p. 105.

103 Tadek Markiewicz and Keren Sharvit, "When Victimhood Goes to War? Israel and Victim Claims", *Political Psychology*, vol. 42 no. 1, 2021, pp. 111~126.

104 Cited in Segev, *The Seventh Million*, p. 399.

105 CNN 앵커 크리스티안 아만푸어(Christiane Amanpour)가 도널드 트럼프(Donlad Trump)를 나치와 비교했다고 사과를 요구한 이스라엘 정부의 태도와 네타냐후의 이 연설 사이에는 큰 거리가 있어 흥미롭다. "Netanyahu: Hitler Didn't Want to Exterminate the Jews", *Haaretz*, 2015. 10. 21. [인터넷판]; Raphael Ahren, "Israel calls on CNN's Amanpour to apologize for comparing Trump to Nazis", *The Times of Israel*, 2020. 11. 16. [인터넷판]

106 Segev, *The Seventh Million*, pp. 299~301.

107 *Ibid.*, p. 408.

108 Bauman, *Modernity and the Holocaust*, p. 152.

Ⅷ. 병치

1 Naoki Sakai, *Translation and Subjectivity: On 'Japan' and Cultural Nationalism*, Minneapolis: University of Minnesota Press, 1997, pp. 40~71; Jie-Hyun Lim, "The Configuration of Orient and Occident in the Global Chain of National Histories: Writing National Histories in Northeast Asia", *Narrating the Nation: Representations in History, Media and the Arts*, Stefan Berger, Linas Eriksonas and Andrew Mycock eds., New York: Berghahn Books, 2008, pp. 288~305.

2 Susan Stanford Friedman, "Planetarity: Musing Modernist Studies", *Modernism/modernity*, vol. 17 no. 3, 2010, p. 493.

3 Yến Lê Espiritu and Diane Wolf, "The appropriation of American war memories: a critical juxtaposition of the Holocaust and the Vietnam War", *Social Identities: Journal for the Study of Race, Nation and Culture*, vol. 19 no. 2, 2013, pp. 188~203.

4 James W. Loewen, "The Vietnam War in High School American History", *Censoring History: Citizenship and Memory in Japan, Germany and the United States*, Laura Hein and Mark Selden eds., Armonk, NY: M. E. Sharpe, 2000, pp. 150~172; David Hunt, "War Crimes and the Vietnamese People: American Representations and Silences", *Bulletin of Concerned Asian Scholars*, vol. 30 no. 2, 1998, pp. 72~82.

5 Laura Hein and Mark Selden, "The Lessons of War, Global Power, and Social Change", *Censoring History*, Hein and Selden eds., pp. 36~37.

6 Lea David, "Holocaust Discourse as a Screen Memory: the Serbian Case", *History and Politics in the Western Balkans: Changes at the Turn of the Millennium*, Srdan M. Jovanović and Veran Stancetic eds., Belgrade: The Center for Good Governance Studies, 2013, p. 66.

7 David, "Holocaust Discourse as a Screen Memory", pp. 65, 67, 69, 71, 79.

8 Jelena Subotić, *Yellow Star, Red Star: Holocaust Remembrance after Communism*, Ithaca: Cornell University Press, 2019, pp. 65~66. 크로아티아 파시스트인 우스타샤에 의해 학살된 세르비아인의 수가 30여만 명이니, 3만여 명의 세르비아 유대인 희생자보다 많은 것은 부인할 수 없다.

9 *Ibid.*, pp. 123~135.

10 Martin Evans, "Memories, Monuments, Histories: The Re-Thinking of the Second World War since 1989", *National Identities*, vol. 8 no. 4, 2006, pp. 318~321; "Gespräch zwischen Micha Brumlik und Karol Sauerland", *Umdeuten, verschweigen, erinnern: die spaete Aufarbeitung des Holocaust in Osteuropa*, Michal Brumlik u. Karol Sauerland eds., Frankfurt a. Main: Campus Verlag, 2010, pp. 7~15, 375~390.

11 Siobhan Kattago, "Agreeing to Disagree on the Legacies of Recent History Memory, Pluralism and Europe after 1989", *European Journal of Social Theory*, vol. 12 no. 3, 2009, p. 382.

12 Subotić, *Yellow Star, Red Star*, pp. 6, 8, 9, 11.

13 Grzegorz Rossoliński-Liebe, "Debating, obfuscating and disciplining the Holocaust: post-Soviet historical discourses on the OUN – UPA and other nationalist movements", *East European Jewish Affairs*, vol. 42 no. 3, 2012, pp. 199~241; William Jay Risch, "What The Far Right Does Not Tell Us about the Maidan", *Kritika: Explorations in Russian and Eurasian History*, vol. 16 no. 1, 2015, pp. 137~144.

14 다른 동유럽 국가들에서 홀로코스트의 기억을 민족주의적으로 전유하는 양상에 대해서는 다음을 참조하라. Micha Brumlik and Karol Sauerland ed., *Umdeuten, Verschweigen, Errinnern: Die späte Aufarbeitung des Holocaust in Osteuropa*, Frankfurt: Campus Verlag, 2010; Aro Velmet, "Occupied Identities: National Narratives in Baltic Museums of Occupations", *Journal of Baltic Studies*, vol. 42 no. 2, 2011, pp. 189~211.

15 A. Dirk Moses, "Genocide and the Terror of History", *Parallax*, vol. 17 no. 4, 2011, p. 91.

16 나가이 다카시,《영원한 것을》(3판), 이승우 옮김, 바오로딸, 2010, 321쪽.

17 나가이 다카시,《묵주알》, 이승우 옮김, 바오로딸, 2015, 126~128쪽.

18 같은 책, 129~130쪽.

19 이 기적의 '루르드 샘물'은 오우라 천주당으로 올라가는 언덕길 입구에 있는 '막시밀리안 콜베 기념관'에서 지금도 팔고 있다.

20 나가이 다카시가 혼수상태에서 콜베 신부를 만난 것은 아직 콜베 신부의 순교 소식이 전해지기 전의 일이다. 콜베 신부가 아우슈비츠에서 순교했다는 소식은 혼고치에 남은 폴란드 수사들조차 모르고 있었다. '적성국 종교'를 믿는 이들은 1945년 8월 2일 밤 아소산의 도치노키 온천장으로 이송되어 연금상태에 있다가 종전 후에야 나가사키로 돌아올 수 있었다. 이들이 콜베 신부의 순교 소식을 안 것은 1946년 9월 21일 폴란드에서 도착한《성모의 기사》를 통해서였다 Immaculate Conception Province Conventual Franciscans of Japan,《聖コルベ來日75周年記念誌》, 長崎: 聖母の騎士社, 2005, p. 88. 나가이 다카시는 연금에서 풀려나 혼고치로 돌아온 폴란드 수사들에게 사촌이 보내준 거금 100엔을 쾌척하기도 했다. 나가이 다카시,《눈물이 마를 날은 언제인가?》, 조양욱 옮김, 해누리, 2011, 145쪽.

21 〈微笑の祕訣〉, 막시밀리안 콜베 기념관 전시자료;《聖コルベ來日75周年記念誌》, p. 60. 나가이 다카시는 또한 콜베 신부가 일본을 떠난 후인 1937년 여름부터 1940년 2월까지 5사단 의무장교로 중국 전선에서 복무하면서 나가사키의《성모의 기사》지에 전선 소식을 게재하기도 했다.

22 나가이 다카시,《영원한 것을》, 263쪽.

23 A. Dirk Moses, "The Holocaust and World History", *The Holocaust and Historical Methodology*, Dan Stone ed., New York: Berghahn Books, 2012, p. 276.

24 Susan Southhard, *Nagasaki: Life After Nuclear War*, New York: Penguin Books, 2016, pp. 169~170.

25 희생자의식 민족주의에 대해서는 다음을 참조하라. Jie-Hyun Lim, "Victimhood Nationalism in Contested Memories: National Mourning and Global Accountability", *Memory in a Global Age*, Assmann and Conrad eds., pp. 138~162.

26 Rotem Kowner, "Tokyo recognizes Auschwitz: the rise and fall of Holocaust denial in Japan, 1989-1991", *Journal of Genocide Research*, vol. 3 no. 2, 2001, p. 261.

27 Gwyn Maclelland, "Guilt, Persecution, and Resurrection in Nagasaki: Atomic Memories and the Urakami Catholic Community", *Social Science Japan Journal*, vol. 18 no. 2, 2015, p. 239.

28 이 글에서는 1949년 출간된 《나가사키의 종》에 재수록된 추도사가 원본과 매우 다르다고 주장한 다카하시 신지 교수의 비판을 고려해 나가이 다카시의 친필 수고를 대본으로 삼았다. 친필 수고는 Konishi Tetsuro, "The Original Manuscript of Takashi Nagai's Funeral Address at a Mass for the Victims of the Nagasaki Atomic Bomb", *The Journal of Nagasaki University of Foreign Studies*, no. 18, 2014, pp. 55~68에 팩시밀리본으로 게재되어 있다. 아마도 더 심각한 차이는 1949년 일본어 원판과 2011년 한국어 번역본 간의 차이일 것이다. "우라카미가 잿더미가 되는 순간 비로소 하느님은 이를 받아주시고 인류의 잘못을 들어주셔서 바로 천황 폐하께 하늘의 계시를 내려 종전의 성스러운 결단을 내리도록 해주신 것입니다"라는 원판의 나가이 발언이 한글 번역판에는 "우라카미가 폭격에 잿더미로 변하는 순간, 마치 예수 그리스도가 십자가에 달려 죽으셨을 때, 그것을 받으시고 온 인류를 구원해주셨던 것처럼 하느님은 드디어 우리를 용서하시고, 종전을 허락하셨습니다"로 바뀌어 있다. 한글 번역본에는 아예 '천황 폐하의 …… 성스러운 결단' 운운하는 부분이 빠져 있다.

29 Tetsuro, "he Original Manuscript of Takashi Nagai's Funeral Address at a Mass for the Victims of the Nagasaki Atomic Bomb", p. 58.

30 *Ibid.*, pp. 58~59.

31 바르샤바의 유대사연구소 소장을 지낸 펠릭스 티흐 교수가 개인적으로 알려준 바에 따르면, 이스라엘의 야드 바셈과 폴란드의 유대사연구소가 누가 먼저 홀로코스트라는 용어를 사용했는가 하는 문제를 놓고 신경전을 벌였다고 한다. 어느 입장을 따르든 1950년대 말까지 홀로코스트는 서구에서도 낯선 용어로 남아 있었는데, 동아시아의 번역어이긴 하지만 나가이 다카시는 1945년에 이미 홀로코스트(한사이)를 사용한 셈이다.

32 르네 지라르, 《폭력과 성스러움》, 김진식·박무호 옮김, 민음사, 1997, 9~10쪽, 14쪽.

33 존 다우어, 《패배를 껴안고》, 최은석 옮김, 민음사, 2009, 33~34쪽, 248쪽.

34 John W. Dower, "The Bombed: Hiroshimas and Nagasakis in Japanese Memory", *Diplomatic History*, vol. 19 no. 2, 1995, pp. 290~291.

35 권혁태, 〈'나가사키의 종'은 어떻게 울렸나?〉, 《한겨레21》, 2014. 12. 18.; 전은옥, 〈"원폭은 천

벌" … 그것은 정말 '신의 뜻'이었나〉, 《오마이뉴스》, 2013. 04. 23. 그러나 이들에 앞서 이런 비판을 처음 제기한 것은 나가이의 제자인 아키즈키 타쓰이치로 박사였다. Susan Southard, *Nagasaki: Life After Nuclear War*, pp. 172~176.

36 나가이 다카시, 《묵주알》, 174~175쪽. 나가이 다카시가 말년을 보낸 거처를 '뇨코도(如己堂)'라고 지은 심리적 배경에도 《성서》의 가르침을 넘어 이런 죄의식이 있는 것은 아닐까?

37 프리모 레비, 《가라앉은 자와 구조된 자》, 이소영 옮김, 돌베개, 2014, 91쪽.

38 나가이 다카시, 《묵주알》, 189쪽.

39 오자키 토메이, 《나가사키의 콜베》, 김희일 옮김, 성모기사회, 2006, 226쪽.

40 오자키 토메이 신부는 2021년 4월 15일 췌장암으로 서거했는데, 신부에 대한 《나가사키신문》의 부고 기사는 신부가 부상자 구출과 친척의 사체 처리 등을 담당했다고 쓰고 있어 토메이 신부 본인의 회고와는 다소 다르다. 이 차이에 대해서는 추후 검토할 필요가 있다. "小崎登明さん死去 被爆修道士 コルベ神父語り部", 《長崎新聞》, 2021. 04. 16. 이 신문 기사는 친절하게도 무사시 대학의 와타나베 나오키 교수가 보내주었다.

41 遠藤周作, 《女の一生: 二部 サチ子の場合》, 東京: 新潮社, 2017, p. 569.

42 엔도 슈사쿠, 《여자의 일생: 1부 기쿠의 경우》, 공문혜 옮김, 홍성사, 1986, 323~324쪽.

43 遠藤周作, 《女の一生: 二部 サチ子の場合》, pp. 27~28.

44 엔도 슈사쿠, 《마음의 야상곡》, 정기현 옮김, 홍성사, 1996, 64쪽.

45 金承哲, 〈遠藤周作の《イエスの生涯》について: 神学と文学の間で〉, 《キリスト教文藝》 28號, 2012, pp. 128~148.

46 오자키 토메이, 《나가사키의 콜베》, 219쪽.

47 동아시아에서 수염의 신체정치에 대해서는 다음을 보라. 윤상인, 〈근대문명과 신체정치〉, 《관정일본리뷰》 26호, 2021, 1~4쪽.

48 오자키 토메이, 《나가사키의 콜베》, 169, 171쪽; 나가이 다카시, 《영원한 것을》, 303쪽.

49 金承哲, 〈遠藤周作の《イエスの生涯》について〉, p. 3.

50 엔도 슈사쿠, 《여자의 일생》 1부, 172, 174, 175, 179쪽.

51 폴란드를 비롯한 '동유럽'의 아시아성에 대해서는 다음을 보라. Larry Wolff, *Inventing Eastern Europe*, Stanford: Stanford University Press, 1994; Kristin Kopp, *Germany's Wild East: Constructing Poland as Colonial Space*, Ann Arbor: The University of Michigan Press, 2012; Jan Kieniewicz, "The Eastern Frontiers and the Civilisational Dimension of Europe", *Acta Poloniae Historica*, no. 107, 2013, pp. 165~175. 러일전쟁 시기 일본 제국과 폴란드 민족운동세력의 우호 관계에 대해서는 다음을 참조하라. 阪東宏, 《ポーランド人と日露戰爭》, 東京: 青木書店, 1995, pp. 215~256.

52 오자키 토메이, 《나가사키의 콜베》, 109, 135쪽.

53 같은 책, 155~156쪽.

54 遠藤周作, 《女の一生: 二部 サチ子の場合》, pp. 7~13.

55 오자키 토메이, 《나가사키의 콜베》, 118쪽.

56 Timothy Snyder, *Bloodlands: Europe between Hitler and Stalin*, p. 37.

57 Ayako Sono, *Miracles: A Novel*, Kevin Doak trans., Portland, Maine: Merwin Asia, 2016, pp. 15, 101~102.

58 *Ibid.*, pp. 63, 68.

59 阪東宏, 《ポーランド人と日露戰爭》, pp. 123, 129~137; W. Jędrzejewicz, "Sprawa 'Wieczuru' Józef Piłsudski a wojna japońsko-rosyjska, 1904-1905", *Zeszty Historyczne*, no. 27, 1974, pp. 60~65.

60 소노 아야코는 콜베 가문의 민족주의를 언급하면서 의도적으로 '애국주의'라는 용어를 사용한다. 이는 '나쁜 민족주의'와 '좋은 애국주의'라는 폴란드식 이분법의 영향이 아닌가 한다.

61 Sono Ayako, *Miracles: A Novel*, pp, 112, 114, 115.

62 遠藤周作, 〈コルベ神父〉, 《新編國語總合》(改訂版), 東京: 代修館書店, 2018, p. 186ff. 이 에세이는 원래 1992년 4월 5일자 《아사히신문》 '만화경' 난에 실린 것을 교과서에 재수록한 것이다.

63 급진민족주의 진영은 폴란드 독립 100주년인 2018년 11월 11일에 바르샤바 등 폴란드의 대도시에서 유럽 극우파들과 연대하여 대규모 반이민/이슬람 인종주의적 시위를 조직함으로써 전간기 반유대주의와의 역사적 연속성을 과시했다. 2021년 2월 민족기억연구소의 브로츠와프 사무소 소장으로 임명되어 논란을 부른 토마시 그레니우크(Tomasz Greniuch) 역시 급진민족주의 진영의 지도부에서 오래 활동해온 바 있다. 7장 〈과잉역사화〉 주 33 참조.

64 Jan Józef Lipski, "Ojciec Kolbe i ‚Mały Dziennik'", *Tygodnik Powszechny*, nr. 38(1182), 1971. 11. 19.

65 *Tygodnik Powszechny*, nr. 38(1182), 1971. 11. 19.

66 Kardynał Karol Wojtyła, "Znak Naszej Epoki", *Tygodnik Powszechny*, nr. 42(1186), 1971. 10. 17. 후에 요한 바오로 2세 교황이 되는 카롤 보이티와 추기경은 콜베 신부의 시성식을 주관하고 나가사키의 콜베 유적을 방문하는 등 콜베 신부의 열렬한 팬이었다. 콜베 신부의 반유대주의에 대한 비판이 교황이 된 요한 바오로 2세와 교회 전체에 대한 비난으로 받아들여진 것도 이 때문이다. Stanisław Karjski, "Przedmowa", *Św. Maksymilian Maria Kolbe o masonerii i Żydach: pisma wybrane*, Krzeszowice: Dom Wydawniczy Ostoja, 2010, p. 3.

67 Sono Ayako, *Miracles: A Novel*, pp. 63, 65.

68 콜베는 프리메이슨이 가톨릭교회의 가장 막강한 최대의 적이라고 보았다. Karjski, *Św. Maksymilian Maria Kolbe o masonerii i Żydach*, p. 7.

69 *Ibid.*, p. 42.

70 "Japan PM ex-adviser praises apartheid in embarrassment for Abe", *Reuters*, 2015. 02. 13.; "Japanese Prime Minister urged to embrace apartheid for foreign workers", *Independent*, 2015. 02. 13.; "安倍首相の盟友·曽野綾子も野田聖子議員に障がい者ヘイト! '子どもの治療に税金を使っているのを申し訳なく思え'", *Litera*, 2016. 08. 01. [인터넷판]

71 오에 겐자부로,《말의 정의》, 송태욱 옮김, 뮤진트리, 2018, 107~111쪽.

72 일본의 시민종교로서의 민족주의에 대해서는 3장 〈승화〉 참조.

73 "Sainthood", *The Washington Post*, 1928. 12. 14.; "The Saint of Auschwitz is Canonized by Pope", *The New York Times*, 1982. 10. 11.; "Kolbe & Anti-Semitism", *The New York Review of Books*, 1983. 04. 14.

74 "Franciszek Gajowniczek Dead; Priest Died for Him at Auschwitz", *The New York Times*, 1995. 03. 15.

75 "Life Savig", *The New York Review of Books*, 1983. 02. 17.; "Kolbe & Anti-Semitism", *The New York Review of Books*, 1983. 04. 14.

76 ewtn.com/library/answers/kolanti.htm (2021년 7월 현재 사이트 유실)

77 Ronald Modras, "John Paul, St. Maximilian and anti-Semitism", *Martyrs of Charity* part 2, Washington D.C.: St. Maximilian Kolbe Foundation, 1989, p, 373.

78 John T. Pawlikowski, "Polish Catholics and the Jews during the Holocaust", p. 114.

79 엔도와 파농의 지적 연계에 대해서는 다음을 보라. Christopher Hill, "Crossed Geographies: Endō and Fanon in Lyon", *Representations*, vol. 128 no. 1, 2014, pp. 96~105.

80 "Homily of His Holiness John Paul II", *vatican.va*, 1979. 06. 07.

81 Zusanna Bogumił and Małgorzata Głowacka-Grajper, *Milieux de mémoire in Late Modernity*, Frankfurt am Main: Peter Lang, 2019, pp. 53~55, 72~73.

82 "Poles Vow to Continue Slain Priest's Masses", *The New York Times*, 1984. 11. 26.

83 예지 포피에우슈코 신부는 가톨릭교회 내부에서는 이미 순교자로 인정받았으며, 2010년 6월 6일 복자의 품위에 올라 현재 시성을 위한 절차를 밟고 있다.

84 방명록에 후기를 남긴 방문객을 국적별로 분류하면 일본인이 가장 많고, 그 못지않게 한국인이 많으며, 폴란드인도 꾸준히 느는 추세다. 이들이 남긴 후기로 미루어볼 때, 일본인 방문객은 구성이 다양한 데 비해 한국인과 폴란드인 방문객은 대부분 가톨릭 순례자다.

85 이는 박물관을 방문한 기억 소비자들의 시간의 재구성(Re-timing) 담론 전략과 유사한 것이 아닌가 한다. 이에 대해서는 다음을 참조하라. Chaim Noy, "Memory, Media, and Museum Audience's Discourse of Remembering", *Critical Discourse Studies*, vol. 15 no. 1, 2018, pp. 31~32.

86 "히로시마 방문한 교황, 재일한국인 피폭자 박남주 씨 만나", 《연합뉴스》, 2019. 11. 25. [인터넷판]

87 슬라보예 지젝, 《시차적 관점》, 김서영 옮김, 마티, 2009, 175~177쪽.

Ⅸ. 용서

1 Abraham Joshua Heschel, "Symposium", *The Sunflower: On the Possibilities and Limits of Forgiveness*, Simon Wiesenthal, New York: Schocken Books, 1997, pp. 170~171.

2 시몬 비젠탈은 홀로코스트로 무려 90여 명의 일가친척을 잃었지만, 본인은 기적적으로 살아남아 여생을 나치 전범 추적에 바친 입지전적 인물이다. 그의 업적을 기려 1977년 로스앤젤레스에 설립된 시몬 비젠탈 센터는 홀로코스트의 기억을 보존할 뿐만 아니라 각지에 지부를 두고 전 세계에서 자행되고 있는 크고 작은 제노사이드를 감시·고발하는 작업을 하는 대표적 민간단체다.

3 Simon Wiesenthal, "The Sunflower", *The Sunflower*, pp. 3~96.

4 Primo Levi, "Symposium", *The Sunflower*, pp. 191~192.

5 Piotr H. Kosicki, "Caritas across the Iron Curtain? Polish-German Reconciliation and the Bishops' Letter of 1965", *East European Politics and Societies*, vol. 23 no. 2, 2009, pp. 218~219.

6 Urszula Pękala, "The Abuse of Forgiveness in Dealing with Legacies of Violence", *Forgiveness: Philosophy, Psychology and the Arts*, Tim McKenry and Charlotte Bruun Thingholm eds., Oxfordshire: Inter-Disciplinary Press, 2013, p. 78.

7 Józef Tischner, *Pomoc w rachunka sumienia*, Kraków: Znak, 2002, p. 23, quoted in Karolina Wigura, "Alternative Historical Narrative: "Polish Bishops' Appeal to Their German Colleagues" of 18 November 1965", *East European Politics and Societies and Cultures*, vol. 27 no. 3, 2013, p. 404.

8 Pękala, "The Abuse of Forgiveness in Dealing with Legacies of Violence", pp. 79~80.

9 Adam Sacks, "The Coercive Chritian Takeover of the Holocaust", *Haaretz*, 2020. 04. 20. [인터넷판]

10 폴란드의 주교단 편지에서는 '독일 주교단'이라 지칭했지만, 실제로는 '서독' 주교단을 의미했다. 서독의 가톨릭교회와 관련하여 이 글에서 사용한 '독일'이라는 표현은 '서독'을 의미할 때가 많다. 문건의 원래 표현을 존중한다는 의미에서 '독일'이라는 용어를 그대로 사용했지만, 문맥에 따라서는 '서독'이라는 표현을 같이 사용하기도 했다. 이 논문에서 참조한 폴란드 주교단 편지 및 독일 주교단 답신의 독일어 원문과 애틀랜틱 포럼에서 공간한 영어판은 다음

과 같다(폴란드 정보국이 급조 번역한 폴란드어판은 내국인에게만 공개). "Hirtenbrief der polnischen Bischöfe an ihre deutschen Amtsbrüder vom 18. November 1965 und die Antwort der deutschen Bischöfe vom 5. Dezember 1965", cdim.pl/1965-11-18-botschaft-der-polnischen-an-die-deutschen-bisch-fe,2942 (2020년 3월 31일 방문); *German Polish Dialogue: Letters of the Polish and German Bishops and International Statements*, Bonn-Brussel-New York: Edition Atlantic Forum, 1966.

11 Wigura, "Alternative Historical Narrative", pp. 402~404.

12 Wojciech Kucharski. "Prawdziwa bomba. Jak powstawało Orędzie biskupów polskich do biskupów niemieckich", *Więź*, no. 615, 2010, p. 123.

13 Ewa K. Czaczkowska, "Rola Kardynała Stefana Wyszyńskiego W Powstaniu Orędzia Biskupów Polskich Do Niemieckich Nieznane Dokumenty W Archiwum Prymasa Polski", *Przegląd Zachodni* nr 3, 2016, p. 199.

14 Andrzej Grajewski, "Over the wall. The letter of the Polish bishops in the context of the Eastern policy of Vatican", pp. 9~10.

15 제2차 세계대전 당시 폴란드의 피해에 대한 전후 폴란드 사회의 집단 기억에 대해서는 다음을 참조하라. 임지현, 〈역사의 금기와 기억의 진정성: 21세기 폴란드 역사학과 '희생자의식'〉, 《서양사론》 111호, 2011. 12., 147~174쪽; Karolina Wigura, *Wina Narodów: Przebaczenie jako strategia prowadzenia polityki*, Gdańsk/Warszawa: Scholar, 2011; Joanna Wawrzyniak, *Veterans, Vicitims and Memory*, Frankfurt am Main: Peter Lang, 2015; Małgorzata Pakier and Joanna Wawrzyniak eds., *Memory and Change in Europe: Eastern Perspectives*, New York/Oxford: Berghahn, 2016, part IV; Janine Holc, *The Politics of Trauma and Memory Activism: Polish-Jewish Relations Today*, London: Palgrave Macmillan, 2018; Zusanna Bogumił and Małgorzata Głowacka-Grajper, *Milieux de mémoire in Late Modernity*, Frankfurt am Main: Peter Lang, 2019.

16 Jeffrey Herf, *Divided Memory: The Nazi Past in the Two Germanys*, Cambridge, Mass.: Harvard University Press, 1997, pp. 35~37 and passim.

17 폴란드에 대한 독일의 역사 인식에 대해서는 다음을 보라. Jan M. Piskorski ed., *Historiographical Approaches to Medieval Colonization of East Central Europe*.

18 Piotr H. Kosicki, "Caritas across the Iron Curtain? Polish-German Reconciliation and the Bishops' Letter of 1965", p. 225.

19 Piotr Madajczyk, "S. Gawlitta, 'Aus dem Geist des Konzils! Aus der Sorge der Nachbarn!' Der Briefwachsel der polnischen and deutschen Bischöfe von 1965 und seine Kontexte", *Kwartalnik Historyczny*, vol. 125 no. 2, 2018, p. 187.

20 Wigura, "Alternative Historical Narrative: "Polish Bishops' Appeal to Their German Colleagues" of 18 November 1965", pp. 402~408; Robert Żurek, "Avantgarde der Versöhnung: Über den

Briefwechsel der Bischöfe und die Ostdenkschrift des EKD von 1965", dialogmagazin.eu/leseprobe-ausgabe-72-73-briefwechsel-bischoefe.html (2020년 3월 31일 방문)

21 "We Have to Rise Above the Legacy of History, Forgive One Another", *Zenit*, 2005. 08. 29. [인터넷판]

22 보윈의 학살에 대한 비교적 균형 잡힌 폴란드 측의 최근 연구로는 다음을 보라. Grzegorz Motyka, *Wołyń '43; Ludobójcza czystka - fakty, analogie, polityka historyczna*, Kraków: wydawnictwo literackie, 2016.

23 "Polish and Ukrainian bishops sign reconciliation: Polish and Ukrainian church leaders signed an appeal for reconciliation in Warsaw on Friday, marking the 70th anniversary of WWII massacres", *Radio Poland*, 2013. 06. 28. [인터넷판]

24 Kosicki, "Caritas across the Iron Curtain? Polish-German Reconciliation and the Bishops' Letter of 1965", p. 222; Czaczkowska, "Rola Kardynała Stefana Wyszyńskiego W Powstaniu Orędzia Biskupów Polskich Do Niemieckich Nieznane Dokumenty W Archiwum Prymasa Polski.", pp. 194~195.

25 Basil Kerski, Thomas Kycia and Robert Zurek, "Einleitung", *Wir Vergeben und Bitten Um Vergebung*, pp. 17~22.

26 Rainer Clos, "Ein Tabubruch: Die Ostdenkschrift der EKD von 1965", *evangelisch.de*, 2015. 09. 17.

27 Kosicki, "Caritas across the Iron Curtain? Polish-German Reconciliation and the Bishops' Letter of 1965", pp. 229~230.

28 "5 listopada 1965, szyfrogram szefa Polskiej Misji Wojskowej w Berlinie Zachodnim o konferencji prasowej w sprawie Memorandum Wschodniego", *gov.pl.*

29 "12 listopada 1965, szyfrogram szefa Przedstawicielstwa Handlowego w Kolonii w sprawie Memorandum Wschodniego", *gov.pl.*

30 "16 listopada 1965, szyfrogram szefa Przedstawicielstwa Handlowego w Kolonii o sytuacji po ogłoszeniu Memorandum Wschodniego", *gov.pl.* 전문에 나타난 게르스텐마이어(Gerstenmeier)는 기민당 소속으로 당시 서독의 국회의장이었던 오이겐 게르스텐마이어(Eugen Gerstenmaier)라고 판단된다.

31 Gerhard Besier (Dresden) und Katarzyna Stokłosa (Sønderborg), "Kirchliches Versöhnungshandeln im Interesse des deutsch-polnischen Verhältnisses (1962 – 1990)", *KZG/CCH*, 24, 2011, p. 303.

32 "Gespräch mit Mieczsław Rakowski", pp. 143, 145.

33 Besier und Stokłosa, "Kirchliches Versöhnungshandeln im Interesse des deutsch-polnischen

Verhältnisses (1962–1990)", p. 297.

34 "Hirtenbrief der polnischen Bischöfe an ihre deutschen Amtsbrüder vom 18. November 1965"; *German Polish Dialogue: Letters of the Polish and German Bishops and International Statements*, pp. 15~16.

35 *Ibid.*, pp. 7, 9, 10~11.

36 Wigura, "Alternative Historical Narrative", p. 407.

37 중동부 유럽의 민족사적 서술과 그 대안에 대해서는 다음을 보라. Jan M. Piskorski ed., *Historiographical Approaches to Medieval Colonization of East Central Europe*; Frank Hadler and Mathias Mesenhoeller eds., *Vergangene Grösse und Ohnmacht in Ostmitteleuropa: Repräsentationen imperialer Erfahrung in der Historiographie seit 1918*, Leipzig: Akademische Verlagsanstalt, 2007.

38 Klaus Ziemer, "Introduction", *Memory and Politics of Cultural Heritage in Poland and Germany*, Klaus Ziemer ed., Warsaw: Cardinal Stefan Wyszyński University in Warsaw, 2015, p. 8.

39 튜턴 기사단은 폴란드어로는 '십자기사단(Zakon Krzyżacki)', 독일어로는 '독일기사단(Deutscher Orden)'이라 약칭한다. 라틴어로는 '튜턴 기사단(Ordo Theutonici)'이라 약칭하지만, 'Ordo fratrum domus Sanctae Mariae Teutonicorum Ierosolimitanorum'이 라틴어 정식 명칭이다. 이 글에서는 라틴어 약칭을 따랐다.

40 "Hirtenbrief der polnischen Bischöfe an ihre deutschen Amtsbrüder vom 18. November 1965"; *German Polish Dialogue: Letters of the Polish and German Bishops and International Statements*, pp. 13~14.

41 *Ibid.*, pp. 14~15.

42 이에 대해서는 다음을 보라. 임지현, 《그대들의 자유, 우리들의 자유: 폴란드 민족해방운동사》, 아카넷, 2000.

43 같은 책, 16쪽.

44 같은 책, 18쪽.

45 Grajewski, "Over the wall. The letter of the Polish bishops in the context of the Eastern policy of Vatican", p. 10.

46 "Die polnische Gesellschaft war auf einen sholche Schritt nicht vorarbeitet: Gespräch mit Tadeusz Mazowiecki", *Wir Vergeben und Bitten Um Vergebung*, p. 101.

47 50여 년이 지난 최근까지도 독일 '추방자 협회'가 '절멸수용소', '강제노동', '시체소각장'과 같은 홀로코스트의 수사를 빌려 자기네 고통의 역사를 재현하는 양상을 보라. Stefan Berger, "On Taboos, Traumas and Other Myths: Why the Debate about German Victims of the Second World War is not a Historians' Controversy", *Germans as Victims*, Niven ed., pp. 214, 220.

48 Basil Kerski and Robert Zurek, "Der Briefwechsel zwischen den polnischen und deutschen Bischöfen von 1965: Enstehungsgeschichte, historischer Kontext und unmittelbare Wirkung", *Wir Vergeben und Bitten um Ergebung: Der Briefwechsel der polnischen und deutschen Bischöfe von 1965 und seine Wirkung*, Basil Kerski, Thomas Kycia, Robert Zurek eds., Osnabruck: fibre, 2006, pp. 26, 37.

49 Michael Rothberg, *Multidirectional Memory: Remembering the Holocaust in the Age of Decolonization*, Standford: Stanford University Press, 2009, pp. 3, 9, 11 and passim.

50 김은수, 〈선교과제로서의 화해와 치유〉, 《선교신학》 21집, 2009, 1~29쪽; 안승오, 〈에큐메니칼 화해 개념 이해〉, 《신학과 목회》 45집, 2016, 151~172쪽.

51 박보경, 〈로잔운동에 나타나는 화해로서의 선교〉, 《선교신학》 38집, 2015, 141~170쪽.

52 Kosicki, "Caritas across the Iron Curtain? Polish-German Reconciliation and the Bishops' Letter of 1965", p. 219; Wigura, "Alternative Historical Narrative", p. 404.

53 Pękala, "The Abuse of Forgiveness in Dealing with Legacies of Violence", p. 78.

54 Urszula Pękała, "Asymetrie pojednania. Pojednanie niemiecko-polskie i niemiecko-francuskie po II wojnie światowej", *Perspektywy dialogu: Studia na temat niemiecko-polskich procesów transferowych w przestrzeni religijnej*, Aleksandra Chylewska-Tölle ed., Słubice: Collegium Polonicum, 2016, pp. 98~100.

55 Grajewski, "Over the wall. The letter of the Polish bishops in the context of the Eastern policy of Vatican", p. 11.

56 "Die Antwort der deutschen Bischöfe an die polnischen Bischöfe vom 5. Dezember 1965"; *German Polish Dialogue: Letters of the Polish and German Bishops and International Statements*, pp. 22~24.

57 Kosicki, "Caritas across the Iron Curtain? Polish-German Reconciliation and the Bishops' Letter of 1965", p. 223; Wigura, "Alternative Historical Narrative", p. 406.

58 Basil Kerski, Thomas Kycia and Robert Zurek, "Einleitung", *Wir Vergeben und Bitten Um Vergebung*, pp. 34~41.

59 젊은 신학 교수였던 요제프 라칭거(Joseph Ratzinger)를 포함한 160명의 가톨릭 지식인이 서명한 백서는 뉘른베르크의 사민당 전당대회에서 신동방정책이 토론되던 바로 그해에 발표됐다. 〈벤스베르크 백서〉가 사민당의 신동방정책과 결을 같이하는 것은 분명하지만, 둘 사이의 관계는 더 구체적으로 검토될 필요가 있다.

60 "The Polish Bishops", *Die Welt*, 1965. 12. 04.; "The Answer", *Hessische Allgemeine*, 1965. 12. 07., *German Polish Dialogue: Letters of the Polish and German Bishops and International Statements*, pp. 118, 121.

61 "In Regard To The Message Of The Bishops", *Trybuna Ludu*, 1965. 12. 12., *German Polish*

Dialogue: Letters of the Polish and German Bishops and International Statements, pp. 47~48.

62 "Declaration of the PAX Federation", *Słowo Powszechna*, 1965. 12. 29.; "Letter From the President of the Council of Ministers of the Peoples Republic of Poland to the Bishops of the Roman Catholic Church", 1966. 03. 05, *German Polish Dialogue: Letters of the Polish and German Bishops and International Statements*, pp. 55, 71, 73.

63 Czaczkowska, "Rola Kardynała Stefana Wyszyńskiego W Powstaniu Orędzia Biskupów Polskich Do Niemieckich Nieznane Dokumenty W Archiwum Prymasa Polski", pp. 198~199.

64 "Questions of the Authors of the 'Message'", *Zycie Warszawy*, 1966. 01. 14.; "Letter From the President of the Council of Ministers of the Peoples Republic of Poland to the Bishops of the Roman Catholic Church", pp. 61~62, 72~73.

65 Pękala, "The Abuse of Forgiveness in Dealing with Legacies of Violence", p. 80.

66 日本カトリック正義と平和協議会, "日韓政府関係の和解に向けての会長談話", *cbcj.catholic.jp*, 2019. 08. 14.

67 日韓政府関係の和解に向けての会長談話(日本カトリック正義と平和協議会), *cbcj.catholic.jp*, 2019. 08. 14.

68 "주교회의 정평위원장 배기현 주교 "한일관계 새로운 질서 찾자"", 《가톨릭뉴스》, 2019. 08. 19. [인터넷판]

69 한국 천주교 주교회의, "3·1 운동 100주년 기념 담화", *cbck.or.kr*, 2019. 02. 20.

70 日本カトリック正義と平和協議会会長談話, "3·1独立運動100周年を迎えて", *cbcj.catholic.jp*, 2019. 03. 05.

71 양권석, 〈기억의 치유: 이야기와 실천의 새로운 길을 찾아서〉, "동아시아 기억의 연대와 평화: 한일 가톨릭교회의 역할" 학술대회 종합토론 기조 발제문, 2019. 10. 31.

72 Aleida Assmann, "On the (In)Compatability and Suffering in German Memory", *German Life and Letters*, vol. 59 no. 2, 2006, p. 194.

X. 부정

1 George Michael, "Mahmoud Ahmadinejad's Sponsorship of Holocaust Denial", *Totalitarian Movements and Political Religions*, vol. 8 no. 3-4, 2007, pp. 667~668.

2 *Ibid.*, p. 669.

3 William F. S. Miles, "Indigenization of the Holocaust and the Tehran Holocaust Conference: Iranian Aberration or Third World Trend?", *Human Rights Review*, vol. 10, no. 4, 2009, pp. 506~507.

4 부정론에 대한 체계적인 유형화에 대해서는 다음을 보라. Israel W. Charny, "A classification of denials of the Holocaust and other genocides", *Journal of Genocide Research*, vol. 5 no. 1, 2003, pp. 11~34.

5 Israel W. Charny and Daphna Fromer, "Denying the Armenian genocide: Patterns of thinking as defence-mechanisms", *Patterns of Prejudice*, vol. 32 no. 1, 1998, p. 48.

6 조르주 디디-위베르만, 《모든 것을 무릅쓴 이미지들: 아우슈비츠에서 온 네 장의 사진》, 오윤성 옮김, 레베카, 2017, 36쪽.

7 Lucy Dawidowicz, *The War Against Jews*, London: Penguin Books, 1975, pp. 191~192.

8 Pierre Vidal-Naquet, *Assassins of Memory: Essays on the Denial of the Holocaust*, trans. and with a forward by Jeffrey Mehlman, New York: Columbia University Press, 1992. pp. 1~211; Berel Lang, "Six Questions On (Or About) Holocaust Denial", *History and Theory*, vol. 49 no. 2, 2010, pp. 157~168; James Najarian, "Gnawing at History: The Rhetoric of Holocaust Denial", *The Midwest Quarterly*, vol. 39 no. 1, 1997, pp. 74~78; Daqing Yang, "The Challenges of the Nanjing Massacre: Reflections on Historical Inquiry", *The Nanjing Massacre in HIstory and Historiography*, Joshua Fogel ed., Berkeley: University of California Press, 2000, pp. 146~147; Robert Manne, "In Denial: The stolen generations and the Right", *The Australian Quarterly Essay* 1, 2001. 04.; Bain Attwood, "The Stolen Generations and Genocide: Robert Manne's "In Denial: The Stolen Generations and the Right"", *Aboriginal History*, vol. 25, 2001, pp. 163~172.

9 Paul Behrens, "Introduction", *Holocaust and Genocide Denial: A Contextual Perspective*, Paul Behrens, Nicholas Terry and Olaf Jensen eds., New York: Routledge, 2017, p. 2.

10 Michael Salter, "Countering Holocaust denial in relation to the Nuremberg trials", *Holocaust and Genocide Denial*, Beherens et al. eds., p. 21.

11 7장 〈과잉역사화〉 참조.

12 Hein and Selden, "The Lessons of War, Global Power, and Social Change", p. 29.

13 이소영, 〈역사부정 규제를 둘러싼 기억의 정치: 5·18왜곡처벌법안 관련 논의를 중심으로〉, 《법과 사회》 61호, 2019, 176~179쪽.

14 Chris Janiewicz, Stefan Komar, Janusz Paciorek 등의 독자 서평이 이러한 주장을 펼친다. "*Neighbors: The Destruction of the Jewish Community in Jedwabne, Poland* Customer reviews", *amazon.com*.

15 Carla Tonini, "The Jews in Poland after the Second World War. Most Recent Contributions of Polish Historiography", *Quest. Issues in Contemporary Jewish History. Journal of Fondazione CDEC*, no. 1, 2010, pp. 61~62.

16 pareto, Karasek, Forhasta, Jan Włochowski 등의 서평을 보라. 이들 중 일부는 《이웃들》에 대한 독자 서평에서도 비슷한 논리를 펼치는데, 거의 직업적인 미디어 논객으로 보인다. "*Fear:*

Anti-Semitism in Poland After Auschwitz Customer reviews", *amazon.com*.

17 Łukasz Kamiński and Jan Żaryn eds., *Wokł pogromu kieleckiego*, Warszawa: IPN, 2006.

18 "5·18 단체 강력한 대응 … 지만원 '광수 시리즈' 내렸다",《한겨레》, 2020. 05. 06. [인터넷판]

19 "지만원이 북한군이라던 '김군' … 직접 찾아봤더니",《MBC 뉴스데스크》, 2019. 05. 13. [인터넷판]

20 "'5·18이 북한군의 소행?' 37년 만에 공개된 기무사 사진첩 … 드러나는 그날의 진실",《SBS 뉴스》 유튜브 채널 '더 저널리스트', 2018. 01. 11.

21 전두환,《전두환 회고록》(전 3권), 자작나무숲, 2017.

22 "5·18 단체 강력한 대응 … 지만원 '광수 시리즈' 내렸다",《한겨레》, 2020. 05. 06. [인터넷판]

23 이다,《반크 역사바로찾기 3: 요코 이야기의 진실을 찾아라!》, 키네마인, 2009, 124~132쪽.

24 D. D. Guttenplan, *The Holocaust on Trial: History, Justice and the David Irving Libel Case*, London: Granta Books, 2002, p. 46.

25 어빙의 부정론 재판 과정에서 어빙이 인종주의자인지를 놓고 벌어진 공방도 흥미롭다. 어빙은 자기 집에서 일했던 유색인의 사진을 법정에 제시하고는, 이 사진들이야말로 자신이 인종주의자가 아니라는 훌륭한 증거라고 주장했다. 그러자 피고 측 전문가 증인 리처드 에번스가 "당신이 인종주의자가 아니라는 것을 입증할 직접적인 문서상의 증거(documentary proof)가 있습니까?"라고 반박해서 어빙의 말문을 막히게 했다. 문서가 아닌 정황 증거만으로는 홀로코스트를 증명할 수 없다는 어빙의 논리 그대로 어빙의 주장을 반박한 것이다. Guttenplan, *The Holocaust on Trial*, pp. 211, 221.

26 "전두환 "발포명령 없었다"? … 검증해보니",《JTBC 뉴스》, 2017. 04. 03. [인터넷판]

27 Daqing Yang, "The Challenges of the Nanjing Massacre: Reflections on Historical Inquiry", *The Nanjing Massacre in HIstory and Historiography*, Joshua Fogel ed., Berkeley: University of California Press, 2000, pp. 145~146; Takashi Yoshida, "A Battle over History: the Nanjing massacre in Japan", *The Nanjing Massacre in History and Historiography*, Fogel ed., pp. 107~108.

28 Yoshida, "A Battle over History", p. 107.

29 Carol Gluck, "What the World Owes the Comfort Women", *Mnemonic Solidarity: Global Interventions*, Jie-Hyun Lim and Eve Rosenhaft eds., London: Palgrave Macmillan, 2021, p. 80; 1998년 4월 27일 관부재판 판결문과 판례평석에 대해서는 다음을 보라. http://kanpusaiban.bit.ph/saiban/shimonoseki_hanketsu.pdf ; "国の怠慢が厳しく裁かれた",《西日本新聞》, 1998. 04. 28. [인터넷판]

30 어빙 재판에서 포스트모던적 역사해석이 부정론에 책임이 있다는 에번스의 지적은 이 점에서 타당하지만, 일반론으로 읽혀서는 곤란하다. Guttenplan, *The Holocaust on Trial*, pp.

229~230.

31 무타 가즈에, "'위안부' 문제는 미투다!", 서강대학교 트랜스내셔널인문학연구소 국제학술회의《전쟁, 여성, 폭력: 일본군 '위안부'를 트랜스내셔널하게 기억하기》 발표문(e-Pub), 2019년 3월 7일~8일.

32 Omer Bartov, "The Wehrmacht Exhibition controversy: Politics of Evidence", *Crimes of War: Guilt and Denial in the Twentieth Century*, Omer Bartov, Atina Grossmann and Mary Nolan eds., New York: The New Press, 2002, pp. 41~42, 51~52.

33 Bogdan Musiał, "Historiografia mityczna", *Rzeczpospolita*, 2001. 02. 24.; Piotr Forecki, *Od Shoah do Strachu: spory o polsko-żydowską przeszłość i pamięć w debatach publicznych*, Poznań: wydawnictwo poznańskie, 2010, pp. 306~309.

34 Irene and Carl Horowitz, *Of Human Agony*, New York: Shengold Publisher, 1992, p. 82, quoted in Bartov, "The Wehrmacht Exhibition controversy", p. 52.

35 그는 또한 후속작인《스탈린의 약탈열차》에서 스탈린의 약탈부대가 폴란드와 동독 등에서 약탈한 생산도구나 산업인프라가 전후 소련이 강국으로 발돋움하는 데 크게 이바지했다는 주장까지 펼친다. Bogdan Musiał, *Stalins Beutezug: die Plüdering Deutschlands und der Aufstieg der Sowjetunion zur Wehrmacht*, Berlin: List, 2011.

36 朴裕河,《帝國的慰安婦: 殖民統治與記憶政治》, 劉夏如 譯, 臺北: 玉山社, 2017.

37 테사 모리스-스즈키,《우리 안의 과거》, 김경원 옮김, 휴머니스트, 2006, 127~133쪽.

38 같은 책, 131~132쪽.

39 DVD *Das Dritte Reich privat: Leben und Überleben*, Polar Film, 2004.

40 Matt Jönsson, "Innocence by Association? Everyday Nazism on DVD", *Imagining Mass Dictatorships: The Individual and the Masses in Literature and Cinema*, Karin Sarsenov and Michael Schoenhals eds., Basingstoke: Palgrave macmillan, 2013, pp. 162~182.

41 DVD *Das Dritte Reich privat: Leben und Überleben*.

42 Jan Tomasz Gross w rozmowie z Aleksandrą Pawlicką, *…bardzo dawno temu, mniej więcej w zeszły piątek…*, Warszawa: Wydawnictwo W.A.B, 2018, pp. 137~138.

43 *Ibid.*, pp. 140~141.

44 *Ibid.*, p. 143.

45 Raul Hilberg, "I was not there", *Writing and the Holocaust*, Berel Lang ed., New York: Holmes & Meier, 1988, pp. 17, 20, 25.

46 박사학위 논문을 쓰던 젊은 시절 힐버그는 증언에 대한 공감보다 사실과 진실에 대한 확신에

찼던 역사학도였다. 지도교수였던 프란츠 노이만(Franz Neumann)이 유대평의회의 나치 협력에 대한 힐버그의 비판적 평가를 박사논문에서 제외하라고 충고한 일화는 잘 알려져 있다. Götz Aly, "Geschichte reicht in die Gegenwart: Ein Gespräch mit dem Historiker Raul Hilberg", *Neue Zürcher Zeitung*, 2002. 12. 10.

47 Jan Gross, "Poduszka pani Marx", *Tygodnik Powszechny*, 2001. 03. 04.

48 Hannah Arendt, *Eichmann in Jerusalem*, pp. 251~252.

49 Annette Wieviorka, *The Era of the Witness*, pp. 67~72.

50 *Ibid.*, p. 72.

51 *Ibid.*, p. 24.

52 이는 훗날 역사 연구에 '감정의 전회(emotional turn)'라는 패러다임적 전환을 가져오는 계기가 되기도 했다.

53 그렇지만 기억 연구는 역사 연구보다 '감정'을 도입하는 데 늦었다. 감정사의 출발은 흔히 1980년대 중반 피터 스턴스의 연구로 잡는데, 기억 연구에서 감정의 중요성을 역설한 것은 2011년의 일이었다. Peter N. Stearns and Carol Z. Stearns, "Emotionology: Clarifying the History of Emotions and Emotional Standards", *American Historical Review*, vol. 90 no. 4, 1985, pp. 813~836; Aleida Assmann, "Impact and Resonance: Towards a Theory of Emotions in Cultural Memory", *Söndertörn Lectures*, no. 6, 2011.

54 Guttenplan, *The Holocaust on Trial*, p. 306.

55 베이라크가 관여한 슬로바키아의 '바르데요프 유대 보존위원회'의 구호가 "모두가 자기 이름을 갖고 있다(každý človek má svoje meno)"라는 점도 흥미롭다. 이름을 찾아준다는 의미가 크다.

56 Wieviorka, *The Era of the Witness*, pp. 141~143.

57 Goldberg, "Forum: On Saul Friedlaender's *The Years of Extermination 2*. The Victim's Voice and Melodramatic Aesthetics in History", p. 222.

58 스베틀라나 알렉시예비치, 《전쟁은 여자의 얼굴을 하지 않았다》, 박은정 옮김, 문학동네, 2015; 임지현, "정말 중요한 이야기는 침묵으로 기록된다: 스베틀라나 알렉시예비치 초청 강연회", 《문학과 사회》 119호, 2017. 08.

59 Dori Laub, "Bearing Witness, or the Vicissitudes of Listening", *Testimony: Crises of Witnessing in Literature, Psychoanalysis, and History*, Shoshana Felman and Dori Laub eds., New York: Routledge, 1992, pp. 59~60.

60 *Ibid.*, p. 60.

61 Charlotte Delbo, *Days and Memory*, Rosette Lamont trans., Marlboro, VT: The Marlboro Press,

1990; Charlotte Delbo, *Auschwitz and After*, Rosette Lamont trans., New Haven, CT: Yale University Press. 1995, quoted in Marianne Hirsch and Leo Spitzer, "The witness in the archive: Holocaust Studies/Memory Studies", p. 156.

62 Hirsch and Spitzer, "The witness in the archive", pp. 161~162.

63 Goldberg, "Forum: On Saul Friedlaender's *The Years of Extermination 2*. The Victim's Voice and Melodramatic Aesthetics in History", pp. 220~222.

64 *Ibid.*, pp. 233~234.

65 "'위안부' 피해자 이용수 할머니 기자회견 현장 [원본]",《TV조선》, 2020. 05. 25. [인터넷판]

66 임지현, 〈정말 중요한 이야기는 침묵으로 기록된다: 스베틀라나 알렉시예비치 초청 강연회〉.

67 유령을 소환하여 기억을 재현하는 사례들에 대해서는 다음을 보라. 권헌익,《베트남전쟁의 유령들》, 박충환·이창호·홍석준 옮김, 산지니, 2016; Seong-nae Kim, "The Work of Memory: Ritual Laments of the Dead and Korea's Cheju Massacre", *A Companion to the Anthropology of Religion*, Janice Boddy and Michael Lambeck eds., Oxford: Wiley Blackwell, 2013, pp. 223~238; Monica Black, "Ghosts of War", *The Cambridge History of Second World War*, vol. III, Michael Geyer and Adam Tooze eds., pp. 654~674.

68 Dorothee Brantz, "Landscapes of destruction: Capturing images and creating memory through photography", *The Cambridge History of the Second World War*, vol. III, pp. 737~740.

69 김한상, 〈발견된 푸티지 속의 박영심은 무엇을 말하는가(혹은 말하지 못하는가)?: 사진적 생존자의 영화적 현전과 포스트/식민 아카이브의 냉전 지식체제〉,《문학과영상》 제21권 제3호. 2020, 683쪽.

70 김한상, 같은 글, 688~689쪽.

71 Christoph Classen, "Balanced Truth: Steven Spielberg's *Schindler's List* among History, Memory, and Popular Culture", *History and Theory*, vol. 48 no. 2, 2009, pp. 88~89.

72 Hayden White, *Figural Realism: Studies in the Mimesis Effect*, Baltimore: JH, 1999, pp. 28~38.

XI. 연대

1 이채주, "日本 右傾化의 季節—安保意識변화와 太平洋戰爭 재평가",《동아일보》, 1978. 08. 28., 3면.

2 "日曜鼎談",《조선일보》, 1971. 02. 28., 3면.

3 "日大使 對韓 經濟지원 필요",《동아일보》, 1978. 08. 28., 1면.

4 "日 〈韓國문화협〉회장 小見山씨 韓·日〈정신적和解〉에 노력", 《동아일보》, 1977. 11. 10., 3면. 이 기사에서는 단지 '고미야'라고 소개하고 있으나, 전후 맥락으로 살펴볼 때 고미야마 데루(小見山輝)가 아닌가 판단된다.

5 같은 맥락에서 한국인 피폭자에 대한 특별구제대책을 역설한 이들이 대동아공영권의 논리를 고수하는 일본의 우파라는 점을 상기할 필요가 있다. 이들에게 조선인 전사자는 피폭자와 마찬가지로 서양 제국주의에 맞서 같이 싸운 제국의 신민이었다.

6 "日首相의 神社참배 15일 公式 단행할 듯", 《동아일보》, 1985. 08. 10. 4면; "中曾根首相의 千일", 《동아일보》, 1985. 08. 21., 4면; "國旗게양·國歌제창 義務化 日本 文部省 初中高행사에 지시", 《동아일보》, 1985. 09. 06., 4면.

7 "日문부상 韓-日합방 侵略 아니다", 《조선일보》, 1986. 09. 07., 1면; "〈外交고비〉 넘겨도 皇國史觀이 문제", 《동아일보》, 1986. 09. 06., 3면; "日本史의 왜곡기술", 《동아일보》, 1986. 06. 07., 2면; "교과서-神社참배 간섭 말라", 《조선일보》, 1986. 10. 29., 1면.

8 Yoshiko Nozaki, *War Memory, Nationalism and Education in Postwar Japan, 1945-2007: The Japanese history textbook controversy and Ienaga Saburo's court challenge*, London: Routledge, 2008, pp. 20~25.

9 "侵略歷史 왜곡에 底意 있다: 日教科書 날조의 背後", 《경향신문》, 1982. 07. 26., 3면; "日本歷史교과서 歪曲 부분 史實은 이렇다", 《동아일보》, 1982. 07. 29., 9면 외 다수.

10 아시아 이웃 국가들의 국제적 압력에 못 이긴 일본 정부는 1982년 역사 교과서에서 국제 이해와 협력을 중시하는 '근린 각국 조항'을 신설했다. 1986년에는 고토다 마사하루(後藤田正晴) 관방장관 담화를 통해 야스쿠니 공식 참배를 삼갈 것을 표명했고, 1993년 8월에는 고노 요헤이(河野洋平) 관방장관의 담화와 미야자와 기이치(宮澤喜一) 총리 기자회견을 통해 일본군 '위안부'의 설치 운영에 군이 관여했고 본인의 의사에 반하는 징집이 있었음을 인정했으며 침략전쟁에 대한 인식을 분명히 하는 등 전향적인 자세를 취했다. 이는 1995년 8월 15일 식민지 지배와 침략의 역사에 대한 반성과 사죄를 표명한 무라야마 도미이치(村山富市) 총리 담화로 이어졌다. 요시다 유카타, 〈대항하는 역사인식〉, 나리타 류이치·요시다 유카타 엮음, 《기억과 인식: 일본은 아시아·태평양 전쟁을 어떻게 기억하고 인식하는가?》, 히토츠바시 한국학연구센터 옮김, 어문학사, 2020, 79~80쪽.

11 아시아평화와역사교육연대, 《후소샤일본중학교역사교과서: 2005년 검정합격본·검토용》, 2005, 189~207쪽. 후소샤판 '새역사교과서'가 지구적 기억구성체의 압력에 반응하는 또 하나의 흥미로운 예는 "박해받은 유대인을 구한 일본인" 히구치 기이치로(樋口季一郎)와 스기하라 치우네에 대한 '인물 칼럼'이다. 교과서는 이들의 박애 행위가 만주국의 '오족협화(五族協和)' 이념 및 인종차별에 반대해온 일본 정부의 기본방침에 있다고 서술함으로써, 지구적 기억구성체 내에서 일본 역사의 정의를 부각하려는 의도를 드러내고 있다. 《후소샤일본중학교역사교과서》, 203쪽.

12 Heiko Maas und Andreas Wirsching, "75 Jahre Kriegsende: Keine Politik ohne Geschichte", *Spiegel*,

Politik, 2020. 05. 07. [인터넷판]

13 Jan Grabowski, "Germany Is Fueling a False History of the Holocaust Across Europe", *Haaretz* June 22. 2020. [인터넷판] 폴란드의 공범자들에 대한 그의 연구는 다음을 보라. Jan Grabowski, *Hunt for the Jews: Betrayal and Murder in German-Occupied Poland*, Bloomington: Indiana University Press, 2013.

14 2021년 6월 7일 얀 그라보프스키가 내게 보낸 이메일 회신.

15 Michael Rothberg, "On the Mbembe Affair: The Specters of Comparison", Goethe Institut *Latitude: Rethinking Power Relations-for a decolonised and non-racial world*.

16 René Aguigah, "The conviction and conscience of Achille Mbembe: Interview with Achille Mbembe", *New Frame*, 2021. 04. 23.

17 Natan Sznaider, "The Summer of Discontent: Achille Mbembe in Germany", *Journal of Genocide Research*, 2020. 12. 04.

18 Bascha Mika, "Interview with Micha Brumlik: Israel-Kritik: Wer bestimmt eigentlich, was antisemitisch ist?", *Frankfurter Rundschau*, 2020. 08. 03. [인터넷판]

19 민족적 갈등에 입각한 적대적 기억이나 획일화된 연대를 낳는 코즈모폴리턴 기억이 아닌 기억 연대의 제3의 길을 모색한 글로는 다음을 보라. Anna Cento Bull and Hans Lauge Hansen, "On agonistic memory", *Memory Studies*, vol. 9 no. 4, 2015, pp. 390~404.

참고문헌

국내 문헌

(1) 단행본

강인철, 《전쟁과 희생: 한국의 전사자 숭배》, 역사비평사, 2019.

고황경, 《인도기행》, 을유문화사, 1949.

귄터 그라스, 《게걸음으로》, 장희창 옮김, 민음사, 2015.

권헌익, 《베트남전쟁의 유령들》, 박충환·이창호·홍석준 옮김, 산지니, 2016.

나가이 다카시, 《영원한 것을》(3판), 이승우 옮김, 바오로딸, 2010.

______, 《눈물이 마를 날은 언제인가?》, 조양욱 옮김, 해누리, 2011.

______, 《묵주알》, 이승우 옮김, 바오로딸, 2015.

나리타 류이치·요시다 유카타 엮음, 《기억과 인식: 일본은 아시아·태평양 전쟁을 어떻게 기억하고 인식하는가?》, 히토츠바시 한국학연구센터 옮김, 어문학사, 2020.

나카노 도시오, 《오쓰카 히사오와 마루야마 마사오: 일본의 총력전 체제와 전후 민주주의 사상》, 서민교·정애영 옮김, 삼인, 2005.

니시카와 나가오, 《국민이라는 괴물》, 윤대석 옮김, 소명출판, 2002.

다카하시 데쓰야, 《야스쿠니 문제》, 현대송 옮김, 역사비평사, 2005.

______, 《국가와 희생》, 이목 옮김, 책과함께, 2008.

로널드 스멜서·에드워드 데이비스 2세, 《제2차 세계대전의 신화와 진실》, 류한수 옮김, 산처럼, 2020.

로버트 팩스턴, 《파시즘: 열정과 광기의 정치 혁명》, 손명희·최희영 옮김, 교양인, 2005.

르네 지라르, 《폭력과 성스러움》, 김진식·박무호 옮김, 민음사, 1997.

리턴 조사단, 《리턴보고서》, 박영석 옮김, 탐구당, 1986.

린 헌트, 《인권의 발명》, 전진성 옮김, 돌베개, 2009.

마틴 버낼, 《블랙 아테나: 서양 고전 문명의 아프리카·아시아적 뿌리》, 오흥식 옮김, 소나무, 2006.

사카사이 아키토, 《'잿더미' 전후 공간론》, 박광현 외 옮김, 이숲, 2020.

수전 벅모스, 《헤겔, 아이티, 보편사》, 김성호 옮김, 문학동네, 2012.

스베틀라나 알렉시예비치, 《전쟁은 여자의 얼굴을 하지 않았다》, 박은정 옮김, 문학동네, 2015.

슬라보예 지젝, 《시차적 관점》, 김서영 옮김, 마티, 2009.

시 엘 아르 제임스, 《블랙 자코뱅: 투생 루베르튀르와 아이티혁명》, 우태정 옮김, 필맥, 2007.
아시스 난디, 《친밀한 적: 식민주의 시대의 자아의 상실과 재발견》, 이옥순 옮김, 신구문화사, 1993.
아시아평화와역사교육연대, 《후소샤일본중학교역사교과서: 2005년 검정합격본·검토용》, 2005.
안동원, 《세계일주기》, 태극서관, 1949.
알렉스 헤일리, 《말콤 엑스》, 박종규 옮김, 기원전, 1993.
야마무로 신이치, 《키메라: 만주국의 초상》, 윤대석 옮김, 소명출판, 2009.
에르네스트 르낭, 《민족이란 무엇인가?》, 신행선 옮김, 책세상, 2002.
엔도 슈사쿠, 《여자의 일생: 1부 기쿠의 경우》, 공문혜 옮김, 홍성사, 1986.
______, 《마음의 야상곡》, 정기현 옮김, 홍성사, 1996.
엘리아스 카네티, 《군중과 권력》, 강두식·박병덕 옮김, 바다출판사, 2002.
오구마 에이지, 《민주와 애국: 전후 일본의 내셔널리즘과 공공성》, 조성곤 옮김, 돌베개, 2019.
오에 겐자부로, 《말의 정의》, 송태욱 옮김, 뮤진트리, 2018.
오자키 토메이, 《나가사키의 콜베》, 김희일 옮김, 성모기사회, 2006.
요네하라 마리, 《대단한 책》, 이언숙 옮김, 마음산책, 2007.
______, 《마녀의 한 다스》, 이현진 옮김, 마음산책, 2009.
요시다 도시히로, 《공습》, 김해경·안해룡 옮김, 휴머니스트, 2008.
우쓰미 아이코, 《조선인 BC급 전범, 해방되지 못한 영혼》, 이호경 옮김, 동아시아, 2007.
우쓰미 아이코·무라이 요시노리, 《적도에 묻히다: 독립영웅 혹은 전범이 된 조선인들 이야기》, 김종익 옮김, 역사비평사, 2012.
이다, 《반크 역사바로찾기 3: 요코 이야기의 진실을 찾아라!》, 키네마인, 2009.
이안 부루마, 《아우슈비츠와 히로시마》, 정용환 옮김, 한겨레신문사, 2002.
______, 《근대 일본》, 최은봉 옮김, 을유문화사, 2004.
이영진, 《죽음과 내셔널리즘: 전후 일본의 특공위령과 애도의 정치학》, 서울대학교출판문화원, 2018.
익명의 여인, 《베를린의 한 여인》, 염정용 옮김, 해토, 2004.
임지현, 《그대들의 자유, 우리들의 자유: 폴란드 민족해방운동사》, 아카넷, 2000.
임지현·김용우 엮음, 《대중독재 I: 강제와 동의의 사이에서》, 책세상, 2004.
______, 《대중독재 II: 정치종교과 헤게모니》, 책세상, 2005.
______, 《대중독재 Ⅲ: 일상의 욕망과 미망》, 책세상, 2007.
임지현·이성시 엮음, 《국사의 신화를 넘어서》, 휴머니스트, 2004.
장세진, 《슬픈 아시아: 한국 지식인들의 아시아 기행(1945~1966)》, 푸른역사, 2012.

전광용,《꺼삐딴 리: 전광용 단편선》, 문학과지성사, 2009.

전두환,《전두환 회고록》(전 3권), 자작나무숲, 2017.

정찬,《슬픔의 노래》, 조선일보사, 1995.

조르주 디디-위베르만,《모든 것을 무릅쓴 이미지들: 아우슈비츠에서 온 네 장의 사진》, 오윤성 옮김, 레베카, 2017.

존 다우어,《패배를 껴안고》, 최은석 옮김, 민음사, 2009.

크리스토퍼 브라우닝,《아주 평범한 사람들: 101예비경찰대대와 유대인 학살》, 이진모 옮김, 책과함께, 2010.

테사 모리스 스즈키,《일본의 아이덴티티를 묻는다》, 박광현 옮김, 산처럼, 2005.

테사 모리스-스즈키,《우리 안의 과거》, 김경원 옮김, 휴머니스트, 2006.

토니 모리슨,《보이지 않는 잉크》, 이다희 옮김, 바다출판사, 2021.

판카지 미슈라,《제국의 폐허에서: 저항과 재건의 아시아 근대사》, 이재만 옮김, 책과함께, 2013.

프리모 레비,《가라앉은 자와 구조된 자》, 이소영 옮김, 돌베개, 2014.

후지와라 기이치,《전쟁을 기억한다: 히로시마·홀로코스트와 현재》, 이숙종 옮김, 일조각, 2003.

W. G. 제발트,《공중전과 문학》, 이경진 옮김, 문학동네, 2013.

(2) 논문

강진아, 〈만주사변 전후 재한화교 문제의 양상: 朝鮮總督府 外事課와 在韓中國領事館 간 왕복문서를 중심으로〉,《동양사학연구》120호, 2012, pp. 262~305.

김용우, "비평논문: 식민의 기억, 점령의 기억: 1961년 10월 사건과 모리스 파퐁(Maurice Papon) 재판",《서양사론》108호, 2011, 187~211쪽.

김은수, 〈선교과제로서의 화해와 치유: 2005 아테네 CWME를 중심으로〉,《선교신학》21집, 2009, 1~29쪽.

김준현, 〈한국의 문학/지식 장에서 '만보산사건'이 기억되어 온 몇 가지 방식〉,《한국문학연구》51집, 2016, 39~74쪽.

김철, 〈몰락하는 신생: '만주'의 꿈과《농군》의 오독〉,《상허학보》9집, 2002, 123~159쪽.

김한상, 〈발견된 푸티지 속의 박영심은 무엇을 말하는가(혹은 말하지 못하는가)?: 사진적 생존자의 영화적 현전과 포스트/식민 아카이브의 냉전 지식체제〉,《문학과영상》제21권 제3호, 2020, 679~709쪽.

니시무라 아키라, 〈위령과 폭력: 전쟁사망자에 대한 태도 이해를 위해〉, 이세영 옮김,《종교문화비평》2호, 2002, 251~253쪽.

무타 가즈에, 〈〈'위안부' 문제는 #MeToo다!〉 영상에 대한 공격을 통해 본 일본〉,《전쟁, 여성, 폭력: 일본군 '위안부'를 트랜스내셔널하게 기억하기》(e-Pub), 허윤·무타 가즈에·도미야마 이치로·권김현영 지음, 서강대학교 트랜스내셔널인문학연구소, 2019.

박보경, 〈로잔운동에 나타나는 화해로서의 선교: 2004년 파타야 포럼과 케이프타운 서약문을 중심으로〉, 《선교신학》 38집, 2015, 141~170쪽.

배묘정, 〈노래 부르기의 정치학: 〈임을 위한 행진곡〉의 제창·합창 논란에 대한 수행적 관점의 분석〉, 《서강인문논총》 제59집, 2020, 205~242쪽.

손승회, 〈1931년 植民地朝鮮의 排華暴動과 華僑〉, 《중국근현대사연구》 제41집, 2009, 141~165쪽.

______, 〈근대 한중관계사의 새로운 시각 모색: 萬寶山事件 연구에 대한 적용가능성을 중심으로〉, 《역사학보》 제202집, 2009, 381~408쪽.

신기영, 〈일본군 '위안부' 문제: 보수의 결집과 탈냉전 세계정치의 사이에서〉, 《탈 전후 일본의 사상과 감성》, 조관자 엮음, 박문사, 2017.

심정명, 〈3·11과 전후의 끝: 무의미한 죽음과 애도의 문제〉, 《탈 전후 일본의 사상과 감성》, 조관자 엮음, 박문사, 2017.

안승오, 〈에큐메니칼 화해 개념 이해〉, 《신학과 목회》 45집, 2016, 151~172쪽.

양권석, 〈기억의 치유: 이야기와 실천의 새로운 길을 찾아서〉, "동아시아 기억의 연대와 평화: 한일 가톨릭교회의 역할" 학술대회 종합토론 기조 발제문, 2019. 10. 31.

윤상원, 〈한국 역사학계의 만보산사건 연구동향과 과제〉, 《한국문학연구》 51집, 2016, 7~38쪽.

윤상인, 〈근대문명과 신체정치〉, 《관정일본리뷰》 26호, 2021, 1~4쪽.

윤해동, 〈만보산 사건과 동아시아 기억의 터: 한국인들의 기억을 중심으로〉, 《사이間SAI》 14호, 2013, 479~514쪽.

이브 로제네프트, 〈히틀러의 흑인 희생자를 상상하기: 다방향 기억과 최근의 홀로코스트 소설〉, 문수현 옮김, 《독일연구》 42호, 2019, 107~140쪽.

이소영, 〈역사부정 규제를 둘러싼 기억의 정치: 5·18왜곡처벌법안 관련 논의를 중심으로〉, 《법과 사회》 61호, 2019, 157~184쪽.

이욱, 〈조선 전기 유교국가의 성립과 국가제사의 변화〉, 《한국사연구》 118집, 2002, 161~193쪽.

이타가키 류타, 〈동아시아 기억의 장소로서 力道山〉, 《역사비평》 95호, 2011, 127~160쪽.

임지현, 〈지그문트 바우만 인터뷰: 악의 평범성에서 악의 합리성으로〉, 《당대비평》 21호, 2003, 12~32쪽.

______, 〈동아시아 역사포럼: 선사시대에서 역사시대로의 이행〉, 《植民地近代の視座(朝鮮と日本)》, 宮嶋博史·李成市·尹海東·林志弦 編, 東京: 岩波書店, 2004.

______, 〈희생자의식 민족주의〉, 《비평》 15호, 2007.

______, 〈역사의 금기와 기억의 진정성: 21세기 폴란드 역사학과 '희생자의식'〉, 《서양사론》 111호, 2011, 147~174쪽.

______, 〈독재는 민주주의의 반의어인가? 대중독재의 모순어법과 민주주의의 민주화〉, 《서양사론》 116호, 2013, 39~63쪽.

_____, 〈전지구적 기억공간과 희생자의식: 홀로코스트, 식민주의 제노사이드, 스탈린주의 테러의 기억은 어떻게 만나는가?〉, 《대구사학》 125집, 2016, 110~134쪽.

_____, 〈정말 중요한 이야기는 침묵으로 기록된다: 스베틀라나 알렉시예비치 초청 강연회〉, 《문학과 사회》 119호, 2017, 338~348쪽.

임지현·미하우 실리바, 〈폴란드 사회주의 운동사 연구의 반성과 전망〉, 《역사비평》 32집, 1996, 230~251쪽.

정용숙, 〈나치 국가의 매춘소와 강제성매매: 그 실제와 전후 시대의 기억〉, 《여성과 역사》 29 2018, 375~420쪽.

정현백·송충기, 〈통일 독일의 과거 청산: 강제징용된 외국인 노동자에 대한 배상〉, *FES-Information-Series*, FES Korean Cooperation Office, 2000, pp. 1~12.

찰스 암스트롱, 〈가족주의, 사회주의, 북한의 정치종교〉, 《대중독재 II: 정치종교과 헤게모니》, 임지현·김용우 엮음, 책세상, 2005.

펠릭스 티흐, 〈민족문제와 폴란드 공산주의 체제의 전술: 유대인 정책〉, 《대중독재 II: 정치종교과 헤게모니》, 임지현·김용우 엮음, 책세상, 2005.

하영준, 〈일본제국과 범아프리카주의의 '트랜스-퍼시픽 커넥션': W. E. B. 듀보이스와 C. L. R. 제임스의 동아시아 담론을 중심으로〉, *Homo Migrans* vol. 18, 2018, pp. 159~203.

국외 문헌

(1) 단행본

Anderson, Benedict, *Imagined Communities: Reflections on the Origin and Spread of Nationalism* (revised edition), London: Verso, 1991.

Arendt, Hannah, *Eichmann in Jerusalem: A Report on the Banality of Evil* (revised and enlarged edition), New York: Penguin Books, 1994.

Assmann, Aleida and Sebastian Conrad eds., *Memory in a Global Age: Discourses, Practices and Trajectories*, Basingstoke: Palgrave Macmillan, 2010.

Bartov, Omer, Atina Grossmann and Mary Nolan, *Crimes of War: Guilt and Denial in the Twentieth Century*, New York: The New Press, 2002.

Bauman, Zygmunt, *Modernity and the Holocaust*, Ithaca, New York: Cornell University Press, 2000.

Beckert, Sven and Dominic Sachsenmaier eds., *Global History, Globally*, London: Bloomsbury, 2018.

Beevor, Anthony, *The Second World War*, New York: Little, Brown and Company, 2012.

Behrens, Paul, Nicholas Terry and Olaf Jensen eds., *Holocaust and Genocide Denial: A Contextual Perspective*, New York: Routledge, 2017.

Bender, Ryszard ed., *Słownik biograficzny katolicyzmu społecznego w Polsce: A-J*, Lublin: Towarzystwo Naukowe Katolickiego Uniwersytetu Lubelskiego, 1994.

Bessel, Richard ed., *Life in the Third Reich*, Oxford: Oxford University Press, 1987.

Biess, Frank, *Homecomings: Returning POWs and the Legacies of Defeat in Postwar Germany*, Princeton: Princeton Universtiy Press, 2006.

Bikont, Anna, *The Crime and the Silence: Confronting the Massacre of Jews in Wartime Jedwabne*, Alissa Valles trans., New York: Farrar, Strauss and Giroux, 2015.

Blackburn, David and Geoff Eley, *The Peculiarities of German History*, Oxford: Oxford University Press, 1984.

Blobaum, Robert ed., *Anti-Semitism and its Opponents in Modern Poland*, Ithaca: Cornell University Press, 2005.

Błoński, Jan, *Biedni Polacy patrzą na getto*, Kraków: Wydawnictwo Literackie, 1996.

Bogumił, Zusanna and Małgorzata Głowacka-Grajper, *Milieux de Mémoire in Late Modernity: Local Communities, Religion and Historical Politics*, Frankfurt am Main: Peter Lang, 2019.

Bohus, Kata, Peter Hallama and Stephan Stach eds., *Growing in the Shadow of Antifascism: Remembering the Holocaust in Communist Eastern Europe*, Budapest: Central European University Press, 2021.

Bourguet, Marie-Noëlle, Mucette Valensi and Nathan Wachtel eds., *Between Memory and History*, London: Harwood Academic Publishers, 1990.

Browning, Christopher R., *Ordinary Men: Reserve Police Battalion 101 and the Final Solution in Poland* (with a new afterward), New York: Harper Perennial, 1993.

Brumlik, Micha and Karol Sauerland eds., *Umdeuten, verschweigen, erinnern: die spaete Aufarbeitung des Holocaust in Osteuropa*, Frankfurt am Main: Campus Verlag, 2010.

Bukey, Evan Burr, *Hitler's Austria: Popular Sentiments in the Nazi Era 1938-1945*, Chapel Hill: University of North Carolina Press, 2000.

Burleigh, Michael, *The Third Reich: A New History*, New York: Hill and Wang, 2001.

Buruma, Ian, *The Wages of Guilt: Memories of War in Germany and Japan*, New York: New York Review of Books, 1994.

_____, *Year Zero: A History of 1945*, New York: The Penguin Press, 2013.

Chang, Iris, *The Rape of Nanking: The Forgotten Holocaust of World War II*, New York: Basic Books, 1997.

Chodakiewicz, Marek Jan, *The Massacre in Jedwabne July 10, 1941: Before, During, and After*, Boulder: East European Monographs, 2005.

_____, *Po Zagładzie. Stosunki polsko-żydowskie 1944-1947*, Warsaw: Instytut Pamięci Narodowej, 2008.

Confino, Alon, *Foundational Past: The Holocaust as Historical Understanding*, Cambridge: Cambridge

University Press, 2012.

Conrad, Sebastian, *The Quest for the Lost Nation: Writing History in Germany and Japan in the American Century*, Berkeley: University of California Press, 2010.

Corner, Paul ed., *Popular Opinion in Totalitarian Regimes: Fascism, Nazism, Communism*, Oxford: Oxford University Press, 2009.

Corner, Paul and Jie-Hyun Lim eds., *The Palgrave Handbook of Mass Dictatorship*, London: Palgrave Macmillan, 2016.

Coser, Lewis A. ed., *Maurice Halwachs on Collective Memory*, Chicago: University of Chicago Press, 1992.

David, Lea, *The Past Can't Heal Us: The Dangers of Mandating Memory in the Name of Human Rights*, Cambridge: Cambridge University Press, 2020.

Dawidowicz, Lucy, *The War Against Jews*, London: Penguin Books, 1975.

De Cesari, Chiara and Ann Rigney eds., *Transnational Memory: Circulation, Articulation, Scales*, Berlin: Walter de Gruyter, 2014.

Delbo, Charlotte, *Days and Memory*, Rosette Lamont trans., Marlboro, VT: The Marlboro Press, 1990.

______, *Auschwitz and After*, Rosette Lamont trans., New Haven, CT: Yale University Press, 1995.

Desforges, Alison, *Leave None to Tell the Story: Genocide in Rwanda*, New York: Human Rights Watch, 1999.

Douglas, Lawrence, *The Right Wrong Man: John Demjanjuk and the Last Great Nazi War Crimes Trial*, Princeton: Princeton University Press, 2016.

Dower, John W., *War Without Mercy: Race and Power in the Pacific War* (7th edition), New York: Pantheon Books, 1993.

Duden, Alexis, *Troubled Apologies: Among Japan, Korea, and the United States*, New York: Columbia University Press, 2008.

Eizenstat, Stuart, *Imperfect Justice: Looted Assets, Slave Labor and the Unfinished Business of World War II*, New York: Public Affairs, 2003.

Engelking, Barbara, *Holocaust and Memory*, London: Leicester University Press, 2001.

Felman, Shoshana and Dori Laub eds., *Testimony: Crises of Witnessing in Literature, Psychoanalysis, and History*, New York: Routledge, 1992.

Forecki, Piotr, *Od Shoah do Strachu: spory o polsko-żydowską przeszłość i pamięć w debatach publicznych*, Poznań: wydawnictwo poznańskie, 2010.

Friedrich, Jörg, *The Fire: The Bombing of Germany 1940-1945*, New York: Columbia University Press, 2008.

Fujitani, Takashi, Geoffrey M. White and Lisa Yoneyama eds., *Perilous Memories: The Asia-Pacific*

War(s), Durham: Duke University Press, 2001.

Gentile, Emilio, *The Sacralization of Politics in Fascist Italy*, Keith Botsford trans., Cambridge: Harvard University Press, 1996.

German Polish Dialogue: Letters of the Polish and German Bishops and International Statements, Bonn-Brussel-New York: Edition Atlantic Forum, 1966.

Geyer, Michael and Adam Tooze eds., *The Cambridge History of the Second World War*, vol. Ⅲ, Cambridge: Cambridge University Press, 2015.

Gilroy, Paul, *The Black Atlantic: Modernity and Double Consciousness*, London: Verso, 1993.

______, *Postcolonial Melancholia*, New York: Columbia University Press, 2005.

Goldberg, Amos and Haim Hazan eds., *Marking Evil: Holocaust Memory in the Global Age*, New York: Berghahn Books, 2015.

Grabowski, Jan, *Hunt for the Jews: Betrayal and Murder in German-Occupied Poland*, Bloomington: Indiana University Press, 2013.

Gross, Jan T., *Sąsiedzi: Historia zagłady żydowskiego miasteczka*, Sejny: Pogranicze, 2000.

______, *Neighbors: The Destruction of the Jewish Community in Jedwabne*, Princeton: Princeton University Press, 2001.

______, *Fear: Anti-Semitism in Poland After Auschwitz*, New York: Random House, 2006.

Gross, Jan Tomasz and Aleksandrą Pawlicką, *...bardzo dawno temu, mniej więcej w zeszły piątek...*, Warszawa: Wydawnictwo W.A.B, 2018.

Guttenplan, D. D., *The Holocaust on Trial: History, Justice and the David Irving Libel Case*, London: Granta Books, 2002.

Hadler, Frank and Mathias Mesenhoeller eds., *Vergangene Grösse und Ohnmacht in Ostmitteleuropa: Repräsentationen imperialer Erfahrung in der Historiographie seit 1918*, Leipzig: Akademische Verlagsanstalt, 2007.

Hardt, Michael and Antonio Negri, *Empire*, Cambridge, Mass: Harvard University Press, 2000.

Hartoonian, Harry, *The Unspoken as Heritage: The Armenian Genocide and Its Unaccounted Lives*, Durham: Duke University Press, 2019.

Hausner, Gideon, *Justice in Jerusalem*, New York: Holocaust Library, 1977.

Hayes, Peter ed., *Lessons and Legacies: The Meaning of the Holocaust in a Changing World*, Evanston: Northwestern University Press, 1991.

Hein, Laura and Mark Selden eds., *Censoring History: Citizenship and Memory in Japan, Germany and the United States*, Armonk, NY: M. E. Sharpe, 2000.

Henderson, Marius and Julia Lange eds., *Entangled Memories: Remebering the Holocaust in a Global Age*, Heidelberg: Universitätsverlag, WINTER 2017.

Herf, Jeffrey, *Divided Memory: The Nazi Past in the Two Germanys*, Cambridge, Mass: Harvard University Press, 1997.

Hirsch, Marianne, *The Generation of Postmemory: Writing and Visual Culture After the Holocaust*, New York: Columbia University Press, 2012.

Hobsbawm, Eric J., *Nations and Nationalism since 1780*, Cambridge: Cambridge University Press, 1990.

Holc, Janine, *The Politics of Trauma and Memory Activism: Polish-Jewish Relations Today*, London: Palgrave Macmillan, 2018.

Honda, Katsuichi, *The Nanjing Massacre: A Japanese Journalist Confronts Japan's National Shame*, Karen Sandness trans., London: Routledge, 1998.

Horowitz, Irene and Carl Horowitz, *Of Human Agony*, New York: Shengold Publishers, 1992.

Jager, Sheila Miyoshi and Rana Mitter eds., *Ruptured Histories: War, Memory and the Post-Cold War in Asia*, Cambridge, Mass: Harvard University Press, 2007.

Jansen, Michael and Günter Saathoff, *A Mutual Responsibility and a Moral Obligation: the Final Report on Germany's Compensation Programs for Forced Labor and other Personal Injuries*, Basingstoke: Palgrave Macmillan, 2009.

Jarausch, Konrad H. and Michael Geyer, *Shattered Past: Reconstructing German Histories*, Princeton: Princeton University Press, 2003.

Jedlicki, Jerzy, *A Suburb of Europe: Nineteenth-Century Polish Approaches to Western Civilization*, Budapest: Central European University Press, 1999.

Jovanovic, Srdan M. and Veran Stancetic eds., *History and Politics in the Western Balkans: Changes at the Turn of the Millennium*, Belgrade: The Center for Good Governance Studies, 2013.

Judt, Tony, *Postwar: A History of Europe Since 1945*, New York: The Penguin Press, 2005.

Kamiński, Łukasz and Jan Żaryn eds., *Wokł pogromu kieleckiego*, Warszawa: Instytut Pamięci Narodowej, 2006.

Karjski, Stanisław, *Św. Maksymilian Maria Kolbe o masonerii i Żydach: pisma wybrane*, Krzeszowice: Dom Wydawniczy Ostoja, 2010.

Kattago, Siobahn, *Ambiguous Memory: The Nazi Past and German National Identity*, Westport: Praeger, 2001.

Kemp-Welch, Anthony, *Poland Under Communism: A Cold War History*, Cambridge: Cambridge University Press, 2008.

Kerski, Basil, Thomas Kycia and Robert Zurek eds., *Wir Vergeben und Bitten um Vergebung: Der Briefwechsel der polnischen und deutschen Bischöfe von 1965 und seine Wirkung*, Osnabruck: Fibre, 2006.

Kierkegaard, Søren, *The Journals of Kierkegaard*, Alexander Dru trans., New York: Harper Torchbooks, 1959.

Kimura, Maki, *Unfolding the "Comfort Women" Debates: Modernity, Violence, Women's Voices*, Basingstoke: Palgrave Macmillan, 2016.

Kopp, Kristin, *Germany's Wild East: Constructing Poland as Colonial Space*, Ann Arbor: The University of Michigan Press, 2012.

Kössler, Reinhart, *Namibia and Germany: Negotiating the Past*, Windhoek: University of Namibia Press, 2015.

Kunicki, Mikołaj Stanisław, *Between the Brown and the Red: Nationalism, Catholicism, and Communism in 20th Century Poland-The Politics of Bolesław Piasecki*, Athens: Ohio University Press, 2012.

Kwon, Heonik, *After the Massacre: Commemoration and Consolation in Ha My and My Lai*, Berkeley: University of California Press, 2006.

Levine, Hillel, *In Search of Sugihara*, New York: The Free Press, 1996.

Levy, Daniel and Natan Sznaider, *The Holocaust and Memory in the Global Age*, Philadelphia: Temple University Press, 2006.

Lim, Jie-Hyun, Barbara Walker and Peter Lambert eds., *Mass Dictatorship and Memory as Ever Present Past*, Basingstoke: Palgrave Macmillan, 2014.

Lim, Jie-Hyun and Eve Rosenhaft eds., *Mnemonic Solidarity: Global Interventions*, London: Palgrave Macmillan, 2021.

Lim, Jie-Hyun and Karen Petrone eds., *Gender Politics and Mass Dictatorship: Global Perspectives*, New York: Palgrave Macmillan, 2011.

Lu, David John and Howard John Waitzkin, *Agony of Choice: Matsuoka Yōsuke and the Rise and Fall of the Japanese Empire, 1880-1946*, Lanham: Lexington Books, 2002.

Łuczewski, Michał, *Kapitał moralny. Polityki historyczne w późnej nowoczesności*, Kraków: Ośrodek Myśli Politycznej, 2017.

Machcewicz, Pawel, *The War that Never Ends: The Museum of the Second World War in Gdańsk*, Berlin: De Gruyter, 2019.

Machcewicz, Paweł and Krzysztof Persak eds., *Wokół Jedwabnego: Studia*, vol. 1, Warszawa: Instytut Pamięci Narodowej, 2002.

MacMillan, Margaret, *Dangerous Games: The Uses and Abuses of History*, New York: The Modern Library, 2008.

Maier, Charles, *The Unmasterable Past: History, Holocaust and German National Identity* (second edition with a new preface), Cambridge, MA: Harvard University Press, 1997.

Mann, Michael, *The Dark Side of Democracy: Explaining Ethnic Cleaning*, Cambridge: Cambridge

University Press, 2005.

Mazower, Mark, *Dark Continent: Europe's Twentieth Century*, London: Allen Lane, 1998.

McFadden, Bernice L., *The Book of Harlan*, New York: Akashic Books, 2016.

Mitchell, Timothy ed., *Questions of Modernity*, Minneapolis: University of Minnesota Press, 2000.

Moeller, Robert G., *War Stories: The Search for a Usable Past in the Federal Republic of Germany*, Berkeley: University of California Press, 2001.

Moses, A. Dirk ed., *Empire, Colony, Genocide: Conquest, Occupation, and Subaltern Resistance in World History*, New York and Oxford: Berghahn Books, 2008.

Mosse, George L., *The Nationalization of the Masses: Political Symbolism and Mass Movements in Germany from the Napoleonic Wars through the Third Reich*, New York: Howard Fertig, 1975.

______, *Fallen Soldiers: Reshaping the Memory of the World Wars*, Oxford: Oxford University Press, 1990.

______, *The Fascist Revolution: Toward a General Theory of Fascism*, New York: Howard Fertig, 1999.

Motyka, Grzegorz, *Wołyń '43; Ludobójcza czystka – fakty, analogie, polityka historyczna*, Kraków: Wydawnictwo Literackie, 2016.

Moyn, Samuel, *The Last Utopia: Human Rights in History*, Cambridge, MA: Harvard University Press, 2010.

______, *Christian Human Rights*, Philadephia: University of Pennsylvania Press, 2015.

Musiał, Bogdan, *Stalins Beutezug: die Plüdering Deutschlands und der Aufstieg der Sowjetunion zur Wehrmacht*, Berlin: List, 2011.

Niven, Bill ed., *Germans as Victims*, Basingstoke: Palgrave Macmillan, 2006.

Northrop, Douglas ed., *A Companion to World History*, Chicester: Wiley-Blackwell, 2012.

Novick, Peter, *The Holocaust and Collective Memory*, London: Bloomsbury, 2001.

Nowak, Jerzy Robert, *Myśli o Polsce i Polakach*, Warszawa: Wydawnictwo Unia, 1993.

Nozaki, Yoshiko, *War Memory, Nationalism and Education in Postwar Japan, 1945-2007: The Japanese history textbook controversy and Ienaga Saburo's court challenges*, London: Routledge, 2008.

Ohnuki-Tierney, Emiko, *Kamikaze, Cherry Blossoms, and Nationalisms: The Militarization of Aesthetics in Japanese History*, Chicago: the University of Chicago Press, 2002.

Olejnek, Tadeusz, *Wieluń. Polska Guernika*, Wieluń: BWTN, 2004.

Oron, Yahir, *Jewish-Israeli Identity*, Tel Aviv: Sifriat Poalim Publishing House, 1992.

Orr, James J., *The Victim as Hero: Ideologies of Peace and National Identity in Postwar Japan*, Honolulu: University of Hawaii Press, 2001.

Pakier, Małgorzata and Joanna Wawrzyniak eds., *Memory and Change in Europe: Eastern Perspectives*,

New York/Oxford: Berghahn Books, 2016.

Paul, Christa, *Zwangsprostitution. Staatlich errichtete Bordelle im Nationalsozialismus*, Berlin: Edition Hentrich, 1994.

Piskorski, Jan M. ed., *Historiographical Approaches to Medieval Colonization of East Central Europe*, Boulder & New York: Columbia University Press, 2002.

Polonsky, Antony and Joanna Michlic eds., *The Neighbors Responded: The Controversy over the Jedwabne Massacre in Poland*, Princeton: Princeton University Press, 2004.

Polonsky, Antony ed., *My Brother's Keeper? Recent Polish Debates on the Holocaust*, London: Routledge, 1990.

Popescu, Diana I. and Tanja Schult eds., *Revisiting Holocaust Representation in the Post-Witness Era*, Basingstoke: Palgrave Macmillan, 2015.

Ricoeur, Paul, *Memory, History, Forgetting*, Kathleen Blamey and David Pellauer trans., Chicago: University of Chicago Press, 2004.

Rothberg, Michael, *Multidirectional Memory: Remembering the Holocaust in the Age of Decolonization*, Stanford: Stanford University Press, 2009.

Sakai, Naoki, *Translation and Subjectivity: On 'Japan' and Cultural Nationalism*, Minneapolis: University of Minnesota Press, 1997.

______, The End of Pax Americana: The Loss of Empire and Hikikomori Nationalism, Durham, NC: Duke University Press, forthcoming.

Schischkoff, Georgi, *Die gesteuerte Vermassung*, Meisenheim am Glan: Anton Hain, 1964.

Seaton, Philip A., *Japan's Contested War Memories: The memory rifts in historical consciousness of World War II*, London: Routledge, 2007.

Segev, Tom, *The Seventh Million: The Israelis and the Holocaust*, Haim Watzman trans., New York: An Owl Book, 2000.

Sereny, Gitta, *The German Trauma: Experiences and Reflections, 1938-2001*, London: Penguin Books, 2001.

Seydewitz, Max, *Die unbesiegbare Stadt. Zerstung und Wiederaufbau von Dresden*, Berlin: Kongress Verlag, 1956.

Simon, Joshua, *The Ideology of Creole Revolution: Imperialism and Independence in American and Latin American Political Thought*, Cambridge: Cambridge University Press, 2019.

Sindbæk, Tea and Barbara Törnquist-Plewa eds., *Disputed Memory: Emotions and Memory Politics in Central, Eastern and South-Eastern Europe*, Berlin: Walter de Gruyter, 2016.

Smith, Anthony D. ed., *Nationalist Movements*, London: Palgrave Macmillan, 1976.

Snyder, Timothy, *Bloodlands: Europe between Hitler and Stalin*, New York: Basic Books, 2010.

Soh, C. Sarah, *The Comfort Women: Sexual Violence and Postcolonial Memory in Korea and Japan*, Chicago: University of Chicago Press, 2008.

Sono, Ayako, *Miracles: A Novel*, Kevin Doak trans., Portland, Maine: Merwin Asia, 2016.

Southhard, Susan, *Nagasaki: Life After Nuclear War*, New York: Penguin Books, 2016.

Steinlauf, Michael C., *Bondage to the Dead: Poland and the Memory of the Holocaust*, Syracuse: Syracuse University Press, 1997.

Sternhell, Zeev, *The Founding Myths of Israel: Nationalism, Socialism, and the Making of the Jewish State*, David Maisel trans., Princeton: Princeton University Press, 2009.

Sternhell, Zeev, Mario Sznajder and Maia Asheri, *The Birth of Fascist Ideology: From Cultural Rebellion to Political Revolution*, David Maisel trans., Princeton: Princeton University Press, 1994.

Stola, Dariusz, *Kampania antysyjonistyczna w Polsce 1967-1968*, Warsaw: ISP PAN, 2000.

Stone, Dan ed., *The Historiography of Genocide*, Basingstoke: Palgrave Macmillan, 2010.

______, *The Holocaust and Historical Methodology*, New York: Berghahn Books, 2012.

Subotić, Jelena, *Yellow Star, Red Star: Holocaust Remembrance after Communism*, Ithaca: Cornell University Press, 2019.

Takenaka, Akiko, *Yasukuni Shrine: History, Memory, and Japan's Unending Postwar*, Honolulu: University of Hawai'i Press, 2015.

Tanaka, Stefan, *Japan's Orient: Rendering Pasts into History*, Berkeley: University of California Press, 1993.

Taylor, Telford, *Nuremburg and Vietnam: An American Tragedy*, Chicago: Quadrangle Books, Inc., 1970.

Tischner, Józef, *Pomoc w rachunka sumienia*, Kraków: Znak, 2002.

Todorov, Tzvetan, *Facing the Extreme: Moral Life in the Concentration Camps*, Arthur Denner and Abigail Pollak trans., London: Weidenfeld & Nicolson, 1999.

Traverso, Enzo, *The Origins of Nazi Violence*, New York: The New Press, 2003.

Vidal-Naquet, Pierre, *Assassins of Memory: Essays on the Denial of the Holocaust*, trans. and with a forward by Jeffrey Mehlman, New York: Columbia University Press, 1992.

von Benda-Beckmann, Bas, *A German Catastrophe?: German historians and the Allied bombings, 1945-2010*, Amsterdam: Amsterdam University Press, 2010.

Walicki, Andrzej, *Trzy patriotyzmy*, Warszawa: Res Publica, 1991.

Warschawski, Michel, *On the Border*, Levi Laub trans., Cambridge, MA: South End Press, 2005.

Watt, Lori, *When Empire Comes Home: Repatriation and Reintegration in Postwar Japan*, Cambridge, Mass: Harvard University Press, 2009.

Wawrzyniak, Joanna, *Veterans, Victims, and Memory: The Politics of the Second World War in Communist Poland*, Simon Lewis trans., Frankfurt am Main: Peter Lang, 2015.

Weinbaum, Lawrence, *The Struggle for Memory in Poland: Auschwitz, Jedwabne and Beyond*, Jerusalem: Institute of the World Jewish Congress, 2011.

Weinberg, Werner, *Self-Portrait of a Holocaust Survivor*, Jefferson, NC: Mcfarland, 1985.

White, Hayden, *Figural Realism: Studies in the Mimesis Effect*, Baltimore: JH, 1999.

Wiesenthal, Simon, *The Sunflower: On the Possibilities and Limits of Forgiveness*, New York: Schocken Books, 1997.

Wieviorka, Annette, *The Era of the Witness*, Jared Stark trans., Ithaca: Cornell University Press, 2006.

Wigura, Karolina, *Wina Narodów: Przebaczenie jako strategia prowadzenia polityki*, Gdańsk/Warszawa: Scholar, 2011.

Winstone, Martin, *The Dark Heart of Hitler's Europe: Nazi Rule in Poland under the General Government*, London: I. B. Tauris, 2015.

Winter, Jay, *Sites of Memory, Sites of Mourning: the Greatest War in European Cultural History* (Canto Edition), Cambridge: Cambridge University Press, 1998.

Wolff, Larry, *Inventing Eastern Europe: The Map of Civilization on the Mind of the Enlightenment*, Stanford: Stanford University Press, 1994.

Wóycicki, Kazimierz ed., *Ofiary czy Współwinni: nazizm i sowietyzm w świadomości historycznej*, Warszawa: Volumen, 1997.

Wüllner, Fritz, *Die NS-Militarjustiz und das Elend der Geschichtsschreibung: ein grundlegender Forschungsbericht* (2nd ed.), Baden-Baden: Nomos, 1997.

Yoneyama, Lisa, *Hiroshima Traces: Time, Space, and the Dialectics of Memory*, Berkeley: University of California Press, 1999.

Zehfuss, Maja, *Wounds of Memory: The Politics of War in Germany*, Cambridge: Cambridge University Press, 2007.

Zertal, Idith, *From Catastrophe to Power: Holocaust Survivors and the Emergence of Israel*, Berkeley: University of California Press, 1998.

_____, *Israel's Holocaust and the Politics of Nationhood*, Chaya Galai trans., Cambridge: Cambridge University Press, 2005.

Ziemer, Klaus ed., *Memory and Politics of Cultural Heritage in Poland and Germany*, Warsaw: Cardinal Stefan Wyszyński University in Warsaw, 2015.

Zimmerman, Joshua D. ed., *Contested Memories: Poles and Jews during the Holocaust and its Aftermath*, New Brunswick, NJ: Rutgers University Press, 2003.

Zubrzycki, Geneviève, *The Crosses of Auschwitz: Nationalism and Religion in Post-Communist Poland*,

Chicago: University of Chicago Press, 2006.

Zwigenberg, Ran, *Hiroshima: The Origins of Global Memory Culture*, Cambridge: Cambridge University Press, 2014.

Immaculate Conception Province Conventual Franciscans of Japan, 《聖コルベ來日75周年記念誌》, 長崎: 聖母の騎士社, 2005.

V. E. フランクル 著, 《夜と霧ードイツ強制収容所の体験記録》, 霜山徳爾 訳, 東京: みすず書房, 1956.

ヨーコ·カワシマ·ワトキンズ 著, 《竹林はるか遠く一日本人少女ヨーコの戦争体験記》, 都竹恵子 訳, 東京: ハート出版, 2013.

吉田裕, 《日本軍兵士》, 東京: 中央公論新社, 2017.

林房雄, 《大東亞戰爭肯定論》(中公文庫), 東京: 中央公論新社, 2014.

朴裕河, 《帝國的慰安婦: 殖民統治與記憶政治》, 劉夏如 譯, 臺北: 玉山社, 2017.

山田陽子, 《図説 満洲: 日本人の足跡をたどる》, 大阪: 梅田出版, 2011.

遠藤周作, 《女の一生: 二部 サチ子の場合》, 東京: 新潮社, 2017.

______, 〈コルベ神父〉, 《新編國語總合》(改訂版), 東京: 代修館書店, 2018.

阪東宏, 《ポーランド人と日露戰爭》, 東京: 青木書店, 1995.

荒敬 編, 《日本占領 外交關係資料集》 3巻, 東京: 柏書房, 1991.

厚生省·若槻泰雄, 《戦後引揚の記録》, 東京: 時事通信社, 1991.

(2) 논문

Allen, Lori, "There Are Many Reasons Why: Suicide Bombers and Martyrs in Palestine", *Middle East Report*, no. 223, 2002, pp. 34~37.

Allwork, Larissa, "Holocaust Remembrance as 'Civil Religion': The Case of the Stockholm Declaration"(2000), *Revisiting Holocaust Representation in the Post-Witness Era*, Diana I. Popescu and Tanja Schult eds., Basingstoke: Palgrave Macmillan, 2015.

Arendt, Hannah, "The Aftermath of Nazi Rule: Report from Germany", *Commentary*, 1950. 10., p. 342.

Assmann, Aleida, "Impact and Resonance: Towards a Theory of Emotions in Cultural Memory", *Söndertörn Lectures*, no. 6, 2011, pp. 41~70.

______, "On the (In)Compatibility of Guilt and Suffering in German Memory", *German Life and Letters*, vol. 59 no. 2, 2006, pp. 187~200.

Assmann, Jan and John Czaplicka, "Collective Memory and Cultural Identity", *New German Critique*, no. 65, 1995, pp. 125~133.

Baron, Lawrence, "Kino w krzyżowym ogniu polemiki żydowsko-polskiej", *Polacy i Żydzi: kwestia otwarta*, Robert Chery and Annamaria Orla-Bukowska eds., Warszawa: Więź, 2008.

Bartov, Omer, "The Wehrmacht Exhibition Controversy: Politics of Evidence", *Crimes of War: Guilt and Denial in the Twentieth Century*, Omer Bartov, Atina Grossmann and Mary Nolan eds., New York: The New Press, 2002.

Bauman, Zygmunt, "On Immoral Reason and Illogical Morality", *Polin: A Journal of Polish-Jewish Studies*, vol. 3, 1988, pp. 294~330.

Beck, Ulrich, "The Cosmopolitan Perspective: Sociology of the Second Age of Modernity," *British Journal of Sociology*, vol. 51 no. 1, 2000, pp. 79~105.

Ben-Ghiat, Ruth, "Liberation: Italian Cinema and the Fascist Past, 1945-50", *Italian Fascism: History, Memory and Representation*, Richard J. B. Bosworth and Patrizia Dogliani eds., New York: Saint Martin's Press, 1999.

Berberyusz, Ewa, "Guilt by Neglect", *My Brother's Keeper? Recent Polish Debates on the Holocaust*, Antony Polonsky ed., London: Routledge, 1990.

Berger, Stefan, "On Taboos, Traumas and Other Myths: Why the Debate about German Victims of the Second World War is not a Historians' Controversy", Bill Niven ed., *Germans as Victims*, Basingstoke: Palgrave Macmillan, 2006.

Besier, Gerhard and Katarzyna Stoklosa, "Einleitung: Kirchliches Versöhnungshandeln im Interesse des deutsch-polnischen Verhältnisses (1962-1990)", *Kirchliche Zeitgeschichte*, vol. 24 no. 2, 2011, pp. 295~306.

Biess, Frank, "Between Amnesty and Anti-communism: The West German Kameradenschinder Trials, 1948-1960", *Crimes of War: Guilt and Denial in the Twentieth Century*, Omer Bartov, Atina Grossmann and Mary Nolan eds., New York: The New Press, 2002.

Black, Monica, "Ghosts of War", *The Cambridge History of the Second World War*, vol. Ⅲ, Michael Geyer and Adam Tooze eds., Cambridge: Cambridge University Press, 2015.

Brantz, Dorothee, "Landscapes of destruction: Capturing images and creating memory through photography", *The Cambridge History of the Second World War*, vol. Ⅲ, Michael Geyer and Adam Tooze eds., Cambridge: Cambridge University Press, 2015.

Bull, Anna Cento and Hans Lauge Hansen, "On agonistic memory", *Memory Studies*, vol. 9 no. 4, 2015, pp. 390~404.

Bunzl, Matti, "On the Politics and Semantics of Austrian Memory: Vienna's Monument against War and Fascism", *History and Memory: Studies in Representation of the Past*, vol. 7 no. 2, 1995, pp. 7~40.

Burleigh, Michael, "National Socialism as a Political Religion", *Totalitarian Movements and Political Religions*, vol. 1 no. 2, 2000, pp. 1~26.

______, "The Cardinal Basil Hume Memorial Lectures: Political Religion and Social Evil", *Totalitarian Movements and Political Religions*, vol. 3. no. 2, 2002, pp. 1~60.

Carpenter, R. Charli, "Surfacing Children: Limitations of Genocidal Rape Discourse", *Human Rights Quarterly* 22, 2000, pp. 428~477.

Challand, Benoît, "1989, Contested Memories and the Shifting Cognitive Maps of Europe", *European Journal of Social Theory*, vol. 12 no. 3, 2009, pp. 397~408.

Charny, Israel W., "A classification of denials of the Holocaust and other genocides", *Journal of Genocide Research*, vol. 5 no. 1, 2003, pp. 11~34.

Charny, Israel W. and Daphna Fromer, "Denying the Armenian genocides: Patterns of thinking as defence-mechanisms", *Patterns of Prejudice*, vol. 32 no. 1, 1998, pp. 39~49.

Chow, Rey, "Sacrifice, Mimesis, and the Theorizing of Victimhood", *Representations*, vol. 94 no. 1, 2006, pp. 131~149.

Churchill, Ward, "An American Holocaust? The Structure of Denial", *Socialism and Democracy*, vol. 17 no. 1, 2003, pp. 25~75.

Cichopek, Anna, "The Cracow Pogrom of August 1945", *Contested Memories: Poles and Jews during the Holocaust and its Aftermath*, Joshua D. Zimmerman ed., New Brunswick, NJ: Rutgers University Press, 2003.

Classen, Christoph, "Balanced Truth: Steven Spielberg's *Schindler's List* among History, Memory, and Popular Culture", *History and Theory*, vol. 48 no. 2, 2009, pp. 77~102.

Confino, Alon, "The Holocaust as a Symbolic Manual", *Marking Evil: Holocaust Memory in the Global Age*, Amos Goldberg and Haim Hazan eds., New York: Berghahn Books, 2015.

Curthoys, Ann and John Docker, "Defining Genocide", *The Historiography of Genocide*, Dan Stone ed., Basingstoke: Palgrave Macmillan, 2010.

Czaczkowska, Ewa K., "Rola kardynała Stefana Wyszyńskiego w powstaniu Orędzia biskupów polskich do niemieckich. Nieznane dokumenty w archiwum prymasa Polski", *Przegląd Zachodni*, nr 3, 2016, pp. 193~203.

David, Lea, "Holocaust Discourse as a Screen Memory: the Serbian Case", *History and Politics in the Western Balkans: Changes at the Turn of the Millennium*, Srdan M. Jovanović and Veran Stancetic eds., Belgrade: The Center for Good Governance Studies, 2013.

______, "Human rights, micro-solidarity and moral action: Face-to-face encounters in the Israeli/Palestinian context", *Thesis Eleven*, vol. 154 no. 1, 2019, pp. 66~79.

______, "Human Rights as an Ideology? Obstacles and Benefits", *Critical Sociology*, vol. 46 no. 1, 2020, pp. 37~50.

______, "Moral Remembrance and New Inequalities", *Global Perspectives*, vol. 1 no. 1, 2020.

Diner, Dan, "Negative Symbiose. Deutsche und Juden nach Auschwitz", *Babylon* 1, 1986, p. 9.

______, "Cumulative Contingency: Historicizing Legitimacy in Israeli Discourse", *History and Memory: Studies in Representation of the Past*, vol. 7 no. 1, 1995, pp. 147~170.

______, "Memory and Restitution: World War Ⅱ as a Foundational Event in a Uniting Europe", *Restitution and Memory: Material Restitution in Europe*, Dan Diner and Gotthart Wunberg eds., New York/Oxford: Berghahn Books, 2007.

Dondi, Mirco, "The Fascist Mentality after Fascism", *Italian Fascism: History, Memory and Representation*, Richard J. B. Bosworth and Patrizia Dogliani eds., New York: St. Martin's Press, 1999.

Dower, John W., "The Bombed: Hiroshimas and Nagasakis in Japanese Memory", *Diplomatic History*, vol. 19 no. 2, 1995, pp. 275~295.

______, "Triumphal and Tragic Narratives of the War in Asia", *The Journal of American History*, vol. 82 no. 3, 1995, pp. 1124~1135.

______, "'An Aptitude for Being Unloved': War and Memory in Japan", *Crimes of War: Guilt and Denial in the Twentieth Century*, Omer Bartov, Atina Grossmann and Mary Nolan eds., New York: The New Press, 2002.

Dreyfus, Jean-Marc and Marcel Stoetzler, "Holocaust memory in the twenty-first Century: between national reshaping and globalisation", *European Review of History*, vol. 18 no. 1, 2011, pp. 69~78.

Dubois, W. E. B., "The Negro and the Warsaw Ghetto", *The Oxford W. E. B. Dubois Reader*, Eric. J. Sundquist ed., Oxford: Oxford University Press, 1996.

Eley, Geoff, "Nazism, Politics and the Image of the Past: Thoughts on the West German Historikerstreit 1986-1987", *Past & Present*, no. 121, 1988, pp. 171~208.

Espiritu, Yến Lê and Diane Wolf, "The appropriation of American war memories: a critical juxtaposition of the Holocaust and the Vietnam War", *Social Identities: Journal for the Study of Race, Nation and Culture*, vol. 19 no. 2, 2013, pp. 188~203.

Evans, Martin, "Memories, Monuments, Histories: The Re-thinking of the Second World War since 1989", *National Identities*, vol. 8 no. 4, 2006, pp. 317~348.

Farmer, Sarah, "Symbols that Face Two Ways: Commemorating the Victims of Nazism and Stalinism at Buchenwald and Sachsenhausen", *Representations*, no. 49, 1995, pp. 97~119.

Field, Norma, "War and Apology: Japan, Asia, the Fiftieth, and After", *Positions*, vol. 5 no. 1, 1997, pp. 1~51.

Friedman, Susan Stanford, "Planetarity: Musing Modernist Studies", *Modernism/modernity*, vol. 17 no. 3, 2010, pp. 471~499.

Fujimoto, Hiroshi, "Towards Reconciliation, Harmonious Coexistence and Peace: The Madison Quakers, Inc. Projects and the Hibakusha's Visit to My Lai in March 2008", *Nanzan Review of American Studies*, vol. 37, 2015, pp. 3~23.

Furber, David, "Near as Far in the Colonies: The Nazi Occupation of Poland", *The International History Review*, vol. 26, no. 3, 2004, pp. 541~579.

Gentile, Emilio and Robert Mallett, "The Sacralization of Politics: Definitions, Interpretations and Reflections on the Question of Secular Religion and Totalitarianism", *Totalitarian Movements and Political Religions*, vol. 1 no. 1, 2000, pp. 18~55.

Gerwarth, Robert and Stephan Malinowski, "Der Holocaust als kolonialer Genozid? Europaeische Kolonialgewalt und nationalsozialistischer Vernichtungskrieg", *Geschichte und Gesellschaft* 33, 2007, pp. 439~466.

Geyer, Michael, "There is a Land Where Everything is Pure: Its name is Land of Death", *Sacrifice and National Belonging in Twentieth Century Germany*, Greg Eghigian and Matthew Paul Berg eds., Arlington: Texas A&M University Press, 2002.

Gilbert, Shirli, "Anne Frank in South Africa: Remembering the Holocaust During and After Apartheid", *Holocaust and Genocide Studies*, vol. 26 no. 3, 2012, pp. 366~393.

Gluck, Carol, "Operations of Memory: 'Comfort Women' and the World", *Ruptured Histories: War, Memory and the Post-Cold War in Asia*, Shelia Miyoshi Jager and Rana Mitter eds., Cambridge, Mass: Harvard University Press, 2007.

______, "What the World Owes the Comfort Women", *Mnemonic Solidarity: Global Interventions*, Jie-Hyun Lim and Eve Rosenhaft eds., London: Palgrave Macmillan, 2021.

Gniazdowski, Mateusz, "Losses Inflicted on Poland by Germany during World War Ⅱ. Assessments and Estimates—an Outline", *The Polish Quarterly of International Affairs*, vol. 16 no. 1, 2007, pp. 94~126.

Golczewski, Frank, "Die Ansiedlung von Juden in den ehemaligen deutschen Ostgebieten Polens 1945-1951", *Umdeuten, verschweigen, erinnern: die spaete Aufarbeitung des Holocaust in Osteuropa*, Michal Brumlik, Karol Sauerland eds., Frankfurt am Main: Campus Verlag, 2010.

Goldberg, Amos, "Forum: On Saul Friedlaender's *The Years of Extermination 2*. The Victim's Voice and Melodramatic Aesthetics in History", *History and Theory* 48, 2009, pp. 220~237.

Grajewski, Andrzej, "Over the wall. The letter of the Polish bishops in the context of the Eastern policy of Vatican", *Confrontation and Cooperation: 1000 Years of Polish-German-Russian Relations*, vol. 2 no. 1, 2015, pp. 4~15.

Hackmann, Jörg, "Defending the "Good Name" of the Polish Nation: Politics of History as a Battlefield in Poland, 2015–18", *Journal of Genocide Research*, vol. 20 no. 4, 2018, pp. 587~606.

Han, Suk-Jung, "The Suppression and Recall of Colonial Memory: Manchukuo and the Cold War in the Two Koreas", *Mass Dictatorship and Memory as Ever Present Past*, Jie-Hyun Lim et al. eds., Basingstoke: Palgrave Macmillan, 2014.

Hilberg, Raul, "I was not there", *Writing and the Holocaust*, Berel Lang ed., New York: Holmes &

Meier, 1988.

Hill, Christopher, "Crossed Geographies: Endō and Fanon in Lyon", *Representations*, vol. 128 no. 1, 2014, pp. 93~123.

Hirsch, Marianne and Leo Spitzer, "The witness in the archive: Holocaust Studies/Memory Studies", *Memory Studies*, vol. 2 no. 2, 2009, pp. 151~170.

Holc, Janine P., "The Remembered One: Memory Activism and the Construction of Edith Stein's Jewishness in Post-Communist Wrocław", *Shofar: An Interdisciplinary Journal of Jewish Studies*, vol. 29 no. 4, 2011, pp. 67~97.

Huebner, Chris K., "Between Victory and Victimhood: Reflections on Culture and Martyrdom." *Direction: A Mennonite Brethren Forum*, vol. 34 no. 2, 2005, pp. 228~240.

Hunt, David, "War Crimes and the Vietnamese People: American representations and silences", *Bulletin of Concerned Asian Scholars*, vol. 30 no. 2, 1998, pp. 72~82.

Irwin-Zarecka, Iwona, "Poland after the Holocaust", *Remembering for the Future: Working Papers and Addenda*, Yehuda Bauer, Franklin H. Littell and Alice L. Eckardt eds., New York: Pergamon Press, 1989.

Jastrzębowski, Jerzy, "Differing Ethical Standpoints", *My Brother's Keeper? Recent Polish Debates on the Holocaust*, Antony Polonsky ed., London: Routledge, 1990.

Jeans, Roger B., "Victims or Victimizers? Museums, Textbooks, and the War Debate in Contemporary Japan", *The Journal of Military History*, vol. 69 no. 1, 2005, pp. 149~195.

Jeffery, Laura, Matei Candea, "Introduction: The Politics of Victimhood", *History and Anthropology*, vol. 17 no. 4, 2006, pp. 287~296.

Jędrzejewicz, Wacław, "Sprawa 'Wieczoru': Józef Piłsudski a wojna japońsko-rosyjska 1904-1905", *Zeszyty Historyczne*, no. 27, 1974, pp. 3~103.

Jönsson, Matt, "Innocence by Association? Everyday Nazism on DVD", *Imagining Mass Dictatorships: The Individual and the Masses in Literature and Cinema*, Karin Sarsenov and Michael Schoenhals eds., Basingstoke: Palgrave Macmillan, 2013.

Jin-A Kang, "The Enforcement of Immigration Control in Colonial Korea and the Rise of Nationalism in the Chinese Media", *Translocal Chinese: East Asian Perspectives*, vol. 9 no. 1, 2015, pp. 142~169.

Kantorowicz, Ernst H., "*Pro Patria Mori* in Medieval Political Thought", *The American Historical Review*, vol. 56 no. 3, 1951, pp. 472~492.

Kattago, Siobahn, "Agreeing to Disagree on the Legacies of Recent History Memory, Pluralism and Europe after 1989", *European Journal of Social Theory*, vol. 12 no. 3, 2009, pp. 375~395.

Kieniewicz, Jan, "The Eastern Frontiers and the Civilisational Dimension of Europe", *Acta Poloniae Historica*, no. 107, 2013, pp. 165~175.

Kim, Seong-nae, "The Work of Memory: Ritual Laments of the Dead and Korea's Cheju Massacre", *A Companion to the Anthropology of Religion*, Janice Boddy and Michael Lambeck eds., Oxford: Wiley Blackwell, 2013.

Kocka, Juergen, "Asymmetrical Historical Comparison: the Case of the German *Sonderweg*", *History and Theory*, vol. 38 no. 1, 1999, pp. 40~50.

Konishi, Tetsuro, "The Original Manuscript of Takashi Nagai's Funeral Address at a Mass for the Victims of the Nagasaki Atomic Bomb", *The Journal of Nagasaki University of Foreign Studies*, no. 18, 2014, pp. 55~68.

Kołakowski, Leszek, "Amidst Moving Ruins", *Daedalus*, vol. 121 no. 2, 1992, pp. 43~56.

Kosicki, Piotr H., "Caritas across the Iron Curtain? Polish-German Reconciliation and the Bishops' Letter of 1965", *East European Politics and Societies*, vol. 23 no. 2, 2009, pp. 213~243.

Kowner, Rotem, "Tokyo recognizes Auschwitz: the rise and fall of Holocaust denial in Japan, 1989-1999", *Journal of Genocide Research*, vol. 3 no. 2, 2001, pp. 257~272.

Krygier, Martin, "Letter from Australia: Neighbors: Poles, Jews and the Aboriginal Question", *East Central Europe*, vol. 29 no. 1-2, 2002, pp. 297~309.

Krzemiński,, Ireneusz, "Polish-Jewish Relations, Anti-Semitism and National Identity", *Polish Sociological Review*, vol. 137 no. 1, 2002, pp. 25~51.

Kucharski, Wojciech, "Prawdziwa bomba. Jak powstawało Orędzie biskupów polskich do biskupów niemieckich", *Więź*, no. 615, 2010, pp. 123~132.

Kurczewska, Joanna, "From the Editor", *Polish Sociological Review*, vol. 137 no. 1, 2002, p. 4.

Kurihara, Sadako, "The Literature of Auschwitz and Hiroshima: Thoughts on Reading Lawrence Langer's *The Holocaust and the Literary Imagination*", *Holocaust and Genocide Studies*, vol. 7 no. 1, 1993, pp. 77~106.

Lagrou, Pieter, "Victims of Genocide and National Memory: Belgium, France and the Netherlands 1945-1965", *Past & Present* 154, 1997, pp. 181~222.

Lang, Berel, "Six Questions On (Or About) Holocaust Denial", *History and Theory*, vol. 49 no. 2, 2010, pp. 157~168.

Laub, Dori, "Bearing Witness, or the Vicissitudes of Listening", *Testimony: Crises of Witnessing in Literature, Psychoanalysis, and History*, Shoshana Felman and Dori Laub eds., New York: Routledge, 1992.

Lee, Sung-si, "Shokuminchi bunka seisaku no kachi wo tsuujite mita rekishi ninsiki" (Historical consciousness represented by colonial cultural policies), a paper presented to Kyoto Forum of Public Philosophy, 2004, 03. 13.

Levy, Daniel and Natan Sznaider, "Memory Unbound: The Holocaust and the Formation of Cosmopolitan Memory", *European Journal of Social Theory*, vol. 5 no. 1, 2002, pp. 87~106.

Lewis, Dustin, "Unrecognized Victims: Sexual Violence against Men in Conflict Settings under International Law", *Wisconsin International Law Journal*, vol. 27 no. 1, 2009, pp. 1~49.

Lim, Jie-Hyun, "'The Good Old Cause' in the New Polish Left Historiography" *Science & Society*, vol. 61 no. 4, 1997/1998, pp. 541~549.

______, "The Nationalist Message in Socialist Code: On Court Historiography in People's Poland and North Korea," *Making Sense of Global History: The 19th International Congress of Historical Sciences* (Commemorative Volume), Solvi Sogner ed., Oslo: Universitetsforlaget, 2001.

______, "The Configuration of Orient and Occident in the Global Chain of National Histories: Writing National Histories in Northeast Asia", *Narrating the Nation: Representations in History, Media and the Arts*, Stefan Berger, Linas Eriksonas and Andrew Mycock eds., New York: Berghahn Books, 2008.

______, "Displacing East and West: Towards a postcolonial reading of 'Ostforschung' and 'Myśl Zachodnia'", *Transeuropeennes: Revue internationale de pensée critique*, 2010.

______ , "Narody-ofiary i ich megalomania", *Więź*, no. 616-617, Marek Darewski trans., 2010, pp. 22~34.

______ , "Victimhood Nationalism and History Reconciliation in East Asia", *History Compass*, vol. 8 no. 1, 2010, pp. 1~10.

______, "Victimhood Nationalism in Contested Memories-National Mourning and Global Accountability", *Memory in a Global Age: Discourses, Practices and Trajectories*, Aleida Assmann and Sebastian Conrad eds., Basingstoke: Palgrave Macmillan, 2010.

______, "Nationalism, Neo-Nationalism", *Encyclopedia of Global Studies*, vol. 3, Helmut K. Anheier and Mark Juergensmeyer eds., LA & London: SAGE Publications, 2012.

______, "A Postcolonial Reading of the *Sonderweg*: Marxist Historicism Revisited", *Journal of Modern European History*, vol. 12 no. 2, 2014, pp. 280~294.

______, "Nationalism and History", *The Wiley-Blackwell Encyclopedia of Race, Ethnicity and Nationalism*, John Stone and Anthony D. Smith et al. eds., Chicester: Wiley Blackwell, 2015.

______, "Second World War in Global Memory Space", *The Cambridge History of Second World War*, vol. Ⅲ, Michael Geyer and Adam Tooze eds., Cambridge: Cambridge University Press, 2015.

______, "Transnational Memory Formation: Memory-History-Culture", *The Routledge Companion to World Literature and World History*, May Hawas ed., New York: Routledge, 2018.

______, "Mnemonic Solidarity in the Global Memory Space", *Global-e*, vol. 12 no. 4, 2019.

______, "Triple Victimhood: On the Mnemonic Confluence of the Holocaust, Stalinist Crime, and Colonial Genocide", *Journal of Genocide Research*, 2020.

______, "Transnational Memory Activism and the Performative Nationalism", *Handbook of Memory Activism*, Yifat Gutman and Jenny Wüstenberg eds., Oxford: Oxford University Press, 2021.

Lipski, Jan Józef, "Ojciec Kolbe i ,Mały Dziennik'", *Tygodnik Powszechny*, nr. 38(1182), 1971.

Loeffler, James, "Becoming Cleopatra: the forgotten Zionism of Raphael Lemkin", *Journal of Genocide Research*, vol. 19 no. 3, 2017, pp. 340~360.

Loewen, James W., "The Vietnam War in High School American History", *Censoring History: Citizenship and Memory in Japan, Germany and the United States*, Laura Hein and Mark Selden eds., Armonk, NY: M. E. Sharpe, 2000.

Machcewicz, Pawel, "In the Shadow of Jedwabne", *Thou Shalt Not Kill: Poles on Jedwabne*, Jacek Borkowicz and Israel Gutman, Warszawa: Więź, 2001.

Maclelland, Gwyn, "Guilt, Persecution, and Resurrection in Nagasaki: Atomic Memories and the Urakami Catholic Community", *Social Science Japan Journal*, vol. 18 no. 2, 2015, pp. 233~240.

Madajczyk, Piotr, "S. Gawlitta, 'Aus dem Geist des Konzils! Aus der Sorge der Nachbarn!' Der Briefwechsel der polnischen und deutschen Bischöfe von 1965 und seine Kontexte", *Kwartalnik Historyczny*, vol. 125 no. 2, 2018, pp. 184~189.

Madley, Benjamin, "From Africa to Auschwitz: How German South West Africa Incubated Ideas and Methods Adopted and Developed by the Nazis in Eastern Europe?", *European History Quarterly*, vol. 35 no. 3, 2005, pp. 429~464.

Mallet, Robert, "Forward", *Totalitarian Movements and Political Religions*, vol. 1 no. 1, 2000, p. ix.

Manne, Robert, "In Denial: The stolen Generations and the Right", *The Australian Quarterly Essay* 1, 2001.

Markiewicz, Tadek and Keren Sharvit, "When Victimhood Goes to War? Israel and Victim Claims", *Political Psychology*, vol. 42 no. 1, 2021, pp. 111~126.

Matyjaszek, Konrad and Antony Polonsky, ""You need to speak Polish". Antony Polonsky interviewed by Konrad Matyjaszek", *Studia Litteraria et Historica* 6, 2017, pp. 1~35.

Mayblin, Lucy, Aneta Piekut and Gill Valentine, "'Other' Posts in 'Other' Places: Poland through a Postcolonial Lens?", *Sociology*, vol. 50 no. 1, 2016, pp. 60~76.

Mazower, Mark, "The Cold War and the Appropriation of Memory: Greece after Liberation", *The Politics of Retribution in Europe: World War II and Its Aftermath*, István Deák, Jan T. Gross and Tony Judt eds., Princeton: Princeton University Press, 2000.

Mälksoo, Maria, "'Memory must be defended': Beyond the politics of mnemonical security", *Security Dialogue* vol. 46 no. 3, 2015.

Merari, Ariel, Jonathan Fighel, Boaz Ganor, Ephraim Lavie, Yohanan Tzoreff and Arie Livne, "Making Palestinian "Martyrdom Operations"/"Suicide Attacks": Interview with Would-Be Perpetrators and Organizers", *Terrorism and Political Violence*, vol. 22 no. 1, 2009, pp. 102~119.

Michael, George, "Mahmoud Ahmadinejad's Sponsorship of Holocaust Denial", *Totalitarian Movements and Political Religions*, vol. 8 no. 3-4, 2007, pp. 667~671.

Michlik, Joanna Beata, "'At the Crossroads': Jedwabne and Polish Historiography of the Holocaust", *Dapim: Studies on the Holocaust*, vol. 31 no. 3, 2017, pp. 296~306.

Michnik, Adam, "Nationalism", *Social Research*, vol. 58 no. 4, 1991, pp. 757~763.

______, "Poles and Jews: How Deep the Guilt?", *The Neighbors Responded: The Controversy over the Jedwabne Massacre in Poland*, Antony Polonsky and Joanna Michlic eds., Princeton: Princeton University Press, 2004.

Miles, William F. S., "Third World Views of the Holocaust", *Journal of Genocide Research*, vol. 6 no. 3, 2004, pp. 371~393.

______, "Indigenization of the Holocaust and the Tehran Holocaust Conference: Iranian Aberration or Third World Trend?", *Human Rights Review*, vol. 10 no. 4, 2009, p. 505~519.

Modras, Ronald, "John Paul, St. Maximilian and Anti-Semitism", *Martyrs of Charity* part 2. Washington D.C.: St. Maximilian Kolbe Foundation, 1989.

Moeller, Robert G., "War Stories: The Search for a Usable Past in the Federal Republic of Germany", *The American Historical Review*, vol. 101 no. 4, 1996, pp. 1008~1048.

______, "Responses to Alon Confino", *Cultural Analysis* 4, 2005, pp. 66~72.

Molden, Berthold, "Vietnam, the New Left and the Holocaust: How the Cold War Changed Discourse on Genocide", *Memory in a Global Age: Discourses, Practices and Trajectories*, Aleida Assmann and Sebastian Conrad eds., Basingstoke: Palgrave Macmillan, 2010.

______, "Resistant pasts versus mnemonic hegemony: On the power relations of collective memory", *Memory Studies*, vol. 9 no. 2, 2016, pp. 125~142.

Moses, A. Dirk, "Genocide and the Terror of History", *Parallax*, vol. 17 no. 4, 2011, pp. 90~108.

______, "The Holocaust and World History", *The Holocaust and Historical Methodology*, Dan Stone ed., New York: Berghahn Books, 2012.

______, "Conceptual Blockages and Definitional Dilemmas in the 'Racial Century': Genocides of Indigenous Peoples and the Holocaust", *Patterns of Prejudice*, vol. 36 no. 4, 2020, pp. 7~36.

Najarian, James, "Gnawing at History: The Rhetoric of Holocaust Denial", *The Midwest Quarterly*, vol. 39 no. 1, 1997, pp. 74~89.

Noy, Chaim, "Memory, Media, and Museum Audience's Discourse of Remembering", *Critical Discourse Studies*, vol. 15 no. 1, 2018, pp. 19~38.

O'Brien, Melanie, "'Don't kill them, let's choose them as wives': The development of the crimes of forced marriage, sexual slavery and enforced prostitution in international criminal law", *The International Journal of Human Rights*, vol. 20 no. 3, 2016, pp. 386~406.

Onishi, Yuichiro, "The New Negro of the Pacific: How African Americans Forged Cross-Racial Solidarity with Japan, 1917-1922", *The Journal of African American History*, vol. 92 no. 2, 2007, pp. 191~213.

Orzełek, Ariel, "U genezy Chrześcijańskiego Stowarzyszenia Społecznego. Powstanie i rozpad pierwszego zespołu redakcyjnego tygodnika „Za i Przeciw"", *Kwartalnik Historyczny*, vol. 126 no. 4, 2019, pp. 721~763.

Pappe, Ilan, "Critique and Agenda: the Post-Zionist Scholars in Israel", *History and Memory: Studies in Representation of the Past*, vol. 7 no. 1, 1995, pp. 66~90.

Pedahzur, Ami, Arie Perliger and Leonard Weinberg, "Altruism and Fatalism: The Characteristics of Palestinian Suicide Terrorists", *Deviant Behavior*, vol. 24 no. 4, 2003, pp. 405~423.

Peukert, Detlev, "Youth in the Third Reich", *Life in the Third Reich*, Richard Bessel ed., Oxford: Oxford University Press, 1987.

Pergher, Roberta, Mark Roseman and Jrgen Zimmerer, Shelley Baranowski, Doris L. Bergen and Zygmunt Bauman, "Scholarly Forum on the Holocaust and Genocide", *Dapim: Studies on the Holocaust*, vol. 27 no. 1, 2013, pp. 40~73.

Pękala, Urszula, "The Abuse of Forgiveness in Dealing with Legacies of Violence", *Forgiveness: Philosophy, Psychology and the Arts*, Tim McKenry and Charlotte Bruun Thingholm eds., Oxfordshire: Inter-Disciplinary Press, 2013.

______, "Asymetrie pojednania. Pojednanie niemiecko-polskie i niemiecko-francuskie po II wojnie światowej", *Perspektywy dialogu: Studia na temat niemiecko-polskich procesów transferowych w przestrzeni religijnej*, Aleksandra Chylewska-Tölle ed., Słubice: Collegium Polonicum, 2016.

Pötzl, Norbert F., "Versöhnen oder Verhöhnen: Dauerstreit um die Stiftung 'Flucht, Vertreibung, Versöhnung'", *Die Deutschen im Osten Europas: Eroberer, Siedler, Vertriebene*, Annette Großbongardt, Uwe Klußmann and Norbert F. Pötz eds., München: Deutsche Verlags-Anstalt, 2011.

Prekerowa, Teresa, "The Just and the Passive", *My Brother's Keeper? Recent Polish Debates on the Holocaust*, Antony Polonsky ed., London: Routledge, 1990.

Ram, Uri, "Zionist Historiography and the Invention of Modern Jewish Nationhood: The Case of Ben Zion Dinur", *History and Memory: Studies in Representation of the Past*, vol. 7 no. 1, 1995, pp. 91~124.

Risch, William Jay, "What the Far Right Does Not Tell Us about the Maidan", *Kritika: Explorations in Russian and Eurasian History*, vol. 16 no. 1, 2015, pp. 137~144.

Roeger, Maren, "News Media and Historical Remembrance: Reporting on the Expulsion of Germans in Polish and German Magazines", *Mediation, Remediation, and the Dynamics of Cultural Memory*, Astrid Erll and Ann Rigney eds., Berlin: Walter de Gruyter, 2009.

Rosenfeld, Alvin H., "Popularization and Memory: The Case of Anne Frank", *Lessons and Legacies: The Meaning of the Holocaust in a Changing World*, Peter Hayes ed., Evanston: Northwestern University Press, 1991.

Rossoliński-Liebe, Grzegorz, "Debating, obfuscating and disciplining the Holocaust: post-Soviet historical discourses on the OUN – UPA and other nationalist movements", *East European Jewish Affairs*, vol. 42 no. 3, 2012, pp. 199~241.

Rothberg, Michael, "Between Auschwitz and Algeria: Multidirectional Memory and the Counterpublic Witness", *Critical Inquiry*, vol. 33 no. 1, 2006, pp. 158~184.

______, "From Gaza to Warsaw: Mapping Multidirectional Memory", *Criticism* vol. 53 no. 4, 2011, pp. 523~548.

______, "On the Mbembe Affair: The Specters of Comparison", Goethe Institut, 2020.

Rothberg, Michael and Yasemin Yildiz, "Memory Citizenship: Migrant Archives of Holocaust Remembrance in Contemporary Germany", *Parallax*, vol. 17 no. 4, 2011, pp. 32~48.

Sakamoto, Rumi, "The Women's International War Crimes Tribunal on Japan's Military Sexual Slavery: A Legal and Feminist Approach to the 'Comfort Women' Issue", *New Zealand Journal of Asian Studies*, vol. 3 no. 1, 2001, pp. 49~58.

Salmonowicz, Stanisław, "The Deep Roots and Long Life of Stereotypes", *My Brother's Keeper? Recent Polish Debates on the Holocaust*, Antony Polonsky ed., London: Routledge, 1990.

Salter, Michael, "Countering Holocaust denial in relation to the Nuremberg trials", *Holocaust and Genocide Denial: A Contextual Perspective*, Paul Behrens, Nicholas Terry and Olaf Jensen eds., New York: Routledge, 2017.

Sand, Jordan, "Subaltern Imperialists: The New Historiography of the Japanese Empire", *Past and Present*, vol. 225 no. 1, 2014, pp. 273~288.

Schaffer, Kay and Sidonie Smith, "Venues of Storytelling: the circulation of testimony in human rights-campaigns", *Life Writing*, vol. 1 no. 2, 2004, pp. 3~26.

Siła-Nowicki, Władysław, "A Reply to Jan Błoński", *My Brother's Keeper? Recent Polish Debates on the Holocaust*, Antony Polonsky ed., London: Routledge, 1990.

Sivakumaran, Sandesh, "Sexual Violence against Men in Armed Conflict", *European Journal of International Law*, vol. 18 no. 2, 2007, pp. 253~276.

______, "Lost in Translation: UN Responses to Sexual Violence against Men and Boys in Situations of Armed Conflict", *International Review of the Red Cross*, vol. 92, no. 877, 2010, pp. 259~277.

Stack, Steven, "Émile Durkheim and Altruistic Suicide", *Archives of Suicide Research*, vol. 8 no. 1, 2004, pp. 9~22.

Stearns, Peter N. and Carol Z. Stearns, "Emotionology: Clarifying the History of Emotions and Emotional Standards", *American Historical Review*, vol. 90 no. 4, 1985, pp. 813~836.

Steinlauf, Michael C., "Teaching about the Holocaust in Poland", *Contested Memories: Poles and Jews during the Holocaust and its Aftermath*, Joshua D. Zimmerman ed., New Brunswick, NJ: Rutgers University Press, 2003.

Stola, Dariusz, "Fighting against the Shadows: The "Anti-Zionist" Campaign of 1968", *Anti-Semitism and its Opponents in Modern Poland*, Robert Blobaum ed., Ithaca: Cornell University Press, 2005.

Sturken, Marita, "Absent Images of Memory: Remembering and Reenacting the Japanese Internment", *Perilous Memories: The Asia-Pacific War(s)*, Takeshi Fujitani, Geoffrey M. White and Lisa Yoneyama eds., Durham: Duke University Press, 2001.

Sunseri, Thaddeus, "Exploiting the *Urwald*: German Post-Colonial Forestry in Poland and Central Africa, 1900 – 1960", *Past & Present*, vol. 214 no. 1, 2012, pp. 305~342.

Surmann, Jan, "Zwischen Restitution und Erinnerung. Die US-Restitutionspolitik am Ende des 20. Jahrhunderts und die Auflosung der Tripartite Gold Commission", *Universalisierung des Holocaust? Erinnerungskultur und Geschichtspolitik in internationaler Perspektive*, Moisel Eckel ed., Beiträge zur Geschichte des Nationalsozialismus, vol. xxiv, Göttingen: Wallstein, 2008.

Szaynok, Bozena, "The Impact of the Holocaust on Jewish Attitudes in Postwar Poland", *Contested Memories: Poles and Jews during the Holocaust and its Aftermath*, Joshua D. Zimmerman ed., New Brunswick, NJ: Rutgers University Press, 2003.

______, "The Jewish Pogrom in Kielce, July 1946: New Evidence", *Intermarium*, vol. 1 no. 3, 2016.

Sznaider, Natan, "The Summer of Discontent: Achille Mbembe in Germany", *Journal of Genocide Research*, 2020. 12. 04.

Takahashi, Tetsuya, "The Emperor Shōwa standing at ground zero: on the (re-)configuration of a national 'memory' of the Japanese people", *Japan Forum*, vol. 15 no. 1, 2003, pp. 3~14.

Takenaka, Akiko, "Mobilizing Death: Bodies and Spirits of the Modern Japanese Military Dead", *The Palgrave Handbook of Mass Dictatorship*, Paul Corner and Jie-Hyun Lim eds., London: Palgrave Macmillan, 2016.

Todorov, Tzvetan, "Totalitarianism: Between Religion and Science", *Totalitarian Movements and Political Religions*, vol. 2 no. 1, 2001, pp. 28~42.

Tonini, Carla, "The Jews in Poland after the Second World War. Most Recent Contributions of Polish Historiography", *Quest. Issues in Contemporary Jewish History. Journal of Fondazione CDEC*, no. 1, 2010, pp. 61~62.

Turowicz, Jerzy, "Polish reasons and Jewish reasons", *My Brother's Keeper? Recent Polish Debates on the Holocaust*, Antony Polonsky ed., London: Routledge, 1990.

Ulbricht, Walte, "Warum Nationale Front des demokratischen Deutschlands?", *Zur Geschichte des Deutschen Arbeiterbewegung: Aus Reden und Aufsätzen*, vol. 3, Berlin: Dietz Verlag, 1954.

Valkenier, Elizabeth Kridl, "The Rise and Decline of Official Marxist Historiography in Poland, 1945-1983", *Slavic Review*, vol. 44 no. 4, 1985, pp. 663~680.

Velmet, Aro, "Occupied Identities: National Narratives in Baltic Museums of Occupations", *Journal of Baltic Studies*, vol. 42 no. 2, 2011, pp. 189~211.

von Ankum, Katharina, "Victims, Memory, History: Antifascism, and the Question of National Identity in East German Narratives after 1990", *History and Memory: Studies in Representation of the Past*, vol. 7 no. 2, 1995, pp. 41~69.

Welch, Steven R., "Commemorating 'Heroes of a Special Kind': Deserter Monuments in Germany", *Journal of Contemporary History*, vol. 47 no. 2, 2012, pp. 370~401.

Werner, Michael, Bénédicte Zimmermann, "Beyond Comparison: Histoire Croisée and the Challenge of Reflexivity", *History and Theory*, vol. 45 no. 1, 2006, pp. 30~50.

Wierling, Dorothee, "Krieg im Nachkrieg: Zur fentlichen und privaten Präsenz des Krieges in der SBZ und frühen DDR", *Der Zweite Weltkrieg in Europa. Erfahrung und Erinnerung*, Jörg Echternkamp and Stefan Martens eds., Paderborn: Schöningh, 2007.

Wiesel, Elie, "Freedom of Conscience: A Jewish Commentary", *Journal of Ecumenical Studies*, vol. 14 no. 4, 1977, pp. 638~649.

Wigura, Karolina, "Alternative Historical Narrative: "Polish Bishops' Appeal to Their German Colleagues" of 18 November 1965", *East European Politics and Societies and Cultures*, vol. 27 no. 3, 2013, pp. 400~412.

Wimmer, Andreas, Nina Glick Schiller, "Methodological Nationalism and Beyond: Nation-State Building, Migration and Sociology", *Global Networks*, vol. 2 no. 4, 2002, pp. 301~334.

Wogenstein, Sebastian, "Negative Symbiosis?: Israel, Germany, and Austria in Contemporary Germanophone Literature", *Prooftexts: A Journal of Jewish Literary History*, vol. 33 no. 1, 2013, pp. 105~132.

Wojtyła, Kardynał Karol, "Znak Naszej Epoki", *Tygodnik Powszechny*, nr. 42(1186), 1971.

Wolf, Joan B., ""Anne Frank is dead, long live Anne Frank": The Six-Day War and the Holocaust in French Public Discourse", *History and Memory: Studies in Representation of the Past*, vol. 11 no. 1, 1999, pp. 104~140.

Wolpe, Rebecca, "From Slavery to Freedom: Abolitionist Expressions in Maskilic Sea Adventures", *AJS Review*, vol. 36 no. 1, 2012, pp. 43~70.

Yang, Daqing, "The Challenges of the Nanjing Massacre: Reflections on Historical Inquiry", *The Nanjing Massacre in History and Historiography*, Joshua Fogel ed., Berkeley: University of California Press, 2000.

______, "The Malleable and the Contested: the Nanjing Massacre in Postwar China and Japan", *Perilous Memories: The Asia-Pacific War(s)*, Takeshi Fujitani, Geoffrey M. White and Lisa Yoneyama eds., Durham: Duke University Press, 2001.

Yoshida, Takashi, "A Battle over History: the Nanjing Massacre in Japan", *The Nanjing Massacre in History and Historiography*, Joshua Fogel ed., Berkeley: University of California Press, 2000.

Young, Lung-Chang, "Altruistic Suicide: A Subjective Approach", *Sociological Bulletin*, vol. 21 no. 2,

1972, pp. 103~121.

Zerubavel, Yael, "The Death of Memory and the Memory of Death: Masada and the Holocaust as Historical Metaphors", *Representations*, no. 45, 1994, pp. 72~100.

Zimmerer, Jürgen, "Die Geburt des Ostlandes aus dem Geiste des Kolonialismus: Die nationalsozialistische Eroberungs-und Beherrschungspolitik in (post-)kolonialer Perspektive", *Sozial Geschichte*, vol. 19 no. 1, 2004, pp. 10~43.

Ziółkowski, Marek, "Memory and Forgetting after Communism", *Polish Sociological Review*, vol. 137 no. 1, 2002, pp. 7~24.

Zwigenberg, Ran, "Never Again: Hiroshima, Auschwitz and the Politics of Commemoration", *The Asia-Pacific Journal*, vol. 13 no. 3, 2015, pp. 1~14.

Żarnowski, Janusz, "Wege und Erfolge der polnischen Historiographie 1945-1975", *Zeitschrift für Geschichtswissenschaft*, Jg. 25, H. 8, 1977, p. 633.

セレニ·コンスタンス, 〈1950年代の引揚げ: 抹消されることを拒む人々未帰還者の問題〉, 国際交流基金 アルザス·欧州日本学研究所(CEEJA) 編, 《アルザス日欧知的交流事業 日本研究セミナー〈戦後〉報告書》, 2014.

金承哲, 〈遠藤周作の《イエスの生涯》について: 神学と文学の間で〉, 《キリスト教文藝》 28號, 2012, pp. 128~148.

林志弦, 〈"世襲的犠牲者" 意識と脱植民地主義の歴史学〉, 《東アジア歴史対話—国境と世代を越えて》, 三谷博他 偏, 東京: 東京大学出版会, 2007.

______, 〈犠牲者意識の民族主義〉(特集 シンポジウム グローバル化時代の植民地主義とナショナリズム)—(問題提起), 《立命館言語文化研究》 20(3), 2009, pp. 57~62.

______, 〈グローバルな記憶空間と犠牲者意識〉, 《思想》, no. 1116, 2017, pp. 55~73.

針生一郎, 〈日本の68年: 〈全共闘〉·〈美共闘〉の可能性と問題点〉, 《環: 歴史·環境·文明》, vol. 33, 2008, pp. 178~195.

洪郁如·田原開起, 〈朝鮮引揚者のライフ·ヒストリー: 成原明の植民地·引揚げ·戦後〉, 《人文·自然研究》 10, 2016, pp. 160~175.

언론 매체

《경향신문》, 《동광》, 《동아일보》, 《매일경제》, 《매일신보》, 《머니투데이》, 《문화일보》, 《연합뉴스》, 《오마이뉴스》, 《자주시보》, 《조선일보》, 《통일뉴스》, 《한겨레》, 《한겨레21》, 《가톨릭뉴스》, 《JTBC》, 《KBS》, 《MBC》, 《SBS》, 《TV조선》, 《YTN》, 《長崎新聞》, 《西日本新聞》, 《新刊JP》, 《朝日新聞》

AP News, *BBC*, *Bloomberg*, *Chugoku Shimbun*, *Daily Telegraph*, *Der Standard*, *Deutsche Welle*, *Die Welt*, *Dziennik Łódzki*, *Dziennik Polski*, *evangelisch.de*, *Forward*, *Fox News*, *Frankfurter Rundschau*, *Haaretz*, *Hessische Allgemeine*, *Independent*, *Korea Herald*, *Litera*, *Neue Zürcher Zeitung*, *New Frame*, *Onet*, *Radio Poland*, *Reuters*, *Rzeczpospolita*, *Słowo Powszechna*, *Spiegel*, *Stern*, *The first News*, *The Japan*

Times, *The Jewish Chronicle*, *The New York Review of Books*, *The New York Times*, *The Olympians*, *The Rafu Shimpo*, *The Times of Israel*, *The Washington Post*, *TOK FM*, *Trybuna Ludu*, *Tygodnik Powszechny*, *Zenit*, *Zycie Warszawy*

공문서와 담화문

조건(조사1과) 책임조사 작성, 〈조선인 BC급 전범에 대한 진상조사: 포로감시원 동원과 전범 처벌 실태를 중심으로〉, 《대일항쟁기강제동원피해조사및국외강제동원희생자등지원위원회 보고서》, 2011, 발간등록번호 11-1655026-000007-01.

한국 천주교 주교회의, "3·1 운동 100주년 기념 담화", *cbck.or.kr*, 2019. 02. 20.

Ignatiew, Radoław J., "on final findings of investigation S 1/00/Zn into the killing of Polish citizens of Jewish origin in the town of Jedwabne, on 10 July 1941, i.e. Pursuant to Article 1 Point 1 of the Decree of 31 August 1944", ipn.gov.pl/eng_konf_jedwabne_press.html

Judges of the Women's International War Crimes Tribunal on Japan's Military Sexual Slavery, "Transcript of Oral Judgment", *Women's Caucus for Gender Justice*, 2001. 12. 04.

United Nations, Economic and Social Council, 2nd Year, 4th Session, *Report of the Working Group for Asia and the Far East*, Supplement no. 10, 1947.

______, "Report of the Special Rapporteur in the field of cultural rights, Farida Shaheed: memorialization processes", 2014, digitallibrary.un.org/record/766862

"5 listopada 1965, szyfrogram szefa Polskiej Misji Wojskowej w Berlinie Zachodnim o konferencji prasowej w sprawie Memorandum Wschodniego", *gov.pl*

"12 listopada 1965, szyfrogram szefa Przedstawicielstwa Handlowego w Kolonii w sprawie Memorandum Wschodniego", *gov.pl*

"16 listopada 1965, szyfrogram szefa Przedstawicielstwa Handlowego w Kolonii o sytuacji po ogłoszeniu Memorandum Wschodniego", *gov.pl*

"Call to replace Felix Klein as the Federal government Commissioner for the Fight against Antisemitism", www.scribd.com/document/459345514/Call-on-German-Minister-Seehofer, 2020. 04. 30.

"Declaration of Establishment of State of Israel", *mfa.gov.il*, 1948. 05. 14.

"Declaration of the Stockholm International Forum on the Holocaust", *holocaustremembrance.com*

"Declarations of the Task Force For International Cooperation on Holocaust Education, Remembrance, and Research", *fcit.usf.edu*, 1998. 12. 03.

"Dziennik Ustaw Rzeczypospolitej Polskiej", Warszawa, dnia 14 lutego 2018 r. Poz. 369", dziennikustaw.gov.pl/D2018000036901.pdf

"Louis Harap's Letter to W.E.B. Dubois. Feb. 13, 1952", W. E. B. Du Bois Papers (MS 312) Special

Collections and University Archives, University of Massachusetts Amherst Libraries.

"Marsz Pokoju Hiroszima-Oświęcim, 1963" nr. ilustracji: 8611, 8612, 7631, 4994. Archiwum Eustachego Kossakowskiego, Museum of Contemporary Art in Warsaw.

"USTAWA z dnia 6 marca 2018 r. o ustanowieniu Narodowego Dnia Pamięci Polaków ratujących Żydów pod okupacją niemiecką", *Sejm Rzeczypospolitej Polskiej*, orka.sejm.gov.pl/opinie8.nsf/nazwa/1947_u/$file/1947_u.pdf

日本カトリック司教団教書, "平和への決意　戦後五十年にあたって", *cbcj.catholic.jp*, 1995. 02. 25.

日本カトリック正義と平和協議会, "3·1独立運動100周年を迎えて", *cbcj.catholic.jp*, 2019. 03. 05.

日本カトリック正義と平和協議会, "日韓政府関係の和解に向けての会長談話", *cbcj.catholic.jp*, 2019. 08. 14.

웹사이트

《안네의 일기》 독후감, "안네의 일기", 〈Yes24 어린이 독후감〉 페이지.

《안네의 일기》 독후감, "《안네의 일기》 어린이 독후감 대회 참여작", Yes24 《안네의 일기》 도서 페이지.

《안네의 일기》 독후감, "안네의 일기", bookbugs.tistory.com/entry/안네의-일기-안네-프랑크-저, 2013. 06. 08.

《안네의 일기》 독후감, "안네의 일기 줄거리 독후감", m.blog.naver.com/sbbamtol/220064081996, 2014. 07. 18.

《안네의 일기》 독후감, "안네의 일기", joungul.co.kr/after/after1/독후감_52984.asp, 2006. 10. 28.

음악 정보 사이트, 〈제헌절 노래〉, 건시스템 커뮤니케이션즈, 2013. 06. 06.

음악 정보 사이트, 〈현충일 노래〉, 건시스템 커뮤니케이션즈, 2013. 06. 06.

일본 여행기, "바다와 함께한 서일본 일주 (3일차) - 독가스섬 오쿠노시마에 남겨진 전흔", blog.naver.com/jcjw1234/221558239896, 2019. 06. 10.

일본 여행기, "[일본] 히로시마 토끼섬 오쿠노시마 (大久野島)", blog.naver.com/xjvmgksrldnj/221627795080, 2019. 08. 25.

일본 여행기, "히로시마 여행-오쿠노시마(토끼섬, 독가스섬)", blog.naver.com/jbm993/221543384914, 2019. 05. 21.

일본 여행기, "히로시마 토끼섬(오쿠노시마)", cafe.naver.com/sarangkeeper/100529, 2020. 04. 20.

"추도순례", 일제강제동원피해자지원재단, *fomo.or.kr/kor*.

Ebert, Roger, "Shoah", 1985. 11. 24., rogerebert.com/reviews/shoah-1985

Glendale Government Library, Art & Culture Department ReflectSpace, "ReflectSpace/City of Glandale", *glendaleca.gov*.

Materski, Wojciech and Tomasz Szarota eds., *Polska 1939–1945. Straty osobowe i ofiary represji pod dwiema okupacjami*, Institute of National Remembrance(IPN), Warszawa, 2009, web.archive.org/web/20120323161233/http://niniwa2.cba.pl/polska_1939_1945.htm

MQI Vietnam, "Winds of Peace", *mqivietnam.org/archives*.

Natalia Aleksiun, "Adolf Berman. W głównym nurcie historii. Żydowski Instytut Historyczny im. Emanuela Ringelbluma", *Żydowski Instytut Historyczny*, 2013. 10. 17., web.archive.org/web/20161005115834/http://www.jhi.pl/blog/2013-10-17-adolf-berman-w-glownym-nurcie-historii

Northwestern California Genocide Project, *nwgenocide.omeka.net*.

Thucydides, "History of the Peloponnesian War" 2.42, *Perseus Digital Library*.

Yad Vashem, "I Am My Brother's Keeper: A Tribute to the Righteous Among the Nations. Paying the Ultimate Price. Jozef and Wiktoria Ulma", *yadvashem.org*.

Żurek, Robert, "Avantgarde der Versöhnung: Über den Briefwechsel der Bischöfe und die Ostdenkschrift des EKD von 1965", dialogmagazin.eu/leseprobeausgabe-72-73-briefwechsel-bischoefe.html

"Avantgarde der Versöhnung: Über den Briefwechsel der Bischöfe und die Ostdenkschrift des EKD von 1965", *Magazin Dialog*, dialogmagazin.eu/leseprobe-ausgabe-72-73-briefwechsel-bischoefe.html

"About NCRR", *Nikkei for Civil Rights and Redress*.

"Apostolic Pilgrimage to Poland. Holy Mass at the Concentration Camp. Homily of His Holiness John Paul II", *Libreria Editrice Vaticana*, w2.vatican.va/content/john-paul-ii/en/homilies/1979/documents/hf_jp-ii_hom_19790607_polonia-brzezinka.html

"Auschwitz-Birkenau: Auschwitz Convent", *Jewish Virtual Library*.

"BENJAMIN (BEN) MEED DESCRIBES THE BURNING OF THE WARSAW GHETTO DURING THE 1943 GHETTO UPRISING", UNITED STATES HOLOCAUST MEMORIAL MUSEUM, *encyclopedia.ushmm.org*.

"Compilation of news articles on Comfort Women Survivors and Holocaust Survivors' Meetings", *kace.org*, 2011. 12. 21.

"Denkmal für die Verfolgten der NS-Militärjustiz in Wien", *deserteursdenkmal.at*.

"Fear: Anti-Semitism in Poland After Auschwitz Customer reviews", *amazon.com*.

"Hirtenbrief der polnischen Bischöfe an ihre deutschen Amtsbrüder vom 18. November 1965 und die Antwort der deutschen Bischöfe vom 5. Dezember 1965", cdim.pl/1965-11-18-botschaft-der-polnischen-an-diedeutschen-bisch-fe,2942

"Neighbors: The Destruction of the Jewish Community in Jedwabne, Poland Customer reviews", *amazon.com*.

"Odezwa „Protest!" konspiracyjnego Frontu Odrodzenia Polski pióra Zofii Kossak- Szczuckiej, sierpień 1942 r.", zydziwpolsce.edu.pl/biblioteka/zrodla/r3_5d.html

"Petition to Remove Monument and Not Support Any International Harassment Related Issue against People Japan", The White House, petitions.whitehouse.gov/petition/remove-monument-and-not-support-any-international-harassment-related-issue-against-people-japan/FPfs7p0Q

"Prisoners of War of the Japanese 1939-1945", *forces-war-records.co.uk*.

"So Far From the Bamboo Grove", *amazon.co.jp*.

"The Book of Harlan", *goodreads.com*.

"常設展示", 広島平和記念資料館, *hpmmuseum.jp*.

"広島平和記念資料館からのメッセージ", 広島平和記念資料館, *hpmmuseum.jp*.

"平和記念公園の建設", 広島平和記念資料館, *hpmmuseum.jp*.

"ホロコースト記念館", *hecjpn.org*.

영상자료

"히로시마 원폭피해자들에게 돌직구 날리는 원폭 개발자", 《생생일본뉴스》, 2020. 08. 06., youtu.be/ufZym-LkkBw

DVD *Das Dritte Reich privat: Leben und Überleben*, Polar Film, 2004.

찾아보기

인명과 지명

ㄷ

ㄹ

ㅁ

ㅂ

ㅅ

ㅇ

ㅈ

ㅊ

ㅋ

ㅌ

ㅍ

ㅎ

주제와 용어

ㄱ

ㄴ

ㄷ

ㄹ

ㅁ

ㅂ

ㅈ

ㅊ

ㅋ

ㅌ

ㅍ

ㅎ

희생자의식 민족주의

고통을 경쟁하는 지구적 기억 전쟁

1판 1쇄 발행일 2021년 8월 9일
1판 3쇄 발행일 2022년 11월 28일

지은이 임지현

발행인 김학원
발행처 (주)휴머니스트출판그룹
출판등록 제313-2007-000007호(2007년 1월 5일)
주소 (03991) 서울시 마포구 동교로23길 76(연남동)
전화 02-335-4422 **팩스** 02-334-3427
저자·독자 서비스 humanist@humanistbooks.com
홈페이지 www.humanistbooks.com
유튜브 youtube.com/user/humanistma **포스트** post.naver.com/hmcv
페이스북 facebook.com/hmcv2001 **인스타그램** @humanist_insta

편집주간 황서현 **편집** 김주원 김선경 **디자인** 이수빈
조판 희수 com. **용지** 화인페이퍼 **인쇄·제본** 정민문화사

ISBN 979-11-6080-678-6 93900

• 이 저서는 2014년 대한민국 교육부와 한국연구재단의 지원을 받아 수행된 연구임(NRF-2014S1A5B1013288)